DÉCIMA TERCEIRA EDIÇÃO 20 25

NEUSA BITTAR

MEDICINA LEGAL E NOÇÕES DE CRIMINALÍSTICA

REVISTA,
ALIZADA
MPLIADA

2025 © Editora Foco

Autora: Neusa Bittar
Diretor Acadêmico: Leonardo Pereira
Editor: Roberta Densa
Coordenadora Editorial: Paula Morishita
Revisora Sênior: Georgia Renata Dias
Capa Criação: Leonardo Hermano
Diagramação: Ladislau Lima e Aparecida Lima
Impressão miolo e capa: FORMA CERTA

Dados Internacionais de Catalogação na Publicação (CIP) de acordo com ISBD

B624m   Bittar, Neusa

        Medicina Legal e noções de criminalística / Neusa Bittar. - 13. ed. - Indaiatuba, SP : Editora Foco, 2025.

        556 p. : 17cm x 24cm.

        Inclui bibliografia e índice.

        ISBN: 978-65-6120-285-5

        1. Medicina legal. 2. Criminalística. 3. Biodireito. I. Título.

2025-770   CDD 614.1   CDU 340.6

Elaborado por Odilio Hilario Moreira Junior - CRB-8/9949

Índices para Catálogo Sistemático:

1. Medicina legal 614.1   2. Medicina legal 340.6

DIREITOS AUTORAIS: É proibida a reprodução parcial ou total desta publicação, por qualquer forma ou meio, sem a prévia autorização da Editora FOCO, com exceção do teor das questões de concursos públicos que, por serem atos oficiais, não são protegidas como Direitos Autorais, na forma do Artigo 8º, IV, da Lei 9.610/1998. Referida vedação se estende às características gráficas da obra e sua editoração. A punição para a violação dos Direitos Autorais é crime previsto no Artigo 184 do Código Penal e as sanções civis às violações dos Direitos Autorais estão previstas nos Artigos 101 a 110 da Lei 9.610/1998. Os comentários das questões são de responsabilidade dos autores.

NOTAS DA EDITORA:

Atualizações e erratas: A presente obra é vendida como está, atualizada até a data do seu fechamento, informação que consta na página II do livro. Havendo a publicação de legislação de suma relevância, a editora, de forma discricionária, se empenhará em disponibilizar atualização futura.

Erratas: A Editora se compromete a disponibilizar no site www.editorafoco.com.br, na seção Atualizações, eventuais erratas por razões de erros técnicos ou de conteúdo. Solicitamos, outrossim, que o leitor faça a gentileza de colaborar com a perfeição da obra, comunicando eventual erro encontrado por meio de mensagem para contato@editorafoco.com.br. O acesso será disponibilizado durante a vigência da edição da obra.

Impresso no Brasil (2.2025) – Data de Fechamento (2.2025)

2025
Todos os direitos reservados à
Editora Foco Jurídico Ltda.
Rua Antonio Brunetti, 593 – Jd. Morada do Sol
CEP 13348-533 – Indaiatuba – SP

E-mail: contato@editorafoco.com.br
www.editorafoco.com.br

SOBRE A AUTORA

- Médica, formada em 1973 pela Faculdade de Ciências Médicas de Santos – UNILUS – CRM 20291.
- Advogada, formada em 2001 pela Faculdade de Direito da Universidade Católica de Santos – UNISANTOS – OAB/SP 196522.
- Mestre em Medicina pela Pós-Graduação *stricto sensu* em Cirurgia de Cabeça e Pescoço do HOSPHEL – Hospital Heliópolis/SP.
- Especialista em Cirurgia Geral, Coloproctologia e Medicina do Trabalho.
- Foi Professora de Medicina Legal e de Criminologia da Faculdade de Direito da Universidade Católica de Santos – UNISANTOS.
- Foi coordenadora e Professora da Pós-graduação *lato sensu* em Direito Penal, Direito Processual Penal e Criminologia da Universidade Católica de Santos – UNISANTOS.
- Foi Professora de Medicina Legal e de Criminologia da Faculdade de Direito da Universidade Metropolitana de Santos – UNIMES.
- Foi Professora de Medicina Legal e/ou de Criminologia em cursos preparatórios para carreiras jurídicas.

PREFÁCIO

Recebo, com muita alegria, esta "confortável" missão de prefaciar, ainda que em rápidas palavras, a nova edição da já consagrada obra da Prof.ª Neusa Bittar, médica e advogada, atributos que lhe permitiram elaborar um estudo único, descomplicando o árido campo da MEDICINA LEGAL.

Na obra, logo no seu capítulo inaugural, aborda de forma sucinta o surgimento, a evolução histórica e as áreas de atuação da Medicina legal. Lamenta, no entanto, a desvalorização da disciplina (que é o elo entre a Medicina e o Direito) pelas faculdades de Direito, comprometendo, obviamente, o futuro desempenho dos profissionais da área.

No capítulo seguinte trata das perícias médico-legais visando estabelecer a correlação entre a linguagem médica e jurídica. O leitor, nessa parte da obra, depara-se com várias indagações, destacando-se:

- Por que o jurista precisa conhecer Medicina Legal?
- Por que o médico, em especial o legista, precisa conhecer os dispositivos legais?

A busca pela resposta vai guiar os capítulos seguintes.

No capítulo 3, a Professora analisa os documentos médico-legais, dedicando especial atenção às inovações da Portaria 104, que trata das notificações compulsórias, e aos aspectos diferenciadores dos vários documentos.

Evidencia os detalhes que envolvem o atestado de óbito, as autópsias e as exumações.

É no capítulo 4 que o leitor encontra noções básicas de Criminalística, relacionando-se, de forma bastante didática, os artigos dos códigos civil e penal relativos à atividade pericial em geral, complementando os já analisados nas perícias médico-legais. Define, classifica e analisa os principais vestígios deixados no local de crime, incluindo a análise morfológica, laboratorial e o valor da utilização do Luminol em manchas de sangue.

No capítulo 5, a autora trata da identidade e identificação, discorrendo sobre as suas três formas. Na identificação médico-legal, desenvolve especialmente a identificação pelo DNA, explicando o método de análise atual e a interpretação dos resultados, envolvendo interesse dos profissionais que militam tanto na área penal, como civil. A seguir, aborda a identificação judiciária, feita por peritos não médicos, cujo foco é o sistema dactiloscópico de Vucetich. Por fim, aborda a identificação criminal e a introdução nesta do perfil genético, com suas repercussões positivas e negativas.

Lendo o capítulo 6, o leitor vai perceber, mais uma vez, a didática ímpar da autora. Aborda tanto a morte de todo o corpo, com a cronologia e especificação dos fenômenos cadavéricos, como a morte do corpo como um todo integrado, diferenciando morte cerebral, encefálica e anencefalia. Inclui a Lei de transplantes de órgãos e tecidos, as diferentes formas de interferência no processo de morte, a diferenciação entre lesões em vida e *post mortem*, além da análise dos elementos nos locais de morte.

No capítulo seguinte (7), a Professora analisa as diferentes energias físicas e químicas causadoras de trauma, com destaque para as de ordem física, e dentre os instrumentos que a utilizam, para os perfurocontundentes representados pelos projéteis de arma de fogo, incluindo os de alta energia.

No capítulo 8, complementa a traumatologia com o estudo das energias físico-químicas, representadas pelos diferentes tipos de asfixia, e com a análise da quantificação do dano (art. 129 CP).

É no capítulo 9 que a mestre se dedica ao estudo da sexologia forense, abordando tanto a perícia da conjunção carnal e as várias etapas da complexa perícia que envolve os casos de infanticídio, como a política de redução de danos referente ao aborto, a reprodução assistida, a pesquisa com células-tronco e os desvios sexuais.

No penúltimo capítulo (10), Neusa parte da avaliação da imputabilidade e do intervalo lúcido, e do conceito de normalidade mental, para analisar aspectos relevantes da psicopatologia forense, seguindo preferentemente a linha de raciocínio do mestre Palomba.

Termina a obra (capítulo 11) analisando as toxicomanias, incluindo as novas drogas sintéticas que imitam as tradicionais drogas ilícitas, e as diferentes formas de alcoolismo, complementando com aspectos periciais e forenses.

Como se nota, a obra é essencialmente didática, servindo, com imenso proveito, não apenas aos estudantes, mas aos profissionais experientes, que enxergarão neste estudo respostas às complexas questões do dia a dia.

Obrigado, **Neusa**, pelas preciosas lições.

Parabéns à editora, que abraçou, sem hesitar, mais este projeto.

Rogério Sanches Cunha

Promotor de Justiça no Estado de São Paulo. Professor de Direito Penal da Escola Superior do Ministério Público de São Paulo, da Fundação Escola Superior do Ministério Público do Mato Grosso e do CERS (Complexo de Ensino Renato Saraiva).

APRESENTAÇÃO

A autora, Dra. Neusa Maria Esteves Bittar, honrou-nos com a deferência da apresentação de sua obra "*Medicina Legal e Noções de Criminalística*".

A leitura dos respectivos originais renovou a nossa admiração pelo seu saber como renomada médica na nossa querida Santos, desde 1973.

Foi muito prazeroso verificar também o seu atualizado conhecimento em Direito, ciência em que se bacharelou em 2001, sendo, também, advogada.

O nosso convívio no Corpo Docente da Faculdade de Direito da Universidade Católica de Santos, onde lecionamos, permitiu-nos apreciar sempre o seu trabalho de mestra, agora acrescido da sua dedicação às letras médico-jurídicas, revelando, não apenas o seu amor pela Medicina, mas também pelo Direito.

A obra tem conteúdo que inclui definições, conceitos, ensinamentos e explicações de ordem prática, com o respectivo estudo e exame, tudo apresentado de modo acessível e adequado aos que querem estudar ou pesquisar assuntos que, na Medicina Legal, vão até a moderna Toxicologia Forense, passando pela relevante prova pericial e pelos documentos utilizados no campo médico legal, e vão desde a Criminalística até a Sexologia Forense, sem abandonar a importante Psicopatologia Forense.

A linguagem direta e objetiva do texto, sem perda da qualidade científica, dá ao livro cunho efetivamente didático, o que, pensamos, é o ponto alto do seu trabalho que muito servirá a estudantes, bacharéis em Direito, advogados, promotores de Justiça, magistrados e a todos os que procuram vencer obstáculos de interessantes, intrincadas e novas questões médico-legais.

De parabéns, pois, a autora, a quem auguramos pleno êxito editorial, o que, por certo, está assegurado pelo seu talento e pelo valor do texto.

Finalmente, impõe-se registrar que a deferência, que nos fez a autora, como um dos mais antigos professores da Casa Amarela, foi por nós recebida como homenagem a todos os Colegas do nosso Corpo Docente.

Gildo dos Santos

Desembargador aposentado do Tribunal de Justiça do Estado de São Paulo e Professor de Direito.

SUMÁRIO

SOBRE A AUTORA III

PREFÁCIO V

APRESENTAÇÃO VII

CAPÍTULO 1 – O ESTUDO DA MEDICINA LEGAL 1

1. Histórico 4
2. Medicina Legal no Brasil 5
3. Áreas de atuação 10

CAPÍTULO 2 – PERÍCIA MÉDICO-LEGAL E SEUS PERITOS 13

1. Corpo de delito 14
2. Perícias e peritos no Código de Processo Penal (CPP) 15
   2.1. Função do perito 16
   2.2. Impedimento dos peritos (CPP, arts. 275 a 281) 17
   2.3. Local da perícia 19
   2.4. Momento da perícia 19
   2.5. Requisição da perícia 20
   2.6. Assistentes técnicos no processo penal 22
3. Vestígios no Código de Trânsito Brasileiro (CTB) 23
4. Insanidade mental do acusado 28
5. Questões controvertidas 29
   5.1. Nas infrações que deixam vestígios, pode a vítima recusar-se a se submeter a exame de corpo de delito? 29
   5.2. Pode o advogado do investigado participar dos exames periciais? 29
   5.3. É possível produção de prova pericial no Tribunal do Júri? 30
   5.4. É possível produção de prova pericial na revisão criminal? 31
6. Perícias e peritos no Código de Processo civil (CPc) 32

6.1.	Perícias no CPC	32
6.2.	Peritos no CPC	35
6.3.	Outros tipos de perícias no CPC	37
6.4.	Laudo pericial no CPC	38
7.	Perícia retrospectiva póstuma	38
8.	Considerações sobre responsabilidade do médico	41
8.1.	Responsabilidade ética	41
8.2.	Responsabilidade civil	41
8.3.	Responsabilidade penal	46
8.4.	Responsabilidade do perito	50
9.	Considerações sobre crimes relacionados à profissão	53

CAPÍTULO 3 – DOCUMENTOS MÉDICO-LEGAIS 55

1.	Notificações compulsórias	55
1.1.	Situações que envolvem notificação compulsória	55
2.	Relatório médico-legal	62
2.1.	Quesitos padrões dos diferentes tipos de exame pericial	63
3.	Parecer médico-legal	65
4.	Atestado médico	66
4.1.	Atestado de óbito	69
4.2.	Situações especiais	74
5.	Consulta médico-legal	85
6.	Depoimento oral do perito	85
7.	Prontuário médico	86
8.	Declaração de comparecimento	86
9.	Considerações sobre os Comitês de Ética em Pesquisa (CEP)	87

CAPÍTULO 4 – NOÇÕES DE CRIMINALÍSTICA 89

1.	Definição, objetivos, áreas de atuação da Criminalística	89
2.	Princípios da criminalística	91
3.	Conceitos: prova, indícios, presunções, vestígios	92
4.	Tipos de perícias no CPP	96
5.	Local de crime	98
5.1.	Definição e classificação	98
5.2.	Preservação	99

5.3.	Vestígios e indícios encontrados nos locais de crime	100
	5.3.1. Impressões digitais	102
	5.3.2. Manchas de esperma	103
	5.3.3. Manchas de sangue	103
	5.3.4. Outras manchas	108
5.4.	Comentários sobre alguns locais de crime	109
	5.4. 1. Crimes contra a pessoa	109
	5.4.2. Crimes com uso de armas de fogo	110
	5.4.3. Crimes contra o patrimônio	111
	5.4.4. Documentos	111
	5.4.5. Incêndios	111
5.5.	Exames, amostras e corantes diversos	111
6.	Cadeia de custódia	114

CAPÍTULO 5 – IDENTIDADE E IDENTIFICAÇÃO 117

1.	Identificação médico-legal	118
	1.1. Identificação da espécie	119
	1.2. Identificação da raça	119
	1.3. Identificação do sexo	123
	1.4. Identificação da idade	123
	1.5. Determinação da estatura	125
	1.6. Sinais individuais	125
	1.7. Malformações	125
	1.8. Sinais profissionais	125
	1.9. Tatuagens	126
	1.10. Cicatrizes	126
	1.11. Identificação pelos dentes	126
	1.12. Palatoscopia	126
	1.13. Queiloscopia	126
	1.14. Identificação por superposição de imagens	127
	1.15. Impressão genética do DNA	127
	1.15.1. DNA nuclear	129
	1.15.2. DNA mitocondrial	129
	1.15.3. Análise do DNA para identificação	129
	1.15.4. Identificação pelo DNA nos desastres em massa	134

MEDICINA LEGAL E NOÇÕES DE CRIMINALÍSTICA • Neusa Bittar

2. Identificação judiciária.. 136

   2.1. Assinalamento sucinto.. 136

   2.2. Fotografia simples... 136

   2.3. Retrato falado... 136

   2.4. Sistema antropométrico de *Bertillon*................................. 136

   2.5. Fotografia sinaléptica... 137

   2.6. Sistema dactiloscópico de *Vucetich* 137

3. Identificação criminal 143

   3.1. Introdução do perfil genético na identificação criminal...... 144

CAPÍTULO 6 – TANATOLOGIA FORENSE 151

1. Morte real ou morte clínica, ou morte de todo o corpo.................. 151

   1.1. Sinais abióticos imediatos, sinais de incerteza, ou diagnóstico da morte (clínica) 152

   1.2. Sinais abióticos mediatos, sinais consecutivos, ou sinais de certeza 153

      1.2.1. Desidratação 153

      1.2.2. Resfriamento do corpo 154

      1.2.3. Livores hipostáticos ou hipóstases......................... 155

      1.2.4. Rigidez muscular ou rigidez cadavérica.................. 157

         1.2.4.1. Espasmo cadavérico................................ 158

   1.3. Fenômenos transformativos destrutivos............................. 159

      1.3.1. Autólise 159

      1.3.2. Putrefação... 159

      1.3.3. Maceração... 161

   1.4. Fenômenos transformativos conservativos.......................... 161

      1.4.1. Adipocera ou saponificação 162

      1.4.2. Mumificação... 162

      1.4.3. Calcificação 162

      1.4.4. Corificação 162

      1.4.5. Congelação 162

      1.4.6. Fossilização 163

      1.4.7. Cabeça reduzida 163

   1.5. Cronologia da morte 163

      1.5.1. Cronologia dos fenômenos abióticos de certeza 164

      1.5.2. Cronologia dos fenômenos da putrefação 166

      1.5.3. Conteúdo gástrico 166

	1.5.4. Fundo de olho	167
1.6.	Fenômenos de sobrevivência	167
	1.6.1. Determinação da morte súbita e da morte agônica	168
	1.6.2. Determinação da premoriência	168
2.	Morte encefálica ou morte do corpo como um todo	169
2.1.	Morte cerebral	170
2.2.	Morte encefálica	170
2.3.	Anencefalia	182
	2.3.1. Interrupção da gestação	182
3.	Transplantes de órgãos e tecidos	184
3.1.	Doador morto	184
3.2.	Doador vivo	188
3.3.	Crimes e penas na Lei 9434/97	189
3.4.	Transplante de córnea	190
4.	Tipos de morte	190
4.1.	Quanto ao processamento	190
4.1.1.	Síndrome da Morte Súbita na Infância	191
4.2.	Quanto à reversibilidade	192
4.3.	Quanto à extensão	192
4.4.	Quanto à causa jurídica	193
4.5.	Quanto à ordem das mortes	194
5.	Lesões em vida e pós-morte	194
6.	Estabelecimento da causa jurídica da morte	197
6.1.	Exame do local de crime	197
6.2.	Exame do cadáver	198
	6.2.1. Achados da necrópsia ou autópsia	198
	6.2.2. Elementos importantes do suicídio	200
	6.2.3. Considerações sobre causa acidental	200
	6.2.4. Lesões por precipitação	203
	6.2.5. Reação Vital	204
7.	Interferência no processo de morte	204
7.1.	Eutanásia	204
7.2.	Distanásia	205
7.3.	Ortotanásia	205
7.4.	Mistanásia	208

7.5.	Suicídio assistido	208
7.6.	Ordens de não reanimar	209
8.	Destino do cadáver	209
8.1.	Inumação	209
8.2.	Partes do cadáver	210
8.3.	Cremação	210
8.4.	Necropsia médico legal	211
8.5.	Exumação	216
8.6.	Embalsamamento / formolização	217

CAPÍTULO 7 – TRAUMATOLOGIA FORENSE 223

1. Energias de ordem física 223

    1.1. Energia mecânica 223

        1.1.1. Ação contundente 224

        1.1.2. Instrumentos cortantes 231

        1.1.3. Instrumentos perfurantes 234

        1.1.4. Instrumentos perfurocortantes 234

        1.1.5. Instrumentos cortocontundentes 237

        1.1.6. Instrumentos perfurocontundentes 237

            1.1.6.1. Armas 238

            1.1.6.2. Arma de fogo 238

            1.1.6.3. Munição 244

            1.1.6.4. Balística 246

            1.1.6.5. Efeitos dos projéteis de arma de fogo no corpo humano 248

            1.1.6.6. Granadas 263

            1.1.6.7. Identificação das armas de fogo 264

            1.1.6.8. Identificação do atirador 265

            1.1.6.9. Legislação 267

    1.2. Energia barométrica 269

        1.2.1. Pressões muito baixas (hipobarismo) 269

        1.2.2. Pressões muito altas (hiperbarismo) 271

        1.2.3. Descompressão rápida 271

    1.3. Energia térmica 273

        1.3.1. Calor 273

        1.3.2. Frio 280

1.4.	Energia elétrica		282
	1.4.1.	Ação da eletricidade natural	282
	1.4.2.	Ação da eletricidade industrial	283
	1.4.3.	Ação das pistolas elétricas	285
1.5.	Energia radiante		286
	1.5.1.	Raios X	286
	1.5.2.	Rádio	287
	1.5.3.	Energia atômica	287
1.6	Luz		287
1.7	Som		287
2.	Energia química		288
2.1.	Ação interna		288
2.2.	Ação externa		289
3.	Lesões decorrentes de maus-tratos		290
3.1.	Maus-tratos a menores		290
3.2.	Maus-tratos a idosos		294
3.3.	Violência doméstica e familiar contra a mulher		294

CAPÍTULO 8 – ENERGIAS FÍSICO-QUÍMICAS – ASFIXIAS MECÂNICAS 301

1.	Classificação das asfixias violentas		303
1.1.	Asfixias por obstrução das vias respiratórias		303
	1.1.1. Sufocação direta		303
		1.1.1.1. Oclusão direta das narinas e boca	303
		1.1.1.2. Oclusão dos orifícios da faringe e laringe	303
	1.1.2. Asfixias por constrição cervical		304
		1.1.2.1. Enforcamento	304
		1.1.2.2. Estrangulamento	307
		1.1.2.3. Esganadura	307
		1.1.2.4. Formas atípicas de constrição cervical	309
1.2.	Asfixias por restrição aos movimentos do tórax		310
	1.2.1. Sufocação indireta		310
	1.2.2. Respiração paradoxal		311
	1.2.3. Paralisia dos músculos respiratórios		311
1.3.	Asfixias por modificação do meio ambiente		312
	1.3.1. Confinamento		312

1.3.2.	Soterramento	313
1.3.3.	Afogamento	314
1.4.	Asfixias por parada respiratória central	318
2.	Lesões corporais: quantificação do dano	319
2.1.	Lesões leves	321
2.2.	Lesões graves (CP, art. 129, § 1º)	321
2.3.	Lesões gravíssimas (CP, art. 129, § 2º)	324
2.4.	Lesão corporal seguida de morte (CP, art. 129, § 3º)	326
2.5.	Lesão corporal culposa (CP, art. 129, § 6º)	326
3.	Lesões por tortura	327
3.1.	Perícia nas mortes em presídios e instituições equivalentes	336

CAPÍTULO 9 – SEXOLOGIA FORENSE 341

1.	Perícia nos crimes contra a liberdade sexual	341
1.1.	Perícia da conjunção carnal	341
1.2.	Perícia do coito anal	347
1.3.	Abuso sexual em crianças	349
2.	Perícia da gravidez	350
3.	Perícia do parto	352
3.1.	Parto recente	352
3.2.	Parto antigo	353
4.	Perícia do aborto	354
4.1.	O aborto e a política de redução de danos	354
4.1.1.	Solução de indicações	354
4.1.2.	Solução de prazos	355
4.1.3.	Modelo de aconselhamento	355
5.	Perícia do infanticídio	356
5.1.	Perícia da placenta	358
5.2.	Perícia da puérpera	358
5.2.1.	Para diagnóstico de parto pregresso (sinais descritos no item 4)	358
5.2.2.	Para caracterização do estado puerperal	358
5.3.	Perícia da criança	360
5.3.1.	Para caracterizar a criança	360
5.3.2.	Provas de vida extrauterina	361
6.	Reprodução assistida (RA)	367

6.1.	Métodos de reprodução assistida	368

6.1. Métodos de reprodução assistida 368

6.2. Regulamentação da reprodução assistida 370

6.3. Natureza da reprodução assistida 378

6.4. Redução embrionária 379

7. Pesquisa e terapia com células-tronco 380

7.1. Embrião ou pré-embrião? 380

7.2. Principais teorias de início da vida 381

7.2.1. Teoria Concepcionista 381

7.2.2. Teoria da Nidação ou Nidacionista 381

7.2.3. Teoria Genético – Desenvolvimentista 381

7.2.4. Teoria Das Primeiras Atividades Cerebrais 381

7.2.5. Teoria Da Potencialidade Da Pessoa Humana 382

7.2.6. Teoria Natalista 382

7.3. Disponibilização de embriões 382

8. Transtornos sexuais 384

8.1. Transtornos do desejo sexual 384

8.2. Parafilias ou distúrbios sexuais 385

8.3. Transtornos de identidade de gênero ou Disforia de gênero 397

CAPÍTULO 10 – PSICOPATOLOGIA FORENSE 399

1. Imputabilidade 399

1.1 Modificadores da imputabilidade penal 400

2. Intervalo lúcido 405

3. Normalidade mental 405

4. Desenvolvimento mental incompleto 406

5. Desenvolvimento mental retardado ou oligofrenia 409

6. Doença mental 412

6.1. Demência 413

6.2. Psicose 414

6.2.1. Psicose maníaco-depressiva ou distúrbio bipolar 414

6.2.2. Esquizofrenia 419

6.2.3. Psicose epiléptica 423

7. Perturbação da saúde mental 426

7.1. Neuroses 426

7.2. Condutopatias, sociopatias ou psicopatias 427

7.3.	Outros transtornos de personalidade (TP)	434
8.	Temas diversos	437
8.1.	Transtornos de Linguagem	437
8.2.	Transtornos delirantes	439
8.3.	*Delirium*	440
8.4.	Alienação mental	440
8.5.	Suicídio	441
8.6.	Transtorno do Espectro Autista (TEA)	444
9.	Internação e tratamento	445
10.	Procedimentos diversos	446
10.1.	Exame pericial psiquiátrico	446
10.2.	Exame de verificação de cessação de periculosidade	448
10.3.	Interdição	450
10.4.	Tutela e curatela	451
11.	Noções de Psicologia jurídica	452
11.1.	Psicologia do interrogatório	452
11.2.	Capacidade para testemunhar	454
11.3.	Depoimento da criança	455

CAPÍTULO 11 – TOXICOLOGIA FORENSE 457

1.	Venenos	458
1.1.	Espécies de veneno.	458
1.2.	Fatores que influenciam a produção de danos ao organismo:	458
1.3.	Vias de penetração	458
1.3.1.	Via oral	459
1.3.2.	Via aérea	459
1.3.3.	Via cutânea	459
1.3.4.	Via parenteral	459
1.4.	Absorção	459
1.5.	Mecanismo de ação	461
1.6.	Fatores que modificam a ação dos tóxicos	461
1.7.	Comentários sobre alguns tóxicos	463
1.8.	Exames toxicológicos	467
2.	Substâncias psicoativas	468
2.1.	Proibição *versus* legalização	470

2.2.	Tratar o mal ou reduzir o dano?		470

3. Toxicomanias 471

    3.1. Drogas psicolépticas 473

        3.1.1. Ópio 473

        3.1.2. Barbitúricos 474

        3.1.3. Calmantes e tranquilizantes 475

    3.2. Drogas psicoanalépticas 475

        3.2.1. Cocaína 475

        3.2.2. Anfetaminas 480

    3.3. Drogas psicodislépticas 480

        3.3.1. Maconha 481

        3.3.2. Mescalina 484

        3.3.3. Psilocybina 484

        3.3.4. Santo Daime 484

        3.3.5. LSD 485

        3.3.6. Metanfetamina 485

        3.3.7. Feniciclidina 486

    3.4. Outras drogas 486

        3.4.1. Solventes e inalantes 486

        3.4.2. Maria-louca 487

        3.4.3. Ketamina 487

        3.4.4. GHB 488

        3.4.5. Haloperidol 488

        3.4.6. DMT 488

        3.4.7. Clomipramina 488

        3.4.8. Paraquat 488

        3.4.9. Propofol 488

        3.4.10. Zolpidem 489

        3.4.11. Tabaco 489

        3.4.12. Drogas sintéticas 489

    3.5. Relação entre dependência e imputabilidade 493

4. Alcoolismo 494

    4.1. Tipos de alcoolismo 496

        4.1.1. Alcoolismo agudo 496

        4.1.2. Alcoolismo crônico 498

4.2.	Implicações forenses	503
4.3	Dosagem alcoólica	504
4.3.1	*No vivo*	504
4.3.2	*Post mortem*	505
5.	Embriaguez etílica e por drogas no Código Penal	506
6.	Tratamento e internação	507
7.	O que a legalização das drogas resolve?	509
7.1.	Diminui o consumo de drogas?	509
7.2.	Acaba com a Cracolândia?	510
7.3.	Acaba com o comércio ilegal?	510
7.4.	Acaba com a criminalidade?	510
7.5.	Reduz os homicídios?	510
7.6.	Reduz o uso de armas?	511
7.7.	Reduz a população carcerária?	511
7.8.	Reduz a necessidade de mais escolas e empregos?	511
7.9.	E a necessidade de mais hospitais?	511
7.10.	Reduz a violência?	512
7.11.	Torna o Estado mais eficiente?	513
8.	Problema das drogas	513

CAPÍTULO 12 – NOÇÕES DE INFORTUNÍSTICA 515

REFERÊNCIAS BIBLIOGRÁFICAS 531

Capítulo 1
O ESTUDO DA MEDICINA LEGAL

Pode-se definir Medicina Legal como parte da Medicina que está a serviço da Justiça.

Tal afirmação é o ponto comum dos conceitos de Medicina Legal emitidos por diferentes autores, estando os mais tradicionais elencados abaixo.

Ambroise Paré "é a <u>arte</u> de fazer relatórios em juízo".

Tourdes "é a aplicação dos conhecimentos médicos às questões que concernem aos direitos e aos deveres dos homens reunidos em sociedade".

Lacassagne "é a <u>arte</u> de pôr os conceitos médicos a serviço da administração da Justiça".

Hoffman "é a <u>ciência</u> que tem por objetivo o estudo das questões no exercício da jurisprudência civil e criminal e cuja solução depende de certos conhecimentos médicos prévios".

Orfila "é o conjunto de conhecimentos físicos e médicos próprios a esclarecer os magistrados na solução de muitas questões concernentes à administração da Justiça e dirigir os magistrados na elaboração de um certo número de leis"

Legrand du Saule "é a aplicação das ciências médicas ao estudo e solução de todas as questões especiais, que podem suscitar a instituição das leis e a ação da Justiça".

Calabuig "é o conjunto de conhecimentos médicos e biológicos necessários para a resolução dos problemas que apresenta o Direito, tanto em sua aplicação prática das leis como em seu aperfeiçoamento e evolução".

Taylor "é a <u>ciência</u> que ensina a aplicação de todos os ramos da Medicina aos fins da Lei, tendo por limites, de um lado, os quesitos legais e, de outro, a ordem interna da Medicina".

Nério Rojas "é a aplicação de conhecimentos médicos e científicos aos problemas judiciais que podem ser por eles esclarecidos" (*Marc, Vilbert e N. Rojas*).

Bonnet "é uma <u>disciplina</u> que utiliza a totalidade das ciências médicas para dar respostas a questões judiciais".

Souza Lima "é a parte da jurisprudência médica que tem por objeto o estabelecimento das regras que dirigem a conduta do médico, como perito, e na forma que lhe cumpre dar às suas declarações verbais ou escritas".

Afrânio Peixoto "é a aplicação de conhecimentos científicos aos misteres da Justiça"

Flamínio Fávero "é a aplicação dos conhecimentos médico-biológicos na elaboração e execução das leis que deles carecem".

Hélio Gomes "é o conjunto de conhecimentos médicos e paramédicos, destinados a servir ao Direito, cooperando na elaboração, auxiliando na interpretação e colaborando na execução dos dispositivos legais, no seu campo de ação de medicina aplicada".

Genival Veloso França "é a medicina a serviço das ciências jurídicas e sociais".

Delton Croce "é ciência e arte extrajurídica auxiliar alicerçada em um conjunto de conhecimentos médicos, paramédicos e biológicos destinados a defender os direitos e os interesses dos homens e da sociedade".

Almeida Júnior "é ramo vasto e complexo dos conhecimentos científicos, que une a Medicina ao Direito na aplicação e elaboração das leis reguladoras dos atos humanos, de inconteste importância para o esclarecimento de inúmeros fatos ou negócios jurídicos".

A Medicina Legal estuda o ser humano vivo ou morto, são ou doente, necessitando dos conhecimentos de todas as áreas da medicina.

Como a origem da vida ocorre na fecundação, a atuação da Medicina Legal se inicia a partir daí, e só se encerra quando desaparecem os últimos vestígios cadavéricos.

É uma ciência autônoma, pois possui método, objeto e finalidade próprios.

Entretanto, esse entendimento não está pacificado.

Há três correntes relativas à autonomia da Medicina Legal (Greco, p. 3):

• restritiva – entende que a Medicina Legal nada tem de ciência individualizada, sendo utilizada pontualmente, conforme a necessidade, como uma "Medicina Legal em pílulas" (*Filippi*), não valorizando a disciplina;

• ampliativa ou extensiva – considera a Medicina Legal como ciência autônoma, por possuir método, objeto e objetivos próprios (*Ascarelli*).

É contestada porque:

– o método da Medicina Legal é comum aos outros ramos da Medicina;

– o objeto não é próprio, pois várias ciências estudam o homem (ex.: a Sociologia);

– o objetivo (finalidade de auxiliar o Direito) é compartilhado por outras matérias.

• intermediária ou mista – vê a Medicina Legal como ciência auxiliar do Direito, sem chegar a ser autônoma, mas também não se reduz a meras aplicações pontuais.

Dessa forma, alguns consideram a Medicina Legal como especialidade pluralista, porque aplica o conhecimento de diversos ramos da medicina às necessidades do direito, enquanto outros entendem que é ciência, ou ciência e arte ao mesmo tempo.

Como especialidade médica e jurídica ao mesmo tempo, que utiliza conhecimentos técnico-científicos da medicina para o esclarecimento de fatos de interesse da justiça, as responsabilidades éticas e legais dos legistas diferem das atribuídas aos outros médicos.

De acordo com Almeida Junior (p. 13), apesar de possuir base biopsicológica, a Medicina Legal transpõe o limite experimental para juntar-se à ciência da Moral na comprovação dos direitos e deveres dos cidadãos. Agrega, também, elementos indispensáveis às suas pesquisas, não só no campo da Medicina propriamente dita, como, no âmbito das ciências. A Medicina Legal compreende, então, o estudo e a aplicação dos conhecimentos médicos e afins que devem ser utilizados para o esclarecimento dos fatos e negócios jurídicos, bem como para a elaboração das normas jurídicas que regulam a vida social. Sem essa finalidade, não haveria razão para sua existência.

Quanto ao fato de se tratar de ciência ou arte, para Fávero, a Medicina Legal é uma ciência e uma arte simultaneamente, pois:

– se ela sistematiza conhecimentos gerais, inclusive de outras ciências, para um objetivo próprio, deve ser encarada como ciência;

– se ela adota métodos próprios de trabalho, também é uma arte, ainda que receba a contribuição de campos afins.

Segundo França (p. 1), a Medicina Legal não chega a ser propriamente uma especialidade médica, pois aplica o conhecimento dos diversos ramos da Medicina às solicitações do Direito. É ciência, técnica e arte ao mesmo tempo:

– ciência, porque sistematiza seus métodos para um objetivo determinado, experimental, indutiva, com conclusões empíricas, incompletas e prováveis;

– técnica, porque utiliza métodos sofisticados em busca da verdade;

– arte, pois mesmo aplicando técnicas e métodos muito exatos e sofisticados em busca da verdade, exige qualidades instintivas para demonstrar o que se pretende.

Seria, então, uma arte científica, objetiva e racional, capaz de colocar o analista dos fatos diante de uma concepção precisa e coerente. Nesse sentido, a arte consiste em inserir, na descrição do laudo, o entendimento que se deve ter a partir da exata compreensão do fato analisado.

Assim, o fazer da Medicina Legal é técnico e científico, que exige recursos e práticas, mas a montagem do diagnóstico é arte.

Para Hercules (p. 13), a Medicina Legal é, a um só tempo, arte e ciência.

Arte, porque a realização de uma perícia médica requer habilidade na prática do exame e estilo na realização do laudo.

Ciência, porque, além de ter um campo próprio de pesquisas, vale-se de todo o conhecimento oferecido pelas demais especialidades médicas.

A Medicina Legal tem por objetivo, além de orientar os legisladores e magistrados na elaboração e aplicação das leis, respectivamente, esclarecer questões processuais, criminais e cíveis, entre outras.

Mas importa também aos juristas, porque fornece conhecimentos necessários à formulação de quesitos e à interpretação dos laudos e pareceres médico-legais, possibilitando a análise crítica.

A Medicina Legal estabelece relações, em primeiro lugar, com toda a Medicina, e a seguir, com os mais diversos ramos das ciências paramédicas ou até extra médicas (Química, Física, Biologia, Balística, Grafoscopia etc.), além de manter relações com o Direito Penal, Direito Processual Civil, Direito Processual Penal, Direito Constitucional, Direito Administrativo e Direito do Trabalho.

Infelizmente, assistimos hoje a um descompasso entre a necessidade crescente de conhecimento da Medicina Legal e a oferta da disciplina pelas faculdades de Direito, o que afeta a abordagem interdisciplinar e a aquisição de uma visão holística do ser humano.

1. HISTÓRICO

A primeira citação de exame médico de uma vítima de homicídio, refere-se à morte de Júlio César no ano 44 a.C.

Apesar de encontrados aspectos médico-legais em várias legislações, como no Código de Hamurabi (Código Penal mais antigo que se conhece), nas leis de Manu, nas leis hebraicas e do antigo Egito, e no direito romano, denotando a necessidade dos conhecimentos médicos para a aplicação da justiça, o exercício prático da Medicina Legal ocorreu a partir do séc. XVI com o Código Criminal Carolino.

Entretanto, a era científica da Medicina Legal teve início na França, em 1575, com *Ambroise Paré*, considerado o pai da Medicina Legal, o qual compilou os conhecimentos da época na obra *Traité des Relatoires,* que ainda continha crendices próprias do ambiente cultural vigente.

Em 1621, *Paolo Zacchias* (Itália), atendendo à determinação do Papa Inocêncio X, reuniu todos os preceitos médico legais existentes pelo mundo em um único volume, denominado Questões Médico-legais, composto por 10 livros contendo cerca de 1200 páginas. Formou-se, então, de forma científica, um corpo de doutrina que levou ao surgimento de novo ramo da Medicina, definido como a arte de relatar em juízo. A publicação ocorreu em 1651, em Roma.

Por isso, alguns consideram *Paolo Zacchias* o verdadeiro pai da Medicina Legal.

O final do século XVI e o século XVII marcaram o início do período científico da Medicina Legal, em virtude da publicação de tratados médicos.

No séc. XVIII, a Medicina Legal tornou-se uma disciplina jurídica e surgiram as escolas francesa, alemã e italiana disputando a supremacia.

A Alemanha inaugurou o ensino oficial da matéria, sendo considerada o berço da Medicina Legal.

Na França, o acontecimento histórico que introduziu mudanças legais importantes para o surgimento da Era de Ouro da Medicina Legal, foi a Revolução Francesa, que levou Napoleão a proibir práticas jurídicas secretas, tornando público o trabalho dos juízes e dos peritos médicos.

Napoleão também instituiu a Medicina Pública, em que médicos oficiais precisavam se dedicar ao desenvolvimento de medidas de saúde preventiva e à realização de pareceres para a justiça.

A Psiquiatria surgiu com a Revolução Francesa.

Em 11 de dezembro de 1794, o médico *Philippe Pinel* (1745-1826) apresentou, na Sociedade de História Natural de Paris, sua monografia – Memórias da Loucura, considerada o primeiro texto científico da nova especialidade.

Nessa conferência, *Pinel* defendeu o tratamento psicológico e os princípios humanitários que o tornaram fundador da Psiquiatria na França.

Jean-Étienne Esquirol (1772-1840), aluno de Pinel, batalhou pela assistência legal aos doentes mentais, conseguindo aprovação pelo governo francês de lei de proteção a esses enfermos (1838).

Bénédict Morel (1809-1873) é considerado o pai da teoria da degeneração.

O *Code d'Instruction Criminalle*, promulgado por Napoleão em 1808, marcou o fim das práticas jurídicas secretas e inquisitoriais na França, dando início ao processo penal.

A Medicina pública ia adquirindo consistência na França, onde os médicos oficiais eram responsáveis tanto por pareceres para a justiça, como pela implementação de medidas de saúde pública, que foram adotadas por outros países, os quais avançaram nessa questão.

As grandes descobertas no campo da física, química e biologia começaram a ser incorporadas à Medicina Legal, no decorrer do século XIX, motivaram a denominação de era de ouro da Medicina Legal.

No final do século XIX, a Medicina Legal na Europa já era área de atuação específica, tendo se desvinculado da chamada higiene.

A frase de *Tourde* – os médicos resolvem as questões, e os juízes decidem as soluções – resume a importância da Medicina Legal para o processo judicial.

Na Europa, grandes médicos legistas foram correlacionados a esse período como: *Foderé, Orfila, Devergie, Tardieu, Brouardel, Lacassagne, Legrand du Saulle, Etienne Martin, Balthazard, Thoinot* e *Vibert*, na França; *Hoffman* e *Paltauf*, na Áustria; *Strassman* e *Casper*, na Alemanha; *Carrara* e *Borri*, na Itália; *Taylor*, na Inglaterra.

Mateo José Buenaventura Orfila Rotger, considerado pai da Toxicologia forense, introduziu os métodos de identificação de substâncias por cromatografia em camada delgada em placas de sílica, que continuam sendo empregados nos laboratórios de Toxicologia forense e nos Institutos de Medicina Legal no Brasil.

Emilio Mira y López é considerado pai da Psicologia e Psiquiatria forense.

Entretanto, o pai moderno da Psiquiatria forense é *Richard Von Krafft-Ebing*.

Legrand du Saulle, além de ter desenvolvido trabalhos em psicopatologia forense, realizou também importantes trabalhos na área de traumatologia, subdivisão da medicina legal, especialmente no que se refere ao estabelecimento das fases de evolução da lesão equimótica em relação ao tempo, comparando-as a um espectro de cores.

2. MEDICINA LEGAL NO BRASIL

A primeira escola de Medicina do país foi inaugurada na Bahia, no dia 18 de fevereiro de 1808, instalada no Hospital Real Militar, que ocupava as dependências do Colégio dos Jesuítas.

Ainda não se realizavam perícias e o estudo da anatomia ocorria em condições precárias.

A primeira publicação sobre Medicina Legal, em 1814, marcou seu início no Brasil, seguindo-se muitas outras.

A influência estrangeira, principalmente francesa, maculava a feição nacionalista e a originalidade das publicações nacionais, exceto no que se referia à parte toxicológica.

Com o advento do Código Penal do Império, em 16 de dezembro de 1830, juízes começaram a ser obrigados a consultar médicos antes de proferir sentenças.

Apesar da vigência do Código de Processo Penal a partir de 1832, que estabeleceu as normas relativas aos exames de corpo de delito, criando a perícia profissional, a regulamentação da atividade médico-pericial só ocorreu através do Decreto no 1.746, de 16 de abril de 1856, quando se criou, junto à Secretaria de Polícia da Corte, a Assessoria Médico-Legal, responsável pela realização dos exames de corpo de delito e quaisquer exames necessários para a averiguação dos crimes e dos fatos como tais suspeitados.

Assim, a estrutura organizacional da Medicina Legal no Brasil teve início em 1856, com a criação da Assessoria Médico-Legal na Secretaria de Polícia da Corte Imperial, no segundo período imperial brasileiro.

Foi o ato do então Príncipe Regente, futuro Imperador dom Pedro II, mediante o Decreto 1.740/1856, que criou o embrião dos institutos de Medicina Legal, regulamentou a atividade médico-pericial e criou a Assessoria Médico-Legal, composta por quatro médicos, sendo dois efetivos, incumbidos de proceder aos exames periciais, e dois consultores, professores de Medicina Legal responsáveis principalmente pelos exames toxicológicos, à qual cabia: a realização dos exames de corpo de delito; quaisquer exames necessários para a averiguação dos crimes e dos fatos suspeitos; foi criado o primeiro necrotério do Rio de Janeiro, no depósito de mortos, de Gamboa, usado até então para guardar cadáveres de escravos, indigentes e presidiários.

A primeira necrópsia foi realizada por Hércules Otávio Muzzi, em 1835, mas apenas em 1856 é que foi criado, no Rio de Janeiro, o primeiro necrotério no Brasil.

Em 1877, Agostinho José de Souza Lima iniciou a formação e estruturação da Medicina Legal brasileira como especialidade, na Faculdade de Medicina do Rio de Janeiro, inclusive inaugurando o primeiro curso prático de tanatologia forense.

Souza Lima interpretou a legislação brasileira à luz dos conhecimentos médico--legais da época, mesmo sem ter conhecimento na área jurídica.

Ainda em 1877, tornam-se faculdades oficiais de Medicina as da Bahia e do Rio de Janeiro, fazendo parte da grade curricular do curso, em ambas as instituições de ensino superior, a disciplina de Medicina Legal.

Estudos nessa área afloraram por conta da exigência da defesa de tese para a obtenção do título de doutor em Medicina.

Entretanto, os trabalhos brasileiros ainda se alicerçavam nas publicações estrangeiras, e a atuação médico-legal restringia-se à interpretação e comentário das leis.

A nacionalização veio com Raymundo Nina Rodrigues, na Bahia, que deu início à Medicina Legal voltada para a solução dos problemas médico-legais e de criminologia brasileiros, além de impulsionar a fase da pesquisa científica médico-legal a partir de nossa própria realidade.

Nascido em Vargem Grande, no Maranhão, Nina Rodrigues (1862-1906) dedicou-se a provar a inferioridade física e mental dos negros e mestiços no Brasil a partir de casos de crimes, influenciado por criminalistas da Escola Positiva italiana (*Lombroso, Garófalo e Ferri*), em especial *Lombroso*.

Foi professor de Psiquiatria na Faculdade de Medicina da Bahia, do fim do século XIX ao início do século XX.

Estudioso da Criminologia, correlacionava aspectos étnicos com o comportamento delinquente.

É considerado o pai da Medicina Legal brasileira, e um dos maiores precursores do estudo de Medicina Legal do século XIX, além de maior professor dessa matéria.

Defendia a realização de concursos públicos para seleção de peritos oficiais, a fim de melhor servir à justiça e evitar erros de avaliação e interpretação comuns à atividade pericial dessa época.

Suas obras tiveram repercussão e reconhecimento internacionais.

Criou a escola brasileira de Medicina Legal, na Bahia, fato que nacionalizou a especialidade.

Identificou-se com as teorias eugenistas de *Galton* e com o darwinismo social.

Em seu primeiro livro – As raças humanas e a responsabilidade penal no Brasil (1894) – estudou as modificações que as condições de raça imprimem à responsabilidade penal.

Partindo de postulados considerados racistas, afirmou que o negro possui instintos brutais característicos dos africanos, é rixoso, violento nas suas impulsões sexuais, podendo chegar às perversões sexuais mórbidas, e dado à embriaguez, o que firma sua índole criminosa.

Pressupôs a existência de diferença fundamental na constituição mental dos negros, que seriam inferiores biologicamente e incapazes de se conduzirem como cidadãos com plenos direitos, não poderiam ser tratados da mesma forma que os brancos. Por isso, preconizou tratamento diferenciado no Código Penal Brasileiro para negros, índios e mestiços (produtos das chamadas raças inferiores).

Para Nina Rodrigues, a cada fase da evolução social de um povo, corresponderia um tipo específico de criminalidade.

Qualquer ação seria determinada pelas conexões psíquicas geradas pela experiência, podendo ser anteriores à existência do indivíduo, pois estariam acumuladas na sua constituição.

Concluiu que, a cada fase da evolução da humanidade, diante da comparação de raças distintas, corresponderia uma criminalidade própria conforme o grau do desenvolvimento.

A homogeneidade da população seria impossível e o pressuposto livre arbítrio da Escola Clássica, na qual se baseava o sistema penal brasileiro à época, seria inconsistente porque não escaparia das peculiaridades do desenvolvimento evolutivo.

A noção de vontade só poderia ser aplicada a um grupo social homogêneo, o que se afastaria da sociedade brasileira.

Sustentou que os crimes cometidos por indígenas, negros e mestiços só poderiam ser analisados a partir do ponto de vista racial, que levasse em conta os valores morais e as noções de justiça vigentes nos seus respectivos grupos.

Os selvagens (negros e índios) teriam um código de conduta próprio, estabelecido nos seus locais de origem, diferentes dos códigos de conduta dos povos civilizados, pois conservariam seus usos e costumes selvagens alterados em combinação com as novas aquisições emocionais da civilização que lhes foi imposta, deixando suas ações mal contrabalançadas.

No caso dos mestiços, a situação se complicaria, pois poderiam ir desde o produto inaproveitável e degenerado até produto válido e capaz de manifestação da atividade mental.

Aplicando seus conceitos à realidade do Brasil, Nina Rodrigues afirmou que a raça negra constituiria um dos fatores da inferioridade do povo brasileiro. Os negros africanos não seriam melhores, nem piores que os brancos, apenas pertenceriam a outra fase do desenvolvimento intelectual e moral, não atingindo uma mentalidade muito adiantada pela lentidão de evolução.

Realmente, no Brasil, a Medicina Legal adquiriu importância no cenário médico-jurídico a partir daí e, posteriormente, com as escolas do Rio de Janeiro e de São Paulo, representadas por Afrânio Peixoto e Oscar Freire, discípulos de Nina Rodrigues.

Oscar Freire, nascido em Salvador, Bahia, em 3 de outubro de 1882, iniciou o ensino científico da Medicina Legal em São Paulo.

Portador de inteligência admirável, Oscar Dreire ingressou na Faculdade de Medicina da Bahia com 14 anos, onde foi aluno de Raimundo Nina Rodrigues, que lhe despertou o interesse pela matéria.

Formou-se em Medicina em 1900, aos 18 anos e se dedicou primeiro à cirurgia. mas logo trocou pela Medicina Legal, pois seu interesse maior estava na pesquisa e na docência.

Acreditava no método científico e tentou descrever e explicar o homem a partir do referencial da genética.

Oscar Freire fundou o Instituto Médico-Legal Nina Rodrigues (IMLNR), em 1906, homenagem prestada pela Congregação da Faculdade a Raimundo Nina Rodrigues, professor Catedrático de Medicina-Legal, falecido naquele mesmo ano, aos 44 anos de idade, e que foi seu amigo e mestre e inspirador.

Em 1907, Oscar Freire foi nomeado professor substituto de Higiene e Medicina Legal após concurso.

Em dezembro de 1911, um decreto determina a reorganização do serviço de perícias oficiais e Oscar Freire torna-se o primeiro diretor do IMLNR.

Oscar Freire foi nomeado professor substituto de História Natural da Escola Politécnica da Bahia em 1913 e, promovido a Professor Catedrático de Medicina Legal da Faculdade de Medicina, acumulando, a direção do Serviço Médico Legal, em 1914.

Em 1917, Oscar Freire mudou-se para São Paulo a convite do Dr. Arnaldo Vieira de Carvalho, a fim de instalar a disciplina de Medicina Legal na antiga Faculdade de Medicina Paulista, chegando a São Paulo em fevereiro de 1918.

A disciplina começou a funcionar em 18 de abril, inicialmente no Instituto de Higiene, depois no Laboratório Central da Santa Casa e, mais tarde, no prédio especialmente construído para esse fim, graças aos seus esforços, pois idealizou, traçou planos e acompanhou as obras do edifício até próximo de sua conclusão.

Oscar Freire iniciou o exercício da especialidade e a publicação de trabalhos experimentais, inclusive com a criação do Instituto em, que hoje tem seu nome, em 1922.

Instituiu a cátedra de Medicina Legal no curso de direito da Universidade de São Paulo, onde lecionou a disciplina e deu origem ao Departamento de Medicina Legal, Medicina Social e do Trabalho e Deontologia Médica.

Dividiu a Medicina Legal brasileira em 3 fases:

- estrangeira – vai do fim do período colonial até 1877, no qual Souza Lima assume a cátedra de Medicina Legal da Faculdade de Medicina, que pertence hoje à Universidade Federal do Rio de Janeiro;

- de transição – tem início em 1877, quando o ensino da Medicina Legal assume caráter prático, com aulas de tanatologia forense em necrotérios oficiais, ministradas por Agostinho José de Souza Lima;

- de nacionalização – marcada pela posse de Raimundo Nina Rodrigues, em 1895, como catedrático de Medicina Legal da Faculdade de Medicina da Bahia.

Em 1924, o Serviço Médico-Legal se transforma no Instituto Médico-Legal, subordinado ao ministério da Justiça e em 1941, o Código de Processo Penal (1940), em vigor até os dias atuais, determina que as perícias sejam procedidas por peritos oficiais.

A partir de 21 de março de 1989, pela Resolução 3.498, de 14;02/1989, da Reitoria da Universidade de São Paulo, passou a ser denominado Departamento de Medicina Legal, Ética Médica e Medicina Social e do Trabalho, da Faculdade de Medicina da Universidade de São Paulo.

A Associação Brasileira de Medicina Legal foi fundada em 20 de outubro 1967.

Atualmente, a Medicina Legal é reconhecida como especialidade médica pelo Conselho Federal de Medicina, pela Associação Médica Brasileira e pela Comissão Nacional de Residência Médica do Ministério da Educação.

Ainda na década de 80 do século XX, a Medicina Legal brasileira foi ainda mais reconhecida e respeitada mundialmente após uma perícia que revelou a real identidade do indivíduo até então apelidado de "Anjo da Morte", o médico e oficial nazista Joseph Mengele. Tal perícia foi realizada por especialistas do IML de São Paulo e da UNICAMP.

3. ÁREAS DE ATUAÇÃO

A Medicina Legal, também denominada Medicina Judiciária, Medicina Política ou Medicina Forense, divide-se em geral e especial.

A Medicina Legal Geral vai além do estudo do ser humano, englobando a Deontologia, que define os deveres profissionais, e a Diceologia, que diz respeito aos direitos profissionais, ambas constantes do Código de Ética Médica, incluindo honorários médicos.

Já a Medicina Legal Especial dedica-se ao estudo do homem como um todo, englobando:

- **Antropologia:** estudo do ser humano a partir da sua morfologia (forma), visando estabelecer a identidade e os vários tipos de identificação (sexo, idade, espécie etc.), seus métodos, processos e técnicas.
- **Traumatologia:** estudo do trauma consequente a energias exógenas que afetam o organismo humano (modo de ação dos agentes e lesões acarretadas).
- **Asfixiologia:** estuda as hipóteses em que agentes externos prejudicam a oxigenação dos tecidos.
- **Tanatologia:** estuda a morte em seus diferentes aspectos (causa, cronologia, tipos), compreendendo também a pesquisa da reação de natureza vital nas vítimas.
- **Sexologia:** estudo dos vestígios decorrentes dos crimes contra a liberdade sexual, aborto, infanticídio, desvios sexuais e hipóteses de anulação de casamento.
- **Toxicologia:** engloba as ações dos tóxicos e venenos.
- **Infortunística:** dedica-se à Medicina do Trabalho, no que diz respeito às doenças profissionais, do trabalho e acidentes de trabalho
- **Psicologia Jurídica:** estuda o psiquismo normal e as influências emocionais na confissão, depoimentos de testemunhas, preocupando-se com a obtenção da verdade.
- **Psiquiatria Forense:** abrange os diferentes distúrbios mentais quanto ao diagnóstico e estabelecimento da imputabilidade e periculosidade.
- **Genética médico-legal ou forense:** abrange a determinação de paternidade e a identificação relacionada com a herança genética.

A Medicina Legal também se dedica à análise do criminoso, da vítima e dos diferentes fatores predisponentes e desencadeantes do delito. Entretanto, a Moderna Criminologia, englobando o estudo do crime, do criminoso, da vítima e do controle social da criminalidade, tornou-se uma ciência autônoma.

Hélio Gomes, baseado no indivíduo, divide a Medicina Legal em:

- indivíduo em relação a si próprio:
- identidade – Antropologia Forense;

CAPÍTULO 1 • O ESTUDO DA MEDICINA LEGAL **11**

– capacidade e responsabilidade – Psicologia Forense;

– psicologia da prova – Psicologia Judiciária.

• indivíduo em relação ao meio (fatos referentes à vida) subdividida:

– em razão do casamento (Himeneologia), da procriação (Obstetrícia Forense) e do amor (Erotologia Forense) – Sexologia Forense;

– fatos referentes à morte em si (Tanatologia Forense), traumas (Traumatologia Forense), acidentes do trabalho (Infortunística), asfixias (Asfixiologia Forense), envenenamentos (Toxicologia Forense).

• indivíduo em relação às decisões dos juízes e tribunais:

– no tocante aos problemas médico-legais e em referência às investigações policiais, emergindo daí a Jurisprudência Médico-legal e a Polícia Técnica (Policiologia).

Hélio Gomes também a divide em:

• Medicina Legal Judiciária – estuda a Introdução à Medicina Legal, Criminalística, Tanatologia, Sexologia, Traumatologia e Psiquiatria Forense.

• Medicina Legal Profissional – trata dos direitos (diceologia) e deveres (deontologia) dos médicos.

• Medicina Legal Social – preocupa-se com as áreas trabalhista, securitária e preventiva da Medicina Legal.

França (p. 7): classifica a Medicina Legal considerando:

• o prisma histórico – diz respeito às várias fases evolutivas:

– Medicina Legal Pericial ou Medicina Forense ou Medicina Legal Judiciária ou Medicina legal Prática ou Medicina Legal Aplicativa – voltada aos interesses periciais da administração da Justiça, tem por objetivo a resolução dos problemas médico legais num momento histórico determinado;

– Medicina Legal Legislativa – contribui na elaboração e revisão das leis em que se disciplinam fatos ligados às ciências biológicas ou afins;

– Medicina Legal Doutrinária – consiste no substrato teórico desta ciência, tratando de temas subsidiários que sustentam e explicam institutos jurídicos que necessitam do conhecimento médico e biológico; compromissada com a ordem do pensar, teve início com Afrânio Peixoto;

– Medicina Legal Filosófica – discute assuntos ligados à Ética, à Moral e à Bioética no exercício da medicina ou tenta explicar o agir e o pensar médico-legal.

• a visão profissional, que se refere à forma como a Medicina Legal é exercida na prática:

– Medicina Legal Pericial (Institutos de Medicina Legal);

– Criminalística (Institutos de Criminalística);

– Antropologia Médico-Legal (Institutos de Identificação).

• o interesse doutrinário do Direito:

– Medicina Legal Penal;

– Medicina Legal Civil;

– Medicina Legal Canônica;

– Medicina Legal Trabalhista;

– Medicina Legal Administrativa.

• o ponto de vista didático:

– Medicina Legal Geral (Deontologia e Diceologia);

– Medicina Legal Especial.

Capítulo 2
PERÍCIA MÉDICO-LEGAL E SEUS PERITOS

Perícia é o conjunto de procedimentos técnicos, com base científica, realizado por pessoa qualificada para tal, chamada perito.

Tem por finalidade provar os fatos de interesse da Justiça, fornecendo esclarecimentos ao juízo relativos a questões estranhas ao meio jurídico em diferentes áreas. Quando os fatos dizem respeito à vida ou à saúde, tem-se a perícia médico-legal.

A perícia teria, segundo alguns, a natureza de meio de prova, pois funcionaria como instrumento pelo qual as fontes de prova seriam introduzidas no processo penal, mas há os que entendem que ela é um elemento técnico que contém uma opinião destinada à elucidação de fato relevante. Nesse sentido, o perito seria um auxiliar do juiz e, não, um mero sujeito de prova.

As perícias em geral, incluindo a médico-legal, e a atividade dos peritos estão reguladas pelos artigos 149, 158 a 184, e 275 a 281 do Código de Processo Penal (CPP).

As perícias podem ser realizadas:

- Nos vivos, para quantificação do dano nos casos de lesão corporal e acidentes de trabalho, diagnóstico de gravidez, parto, puerpério e conjunção carnal, determinação da idade e sexo, comprovação de contaminação por doença venérea, entre outras.

- Nos cadáveres, não apenas para determinar a causa e o tempo da morte, mas também para identificar o morto.

- Nos animais presentes na cena do crime, alvos dos disparos, para recuperação de projétil de arma de fogo.

- Nos objetos, para captar pelos, impressões digitais, sangue, esperma e outras secreções.

A perícia pode ocorrer por:

- simples percepção técnica – o perito declara ciência dos fatos que só podem ser percebidos por apurado sentido técnico;

- afirmação de juízo técnico, ou seja, formulação de parecer ou opinativo;

- conjugação das duas atividades anteriores, de percepção e afirmação de juízo, o que é o mais comum.

Segundo o modo de se realizar a perícia, tem-se:

• *Peritia percipiendi* – é a realizada sobre o fato a analisar, cuja avaliação é baseada em alterações ou perturbações produzidas por doença ou pelas diversas energias causadoras do dano. O perito se limita a apontar as percepções colhidas, descrevendo de maneira técnica o objeto examinado, sem proceder a uma análise valorativa ou conclusiva. Dessa forma, o perito é chamado para conferir técnica e cientificamente um fato sob óptica quantitativa e qualitativa.

• *Peritia deducendi* – é a análise de fatos pretéritos passíveis de contestação, ou discordância das partes ou do julgador. O perito é chamado para avaliar uma perícia já realizada, para interpretar ou apreciar cientificamente um fato.

Tanto na *peritia percipiendi*, como na *deducendi*, existe a parte:

– objetiva – representada pelas alterações ou perturbações encontradas, baseadas em elementos palpáveis ou mensuráveis;

– subjetiva – representada pelas alterações ou perturbações encontradas nos danos avaliados.

1. CORPO DE DELITO

É o conjunto de vestígios, interligados entre si, denunciadores da infração.

Esses vestígios são os elementos físicos ou materiais, principais ou acessórios, permanentes ou temporários, que corporificam a prática criminosa e podem ser percebidos pelos sentidos humanos, necessitando comprovação para permitir avaliação judicial.

Assim, para determinação da materialidade da violência ocorrida (crime, suicídio ou acidente), adquire significado tanto a análise do que concorreu para o fato, como a de todos os vestígios resultantes dele, e não apenas o exame da vítima. Em alguns casos, impõe-se inclusive o exame do autor, pois este também apresenta lesões e deseja provar que houve reação da vítima, daí adotar-se o entendimento de corpo de delito no sentido amplo, que engloba todos esses elementos.

Dessa forma, envolve profissionais de diferentes áreas. Enquanto o perito médico busca estabelecer a materialidade do delito, os peritos criminais e os papiloscopistas, entre outros, objetivam identificar, também, indícios de autoria. O corpo da vítima é, portanto, apenas um dos elementos do corpo de delito.

O exame de corpo de delito é obrigatório para a tipificação das infrações que deixam vestígios (CPP, art. 158).

Importância do exame de corpo de delito.

• provar se houve ou não a infração penal;

• demonstrar a ação do sujeito ativo na ação penal;

• fornecer subsídios de conhecimento técnico, científico e artísticos necessários à tipificação penal;

• comprovar o nexo de causalidade entre o sujeito ativo e a infração penal.

CAPÍTULO 2 • PERÍCIA MÉDICO-LEGAL E SEUS PERITOS

Os peritos realizam o exame de corpo de delito, que pode ser:

- Direto, quando o perito examina diretamente os vestígios produzidos ou que tenham concorrido para a infração.
- Indireto, quando já não existindo vestígios, o exame é feito com base em prova testemunhal (CPP, art. 167).

A rigor, no exame de corpo de delito indireto, seria incorreto falar-se em corpo de delito, uma vez que já não existiria o conjunto de vestígios (não há corpo, apenas delito).

Nestes casos, o médico legista pode valer-se de um boletim de atendimento médico ou de um prontuário de internação hospitalar para elaborar o seu relatório, que será apenas interpretativo de pontos obscuros ou controversos. Isoladamente, seria impres-tável para fins probantes por ser um exame indireto, mas, se analisado em conjunto com outras provas e com o depoimento de testemunhas, pode adquirir relevância.

Até as testemunhas e os jurados são passíveis de exame pericial quando há dúvidas sobre sua sanidade mental.

Ninguém pode ser obrigado a submeter-se à realização da perícia ou a fornecer material para confronto, sob o fundamento de que ninguém é obrigado a fazer prova contra si.

Assim, se o periciando não se dispuser a colaborar ou a realizar o exame, o perito não deve usar de sua experiência e realizar o exame de maneira sutil, discreta, subjetiva, sem o constranger.

Quando os vestígios têm caráter permanente, isto é, são duradouros, chamamos de *delicta factis permanentis;* quando passageiros, denominamos *delicta factis transeuntis.*

Se não persistiram os vestígios ou se nunca existiram, será admitida prova teste-munhal, mas havendo vestígios, nem a confissão do réu poderá suprir o exame pericial (CPP, art. 158), pois pode ser que esteja havendo tentativa de ocultação do verdadeiro autor do fato.

As provas não repetíveis devem ser realizadas no momento de seu descobrimento, sob pena de perecimento ou impossibilidade de posterior análise.

O exame pericial, nas infrações penais que deixam vestígio, é indispensável para a propositura da ação penal. Sua ausência leva à nulidade da ação penal.

A perícia diferencia-se da prova testemunhal porque o perito não se limita à des-crição minuciosa dos fatos, como a testemunha, mas emite também um juízo de valor.

2. PERÍCIAS E PERITOS NO CÓDIGO DE PROCESSO PENAL (CPP)

O Código de Processo Penal determinava que as perícias médico-legais deviam ser feitas e assinadas por dois peritos oficiais, mas, na prática, apenas um perito as realizava e redigia o laudo (perito relator). O outro agia na qualidade de revisor, assinando o laudo se estivesse de acordo, ou elaborando o próprio laudo, caso discordasse.

Com o advento da Lei 11.690/2008, o artigo 159 do CPP sofreu alterações. Agora, basta um perito, desde que oficial, para a realização da perícia. Em vista disso, a Súmula

361 do STF, que diz ser nulo o exame pericial realizado por apenas um perito, não mais se aplica neste caso.

Entretanto, tratando-se de perícia complexa que abranja mais de uma área de conhecimento especializado, poder-se-á designar a atuação de mais de um perito oficial, e a parte indicar mais de um assistente técnico (CPP, art. 159, § 7º).

A Lei 12.030/2009 dispõe, no artigo 2º, que no exercício da atividade de perícia oficial de natureza criminal, é exigido concurso público, com formação acadêmica específica, para o provimento do cargo de perito oficial.

Peritos oficiais são funcionários públicos investidos no cargo após concurso, que prestam um único compromisso com a verdade no momento da investidura, não necessitando repeti-lo a cada exame que realizam.

Na falta de peritos oficiais, o exame será feito por dois peritos nomeados, louvados, *ad hoc* ou graciosos, escolhidos entre pessoas idôneas com diploma de curso superior preferencialmente na área específica, com habilitação técnica relacionada com a natureza do exame.

O parágrafo 1º, do artigo 159 do CPP foi mantido, persistindo a exigência de dois peritos não oficiais para a realização de perícias e a aplicação da Súmula 361 do STF.

Os peritos nomeados ou louvados prestam compromisso ao assumirem cada perícia para a qual forem nomeados (CPP, art. 159, § 2º).

Quando não houver ponto de vista comum entre os dois peritos, cada qual elaborará o próprio laudo, tendo-se então a perícia contraditória (CPP, art. 180).

O juiz não está vinculado ao laudo pericial, podendo aceitá-lo no todo ou em parte, ou ainda o rejeitar, determinando nova perícia ou decidindo de acordo com sua convicção (CPP, arts. 181, parágrafo único e 182).

Observado o disposto na legislação específica de cada ente a que o perito se encontra vinculado, **são peritos de natureza criminal os peritos criminais, peritos médico-legistas e peritos odontolegistas** com formação superior específica detalhada em regulamento, de acordo com a necessidade de cada órgão e por área de atuação profissional (Lei 12.030/2009, art. 5º).

Perito legista é o especialista que possui conhecimento técnico para a análise do fato médico, enquanto a testemunha é a pessoa que, tendo presenciado o episódio, é capaz de descrevê-lo a seu modo.

2.1. Função do perito

É função do perito verificar o fato, indicando a causa que o motivou, de acordo com a sua opinião embasada cientificamente.

De acordo com o artigo 160, *caput* e parágrafo único, do CPP, os peritos devem descrever minuciosamente o que examinarem e responder aos quesitos formulados, elaborando o laudo pericial no prazo máximo de **10 dias**, que pode ser prorrogado, em casos excepcionais, a requerimento dos mesmos.

Além do exame do indivíduo vivo ou do cadáver, o perito pode colher material para análises laboratoriais ou utilizar outros exames, como radiografias, objetivando a elucidação do caso.

Não é função do legista medicar quando faz um exame de corpo de delito, nem encaminhar os casos mais graves para um psicólogo.

Se o laudo do exame pericial não observou as formalidades ou foi obscuro, omisso ou contraditório, o juiz mandará suprir a formalidade, complementar ou esclarecer o laudo (CPP, art. 181, *caput*).

Em se tratando de lesão corporal, quando o primeiro exame tiver sido incompleto, por exemplo, se a quantificação do dano for impossível em um primeiro momento porque a cicatrização não se completou ou ainda existe a possibilidade de complicações, serão necessários um ou mais exames complementares, nos quais o perito vai suprir as deficiências do exame anterior ou retificar o seu relatório (CPP, art. 168, *caput*, e § 1º).

Se o objetivo do exame complementar for a classificação do delito no artigo 129, §1º, I, do CP (incapacidade para ocupações habituais por mais de trinta dias), deverá ser feito no prazo de trinta dias contados da data do crime (CPP, art. 168, § 2º).

A falta de exame complementar poderá ser suprida pela prova testemunhal (CPP, art. 168, § 3º, do CPP). Neste caso, já existe um laudo descrevendo a lesão, restando, por exemplo, quantificar o dano resultante após cicatrização completa. Entretanto, essa testemunha apenas descreve o que presencia, carecendo de conhecimentos técnicos para estabelecer se a gravidade do dano se deve exclusivamente à lesão ou a outro fator, a não ser que também seja médica.

2.2. Impedimento dos peritos (CPP, arts. 275 a 281)

No exercício da atividade pericial, o médico está sujeito às vedações do Código de Ética Médica[1] (Resolução CFM 2.217, de 27 de setembro de 2018, modificada pelas Resoluções CFM 2.222/2018 e 2.226/2019) e aos impedimentos e suspeições do Código de Processo Penal.

No aspecto ético, é vedado ao médico:

Art. 92. Assinar laudos periciais, auditoriais ou de verificação médico-legal quando não tenha realizado pessoalmente o exame.

Art. 93. Ser perito ou auditor do próprio paciente, de pessoa de sua família ou de qualquer outra com a qual tenha relações capazes de influir em seu trabalho ou de empresa em que atue ou tenha atuado.

Art. 94. Intervir, quando em função de auditor, assistente técnico ou perito, nos atos profissionais de outro médico, ou fazer qualquer apreciação em presença do examinado, reservando suas observações para o relatório.

Art. 95. Realizar exames médico-periciais de corpo de delito em seres humanos no interior de prédios ou de dependências de delegacias de polícia, unidades militares, casas de detenção e presídios.

Art. 96. Receber remuneração ou gratificação por valores vinculados à glosa ou ao sucesso da causa, quando na função de perito ou de auditor.

---

1. Em vigor a partir de 30/04/2019.

Art. 97. Autorizar, vetar, bem como modificar, quando na função de auditor ou de perito, procedimentos propedêuticos ou terapêuticos instituídos, salvo, no último caso, em situações de urgência, emergência ou iminente perigo de morte do paciente, comunicando, por escrito, o fato ao médico assistente.

Art. 98. Deixar de atuar com absoluta isenção quando designado para servir como perito ou como auditor, bem como ultrapassar os limites de suas atribuições e de sua competência.

Parágrafo único. O médico tem direito a justa remuneração pela realização do exame pericial.

O médico perito não está impedido de exercer outra especialidade em sua clínica particular e em hospitais. Assim, pode ser que se veja diante do exame pericial de um paciente que atendeu, em caráter de emergência ou não, ou que tenha participado do tratamento de alguma forma.

Como regra, o médico jamais poderá ser o perito no caso de paciente que atendeu, tratou ou acompanhou, pois não realizará a perícia com imparcialidade.

Fere essa regra o parágrafo 1°, do artigo 77 da Lei 9.099/1995, que dispensa o exame pericial quando a materialidade do delito estiver aferida por boletim médico.

Ao elevar o simples boletim de atendimento médico ao *status* de relatório pericial, a lei concentra nas mãos do mesmo médico o atendimento e o exame pericial, contrariando a regra da incompatibilidade absoluta das duas atuações.

Além disso, se não houver solução da contenda no juizado especial, o citado boletim não terá valor no rito sumário por ser incompleto, inadequado, redigido por médico não afeito à especialidade. E se os vestígios já tiverem desaparecido, será impossível o exame de corpo de delito direto.

Corre-se também o risco de agravamento da lesão, após sentença irrecorrível, indevidamente avaliada por um não perito.

Os impedimentos, assim como os casos de suspeição previstos no CPP, atingem tanto os peritos oficiais, como os louvados (CPP, art. 275).

O perito nomeado pela autoridade para realização da perícia será obrigado a aceitar o encargo, sob **pena de multa**, salvo escusa atendível (CPP, art. 277, *caput*), em virtude da sua função social.

Incorre nessa mesma penalidade o perito que, sem justa causa, provada imediatamente (CPP, art. 277, parágrafo único):

- deixar de acudir à intimação ou ao chamado da autoridade;
- não comparecer no dia e local designados para o exame;
- não der o laudo, ou concorrer para que a perícia não seja feita, nos prazos estabelecidos.

No caso de não comparecimento do perito, sem justa causa, a autoridade poderá determinar a sua condução (CPP, art. 278).

Assim também determina a Resolução CFM 1.497/98

Art. 1° Determinar que o médico nomeado perito, execute e cumpra o encargo, no prazo que lhe for determinado, mantendo-se sempre atento às suas responsabilidades ética, administrativa, penal e civil.

Parágrafo único. O médico fará jus aos honorários decorrentes do serviço prestado.

CAPÍTULO 2 • PERÍCIA MÉDICO-LEGAL E SEUS PERITOS

Art. 2º O médico designado perito pode, todavia, nos termos do artigo 424 do Código de Processo Civil, escusar-se do encargo alegando motivo legítimo.

A Lei 12.030/2009 dispõe, no artigo 2º, que no exercício da atividade de perícia oficial de natureza criminal, é assegurada autonomia técnica, científica e funcional. Assim, se o perito se sentir pressionado, poderá recusar-se a fazer a perícia e não será penalizado com multa porque haverá justa causa.

Não podem ser peritos (CPP, art. 279):

• os que estiverem sujeitos à interdição de direito

• os que tiverem prestado depoimento no processo ou opinado anteriormente sobre o objeto da perícia;

• os analfabetos e os menores de 21 anos.

É extensivo aos peritos, no que lhes for aplicável, o disposto sobre suspeição dos juízes (CPP, art. 280).

As partes poderão também arguir de suspeitos os peritos, os intérpretes e os serventuários ou funcionários de justiça, decidindo o juiz de plano e sem recurso, à vista da matéria alegada e prova imediata (CPP, art. 105).

Como o artigo 97 do CPP permite ao juiz firmar a sua suspeição, podendo qualquer das partes recusá-lo, caso não o faça, indicando o motivo legal (CPP, art. 254), conclui-se que o perito também poderá declarar-se suspeito.

2.3.   Local da perícia

A perícia é feita em instituições oficiais, a não ser que existam elementos materiais que não possam ser removidos ou haja necessidade de o perito médico ter uma noção da cena em que se deu o fato.

O Instituto Médico Legal apresenta as seguintes seções:

• Seção do Cadáver Ignorado;

• Seção de Antropologia Forense e Odontologia Legal;

• Seção de Psiquiatria Forense;

• Seção de Patologia Forense;

• Seção de Controle de Exames e outras.

2.4.   Momento da perícia

Pode ser solicitada em qualquer fase, seja durante o inquérito policial, seja durante a instrução criminal, ou até após a sentença para avaliação da imputabilidade nas doenças mentais supervenientes, da periculosidade etc.

Na fase de inquérito policial, pode ser feita qualquer perícia, mas apenas os exames de corpo de delito são elencados como pressupostos de validade no artigo 564, III, *b*, do CPP, ressalvado o disposto no artigo 167 do mesmo diploma legal, hipótese em que apenas será admitida a prova testemunhal quando houverem desaparecido os vestígios, a qual não tem o mesmo valor probante do exame de corpo de delito direto.

Havendo vestígios, como nem a confissão do acusado afasta a necessidade de exame de corpo de delito, não pode o juiz ou a autoridade policial negar-se a deferi-lo quando requerido pelas partes (CPP, art. 184), pois o desaparecimento dos vestígios vai impedir a sua posterior análise e pode comprometer o estabelecimento do nexo de causalidade com futuras complicações. Já as outras perícias podem ser negadas quando desnecessárias ao esclarecimento da verdade.

O exame de corpo de delito pode ser feito em qualquer dia ou horário, com exceção das autópsias que deverão observar um intervalo de seis horas da morte, porque neste prazo os sinais abióticos de certeza, isto é, de ausência de vida já estão evidentes.

Apenas o perito médico pode antecipá-la nos casos de impossibilidade de tratar-se de morte aparente pela evidência dos sinais (CPP, art. 162, *caput*), devendo justificar o procedimento no auto. Tem-se como exemplo o cadáver decapitado, pois a separação completa entre a cabeça e o corpo é incompatível com a vida.

Em 2018, a Lei 13.721 incluiu o parágrafo único ao artigo 158 do CPP, estabelecendo prioridade na realização do exame de corpo de delito quando se tratar de crime que envolva:

I – violência doméstica e familiar contra mulher;

II – violência contra criança, adolescente, idoso e pessoa com deficiência.

Nesses casos, há urgência nas medidas protetivas que visam a afastar o agressor dessas vítimas em decorrência de suas vulnerabilidades.

Nas mortes violentas, não havendo crime a apurar e se as lesões externas forem incompatíveis com a vida, permitindo a determinação da causa da morte sem exame interno, o perito poderá dispensá-lo (CPP, art. 162, parágrafo único). Note-se que apenas o perito médico tem legitimidade para tal, uma vez que só ele pode analisar a compatibilidade das lesões com outros vestígios.

Tem-se, como exemplo, a simulação de acidente fatal, sendo as lesões produzidas após a morte, com o objetivo de esconder a verdadeira causa. Nesse caso, a presença do perito médico adquire importância, pois permite a constatação de que a quantidade de sangue existente no local não corresponde à extensão das lesões, levando à suspeita de tratar-se de simulação e, consequentemente, de crime, o que torna obrigatório o exame interno.

2.5. Requisição da perícia

Podem requisitar a perícia:

- **Na fase de inquérito, a autoridade policial civil, militar ou federal competente para presidir o inquérito policial.**

De acordo com o artigo 6º, inciso VII, do CPP, logo que tiver conhecimento da prática da infração penal, a autoridade policial deverá determinar, se for o caso, que se proceda a exame de corpo de delito e a quaisquer outras perícias.

Realmente, a autoridade policial pode determinar a realização de qualquer perícia, excetuando-se o exame para constatação da sanidade mental do indiciado, caso em que apenas a autoridade judiciária poderá fazê-lo, mesmo na fase de inquérito, devendo a autoridade policial representar ao juiz competente (CPP, art. 149, *caput* e § 1°).

No caso de acidente de trânsito envolvendo viaturas da Polícia Militar, sendo autor e vítima policiais militares em atividade, a competência é da Justiça Militar, conforme Súmula 6 do STJ: *"Compete à Justiça Comum Estadual processar e julgar delito decorrente de acidente de trânsito envolvendo viatura de Polícia Militar, salvo se autor e vítima forem policiais militares em situação de atividade."*

Já em crimes ocorridos no interior de navios, por exemplo, a competência é da justiça federal.

- **Na fase processual, a autoridade judiciária.**

Jamais os peritos, oficiais ou não, poderão ser indicados pelas partes, pois a nomeação é ato exclusivo de autoridade policial ou judiciária (CPP, art. 276).

Discute-se a possibilidade de o Ministério Público determinar diretamente a perícia ao IML, uma vez que também teria poderes investigativos de acordo com sua Lei Orgânica estadual e federal. Além disso, se o Ministério Público pode oferecer a denúncia, também pode pedir a perícia necessária à produção da prova que a embasa.

Apesar de essa argumentação ser refutada pelas autoridades policiais, a Proposta de Emenda à Constituição (PEC) 37 que sugeria incluir um novo parágrafo ao artigo 144 da Constituição Federal, que trata da Segurança Pública, limitando o poder de investigação do Ministério Público (MP) à apuração de infrações penais cometidas pelos seus membros, foi rejeitada.

PEC 37 A apuração das infrações penais de que tratam os §§ 1° e 4° deste artigo, incumbem privativamente às polícias federal e civis dos Estados e do Distrito Federal, respectivamente.

Como a Constituição Federal é omissa, a matéria continua carente de disciplina.

As Comissões Parlamentares de Inquérito (CPIs), de acordo com o artigo 58, parágrafo 3° da CF, têm poderes de investigação próprios das autoridades judiciais, além de outros previstos nos regimentos das respectivas Casas, sendo criadas pela Câmara dos Deputados e pelo Senado Federal, em conjunto ou separadamente, mediante requerimento de um terço de seus membros, para a apuração de fato determinado e por prazo certo, sendo suas conclusões, se for o caso, encaminhadas ao Ministério Público, para que promova a responsabilidade civil ou criminal dos infratores.

Então, poderiam requisitar tanto exames de corpo de delito, como exame de sanidade mental do acusado porque, apesar deste ser atribuição exclusiva da autoridade judiciária, as CPIs investigam fatos, e não pessoas, inexistindo ainda acusados. Logo, nada impediria a requisição de exame de sanidade mental dos envolvidos, por exemplo, pelas CPIs da pedofilia.

2.6. Assistentes técnicos no processo penal

Antes da Lei 11.690/2008, que acrescentou os parágrafos 3º ao 7º ao artigo 159 do CPP, a exigência de dois peritos oficiais no processo penal afastava a possibilidade de haver assistente técnico das partes, restando às mesmas solicitar parecer médico privado quando o laudo oficial apresentasse contradições.

Atualmente, de acordo com o artigo 159, parágrafo 3º, do CPP, na fase processual, o Ministério Público, o assistente da acusação, o ofendido, o querelante e o acusado podem indicar assistente técnico que atuará a partir da sua admissão pelo juiz e após a conclusão dos exames e elaboração do laudo pelo perito oficial (CPP, art. 159, § 4º).

Dessa forma, o assistente técnico não poderá participar do exame de corpo de delito inicial, nem da autópsia, pois só poderá atuar após a conclusão desses exames e da elaboração do laudo pelo médico legista, que geralmente ocorrem na fase de inquérito.

Entretanto, durante o curso do processo, havendo requerimento das partes, o material probatório que serviu de base à perícia será disponibilizado no ambiente do órgão oficial, que o manterá sempre sob sua guarda, e na presença de perito oficial, para exame pelos assistentes técnicos, salvo se for impossível a sua conservação (CPP, art. 159, § 6º).

Assim, material colhido para exames laboratoriais, radiografias e outros exames poderão ser objeto de nova análise pelos assistentes técnicos.

No caso de exame no ser humano, entendemos que poderá ser requerido exame complementar pelas partes, que será feito no órgão oficial (IML), podendo o assistente técnico examiná-lo na presença de perito oficial, que não precisa ser o mesmo que fez o primeiro exame de corpo de delito. Nesse sentido, o assistente técnico poderá participar das exumações (excetuando-se as indicações decorrentes da não realização da autópsia, pois entendemos que, nesses casos, sendo a exumação o primeiro exame pericial, os assistentes técnicos só serão admitidos quando estiverem concluídos o exame e o auto).

Em vista do exposto, a Lei 11.690/2008 valorizou o exame feito pelo perito oficial, admitindo-o como ponto de partida para qualquer questionamento posterior, e preservou a análise e a descrição das lesões, assim como as conclusões derivadas deste primeiro exame de qualquer influência ou pressão externa.

Por outro lado, os peritos poderão ser questionados pelos assistentes técnicos admitidos no processo, permitindo uma discussão mais ampla e a correção de eventuais incoerências ou a identificação de falsa perícia, elencada como crime pelo artigo 342 do CP, tornando mais remota a possibilidade de questionamentos posteriores.

§ 5º Durante o curso do processo judicial, é permitido às partes, quanto à perícia:

I – requerer a oitiva dos peritos para esclarecerem a prova ou para responderem a quesitos, desde que o mandado de intimação e os quesitos ou questões a serem esclarecidas sejam encaminhados com antecedência mínima de 10 (dez) dias, podendo apresentar as respostas em **laudo complementar**;

A falsa perícia consiste não apenas em fazer uma afirmação falsa, mas também em ocultar ou negar a verdade, podendo ser sujeitos ativos deste delito tanto peritos oficiais como nomeados.

CAPÍTULO 2 • PERÍCIA MÉDICO-LEGAL E SEUS PERITOS   **23**

A Lei 13.964, de 2019, que incluiu o artigo 3º-B ao CPP, atribuiu competência ao juiz de garantias para deferir pedido de admissão de assistente técnico para acompanhar a produção da perícia (inc. XVI).

Na esfera penal, a maior parte das perícias ocorre na fase de inquérito, quando ainda não se formou a relação processual.

Caso o exame pericial ocorra na fase processual, o inciso XVI do artigo 3º-B, do CPP não se compatibiliza com o artigo 159, § 4º, do CPP, pois este exclui a presença do assistente técnico do primeiro exame pericial, protegendo o perito contra ingerências ao descrever as lesões.

Parece que, em relação ao primeiro exame pericial, houve uma relativização do que estipula o artigo 159, § 4º, do CPP, criando-se a possibilidade de questionamento não apenas em relação à discussão e conclusão do laudo, mas da descrição e até da existência da própria lesão.

Quanto aos exames periciais complementares, não há restrição à participação do assistente técnico porque a descrição da lesão, principal parte do laudo pericial, já ocorreu.

Nas perícias complexas que necessitem da atuação de mais de um perito, as partes podem indicar mais de um assistente técnico (CPP, art. 159, § 7º). Tem-se, como exemplo, o caso de lesões corporais múltiplas com acometimento do globo ocular e que tenha desencadeado um quadro psiquiátrico, exigindo exame por peritos especializados nessas duas áreas.

De acordo com o artigo 159, inciso II do parágrafo 5º do CPP, os assistentes técnicos apresentados pelas partes poderão apresentar pareceres em prazo a ser fixado pelo juiz ou ser inquiridos em audiência.

No processo penal, apenas os peritos não oficiais prestam compromisso ao serem nomeados para determinada perícia (CPP, art. 159, § 2º). Os peritos oficiais, que prestam compromisso ao assumirem o cargo, e os assistentes técnicos, dos quais não se exige imparcialidade, não prestam compromisso quando atuam.

O médico, na função de assistente técnico em processos administrativos ou judiciais, não está sujeito a impedimentos ou suspeições, uma vez que é de confiança de uma das partes litigantes e dele não se exige imparcialidade.

3. VESTÍGIOS NO CÓDIGO DE TRÂNSITO BRASILEIRO (CTB)

O artigo 276 do CTB (Lei 9.503/1997) trata dos vestígios exigidos para a configuração da infração administrativa decorrente da condução de veículo automotivo sob influência do álcool, enquanto o artigo 306 se refere à infração penal.

Em sua redação original, o artigo 276 do CTB determinava que a concentração de seis decigramas de álcool no sangue (alcoolemia) seria o vestígio indicativo do abuso de bebida alcoólica responsável pelo estado de embriaguez.

A Lei 11.705/2008 alterou a redação desse artigo estabelecendo que, qualquer concentração de álcool por litro de sangue sujeita o condutor do veículo automotor às penalidades administrativas do artigo 165 do CTB, bastando agora o mero consumo de álcool para caracterizar tal infração, sem que se exija a presença de embriaguez.

Realmente, a alcoolemia igual ou superior a dois decigramas já altera a atenção, a visão e o acompanhamento de movimentos, aumentando as chances de acidentes.

Com a Lei 12.760, de 20 de dezembro de 2012, esse artigo ganhou nova redação:

> Art. 276. Qualquer concentração de álcool por litro de sangue ou por litro de ar alveolar sujeita o condutor às penalidades previstas no art. 165.
>
> Parágrafo único. O Contran disciplinará as margens de tolerância quando a infração for apurada por meio de aparelho de medição, observada a legislação metrológica.

Reconhece expressamente, além da dosagem no sangue, a medição da concentração de álcool no ar exalado como vestígio suficiente para a constatação da infração administrativa, acabando com as dúvidas relativas à equivalência entre essas duas formas de medição, e lhe dá prioridade nos casos de fiscalização.

O artigo 277 do CTB também sofreu alterações, merecendo destaque a constatação, por meio de imagem, de sinais de alteração da capacidade psicomotora pelo álcool ou outra substância que determine dependência.

> Art. 277. O condutor de veículo automotor envolvido em acidente de trânsito ou que for alvo de fiscalização de trânsito poderá ser submetido a teste, exame clínico, perícia ou outro procedimento que, por meios técnicos ou científicos, na forma disciplinada pelo Contran, permita certificar influência de álcool ou outra substância psicoativa que determine dependência.
>
> § 2º A infração prevista no art. 165 também poderá ser caracterizada mediante imagem, vídeo, constatação de sinais que indiquem, na forma disciplinada pelo Contran, alteração da capacidade psicomotora ou produção de quaisquer outras provas em direito admitidas.

Frequentemente, condutores se negam a produzir provas contra si próprios para impedir a caracterização das infrações de trânsito. A antiga redação desse artigo gerava certa discricionariedade ao incluir a observação de notório estado de embriaguez pelo agente de trânsito para tipificar a infração administrativa, já autorizando a aplicação desta diante da recusa do condutor em submeter-se aos procedimentos previstos, sem elencar os critérios objetivos que definem tal estado.

A Resolução Contran 432, de 23 de janeiro de 2013, que dispõe sobre os procedimentos a serem adotados pelas autoridades de trânsito e seus agentes na fiscalização do consumo de álcool ou de outra substância psicoativa que determine dependência, para aplicação do disposto nos artigos 165, 276, 277 e 306 da Lei 9.503 (CTB), alterados pelas Leis 11.795/2008 e 12.760/2012, estabelece critérios definidores da alteração da capacidade psicomotora para fins de caracterização da infração administrativa como base para a autuação.

Inciso VI do ANEXO II da Resolução 432: Sinais observados pelo agente fiscalizador:

a. Quanto à aparência, se o condutor apresenta:	i. Sonolência; ii. Olhos vermelhos; iii. Vômito; iv. Soluços; v. Desordem nas vestes; vi. Odor de álcool no hálito.
b. Quanto à atitude, se o condutor apresenta:	i. Agressividade; ii. Arrogância; iii. Exaltação; iv. Ironia; v. Falante; vi. Dispersão.
c. Quanto à orientação, se o condutor:	i. sabe onde está; ii. sabe a data e a hora.
d. Quanto à memória, se o condutor:	i. sabe seu endereço; ii. lembra-se dos atos cometidos;
e. Quanto à capacidade motora e verbal, se o condutor apresenta:	i. Dificuldade no equilíbrio; ii. Fala alterada;

Entretanto, mantém a validade da prova apenas testemunhal, o que pode continuar gerando discricionariedade caso a testemunha conheça os citados critérios, ou erro, se a causa das alterações psicomotoras for outra, uma vez que sua constatação está desvinculada de exame clínico e de outros testes, e da comprovação por imagem ou vídeo quando o condutor se recusa a se submeter a eles, conforme artigo 3º da Resolução.

Art. 3º da Resolução 432 A confirmação da alteração da capacidade psicomotora em razão da influência de álcool ou de outra substância psicoativa que determine dependência dar-se-á por meio de, pelo menos, um dos seguintes procedimentos a serem realizados no condutor de veículo automotor:

I – exame de sangue;

II – exames realizados por laboratórios especializados, indicados pelo órgão ou entidade de trânsito competente ou pela Polícia Judiciária, em caso de consumo de outras substâncias psicoativas que determinem dependência;

III – teste em aparelho destinado à medição do teor alcoólico no ar alveolar (etilômetro);

IV – verificação dos sinais que indiquem a alteração da capacidade psicomotora do condutor.

§ 1º Além do disposto nos incisos deste artigo, também poderão ser utilizados prova testemunhal, imagem, vídeo ou qualquer outro meio de prova em direito admitido.

§ 2º Nos procedimentos de fiscalização deve-se priorizar a utilização do teste com etilômetro.

§ 3º Se o condutor apresentar sinais de alteração da capacidade psicomotora na forma do art. 5º ou haja comprovação dessa situação por meio do teste de etilômetro e houver encaminhamento do condutor para a realização do exame de sangue ou exame clínico, não será necessário aguardar o resultado desses exames para fins de autuação administrativa.

O art. 6º da mesma Resolução reduz, pela metade, a anterior margem de tolerância, que era de 0,1 mg/L de ar alveolar.

Art. 6º da Resolução 432 A infração prevista no art. 165 do CTB será caracterizada por:

I – exame de sangue que apresente qualquer concentração de álcool por litro de sangue;

II – teste de etilômetro com medição realizada igual ou superior a 0,05 miligrama de álcool por litro de ar alveolar expirado (0,05 mg/L), descontado o erro máximo admissível nos termos da "Tabela de Valores Referenciais para Etilômetro" constante no Anexo I;

III – sinais de alteração da capacidade psicomotora obtidos na forma do art. 5º.

Parágrafo único. Serão aplicadas as penalidades e medidas administrativas previstas no art. 165 do CTB ao condutor que recusar a se submeter a qualquer um dos procedimentos previstos no art. 3º, sem prejuízo da incidência do crime previsto no art. 306 do CTB caso o condutor apresente os sinais de alteração da capacidade psicomotora.

Em relação à infração penal, a nova redação do artigo 306 do CTB parece relativizar a exigência da constatação de alcoolemia igual ou superior a 6 decigramas por litro de sangue, pois elenca outros elementos para tipificação do crime: medição pelo etilôme-tro igual ou superior a 0,3 miligramas por litro de ar alveolar e presença dos sinais de alteração da capacidade psicomotora, além de que os meios para a confirmação estão dispostos no parágrafo 2º de forma alternativa.

Art. 306 do CTB Conduzir veículo automotor com capacidade psicomotora alterada em razão da influência de álcool ou de outra substância psicoativa que determine dependência:

§ 1º As condutas previstas no caput serão constatadas por:

I – concentração igual ou superior a 6 decigramas de álcool por litro de sangue ou igual ou superior a 0,3 miligrama de álcool por litro de ar alveolar; ou

II – sinais que indiquem, na forma disciplinada pelo Contran, alteração da capacidade psicomotora.

§ 2º A verificação do disposto neste artigo poderá ser obtida mediante teste de alcoolemia, exame clínico, perícia, vídeo, prova testemunhal ou outros meios de prova em direito admitidos, observado o direito à contraprova.

§ 3º O Contran disporá sobre a equivalência entre os distintos testes de alcoolemia para efeito de caracterização do crime tipificado neste artigo.

§ 4º Poderá ser empregado qualquer aparelho homologado pelo Instituto Nacional de Metrologia, Qualidade e Tecnologia – INMETRO – para se determinar o previsto no caput.

O artigo 7º da Resolução 432 traz a regulamentação do artigo 306 do CTB e parece confirmar as observações feitas acima.

Art. 7º da resolução 432 O crime previsto no art. 306 do CTB será caracterizado por qualquer um dos procedimentos abaixo:

I – exame de sangue que apresente resultado igual ou superior a 6 (seis) decigramas de álcool por litro de sangue (6 dg/L);

II – teste de etilômetro com medição realizada igual ou superior a 0,34 miligrama de álcool por litro de ar alveolar expirado (0,34 mg/L), descontado o erro máximo admissível nos termos da "Tabela de Valores Referenciais para Etilômetro" constante no Anexo I;

III – exames realizados por laboratórios especializados, indicados pelo órgão ou entidade de trânsito competente ou pela Polícia Judiciária, em caso de consumo de outras substâncias psicoativas que determinem dependência;

IV – sinais de alteração da capacidade psicomotora obtido na forma do art. 5º.

§ 1º A ocorrência do crime de que trata o caput não elide a aplicação do disposto no art. 165 do CTB.

§ 2º Configurado o crime de que trata este artigo, o condutor e testemunhas, se houver, serão encami-nhados à Polícia Judiciária, devendo ser acompanhados dos elementos probatórios.

Realmente, duas latas de cerveja, cada uma contendo 12 gramas de álcool, seriam suficientes para produzir uma alcoolemia de três a cinco decigramas em um adulto médio do sexo masculino com 70 quilos, e do sexo feminino com 62 quilos. Apesar de esses níveis estarem abaixo do exigido, nem sempre existe correspondência entre a alcoolemia e o estado de embriaguez pela interferência de fatores como sexo, peso, etnia, hábito de beber, tornando variável a susceptibilidade individual.

Tem-se como exemplo o indivíduo portador de embriaguez patológica, que se embriaga subitamente com pequena quantidade de álcool.

Nesse aspecto, a nova redação do artigo 306 acertou ao prestigiar as alterações psicomotoras independentemente da alcoolemia, mas pode falhar em relação aos alcoolistas crônicos que, pela alta resistência ao álcool, não exibem alterações psicomotoras evidentes. Entretanto, isso não significa que a atenção, a visão e o acompanhamento de movimentos estejam totalmente preservados.

Talvez para fazer frente à negativa dos condutores em se submeter ao etilômetro, alcoolemia e exame clínico, admite também para caracterização da infração penal, o vídeo e a prova testemunhal.

Entretanto, o Superior Tribunal de Justiça tem decidido pela necessidade de comprovação pela alcoolemia igual ou superior a seis decigramas por litro de sangue para a tipificação da infração penal, o que significa incriminar apenas o abuso, constatado pelo exame de sangue, apesar dos inconvenientes citados, e persistindo o entrave da recusa do condutor em produzir prova contra si próprio.

Em se tratando de preceito constitucional, deve-se aguardar a decisão do Supremo Tribunal Federal

O artigo 2º do Dec. 6.488/2008 estabelecia a equivalência entre o nível de álcool no sangue e no ar alveolar, o que consta agora do próprio artigo 306 do CTB.

Observe-se que as medições estão em unidades diferentes.

Para facilitar o entendimento, transformamos a unidade utilizada no resultado da alcoolemia na mesma unidade do resultado do etilômetro, considerando que: 1 decigrama = 100 miligramas.

Medição no sangue	Medição no ar alveolar
100 miligramas (1 decigrama) por litro	0,05 miligramas por litro
200 miligramas (2 decigramas) por litro	0,1 miligramas por litro
400 miligramas (4 decigramas) por litro	0,2 miligramas
600 miligramas (6 decigramas) por litro	0,3 miligramas

Seriam esses os vestígios que comprovariam o consumo de álcool, de acordo com o disposto no artigo 158 do CPP, assim como as análises laboratoriais no caso de substâncias que levam à dependência.

O método para <u>armazenamento e conservação</u> de sangue com objetivo de realização de exame de alcoolemia é o da adição de anticoagulante EDTA (ácido etilenodiamino tetra-acético).

Outros critérios baseados no estado do condutor não constituem vestígios suficientes, pois as alterações psicomotoras podem ter outras etiologias, não incriminadas pelo CTB.

O ANEXO I da Resolução 432 traz a tabela de valores referenciais para o etilômetro, destinada a orientar as autuações, com base no VC (Valor considerado para autuação), assim calculado:

VC (Valor considerado para autuação) = MR (Medição realizada pelo etilômetro) – EM (Erro máximo admissível).

Desconta-se, portanto, do valor assinalado pelo etilômetro, o valor devido ao desvio padrão máximo do método, isto é, o erro máximo que pode ocorrer em cada medição.

4. INSANIDADE MENTAL DO ACUSADO

Quando houver dúvida sobre a integridade mental do acusado, o juiz competente ordenará que ele seja submetido a exame médico-legal:

– na fase do inquérito, mediante representação da autoridade policial (CPP, art. 149, § 1º);

– na fase processual, de ofício ou a requerimento do Ministério Público, do defensor, do curador, do ascendente, descendente, irmão ou cônjuge do acusado (CPP, art. 149, *caput*).

Seja qual for a fase, o juiz nomeará curador ao acusado quando determinar o exame e, caso os peritos concluam que o acusado era, ao tempo da infração, irresponsável nos termos do art. 22 do Código Penal, o processo prosseguirá, com a presença do curador (CPP, art. 151).

Se o exame for ordenado na fase processual, ficará suspenso o processo, salvo se houver prejuízo com o adiamento (CPP, art. 149, § 2º).

Se o acusado estiver:

– preso – será internado em manicômio judiciário, onde houver;

– solto – será internado em estabelecimento adequado designado pelo juiz, por requerimento do perito (CPP, art. 150, *caput*).

O exame não durará mais de quarenta e cinco dias, salvo se os peritos demonstrarem a necessidade de maior prazo (CPP, art. 150, § 1º), podendo o juiz autorizar que os autos sejam entregues aos peritos, para facilitar o exame (CPP, art. 150, § 2º).

Se a doença mental sobreveio à infração, o processo continuará suspenso até que o acusado se restabeleça, observado o § 2º do art. 149, podendo o juiz ordenar sua internação em manicômio judiciário ou em outro estabelecimento adequado (CPP, art. 152, *caput* e § 1º).

CAPÍTULO 2 • PERÍCIA MÉDICO-LEGAL E SEUS PERITOS

Quando o acusado se restabelecer, o processo retomará o seu curso, sendo assegurada a faculdade de reinquirir as testemunhas que houverem prestado depoimento sem a sua presença (CPP, art. 152, § 2º).

Se a insanidade mental sobrevier no curso da execução da pena, verificada por perícia médica, o acusado será internado em manicômio judiciário, ou, à falta, em outro estabelecimento adequado, onde lhe seja assegurada a custódia (CPP, art. 682).

5. QUESTÕES CONTROVERTIDAS

5.1. Nas infrações que deixam vestígios, pode a vítima recusar-se a se submeter a exame de corpo de delito?

O CPP admite a prova testemunhal apenas quando já não existem vestígios (art. 167).

Presentes os vestígios, nem a confissão do acusado dispensa o exame de corpo de delito (CPP, art. 158), o que conduz à conclusão de que a mera declaração da vítima a respeito dos fatos não seja suficiente para a tipificação de crime desta espécie.

Trata-se de determinação legal, não havendo que se falar em sobrevitimização, já que a vítima é a maior interessada, a não ser que se trate de produzir prova contra si própria.

Reza o artigo 201 do CPP:

Sempre que possível, o ofendido será qualificado e perguntado sobre as circunstâncias da infração, quem seja ou presuma ser o seu autor, as provas que possa indicar, tomando-se por termo as suas declarações.

§ 1º Se, intimado para esse fim, deixar de comparecer sem motivo justo, **o ofendido poderá ser conduzido** à presença da autoridade.

§ 6º O juiz tomará as providências necessárias à preservação da intimidade, vida privada, honra e imagem do ofendido, podendo, inclusive, determinar o segredo de justiça em relação aos dados, depoimentos e outras informações constantes dos autos a seu respeito para evitar sua exposição aos meios de comunicação.

Mesmo que conduzida coercitivamente, não há como obrigar a vítima a permitir qualquer tipo de exame sobre seu corpo, mas se alguma parte dele se despregar, como por exemplo, células dos lábios aderidas a piteiras de cigarros ou de placentas descartadas, o exame delas já não dependerá de autorização.

5.2. Pode o advogado do investigado participar dos exames periciais?

A Lei 13.245, de 12 de janeiro de 2016, alterou o artigo 7º da Lei 8.906, de 4 de junho de 1994 (Estatuto da Ordem dos Advogados do Brasil), no intuito de ampliar a participação dos advogados aos atos investigatórios:

XIII – examinar, em qualquer órgão dos Poderes Judiciário e Legislativo, ou da Administração Pública em geral, autos de processos findos ou em andamento, mesmo sem procuração, quando não estiverem sujeitos a sigilo ou segredo de justiça, assegurada a obtenção de cópias, com possibilidade de tomar apontamentos;

XIV – examinar, **em qualquer instituição responsável por conduzir investigação**, mesmo sem procuração, autos de flagrante e de **investigações de qualquer natureza**, findos ou em andamento, ainda que conclusos à autoridade, podendo copiar peças e tomar apontamentos, em meio físico ou digital;

XXI – **assistir a seus clientes investigados** durante a apuração de infrações, sob **pena de nulidade absoluta** do respectivo interrogatório ou depoimento e, subsequentemente, de **todos os elementos investigatórios e probatórios** dele decorrentes ou derivados, direta ou indiretamente, podendo, inclusive, no curso da respectiva apuração:

a) apresentar razões e quesitos;

§ 10. Nos autos sujeitos a sigilo, deve o advogado apresentar procuração para o exercício dos direitos de que trata o inciso XIV.

§ 11. No caso previsto no inciso XIV, a autoridade competente poderá **delimitar o acesso do advogado aos elementos de prova relacionados a diligências em andamento e ainda não documentados nos autos**, quando houver risco de comprometimento da eficiência, da eficácia ou da finalidade das diligências.

§ 12. A inobservância aos direitos estabelecidos no inciso XIV, o fornecimento incompleto de autos ou o fornecimento de autos em que houve a retirada de peças já incluídas no caderno investigativo implicará responsabilização criminal e funcional por abuso de autoridade do responsável que impedir o acesso do advogado com o intuito de prejudicar o exercício da defesa, sem prejuízo do direito subjetivo do advogado de requerer acesso aos autos ao juiz competente.

§ 13. O disposto nos incisos XIII e XIV do caput deste artigo aplica-se integralmente a processos e a procedimentos eletrônicos, ressalvado o disposto nos §§ 10 e 11 deste artigo.

Como o advogado do investigado pode assistir os seus clientes investigados durante a apuração de infrações, sob pena de nulidade absoluta do respectivo interrogatório ou depoimento e, subsequentemente, de todos os elementos investigatórios e probatórios dele decorrentes ou derivados, direta ou indiretamente, pode então assisti-lo durante a prova pericial que geralmente ocorre na fase de inquérito.

O inciso XV do artigo 3º-B do CPP, acrescido pela Lei 13.964, de 2019, atribui ao juiz de garantias assegurar prontamente, quando se fizer necessário, o direito outorgado ao investigado e ao seu defensor de acesso a todos os elementos informativos e provas produzidos no âmbito da investigação criminal, salvo no que concerne, estritamente, às diligências em andamento.

Reforça, dessa forma, o já disposto pelo artigo 7º da Lei 8.906.

Entretanto, a autoridade competente poderá delimitar o acesso do advogado aos elementos de prova relacionados a diligências em andamento e ainda não documentados nos autos, quando houver risco de comprometimento da eficiência, da eficácia ou da finalidade das diligências.

5.3. É possível produção de prova pericial no Tribunal do Júri?

De acordo com o artigo 473, parágrafo 3º, do CPP, as partes e os jurados poderão requerer acareações, reconhecimento de pessoas e coisas e esclarecimento dos peritos, bem como a leitura de peças que se refiram, exclusivamente, às provas colhidas por carta precatória e às provas cautelares, antecipadas ou não repetíveis.

Assim, os peritos podem ser chamados para esclarecer aspectos da perícia realizada também quando se tratar de Tribunal do Júri.

Além da acusação e da defesa, os jurados também poderão pedir esclarecimentos.

Art. 480. A acusação, a defesa e os jurados poderão, a qualquer momento e por intermédio do juiz presidente, pedir ao orador que indique a folha dos autos onde se encontra a peça por ele lida ou citada, facultando-se, ainda, aos jurados solicitar-lhe, pelo mesmo meio, o esclarecimento de fato por ele alegado.

§ 1º Concluídos os debates, o presidente indagará dos jurados se estão habilitados a julgar ou se necessitam de outros esclarecimentos.

§ 2º Se houver dúvida sobre questão de fato, o presidente prestará esclarecimentos à vista dos autos.

§ 3º Os jurados, nesta fase do procedimento, terão acesso aos autos e aos instrumentos do crime se solicitarem ao juiz presidente.

É nessa fase que os jurados poderão solicitar prova pericial, cujo deferimento dependerá de reconhecimento como essencial pelo juiz.

Como a perícia é uma prova que não pode ser realizada imediatamente, caso deferida, o juiz dissolverá o Conselho de sentença, nomeando perito e formulando quesitos, além de facultar às partes também formulá-los e indicar assistentes técnicos no prazo de 5 dias.

Tem-se, como exemplo, a solicitação de exame de sanidade mental do acusado.

Art. 481. Se a verificação de qualquer fato, reconhecida como essencial para o julgamento da causa, não puder ser realizada imediatamente, o juiz presidente dissolverá o Conselho, ordenando a realização das diligências entendidas necessárias.

Parágrafo único. Se a diligência consistir na produção de prova pericial, o juiz presidente, desde logo, nomeará perito e formulará quesitos, facultando às partes também formulá-los e indicar assistentes técnicos, no prazo de 5 (cinco) dias.

5.4. É possível produção de prova pericial na revisão criminal?

A revisão criminal é uma ação autônoma de impugnação de sentença condenatória ou absolutória imprópria (quando há circunstâncias que isentem o réu de pena – CPP, art. 386, VI) com trânsito em julgado, proposta em favor do acusado, para desconstituir a sentença contaminada por erro judiciário, desde que antes da extinção de punibilidade.

Art. 621. A revisão dos processos findos será admitida:

I – quando a sentença condenatória for contrária ao texto expresso da lei penal ou à evidência dos autos;

II – quando a sentença condenatória se fundar em depoimentos, **exames** ou documentos comprovadamente falsos;

III – quando, após a sentença, se descobrirem **novas provas** de inocência do condenado ou de circunstância que determine ou autorize diminuição especial da pena.

Entre as hipóteses previstas no artigo 621 do CPP, o inciso II elenca decisão fundada em exame falso, incluindo a perícia médico-legal e do local de crime, desde que tenham influído decisivamente na conclusão, isto é, a condenação se deu em razão dessas perícias falsas.

Além das situações de falsidade do artigo 342 do CPP (fazer afirmação falsa, ou negar ou calar a verdade), entendemos que a perícia realizada por perito impedido ou suspeito, também está maculada.

Já o inciso III do artigo 621 do CPP, refere-se à descoberta de provas novas em favor do acusado, mesmo que os elementos de prova já existissem por ocasião do processo, mas não foram avaliados por negligência ou dificuldade.

Segundo Lima (p. 1834), mesmo que a prova tenha sido conhecida e apresentada no primeiro processo, apreciada pelo juiz na sentença, pode ser considerada como prova nova com base na argumentação diversa do magistrado. Tem-se, como exemplo, a análise de materiais coletados na cena de crime que se tornou possível graças às novas técnicas de determinação do DNA.

Na área médico legal, a repetição ou produção de nova prova pericial dependerá de os vestígios serem duradouros, podendo a perícia correr em processo à parte (posição majoritária) ou dentro da própria revisão criminal.

6. PERÍCIAS E PERITOS NO CÓDIGO DE PROCESSO CIVIL (CPC)

6.1. Perícias no CPC

A prova pericial tem por objeto fatos alegados na inicial ou na contestação que necessitam comprovação. É uma prova técnica, científica e especializada, que prevalece sobre as demais.

No processo civil, a prova pericial consiste em exame, vistoria ou avaliação (CPC, art. 464).

O exame recai sobre bens móveis, semoventes e pessoas, situando-se aí tanto a perícia médica direta, como a indireta (prontuários, atestados, laudos etc.).

A vistoria dirige-se a bens imóveis, enquanto a avaliação serve para arbitramento de valores.

Provas obtidas por meios ilícitos são inadmissíveis no processo (CF, art. 5º, LVI).

Perícias realizadas contra a vontade do indivíduo são ilegítimas. Entretanto, a parte que se recusou a submeter-se à perícia médica necessária, não poderá aproveitar-se de sua recusa (CC, art. 231). Essa atitude poderá inclusive suprir a prova que se pretendia, gerando uma presunção relativa.

Toda perícia **imposta** pelo legislador para verificação dos fatos é indispensável, sendo chamada de perícia necessária ou obrigatória.

A Lei 12318/10, que dispõe sobre a alienação parental, é um exemplo: estipula, no artigo 5º, que o juiz determine perícia psicológica ou biopsicológica sempre que se constatar indício de alienação parental por um dos pais, mas também pelos avós e por qualquer pessoa que tenha o menor sob sua guarda, autoridade ou vigilância.

Esses exames periciais podem ser aplicáveis a outras questões que envolvam direito de família e/ou exijam avaliação da condição psicológica, por ex., para aferição da incapacidade.

CAPÍTULO 2 • PERÍCIA MÉDICO-LEGAL E SEUS PERITOS **33**

Lei 12318/10

Art. 5º Havendo indício da prática de ato de alienação parental, em ação autônoma ou incidental, o juiz, se necessário, determinará perícia psicológica ou biopsicossocial.

§ 1º O laudo pericial terá base em ampla avaliação psicológica ou biopsicossocial, conforme o caso, compreendendo, inclusive, entrevista pessoal com as partes, exame de documentos dos autos, histórico do relacionamento do casal e da separação, cronologia de incidentes, avaliação da personalidade dos envolvidos e exame da forma como a criança ou adolescente se manifesta acerca de eventual acusação contra genitor.

§ 2º A perícia será realizada por profissional ou equipe multidisciplinar habilitados, exigido, em qualquer caso, aptidão comprovada por histórico profissional ou acadêmico para diagnosticar atos de alienação parental.

§ 3º O perito ou equipe multidisciplinar designada para verificar a ocorrência de alienação parental terá prazo de 90 (noventa) dias para apresentação do laudo, prorrogável exclusivamente por autorização judicial baseada em justificativa circunstanciada.

O perito e os assistentes técnicos podem valer-se de diferentes meios para executar suas tarefas (CPC, art. 473, IV, § 3º), incluindo documentos, testemunhas, demonstrando a admissão da perícia indireta.

É o que acontece na perícia retrospectiva póstuma, frequente nos testamentos realizados em circunstâncias questionáveis, estando o testador já morto, onde o perito terá de analisar toda a documentação referente ao caso, para reconstruir a situação em que o fato ocorreu.

Quando a perícia for direcionada a coisas ou documentos, por exemplo, no caso de prontuário médico hospitalar, se eles estiverem em poder da parte, de terceiros ou em repartições públicas, o juiz poderá ordenar que o requerido exiba documento ou coisa a pedido da parte (CPC, arts. 396 e 397), no prazo de 5 dias contados da intimação e, caso o documento ou coisa não esteja em sua posse, deverá provar tal fato (CPC, art. 398).

Se terceiro estiver de posse do documento, o juiz ordenará sua citação, devendo responder no prazo de 15 dias (CPC, art. 401).

Assim, após demonstrar a necessidade da prova contida num prontuário, boletim ou ficha de atendimento médico ou resultado de exames, a parte deverá requerer ao juiz, por intermédio do seu advogado, que determine a respectiva exibição, sempre lembrando que esses documentos pertencem ao paciente, são sigilosos e os locais onde se encontram servem apenas para guarda.

A recusa não será admitida pelo juiz quando (CPC, art. 399):

• o requerido tiver obrigação legal de exibir; ou

• tiver aludido ao documento no processo para constituir prova; ou

• o documento, por seu conteúdo, for comum às partes.

Entre as causas de escusa da parte ou de terceiro nesta exibição, estão os fatos protegidos pelo dever de sigilo em razão da profissão, como ocorre na área médica, ou outros motivos graves ou disposição legal justificando a recusa (CPC, art. 404, inc. IV).

A requisição de documentos para avaliação da autenticidade de firma não configura violação de privacidade ou de informações. Se necessário, pode o juiz optar entre decretar o segredo ou requerer que a parte escreva dizeres em folha de papel, para comparação (CPC, art. 478, § 3º).

Os fatos que o documento provaria, serão dados como verdadeiros se não houver exibição deles, nem justificativa para tal por parte do requerido ou se a recusa for ilegítima, podendo o juiz adotar inclusive medidas coercitivas (CPC, art. 400).

A ação própria para tal é a de exibição de documento, mas também pode ocorrer dentro de ação de análise de erro médico.

Sem o consentimento do paciente, o médico não pode revelar o conteúdo do prontuário ou ficha médica, nem se negar a fornecer cópia da ficha ou do prontuário médico solicitado pelo paciente ou requisitado pelos Conselhos Federal ou Regional de Medicina.

Se for necessária a perícia nesses documentos, o médico poderá encaminhá-los à autoridade requisitante, desde que haja consentimento expresso do paciente.

Os atos processuais são públicos (CPC, art. 189, inc. III), mas tramitam em segredo de justiça os processos em que constem dados protegidos pelo direito constitucional à intimidade.

Entretanto, para defender-se em processo judicial, o médico poderá apresentar a ficha ou prontuário médico à autoridade competente, solicitando que a matéria seja mantida em segredo de justiça.

A Resolução do Conselho Federal de Medicina (CFM) 1.605/2000 versa sobre o assunto em questão, especificando o procedimento nos casos em que se faz necessário o uso de informações constantes no prontuário.

> Resolução CFM 1.605/2000
>
> Art. 1º O médico não pode, sem o consentimento do paciente, revelar o conteúdo do prontuário ou ficha médica.
>
> Art. 2º Nos casos do art. 269 do Código Penal, onde a comunicação de doença é compulsória, o dever do médico restringe-se exclusivamente a comunicar tal fato à autoridade competente, sendo proibida a remessa do prontuário médico do paciente.
>
> Art. 3º Na investigação da hipótese de cometimento de crime o médico está impedido de revelar segredo que possa expor o paciente a processo criminal.
>
> Art. 4º Se na instrução de processo criminal for requisitada, por autoridade judiciária competente, a apresentação do conteúdo do prontuário ou da ficha médica, o médico disponibilizará os documentos ao perito nomeado pelo juiz, para que neles seja realizada perícia restrita aos fatos em questionamento.
>
> Art. 5º Se houver autorização expressa do paciente, tanto na solicitação como em documento diverso, o médico poderá encaminhar a ficha ou prontuário médico diretamente à autoridade requisitante.
>
> Art. 6º O médico deverá fornecer cópia da ficha ou do prontuário médico desde que solicitado pelo paciente ou requisitado pelos Conselhos Federal ou Regional de Medicina.
>
> Art. 7º - Para sua defesa judicial, o médico poderá apresentar a ficha ou prontuário médico à autoridade competente, solicitando que a matéria seja mantida em segredo de justiça.
>
> Art. 8º Nos casos não previstos nesta resolução e sempre que houver conflito no tocante à remessa ou não dos documentos à autoridade requisitante, o médico deverá consultar o Conselho de Medicina, onde mantém sua inscrição, quanto ao procedimento a ser adotado.
>
> Art. 9º Ficam revogadas as disposições em contrário, em especial a Resolução CFM nº 999/80.

CAPÍTULO 2 • PERÍCIA MÉDICO-LEGAL E SEUS PERITOS

O juiz poderá dispensar prova pericial quando as partes, na inicial e na contestação, apresentarem, sobre as questões de fato, pareceres técnicos ou documentos elucidativos que considerar suficientes (CPC, arts. 464, § 1º, inc. II e 472).

Já o indeferimento da perícia pode ocorrer (CPC, arts. 464, § 1º, inc. I a III e 370, *caput* e parágrafo único):

- quando a prova do fato não depender de conhecimento especial de técnico;
- for desnecessária em vista de outras provas produzidas;
- a verificação for impraticável.

A decisão do indeferimento não implica em cerceamento de defesa e deve ser fundamentada a fim de possibilitar eventual recurso.

Entretanto, mesmo que num primeiro momento a perícia pareça desnecessária, diante da possibilidade de os vestígios desaparecerem, seria conveniente estender ao processo civil o que dispõe o artigo 184 do Código de Processo Penal, que impede o indeferimento nesses casos, pois fica inviável sua posterior análise.

Quando o indeferimento decorrer de verificação impraticável, pois os vestígios desapareceram, pode ser requerida a perícia indireta.

6.2. Peritos no CPC

No processo civil, geralmente o perito é nomeado pelo juiz, escolhido entre aqueles inscritos no cadastro, selecionados segundo critérios objetivos e impessoais (CPC, art. 156, §§ 1º e 2º).

Esse cadastro serve para comprovação da habilidade técnica ou científica.

A escolha do juiz, entre os cadastrados, continua sendo de acordo com sua confiança.

Não havendo inscritos no cadastro, o perito será de livre escolha pelo juiz, sempre considerando o conhecimento necessário à realização da perícia (CPC, 156, § 5º).

Os tribunais realizarão avaliações e reavaliações periódicas para manutenção do cadastro, levando em conta a formação profissional, a atualização do conhecimento e a experiência dos peritos interessados (CPC, art. 156, § 3º).

Não se exige formação universitária. O perito tem de ser um profundo conhecedor da área em que atua.

Assim, o perito pode ser um tecnólogo, sem formação universitária. Tem-se, como exemplo, a situação em que se identificou problema na administração de um medicamento, ainda que a prescrição estivesse correta. Nesse caso, ninguém melhor do que um técnico em enfermagem para reconhecer as possíveis falhas, como inadequação da diluição, desrespeito ao horário e/ou via de administração, contaminação do material, troca de paciente ou de medicamento etc.

Tratando-se de perícia médica, além da inscrição regular no CRM, se a perícia exigir avaliação de especialista, o profissional escolhido precisará ter conhecimentos na área em que se insere o objeto da perícia (CPC, art. 156, §§ 1º e 2º CPC).

Basta um perito nomeado para cada perícia, independentemente de termo de compromisso (CPC, art. 466).

Esses peritos não oficiais que atuam no processo civil não prestam compromisso com a verdade ao assumirem uma perícia, assim como os assistentes técnicos, os quais são de confiança das partes e não estão sujeitos a impedimento ou suspeição (CPC/2015, art. 466, *caput* e § 1°).

O **perito será escolhido, de preferência, entre os técnicos dos estabelecimentos oficiais especializados quando o exame** tiver por objeto a autenticidade ou a falsidade de documento ou **for de natureza médico-legal**, a cujos diretores o juiz autorizará a remessa dos autos, bem como do material sujeito a exame (CPC, art. 478 *caput*).

O perito é um auxiliar do juízo, conforme artigo 139 do CPC, subordinado aos mesmos deveres de isenção e imparcialidade dos juízes e membros do Ministério Público, estando sujeito a impedimentos e suspeições previstos em lei.

As partes terão prazo de 15 dias, contados do despacho de nomeação do perito, para arguir impedimento ou suspeição dele, indicar assistente técnico e apresentar quesitos (CPC, art. 465, § 1°, inc. I a III).

Tratando-se de perícia complexa, como geralmente ocorre na área médica, serão admitidos mais de um perito, dependendo do número de áreas que necessitam exame, ou seja, desde que se exija mais de um ramo de conhecimento técnico específico (CPC, art. 475). Nesses casos, a parte pode indicar mais de um assistente técnico.

Ciente da nomeação, o perito apresentará em 5 (cinco) dias, proposta de honorários (CPC, art. 465, § 2°, I).

O artigo 465 do CPC trata dos honorários nos parágrafos 2° ao 5°, especificando no parágrafo 6° o procedimento para a nomeação por carta.

Sendo a perícia inconclusiva ou deficiente, o juiz poderá reduzir a remuneração inicialmente arbitrada para o trabalho (CPC, art. 465, § 5°).

Uma vez nomeado pelo juiz, o perito tem a obrigação de aceitar o encargo, só podendo escusar-se se houver motivo legítimo, ou causas de suspeição ou impedimento aplicáveis aos auxiliares da justiça, apresentadas no prazo de 15 dias contados da sua arguição (Resolução CFM 1.497/98, CPC, arts. 157 e 467). A perda desse prazo pelo perito implica em renúncia ao direito de alegá-las.

O perito ficará inabilitado por (CPC, art. 158):

- 2 a 5 anos se prestar informações inverídicas dolosa ou culposamente;
- 5 anos no caso de ser substituído e não restituir os valores recebidos sem que tenha realizado o trabalho.

A substituição pode ocorrer quando (CPC, art. 468):

- faltar ao perito conhecimento técnico ou científico;
- sem motivo legítimo, deixar de cumprir o encargo no prazo que lhe foi assinado.

Novamente, o CPC valoriza o conhecimento técnico ou científico, independentemente de formação universitária.

CAPÍTULO 2 • PERÍCIA MÉDICO-LEGAL E SEUS PERITOS   **37**

No processo penal, a maior parte das perícias ocorre na fase de inquérito, quando ainda não se formou a relação processual e, mesmo na fase processual, o assistente técnico só pode ser admitido quando o perito concluiu o exame e entregou o laudo do exame pericial (CPP, art. 159, § 4º).

Já no processo civil, o perito deve assegurar o acesso dos assistentes técnicos ao exame pericial, comunicando a data, hora e local com antecedência de 5 dias (CPC, art. 466, § 2º e 474).

Havendo necessidade de esclarecimentos, o perito ou o assistente técnico serão intimados a comparecer em audiência de instrução e julgamento, já tendo formulados os quesitos que podem ser indeferidos pelo juiz, se considerados impertinentes, que também pode formular os que julgue necessários (CPC, art. 477, § 3º).

O prazo estipulado pelo juiz para que o perito protocole o laudo deve respeitar uma antecedência de pelo menos 20 dias da audiência de instrução e julgamento. Esse prazo, pode ser prorrogado por concessão do juiz (CPC, art. 477).

As partes, intimadas para manifestarem-se sobre o laudo terão prazo comum de 15 dias, no qual cada assistente técnico terá igual prazo para apresentar parecer (CPC, art. 477, §§ 1º e 2º).

O perito terá, a seguir, prazo de 15 dias para se manifestar em relação às divergências.

Quando a intimação for por meio eletrônico, o perito ou o assistente técnico deverão ser intimados com antecedência de 10 dias da audiência (CPC, art. 477, § 4º).

Como a prova pericial é determinada pelo juiz, com nomeação de perito e facultando às partes a indicação de assistente técnico, se uma das partes apresentar laudo particular, para ser admitido como prova documental, é necessário que ele dê oportunidade à parte contrária para manifestar-se e fazer a contraprova.

6.3. Outros tipos de perícias no CPC

No processo civil existe a **perícia consensual**, nas causas passíveis de resolução por autocomposição, onde as partes capazes, de comum acordo, escolhem o perito, após indicarem os respectivos assistentes técnicos para acompanhar a perícia previamente agendada (CPC, art. 471, inc. I e II, e § 1º).

Essa perícia consensual substitui plenamente a que seria realizada por perito nomeado pelo juiz (CPC, art. 471, § 2º).

O parágrafo 2º do artigo 471 deixa claro que os peritos fazem laudos, enquanto os assistentes técnicos fazem pareceres.

Se o fato alegado for de menor complexidade, admite-se a **perícia simplificada** (CPC, art. 464, §§ 2º e 3º), também prevista no artigo 35 da Lei 9.099/95.

Aqui, a prova consiste na inquirição de especialista que necessita ter formação acadêmica específica na área em questão. Então, em se tratando de perícia no ser humano, por exemplo, num caso de ressarcimento por dano estético, deverá ser consultado um médico especializado em cirurgia plástica.

Lei 9.099/95

Art. 35. Quando a prova do fato exigir, o Juiz poderá inquirir técnicos de sua confiança, permitida às partes a apresentação de parecer técnico.

Parágrafo único. No curso da audiência, poderá o Juiz, de ofício ou a requerimento das partes, realizar inspeção em pessoas ou coisas, ou determinar que o faça pessoa de sua confiança, que lhe relatará informalmente o verificado.

6.4. Laudo pericial no CPC

O artigo 473 do CPC dispõe sobre o conteúdo do laudo pericial:

- exposição do objeto da perícia;
- análise técnica ou científica realizada pelo perito;
- a indicação do método utilizado, esclarecendo-o e demonstrando ser predominantemente aceito pelos especialistas da área do conhecimento da qual se originou;
- resposta conclusiva a todos os quesitos apresentados pelo juiz, pelas partes e pelo órgão do Ministério Público.

No laudo, o perito deve apresentar sua fundamentação em linguagem simples e com coerência lógica, indicando como alcançou suas conclusões.

É vedado ao perito ultrapassar os limites de sua designação, bem como emitir opiniões pessoais que excedam o exame técnico ou científico do objeto da perícia.

Para o desempenho de sua função, o perito e os assistentes técnicos podem valer-se de todos os meios necessários, ouvindo testemunhas, obtendo informações, solicitando documentos que estejam em poder da parte, de terceiros ou em repartições públicas, bem como instruir o laudo com planilhas, mapas, plantas, desenhos, fotografias ou outros elementos para esclarecimento do objeto da perícia.

O juiz pode acatar ou não as conclusões do laudo, indicando as razões do seu convencimento, ou requisitar nova perícia (CPC, arts. 371 e 479).

Note-se que, como essa segunda perícia tem por objeto os mesmos fatos da primeira, não a substitui, cabendo ao juiz apreciar o valor de cada uma delas (CPC, art. 480).

Por fim, a prova dos fatos por reprodução mecânica (fotográfica, cinematográfica, fonográfica ou de outra espécie) está prevista no artigo 422 do CPC.

7. PERÍCIA RETROSPECTIVA PÓSTUMA

Trata-se de perícia indireta realizada quando se questiona ato praticado pelo *de cujus*, a fim de tentar anular um negócio jurídico ou testamento sob alegação de que, no momento do ato, ele era incapaz de entender o que fazia, com base em alterações observadas no pai, como dificuldades na memória recente, esquecimento, não conseguir aprender ou se adaptar às modernidades, não conseguir lembrar palavras específicas, dificuldades para concluir o discurso, apesar de manter boa independência.

Se o falecimento ocorrer antes de alguma contestação judicial do testamento, não é possível o exame direto, podendo uma perícia psiquiátrica indireta ser determinada

CAPÍTULO 2 • PERÍCIA MÉDICO-LEGAL E SEUS PERITOS   **39**

pelo juiz, mesmo que os filhos não consigam levantar documentos médicos sugerindo quadro demencial.

Segundo Palomba (p. 264), essa perícia deve basear-se em três elementos:

a. Conteúdo do documento em discussão

- Alguém teve mais benefícios que outro e por qual motivo?
- O negócio ou testamento foi feito de acordo com o mercado e com as relações familiares?

b. Histórico médico do periciando

- Analisar prontuários;
- Conversar com médicos e enfermeiros que tiveram contato com o de cujus;
- Verificar quais medicamentos utilizava.

c. Razões das partes que levaram ao litígio

- Oitiva de testemunhas como parentes, vizinhos, comerciantes locais.

Impõe-se também:

– Perícia grafotécnica do documento em questão;

– Exame da assinatura aposta.

Após análise caligráfica e do documento em litígio, das condições clínicas do falecido e dos interesses das partes litigantes, provavelmente será possível determinar as reais condições mentais do periciando à época do fato, permitindo responder aos quesitos formulados.

A incapacidade superveniente do testador não invalida o testamento, nem o testamento do incapaz se valida com a superveniência da capacidade (CC, art. 1.861).

Há perturbações da atividade mental que podem ser observadas nos moribundos: delírios, estupor, estado de sonolência constante, ação de medicamentos que atuam no sistema nervoso central etc.

É imprescindível que o perito conheça a causa da morte de forma detalhada e os medicamentos prescritos e administrados.

Krafft-Ebing sugere que a perícia póstuma realizada para atestar a capacidade mental do testador seja feita em quatro fases, sendo a quinta acrescentada por Palomba (pág. 277), de forma a propiciar ao perito elementos seguros para conclusão do laudo. Caso não chegue a uma conclusão, deve dizê-lo no laudo.

1ª fase – Exame da vida do testador até o momento de declarar a sua última vontade

Analisar o curso de possível enfermidade, a existência de intervalos de acalmia ou agudizações.

2ª fase – Exame do estado físico e psíquico do enfermo no momento do testamento

Os dados podem ser obtidos por meio de testemunhas, notários, enfermeiros, médicos etc.

Esses depoimentos nem sempre têm valor, pois muitas vezes envolvem pessoas interessadas na discussão ou que não são capazes de reconhecer alterações mentais. Até mesmo o depoimento de um médico pode ter valor limitado se não for especializado em psiquiatria.

3ª fase – Exame do estado mental desde o momento da outorga até a morte

Buscar a existência de alterações psicopatológicas observadas logo após o ato, levando à presunção de que, durante a redação do testamento, possivelmente já existissem, tendo em vista ser raro o aparecimento súbito de psicopatologia, sem manifestações prévias.

Nesse momento, o resultado do exame necroscópico é útil, porque pode detectar alterações encefálicas e vasculares que indiquem oligofrenia, epilepsia, arteriosclerose cerebral, demência senil etc.

Entretanto, a ausência de alterações não exclui a existência de algum distúrbio mental grave, assim como a presença de anomalia cerebral não garante distúrbio psíquico em vida. É a apreciação do conjunto de fatos clínicos e anatomopatológicos que levará a uma conclusão.

4ª fase – Exame do conteúdo e da forma do testamento

O perito vai procurar possíveis indícios de incompatibilidade nas disposições testamentárias.

O testamento é a extensão escrita da curva vital do testador e deve estar harmônico com os antecedentes pessoais dele.

A desarmonia entre a curva vital do testador (seu passado, sua história de vida e de relacionamento com os beneficiários ou prejudicados) e as disposições testamentárias é um indício de que alguém se aproveita do paciente debilitado, seja física ou mentalmente, induzindo-o ou enganando-o ou coagindo-o a assinar documentos, às vezes no próprio leito de morte.

Os testamentos extravagantes, paralógicos e excêntricos têm valor diagnóstico, pois podem revelar desordens psíquicas como delírios, distúrbios de comportamento etc.

5ª fase – Exame comparativo de assinaturas

A assinatura aposta no testamento deve ser comparada com assinaturas constantes em outros escritos ou documentos próximos à data do fato.

Distúrbios de grafia e de psicomotricidade estão presentes nos casos de demência senil, alcoolismo crônico e na maioria das doenças degenerativas cerebrais.

Letras trêmulas, discinesias gráficas, falta de palavras ou de letras, devem ser levadas em consideração, sempre comparando com outros escritos da mesma pessoa.

Grafias com irregularidades, trêmulas ou desalinhadas, nem sempre são indicativas de patologia mental, pois existem distúrbios neurológicos que afetam a motricidade sem afetar o psiquismo, como por exemplo o mal de Parkinson.

Pode também haver comprometimento da grafia devido à diminuição da força muscular, da acuidade visual ou da perda de habilidade motora da mão, sem distúrbio mental concomitante.

Por isso, o estudo grafológico não tem valor isolado, devendo ser analisado no conjunto dos fatos.

No testamento seguido de suicídio imediato, geralmente o suicídio acontece em decorrência de um estado de transtorno mental grave, com exceção dos casos de auto eutanásia, onde o testador expressa seu último ato livre para combater um estado crítico de saúde.

8. CONSIDERAÇÕES SOBRE RESPONSABILIDADE DO MÉDICO

A responsabilidade do médico se dá por ação ou omissão que viole obrigações legais perante o paciente, a qual não é relativizada nem quando o médico faz atendimento voluntário.

8.1. Responsabilidade ética

A responsabilidade ética do médico resulta de relação de confiança e tem natureza personalíssima.

Está prevista nos Princípios do Código de Ética Médica (CEM), podendo ser acompanhada pelas responsabilidades civil e/ou penal.

XIX – O médico se responsabilizará, em caráter pessoal e nunca presumido, pelos seus atos profissionais, resultantes de relação particular de confiança e executados com diligência, competência e prudência.

XX – A natureza personalíssima da atuação profissional do médico não caracteriza relação de consumo.

A responsabilidade do médico é sempre pessoal, não presumida (CEM, Cap. III, art. 1º, parágrafo único) e subjetiva, fundamentada na atuação culposa do agente caracterizada por imperícia, imprudência ou negligência.

O Código de Ética Médica também veda ao médico causar dano ao paciente, por ação ou omissão, caracterizável como imperícia, imprudência ou negligência (Cap. III, art. 1º).

8.2. Responsabilidade civil

É a obrigação imposta a uma pessoa que causar injustamente dano a outrem, decorrente de fato próprio, de outras pessoas ou de seus dependentes, obrigando-a a indenizar.

Resulta da ação humana voluntária que causa dano injusto, patrimonial ou extrapatrimonial, devendo ser provado o nexo causal.

Pressupostos da responsabilidade civil:

a. ato ilícito, consistente na violação de obrigação ou de outro dever;

b. nexo de imputação, que é o vínculo psicológico ligando o agente ao ato ilícito;

c. o prejuízo;

d. nexo de causalidade ligando o ato ilícito ao prejuízo;

e. ausência de causas de isenção de responsabilidade.

Existem situações em que há quebra de nexo de causalidade.

- Fato de terceiro

Quando um terceiro (pessoa diversa do autor e da vítima) é o responsável pelo evento danoso que houve entre autor e vítima, afastando assim a relação de causalidade sobre a conduta do agente. Tem-se, como exemplo, o caso de um ator que, imaginando utilizar munição de festim, atira em outro ator, ferindo-o mortalmente porque a munição era real por erro da equipe de produção.

- Culpa exclusiva da vítima;
- Caso fortuito (caracterizado pela imprevisibilidade) ou força maior (caracterizada por um evento inevitável, ainda que previsível);
- Legítima defesa (CC, art. 188, I);
- Estrito cumprimento do dever legal (CC, art. 188, I);
- Estado de necessidade (CC, art. 188, II);
- Iatrogenia (o médico atua corretamente, mas surgem reações inesperadas).

De acordo com o Código Civil, aquele que, por ato ilícito causar dano a outrem, ainda que exclusivamente moral, fica obrigado a repará-lo (arts. 927 e 186).

No mesmo sentido do CEM, o Código do Consumidor (CDC) estipula que a responsabilidade pessoal dos profissionais liberais será apurada mediante a verificação de culpa (art. 14, § 4º).

Na área médica, os pressupostos são:

- Ato médico, praticado com violação a um dever médico imposto pela lei, costume ou contrato;
- Imputável a título de culpa (subjetiva);
- Causador de um dano injusto patrimonial ou extrapatrimonial.

Também comete ato ilícito o titular de um direito que, ao exercê-lo, excede manifestamente os limites impostos pelo seu fim econômico ou social, pela boa-fé ou pelos bons costumes (art. 187, CC).

A responsabilidade do médico não é de fim, porque nem sempre é possível a obtenção de êxito no trabalho executado.

Entretanto, ele é obrigado a utilizar todos os meios necessários para tentar obter resultado benéfico, com atenção, cuidado e diligência exigidos pelas circunstâncias, e a agir de acordo com a sua titulação, com os recursos de que dispõe e com o desenvolvimento atual da ciência, sem se comprometer com a obtenção de um certo resultado porque a obrigação geralmente é de meio.

O médico não pode ser responsabilizado se o objetivo não for alcançado, pois o resultado é secundário à obrigação e não integra o objeto do contrato. Assim, a não obtenção de cura não significa inadimplemento da obrigação.

Já a obrigação de fim implica na obrigação de obter o resultado pretendido. Está, portanto, diretamente vinculada ao resultado do procedimento. Caso não o alcance, terá de arcar com as consequências.

A obrigação é de fim em certas especialidades, como anestesia, cirurgia plástica estética e exames laboratoriais, ou quando o médico se compromete a efetuar uma transfusão de sangue ou a realizar certa visita.

Já na cirurgia reparadora, conforme entendimento majoritário, a atividade é de meio, em face das peculiaridades do tratamento da estrutura orgânica afetada.

Observe-se que, se o médico prometer determinado resultado, inclusive afirmando que o procedimento é isento de riscos, a obrigação será de fim.

A relação médico-paciente é o elo que une o profissional e o paciente no curso de um tratamento.

Sua natureza jurídica é contratual, um ajuste prévio de vontades das partes, permeada por valores éticos extraídos do CEM (metajurídicos).

É um contrato de prestação de serviços, oneroso e comutativo, mas não apenas patrimonial, por se tratar de relação que objetiva valor existencial.

A responsabilidade será extracontratual, por exemplo, quando o médico socorre alguém na rua ou em um pronto socorro, que não optou por ele. Esse atendimento é uma prestação de socorro, sem relação contratual, podendo ser configurada omissão de socorro e consequente responsabilidade criminal caso o médico não atenda.

Em decorrência do princípio da transparência, surge o dever de informar, que obriga o prestador a fornecer todos os detalhes do caso e dos tratamentos possíveis, com exceção nos casos de urgência.

Dessa forma, o médico tem o dever de (CEM, art. 34 e CDC, art. 6º, III):

- Informar o diagnóstico, o prognóstico, os riscos e os objetivos do tratamento;
- Obter o consentimento, salvo quando a comunicação direta possa lhe provocar danos, devendo, nesse caso, fazer a comunicação a seu representante legal

Então, o dever de informar não é absoluto, sendo essa exceção o chamado privilégio terapêutico que, apesar de objetivar a preservação do paciente, pode privá-lo de dispor sobre sua vida, seus bens etc.

Se o paciente ou seu representante legal solicitarem a realização de junta médica ou uma segunda opinião, o profissional não pode se negar (CEM, art. 39).

O CEM veda, também, o desrespeito ao direito do paciente ou de seu representante legal de decidir livremente sobre a execução de práticas diagnósticas ou terapêuticas, mas estabelece, no artigo 31, exceção a essa regra em caso de iminente risco de morte.

A informação permite que o paciente tenha autonomia na tomada de decisão, escolhendo se quer ou não se submeter a determinado tratamento, sob pena de não ser afastada a negligência, cabendo nesses casos, indenização material e moral.

Essa informação pode ser fornecida ao paciente ou ao seu representante legal, quando a informação puder provocar danos ao paciente.

O termo de consentimento deve ser preenchido de forma espontânea, sem coação, além de esclarecido, com explicações claras, para que o paciente possa entender e aceitar, ou não.

É a prova de que o paciente sabia dos riscos de determinado procedimento e de que o médico cumpriu com o dever de informar.

Pode ser anulado judicialmente se não for claro, objetivo e se for de difícil compreensão.

O prontuário pode comprovar a informação, substituindo o termo em casos específicos, desde que essas informações constem nele.

Há vício no consentimento se o termo for apresentado para concordância imediatamente antes (no mesmo dia) do procedimento, principalmente nos casos de cirurgia.

O CDC e CEM não exigem que o termo seja escrito, mas dessa forma tem-se prova da informação.

Se paciente analfabeto, o termo deve conter informações gráficas, sendo assinado pelo representante e 2 testemunhas, com firma reconhecida em cartório.

O médico deve diferenciar a informação da recomendação e do conselho para evitar futura responsabilização.

Informação, em sentido estrito ou próprio, é a exposição de uma dada situação de fato versando sobre pessoas, coisas ou qualquer outra relação. Esgota-se na comunicação de fatos objetivos, estando ausente uma proposta de conduta, expressa ou tácita.

Conselho significa dar a conhecer a uma outra pessoa o que, na sua situação, se considera melhor ou mais vantajoso e o próprio faria se estivesse no seu lugar, de forma expressa ou implícita, sem vinculação para o destinatário, no sentido de que aquele que o recebe aja de forma correspondente. Contém um juízo de valores sobre o ato futuro do aconselhamento, em regra ligado a uma explicação.

Recomendação é apenas uma subespécie de conselho, uma comunicação de boa qualidade de uma pessoa ou coisa, com a intenção de determinar algo a quem é feita.

Como a obrigação do médico é subjetiva, ele será responsabilizado mediante a ocorrência de culpa, caracterizada por negligência, imprudência ou imperícia, que deve ser provada (CDC, art. 14, *caput* e § 4°).

A **negligência** é uma omissão, um não agir, uma ausência de precaução. São exemplos: clínica de fertilização que utiliza o esperma errado na fertilização do óvulo (deixou de verificar a origem material); remoção de um órgão ou membro errado, ou realização de cirurgia em paciente errado (deixou de verificar o prontuário médico e de examinar o paciente); esquecer algum instrumentário cirúrgico dentro de um paciente etc.

Como a culpa precisa ser certa e objetiva, o juiz deve:

- Estabelecer quais os cuidados possíveis devidos ao doente, de acordo com a ciência;
- Confrontar o que é preconizado para o caso concreto, com o comportamento adotado pelo médico;

CAPÍTULO 2 • PERÍCIA MÉDICO-LEGAL E SEUS PERITOS

- Verificar se foi o médico que agiu com culpa ou se foi o paciente que não levou o tratamento prescrito até o fim.

O médico tem o dever de caligrafia legível, de identificação e está proibido de assinar em branco (CEM, arts. 11 e 87) tanto receitas, como atestados, laudos e prontuários.

É vedado ao médico:

> Art. 11. Receitar, atestar ou emitir laudos de forma secreta ou ilegível, sem a devida identificação de seu número de registro no Conselho Regional de Medicina da sua jurisdição, bem como assinar em branco folhas de receituários, atestados, laudos ou quaisquer outros documentos médicos
>
> Art. 87. Deixar de elaborar prontuário legível para cada paciente.

A má caligrafia em prescrições pode levar à troca de medicamentos, podendo o médico responder por negligência, pois é previsível que esse ato possa acarretar dano ao paciente.

A **imprudência** caracteriza-se por um ato comissivo, intempestivo, irrefletido, insensato, imoderado, precipitado, uma ausência de cautela necessária para a situação real que se apresenta.

Exemplos: alta prematura; realização de uma operação sem equipe cirúrgica mínima necessária; remover paciente sem condições de transporte; usar técnica ainda não aprovada; fazer duas anestesias gerais simultaneamente; aproveitar a laparotomia para histerectomia e fazer apendicectomia.

Já a **imperícia** diz respeito à falta de habilidade, à ausência do necessário conhecimento técnico para realizar ato, ofício ou profissão.

Exemplo: retardo em operar paciente com abdômen agudo.

A simples alegação do fato não é suficiente para formar a convicção do juiz em relação ao nexo causal.

Não estando provadas a imprudência, imperícia ou negligência, nem o erro grosseiro, fica afastada a responsabilidade em virtude da presunção de capacidade constituída pelo diploma obtido após provas regulamentares.

O dano moral tem sido identificado pela doutrina e jurisprudência como lesão aos direitos de personalidade.

Dor, tristeza, sofrimento, aborrecimento ou outros sentimentos negativos do ânimo não podem ser confundidos com dano moral, pois a dor sofrida não é um dano em si.

Como a responsabilidade contratual não pode ser presumida e como a obrigação do médico é de meio e não de resultado, incumbe ao autor comprovar se houve culpa do médico ou do hospital, para fazer jus ao recebimento da indenização.

A inversão do ônus da prova fica subordinada ao critério do juiz, para facilitar a defesa dos direitos do consumidor quando for verossímil a alegação ou quando ele for hipossuficiente (CDC, art. 6º, inc. VIII).

Essa inversão não é automática e depende de circunstâncias concretas que serão apuradas pelo juiz. Caso contrário, seria como revogar, por ato judicial, a garantia da responsabilidade subjetiva outorgada aos profissionais liberais pelo CDC.

O estabelecimento prestador de serviços de saúde responde pelo fato do serviço objetivamente (CDC, art. 14).

Para que essa regra incida, é indispensável que se constate culpa do médico que atendeu o paciente, por exemplo, no setor de emergência do hospital ou que haja falha do serviço de atendimento hospitalar.

8.3. Responsabilidade penal

A responsabilidade penal deriva da transgressão de uma norma jurídica penal preexistente, que geralmente impõe ao agente uma pena privativa de liberdade e/ou pecuniária.

Toda conduta médica produz um resultado, que pode ser permitido, proibido ou, mesmo que desagradável, seja inerente ao tratamento.

Na esfera penal, aplica-se o princípio da *ultima ratio*: primeiro punição ética / administrativa (perante ao conselho de classe), depois civil e por último a penal.

Todos têm dever genérico de agir, mas profissionais da saúde são agentes garantidores. Por isso, nos casos de omissão de socorro, se a vítima morrer, poderão responder por homicídio.

Na esfera penal, também deve ser caracterizada a culpa, observando-se o dever objetivo de cuidado comparado com o que outros médicos fariam na mesma situação.

Nos casos de negligência, o médico faz menos do que deveria antes da produção do resultado (por exemplo, não pediu exames antes de uma cirurgia).

Já nos casos de imprudência, o médico faz mais do que deveria no momento do ato (por exemplo, prescreve medicamentos além do necessário).

Por fim, na imperícia, há falta de conhecimento técnico. Tem-se, como exemplo, a utilização de uma técnica proscrita, não mais usada no meio médico por haver técnicas recentes com melhores resultados e maiores benefícios para o paciente.

Na esfera penal, o desrespeito ao direito de decidir implica no crime de constrangimento ilegal, previsto no artigo 146 do CP, que também excetua, no seu inciso I, do parágrafo 3º, os casos de iminente perigo de vida.

O médico tem o dever de sigilo sobre as informações de que detenha conhecimento no desempenho de suas funções, previsto no artigo XI, dos princípios fundamentais, e no artigo 73, do CEM, que excetua apenas casos previstos em lei, mantendo essa obrigação mesmo que:

- O fato seja de conhecimento público;
- O paciente tenha falecido;
- O médico preste depoimento como testemunha;
- Durante investigação de suspeita de crime.

Exemplo deste último caso é a investigação do crime de aborto consentido pela gestante, onde o médico que a atendeu com complicações do procedimento, deve manter sigilo porque não pode incriminar sua paciente.

O artigo 74, do CEM, também veda ao médico revelar sigilo profissional relacionado a paciente criança ou adolescente, desde que estes tenham capacidade de discernimento, inclusive a seus pais ou representantes legais, salvo quando a não revelação possa acarretar dano ao paciente.

Ao médico assistente é vedado, inclusive, prestar informações a empresas seguradoras sobre as circunstâncias da morte do paciente sob seus cuidados, além das contidas na declaração de óbito, salvo por expresso consentimento do seu representante legal (CEM, art. 77).

As exceções ao dever de sigilo médico devem ser interpretadas e aplicadas com cautela, respeitando sempre os princípios éticos e os direitos do paciente, e fundamentando no princípio do dever de agir em benefício da saúde e do bem-estar do paciente e de terceiros e em obrigações legais e éticas.

Há motivo justo quando houver indícios de que o paciente possa causar danos a si mesmo ou a terceiros, o médico pode quebrar o sigilo, alertando a quem for competente para tomar as medidas necessárias a fim de evitar o dano iminente.

Há interesse de ordem moral ou social par descumprir a norma, devendo os motivos serem capazes de legitimar a violação.

São exemplos:

- situações em que o paciente revela a intenção de cometer suicídio, homicídio ou causar lesões graves a si próprio ou a terceiros;
- quando há necessidade, para tratamento do paciente, de compartilhar informações relevantes com outros profissionais de saúde envolvidos no cuidado direto;
- revelação da informação do médico do trabalho ao gestor da área de Recursos Humanos, quando a situação do candidato apresenta riscos para si e para terceiros e para função que seria exercida, como no caso de candidato portador de epilepsia concorrendo a vaga de motorista;
- divulgar, desde que garantida a confidencialidade, informações confidenciais para fins de auditoria, supervisão e controle de qualidade do exercício profissional.

Exceção plausível ao dever de sigilo pode ser admitida quando o médico precisa se defender. Aqui, está presente a justa causa.

O artigo 154 do CP tipifica como crime revelar alguém, sem justa causa, segredo de que tem ciência em razão de função, ministério, ofício ou profissão, e cuja revelação possa produzir dano a outrem.

No dever legal, o médico pode divulgar informações sigilosas quando existir uma obrigação legal para fazê-lo, como na notificação compulsória de doenças transmissíveis, violência doméstica, abuso de crianças e idosos etc.

Na notificação compulsória, por determinado das autoridades de saúde, o médico é obrigado a informar os órgãos competentes sobre a ocorrência de certas doenças, independentemente do consentimento do paciente, a fim de se criar medidas de prevenção, controle e tratamento adequados.

Exemplos: COVID, HIV/AIDS, tuberculose, entre outras que exigem comunicação obrigatória às autoridades de saúde.

Há também o dever de fazer a notificação compulsória dos casos previstos na Portaria 104 (Ministério da Saúde) e outras situações especificadas no capítulo 3 desse livro, podendo sua falta ser tipificada como crime de omissão de notificação de doença (CP, art. 269).

Tal notificação não implica em quebra de sigilo, desde que não exponha dados pessoais do paciente.

Quando há suspeita de crimes, o sigilo médico pode ser quebrado quando o médico tem conhecimento de um crime, comunicando o fato às autoridades competentes no prazo de 24 horas, visando proteger a vítima e contribuição para a investigação criminal.

Exemplos: abuso sexual, violência doméstica, maus-tratos a crianças.

Então, atualmente, deve prevalecer o fato de o sigilo médico ser relativo, sendo sua revelação sempre fundamentada por razões éticas, legais e sociais.

Informações médicas também podem ser requeridas como prova em processos judiciais, desde que haja relevância para a resolução do caso.

O consentimento do paciente seria uma forma de autorização expressa e informada do paciente permitindo que suas informações de saúde sejam compartilhadas com terceiros específicos. Pode ser escrito, verbal ou por meio de uma procuração.

Havendo consentimento livre, sem coerção ou pressão indevida, a quebra do sigilo médico o é um procedimento legal, desde que o paciente esteja informado sobre os propósitos e as consequências da divulgação de suas informações de saúde.

Observe-se que é vedado ao médico, de acordo com o artigo 74, do CEM, revelar sigilo profissional relacionado a paciente criança ou adolescente, desde que estes tenham capacidade de discernimento, inclusive a seus pais ou representantes legais, salvo quando a não revelação possa acarretar dano ao paciente.

O médico ou a instituição que assiste ao paciente tem o dever de guardar o prontuário dele (CEM, art. 87, § 2°).

Caso o profissional perca um envelope contendo, por exemplo, resultados de exame de paciente, possibilitando a alguém conhecer sobre sua doença, não haverá quebra de sigilo, mas crime de extravio de documento (CP, art. 314).

Também tipifica esse crime a sonegação ou inutilização, total ou parcial do documento sob guarda.

Por fim, o terceiro que manda um prontuário errado, negligencia informações específicas. O médico que recebe esse prontuário, consequentemente, age em erro. Responde quem enviou o prontuário errado.

Profissionais da saúde podem cometer diversos crimes.

• Homicídio:

– omissão de socorro dolosa com resultado morte;

CAPÍTULO 2 • PERÍCIA MÉDICO-LEGAL E SEUS PERITOS **49**

– eutanásia – utilizar qualquer substância que tenha potencial para matar uma pessoa (ativa) ou deixar de fornecer um meio de sobrevivência (passiva).

- Maus-tratos;
- Constrangimento ilegal;
- Sequestro ou cárcere privado – manter internação;
- Extorsão – não dar alta hospitalar para não permitir a saída de alguém a fim de que pague algum valor devido;
- Omissão de socorro (CP, art. 135).

Observe-se que um mesmo fato pode gerar responsabilidade ética, civil e penal.

Principais diferenças entre a responsabilidade civil e a penal:

a. Os instrumentos sancionatórios são de maior gravidade na responsabilidade penal (pena privativa de liberdade).

b. O Direito Penal exige a tipificação da conduta, diferentemente da responsabilidade civil.

c. A decisão criminal reflete no juízo cível.

- Se houver condenação criminal, não pode ser negada a culpa no juízo cível;
- Se houver absolvição criminal, poderá ser responsável civilmente;
- Se absolvição criminal por legítima defesa, estado de necessidade, estrito cumprimento do dever legal ou exercício legal do direito, faz coisa julgada também na esfera cível;
- Se absolvição por inexistência do fato, faz coisa julgada também na esfera cível.

Erro médico

É uma forma atípica e inadequada de conduta profissional, que supõe uma inobservância técnica, capaz de produzir um dano à vida ou à saúde do paciente.

O erro médico pode ser:

– pessoal – quando o dano é resultado de despreparo técnico e intelectual ou por descaso com o paciente;

– de ordem estrutural – quando as condições de trabalho são precárias e há falta de insumos e equipamentos, o que prejudica a resposta satisfatória do paciente.

Ambos podem gerar responsabilidade médica, sendo:

Na perícia para avaliação do erro médico, é preciso estabelecer o nexo causal entre o dano e a agressão, sendo o estudo do estado da vítima anterior à ofensa recebida, importante na avaliação do dano corporal.

É função de perito verificar a existência do dano.

Nenhuma autoridade deve questionar o perito a respeito da possível ocorrência de negligência, imprudência ou imperícia, pois cabe a ele tirar apenas as conclusões médicas.

A ocorrência de negligência, imprudência ou imperícia somente poderá ser caracterizada ao final do competente processo judicial, no qual se garante, entre outras coisas, a ampla defesa do acusado.

À justiça cabe finalizar o processo, decidir se o dano foi causado e, em caso positivo, se o foi por imprudência, imperícia ou negligência.

O erro médico não se confunde com acidente imprevisível e mal ou resultado incontrolável.

Acidente imprevisível é um resultado que causa danos, mas provém de força maior ou caso fortuito, inevitável ou imprevisível.

Não se caracteriza culpa, seja ela *lato sensu* ou *stricto sensu*, pela ausência do elemento previsibilidade. Daí decorre a ausência de evitabilidade.

A impossibilidade de prever ou evitar o desfecho indesejado é constatada com a busca de elementos a respeito da previsibilidade na prova pericial, conforme padrões de comportamento médio dos profissionais da medicina.

Mal incontrolável ou resultado incontrolável – refere-se um resultado lesivo que decorre da evolução natural de doença.

Denota um contexto cuja gravidade, extensão ou desenvolvimento científico ainda limitado quanto à patologia e sua cura, que impede a ocorrência de reversibilidade do quadro apresentado pelo paciente.

Trata-se de uma situação incontornável, embora seja possível a sua previsibilidade tendo em vista os estudos apresentados pela literatura médica.

8.4. Responsabilidade do perito

O perito tem responsabilidade subjetiva, devendo ser provada a culpa com os elementos que a ensejam na área civil ou penal: ação ou omissão, o dano e o nexo causal.

No exercício profissional, se o perito não trabalhar de acordo com os princípios éticos, também será responsabilizado.

Na condição de médico legista, as responsabilidades funcionais que o cargo impõe, não suplantam as responsabilidades ética, administrativa, penal e civil.

Há controversas quanto à responsabilidade dele ser de fim ou de meio.

Na atividade pericial, entendemos que a obrigação é de fim, pois o perito assume a obrigação de fornecer um relatório (laudo ou auto) contendo o exame realizado e suas conclusões.

Na área penal, o perito atua em nome do Estado, cuja responsabilidade é objetiva (independe de culpa). Tal responsabilização decorre de estar provada a culpa do profissional ao prestar o serviço em nome do Estado.

A responsabilidade objetiva do Estado é provada pela existência do fato administrativo, do dano e do nexo de causalidade, mas há o direito de regresso contra o agente público envolvido.

CAPÍTULO 2 • PERÍCIA MÉDICO-LEGAL E SEUS PERITOS

Por isso, se o perito forense causar danos no exercício de suas atividades profissionais, a pessoa que se sentiu lesada, apesar de tratar-se de uma responsabilidade objetiva, deve provar a existência da culpa *lato sensu* do agente ao prestar o serviço em nome do Estado.

Para se configurar esse tipo de responsabilidade, basta a existência de três elementos: o fato administrativo, o dano e o nexo de causalidade. Existe o direito de regresso contra os agentes públicos envolvidos por culpa ou dolo nos atos praticados em nome do Estado, o que garante à Fazenda Pública uma ação indenizatória (França: p. 81).

Essa culpa *lato sensu* engloba:

• Dolo direto

O agente atua com a vontade livre e consciente dirigida a um resultado (ilícito).

• Dolo eventual

O agente atua com a vontade livre e consciente, mas é indiferente à ocorrência ou não do resultado, assumindo o risco de produzi-lo. Mesmo que o fim seja lícito, o agente tem consciência de que pode eventualmente advir do seu ato um resultado ilícito, mas não se importa com isso: ele quer o ato.

• Culpa consciente

O agente previu como provável o resultado ilícito, mas atuou para alcançar seu objetivo lícito na esperança de o primeiro não se produzir, pois acredita ser capaz de evitar o resultado por sua perícia.

Distingue-se do dolo eventual porque nesta, se o agente tivesse certeza do resultado ilícito, não teria atuado, ao passo que naquele, mesmo assim quereria o ato.

• Culpa inconsciente

Quando o agente não teve consciência de que do ato poderia decorrer o resultado ilícito, embora objetivamente este fosse provável e, portanto, previsível.

Atos de duplo efeito, nos quais o agente pretende atingir o fim lícito, mas sabe que sua ação determinará inevitavelmente o resultado ilícito, não são raros na área médica. Seria o dolo necessário, tendo-se como exemplo, a retirada do útero de uma mulher grávida para tratar um câncer, produzindo-se, com esse ato, um aborto.

No processo penal, os peritos são oficiais, bastando um para cada perícia, a não ser que a complexidade exija vários, um para cada área. Excepcionalmente, os peritos são nomeados, devendo atuar em número de dois para cada perícia, ou dois para cada área nas perícias complexas.

Os impedimentos do perito estão analisados no item 2.2. deste capítulo.

Como funcionário público, o perito está submetido a estrita legalidade, não havendo margem discricionária, ou seja, deve cumprir a lei. Isso vale para peritos oficiais e nomeados durante a execução da perícia.

Caso não tenha realizado pessoalmente o exame, o médico não poderá assinar laudos periciais, auditoriais ou de verificação médico-legal (CEM, art. 92).

Se tal ocorrer, incidirá no crime de falso testemunho ou falsa perícia, do artigo 342 ou de falso atestado do artigo 302, do Código Penal (CP).

A falsidade consiste em fazer afirmação falsa ou negar ou calar a verdade como testemunha, perito, contador, tradutor ou intérprete em processo judicial ou administrativo, inquérito policial ou em juízo arbitral.

A emissão de atestados ou laudos não precedida de exame, também torna o procedimento falso, assim como informações inverídicas.

Na área civil, o perito que prestar informações inverídicas responde pelos prejuízos às partes. Fica inabilitado por dois anos e sujeito à sanção penal (CPC, art. 147).

O perito deve observar o artigo 95 do CEM, que proíbe ao médico realize exames médico-periciais de corpo de delito em seres humanos no interior de prédios ou de dependências de delegacias de polícia, unidades militares, casas de detenção e presídios, visando prevenir interferência externa.

Na atividade pericial, também há o dever de informar e obter o consentimento.

Essa autorização é obrigatória nas necrópsias por morte de causa natural sem diagnóstico ou sem atendimento, mas desnecessária quando se tratar de morte violenta ou suspeita porque, nesses casos, ela é compulsória. Sendo assim, o médico pode até contrariar a vontade da família e não estará cometendo ilícito, ou seja, ele atua amparado pela excludente de ilicitude do exercício regular de direito e pelo estrito cumprimento do dever legal de agir (CP, art. 23, inc. III).

O médico não pode ser perito do próprio paciente porque faltará imparcialidade.

Nesse sentido, o artigo 93 do CEM veda ao médico ser perito ou auditor do próprio paciente, de pessoa de sua família ou de qualquer outra com a qual tenha relações capazes de influir em seu trabalho ou de empresa em que atue ou tenha atuado.

Não pode também ultrapassar os limites de suas atribuições e de sua competência.

CEM Art. 98. Deixar de atuar com absoluta isenção quando designado para servir como perito ou como auditor, bem como ultrapassar os limites de suas atribuições e de sua competência.

Note-se que não é vedado ao perito atuar pericialmente em indivíduo que foi periciado anteriormente mais de uma vez pelo mesmo perito.

Se o perito omitir no laudo declaração que dele devia constar, com o fim de alterar a verdade sobre fato juridicamente relevante, estará tipificado o delito de falsidade ideológica.

CP, art. 299 – Falsidade ideológica consiste em omitir, em documento público ou particular, declaração que dele devia constar, ou nele inserir ou fazer inserir declaração falsa ou diversa da que devia ser escrita, com o fim de prejudicar direito, criar obrigação ou alterar a verdade sobre fato juridicamente relevante.

O perito está proibido de receber remuneração ou gratificação por valores vinculados ao sucesso da causa (CEM, art. 96).

Como funcionários públicos (conceito no CP, art. 327), os peritos médico legistas podem cometer todos os crimes funcionais, previstos a partir do artigo 312, do CP.

CAPÍTULO 2 • PERÍCIA MÉDICO-LEGAL E SEUS PERITOS

53

Concussão – consiste em exigir, para si ou para outrem, direta ou indiretamente, ainda que fora da função ou antes de assumi-la, mas em razão dela, vantagem indevida (CP, art. 316).

Peculato – apropriar-se o funcionário público de dinheiro, valor ou qualquer outro bem móvel, público ou particular, de que tem a posse em razão do cargo, ou desviá-lo, em proveito próprio ou alheio (CP, art. 312).

Corrupção ativa – oferecer ou prometer vantagem indevida a funcionário público, para determiná-lo a praticar, omitir ou retardar ato de ofício (CP, art. 333).

Corrupção passiva – solicitar ou receber, para si ou para outrem, direta ou indiretamente, ainda que fora da função ou antes de assumi-la, mas em razão dela, vantagem indevida, ou aceitar promessa de tal vantagem (CP, art. 317).

Tráfico de influência – solicitar, exigir, cobrar ou obter, para si ou para outrem, vantagem ou promessa de vantagem, a pretexto de influir em ato praticado por funcionário público no exercício da função (CP, art. 332).

9. CONSIDERAÇÕES SOBRE CRIMES RELACIONADOS À PROFISSÃO

Curandeirismo

Atenta contra a saúde pública e comete crime de curandeirismo quem receita, fornece ou aplica habitualmente qualquer substância, seja de origem vegetal, animal ou mineral, a pretexto de cura sem ter habilitação científica para tanto (CP, art. 284).

A pena prevista é de detenção de seis meses a dois anos, mas se o crime for praticado mediante algum tipo de remuneração, é aplicável ainda a pena de multa.

Também exerce curandeirismo quem usa gestos, palavras ou outro meio com a mesma finalidade, oi quem, não sendo médico, faz diagnósticos como se o fosse.

Até mesmo a prescrição de substâncias inócuas, como um simples copo de água, que por si só não causa nenhum dano, pode configurar o crime do artigo 284 do CP.

A lesão ao direito se dá, nesse caso, com o simples afastamento do doente daquele que seria o tratamento médico adequado para o seu caso.

O sujeito ativo pode ser qualquer pessoa, inclusive o médico, quando abandona os métodos científicos para se dedicar à cura através de gestos, palavras ou qualquer outro meio vinculado à sua formação técnico-profissional.

Ao contrário do charlatanismo, no curandeirismo o sujeito ativo acredita que conseguirá a cura, mesmo com métodos sem comprovação científica, como os sobrenaturais ou mágicos.

Charlatanismo

Já o crime de charlatanismo ocorre quando alguém, agindo de má fé, indica ou propaga a cura por meio secreto e infalível de qualquer doença, mas em geral de moléstia incurável ou de difícil tratamento, seja por distribuição de panfletos, publicação de anúncios ou qualquer outra forma de promoção (CP, art. 283).

Trata-se de fraude, de engodo, por meio do qual a pessoa normalmente busca alcançar algum tipo de vantagem econômica, ainda que isso não seja necessário à caracterização do delito, atentando contra a saúde pública.

A pena prevista para o delito é a detenção de três meses a um ano, além de multa.

O charlatão pode ser qualquer pessoa, inclusive o médico, sempre que apregoar a cura de males por meio secreto, cujos princípios não são tecnicamente explicitados, com garantia de resultado absolutamente certo, seja mediante o emprego de drogas ou de outro método.

O sujeito expõe a coletividade a perigo e tem perfeita consciência de que o tratamento proposto não é infalível, ao inverso do que apregoa.

Apesar de o criminoso sempre visar a algum tipo de lucro ilícito, o crime fica caracterizado independentemente de essa finalidade ser alcançada, bastando que se anuncie, que se promova a campanha fraudulenta.

Não é necessário, também, que alguém tenha sido efetivamente enganado em sua boa-fé, sendo suficiente o simples perigo de dano à saúde pública para caracterizar o ilícito.

Entretanto, a divulgação da descoberta de um tratamento com a afirmação de ter sido comprovada a sua eficiência, mas sem apregoar a infalibilidade da cura, não caracteriza por si só o crime de charlatanismo.

Capítulo 3
DOCUMENTOS MÉDICO-LEGAIS

Documentos médico-legais são informações relativas à matéria médica de interesse jurídico escritas por médico habilitado, que pratica os atos médicos específicos.

Têm por objetivo reproduzir e representar uma manifestação de pensamento, com base em critérios médico-legais.

O CEM trata dos documentos médico-legais nos artigos 80 a 91. Veda ao médico, no artigo 80, expedir documento médico sem ter praticado ato profissional que o justifique, que seja tendencioso ou que não corresponda à verdade.

São considerados documentos médico-legais as notificações compulsórias, os relatórios, os pareceres e os atestados.

1. NOTIFICAÇÕES COMPULSÓRIAS

São comunicações obrigatórias feitas pelo médico às autoridades competentes, por razões sociais ou sanitárias.

Não configuram quebra de sigilo profissional, assim como os relatórios periciais, porque prevalece o interesse público ou o dever legal.

A notificação é um instrumento indispensável para:

- planejamento em saúde;
- definição de prioridades de intervenção;
- avaliação do impacto das intervenções.

Deixar de notificar pode gerar a perpetuação de situações graves.

Informações de saúde como número de pessoas afetadas, formas de doenças e número de óbitos devem ser de domínio público, porém dados pessoais como nome, endereço, devem ser resguardados do público pela obrigação de sigilo de todos os profissionais que têm acesso a elas em razão da função que exercem.

A falta de notificação implica na tipificação do crime do artigo 269 do CP apenas para o médico.

1.1. Situações que envolvem notificação compulsória

A. Doenças, agravos e eventos em saúde pública constantes da Portaria 104, de 25/01/2011, do Ministério da Saúde.

Envolve a comunicação às autoridades sanitárias da ocorrência de casos individuais, agregados de casos ou surtos, suspeitos ou confirmados, constantes do rol de agravos relacionados na Portaria.

Visando à adoção das medidas de controle pertinentes, a notificação agora pode ser feita tanto por profissionais de saúde (médicos, enfermeiros, odontólogos, médicos veterinários, biólogos, biomédicos, farmacêuticos e outros no exercício da profissão, além de pessoas responsáveis por organizações e estabelecimentos públicos e particulares de saúde e de ensino), como por qualquer cidadão, uma vez que alguns eventos ambientais e doença ou morte de determinados animais também se tornaram de notificação obrigatória.

A presente portaria tem por objetivo padronizar os procedimentos normativos relacionados à notificação compulsória e à vigilância de saúde no âmbito do SUS.

Para tal, define no artigo 1º as terminologias adotadas em legislação nacional, conforme o disposto no Regulamento Sanitário Internacional 2005 (RSI 2005).

I) Doença: significa uma enfermidade ou estado clínico, independentemente de origem ou fonte, que represente ou possa representar um dano significativo para os seres humanos.

II) Agravo: significa qualquer dano à integridade física, mental e social dos indivíduos provocado por circunstâncias nocivas como acidentes, intoxicações, abuso de drogas, e lesões auto ou heteroinfligidas.

III) Evento: significa manifestação de doença ou uma ocorrência que apresente potencial para causar doença.

IV) Emergência de Saúde Pública de Importância Nacional (ESPIN): é um evento que apresenta risco de propagação ou disseminação de doenças para mais de uma Unidade Federada, Estados e Distrito Federal, com priorização das doenças de notificação imediata e outros eventos de saúde pública, independentemente da natureza ou origem, depois de avaliação de risco, e que possa necessitar de resposta nacional imediata.

V) Emergência de Saúde Pública de Importância Internacional (ESPII): é evento extraordinário que constitui risco para a saúde pública de outros países por meio da propagação internacional de doenças e que potencialmente requerem uma resposta internacional coordenada.

As doenças, agravos e eventos em saúde pública de notificação compulsória em todo o território nacional constantes das listas do Anexo I e do Anexo III serão notificados e registrados no SINAN (Sistema de Informação de Agravos de Notificação).

Já a Lista de Notificação Compulsória Imediata (LNI), adotada no Anexo II, deve ser notificada por telefone, no prazo de até 24h a partir da suspeita inicial, ao sistema de vigilância sanitária das SMS (Secretarias municipais de Saúde), ou na sua impossibilidade, das SES (Secretarias Estaduais de Saúde).

Por fim, a Portaria 104 estabelece fluxo, critérios, responsabilidades e atribuições aos profissionais e serviços de saúde.

Portaria 104

Anexo I – Lista de Notificação Compulsória – LNC

1. Acidentes por animais peçonhentos;
2. Atendimento antirrábico;

CAPÍTULO 3 • DOCUMENTOS MÉDICO-LEGAIS

3. Botulismo;

4. Carbúnculo ou Antraz;

5. Cólera;

6. Coqueluche;

7. Dengue;

8. Difteria;

9. Doença de Creutzfeldt-Jakob;

10. Doença Meningocócica e outras meningites;

11. Doenças de Chagas aguda;

12. Esquistossomose;

13. Eventos adversos pós-vacinação;

14. Febre Amarela;

15. Febre do Nilo Ocidental;

16. Febre Maculosa;

17. Febre Tifoide;

18. Hanseníase;

19. Hantavirose;

20. Hepatites Virais;

21. Infecção pelo Vírus da Imunodeficiência Humana (HIV) em gestantes e crianças expostas ao risco de transmissão vertical;

22. Influenza humana por novo subtipo;

23. Intoxicações exógenas (por substâncias químicas, incluindo agrotóxicos, gases tóxicos e metais pesados);

24. Leishmaniose Tegumentar Americana;

25. Leishmaniose Visceral;

26. Leptospirose;

27. Malária;

28. Paralisia Flácida Aguda;

29. Peste;

30. Poliomielite;

31. Raiva Humana;

32. Rubéola;

33. Sarampo;

34. Sífilis Adquirida;

35. Sífilis Congênita;

36. Sífilis em Gestante;

37. Síndrome da Imunodeficiência Adquirida (Aids);

38. Síndrome da Rubéola Congênita;

39. Síndrome do Corrimento Uretral Masculino;

40. Síndrome Respiratória Aguda Grave associada ao Coronavírus (SARS-CoV);

41. Tétano;

42. Tuberculose;

43. Tularemia;

44. Varíola; e

45. Violência doméstica, sexual e/ou outras violências.

Anexo II – Lista de Notificação Compulsória Imediata – LNCI

I – Caso suspeito ou confirmado de:

1. Botulismo;

2. Carbúnculo ou Antraz;

3. Cólera;

4. Dengue nas seguintes situações:

- Dengue com Complicações (DCC);

- Síndrome do Choque da Dengue (SCD);

- Febre Hemorrágica da Dengue (FHD);

- Óbito por Dengue;

- Dengue pelo sorotipo DENV 4 nos estados sem transmissão endêmica desse sorotipo;

5. Doença de Chagas Aguda;

6. Doença conhecida sem circulação ou com circulação esporádica no território nacional que não consta no Anexo I desta Portaria, como: Rocio, Mayaro, Oropouche, Saint Louis, Ilhéus, Mormo, Encefalites Equinas do Leste, Oeste e Venezuelana, Chikungunya, Encefalite Japonesa, entre outras;

7. Febre Amarela;

8. Febre do Nilo Ocidental;

9. Hantavirose;

10. Influenza humana por novo subtipo;

11. Peste;

12. Poliomielite;

13. Raiva Humana;

14. Sarampo;

15. Rubéola;

16. Síndrome Respiratória Aguda Grave associada ao Coronavírus (SARS-CoV);

17. Varíola;

18. Tularemia; e

19. Síndrome de Rubéola Congênita (SRC)

II – Surto ou agregação de casos ou óbitos por:

1. Difteria;

2. Doença Meningocócica;

3. Doença Transmitida por Alimentos (DTA) em embarcações ou aeronaves;

4. Influenza humana;

5. Meningites Virais;

6. Outros eventos de potencial relevância em saúde pública, após a avaliação de risco de acordo com o Anexo II do RSI 2005, destacando-se:

a) Alteração no padrão epidemiológico de doença conhecida, independente de constar no Anexo I desta Portaria;

b) Doença de origem desconhecida;

c) Exposição a contaminantes químicos;

d) Exposição à água para consumo humano fora dos padrões preconizados pela SVS;

e) Exposição ao ar contaminado, fora dos padrões preconizados pela Resolução do CONAMA;

f) Acidentes envolvendo radiações ionizantes e não ionizantes por fontes não controladas, por fontes utilizadas nas atividades industriais ou médicas e acidentes de transporte com produtos radioativos da classe 7 da ONU.

g) Desastres de origem natural ou antropogênica quando houver desalojados ou desabrigados;

h) Desastres de origem natural ou antropogênica quando houver comprometimento da capacidade de funcionamento e infraestrutura das unidades de saúde locais em consequência do evento.

III – Doença, morte ou evidência de animais com agente etiológico que podem acarretar a ocorrência de doenças em humanos. Destaca-se entre outras classes de animais:

1. Primatas não humanos;

2. Equinos;

3. Aves;

4. Morcegos;

Raiva: Morcego morto sem causa definida ou encontrado em situação não usual, tais como: voos diurnos, atividade alimentar diurna, movimentos descoordenados, agressividade, contrações musculares, paralisias, encontrado durante o dia no chão ou em paredes.

5. Canídeos;

Raiva: canídeos domésticos ou silvestres que apresentaram doença com sintomatologia neurológica e evoluíram para morte em um período de até 10 dias ou confirmado laboratorialmente para raiva.

Leishmaniose visceral: primeiro registro de canídeo doméstico, em área indene, confirmado por meio da identificação laboratorial da espécie *Leishmania chagasi*.

6. Roedores silvestres;

Peste: Roedores silvestres mortos em áreas de focos naturais de peste.

Anexo III – Lista de Notificação Compulsória em Unidades Sentinelas – LNCS

1. Acidente com exposição a material biológico relacionado ao trabalho;

2. Acidente de trabalho com mutilações;

3. Acidente de trabalho em crianças e adolescentes;

4. Acidente de trabalho fatal;

5. Câncer relacionado ao trabalho;

6. Dermatoses ocupacionais;

7. Distúrbios Osteomusculares Relacionados ao Trabalho (DORT);

8. Influenza humana;

9. Perda Auditiva Induzida por Ruído (PAIR) relacionada ao trabalho;

10. Pneumoconioses relacionadas ao trabalho;

11. Pneumonias;

12. Rotavírus;

13. Toxoplasmose adquirida na gestação e congênita; e

14. Transtornos mentais relacionados ao trabalho

Nos casos do item 45 do Anexo I, a ficha de notificação/ investigação individual de violência doméstica, sexual e/ou outras violências interpessoais possibilita também a identificação de casos de tentativas e consumação de suicídio.

Além disso, os governantes podem utilizar os dados epidemiológicos apurados por essas notificações para mapear os locais de maior incidência de determinados tipos de violência, e adotar medidas de intervenção sociais ou tecnológicas a fim de reduzir os índices apurados. Têm-se, como exemplo, locais que, por falta de iluminação, facilitam a ocorrência de estupros de mulheres.

Os desastres constantes do inciso II, item 6, letras g e h, do Anexo II, constituem uma novidade introduzida pela Portaria 104/2011 objetivando a organização dos serviços prestados à população vitimada, tanto na prevenção de doenças, como na assistência.

Entre esses serviços, estão o programa de imunização para doenças como tétano, as medidas profiláticas para leptospirose e doenças mentais, como stress pós-traumático. Além disso, ocorrendo destruição de unidades de saúde locais, faz-se necessário definir outras referências para encaminhar as vítimas com fraturas ou outras doenças.

O anexo III refere-se às unidades sentinelas, que são unidades de saúde destinadas a identificar, investigar e notificar, quando confirmados, os casos de doenças, agravos e/ou acidentes nos casos ali relacionados.

As unidades sentinelas (notificadoras) são as que realizam a notificação no Sistema de Informação de Notificação de Agravos (SINAN), alimentado, principalmente, pela notificação e investigação de casos de doenças e agravos que constam da Portaria GM/ MS 2.325 de 08 de dezembro de 2003, sendo facultado a estados e municípios incluírem outros problemas de saúde importantes em sua região.

Compõem a Rede Sentinela:

I – Centros de Referência em Saúde do Trabalhador; Programa de Saúde do Trabalhador.

II – Hospitais de referência para o atendimento de urgência e emergência e ou atenção de média e alta complexidade, credenciados como sentinela; e

III – Serviços de atenção básica e de média complexidade credenciados como sentinelas, por critérios a serem definidos em instrumento próprio.

A notificação visa a permitir o diagnóstico dinâmico da ocorrência de um evento na população, fornecer subsídios para explicar suas causas e indicar riscos para a população exposta, contribuindo para a identificação da realidade epidemiológica de determinada área geográfica.

O seu uso sistemático, de forma descentralizada, contribui para a democratização da informação e permite que todos os profissionais de saúde tenham acesso a ela, tornando-as disponíveis para a comunidade.

O SINAN pode ser operacionalizado no nível administrativo mais periférico, ou seja, nas unidades de saúde, seguindo a orientação de descentralização do SUS.

A Ficha Individual de Notificação (FIN) é preenchida pelas unidades assistenciais para cada paciente sobre o qual recaia a suspeita da ocorrência de problema de saúde de notificação compulsória ou de interesse nacional, estadual ou municipal.

Essa ficha deve ser encaminhada aos serviços responsáveis pela informação e/ou vigilância epidemiológica das Secretarias Municipais, que repassam semanalmente os arquivos para as Secretarias Estaduais de Saúde (SES).

Caso a suspeita não se confirme, as unidades devem preencher o formulário de notificação negativa, que tem os mesmos prazos de entrega.

Essa estratégia objetiva demonstra que os profissionais e o sistema de vigilância da área estão alertas para a ocorrência de tais eventos, além de evitar a subnotificação.

Se os municípios não alimentarem o banco de dados do SINAN por dois meses consecutivos, é suspenso o repasse de determinados recursos financeiros pelo fundo nacional ao fundo municipal de saúde.

Quanto à Comunicação de Acidente de Trabalho (CAT), deve-se observar que abrange também as doenças ocupacionais.

B. Crime de ação penal pública incondicionada cujo conhecimento se deu em função do exercício da medicina.

Entretanto, o artigo 73 do Código de Ética Médica (CEM) veda ao médico revelar fato de que tenha conhecimento em virtude do exercício de sua profissão, salvo por motivo justo, dever legal ou consentimento, por escrito, do paciente.

Apesar de as notificações compulsórias se enquadrarem no dever legal, o parágrafo único do referido artigo informa que a proibição de tornar públicos os fatos sujeitos a ela e que identificam o paciente, permanece:

- mesmo que o fato seja de conhecimento público ou o paciente tenha falecido;
- quando de seu depoimento como testemunha. Nessa hipótese, o médico comparecerá perante a autoridade e declarará seu impedimento;
- na investigação de suspeita de crime, quando então o médico estará impedido de revelar segredo que possa expor o paciente a processo penal.

Realmente o médico não pode incriminar seu paciente quando constatar ou o paciente lhe revelar o cometimento de algum crime, como no caso de aborto provocado, mesmo sendo um crime de ação penal pública incondicionada sujeito à notificação compulsória.

C. Comunicação de lesão ou morte causada por atuação de não médico.

D. Esterilizações cirúrgicas.

E. Diagnóstico de morte encefálica, independentemente de autorização da família para a doação de órgãos.

Esse diagnóstico, baseado na irreversibilidade da lesão encefálica, é condição necessária à captação de órgãos para transplante cujo sucesso depende de o coração estar pulsando e o sangue circulando.

Existe uma previsão da percentagem de mortes dessa natureza em hospitais que atendem emergência, servindo a notificação para controle, evitando uma inversão de prioridades.

A notificação é feita à Central de Notificação, Captação e Distribuição de Órgãos (CNCDO).

2. RELATÓRIO MÉDICO-LEGAL

Trata-se da narração detalhada da perícia, com emissão de juízo valorativo.

É chamado de laudo, quando redigido pelo perito, e de auto, quando ditado ao escrivão, na presença de testemunhas, como acontece nos casos de exumação.

Geralmente nas ações penais, o laudo médico-legal não é documento sigiloso, não podendo o perito médico legista decretar o sigilo de seu laudo.

O relatório médico-legal compõe-se de sete partes:

- **Preâmbulo:** É uma introdução na qual consta a qualificação da autoridade solicitante, dos peritos, do diretor que os designou, do examinando, além de local, data, hora e tipo de perícia. Quando no local não houver médico-legista oficial, o perito médico será designado pela própria autoridade requisitante, que lavrará um termo de compromisso no qual o médico se compromete a fielmente desempenhar suas atribuições (CPP, art. 179).

- **Quesitos:** São perguntas sobre fatos relevantes que originaram o processo penal, oficiais, padronizadas em impressos utilizados pelas instituições médico-legais de cada Estado, que serão respondidas de forma afirmativa ou negativa pelo perito, objetivamente. Nas perícias psiquiátricas e nas exumações não existem quesitos padronizados, assim como no foro civil.

- **Histórico ou comemorativo:** Breve relato dos fatos ocorridos por informação da vítima ou do indiciado, quando também alvo da perícia, ou dos dados transcritos da guia de remoção do cadáver e das suspeitas que pairam sobre o caso.

- **Descrição:** É a principal parte do laudo, correspondente ao *visum et repertum* (visto e relatado), em que o perito descreve, minuciosamente, o que encontrou no exame. É a parte principal do laudo pericial, devendo ser descritas as lesões encontradas no seu tamanho, forma, contorno, relevo, coloração, número, arranjo e localização, de acordo com os segmentos corporais, no sentido crânio caudal (de cima para baixo), incluindo, sempre que possível, filmes ou fotos ilustrativas.

- **Discussão:** As lesões encontradas e descritas são analisadas cientificamente e comparadas com os dados do histórico, dando origem à formulação de hipóteses a respeito da mecânica do crime.

- **Conclusão:** É a tomada de postura quanto à ocorrência ou não do fato, baseada no confronto dos dados do histórico e do exame realizado, de forma concisa e clara, com deduções afirmativas, negativas ou impossibilidade de firmar uma posição, se houver dúvida.

- **Resposta aos quesitos:** Tem como finalidade estabelecer a existência de um fato típico, sem deixar margem para dúvidas, devendo o perito responder de forma sucinta e objetiva, inclusive alegando, na falta de elementos significantes e conclusivos, que o quesito está prejudicado.

Além dos quesitos oficiais, o Ministério Público, o assistente da acusação, o ofendido, o querelante e o acusado podem formular quesitos (CPP, art. 159, § 3°). Essa possibilidade de os quesitos oficiais genéricos, muitas vezes insuficientes para a elucidação do caso concreto, poderem ser complementados por quesitos específicos, exigirá uma análise mais abrangente e minuciosa pelo legista.

O perito deve inserir no laudo os fatos e atos examinados e estudados, apresentando suas conclusões com objetividade, mantendo isenção e imparcialidade, além de rechaçar fatos fundados em suposições ou probabilidade.

O laudo deve ter características de clareza, fidelidade, totalidade e ilustrações, que lhe conferem qualidade e o tornam compreensível e útil.

Durante o curso do processo, podem as partes requerer a oitiva dos peritos para esclarecer a prova ou responder a quesitos, desde que o mandado de intimação e os quesitos ou questões a serem esclarecidos sejam mandados com antecedência mínima de dez dias, podendo apresentar as respostas em laudo complementar (CPP, art. 159, § 5°, I).

Antes da alteração do Código de Processo Penal pela Lei 11.690/2008, o artigo 176 do CPP já autorizava a formulação de quesitos pela autoridade e pelas partes. Como na fase de inquérito não há partes, essa regra seria aplicável apenas à fase processual.

Entretanto, a maior parte das perícias (na vítima) é feita durante o inquérito, do qual o advogado do indiciado não participa nem intervém nos atos que se realizam, uma vez que ainda não há acusação e, ao chegar à fase instrutória processual, os vestígios já podem ter desaparecido, impossibilitando o sucesso de um novo exame pleiteado pela defesa.

O Código Penal tipifica o crime de falso atestado no artigo 342: fazer afirmação falsa, ou negar ou calar a verdade como testemunha, perito, contador, tradutor ou intérprete em processo judicial, ou administrativo, inquérito policial, ou em juízo arbitral.

Se o crime for praticado mediante suborno ou se cometido com o fim de obter prova destinada a produzir efeito em processo penal, ou em processo civil em que for parte entidade da administração pública direta ou indireta, as penas são aumentadas (CP, art. 342, § 1°).

2.1. Quesitos padrões dos diferentes tipos de exame pericial

- **Exame de lesão corporal:**

    1°) Há ofensa à integridade corporal ou à saúde?

    2°) Qual o instrumento ou meio que a produziu?

    3°) Foi produzido por meio de veneno, fogo, explosivo, asfixia ou tortura, ou por outro meio insidioso ou cruel? (resposta especificada)

    4°) Houve perigo de vida?

    5°) Resultou em incapacidade para as ocupações habituais por mais de trinta dias?

6°) Resultou em incapacidade permanente para o trabalho, enfermidade incurável, debilidade permanente de membro, sentido ou função, aborto ou aceleração de parto ou deformidade permanente? (resposta especificada)

- **Exame de conjunção carnal (apenas para sexo feminino)**

  1°) Houve conjunção carnal?

  2°) Qual a data provável dessa conjunção?

  3°) Era virgem a examinada?

  4°) Houve violência para essa prática?

  5°) Qual o meio dessa violência?

  6°) Da violência, resultou para a examinada: incapacidade para as ocupações habituais por mais de trinta dias, ou perigo de vida, ou debilidade permanente de membro, sentido ou função; ou deformidade permanente, ou aborto? (resposta especificada) É a examinada débil ou alienada mental?

  7°) Houve qualquer outra causa diversa da menoridade, alienação ou debilidade mental que tenha impossibilitado a vítima de resistir?

- **Exame de ato libidinoso (atos diversos da conjunção carnal, utilizado para sexo feminino e masculino)**

  1°) Há vestígios de ato libidinoso?

  2°) Há vestígios de violência?

  3°) Qual o meio dessa violência?

  4°) Da violência, resultou para a vítima: incapacidade para as ocupações habituais por mais de trinta dias, ou perigo de vida, ou debilidade permanente de membro, sentido ou função, ou aceleração de parto, ou incapacidade permanente para o trabalho, ou enfermidade incurável, ou perda ou inutilização de membro, sentido ou função, ou deformidade permanente, ou aborto? (resposta especificada)

  5°) É a vítima alienada ou débil mental?

  6°) Houve qualquer outra causa diferente da menoridade (menor de 14 anos) e da alienação ou debilidade mental que tenha impossibilitado a vítima de resistir?

- **Exame para verificação de aborto**

  1°) Houve aborto?

  2°) Foi ele provocado?

  3°) Qual o instrumento ou meio empregado?

  4°) Em consequência do abortamento ou do instrumento ou meio empregado para provocá-lo, sofreu a vítima: incapacidade para as ocupações habituais por mais de trinta dias, ou perigo de vida, ou debilidade permanente de membro, sentido ou função, ou incapacidade permanente para o trabalho, ou enfermidade incurável, ou perda ou inutilização de membro, sentido ou função, ou deformidade permanente? (resposta especificada)

5º) É a vítima alienada ou débil mental?

6º) Se provocado por médico, era o único meio de salvar a vida da gestante?

- **Exame para verificação de embriaguez**

1º) O examinado está embriagado?

2º) Que espécie de embriaguez?

3º) No estado em que se encontra, põe em risco a segurança própria ou alheia?

4º) Ele se embriaga habitualmente?

5º) Qual o prazo, aproximadamente, em que deve ficar internado para a necessária desintoxicação?

- **Exame cadavérico**

1º) Houve morte?

2º) Qual a causa da morte?

3º) Qual o instrumento ou meio que produziu a morte?

4º) A morte foi produzida por meio de veneno, fogo, explosivo, asfixia ou tortura, ou outro meio insidioso ou cruel? (resposta especificada)

Considerações sobre laudo indireto.

Esse laudo é emitido após exame indireto, baseado na descrição das lesões presente num boletim de atendimento médico ou num prontuário hospitalar.

Sendo a descrição a parte principal de um laudo, mesmo que seja indireto, deve reproduzir a descrição das lesões contida no documento que serviu de base.

Jamais um diagnóstico em código, estampado num atestado médico, pode ser colocado no lugar da descrição, até porque frequentemente se utiliza uma tipificação aproximada.

Além disso, não se pode tirar conclusões sobre o que não se examinou e que não foi descrito.

Não vemos, portanto, qualquer possibilidade de validade num laudo indireto assim fundamentado.

3. PARECER MÉDICO-LEGAL

É um documento utilizado para dirimir divergências na interpretação dos achados de uma perícia, sendo solicitado a uma pessoa de renome. Vale pelo conceito científico de quem o subscreve, podendo o juiz optar pela orientação do parecer, embora seja geralmente um documento particular solicitado pela parte.

Apesar de não se exigir imparcialidade do assistente técnico que faz o parecer, há dever de veracidade moral.

Como o parecer é dado sobre o relatório médico-legal, constam apenas quatro partes:

- **Preâmbulo:** Contém a qualificação do solicitante, do parecerista, com enumeração de seus títulos, o número do processo e a vara em que tramita.
- **Exposição dos motivos** e breve relato dos quesitos formulados e do histórico.
- **Discussão:** É a parte mais importante do parecer, na qual o parecerista demonstra sua competência na matéria.
- **Conclusão:** É a síntese clara dos pontos relevantes da discussão.

O artigo 159, parágrafo 5º, inciso II do CPP determina que os assistentes técnicos indicados na fase processual poderão apresentar pareceres em prazo fixado em audiência.

Assim, a figura do parecerista particular das partes agora pode entrar como assistente técnico, conforme a lei, com a vantagem de participar do exame complementar solicitado pela parte. Esse contato direto com as lesões em cicatrização, com as sequelas ou com as repercussões sobre a vida e a saúde do periciando vão trazer a discussão para um plano real.

Observe-se que a lei fala em parecer quando se refere aos assistentes técnicos e em laudo quando se refere aos peritos oficiais. Como o parecer não comporta descrição das lesões, deduz-se que esta é exclusiva do perito oficial ou nomeado, que tem conhecimento específico e treinamento para tal.

Dessa forma, caberia ao assistente técnico apenas questionar a discussão e as conclusões do perito oficial a respeito do mecanismo e consequências das citadas lesões.

Na prática, a parte que está satisfeita com o resultado da perícia também deve indicar assistente técnico para reforçar as conclusões do perito, evitando que o parecer oferecido pelo assistente técnico da parte descontente influencie na convicção do juiz.

4. ATESTADO MÉDICO

É a afirmação pura e simples, por escrito, de forma singela, resumida e objetiva de um fato médico e suas consequências, ou de um estado de sanidade.

Pode ser emitido no próprio receituário ou em papel timbrado, tendo por objetivo, **após exame do paciente**, informar um estado de sanidade ou de doença, anterior ou atual, para fins de licença, dispensa ou justificativa de faltas, entre outros, diferentemente do laudo pericial que exige detalhamento dos achados.

O atestado médico é parte integrante do ato médico, sendo seu fornecimento direito inalienável do paciente (Resolução CFM 1.658/2002, alterada parcialmente pela Resolução CFM 1.851/2008, art. 1º).

O atestado é feito por solicitação, devendo o médico anotar no prontuário do paciente que forneceu o atestado.

É uma peça meramente informativa, não tendo forma definida, desde que obedeça aos procedimentos previstos no artigo 3º desta mesma resolução.

Art. 3º Na elaboração do atestado médico, o médico assistente observará os seguintes procedimentos:

I – especificar o tempo concedido de dispensa à atividade, necessário para a recuperação do paciente;

II – estabelecer o diagnóstico, quando expressamente autorizado pelo paciente;

III – registrar os dados de maneira legível;

IV – identificar-se como emissor, mediante assinatura e carimbo ou número de registro no Conselho Regional de Medicina.

O parágrafo único contém o que deve constar para fins de perícia.

Parágrafo único. Quando o atestado for solicitado pelo paciente ou seu representante legal para fins de perícia médica deverá observar:

I – o diagnóstico;

II – os resultados dos exames complementares;

III – a conduta terapêutica;

IV – o prognóstico;

V – as consequências à saúde do paciente;

VI – o provável tempo de repouso estimado necessário para a sua recuperação, que complementará o parecer fundamentado do médico perito, a quem cabe legalmente a decisão do benefício previdenciário, tais como: aposentadoria, invalidez definitiva, readaptação;

VII – registrar os dados de maneira legível;

VIII – identificar-se como emissor, mediante assinatura e carimbo ou número de registro no Conselho Regional de Medicina."

Os atestados podem ser necessários para:

- fins previdenciários;
- internação compulsória;
- abono de faltas laborais ou escolares;
- afirmar aptidão física;
- confirmar comparecimento à consulta médica;
- atestar o óbito.

Os atestados podem ser:

- **Oficiosos –** Solicitados para atender a interesses particulares, sendo emitido para pessoa física ou jurídica de direito privado, quando a formalidade não é plenamente exigida.
- **Administrativos –** Exigidos por autoridades administrativas para funcionários públicos, nos casos de concessão de licença, de aposentadoria, para atestar vacinação antivariólica e para atestar sanidade física e mental nas admissões em escolas e repartições públicas.
- **Judiciários –** Requisitados pelo juiz, mais comumente, para justificar falta de jurado.

Entendem alguns doutrinadores que apenas esses últimos seriam verdadeiros documentos médico-legais.

Não exige compromisso legal, mas não significa que o médico não esteja obrigado a relatar a verdade (CP, art. 302).

O atestado é falso quando afirmar uma inverdade, negar ou omitir uma verdade, ou se for emitido sem exame do paciente.

A falsidade do atestado médico é ideológica, afetando seu conteúdo. O fim a que se propõe não tem importância para sua antijuridicidade.

Tenha como consequência um tempo de repouso ou de afastamento do trabalho, deve o profissional especificar o tempo concedido de dispensa à atividade, necessário para a recuperação do paciente, de acordo com o inciso I, do artigo 3º, da Resolução 1.658/2002.

Nesse sentido, o Conselho Regional de Medicina do Ceará (CREMEC) emitiu o parecer 17/2011 de 11/06/2011:

> *Ementa: cabe ao médico determinar, no atestado médico, o início e o término do período de dispensa de atividade do paciente. Não estando este tempo registrado, vale como início a data da emissão do atestado.*

Por outro lado, a data do início do afastamento pode não coincidir com a data da emissão do atestado, quando o paciente tiver exercido suas atividades, mesmo que parcialmente, no dia em que foi consultado, e/ou algum (s) dia subsequente não envolver atividade laboral por ser feriado ou o trabalho se desenvolver em turnos, não interessando sua inclusão por aumentar o tempo de afastamento. Entretanto, os finais de semana devem estar inclusos.

Ao final, o atestado deve conter a identificação do médico como emissor, mediante assinatura e carimbo ou número de registro no Conselho Regional de Medicina (Res. 1.658/2002, art. 3º, inc. IV).

O atestado médico goza da presunção de veracidade, devendo ser acatado por quem de direito, salvo se houver divergência de entendimento por médico da instituição ou perito (Res. 1.658/2002, art. 6º, § 3º).

Os relatórios e os atestados, como documentos médico-legais, têm o mesmo valor probante, diferenciando-se por versarem sobre assuntos diferentes.

Entretanto, como o médico sofre restrições decorrentes do dever de sigilo, a presença do diagnóstico no corpo do atestado, seja de forma escrita ou pela sua sigla na Classificação Internacional das Doenças (CID-10), pressupõe consentimento expresso do paciente, justa causa ou dever legal.

Essas restrições estendem-se à revelação de informações confidenciais obtidas quando do exame médico de trabalhadores, inclusive por exigência dos dirigentes de empresas ou de instituições, salvo se o silêncio puser em risco a saúde dos empregados ou da comunidade (CEM, art. 76).

Realmente, cabe ao médico de empresa avaliar a aptidão física e mental do trabalhador para o cargo, inclusive no exame admissional.

Dessa forma, constatada a aptidão, o diagnóstico de gravidez de uma candidata só poderá constar do atestado se houver consentimento dela. Por outro lado, se o cargo pleiteado trouxer riscos à gestação, a colocação de tal diagnóstico será por justa causa, independendo da anuência da candidata.

Note-se que há proibição legal de exigência de atestado de gravidez e esterilização para fins admissionais ou de permanência da relação empregatícia.

4.1. Atestado de óbito

Diz respeito aos dados de ordem médica constantes do bloco V da Declaração de Óbito (DO), que é o documento-base do Sistema de Informações sobre Mortalidade do Ministério da Saúde (SIM/MS).

É composta de três vias, sendo fornecida pelo Ministério da Saúde e distribuída pelas Secretarias Estaduais e Municipais de saúde.

Tem as funções de:

- Marcar o fim da pessoa natural (função legal)
- Conhecer a situação de saúde da população por meio dos dados de óbitos
- Gerar ações, com base nesses dados, visando à melhoria das condições de saúde
- Fornecer dados para as estatísticas de mortalidade.

É indispensável para assentamento do óbito no Cartório de Registro Civil (Lei 6.015/1973, art. 77), que retém uma das vias.

A família recebe a Certidão de Óbito, necessária ao sepultamento ou cremação.

De acordo com a Lei 6.015, artigo 77: *Nenhum sepultamento será feito sem certidão do oficial de registro do lugar do falecimento ou do lugar de residência do de cujus, quando o falecimento ocorrer em local diverso do seu domicílio, extraída após a lavratura do assento de óbito, em vista do atestado de médico, se houver no lugar, ou em caso contrário, de duas pessoas qualificadas que tiverem presenciado ou verificado a morte.*

Observe-se que, nas mortes naturais, o médico assistente está **obrigado** a assinar o atestado de óbito, mas se na localidade inexistirem médicos, o atestado pode ser assinado por qualquer pessoa **qualificada** (enfermeira, dentista, biólogo, médico veterinário, parteira).

Como esse artigo 77 dirige-se a qualquer tipo de morte, independentemente da causa, mesmo no caso de morte violenta, na ausência de um médico legista, o médico comum ou até alguém não médicos podem fazer a verificação do óbito.

O médico não pode cobrar pela emissão da Declaração de Óbito, salvo se se tratar de paciente particular a quem não vinha prestando assistência.

A Portaria 116, de 11 de fevereiro de 2009, regulamenta a coleta de dados, fluxo e periodicidade de envio das informações sobre óbitos e nascidos vivos para os Sistemas de Informações em Saúde sob gestão da Secretaria de Vigilância em Saúde.

Na Seção V da Portaria MS 116, está o Fluxo da Declaração de Óbito.

Art. 20. No caso de **óbito natural ocorrido em estabelecimento de saúde**, a DO emitida na Unidade Notificadora, terá a seguinte destinação:

I – 1ª via: Secretaria Municipal de Saúde;

II – 2ª via: representante/responsável da família do falecido, para ser utilizada na obtenção da Certidão de Óbito junto ao Cartório do Registro Civil, o qual reterá o documento; e

III – 3ª via: Unidade Notificadora, para arquivar no prontuário do falecido.

Art. 21. No caso de **óbito natural ocorrido fora de estabelecimento de saúde e com assistência médica**, a DO preenchida pelo médico responsável, conforme normatizado na Seção IV, terá a seguinte destinação:

I – 1ª e 3ª vias: Secretarias Municipais de Saúde; e

II – 2ª via: representante/responsável da família do falecido para ser utilizada na obtenção da Certidão de Óbito junto ao Cartório do Registro Civil, o qual reterá o documento.

Parágrafo único. No caso de **óbito natural, sem assistência médica em localidades sem SVO**, as vias da DO emitidas pelo médico do Serviço de Saúde mais próximo, ou pelo médico designado pela Secretaria Municipal de Saúde, em conformidade com o § 8º do Art. 19 desta Portaria, deverão ter a mesma destinação disposta no *caput* deste Artigo.

Art. 22. No caso de **óbito natural, sem assistência médica em localidades com SVO**, a DO emitida pelo médico daquele Serviço, deverão ter a seguinte destinação:

I – 1ª via: Secretaria Municipal de Saúde;

II – 2ª via: representante/responsável da família do falecido, para ser utilizada na obtenção da Certidão de Óbito junto ao Cartório do Registro Civil, o qual reterá o documento; e

III – 3ª via: Serviço de Verificação de Óbitos.

Art. 23. No caso de **óbito natural ocorrido em localidade sem médico**, a DO preenchida pelo Cartório do Registro Civil terá a seguinte destinação:

I – 1ª e 3ª vias: Cartório de Registro Civil, para posterior coleta pela Secretaria Municipal de Saúde responsável pelo processamento dos dados; e

II – 2ª via: Cartório de Registro Civil, que emitirá a Certidão de Óbito a ser entregue ao representante/responsável pelo falecido.

§ 1º As Secretarias Municipais de Saúde deverão utilizar-se dos meios disponíveis na busca ativa de casos não notificados, valendo-se de todos os meios disponíveis para esta finalidade.

§ 2º No caso de óbito de indígena ocorrido em aldeia, nas condições do *caput* deste Artigo, a 1ª via será coletada pelo DSEI para processamento dos dados.

Art. 24. No caso de **óbito natural ocorrido em aldeia indígena, com assistência médica**, a DO emitida terá a seguinte destinação:

I – 1ª via: Distrito Sanitário Especial Indígena;

II – 2ª via: representante/responsável da família do falecido, para ser utilizada na obtenção da Certidão de Óbito junto ao Cartório do Registro Civil, o qual reterá o documento; e

III – 3ª via: Unidade Notificadora, para arquivar no prontuário do falecido.

Art. 25. Nos casos de **óbitos por causas acidentais e/ou violentas**, as três vias da DO, emitidas pelo médico do IML de referência, ou equivalente, deverão ter a seguinte destinação:

I – 1ª via: Secretaria Municipal de Saúde;

II – 2ª via: representante/responsável da família do falecido, para ser utilizada na obtenção da Certidão de Óbito junto ao Cartório do Registro Civil, o qual reterá o documento; e

III – 3ª via: Instituto Médico Legal.

Art. 26. Nos casos de **óbitos por causas acidentais e/ou violentas, nas localidades onde não exista IML de referência, ou equivalente**, as três vias da DO, emitidas pelo perito designado pela autoridade judicial ou policial para tal finalidade, deverão ter a seguinte destinação:

I – 1ª e 3ª vias: Secretarias Municipais de Saúde; e

II – 2ª via: representante/responsável da família do falecido para ser utilizada na obtenção da Certidão de Óbito junto ao Cartório do Registro Civil, o qual reterá o documento.

O médico está sujeito às normas legais e éticas quanto ao fornecimento do atestado de óbito.

No caso de morte natural, em regra, o médico que acompanha o paciente tem o dever de atestar o óbito.

Dependendo das condições em que ocorre, considera-se:

Morte natural	Morte violenta	Morte suspeita
É a que ocorre por doença ou envelhecimento.	É a decorrente de energias externas: crime, suicídio ou acidente, inclusive acidente de trabalho.	É a morte inesperada, sem sinais de violência, mas que ocorreu em condições estranhas.

Considera-se como morte suspeita (Portaria DGP-14, de 23/2/2005, art. 2°, inc. I a IV):

– O encontro de cadáver ou parte relevante deste, em qualquer estágio de decomposição, sem lesões aparentes ou sem outras circunstâncias ou indícios que indiquem morte violenta;

– A morte violenta em que subsistam dúvidas razoáveis quanto a tratar-se de suicídio ou morte provocada por outrem;

– A morte não natural onde existem indícios de causa acidental exclusivamente por ato não intencional da própria vítima;

– A morte súbita, sem causa determinante aparente, ocorrida de modo imprevisto, com a vítima fora do respectivo domicílio e sem a assistência de médico, familiar ou responsável.

A dúvida unicamente na capitulação jurídica da morte violenta produzida por outrem (latrocínio; homicídio culposo; infanticídio; lesão corporal seguida de morte, aborto com resultado morte e outras figuras preterdolosas análogas), não torna a morte suspeita (Portaria DGP-14, art. 2°, § 1°).

Situações em que o médico está **impedido** de atestar o óbito:

a) Morte natural

1) Que não tenha dado assistência;

2) Sem diagnóstico da *causa mortis*, mesmo após internação por curto período, isto é, menos de 24 horas.

b) Morte violenta ou suspeita

Nesses casos, há necessidade de autópsia, sendo o atestado fornecido pelo médico que a realizar.

Nas mortes violentas ou suspeitas, a autópsia é obrigatória, sendo realizada no Instituto Médico Legal (IML).

Havendo nexo causal entre a morte e a violência, mesmo que a morte ocorra tardiamente em relação ao momento do fato, o corpo deve ser encaminhado ao IML para autópsia.

Nos casos de morte natural de causa mal definida, a autópsia será feita pelo Serviço de Verificação de Óbito (SVO), pertencente ao Serviço de Anatomia Patológica do hospital. Entretanto, como a família pode opor-se, já que esta autópsia não é compulsória, resta, nesses casos, recorrer ao suprimento judicial.

Na Seção IV da Portaria 116, estão as atribuições e responsabilidades dos médicos sobre a emissão da Declaração de Óbito.

Art. 17. A emissão da DO (declaração de óbito) é de competência do **médico responsável pela assistência ao paciente, ou substitutos, excetuando-se apenas os casos confirmados ou suspeitos de morte por causas externas, quando a responsabilidade por este ato é atribuída ao médico do IML ou equivalente.**

Art. 18. Os dados informados em todos os campos da DO são de responsabilidade do médico que atestou a morte, cabendo ao atestante preencher pessoalmente e revisar o documento antes de assiná-lo.

Art. 19. A **competência para a emissão da DO** será atribuída com base nos seguintes parâmetros:

I – Nos óbitos por **causas naturais com assistência médica**, a DO deverá ser fornecida, sempre que possível, pelo médico que vinha prestando assistência ao paciente, ou de acordo com as seguintes orientações:

a) A DO do **paciente internado sob regime hospitalar** deverá ser fornecida pelo médico assistente e, na sua ausência ou impedimento, pelo médico substituto, independente do tempo decorrido entre a admissão ou internação e o óbito;

b) A DO do **paciente em tratamento sob regime ambulatorial** deverá ser fornecida por médico designado pela instituição que prestava assistência, ou pelo SVO;

c) A DO do **paciente em tratamento sob regime domiciliar na Estratégia Saúde da Família (ESF), internação domiciliar e outros** deverá ser fornecida pelo médico pertencente ao programa ao qual o paciente estava cadastrado, podendo ainda ser emitida pelo SVO, caso o médico não disponha de elementos para correlacionar o óbito com o quadro clínico concernente ao acompanhamento registrado nos prontuários ou fichas médicas destas instituições; e

d) Nas **localidades sem SVO ou referência de SVO** definida pela CIB, cabe ao médico da ESF ou da Unidade de Saúde mais próxima verificar a realidade da morte, identificar o falecido e emitir a DO, nos casos de óbitos de paciente em tratamento sob regime domiciliar, podendo registrar "morte com causa indeterminada" quando os registros em prontuários ou fichas médicas não ofereçam elementos para correlacionar o óbito com o quadro clínico concernente ao acompanhamento que fazia. Se a causa da morte for desconhecida, poderá registrar "causa indeterminada" na Parte I do Atestado Médico da DO, devendo entretanto se tiver conhecimento, informar doenças preexistentes na Parte II deste documento.

II – **Nos óbitos por causas naturais, sem assistência médica durante a doença que ocasionou a morte**:

a) Nas **localidades com SVO**, a DO deverá ser emitida pelos médicos do SVO;

b) Nas **localidades sem SVO, a Declaração de Óbito deverá ser fornecida pelos médicos do serviço público de saúde mais próximo do local onde ocorreu o evento e, na sua ausência, por qualquer médico da localidade. Se a causa da morte for desconhecida, poderá registrar "causa indeterminada"** na Parte I do Atestado Médico da DO, devendo, entretanto se tiver conhecimento, informar doenças pré-existentes na Parte II deste documento.

III – **Nos óbitos fetais**, os médicos que prestaram assistência à mãe ficam **obrigados** a fornecer a DO quando a gestação tiver duração igual ou superior a 20 (vinte) semanas, ou o feto tiver peso corporal igual ou superior a 500 (quinhentos) gramas, e/ou estatura igual ou superior a 25 (vinte e cinco) centímetros.

CAPÍTULO 3 • DOCUMENTOS MÉDICO-LEGAIS   **73**

IV – Nos óbitos não fetais, de **crianças que morreram pouco tempo após o nascimento**, os médicos que prestaram assistência à mãe ou à criança, ou seus substitutos, ficam **obrigados** a fornecer a DO independente da duração da gestação, peso corporal ou estatura do recém-nascido, devendo ser assegurada neste caso também a emissão da Declaração de Nascidos Vivos pelo médico presente ou pelos demais profissionais de saúde.

V – Nas mortes por **causas externas**:

a) Em **localidade com IML** de referência ou equivalente, a DO deverá, obrigatoriamente, ser emitida pelos médicos dos serviços médico-legais, qualquer que tenha sido o tempo decorrido entre o evento violento e a morte propriamente; e

b) Em **localidade sem IML** de referência ou equivalente, a DO deverá ser emitida por qualquer médico da localidade, ou outro profissional investido pela autoridade judicial ou policial na função de perito legista eventual (ad hoc), qualquer que tenha sido o tempo decorrido entre o evento violento e a morte propriamente.

§ 6º Nos óbitos ocorridos em **localidades onde exista apenas um médico**, este é o responsável pela emissão da DO.

§ 7º Nos **óbitos naturais ocorridos em localidades sem médico**, a emissão das 3 (três) vias da DO deverá ser solicitada ao Cartório do Registro Civil de referência, pelo responsável pelo falecido, acompanhado de 2 (duas) testemunhas, em conformidade com os fluxos acordados com as corregedorias de Justiça local.

§ 8º As Secretarias Municipais de Saúde deverão indicar o médico que emitirá a DO, de acordo com o preconizado acima, caso restem dúvidas sobre a atribuição.

§ 9º As Secretarias Municipais de Saúde deverão utilizar-se dos meios disponíveis na busca ativa de casos não notificados ao SIM.

São exemplos de mortes por causas externas, de competência do IML as decorrentes de: atropelamentos, quedas, agressões, choques elétricos, afogamentos, soterramentos, envenenamento, ingestão voluntária ou involuntária de medicamentos em doses excessivas, ainda que a causa imediata da morte não seja o evento externo em si, tendo este funcionado apenas como desencadeador da série de eventos que levou à morte.

Também são da competência do IML:

– mortes com suspeita de causas externas;

– cadáveres em estado avançado de decomposição;

– pessoas falecidas de morte natural e de identidade desconhecida;

– pessoas falecidas de morte natural, com assistência médica, por erro médico;

– morte decorrente de ingestão exagerada de etanol;

– morte por arritmia cardíaca após picada de escorpião (acidente).

Note-se que: não é competência do IML, mas do SVO, realizar necropsias nos casos de: interesse sanitário-epidemiológico.

As causas de morte podem ser classificadas como:

• de certeza

• sugestiva de: o perito sugere, sem afirmar com certeza, que o achado é característico daquele histórico, que esta é a hipótese mais provável.

- compatível com: significa que o achado pode ter sido produzido na data e/ou da forma como está no histórico, sem dar margem a qualquer probabilidade. O perito não está sugerindo que o fato tenha ocorrido daquela forma, mas apenas que pode ter ocorrido daquela forma.
- indeterminada.

O atestado de óbito pode conter **duas causas da morte** quando, diante de duas lesões possivelmente mortais, não se conseguir determinar qual delas desencadeou a morte, seja por terem a mesma intensidade, seja por ser impossível saber qual delas ocorreu primeiro.

A Lei n° 11.976/2009 dispõe sobre a declaração de óbito e a realização de estatísticas de óbitos em hospitais públicos e privados.

Art. 1° O documento oficial do Sistema Único de Saúde para atestar a morte de indivíduos, pacientes e não pacientes, é a Declaração de Óbito.

Art. 2° (VETADO)

§ 1° A Declaração de Óbito deve ser preenchida em tantas vias quantas forem determinadas e da forma como for estabelecida pela regulamentação específica.

§ 2° Obrigatoriamente, uma das vias será remetida a cartório de registro civil e outra à secretaria estadual ou municipal de saúde da jurisdição onde ocorreu o óbito.

§ 3° Nas regiões e nos locais onde forem instalados sistemas informatizados de comunicação de informações, os órgãos envolvidos obedecerão ao disposto na respectiva regulamentação.

§ 4° Para a identificação das doenças deve ser usada a Classificação Internacional de Doenças (CID) da Organização Mundial da Saúde, salvo definição alternativa emanada do Sistema Único de Saúde.

Art. 3° (VETADO)

Art. 4° Todos os hospitais, e outros estabelecimentos de saúde onde ocorrerem óbitos, devem realizar, mensalmente, estudo da respectiva estatística de óbitos com a finalidade de aperfeiçoar os seus serviços e os registros correspondentes.

Art. 5° As secretarias estaduais e municipais de saúde instalarão comissões ou serviços de investigação e/ou verificação de óbitos visando a resolução de casos de falecimentos por causas mal definidas e a busca da plena notificação dos falecimentos ao Sistema Único de Saúde.

Art. 6° (VETADO)

Art. 7° Esta Lei entra em vigor na data de sua publicação.

4.2. Situações especiais

1) Morte em casa.

Se a pessoa era acompanhada por um médico, este deve ser chamado para constatar o óbito e emitir o atestado de óbito, desde que a morte tenha sido natural. A seguir, de posse da Declaração de Óbito e demais documentos do morto, os familiares devem contatar o serviço funerário que providenciará o transporte e os demais procedimentos para o sepultamento ou cremação.

Entretanto, se a pessoa não tinha acompanhamento médico, é necessário chamar primeiramente o SAMU para constatar o óbito. A seguir, os familiares devem procurar a delegacia do bairro, registrar um boletim de ocorrência comunicando o falecimento e aguardar na residência a perícia técnica, que acionará o CEPOL (Centro de Comunicações da Polícia Civil) para a remoção do corpo ao IML (Instituto Médico Legal), se a morte foi violenta, ou para o SVO (Serviço de Verificação de Óbito), se foi natural.

2) Morte em via pública.

Seja de causa natural ou violenta, sempre é necessário chamar a polícia, registrar a seguir um boletim de ocorrência na delegacia mais próxima e aguardar a perícia técnica no local, a qual acionará o CEPOL para a remoção do corpo ao IML.

3) Morte após acidente doméstico.

Mesmo que tenha ocorrido tardiamente, se houver nexo causal com o acidente, é morte violenta. Dessa forma, os médicos que trataram o paciente estão impedidos de atestar o óbito, devendo ser feito o Boletim de Ocorrência para posterior encaminhamento ao IML a fim de ser autopsiado.

4) Morte de causa indeterminada.

Quando não se identifica a causa da morte, seja ela aparentemente natural ou suspeita, constará do atestado de óbito *causa mortis* mal definida. O cadáver será então encaminhado ao SVO ou ao IML respectivamente, para autópsia e colheita de material para exames complementares.

Se a causa não for esclarecida mesmo após o resultado desses exames, o atestado será retificado, devendo constar como *causa mortis* indeterminada.

O material colhido para exames que puder ser conservado deverá ficar guardado para possíveis investigações posteriores.

Normalmente, o assento de óbito contém a informação se a morte foi natural ou violenta e a causa conhecida, bem como o nome dos atestantes (Lei 6.015, art. 80, § 8°).

Quando necessária a retificação da certidão de óbito em relação à *causa mortis*, conforme dispõe o artigo 109 da Lei 6.015, deverá ser feito um requerimento perante juízo no prazo de cinco dias.

Somente o médico emissor da Declaração de Óbito pode fazer a sua retificação e se já tiver sido registrada no cartório, deverá ser retificada por decisão judicial.

Julgado procedente o pedido, o Juiz ordenará a retificação, indicando, com precisão, os fatos ou circunstâncias que devem ser retificados.

Art. 109. Quem pretender que se restaure, supra ou retifique assentamento no Registro Civil, requererá, em petição fundamentada e instruída com documentos ou com indicação de testemunhas, que o Juiz o ordene, ouvido o órgão do Ministério Público e os interessados, no prazo de cinco dias, que correrá em cartório.

§ 1° Se qualquer interessado ou o órgão do Ministério Público impugnar o pedido, o Juiz determinará a produção da prova, dentro do prazo de dez dias e ouvidos, sucessivamente, em três dias, os interessados e o órgão do Ministério Público, decidirá em cinco dias.

§ 2° Se não houver impugnação ou necessidade de mais provas, o Juiz decidirá no prazo de cinco dias.

Note-se que nos casos em que o atestado de óbito foi emitido por leigos (Lei 6.015, art. 77 *caput*), frequentes nas localidades em que não há médicos, a *causa mortis* também será indeterminada. Sua frequência ao nível mundial oscila em torno de 5%.

5) Morte em período de pandemia.

No caso de pandemia, deve-se conciliar a maior certeza no diagnóstico da *causa mortis* com redução de procedimentos que possam ampliar a disseminação da doença.

Tomamos como base o procedimento para emissão de Declaração de Óbitos (DO) frente à pandemia do coronavírus – COVID-19 no Estado de São Paulo, que objetivando achar os caminhos que melhor atendam às características desse problema, considera:

- que as determinações da Organização Mundial de Saúde desaconselham a realização de autópsia para casos suspeitos e confirmados de COVID-19;
- que, em situação de pandemia, quaisquer corpos podem ser considerados de risco para contaminação e difusão da doença;
- que o exame por RT-PCR para COVID-19, tem sido utilizado para confirmação de casos.

Os casos não devem ser encaminhados para autópsia nos SVOs durante o período de pandemia de covid-19, de acordo com o Decreto 64.880 do Governo do Estado, no âmbito da Secretaria de Estado da Saúde (SES) e da Secretaria de Segurança Pública (SSP), que estabelece medidas temporárias e emergenciais de prevenção de contágio pelo novo corona vírus visando a dar seguimento, em segurança, às atividades de manejo de corpos e necropsias.

Observe-se que, as autópsias realizadas nos SVOs em casos de morte natural (doença ou envelhecimento) para esclarecer a causa da morte, podem ser úteis por permitir interpretação dos achados e entendimento da fisiopatologia de doenças ainda pouco conhecidas, desde que não ofereçam um risco, como o que estamos vivendo com essa pandemia, à integridade física de médicos, técnicos e demais servidores das equipes dos serviços de autopsia, pois a covid-19 é uma doença altamente contagiosa e muitas vezes assintomática ou não diagnosticada.

Nesse sentido, a orientação da Secretaria de Saúde do Estado de São Paulo também para restrição de cerimônias de velório e enterro, exigência de urnas lacradas e transporte dos falecidos padronizado com EPI para os profissionais do transporte, e cadáver acondicionado em sacos lacrados, independentemente da causa de óbito preenchida pelo médico na declaração de óbito.

Com base nisso, estabeleceu-se em relação ao preenchimento da Declaração de Óbito (DO):

a. Apenas nos casos de óbito por síndrome respiratória aguda (SARS) ou outro quadro respiratório, com o diagnóstico já confirmado por exame como covid-19, as DOs devem ser preenchidas como covid 19.

b. Casos de óbito por SARS ou outro quadro respiratório, sem diagnóstico etiológico ou suspeitos para covid-19, com investigação em andamento devem:

- Colher swab nasal/orofaríngeo pós-morte (até 24 horas após o óbito), caso não tenha sido colhido material em vida;
- Preencher a Declaração de Óbito (DO) como "Morte a Esclarecer – Aguarda Exames".

c. Demais casos de óbito por causas naturais, sem suspeita de causas violentas:

- DO preenchida pelo médico que assistiu o paciente ou constatou o óbito, nos seguintes termos:
- Se as informações disponíveis no prontuário e as informações fornecidas por familiares possibilitarem a identificação da causa de óbito (ainda que quadro sindrômico), o médico deverá preencher a DO com estas informações;
- Nos casos em que isso não for possível, preencher a DO como "Morte Indeterminada – Aplicada Autópsia Verbal".

d. As mortes não naturais, com suspeitas de causas violentas, ficarão a cargo das autoridades policiais e IMLs.

óbito por SARS ou outro quadro respiratório diagnóstico confirmado por exame para covid-19	DO preenchida como covid 19
óbito por SARS ou outro quadro respiratório – sem diagnóstico etiológico – suspeitos para covid-19 com investigação em andamento	colher swab nasal/orofaríngeo pós-morte (até 24 hs), caso não tenha sido colhido material em vida; DO preenchida como "Morte a Esclarecer – Aguarda Exames"
casos de óbito por causas naturais sem suspeita de causas violentas	DO preenchida pelo médico que assistiu o paciente ou constatou o óbito: DO preenchida com as informações disponíveis no prontuário e as informações fornecidas por familiares possibilitarem a identificação da causa de óbito (ainda que quadro sindrômico) DO preenchida como "Morte Indeterminada – Aplicada Autópsia Verbal", nos casos em que não for possível identificação da causa de óbito
mortes não naturais ou com suspeitas de causas violentas	ficarão a cargo das autoridades policiais e IMLs

6) Autopsia verbal (AV)

De acordo com o Manual para Investigação do Óbito com Causa Mal Definida (Brasília/DF 2008), a autópsia verbal é um questionário aplicado aos familiares e/ou cuidadores da pessoa falecida, indagando sobre as circunstâncias, sinais e sintomas da doença causadora da morte. Sua análise permite ao médico identificar a sequência de eventos que levou ao óbito.

Tem utilidade para obter informações sobre óbito em áreas com elevada subnotificação e baixa cobertura da informação sobre as causas da morte, a fim de conhecer a estrutura da mortalidade nessas áreas, sendo útil na rotina da vigilância epidemiológica dos óbitos.

A autópsia verbal poderá não ser suficiente para identificar todas as causas de morte, nem tem a mesma eficiência para todas as causas que identifica.

É utilizada em outros países, sendo os formulários adaptados para as causas prevalentes no Brasil.

Os instrumentos de autópsia verbal foram elaborados com base nas causas de morte mais comuns para diferentes faixas etárias: formulário 1, para criança com menos de 28 dias de idade; formulário 2, para criança com mais de 28 dias e menos de 10 anos de idade e o formulário 3, para pessoa com 10 anos de idade ou mais. Os três formulários têm por objetivo obter informações sobre as causas de morte, necessárias ao entendimento da situação de saúde, para planejamento e monitoramento.

Todos iniciam com: identificação do falecido, endereço do local da entrevista, a identificação do entrevistado e seu relato sobre os acontecimentos que levaram à morte.

Seguem-se perguntas sobre doenças e condições antecedentes, até chegar nas questões sobre sinais e sintomas da doença que levou à morte.

Na sequência, estão as informações sobre utilização de serviços de saúde nesse período.

O médico certificador (médico que examinará o formulário da AV e preencherá o bloco conclusão da investigação) deve preencher com um quadro de conclusão da investigação, finalizando o formulário e anexando uma cópia da DO selecionada ou da DN (para o caso de menores de 10 anos).

No Brasil, há regiões em que o atendimento em saúde é precário ou inexistente, levando a uma porcentagem de óbitos por causa indeterminada maior do que a habitual, podendo ter a autópsia verbal aplicação satisfatória.

Aplicada a esse período de pandemia em substituição à autópsia no SVO, é útil quando as informações do prontuário e da família não permitem minimamente a definição de causa de óbito, devendo DO ser preenchida, então, com as melhores informações possíveis (uma anamnese post-mortem com a família).

Entretanto, se mesmo assim não houver diagnóstico sindrômico possível, em último caso, declarar o óbito como "Morte Indeterminada – Aplicada autópsia verbal", incluindo as comorbidades (na parte II do Bloco V da DO) e que não há sinais de morte violenta/causas externas.

Responsáveis pelo fornecimento da DO.

Nos óbitos hospitalares, a responsabilidade de fornecer a DO é do médico que assistiu o paciente ou do plantonista, e nos óbitos domiciliares, do médico que constatou o óbito na residência.

Nos óbitos em instituições de longa permanência (casas de repouso, asilos), a tarefa é do responsável médico pela instituição.

CAPÍTULO 3 • DOCUMENTOS MÉDICO-LEGAIS

Já nos óbitos em espaço público e albergues, quando não há médicos que acompanhem os ocupantes, primeiramente avalia-se a possibilidade de causas externas.

- se for morte natural – assina a D.O. o médico que constatou o óbito, encaminhado ao SVO
- se há sinais de morte violenta – o caso segue para o IML.

a. óbitos hospitalares	médico que assistiu o paciente ou o plantonista
b. óbitos domiciliares	médico que constatou o óbito na residência
c. óbitos em instituições de longa permanência (casas de repouso, asilos)	médico responsável pela instituição
d. óbitos em espaço público e albergues quando não há médicos que acompanhem os ocupantes, avaliação da possibilidade de causas externas	– médico que constatou o óbito encaminhado ao SVO, se for morte natural – o caso segue para o IML, se há sinais de morte violenta

7) Autópsia virtual (Virtópsia)

Surgiu, no final de 1990, na Suíça, para criar uma documentação tridimensional (3D) dos achados post-mortem que permitisse reavaliações posteriores.

Associa imagens de TC (tomografia computadorizada), RM (ressonância magnética), digitalização de superfícies óticas em 3D etc.

Tem o mesmo objetivo das autópsias tradicionais: determinar a causa e a circunstância da morte, mas preservando o corpo.

TC-PM (tomografia computadorizada pós-morte): utiliza scanners modernos, baseados em reconstruções 2D e 3D, com espessuras de corte muito pequenas, a fim de detectar e representar corpos estranhos, gases, fraturas e acúmulo de fluidos.

RM-PM (ressonância magnética pós-morte): permite obter imagens dos tecidos moles, possibilitando estudo dos mesmos e identificar patologias.

Digitalização de superfícies óticas através de fotogrametria tridimensional: grava imagem 3D, possibilitando fotografias digitais da superfície a partir de vários ângulos, o que permite reconstrução em 3D dessa superfície. É muito precisa tanto nas imagens obtidas em cadáveres como em vítimas vivas que apresentem ferimentos, podendo ser aplicado a estruturas com menos de 1mm.

Biópsia *post mortem*: utiliza um robô que cria um modelo em 3D do cadáver, permitindo colher amostras para análise histológica de órgãos, como coração, ou obter amostras de patologias específicas, como tumores, visualizadas através da TC-PM ou RM-PM, além de colher tecidos e fluidos para exames toxicológicos e microbiológicos.

Vantagens da autópsia virtual:

- É forma não invasiva de determinação da causa e circunstância de morte sem destruir o corpo, importante para algumas religiões e culturas;
- Permite a guarda permanente dos dados da imagem digital para posterior estudo, que podem ser arquivados e enviados para reexame a qualquer momento;

- Possibilita identificação do cadáver ou então parte dele, utilizando a imagiologia post-mortem, técnica de análise rápida, muito útil nos desastres de massa;
- Permite análise das partes moles e ósseas da face sem destruição pela dissecção, enquanto na autópsia tradicional a face é poupada, apesar de trazer informações importantes;
- Na autópsia tradicional, pelo padrão das lesões, nem sempre se consegue identificar o agente lesivo;
- As imagens obtidas através da autópsia virtual, utilizadas como prova em processos, têm menor chance de influenciar emocionalmente as decisões.

Desvantagens da autópsia virtual:

- Tem alto custo;
- Não permite mostrar a textura e o cheiro dos órgãos;
- Cadáveres em avançado estado de putrefação ou com extensas lacerações, podem dificultar a manutenção no meio de contraste suficiente para a captação das imagens que permitam a avaliação.

8) Necrópsia psicológica

A necropsia psicológica é usada com o intuito de identificar e avaliar antecedentes etiológicos em casos de óbito, combinando revisão pormenorizada de registros médico-legais e entrevistas com familiares, amigos e colegas do falecido.

Inicia-se com a observação da cena da morte pelo psiquiatra forense.

Quando o corpo é encontrado em ambiente doméstico:

- buscar provas concretas, como impressões digitais ou outros vestígios de possível crime;
- verificar as características da personalidade do falecido e de seu estado de ânimo à época dos fatos;
- analisar documentos oficiais e pessoais da vítima, como recortes de jornais, cartas, marcações em livros, sites visitados na internet;
- informações prestadas por familiares e pessoas próximas.

9) Óbito de recém-nascido

Quando se tratar de óbito de recém-nascido, se nascido vivo, o médico está obrigado a fornecer o atestado de óbito. Registra-se nascimento e óbito sempre, independentemente do tempo de gestação e das características do feto.

Declaração de Nascido Vivo (DN) – é um documento padronizado pelo Ministério da Saúde, pré-numerado e apresentado em três vias, de cores diferentes.

Deve ser emitida por profissional de Saúde responsável pelo acompanhamento da gestação, do parto ou do recém-nascido.

Não substitui o Registro Civil de nascimento.

Seu uso é obrigatório em todo o território nacional, para a coleta dos dados sobre nascidos vivos.

É considerada como documento hábil para os fins do artigo 50, da Lei 6.015/1973, para a lavratura da Certidão de Nascimento pelo Cartório de Registro Civil.

A declaração de nascido vivo é indispensável se ocorrer o óbito logo após o nascimento.

É obrigatória em casos de criança nascida sem assistência profissional.

Nos partos sem assistência de profissionais da saúde, a declaração de nascido vivo será emitida pelos oficiais de Registro Civil que lavrarem o registro de nascimento.

O artigo 53 *caput* e § 1º, da Lei 6.015/1973, determina que o registro do óbito deve ser feito mesmo que a criança nasça morta, sendo esse o procedimento ideal, inclusive porque as estatísticas oficiais são feitas com base na via da Declaração de Óbito que é encaminhada para a Secretaria Municipal de Saúde.

> Lei 6015, Art. 53. No caso de ter a criança nascido morta ou no de ter morrido na ocasião do parto, será, não obstante, feito o assento com os elementos que couberem e com remissão ao do óbito.
>
> § 1º No caso de ter a criança nascido morta, será o registro feito no livro "C Auxiliar", com os elementos que couberem
>
> § 2º No caso de a criança morrer na ocasião do parto, tendo, entretanto, respirado, serão feitos os dois assentos, o de nascimento e o de óbito, com os elementos cabíveis e com remissões recíprocas.

Entretanto, se o tempo de gestação for pequeno e se o feto morto ficou dias retido no útero materno, ao nascer já estará em processo destrutivo e muitas vezes não individualizado.

Neste caso, temos três regras.

A regra antiga, preconizada pela Organização Mundial de Saúde (OMS), considerava inicialmente o tempo gestacional, mas foi complementada com o peso e estatura do feto porque muitas vezes essas características fetais não condiziam com o tempo alegado pela gestante.

As perdas fetais foram classificadas como:

Perda fetal precoce	Perda fetal intermediária	Perda fetal tardia
Menos de 20 semanas de gestação	20 a 28 semanas de gestação	Mais de 28 semanas de gestação
Feto com peso inferior a 500 gramas	Feto com peso entre 500 a 1.000 gramas	Feto com peso superior a 1.000 gramas;
Feto com estatura abaixo de 25 centímetros	Feto com estatura entre 25 e 35 centímetros	Feto com estatura acima de 35 centímetros

A obrigatoriedade de atestar o óbito e levá-lo a registro recairia apenas sobre as perdas fetais tardias.

As perdas intermediárias e precoces seriam consideradas aborto, ficando o médico desobrigado a fornecer o atestado de óbito.

Havendo obrigatoriedade, o corpo é considerado cadáver e tem de ser enterrado ou cremado. Nos demais casos, como não podem ser tratados como lixo comum, devem ser incinerados.

A regra com base na Classificação Internacional das Doenças (CID-10), que substituiu a anterior, considera período perinatal:

- A partir de 22 semanas de gestação;
- Feto com 500 gramas ou mais de peso;
- Feto com estatura acima de 16,5 centímetros (medida craniocaudal de feto até 20 a 22 semanas de gestação, tirada da cabeça até o cóccix em virtude de os membros inferiores estarem em flexão).

Abaixo disso, seria aborto, não necessitando atestado de óbito.

Em outras palavras, se o feto nascer com peso, estatura e tempo de gestação que permitiriam sua sobrevivência se nascido vivo, é considerado natimorto e o médico está obrigado a atestar o óbito.

A mudança dos parâmetros se deveu à evolução tecnológica, que tornou possível a sobrevivência de fetos prematuros cada vez menores, dependendo dos recursos disponíveis na localidade.

Nesses casos, o médico não está impedido de dar o atestado de óbito, mas desobrigado, podendo e devendo fornecê-lo sempre que possível.

Adotam-se, atualmente, os parâmetros constantes da Resolução da Diretoria Colegiada – RDC 306, de 07 de dezembro de 2004 (ANVISA), que dispõe sobre o Regulamento Técnico para o gerenciamento de resíduos de serviços de saúde.

Ao atribuir o mesmo destino, no item 7.1, às partes amputadas e ao produto de fecundação sem sinais vitais que tenha peso inferior a 500 gramas, estatura menor que 25 centímetros e idade gestacional menor que 20 semanas, desde que não tenham valor científico ou legal, e não tenha havido requisição pelo paciente ou seus familiares, estabelece os critérios que desobrigam o médico de atestar o óbito.

Logo, o médico só está obrigado nos casos de natimorto quando a gestação tiver 20 semanas ou mais, 500 g ou mais de peso e 25 cm ou mais de estatura (medida da cabeça até os pés).

Resta a dúvida: basta um dos parâmetros para desobrigar o médico?

A resposta está no PARECER CREMEC 05/2013 – 19/01/2013 (Ceará):

> Em caso de morte fetal, os médicos que prestaram assistência à mãe ficam obrigados a fornecer a DO se a gestação tiver duração igual ou superior a 20 semanas, ou o feto com peso igual ou superior a 500 gramas e/ou estatura igual ou superior a 25 centímetros. Não há obrigatoriedade de emissão da DO no óbito fetal quando, simultaneamente, as três condições acima especificadas estiverem ausentes.

O artigo 19, inciso III, da Seção IV, da Portaria MS 116 institui esses mesmos parâmetros de obrigatoriedade de atestar o óbito.

CAPÍTULO 3 • DOCUMENTOS MÉDICO-LEGAIS

10) Cadáver sem Identidade Civil e destinação de cadáver para ensino e pesquisa.

Após verificar pessoalmente a realidade do óbito, o médico é obrigado a preencher a Identidade Civil do falecido no formulário de Declaração de Óbito.

A ausência desta Identidade Civil impede o preenchimento da Declaração de Óbito (DO).

Além de ter como finalidades confirmar a morte, definir a causa mortis e satisfazer interesse médico-sanitário, estabelecer o fim da existência humana e da personalidade civil, a Declaração de Óbito (DO) é uma forma de garantir à família e à sociedade de que não há possibilidade de vida, podendo ser processada legalmente a inumação.

A Resolução CFM 1.779/2005 estipula que o preenchimento dos dados constantes na declaração de óbito é de responsabilidade do médico que a atestou (art. 1º).

No artigo 2º, determina:

Morte Natural

I) Morte sem assistência médica:

a. Nas localidades com Serviço de Verificação de Óbitos (SVO), a declaração de óbito deverá ser fornecida pelos médicos do SVO.

b. Nas localidades sem SVO, a declaração de óbito deverá ser fornecida pelos médicos do serviço público de saúde mais próximo do local onde ocorreu o evento e, na sua ausência, por qualquer médico da localidade.

II) Morte com assistência médica:

a. A declaração de óbito deverá ser fornecida sempre que possível pelo médico que vinha prestando assistência.

b. A declaração de óbito do paciente internado sob regime hospitalar deverá ser fornecida pelo médico assistente e na sua falta por médico substituto pertencente à instituição.

c. A declaração de óbito do paciente em tratamento sob regime ambulatorial deverá ser fornecida por médico designado pela instituição que prestava assistência ou pelo S.V.O.

Morte Fetal

Em caso de morte fetal, os médicos que prestaram assistência à mãe ficam obrigados a fornecer a declaração de óbito do feto, quando a gestação tiver duração igual ou superior a 20 semanas ou o feto tiver peso corporal igual ou superior a 500 (quinhentos) gramas e/ou estatura igual ou superior a 25 cm.

Mortes Violentas ou não Naturais

A declaração de óbito deverá obrigatoriamente ser fornecida pelos serviços médico-legais (IML).

Na localidade onde existir apenas 01 (um) médico, este é o responsável pelo fornecimento da declaração de óbito (Res. CFM 1.779/2005, art. 2°, parágrafo único).

A ausência de qualquer documentação ou identificação civil impossibilita a emissão da declaração de óbito, devendo o cadáver ser encaminhado ao SVO, ou ao IML se não existir SVO na localidade, nas mortes naturais. As mortes violentas ou suspeitas já são obrigatoriamente direcionadas ao IML.

O médico não poderá emitir uma declaração de óbito sem a identificação civil do falecido, porque a inexistência de qualificação civil do corpo impossibilita o registro do óbito no cartório de registro civil e, consequentemente, ocorre a negativa da certidão de óbito para sepultamento e outros fins.

O reconhecimento do cadáver através de testemunhas, amigos, vizinhos etc., não confere legalidade para fins de emissão da declaração de óbito pelo médico, nem para sepultamento. É necessária a identificação civil.

Caso o corpo não seja identificado ou reclamado junto às autoridades públicas, num prazo de 30 dias, poderá ser utilizado pelas faculdades de medicina conforme prevê a Lei 8.501, de 30 de novembro de 1992, que dispõe sobre a utilização de cadáver não reclamado, para fins de estudos ou pesquisas científico.

Quando houver indício de que a morte tenha resultado de ação criminosa, é proibido encaminhar o cadáver para fins de estudo.

Lei 8.501

Art. 1° Esta Lei visa disciplinar a destinação de cadáver não reclamado junto às autoridades públicas, para fins de ensino e pesquisa.

Art. 2° O cadáver não reclamado junto às autoridades públicas, no prazo de 30 (trinta) dias, poderá ser destinado às escolas de medicina, para fins de ensino e de pesquisa de caráter científico.

Art. 3° Será **destinado para estudo**, na forma do artigo anterior, o cadáver:

I – **sem qualquer documentação**;

II – **identificado, sobre o qual inexistem informações relativas a endereços de parentes ou responsáveis legais**.

§ 1° Na hipótese do inciso II deste artigo, a autoridade competente fará publicar, nos principais jornais da cidade, a título de utilidade pública, pelo menos 10 (dez) dias, a notícia do falecimento.

§ 2° Se a morte resultar de **causa não natural**, o corpo será, obrigatoriamente, submetido à **necropsia** no órgão competente.

§ 3° É defeso encaminhar o cadáver para fins de estudo, quando houver indício de que a morte tenha resultado de ação criminosa.

§ 4° Para fins de reconhecimento, a autoridade ou instituição responsável manterá, sobre o falecido:

a) os dados relativos às características gerais;

b) a identificação;

c) as fotos do corpo;

d) a ficha datiloscópica;

e) o resultado da necropsia, se efetuada; e

f) outros dados e documentos julgados pertinentes.

Art. 4º Cumpridas as exigências estabelecidas nos artigos anteriores, o cadáver poderá ser liberado para fins de estudo.

Art. 5º A qualquer tempo, os familiares ou representantes legais terão acesso aos elementos de que trata o § 4º do art. 3º desta Lei.

Se for desconhecida a identidade do cadáver, deve constar do assento identidade ignorada, mas este deve ser acompanhado de meios que permitam posterior identificação como foto e impressão digital.

Assim determina a Lei 6.015/73:

Art. 81 Sendo o finado desconhecido, o assento deverá conter declaração de estatura ou medida, se for possível, cor, sinais aparentes, idade presumida, vestuário e qualquer outra indicação que possa auxiliar de futuro o seu reconhecimento; e, no caso de ter sido encontrado morto, serão mencionados esta circunstância e o lugar em que se achava e o da necropsia, se tiver havido.

Parágrafo único. Neste caso, será extraída a individual dactiloscópica, se no local existir esse serviço.

Art. 82. O assento deverá ser assinado pela pessoa que fizer a comunicação ou por alguém a seu rogo, se não souber ou não puder assinar.

Art. 83. Quando o assento for posterior ao enterro, faltando atestado de médico ou de duas pessoas qualificadas, assinarão, com a que fizer a declaração, duas testemunhas que tiverem assistido ao falecimento ou ao funeral e puderem atestar, por conhecimento próprio ou por informação que tiverem colhido, a identidade do cadáver

5. CONSULTA MÉDICO-LEGAL

Consulta é o esclarecimento prestado em consequência de dúvidas ou omissões de ordem médica.

A consulta médico-legal consiste em ouvir a opinião de uma autoridade em Medicina Legal ou de uma instituição conceituada quando há dúvidas sobre um relatório médico legal, ou controvérsias, ou surgiu fato novo no decorrer o processo.

6. DEPOIMENTO ORAL DO PERITO

Busca obter informações referentes ao objeto estudado, de forma mais direta.

O perito é chamado a depor, quando necessário ou até indispensável, nunca como testemunha, sobre fatos obscuros ou conflitantes.

Cabe ao juiz a faculdade de convocar os peritos, a fim de esclarecerem oralmente certos pontos duvidosos de perícias realizadas por eles, ou por outrem ou para relatarem sobre qualquer assunto de interesse da lei, de forma clara, compreensível e simples, emitindo opinião científica, com respostas objetivas e explicando os termos técnicos.

Pode ocorrer tanto na fase de instrução, como durante ou após a fase de julgamento, além de que o perito pode ser chamado mesmo após ter se aposentado.

É mais frequente nos laudos duvidosos e nos casos rumorosos.

De acordo com os §§ 3º e 4º, do artigo 477, do CPC, se ainda houver necessidade de esclarecimentos, os peritos e os assistentes técnicos poderão ser intimados a comparecer à audiência de instrução e julgamento, com pelo menos 10 (dez) dias de antecedência da audiência, mediante requerimento das partes ao juiz.

7. PRONTUÁRIO MÉDICO

O prontuário médico é constituído por: anamnese do paciente, exame clínico, suas fichas de ocorrências, prescrições terapêuticas, relatórios da enfermagem, relatórios da anestesia, relatórios da cirurgia, registro de solicitação e de resultado de exames complementares.

O prontuário serve para:

- análise da evolução da doença;
- fins estatísticos;
- defesa do profissional (valor probante);
- elaboração de relatórios ou pareceres médico-legais.

Apesar de criado para interesses médicos, o prontuário pode produzir efeitos jurídicos com significado médico-legal, sendo fundamental em litígios por erro médico.

Não há dispositivo ético ou jurídico que determine ao médico ou ao diretor clínico de um hospital que entregar os originais do prontuário a qualquer pessoa, admitindo-se que apenas ao perito cabe o direito de consultá-lo, devendo manter o segredo profissional.

O médico é apenas o autor intelectual do prontuário, sendo o paciente quem possui a propriedade e a disponibilidade permanente das informações.

É vedado ao médico negar ao paciente ou, na sua impossibilidade, a seu representante legal, acesso a seu prontuário, deixar de lhe fornecer cópia quando solicitada, bem como deixar de lhe dar explicações necessárias à sua compreensão, salvo quando ocasionarem riscos ao próprio paciente ou a terceiros (CEM, art. 88).

O médico e a instituição têm apenas o direito de guarda.

Os médicos, incluindo os psiquiatras, estão obrigados a guardar os relatórios sobre seus pacientes por 20 anos, conforme determina o artigo 6º, da Lei 13.787/2018: decorrido o prazo mínimo de 20 (vinte) anos a partir do último registro, os prontuários em suporte de papel e os digitalizados poderão ser eliminados.

8. DECLARAÇÃO DE COMPARECIMENTO

É um texto técnico, de estrutura fixa, em que o declarante confirma determinada informação como verídica.

A declaração de comparecimento é um documento que pode ser emitido por médicos e demais profissionais da área da saúde, a respeito do comparecimento do paciente a uma consulta, exame ou procedimentos que não podem ser adiados, justificando a falta do funcionário no ambiente de trabalho.

Segue regras específicas e, quando feitas corretamente, auxiliam o paciente a não sofrer punições e descontos no salário.

Assim como o atestado, só pode conter o CID com a anuência do paciente, a não ser que haja justa causa, mas a inserção de informações do tipo – devendo permanecer em repouso absoluto – não se aplica às Declarações de Comparecimento.

Já a inserção da informação do grau de parentesco ou relacionamento do acompanhante com o paciente é facultativa.

9. CONSIDERAÇÕES SOBRE OS COMITÊS DE ÉTICA EM PESQUISA (CEP)

Os CEPs possuem as seguintes atribuições:

a) Revisar todos os protocolos de pesquisa envolvendo seres humanos, inclusive os multicêntricos, cabendo-lhe a responsabilidade primária pelas decisões sobre a ética da pesquisa a ser desenvolvida na instituição, de modo a garantir e resguardar a integridade e os direitos dos voluntários participantes nas referidas pesquisas;

b) Emitir parecer consubstanciado por escrito, no prazo máximo de 30 (trinta) dias, identificando com clareza o ensaio, documentos estudados e data de revisão. A revisão de cada protocolo culminará com seu enquadramento em uma das seguintes categorias:

- aprovado;
- com pendência: quando o Comitê considera o protocolo como aceitável, porém identifica determinados problemas no protocolo, no formulário do consentimento ou em ambos, e recomenda uma revisão específica ou solicita uma modificação ou informação relevante, que deverá ser atendida em 60 (sessenta) dias pelos pesquisadores;
- retirado: quando, transcorrido o prazo, o protocolo permanece pendente;
- não aprovado; e
- aprovado e encaminhado, com o devido parecer, para apreciação pela Comissão Nacional de Ética em Pesquisa (CONEP/MS), nos casos previstos no capítulo VIII, item 4.c.

c) Manter a guarda confidencial de todos os dados obtidos na execução de sua tarefa e arquivamento do protocolo completo, que ficará à disposição das autoridades sanitárias;

d) Acompanhar o desenvolvimento dos projetos através de relatórios anuais dos pesquisadores;

e) Desempenhar papel consultivo e educativo, fomentando a reflexão em torno da ética na ciência;

f) Receber dos sujeitos da pesquisa ou de qualquer outra parte denúncias de abusos ou notificação sobre fatos adversos que possam alterar o curso normal do estudo, decidindo pela continuidade, modificação ou suspensão da pesquisa, devendo, se necessário, adequar o termo de consentimento. Considera-se como antiética a pesquisa descontinuada sem justificativa aceita pelo CEP que a aprovou;

g) Requerer instauração de sindicância à direção da instituição em caso de denúncias de irregularidades de natureza ética nas pesquisas e, em havendo comprovação, comunicar à Comissão Nacional de Ética em Pesquisa (CONEP/MS) e, no que couber, a outras instâncias;

h) Manter comunicação regular e permanente com a CONEP/MS.

Os CEPs não criam normas relacionadas com as pesquisas em seres humanos.

Capítulo 4
NOÇÕES DE CRIMINALÍSTICA

1. DEFINIÇÃO, OBJETIVOS, ÁREAS DE ATUAÇÃO DA CRIMINALÍSTICA

A palavra Criminalística foi usada pela primeira vez em 1893, na Alemanha, na cidade de Gratz, por Hans Gross, juiz de instrução criminal e professor de Direito Penal, no seu livro Manual do juiz de instrução.

Gross estudou e desenvolveu princípios de investigação criminal e abordou, em suas obras, a assistência que os investigadores poderiam esperar das áreas de microscopia, química, física, mineralogia, zoologia, botânica, antropometria e impressão digital.

Considerado "Pai da Criminalística", Hans Gross definiu Criminalística como o estudo da fenomenologia do crime e dos métodos práticos de sua investigação.

No I Congresso Nacional de Polícia Técnica, realizado no Brasil, em 1947, José Del Picchia Filho, autor de um tratado de documentoscopia, propôs definir Criminalística como a disciplina que tem por objetivo o reconhecimento e interpretação dos indícios materiais extrínsecos, relativos ao crime ou à identidade do criminoso. Os exames dos vestígios intrínsecos (na pessoa) são da alçada Médico-Legal.

Para Astolfo Tavares Paes, Criminalística é a aplicação de qualquer ciência ou técnica à pesquisa e a interpretação de indícios materiais relativos ao crime, evidentes ou hipotéticos e, no caso de confirmação de sua ocorrência, à identidade de quem dele tenha participado.

José Lopes Zarzuela, assim a definiu: Criminalística constitui o conjunto de conhecimentos científicos, técnicos, artísticos etc., destinados à apreciação, interpretação e descrição escrita dos elementos de ordem material encontrados no local do fato, no instrumento de crime e na peça de exame, de modo a relacionar uma ou mais pessoas envolvidas em um evento, às circunstâncias que deram margem a uma ocorrência, de presumível ou de evidente interesse judiciário.

Outras definições:

Criminalística é um sistema de conhecimentos técnico-científicos que estuda os locais de crimes e os vestígios materiais, localizados superficialmente ou fora do corpo humano, visando a identificar as circunstâncias e a autoria da infração penal.

Criminalística é o sistema de conhecimentos científicos que estuda os vestígios materiais extrínsecos à pessoa física, visando a esclarecer e identificar as circunstâncias do crime e determinar a identidade do criminoso.

Dessa forma, enquanto a Medicina Legal estuda os vestígios intrínsecos do crime, isto é, na pessoa, a Criminalística objetiva reconhecer e interpretar os indícios materiais extrínsecos do delito e/ou identificar o criminoso.

Esses vestígios concretos e materiais são analisados de forma dinâmica, incluindo a origem, os fatos geradores, a interpretação, os meios e formas com que foram produzidos e a interligação entre eles, importantes no sistema judiciário, em especial criminal e cível, mas também trabalhista.

Os vestígios são submetidos a exames macroscópicos e microscópicos, com base em método científico, a fim de entender e identificar:

- a materialização do crime;
- os prováveis instrumentos usados e como foram utilizados;
- a identificação dos autores;
- a identificação das vítimas;
- as provas indiciárias do caso.

Objetivos do estudo dos vestígios materiais:

- Investigar tecnicamente e demonstrar cientificamente a existência de um fato criminoso;
- Determinar os fenômenos e reconstruir a dinâmica do fato, estabelecendo os instrumentos e objetos utilizados para execução do crime, bem como a forma como foram utilizados e as alterações decorrentes dessa utilização;
- Utilizar técnicas que venham a apontar elementos que permitam a identificação da vítima, caso exista, e dos possíveis autores;
- Obter provas indiciárias que possam fundamentar a participação dos prováveis autores e demais participantes.
- Demonstrar técnica e cientificamente a existência de um fato delituoso;
- Identificar fenômenos e reconstruir a dinâmica dos fatos, identificando os instrumentos e objetos utilizados e como foram utilizados:
- Analisar vestígios do local periciado, de forma a definir o *modus operandi*.

A Criminalística é uma disciplina autônoma, porque possui leis, método e princípios próprios, apesar de valer-se dos conhecimentos de outras ciências como Toxicologia, Química, Física, Biologia, Matemática, entre outras, o que lhe confere o aspecto multidisciplinar. Daí a necessidade de peritos criminalísticos ou peritos criminais com diferentes formações profissionais.

Áreas de atuação:

Biologia – analisa: a espécie e o tipo de sangue, outros fluidos corporais, cabelos, amostras botânicas retiradas de plantas.

Ciências Físicas – utilizam os campos da física, química e geologia para analisar evidências, como: a transferência de tinta de um veículo, amostras de solo retiradas de sapatos, fragmentos de vidro para determinar a causa da quebra de uma janela, drogas,

CAPÍTULO 4 • NOÇÕES DE CRIMINALÍSTICA   **91**

explosivos, fibras de roupas, determinar a causa e o efeito de um acidente automobilístico ou a força de uma pancada no corpo de uma pessoa, com base em princípios da física.

Balística – identifica: o tipo de arma de fogo usada no crime, incluindo projéteis e cartuchos, resíduos de arma de fogo, trajetória dos projéteis, distância percorrida por um projétil.

Documentoscopia / Análise de documentos – identifica: o fabricante da tinta, o número do modelo de uma copiadora ou impressora e o fabricante, o fabricante do papel etc.

Fotografia – fornece tecnologia fotográfica altamente especializada, que pode tornar as evidências invisíveis em visíveis.

Dactiloscopia / Impressões digitais – revela impressões latentes e compara as impressões com as dos bancos de dados através de software.

Polígrafo – utiliza tecnologia avançada e experiência em psicologia e interrogatório, para verificar a autenticidade das declarações feitas por testemunhas ou suspeitos.

Investigação do local de crime – coleta e análise evidências de local de crime, ou encaminhar para o laboratório específico.

Psicologia forense.

Patologia forense – analisa: cadáveres para determinar evidências físicas, insetos, matéria vegetal etc.

2. PRINCÍPIOS DA CRIMINALÍSTICA

Princípios fundamentais

- Princípio da Observação ou Princípio da Troca de *Locard* – parte da premissa de que todo contato deixa uma marca, pois sempre que dois objetos entram em contato entre si, há troca de materiais entre eles. Não existe uma ação que não deixe marcas, ou seja, vestígios, mas pode acontecer que o autor do fato tente evitar deixar alguma marca ou a apague.
- Princípio da Análise – a análise pericial deve sempre seguir o método científico. A formulação de hipóteses sobre a dinâmica do crime deve basear-se em método científico.
- Princípio da Interpretação ou Princípio da Individualidade – dois objetos podem ser indistinguíveis, mas nunca idênticos. A partir da individualização de um indício ou prova, busca uma identificação precisa para distinguir objetos que pareçam idênticos em um primeiro momento.
- Princípio da Descrição – o resultado de um exame pericial é constante em relação ao tempo, devendo ser exposto em linguagem ética e juridicamente perfeita. Dessa forma, os exames periciais devem ser descritos de forma clara, lógica, além de fundamentados em princípios científicos e elaborados com linguagem técnico-jurídica.

- Princípio da Documentação – toda amostra deve ser documentada desde o momento em que é identificada no local do crime, até sua análise e descrição final, de forma a se estabelecer um histórico completo e fiel de sua origem.

Princípios Gerais (não fundamentais)

- Princípio do uso – quando algum vestígio, seja ele físico (objeto ou instrumento), químico ou biológicos, for encontrado no local de crime, deve-se questionar: qual a sua relação com o fato ou crime? qual o seu uso?
- Princípio da produção – os agentes produzem vestígios quando no local do crime, que podem ser utilizados para identificar a dinâmica do crime e/ou o(s) autor(es).
- Princípio do intercâmbio – quando existe interação entre coisas e/ou pessoas, é inevitável que características sejam transferidas entre elas, ainda que microscopicamente.
- Princípio da correspondência de características – os agentes mecânicos possuem formas de atuação características, o que possibilita a comparação e identificação.
- Princípio da reconstrução – objetiva identificar a dinâmica do crime por meio de elementos materiais.
- Princípio da certeza – utiliza metodologias, tecnologias e procedimentos científicos para identificar a origem de vestígios e interpretar de forma correta.
- Princípio da probabilidade – as análises periciais buscam a maior probabilidade de um evento ter acontecido, através da reconstrução de determinados fenômenos e fatos que levam à aproximação da verdade.

3. CONCEITOS: PROVA, INDÍCIOS, PRESUNÇÕES, VESTÍGIOS

No sentido jurídico, a prova diz respeito aos atos e meios utilizados pelas partes para demonstrar a verdade, a fim de que o juiz forme sua convicção sobre a existência, ou não, de um fato.

Quanto à forma pela qual se apresentam em juízo, as provas podem ser:

- oral (testemunhal, depoimento de parte, confissão);
- documental;
- material.

Prova testemunhal é a declaração de um terceiro (testemunha), que de alguma forma tenha presenciado os fatos discutidos no processo.

Prova documental é tudo o que representa um fato idôneo que possa ser reproduzido em juízo, cujo objetivo é a fixação ou retratação material de um acontecimento

Documento é qualquer instrumento que contenha manifestação de vontade ou pensamento, importante pela possibilidade de contribuir para a correta aplicação da lei penal no caso concreto.

CPP, art. 231. Salvo os casos expressos em lei, as partes poderão apresentar documentos em qualquer fase do processo.

> CPP, art. 232. Consideram-se documentos quaisquer escritos, instrumentos ou papéis, públicos ou particulares.
>
> Parágrafo único. À fotografia do documento, devidamente autenticada, se dará o mesmo valor do original.

Prova material consiste em qualquer elemento que corporifica a demonstração do fato, como por exemplo, o exame de corpo de delito e dos instrumentos do crime.

São três as finalidades da prova material:

- constatar a existência do delito;
- verificar sua dinâmica;
- indicar a autoria.

Prova pericial é a que pretende trazer elementos de convicção sobre fatos que dependem de conhecimento especializado ou técnico.

É elaborada por peritos, que vão analisar determinada situação a partir de um conhecimento científico, técnico ou especializado.

Todo material que for encontrado em local de crime ou mantiver qualquer relação com o fato delituoso, está sujeito ao exame pericial.

Quanto à fonte, a prova podem ser:

- pessoal – extraída de afirmação pessoal consciente, destinada a fazer fé dos fatos afirmados (testemunho);
- real – deduzida do exame das coisas, que atestam as modalidades que o fato probando lhe imprimiu (documento).

Quanto à preparação, as provas podem ser:

- casuais ou simples – provas preparadas durante o processo;
- pré-constituídas.
- provas preparadas preventivamente para possível utilização em futuro processo (sentido amplo);
- provas consistentes em instrumentos públicos ou particulares representativos de atos jurídicos;
- prova composta – é a que resulta da concordância, entre si, de muitos meios de prova, isoladamente insuficientes para demonstrar o alegado.

Quanto ao objeto, as provas podem ser: diretas e indiretas.

A prova é direta quando recai diretamente sobre o fato, permitindo uma conclusão direta e objetiva.

A prova é indireta quando afirma outro fato para que, por raciocínio indutivo, se chegue ao fato desejado por meio da formulação de hipóteses, rejeitando-se umas e aceitando-se outras até chegar a uma conclusão.

Há, portanto, na prova indireta, uma intermediação por meio de documentos, testemunhas e confissão.

A prova indireta compreende os indícios e as presunções.

Presunção é a convicção gerada na consciência sobre a existência real de um fato ou circunstância desconhecidos que, por sua natureza, permitem relação com um fato conhecido.

Esse fato conhecido e provado é o indício, cuja relação necessária ou possível com o fato que se desconhece, prova ou leva a presumir sua existência.

Dessa forma, o indício é um fato diferente do que se quer provar, mas que a ele se liga de forma necessária ou costumeira como sua manifestação ou consequência.

A relação entre o fato conhecido (indício) e o desconhecido (presunção) pode ser:

1) Causal, quando o fato desconhecido é a causa do fato conhecido.

Há, portanto, uma relação de causa e efeito que pode ser exemplificada com a frase popular: onde há fumaça (efeito), há fogo (causa).

2) De identidade, quando o fato conhecido é um atributo próprio do desconhecido, permitindo identificá-lo.

Têm-se, como exemplo, as marcas deixadas no projétil pela arma que o deflagrou.

Se as relações de causa e efeito ou de identidade forem necessárias e constantes, o indício dá origem a uma prova certa, ou seja, a uma prova indiciária.

Entretanto, se essa relação for relativa ou se estabelecer por analogia, leva apenas a uma probabilidade, possibilidade ou mera suspeita. Apesar de tratar-se de mera presunção, pode auxiliar na investigação ou julgamento.

Assim, se em caso de investigação de paternidade, um suposto pai se nega a fornecer material para exame de DNA, gera a presunção de que é o pai (apenas possibilidade), que pode ser afastada com a realização do exame (prova certa).

Conclui-se, então, que toda presunção se origina a partir de um indício ou circunstância.

Considera-se indício a circunstância conhecida e provada, que, tendo relação com o fato, autorize, por indução, concluir-se a existência de outra ou outras (CPP, art. 239).

Em Criminalística, existe diferença entre vestígio e indício.

Vestígio é qualquer marca, situação fática, objeto, sinal ou ente concreto sensível detectado, potencialmente relacionado a uma pessoa ou a um evento de relevância penal, e/ou presente em um local de crime, seja mediato ou imediato, interno ou externo, direta ou indiretamente relacionado ao fato delituoso.

Vestígios como vômitos, manchas de sêmen e de sangue <u>encontrados no cadáver</u>, são considerados intrínsecos e, portanto, objeto de estudo da Medicina Legal, e não da Criminalística.

Com o advento da lei 13.964/19, o Código de Processo Penal conceituou vestígio no artigo 158-A, § 3°: vestígio é todo objeto ou material bruto, visível ou latente, constatado ou recolhido, que se relaciona à infração penal.

CAPÍTULO 4 • NOÇÕES DE CRIMINALÍSTICA **95**

Parece que há divergência entre a doutrina e o conceito legal de vestígio, pois para a lei, o vestígio está necessariamente relacionado com o crime, enquanto para a doutrina não.

A título de provas, o posicionamento mais importante é o da lei (CPP, art. 158-A, § 3°).

Após análise, interpretação e associação do vestígio com exames laboratoriais e dados de investigação policial, que o enquadram no caso em decorrência da sua relação inquestionável com o fato e com as pessoas envolvidas, tem-se o **indício**.

Então, indícios são os vestígios que estão interligados na dinâmica do crime.

O indício é uma prova material comprovadamente relacionada com o local do crime, com a vítima ou com o suposto agressor.

O artigo 239, do CPP, traz a definição de indício: considera-se indício a circunstância conhecida e provada, que, tendo relação com o fato, autorize, por indução, concluir-se a existência de outra ou outras.

Evidência é qualquer material, objeto ou informação que, após as devidas análises, tem a sua relação com a ocorrência do delito comprovada técnica e cientificamente.

Assim, a partir de avaliações objetivas dos vestígios, torna-se possível identificar uma vinculação direta e inequívoca com o crime.

A evidência seria, então, o vestígio que se enquadra de forma inequívoca e objetiva na circunscrição do crime, após a realização de exames, análises e interpretações pertinentes (objetivas).

Quando se agregam fatos apurados pela autoridade policial (inquérito) ou ministerial (denúncia) às evidências, surge o indício,

Toda evidência é um indício, porém nem sempre um indício é uma evidência. pois o indício incorpora também elementos de ordem subjetiva para que seja assim classificado.

Evidência física é todo e qualquer vestígio encontrado em um local de ocorrência, constituído por todos os objetos inanimados, sólidos, líquidos e gasosos relacionados ao fato.

Mancha é um indício que se apresenta sob a forma de crosta aderida a uma superfície (suporte).

As provas serão produzidas em uma só audiência, podendo o juiz indeferir as consideradas irrelevantes, impertinentes ou protelatórias (CPP, art. 411, § 2°).

Encerrada a instrução probatória, se entender cabível nova definição jurídica do fato, em consequência de prova existente nos autos de elemento ou circunstância da infração penal não contida na acusação, o Ministério Público deverá aditar a denúncia ou queixa, no prazo de 5 (cinco) dias, se em virtude desta houver sido instaurado o processo em crime de ação pública, reduzindo-se a termo o aditamento, quando feito oralmente (CPP, art. 384).

A avaliação da prova não deve ter motivação ideológica ou emocional, mas tão só baseada na racionalidade e na lei.

O juiz formará sua convicção pela livre apreciação da prova produzida em contraditório judicial, não podendo fundamentar sua decisão exclusivamente nos elementos informativos colhidos na investigação, ressalvadas as provas cautelares, não repetíveis e antecipadas (CPP, art. 155).

A prova é proibida quando obtida por meios contrários à norma.

A prova é ilícita quando agride uma regra de direito material.

Já a prova ilegítima configura-se quando afronta princípios da lei processual.

4. TIPOS DE PERÍCIAS NO CPP

Além do artigo 158 do CPP (corpo de delito) e dos artigos 162 (autópsia) e 163 (exumação) referentes à perícia médico-legal, o Código de Processo Penal prevê e estabelece os procedimentos a serem observados em outros tipos de perícias.

a) Perícia para identificação do cadáver exumado:

Art. 166 – Havendo dúvida sobre a identidade do cadáver exumado, proceder-se-á ao reconhecimento pelo Instituto de Identificação e Estatística ou repartição congênere ou pela inquirição de testemunhas, lavrando-se auto de reconhecimento e de identidade, no qual se descreverá o cadáver, com todos os sinais e indicações.

Parágrafo único – Em qualquer caso, serão arrecadados e autenticados todos os objetos encontrados, que possam ser úteis para a identificação do cadáver.

b) Perícia do local de crime:

Art. 169 – Para o efeito de exame do local onde houver sido praticada a infração, a autoridade providenciará imediatamente para que não se altere o estado das coisas até a chegada dos peritos, que poderão instruir seus laudos com fotografias, desenhos ou esquemas elucidativos.

Parágrafo único – Os peritos registrarão, no laudo, as alterações do estado das coisas e discutirão, no relatório, as consequências dessas alterações na dinâmica dos fatos.

c) Perícias de laboratório:

Art. 170 – Nas perícias de laboratório, os peritos guardarão material suficiente para a eventualidade de nova perícia. Sempre que conveniente, os laudos serão ilustrados com provas fotográficas, ou microfotográficas, desenhos ou esquemas.

d) Perícia em objetos e instrumentos:

Art. 171 – Nos crimes cometidos com destruição ou rompimento de obstáculo a subtração da coisa, ou por meio de escalada, os peritos, além de descrever os vestígios, indicarão com que instrumentos, por que meios e em que época presumem ter sido o fato praticado.

Art. 175 – Serão sujeitos a exame os instrumentos empregados para a prática da infração, a fim de se lhes verificar a natureza e a eficiência.

e) Perícia para avaliação econômica dos danos:

Art. 172 – Proceder-se-á, quando necessário, à avaliação de coisas destruídas, deterioradas ou que constituam produto do crime.

Parágrafo único – Se impossível a avaliação direta, os peritos procederão à avaliação por meio dos elementos existentes nos autos e dos que resultarem de diligências.

f) Perícia em casos de Incêndio:

Art. 173 – No caso de incêndio, os peritos verificarão a causa e o lugar em que houver começado, o perigo que dele tiver resultado para a vida ou para o patrimônio alheio, a extensão do dano e o seu valor e as demais circunstâncias que interessarem à elucidação do fato.

g) Perícias em documentos:

Art. 174 – No exame para o reconhecimento de escritos, por comparação de letra, observar-se-á o seguinte:

I – a pessoa a quem se atribua ou se possa atribuir o escrito será intimada para o ato, se for encontrada;

II – para a comparação, poderão servir quaisquer documentos que a dita pessoa reconhecer ou já tiverem sido judicialmente reconhecidos como de seu punho, ou sobre cuja autenticidade não houver dúvida;

III – a autoridade, quando necessário, requisitará, para o exame, os documentos que existirem em arquivos ou estabelecimentos públicos, ou nestes realizará a diligência, se daí não puderem ser retirados;

IV – quando não houver escritos para a comparação ou forem insuficientes os exibidos, a autoridade mandará que a pessoa escreva o que lhe for ditado. Se estiver ausente a pessoa, mas em lugar certo, esta última diligência poderá ser feita por precatória, em que se consignarão as palavras que a pessoa será intimada a escrever.

Art. 231. Salvo os casos expressos em lei, as partes poderão apresentar documentos em qualquer fase do processo.

Art. 232. Consideram-se documentos quaisquer escritos, instrumentos ou papéis, públicos ou particulares.

Parágrafo único. À fotografia do documento, devidamente autenticada, se dará o mesmo valor do original.

Art. 233. As cartas particulares, interceptadas ou obtidas por meios criminosos, não serão admitidas em juízo.

Parágrafo único. As cartas poderão ser exibidas em juízo pelo respectivo destinatário, para a defesa de seu direito, ainda que não haja consentimento do signatário.

Art. 234. Se o juiz tiver notícia da existência de documento relativo a ponto relevante da acusação ou da defesa, providenciará, independentemente de requerimento de qualquer das partes, para sua juntada aos autos, se possível.

Art. 235. A letra e firma dos documentos particulares serão submetidas a exame pericial, quando contestada a sua autenticidade.

Art. 236. Os documentos em língua estrangeira, sem prejuízo de sua juntada imediata, serão, se necessário, traduzidos por tradutor público, ou, na falta, por pessoa idônea nomeada pela autoridade.

Art. 237. As públicas-formas só terão valor quando conferidas com o original, em presença da autoridade.

Art. 238. Os documentos originais, juntos a processo findo, quando não exista motivo relevante que justifique a sua conservação nos autos, poderão, mediante requerimento, e ouvido o Ministério Público, ser entregues à parte que os produziu, ficando traslado nos autos.

O Código de Processo Penal também normatiza, nos artigos 6º e 7º, os procedimentos a serem adotados pela autoridade policial, constando dos incisos I e II do artigo 6º a preservação do local de crime e de objetos relacionados ao evento.

Art. 6º Logo que tiver conhecimento da prática da infração penal, a autoridade policial deverá:

I – dirigir-se ao local, providenciando para que não se alterem o estado e conservação das coisas, até a chegada dos peritos criminais;

II – apreender os objetos que tiverem relação com o fato, após liberados pelos peritos criminais;

MEDICINA LEGAL E NOÇÕES DE CRIMINALÍSTICA • Neusa Bittar

III – colher todas as provas que servirem para o esclarecimento do fato e suas circunstâncias;

IV – ouvir o ofendido;

V – ouvir o indiciado, com observância, no que for aplicável, do disposto no Capítulo III do Título VII, deste Livro, devendo o respectivo termo ser assinado por duas testemunhas que lhe tenham ouvido a leitura;

VI – proceder a reconhecimento de pessoas e coisas e a acareações;

VII – determinar, se for caso, que se proceda a exame de corpo de delito e a quaisquer outras perícias;

VIII – ordenar a identificação do indiciado pelo processo datiloscópico, se possível, e fazer juntar aos autos sua folha de antecedentes;

IX – averiguar a vida pregressa do indiciado, sob o ponto de vista individual, familiar e social, sua condição econômica, sua atitude e estado de ânimo antes e depois do crime e durante ele, e quaisquer outros elementos que contribuírem para a apreciação do seu temperamento e caráter.

X – colher informações sobre a existência de filhos, respectivas idades e se possuem alguma deficiência e o nome e o contato de eventual responsável pelos cuidados dos filhos, indicado pela pessoa presa.

Art. 7º Para verificar a possibilidade de haver a infração sido praticada de determinado modo, a autoridade policial poderá proceder à reprodução simulada dos fatos, desde que esta não contrarie a moralidade ou a ordem pública.

5. LOCAL DE CRIME

5.1. Definição e classificação

Local de crime é todo espaço ou área física externa, interna ou mista, onde ocorreram fatos de interesse policial e judiciário.

Por meio da análise minuciosa dos vestígios, pelos peritos não médicos, será esclarecido se houve crime, suicídio ou acidente.

Muitas vezes, a presença do legista pode auxiliar na elucidação dos fatos.

Após a classificação do local quanto à natureza da área, em externa ou interna; localização urbana ou rural e indícios, é feito um levantamento ou registro do local por meio de descrição, desenhos, fotografias e até cinegrafias.

Garagens, residências, lojas e apartamentos são locais internos, enquanto um estádio de futebol é local externo.

Os locais externos são subdivididos em:

• área imediata externa;

• área mediata externa.

A análise pericial deve sempre seguir o método científico, ou indutivo, baseado na análise, observação e indução.

Todo material que for encontrado em local de crime ou mantiver qualquer relação com o fato delituoso está sujeito ao exame pericial.

O exame de um local de crime qualquer se divide em duas etapas: o exame do local propriamente dito e os exames laboratoriais.

O procedimento técnico científico realizado pela equipe pericial em um local de infração penal é baseado nos levantamentos descritivo, fotográfico e topográfico.

CAPÍTULO 4 • NOÇÕES DE CRIMINALÍSTICA   **99**

Após a busca e a constatação de vestígios, devem os peritos proceder ao: registro, identificação e encaminhamento.

A coleta de amostras secas sobre superfície não absorvente deverá ser feita com *swab* estéril umedecido com água destilada, como por exemplo, um cotonete.

Manchas produzidas por fluidos biológicos em superfícies absorventes, como carpetes, cortinas, sofás, estofados, colchões, dentre outros, devem ser recortadas utilizando-se pinças, lâminas estéreis ou tesouras esterilizadas.

Fluídos biológicos absorvidos em materiais que não possam ser recortados, tais como paredes e portas, podem ser coletados por raspagem com lâmina estéril ou com o uso de *swab* estéril umedecido com água destilada estéril.

Os *swabs* com amostras coletadas e as demais peças de interesse pericial (armas de fogo, munições, vestes, documentos etc.) encontrados no local devem ser acondicionados em embalagens separadas, devidamente lacradas e identificadas.

São suportes móveis aqueles que podem ser embalados e transportados para o laboratório, como copos, facas, armas, vestes, pontas de cigarro, goma de mascar, escova de dente etc.

A conclusão da perícia será mais precisa quanto mais detalhado for o exame e mais modernos forem os meios utilizados pelo perito.

O conteúdo de um laudo pericial criminalístico não deve sofrer variações conforme o perito criminal que o produzir, pois o método utilizado é científico, ou indutivo, baseado na análise, observação e indução.

5.2.   Preservação

O isolamento de local de crime significa protegê-lo da curiosidade e da destruição pelas pessoas.

É atribuição da autoridade policial diligenciar para que não se altere o estado das coisas até a chegada dos peritos, interditando a área (CPP, arts. 6°, inc. I e 169), a não ser que haja vítima a ser socorrida, única hipótese de exceção contemplada pela Lei 5.970/1973, artigo 1°.

> Art. 1° Em caso de acidente de trânsito, a autoridade ou agente policial que primeiro tomar conhecimento do fato poderá autorizar, independentemente de exame do local, a imediata remoção das pessoas que tenham sofrido lesão, bem como dos veículos nele envolvidos, se estiverem no leito da via pública e prejudicarem o tráfego.
>
> Parágrafo único. Para autorizar a remoção, a autoridade ou agente policial lavrará boletim da ocorrência, nele consignado o fato, as testemunhas que o presenciaram e todas as demais circunstâncias necessárias ao esclarecimento da verdade.

Então, se após uma colisão entre um veículo e uma motocicleta, por exemplo, o condutor do veículo prestar imediato socorro ao motociclista, levando-o ao hospital e retornando ao local do sinistro, com o veículo, antes da chegada dos peritos, o local da colisão, quanto à preservação, é local inidôneo porque foi adulterado para socorrer a vítima, única situação autorizada pela Lei 5.970.

Estando a vítima sem vida, preservar significa não modificar a posição do corpo em hipótese alguma.

Quanto aos indícios, o local pode ser classificado como:

- **Local preservado:** Quando os indícios foram preservados desde a ocorrência dos fatos até o completo registro;
- **Local contaminado:** Quando houve adulteração por adição, subtração ou substituição de algum elemento incriminador, tornando o local inidôneo;
- **Local referido:** Quando duas áreas se associam ou se completam na configuração do delito.

Para efeito de exame do local onde houver sido praticada a infração, a autoridade providenciará imediatamente para que não se altere o estado das coisas até a chegada dos peritos, que poderão instruir seus laudos com fotografias, desenhos ou esquemas elucidativos (CPP, art. 169, *caput*).

Notando que houve alteração anterior à sua chegada, os peritos registrarão, no laudo, as alterações do estado das coisas e discutirão, no relatório, as consequências dessas alterações na dinâmica dos fatos (CPP, artigo 169, parágrafo único).

Se o perito observar, no local do crime, o corpo da vítima no chão, sem sinais de morte violenta e sem vestígios da respectiva morte, levando-o a crer que o local da perícia tenha sido desfeito, não sendo possível a perícia, pois os seus vestígios tinham desaparecido, caberá ao perito recolher depoimento testemunhal para suprir a falta dos vestígios (CPP, art. 167).

Quanto à região da ocorrência, o local de crime é classificado como:

- **imediato** – é o local onde ocorreu o crime, onde se encontra o cadáver e a maioria dos vestígios;
- **mediato** – é a área geográfica adjacente à do local imediato. que também pode conter vestígios;
- **relacionado ou referido** – é o local fisicamente afastado que pode estar relacionado com o crime, e onde podem ser encontradas informações importantes a respeito do início da ação criminosa.

5.3. Vestígios e indícios encontrados nos locais de crime

O levantamento de locais de crime tem como finalidades:

- determinar se realmente houve uma infração penal;
- qualificar o fato delituoso, se constatada a infração penal;
- perenizar e legalizar o estado do local e dos vestígios materiais e suas posições relativas;
- recolher os vestígios materiais que necessitem de posterior estudo de laboratório.

Objetivos do estudo dos vestígios em um local de crime:

- estabelecer a dinâmica do evento;

CAPÍTULO 4 • NOÇÕES DE CRIMINALÍSTICA **101**

- trabalhar para a identificação da vítima;
- construir a cena do fato em apuração.

Os vestígios podem ter origem:

- biológica e fisiológica;
- química;
- físico-mecânica.

Sangue, saliva, esperma, vômito, fezes e urina são considerados substâncias biológicas.

Vidros, metais, graxas, fibras e tecido são considerados vestígios não biológicos.

Quanto ao referencial de produção (sua relação com o crime), os vestígios podem ser:

- **verdadeiros** – resultam de uma depuração total dos elementos encontrados no local do crime, sendo produzidos diretamente pelos atores da infração ou resultam do cometimento do delito em si (ex: sangue derramado, marca de freio, porta quebrada);
- **ilusórios** – são elementos encontrados no local do crime, sem relação com o fato crime, não produzidos de maneira intencional ou decorrem da falta de isolamento ou preservação inadequada;
- **forjados** – inseridos intencionalmente, com o objetivo de alterar o conjunto de elementos originais produzidos pelos atores da infração.

Quanto à sua detecção, os vestígios podem ser:

- perceptíveis – que podem ser captados diretamente pelos sentidos humanos, sem a utilização de qualquer artifício de detecção;
- latentes – que não são facilmente detectados pelos sentidos humanos, tornando-se necessária a utilização de agentes de detecção, como o luminol e pós-impregnadores.

Levando-se em conta a integridade, os vestígios podem ser:

- **fugazes** – são aqueles incapazes de durar muito tempo íntegros, por isso exigem coleta rápida e adequada (Ex.: frenagens, manchas de sangue);
- **persistentes** – permanecem indeléveis ao longo do tempo, permitindo sua análise *a posteriori* (manchas de sangue em tecidos, pelos, fibras);
- **perenes** – são aqueles que não desaparecem com o tempo, mas somente por evento incomum de grande intensidade (Ex.: colisão contra objetos).

Tipos de vestígios:

- orgânicos ou biológicos (sangue, saliva, pelos, cabelos, sêmen etc.);
- inorgânicos ou não biológicos (poeiras, solos, tintas, explosivos, drogas);
- morfológicos (vestígios lofoscópicos, pegadas, rastos, marcas de objetos);
- entomológicos (análise de larvas, insetos adultos, putrefação etc.);

Vestígios imateriais não são objeto de análise da Criminalística, mas são enquadrados como área de estudo da psicologia criminal e psiquiatria forense, como por exemplo, o próprio local de crime, que pode apontar características do perfil do criminoso.

Vestígios de impressão são vestígios em que a impressão reproduz a forma do autor (instrumento que a produziu).

Vestígios absolutos seriam aqueles perceptíveis e que atestam uma relação direta com o fato.

Os indícios, com base na relação com o crime, podem ser classificados como:

- **próximos** – são os que estão diretamente relacionados com o crime (Ex.: instrumentos do crime);
- **manifestos** – são os que resultam da própria natureza do crime (Ex.: solicitação de propina);
- **distantes ou remotos** – são os que possuem uma relação aceitável com o crime (Ex.: antecedentes, más companhias).

Os indícios também podem ser classificados como:

- **propositais** – que podem ser autênticos ou falsos;
- **acidentais** – produzidos independentemente da vontade do agente (manchas de sangue).

Para a doutrina processualista, os indícios podem ser:

- **positivos** – indicam a presença de um fato ou elemento que se quer provar;
- **negativo** (contra indício) – determinam uma impossibilidade lógica do fato alegado, como por exemplo, o álibi.

5.3.1. Impressões digitais

As impressões humanas constatadas no local são as digitais, palmares, plantares, dentárias e labiais.

As impressões digitais, apesar de imperfeitas, pouco nítidas, incompletas e fragmentadas, podem ditar o sucesso da investigação. Podem ser:

- **Coloridas:** Quando mãos sujas de graxa, tinta, sangue ou outros materiais que possam impregnar a pele, deixam impressões nos objetos, sendo, portanto, de fácil localização, já estão prontas para serem lidas, mas necessitam de sua reprodução fotográfica pelo perito para o estudo que se fizer necessário;
- **Moldadas**: Quando deixadas em um substrato depressível, como manteiga, gordura, massa de vidraceiro;
- **Latentes:** Deixadas por descuido pelas mãos desprotegidas, em decorrência da água e ácidos graxos (gordura) existentes no suor. São transformadas em impressões coloridas para serem analisadas.

As espécies de impressões digitais encontradas em locais são, em ordem de frequência: latentes, visíveis e modeladas.

CAPÍTULO 4 • NOÇÕES DE CRIMINALÍSTICA **103**

As impressões colhidas e reveladas, são comparadas com as dos suspeitos.

Quando o criminoso usa luvas, dependendo da espessura, é possível que os objetos tocados contenham suas impressões digitais e as produzidas pelo tecido da própria luva.

Assim, percebendo-se tal ocorrência, ou se o criminoso abandonou as luvas no local, devem ser pesquisadas:

- Impressões digitais deixadas nos objetos através das luvas;
- Impressões deixadas nos objetos pelo material empregado na confecção das luvas;
- Impressões digitais visíveis ou latentes no interior das luvas;
- Impressões digitais deixadas na parte externa das luvas.

5.3.2. Manchas de esperma

O esperma é composto pela secreção de várias glândulas do aparelho genital masculino, como próstata e vesícula seminal, líquido da uretra, associada às células reprodutoras (espermatozoides) produzidas pelos testículos.

O achado de espermatozoides no material pesquisado dá a certeza de que se trata de esperma.

Reação de *Florence* – é uma prova de orientação utilizada para identificar uma mancha de esperma, utilizando o Reativo de *Florence*, que consiste numa solução concentrada de iodeto de potássio, iodo metaloide lavado e água destilada.

Não possui alto grau de especificidade, tendo em vista que essa solução de iodo iodetada reage com a Lecitina, substância que pode ser encontrada em animais e vegetais.

A lecitina é rica em fosfatidilcolina, formada por fósforo e colina, que é a substância detectada por este teste e que não é específica do esperma.

Reação de *Barbério* – é uma prova de orientação, que consiste numa reação química, que utiliza de ácido pícrico sobre a mancha suspeita, formando cristais amarelos, chamados cristais de *Barbério*, que são cristais de picrato de espermina, ao reagir com a espermina.

Na ausência de espermatozoides, pode ser dosada a fosfatase ácida, substância existente em vários líquidos orgânicos, que tem o seu teor no esperma muito elevado, daí ser considerado um sinal de probabilidade.

Mais recentemente, tem-se realizado a dosagem da glicoproteína P30 ou PSA, específica do esperma, sendo essa prova quantitativa o melhor método para identificar esperma em vasectomizados.

5.3.3. Manchas de sangue

Análise da morfologia das manchas de sangue.

A análise da morfologia e da trajetória das manchas de sangue permite traçar a dinâmica do crime.

As manchas podem ser de projeção e de escorrimento.

Manchas de projeção: são devidas à atuação apenas da força da gravidade.

1) **Gotas:** têm formato que varia com a altura do gotejamento:
    - altura de 5 a 10 centímetros – forma circular;
    - altura de aproximadamente 40 centímetros – forma estrelada com bordos irregulares;
    - altura superior a 125 centímetros – forma estrelada, bordos denteados e presença de gotas menores (gotas satélites) ao redor de gotas maiores;
    - altura superior a 2 metros – gotículas.

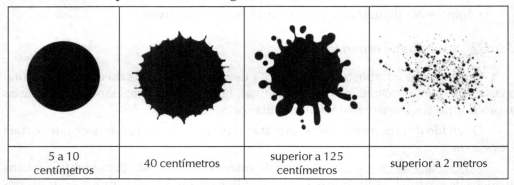

2) **Salpicos:** ocorrem quando há atuação de outra força e, a seguir, o sangue cai por ação da gravidade. São causados pela movimentação da arma, do indivíduo ou de ambos, originando salpicos com forma alongada no final.

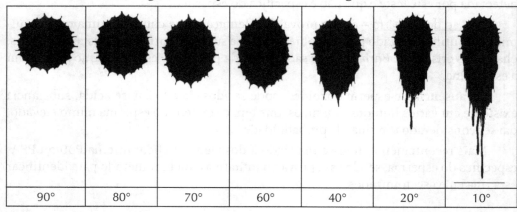

Manchas por escorrimento: apresentam-se como filetes ou poças por causa da maior intensidade do sangramento, proveniente de ferimentos externos ou internos, estando a vítima parada.

Manchas por Escorrimento

Estrias Paralelas ou Manchas por Arrastamento do Corpo

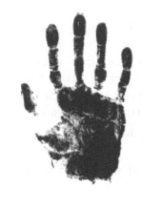

Manchas por contato

Manchas por contato	Manchas por impregnação	Manchas por limpeza
Quando mãos, pés ou calçados ensanguentados da vítima ou do agressor deixam impressões onde tocam, desde que o sangue esteja líquido. No caso de estar coagulado, as impressões deixadas são moldadas.	Resultam de sangramento considerável que embebe as vestes, panos, tapetes, toalhas etc.	Presentes em tecidos utilizados pelo agressor para limpeza do local, da arma etc.

Identificação do sangue nas manchas.

Várias reações são utilizadas no intuito de esclarecer se o material das manchas encontradas é sangue. Basicamente pode-se dividi-las em quatro grupos:

1) Provas de orientação

O material que parece ser sangue é submetido inicialmente a testes muito sensíveis, mas pouco específicos, que utilizam um indicador que muda de cor ou se torna luminescente, podendo levar à presunção de que se trata de sangue.

Se o indicador for a fenolftaleína (Kastle-Meyer), esta permanecerá incolor na ausência de sangue ou assumirá a cor rósea na sua presença.

Já quando o reagente for a benzidina (Adler-Ascarelli), o aparecimento da coloração azul da solução sugerirá presença de sangue.

Ultimamente, ganhou destaque a utilização do Luminol (5-amino-2,3-di-hidro-1,4-ftalazinadiona), composto que, sob determinadas condições, pode fazer parte de uma reação quimiluminescente.

A quimiluminescência caracteriza-se pela emissão de luz por meio de uma reação química.

A cor da luz emitida pelo processo de quimiluminescência do Luminol é azul e surge quando o material contém ferro.

A hemoglobina do glóbulo vermelho contém ferro, desencadeando a reação positiva. Entretanto, tal reação também detecta o ferro de outras fontes, impedindo o uso do Luminol em superfícies metálicas.

Quando não há evidências visíveis de sangue na cena de crime, como nos casos em que o local foi limpo para encobrir o acontecido, utiliza-se o Luminol, já que este reage com quantidades diminutas de sangue, inclusive em locais com azulejos, pisos cerâmicos ou de madeira, mesmo depois de lavados.

A eficácia do produto é tão grande que torna possível a detecção do sangue mesmo após anos da ocorrência do crime.

O Luminol também reage com certos descolorantes utilizados na limpeza do local, como água sanitária, e tem o inconveniente de comprometer outros vestígios porventura existentes no local em que for aplicado.

O material que entrou em contato com o Luminol torna-se imprestável para os testes de certeza, específicos e individuais que detectam sangue, ou eles ficam com a intensidade de seus resultados muito diminuída.

Entretanto, a cadeia de DNA das células não é afetada, permitindo a subsequente tipagem do DNA pela técnica do PCR (*Polimerase Chain Reaction*), possibilitando o reconhecimento dos criminosos ou das vítimas, daí a indicação do seu uso em locais onde haja suspeita de crime e em superfícies que, aparentemente, não exibem traços de sangue.

Dessa forma, as provas de orientação devem ser interpretadas da seguinte maneira:

• Quando negativas, excluem a possibilidade do material ser sangue.

• Se positivas, pode ser sangue ou não, devendo-se partir para as provas seguintes.

Importante ressaltar que as provas de orientação têm valor inquestionável se negativas, pois excluem a possibilidade de tratar-se de sangue.

2) Provas de certeza

Aqui se enquadram o teste de *Teichmann* e o teste de *Takayama*, que detectam a formação de cristais de componentes dos glóbulos vermelhos, vistos ao microscópio

Teste de *Teichmann*	Teste de *Takayama*
Utilizado no material suspeito concentrado ou em crostas. Detecta cristais de hemina.	Quando o material suspeito é uma mancha em tecido ou um raspado de crosta. Detecta cristais de hemocromogênio.

Interpretação das provas de certeza:

- Se negativas, não é sangue;
- Se positivas, é sangue, mas não identificam a espécie de origem, se humano ou de algum animal.

3) Provas específicas

Utilizam antissoros específicos para identificar a origem do sangue, os quais reagem com o sangue específico do ser humano, do cavalo, do boi etc.

Reação biológica de *Uhlenhuth* – é um teste de soroprecipitação (ou albuminorreação) baseado na reação antígeno/anticorpo, empregada para detecção de sangue humano.

Consiste em colocar o sangue pesquisado em contato com o soro preparado com o de diversos animais.

É o teste laboratorial mais seguro para confirmação de ser sangue humano, fundamentado na prova de precipitina antígeno-anticorpo para determinação de espécies.

Serve, portanto, para determinar se uma mostra de sangue é humana ou animal.

São usadas também pelo Serviço de Policiamento de Alimentação Pública para identificar carnes de venda proibida, como a de cavalo.

4) Provas individuais

Identificam os grupos sanguíneos A, B, O, AB, Rh+, Rh– etc., quando já se sabe que é sangue humano.

Sorologia de *Coombs* – avalia a presença de anticorpos específicos que atacam as células vermelhas do sangue, provocando a sua destruição.

O teste de Coombs pode ser:

- direto – avalia diretamente as células vermelhas do sangue, verificando se há anticorpos ligados à hemácia e se esses anticorpos são derivados do próprio sistema imune ou recebidos por transfusão;
- indireto – procura por anticorpos contra células vermelhas no sangue com fator Rh positivo.

O resultado positivo evidencia a presença de autoanticorpos nas hemácias.

O resultado negativo significa que não existe o anticorpo que provoca a destruição dos globos vermelhos.

5.3.4. Outras manchas

Mancha é um indício que se apresenta sob a forma de crosta aderida a uma superfície.

Assim como manchas de esperma são indício de crime sexual, manchas de leite e colostro, que é a secreção mamária que precede a lactação, indicam gravidez. Se associadas à presença de líquido amniótico, existente na bolsa em que fica o feto, e/ou à presença de induto sebáceo, substância gordurosa que protege a pele do feto, podem indicar um infanticídio.

Também podem ser encontrados pelos e saliva.

O plasma sanguíneo, a saliva e a urina são soluções aquosas.

Manchas de sêmen, saliva e urina, bem como fragmentos de ossos e dentes, se tornam fluorescentes sob a ação da luz ultravioleta.

Havendo no material células nucleadas, é possível exame do DNA nuclear, desde que haja o mesmo exame do indivíduo que se quer identificar, ou material que possa servir para análise ou existam parentes cujo exame do DNA possa servir para comparação.

Células sem núcleo, como os glóbulos vermelhos, não servem para exame do DNA nuclear, que é o exame mais frequente, utilizando-se nesses casos o exame do DNA mitocondrial.

Atualmente, novas técnicas possibilitam a recuperação do DNA contido em materiais guardados, referentes a crimes antigos. Entretanto, apesar do esclarecimento de alguns desses crimes, a maioria já prescreveu.

Coleta e conservação do material biológico

Observar:

- uso obrigatório de luvas e máscaras para evitar contaminação;
- material e instrumental usado para a coleta devem ser esterilizados, mesmo sendo áreas contaminadas;
- material úmido deve ser acondicionado em plástico por período máximo de duas horas, devendo ser seco, para o acondicionamento final;
- água sanitária, soda cáustica e vinagre não podem ser usados no auxílio de preservação de tecidos biológicos;
- na coleta de ossos, dá-se preferência a ossos longos;
- no caso de dentes, devem ser coletados no mínimo dois pré-molares;
- na coleta de cabelos, devem ser evitados aqueles desprovidos de bulbo (raiz).

A coleta de material de pessoa viva requer autorização dela por escrito, em formulário específico.

As amostras para contraprovas devem ser armazenadas a –80qC ou a –130qC.

O fato de um teste ter alta sensibilidade e especificidade, não exclui a necessidade de ser realizado em duplicata, como na coleta de amostras para análise de DNA.

A coleta de sangue de indivíduo post-mortem deve ser feita por meio de punção intracardíaca ou de vaso de grosso calibre.

CAPÍTULO 4 • NOÇÕES DE CRIMINALÍSTICA **109**

As amostras devem ser coletadas mesmo no caso de corpos carbonizados.

O método para armazenamento e conservação de sangue, com objetivo de realização de exame de alcoolemia, é a adição de anticoagulante EDTA (ácido etilenodiamino tetra-acético).

5.4. Comentários sobre alguns locais de crime

5.4. 1. *Crimes contra a pessoa.*

O procedimento operacional padrão em local de crimes contra a pessoa, de acordo com o Manual elaborado pela Secretaria Nacional de Segurança Pública (SENASP) visando a uniformizar o processo de produção das provas técnicas no país, consiste em:

- Verificar se as áreas mediatas e imediatas estão isoladas e preservadas adequadamente, corrigindo, se necessário, o perímetro da área isolada;
- Somente por ordem dos Peritos Criminais outras pessoas poderão ter acesso à área isolada, cabendo medidas coercitivas no sentido de impedir que pessoas estranhas adentrem ao local isolado;
- A coleta de material biológico será feita sempre com o uso de luvas novas e descartáveis, que serão trocadas antes da manipulação de um novo vestígio;
- Em casos de morte com suspeita de utilização de arma de fogo, em não havendo coleta de material para exame residuográfico no local, os Peritos Criminais deverão providenciar para que sejam protegidas e preservadas as áreas anatômicas de interesse dos exames.

De acordo com o artigo 6º, II, do CPP, logo que tiver conhecimento da prática da infração penal, a autoridade policial deverá apreender os objetos que tiverem relação com o fato, após liberados pelos peritos criminais.

Os objetos que não forem coletados pelos Peritos Criminais ficarão sob custódia da autoridade policial.

Em locais de crime contra a vida, o local imediato é aquele onde se encontra o cadáver e a maioria dos vestígios.

O local mediato, que é toda a área geográfica adjacente à do local imediato e que também pode conter vestígios, no caso de homicídio praticado no interior do quarto da vítima, a sala da residência é local mediato.

No local relacionado podem ser encontradas informações importantes a respeito do início da ação criminosa.

Ações da equipe pericial durante a busca por vestígios em locais de crime contra a pessoa:

- fotografar as características do local examinado;
- averiguar a existência de sinais de luta;
- numerar os vestígios de maneira a individualizá-los;

- coletar projetis balísticos de forma a preservar suas características individualizadoras;
- registrar, no laudo, as alterações do estado das coisas e discutir, no relatório, as consequências dessas alterações na dinâmica dos fatos (CPP, art. 169, parágrafo único).

O perito criminal também realiza a perinecroscopia, cujos elementos fundamentais são:

- inspeção conjunta do cadáver e do local em que ele foi encontrado;
- posição do cadáver;
- análise das vestes do cadáver;
- presença da arma e de sua posição em relação ao corpo.

A fotografia é um importante recurso visual que em muito auxilia o Perito Criminal em seu trabalho e aos demais usuários do laudo.

Na medida do possível, todos os vestígios deixados no local do crime devem ser fotografados.

O registro fotográfico de todas as tatuagens e cicatrizes será feito, sempre que possível, mesmo em vítimas, incluindo as identificadas.

De acordo com o artigo 164, do CPP, os cadáveres serão sempre fotografados na posição em que forem encontrados, bem como, na medida do possível, todas as lesões externas e vestígios deixados no local do crime.

Vômitos, manchas de sêmen e de sangue, quando encontrados no cadáver, são considerados vestígios intrínsecos e, portanto, objeto de estudo da Medicina Legal, e não da Criminalística.

Em locais de suicídio por enforcamento, é comum que, em tentativas de socorro, familiares e/ou equipes de assistência médica removam da vítima o objeto usado como elemento constritor.

5.4.2. Crimes com uso de armas de fogo

Em local de morte por arma de fogo, estando o corpo da vítima no local, é importante: determinar e fotografar, com escala milimétrica, os orifícios de entrada e de saída de cada projetil, assinalar as respectivas regiões anatômicas atingidas e procurar vestígios deixados pelo tiro nas mãos da vítima (CPP, art. 164).

Esses procedimentos permitem avaliar:

- a distância dos tiros;
- o número de tiros efetuados que atingiram a vítima;
- a natureza transfixante dos tiros;
- a orientação dos tiros;
- o diagnóstico diferencial de suicídio ou homicídio.

A descrição, no laudo, de arma encontrada no local de crime, deve conter:

- marca e modelo;

CAPÍTULO 4 • NOÇÕES DE CRIMINALÍSTICA **111**

- calibre nominal e/ou real;
- estado de conservação;
- comprimento do cano.

O perito não precisa colocar o número de série do carregador.

Na análise de cartuchos íntegros de arma de fogo, o Perito Criminal deverá descrever em seu Laudo:

- o calibre nominal;
- as características da cápsula de espoletamento;
- o tipo de projétil.

5.4.3. Crimes contra o patrimônio

Nos casos de crimes contra o patrimônio, o exame independe de estar o objeto em perfeitas condições, desde que constitua um vestígio.

Procedimento nas perícias da área de crimes contra o patrimônio:

- constatar os danos;
- avaliar direta e indireta;
- analisar natureza e eficiência de instrumento utilizado no furto.

O perito deverá examinar os objetos que não permitam seu deslocamento, no local em que se encontram.

5.4.4. Documentos

Consideram-se documentos quaisquer escritos, instrumentos ou papéis, públicos ou particulares.

A fotografia do documento, devidamente autenticada, tem o mesmo valor do original (CPP, art. 232, *caput* e parágrafo único).

A perícia em documentos consta dos artigos 231 a 238, do CPP.

5.4.5. Incêndios

São funções dos peritos no caso de incêndio (CPP, art. 173):

- verificar a causa e o lugar em que houver começado;
- avaliar o perigo que dele tiver resultado para a vida ou para o patrimônio alheio;
- avaliar a extensão do dano e o seu valor e as demais circunstâncias que interessarem à elucidação do fato.

5.5. Exames, amostras e corantes diversos

Reação de *Hofmann-Löffler* ou reação de *Hofmann-Löffler-Freytag*

É uma reação orgânica do tipo substituição de radical, na qual uma haloamina é convertida em uma amina cíclica.

Método analítico de *Aschoff*

Refere-se à técnica histológica de identificação de lesão no miocárdio.

Teste de beta-HCG

Quando positivo, não é específico de gravidez, pois algumas doenças e tumores de células germinativas podem elevar sua dosagem, inclusive em homens, como por exemplo, no câncer testicular.

Na mulher, essa elevação está presente em patologias como mola hidatiforme e coriocarcinoma, que é o câncer da placenta.

Von Kossa

O princípio desta coloração se baseia na transformação de sais de cálcio em sais de prata.

Colocados sob uma fonte de luz, os fosfatos de prata sofrem uma degradação fotoquímica, levando à observação de depósitos de prata metálica.

É utilizada na histologia para detectar a presença de depósitos anormais de cálcio no corpo.

Pesquisa de lipofucsina nas células

A lipofucsina é um pigmento citoplasmático castanho-amarelado, não degradável, composto por proteínas altamente oxidadas, lípides e metais, que se acumula, com o tempo, em células pós-mitóticas perenes, como os cardiomiócitos, sendo também chamada "pigmento da idade".

A lipofucsina está presente em células que não se multiplicam muito e têm vida longa, como as musculares do miocárdio e os neurônios.

Esse pigmento depositado na célula serve para detectar o tempo de vida celular.

Quanto mais lipofucsina presente, mais velha é a célula.

O peso do cérebro humano diminui aproximadamente: 5% entre os 30 e os 70 anos de idade; 5% por volta dos 80 anos; 20% em torno dos 90 anos.

Além disso, os ventrículos se dilatam, as meninges se tornam mais espessas, há perdas relativamente pequenas e seletivas de células nervosas e o citoplasma das células nervosas acumula um pigmento denominado de lipofucsina.

FTA-ABS (*fluorescent treponemal antibody absorption test*)

É um teste de imunoluminescência para confirmar o diagnóstico de sífilis mediante o uso de anticorpos específicos contra o *Treponema pallidum*.

Evidência de dímero D

Tem elevado valor preditivo em reações de imunocromatografia, na diferenciação entre sangue periférico e sangue menstrual, uma vez que a fibrinólise é um evento fisiológico no sangue menstrual.

Vermelho do Congo

É método histoquímico utilizado para evidenciar material amiloide nos tecidos.

Método de *Giemsa*

É utilizado em citogenética e no diagnóstico histopatológico de malária e outros parasitas.

Pode ser usado para estudar a adesão de bactérias patogênicas às células humanas.

Em conjunto com o corante *May-Grunwald*, constitui um dos melhores métodos de coloração, fornecendo coloração a todos os elementos celulares.

Tricrômico de *Mallory*

É uma solução corante para o estudo de tecido conjuntivo, contendo os corantes fucsina ácida, azul anilina (azul de metila), orange G, acrescido do ácido fosfotúngstico em sua composição.

Amostras em genética forense

São características fundamentais de uma amostra a integridade e a rastreabilidade.

Métodos e reagentes que estabilizam o material biológico impossibilitam a realização de exames posteriores.

Tecido fixado em formol pode permanecer por mais de 10 (dez) anos sem alteração de sua estrutura.

Em caso de mistura de material da vítima e do suspeito na mesma amostra, é possível, através da análise de perfis genéticos, determinar os indivíduos que contribuíram com seu DNA na mistura.

Tecidos fixados em formalina e em blocados em parafina (FFEP) são importantes fontes de amostras para estudos retrospectivos.

Apesar de sua capacidade de preservação de proteínas e morfologia celular, a formalina interfere negativamente em testes de biologia molecular por fragmentar e modificar quimicamente os ácidos nucleicos, particularmente o ácido ribonucleico (RNA).

Exames histopatológicos

Têm como finalidades:

- estabelecer o diagnóstico diferencial entre lesões *intravitam* e *post-mortem*;
- estabelecer o diagnóstico diferencial entre morte súbita; e morte agônica;
- determinar a existência de alterações teciduais relacionadas às doenças e às causas de morte;
- podem diferenciar morte violenta e natural.

6. CADEIA DE CUSTÓDIA

A cadeia de custódia é a sequência de proteção ou guarda dos elementos materiais encontrados durante uma investigação, os quais devem manter protegidas suas características originais e informações, sem deixar dúvidas sobre sua origem e manuseio.

Diz respeito aos documentos de registro de todas as etapas pelas quais passa o material a ser periciado.

Todos os procedimentos devem seguir uma formalidade, com registro do rastreamento cronológico de toda a movimentação de alguma evidência.

Portanto, a cadeia de custódia é a garantia de total proteção aos elementos encontrados e que terão um caminho a percorrer, passando por manuseio de pessoas, análises, estudos, experimentações, demonstrações e apresentações até o ato final do processo criminal.

A Lei 13.964 de 2019 acrescentou ao Código de Processo Penal os artigos 158-A a 158-E, que estabelecem detalhadamente as etapas e as respectivas responsabilidades.

Art. 158-A. Considera-se cadeia de custódia o conjunto de todos os procedimentos utilizados para manter e documentar a história cronológica do vestígio coletado em locais ou em vítimas de crimes, para rastrear sua posse e manuseio a partir de seu reconhecimento até o descarte.

§ 1º O início da cadeia de custódia dá-se com a preservação do local de crime ou com procedimentos policiais ou periciais nos quais seja detectada a existência de vestígio.

§ 2º O agente público que reconhecer um elemento como de potencial interesse para a produção da prova pericial fica responsável por sua preservação.

§ 3º Vestígio é todo objeto ou material bruto, visível ou latente, constatado ou recolhido, que se relaciona à infração penal.'

Art. 158-B. A cadeia de custódia compreende o rastreamento do vestígio nas seguintes etapas:

I – reconhecimento: ato de distinguir um elemento como de potencial interesse para a produção da prova pericial;

II – isolamento: ato de evitar que se altere o estado das coisas, devendo isolar e preservar o ambiente imediato, mediato e relacionado aos vestígios e local de crime;

III – fixação: descrição detalhada do vestígio conforme se encontra no local de crime ou no corpo de delito, e a sua posição na área de exames, podendo ser ilustrada por fotografias, filmagens ou croqui, sendo indispensável a sua descrição no laudo pericial produzido pelo perito responsável pelo atendimento;

IV – coleta: ato de recolher o vestígio que será submetido à análise pericial, respeitando suas características e natureza;

V – acondicionamento: procedimento por meio do qual cada vestígio coletado é embalado de forma individualizada, de acordo com suas características físicas, químicas e biológicas, para posterior análise, com anotação da data, hora e nome de quem realizou a coleta e o acondicionamento;

VI – transporte: ato de transferir o vestígio de um local para o outro, utilizando as condições adequadas (embalagens, veículos, temperatura, entre outras), de modo a garantir a manutenção de suas características originais, bem como o controle de sua posse;

VII – recebimento: ato formal de transferência da posse do vestígio, que deve ser documentado com, no mínimo, informações referentes ao número de procedimento e unidade de polícia judiciária relacionada, local de origem, nome de quem transportou o vestígio, código de rastreamento, natureza do exame, tipo do vestígio, protocolo, assinatura e identificação de quem o recebeu;

CAPÍTULO 4 • NOÇÕES DE CRIMINALÍSTICA **115**

VIII – processamento: exame pericial em si, manipulação do vestígio de acordo com a metodologia adequada às suas características biológicas, físicas e químicas, a fim de se obter o resultado desejado, que deverá ser formalizado em laudo produzido por perito;

IX – armazenamento: procedimento referente à guarda, em condições adequadas, do material a ser processado, guardado para realização de contra perícia, descartado ou transportado, com vinculação ao número do laudo correspondente;

X – descarte: procedimento referente à liberação do vestígio, respeitando a legislação vigente e, quando pertinente, mediante autorização judicial.'

Art. 158-C. A coleta dos vestígios deverá ser realizada preferencialmente por perito oficial, que dará o encaminhamento necessário para a central de custódia, mesmo quando for necessária a realização de exames complementares.

§ 1° Todos vestígios coletados no decurso do inquérito ou processo devem ser tratados como descrito nesta Lei, ficando órgão central de perícia oficial de natureza criminal responsável por detalhar a forma do seu cumprimento.

§ 2° É proibida a entrada em locais isolados bem como a remoção de quaisquer vestígios de locais de crime antes da liberação por parte do perito responsável, sendo tipificada como fraude processual a sua realização.

Art. 158-D. O recipiente para acondicionamento do vestígio será determinado pela natureza do material.

§ 1° Todos os recipientes deverão ser selados com lacres, com numeração individualizada, de forma a garantir a inviolabilidade e a idoneidade do vestígio durante o transporte.

§ 2° O recipiente deverá individualizar o vestígio, preservar suas características, impedir contaminação e vazamento, ter grau de resistência adequado e espaço para registro de informações sobre seu conteúdo.

§ 3° O recipiente só poderá ser aberto pelo perito que vai proceder à análise e, motivadamente, por pessoa autorizada.

§ 4° Após cada rompimento de lacre, deve se fazer constar na ficha de acompanhamento de vestígio o nome e a matrícula do responsável, a data, o local, a finalidade, bem como as informações referentes ao novo lacre utilizado.

§ 5° O lacre rompido deverá ser acondicionado no interior do novo recipiente.'

Art. 158-E. Todos os Institutos de Criminalística deverão ter uma central de custódia destinada à guarda e controle dos vestígios, e sua gestão deve ser vinculada diretamente ao órgão central de perícia oficial de natureza criminal.

§ 1° Toda central de custódia deve possuir os serviços de protocolo, com local para conferência, recepção, devolução de materiais e documentos, possibilitando a seleção, a classificação e a distribuição de materiais, devendo ser um espaço seguro e apresentar condições ambientais que não interfiram nas características do vestígio.

§ 2° Na central de custódia, a entrada e a saída de vestígio deverão ser protocoladas, consignando-se informações sobre a ocorrência no inquérito que a eles se relacionam.

§ 3° Todas as pessoas que tiverem acesso ao vestígio armazenado deverão ser identificadas e deverão ser registradas a data e a hora do acesso.

§ 4° Por ocasião da tramitação do vestígio armazenado, todas as ações deverão ser registradas, consignando-se a identificação do responsável pela tramitação, a destinação, a data e horário da ação.'

Art. 158-F. Após a realização da perícia, o material deverá ser devolvido à central de custódia, devendo nela permanecer.

Parágrafo único. Caso a central de custódia não possua espaço ou condições de armazenar determinado material, deverá a autoridade policial ou judiciária determinar as condições de depósito do referido material em local diverso, mediante requerimento do diretor do órgão central de perícia oficial de natureza criminal.'

Dessa forma, a cadeia de custódia compreende o rastreamento do vestígio na sequência das seguintes etapas:

- reconhecimento;
- isolamento;
- fixação;
- coleta;
- acondicionamento;
- transporte;
- recebimento;
- processamento;
- armazenamento;
- descarte.

Há uma especial preocupação com a descrição detalhada do vestígio pelos peritos, sejam eles peritos criminais ou peritos médicos, assim como o cuidado em estabelecer a responsabilidade durante o manuseio, transporte e guarda em cada etapa, para prevenir troca ou adulteração do material colhido.

Capítulo 5
IDENTIDADE E IDENTIFICAÇÃO

Identidade é o conjunto de elementos característicos de uma pessoa, que a torna única, permitindo distingui-la das demais.

Identificação é o processo técnico e científico empregado para determinar a identidade.

Reconhecimento significa conhecer de novo. Não é método científico.

Em sentido estrito, o termo identificação conduz à obrigação de se estabelecer uma identidade inequívoca, enquanto o reconhecimento traz apenas a ideia de comparação, sem o pressuposto da punição no caso de uma ambiguidade.

Entretanto, não basta que as coisas sejam semelhantes ou parecidas: têm de ser iguais ou idênticas.

O procedimento de identificação exige um método capaz de estabelecer uma relação unívoca entre os elementos em questão, por meio de um conjunto de caracteres próprios que possam diferenciar pessoas ou coisas entre si.

Não basta apenas reconhecer uma pessoa, é preciso individualizá-la, estabelecendo uma identidade.

Um método de identificação adequado apresenta as seguintes qualidades:

- **Unicidade:** O elemento escolhido como identificador é específico para cada indivíduo (único).

- **Imutabilidade:** Não se modifica com o passar do tempo.

- **Perenidade:** Resiste ao tempo, estando presente durante toda a vida e, até certo tempo, após a morte.

- **Praticabilidade:** Pode ser obtido e registrado com facilidade.

- **Classificabilidade:** Permite metodologia de arquivamento, tornando possível, fácil e rápida a busca do registro.

Uma vez registrado e arquivado esse elemento característico de uma pessoa, que servirá de ponto de partida, o mesmo será novamente colhido e registrado se houver necessidade de identificação. A seguir, os dois registros serão comparados.

Assim, a perícia de identificação desenvolve-se em três fases:

1º) registro do elemento característico;

2º) registro do mesmo elemento característico, no momento em que se quer identificar;

3º) comparação dos dois registros

A identificação se dá nessa terceira fase.

Portanto, se não houver registro prévio do elemento característico ou, se esse elemento não puder ser obtido a partir de algum material da própria pessoa ou de familiares, como no caso do DNA, para servir de primeiro registro, não servirá para identificação por não haver possibilidade de comparação.

Dessa forma, todo método de identificação é comparativo.

De acordo com o Manual para Identificação de Vítimas de Desastres (DVI) do International Criminal Police Investigation (INTERPOL, 2014), os métodos de identificação podem ser:

a. primários (mais confiáveis)

- comparações de dados odontológicos
- estudo das impressões digitais
- perfis de ácido desoxirribonucleico (DNA)

b. secundários

São meios circunstanciais e isoladamente insuficientes para certificar a identificação

Conhecidos na rotina pericial como formas de reconhecimento, podem auxiliar o processo de identificação post mortem.

- Antropologia Forense (médico legal)
- descrição pessoal e os dados médicos
- objetos e vestes encontradas no corpo

1. IDENTIFICAÇÃO MÉDICO-LEGAL

É a realizada por médicos legistas para estabelecer a identidade de corpos, esqueletos ou fragmentos encontrados.

Alguns métodos utilizados foram abandonados:

– Ferrete – baseava-se no uso de um instrumento de ferro aquecido para marcar os criminosos, escravos e animais.

– Mutilação – também denominada de penalidade poética ou expressiva, consistia na amputação de algum membro ou parte do corpo que dependia do crime cometido e das leis do país que a adotava.

– Partes do Corpo – são métodos subjetivos que utilizam, por exemplo, a medida da parte exterior do canal auditivo, ou empregam aparelhos como o craniógrafo, destinado a medir e comparar os perfis do crânio na tentativa de estabelecer uma identidade e o "taquiantropômetro", aparelho pelo qual se pretendia tomar todas as medidas do sistema Antropométrico de Bertillon.

1.1. Identificação da espécie

Consiste em diferenciar restos humanos de restos de outros animais por meio do estudo dos ossos e do sangue.

Tanto os ossos humanos como os dos animais possuem canalículos microscópicos, chamados canais de Havers, diferindo apenas pela menor quantidade e maior largura dos mesmos no ser humano.

Existindo sangue nos fragmentos, este será submetido aos testes específicos, que permitem afirmar se é sangue humano ou animal.

Se for da espécie humana, os testes individuais indicarão o tipo sanguíneo (A, B, AB, O, Rh positivo ou negativo etc.).

1.2. Identificação da raça

Os tipos étnicos fundamentais são caucasianos, mongólicos, indianos, negroides e australoides.

No Brasil, em virtude da miscigenação, não existe um tipo racial definido. Além do branco, do negro e do índio, tem-se:

- **O mulato**: Resultante da união de branco com negro;
- **O mameluco**: Resultante da união de branco com índio;
- **O cafuzo**: Resultante da união de negro com índio.

Dentre os elementos que caracterizam as raças, os principais são a forma do crânio, o índice cefálico (relação entre a largura e o comprimento do crânio) e o ângulo facial, seguindo-se as dimensões da face, o tipo de cabelo e a cor da pele.

O índice cefálico é obtido através da relação entre a largura e o comprimento do crânio, com a aplicação da seguinte fórmula:

$$IC = \frac{\text{largura máxima x 100}}{\text{comprimento máximo}}$$

A largura máxima do crânio é medida com base no plano mediano, ou seja, na distância entre as orelhas, e o comprimento máximo do crânio é medido entre a glabela (região entre as sobrancelhas) e o ponto occipital mais afastado (ponto mais elevado na região posterior do crânio).

O resultado obtido nos permite classificar em três categorias:

a) Dolicocéfalo: até 74,9 – crânio longo e estreito

b) Mesocéfalo ou mesaticéfalo: 75,0 a 79,9 – crânio com características interme-diárias

c) Braquicéfalo: 80,0 a 84,9 – crânio largo e curto

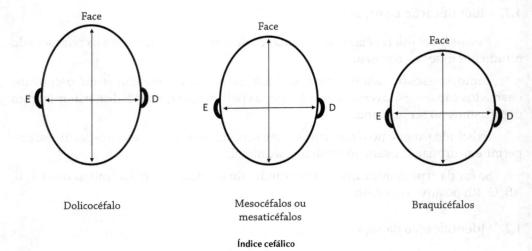

Índice cefálico

A fórmula de Retzius é descrita como a largura do crânio multiplicada pelo número 100, dividida pelo comprimento do crânio.

O peso do cérebro humano diminui aproximadamente:

- 5% entre 30 e 70 anos de idade;
- outros 5% por volta dos 80 anos;
- outros 20% em torno dos 90 anos.

Além disso, os ventrículos se dilatam e as meninges se tornam mais espessas, havendo também perdas de células nervosas, embora sejam relativamente pequenas e seletivas.

Na medida em que ocorre este fenômeno, o citoplasma das células nervosas acumula lipofucsina, que é um pigmento citoplasmático castanho-amarelado, não degradável, composto por proteínas altamente oxidadas, lípides e metais.

Com o tempo, esse acúmulo de lipofucsina (pigmento da idade) em células pós-mitóticas perenes, que permanece na célula, serve para detectar o tempo de vida celular.

Como está presente em células que não se multiplicam muito e têm vida longa, como as musculares do miocárdio e os neurônios, normalmente, quanto mais lipofucsina presente, mais velha é a célula.

O ângulo facial pode ser medido por vários critérios, servindo para determinar o grau de prognatismo (projeção da mandíbula e/ou do maxilar para frente). Esse ângulo facial é máximo (ângulo reto, cerca de 90°) nos caucasianos (brancos), que são ortognatas (orto = correto) ou ligeiramente prognatas, e mínimo (ângulo agudo) nos negroides (negros), que são prognatas. Na Antropologia Forense, utilizam-se os ângulos de Jacquart, Clocket e Curvier.

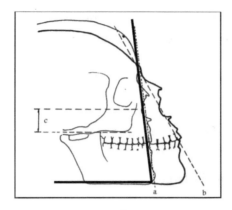
caucasiano

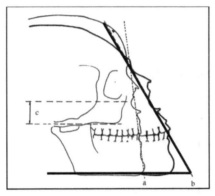
negroide

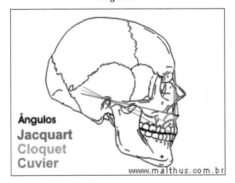
imagem de Malthus

Tipos étnicos fundamentais, segundo Ottolenghi:

1. Tipo caucásico (ou caucasiano):
   - pele – branca ou trigueira
   - cabelos – lisos ou crespos, loiros ou castanhos

- contorno craniofacial anterior – ovoide ou ovoide poligonal
- perfil facial – ortognata ou ligeiramente prognata

2. Tipo mongólico:
- pele – amarela
- cabelos – lisos
- face – achatada da frente para trás
- fronte – larga e baixa
- espaço interorbital – largo
- maxilares – pequenos
- mento – saliente

3. Tipo negroide:
- pele – negra
- cabelos – crespos, em tufos
- crânio – pequeno
- perfil – prognata
- fronte – alta e saliente
- íris – castanha
- nariz – pequeno, largo e achatado
- perfil – côncavo e curto
- narinas – espessas e afastadas, visíveis de frente e circulares

4. Indiano:
- estatura – alta
- pele – amarelo-trigueira, tendendo a avermelhada
- cabelos – pretos, lisos, espessos e luzidios
- íris – castanhas
- crânio – mesocéfalo (forma média de cabeça)
- supercílios – espessos
- orelhas – pequenas
- nariz – saliente, estreito e longo
- barba – escassa
- fronte – vertical
- zigomas – salientes e largos

5. Australoide:

- pele – trigueira
- nariz – curto e largo
- arcadas zigomáticas – largas e volumosas
- prognatismo – maxilar e alveolar
- cintura escapular – larga
- cintura pélvica – estreita
- dentes – fortes
- mento – retraído
- arcadas superciliares – salientes
- crânio – dolicocéfalo (alongado)

1.3. Identificação do sexo

Na pessoa normal ou no recém-morto, é fácil a determinação do sexo.

Entretanto, existem situações que trazem dificuldades:

a) Putrefação avançada, com destruição dos genitais externos, ou cadáver mutilado. Nesses casos, o útero e os ovários, na mulher, e a próstata no homem podem estar preservados dentro do abdome.

b) Estados intersexuais, nos quais existem anomalias genitais e extragenitais que dificultam a determinação do sexo.

c) Pseudo-hermafroditismo, que se caracteriza por genitais externos com atributos dos dois sexos.

d) Esqueleto, que visto em conjunto, pode fornecer dados identificadores:

No homem	Na Mulher
Os ossos do crânio são mais espessos, os malares mais salientes, o tórax é cônico, mais largo na parte superior, na bacia predominam as dimensões verticais (mais estreita e funda) e o sacro é mais alto.	Os ossos são mais delicados, o tórax é ovoide, a bacia tem maior diâmetro transversal (mais larga e menos funda) e o sacro é mais baixo.

Nos corpos carbonizados, muitas vezes encontra-se o útero preservado.

1.4. Identificação da idade

No feto, essa identificação é feita pelo aspecto morfológico e pela estatura. Do primeiro ao terceiro mês de vida intrauterina, o crescimento é de seis centímetros por mês e, a partir do quarto mês, é de cinco centímetros e meio por mês.

Após o nascimento, vários parâmetros são utilizados na identificação da idade.

A aparência é útil apenas nos extremos, como recém-nascido, jovem, ancião, não servindo no restante dos casos.

Na cabeça, as suturas cranianas são junções ou linhas presentes no crânio, que permitem o desenvolvimento e crescimento cerebral.

As principais são as suturas frontal, coronária, sagital, occipitoparietal e escamosa, que podem ser observadas nos esquemas abaixo, acompanhadas pelo prazo de fechamento (consolidação), prestando-se, portanto, para avaliação da idade. A junção completa dessas suturas acontece entre 65 e 80 anos de idade.

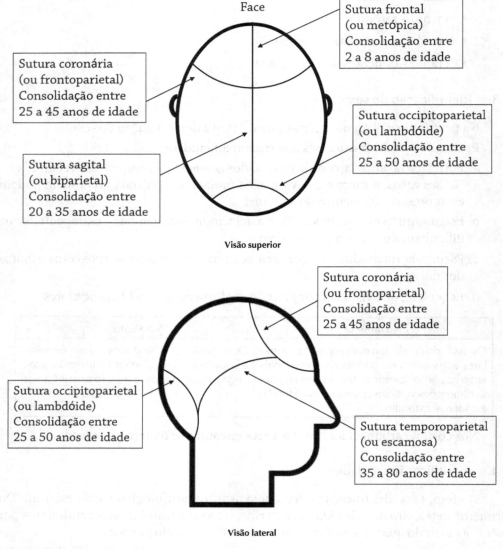

Na pele, o aparecimento de rugas, a partir dos 25 e 30 anos, é variável.

Os pelos pubianos surgem na mulher por volta dos 12 ou 13 anos e, no homem, em torno de 13 e 15 anos. Já os pelos axilares surgem após dois anos destes.

No globo ocular, a presença de faixa acinzentada ao redor da íris, chamada arco senil, ocorre em 20% das pessoas na faixa de 40 anos e em 100% na faixa acima de 80 anos, tendo valor relativo na determinação da idade.

Os dentes auxiliam na determinação da idade pela época certa de surgimento da primeira e segunda dentições, mas a perda dos dentes não serve como parâmetro.

Já a radiografia dos ossos permite estimar a idade pela ossificação das cartilagens de crescimento, sendo a radiografia do punho a mais usada.

Os ossos das crianças e adolescentes apresentam uma região constituída por cartilagem que permite o crescimento.

A partir do momento em que essa região vai se transformando em osso, o crescimento cessa.

A radiografia de punho é a preferida porque permite visualizar vários ossos e analisar a ossificação de suas cartilagens, das quais já se conhece o ritmo de fechamento e sua relação com a provável idade, estando esses dados contidos em tabela que servirá para comparação dos achados.

A determinação da idade tem importância nos casos de:

- Ausência de registro civil;
- Registro existente, mas falso;
- Existência de dois registros.

1.5. Determinação da estatura

É possível determinar a estatura mesmo quando se tem apenas ossos longos de um membro, comparando-se as medidas dos mesmos com tabelas próprias.

1.6. Sinais individuais

A presença de manchas e verrugas auxilia na identificação.

1.7. Malformações

Anomalias congênitas, isto é, presentes já no nascimento, como lábio leporino, pé torto, dedos supranumerários (a mais) ou anomalias adquiridas, como calos de fraturas antigas, podem caracterizar uma pessoa.

1.8. Sinais profissionais

Algumas profissões deixam marcas nos que as exercem, tendo-se como exemplos as calosidades nas mãos dos sapateiros e alfaiates e nos lábios dos trompetistas, e as alterações das unhas dos fotógrafos e tipógrafos.

MEDICINA LEGAL E NOÇÕES DE CRIMINALÍSTICA • Neusa Bittar

1.9. Tatuagens

Método defendido pelo filósofo inglês Jeremy Bentham, tinha como proposta inicial a de tatuar na parte interna do antebraço direito letras para identificar civilmente uma pessoa e números para a identificação criminal.

As tatuagens são muitas vezes desenhos que falam da vida e personalidade de quem as tem.

1.10. Cicatrizes

Constituem mais um elemento identificador, inclusive as resultantes de cicatrização de fraturas (calo ósseo) e até as provocadas nas polpas digitais para impedir a leitura das impressões digitais, pois se tornam neste caso uma característica do indivíduo.

1.11. Identificação pelos dentes

O estudo dos dentes é de fundamental importância para a determinação da identidade, especialmente em cadáveres carbonizados, tendo em vista que os dentes precisam de uma elevada temperatura para serem calcinados (molares – 1200° C a 1700° C).

Os componentes de reparação dentária também possuem ponto de fusão muito elevado (ouro= 1063° C; prata= 960° C; platina= 1733° C etc.).

Observam-se, nesse exame:

- a fórmula dentária;
- o modo de implantação dos dentes, as anomalias;
- as alterações patológicas;
- o desgaste e os aparelhos de prótese.

Apesar de sua aplicabilidade civil e criminal, não permite uma forma eficiente de arquivamento e recuperação de informações, o que restringe seu uso a casos de estabelecimento de identidade em cadáveres em estado de decomposição, esqueletos ou carbonização.

Note-se que essa identificação é possível, desde que haja uma ficha dentária prévia que permita a comparação.

Os dentes podem também fornecer material para análise do DNA.

1.12. Palatoscopia

É a identificação pelo estudo das pregas palatinas (céu da boca), desde que haja registro prévio das mesmas em molde dentário da arcada superior. Permite a identificação na ausência de elementos dentários.

1.13. Queiloscopia

Identificação pelo estudo comparativo dos sulcos dos lábios, com impressões semelhantes deixadas pelo batom em pontas de cigarro ou guardanapos.

1.14. Identificação por superposição de imagens

É a identificação por meio da superposição de imagens de fotografias ou radiografias, ou fotografia com radiografia, destacando-se a análise da altura da implantação das orelhas.

1.15. Impressão genética do DNA

O ácido desoxirribonucleico (DNA) é uma molécula orgânica que contém a informação que coordena o desenvolvimento e o funcionamento de todos os organismos vivos, sendo o responsável pela transmissão das características hereditárias de cada espécie.

É constituído por duas fitas de nucleotídeos que se enrolam como uma dupla hélice contendo bases que se colocam aos pares.

As bases são a adenina (A), timina (T), citosina (C) e guanina (G), que estão pareadas na dupla fita sempre da mesma forma. A adenina sempre se pareia com a timina (A-T) e a citosina com a guanina (C-G).

Existe uma relação quantitativa entre as bases do DNA: a proporção entre adenina e timina é sempre igual, e o mesmo ocorre entre guanina e citosina.

As bases se ligam a um açúcar e a um ou mais fosfatos, formando o nucleotídeo.

Então, o DNA é um polinucleotídeo onde a sequência desses nucleotídeos, ou seja, das bases interligadas codifica as instruções hereditárias, organizadas em genes.

Assim, é a sequência das bases do DNA formando genes que dá a informação genética necessária para a codificação das características de um indivíduo.

O DNA encontra-se em estruturas situadas no interior do núcleo das células denominadas cromossomos, mas uma pequena quantidade está presente nas mitocôndrias localizadas no citoplasma. O conjunto de cromossomos de uma célula forma o cariótipo.

Os genes são, portanto, segmentos do DNA responsáveis por carregar a informação genética, enquanto o restante da sequência de DNA tem importância estrutural ou está envolvido na regulação do uso da informação genética.

Os genes são responsáveis pelas características físicas do indivíduo. Então, as características físicas, os grupos sanguíneos etc. nada mais são do que a expressão dos seus genes.

Para cada característica de uma pessoa existe uma diferença no respectivo gene.

Cada diferença encontrada em determinado gene, que vai determinar uma característica diferente da pessoa, é denominada alelo.

Observe-se que, mesmo que as pessoas possuam igual característica, como no caso dos grupos sanguíneos A, B, AB e 0, as estruturas dos seus DNAs podem ser semelhantes, mas não iguais, uma vez que podem ter diferenças ditadas pela variação das bases de seus genes.

Sendo assim, quaisquer outros elementos, inclusive o da semelhança física perdem totalmente valor frente à análise do DNA.

Os genes situam-se em regiões do cromossomo denominadas locos genéticos.

São abundantes as variações em determinadas regiões do DNA, que se repetem (*fingerprinting* de DNA) permitindo identificar cada pessoa individualmente, com exceção dos gêmeos idênticos ou univitelinos, pois se originam de um único óvulo e um único espermatozoide.

Nesses casos, formado o embrião, resultante da união do óvulo com o espermatozoide, as células se separam em dois blocos, em uma fase inicial da divisão celular, quando ainda são indiferenciadas. Cada bloco originará um ser completo, com o mesmo genoma.

A variabilidade ou polimorfismo do DNA, que permite identificar o indivíduo caso haja material para confronto, está presente nas células de todos os tecidos e resulta de dois processos:

1) mutação, que pode induzir mudanças hereditárias no DNA;

2) recombinação (crossover), que pode produzir cópias de uma determinada região de DNA da mãe e do pai pelo pareamento, e mudar de local estas informações durante a formação dos espermatozoides e dos óvulos, sendo herdada, imutável e perene.

No núcleo das células do organismo existem 23 pares de cromossomos (total de 46 cromossomos) contendo toda a informação genética (DNA), com exceção dos óvulos e espermatozoides, os quais possuem apenas metade (23 cromossomos).

Na fecundação, só o núcleo do espermatozoide penetra no óvulo e se funde com o núcleo do mesmo.

O embrião unicelular resultante dessa fusão, chamado célula-ovo ou zigoto, é composto pelo citoplasma (porção restante da célula) apenas do óvulo da mãe, tendo no núcleo 46 cromossomos, sendo 23 do pai e 23 da mãe.

No citoplasma desta célula que originará as demais, existe uma organela chamada mitocôndria, que também possui DNA herdado exclusivamente da mãe.

Assim, pode-se analisar o DNA nuclear, proveniente do pai e da mãe, desde que a célula tenha núcleo, o que afasta os glóbulos vermelhos de tal análise porque não têm núcleo, e o DNA mitocondrial, proveniente apenas da mãe, de qualquer célula, inclusive das que não possuem núcleo.

A probabilidade de existirem duas pessoas com o mesmo DNA na população é de um em trilhões, excetuando-se gêmeos idênticos.

Em corpos carbonizados ou que ficaram em imersão em água salgada por tempo prolongado, a identificação pode não ser possível, apesar da alta resistência do DNA à variação de temperatura, PH, entre outros fatores.

Detergentes e solventes não costumam destruir a molécula de DNA, cuja longevidade permite a análise de material orgânico arquivado por longo período de tempo, assim como de restos de ossos e tecidos enterrados, possibilitando o esclarecimento de crimes antigos.

CAPÍTULO 5 • IDENTIDADE E IDENTIFICAÇÃO

Como todo método de identificação, é necessário que haja exame prévio do DNA do indivíduo que se quer identificar ou material que possa ser analisado e servir para confronto (primeiro registro). Nesse sentido, o DNA apresenta vantagem em relação aos outros métodos, pois na ausência de material do próprio indivíduo, a análise do DNA dos familiares pode suprir a falta.

1.15.1. DNA nuclear

Herdado do pai e da mãe, só pode ser analisado nas células que têm núcleo e permite a identificação, na ausência de material da própria pessoa, se houver parentes próximos.

Então, havendo parentes próximos (pais e filhos), são utilizadas as técnicas que avaliam o DNA nuclear, já que este foi herdado dos pais ou transmitido aos filhos.

As técnicas mais simples, baseadas na análise do comprimento dos segmentos do DNA ou na sequência dos seus elementos, são suficientes para esclarecer as situações corriqueiras de identificação.

Quando o material for escasso, como no caso de células do lábio deixadas em um fragmento de cigarro, ou restos dentários de corpos esqueletizados, torna-se necessário utilizar a técnica do PCR (*Polymerase Chain Reaction*), ou seja, reação em cadeia da polimerase, de alta sensibilidade, que trabalha com fragmentos menores do DNA.

1.15.2. DNA mitocondrial

É herdado exclusivamente da mãe e permite identificação na ausência de material da própria pessoa, mesmo que haja apenas parentes distantes na linha materna.

Assim, quando se quiser identificar uma pessoa e não existirem parentes próximos, a opção é analisar o DNA mitocondrial dos parentes da linha materna, como também nos casos inconclusivos de identificação de maternidade.

1.15.3. Análise do DNA para identificação

Cada ser vivo possui uma codificação diferente de instruções escritas na mesma linguagem no seu DNA.

Os testes de determinação de identidade genética estudam regiões dos genes que apresentam variação entre pessoas normais, chamadas de polimorfismos de DNA ou marcadores de DNA.

Apenas uma pequena parte do genoma total humano codifica proteínas, enquanto a maior parte consiste em sequências repetidas de nucleotídeos não codificantes de dois tipos:

1) Minissatélites: sequência de vários nucleotídeos que se repetem diferentemente em cada pessoa, dando-lhe característica única.

O grande número de repetições possibilita a existência de muitos alelos, isto é, de muitas diferenças nos locos de minissatélites repetidos ao longo do DNA, resultando no polimorfismo do DNA na população. Isto torna improvável que dois indivíduos não aparentados tenham o mesmo genótipo, daí sua importância na identificação humana. Esses locos são denominados VNTR (*variable number of tandem repeats*), ou seja, número variável de repetições consecutivas.

2) **Microssatélites:** são semelhantes ao anterior, mas com estrutura menor, diferindo no tamanho e no comprimento das unidades de repetição.

Esses locos denominados STR (*short tandem repeats*), ou seja, repetições curtas consecutivas, são abundantes no genoma humano, e cada um deles possui um grande número de diferentes alelos, inclusive maior do que o encontrado em VNTR, o que os torna ainda mais úteis para identificação humana.

Note-se que, em cada local de mini ou microssatélite, um alelo é herdado da mãe e outro do pai. Então, se for identificado um alelo materno em um lado de determinado loco, o outro alelo deve ser obrigatoriamente do pai biológico.

Quando se tiver material apenas do suposto filho e possível pai (*duos*), estuda-se a metade dos alelos em comum entre eles, isto é, nos locos analisados, os alelos do possível pai devem estar presentes em um dos lados dos mesmos alelos do suposto filho.

Inexistindo alelos em comum, estará excluída a paternidade.

A diversidade nos locos VNTR e STR se baseia na variação do número de repetições entre indivíduos, que pode ser estudada com sondas de DNA, ou através de PCR.

Atualmente, prefere-se a análise dos STR pela reação da PCR (reação em cadeia da polimerase), que consiste em copiar ciclicamente uma molécula de DNA presente numa amostra, durante um período finito de ciclos, definido pelo operador.

Isto torna possível a obtenção de inúmeras cópias dessa molécula, que são posteriormente estudadas, em geral, por eletroforese capilar.

Assim, consegue-se analisar vários locos STR dispondo apenas de pequenas quantidades de DNA.

Em outras palavras, o DNA nuclear do genoma humano está repleto de pequenas regiões com sequências repetidas de DNA, de 2 a 6 pares de bases (pb), conhecidas por microssatélites ou STR, cuja característica essencial reside no fato de serem muito polimórficos, propiciando uma grande variabilidade entre indivíduos.

A variabilidade entre os indivíduos consiste na variação do número de repetições dessas unidades repetidas.

A técnica do PCR permite a realização de cópias dessas unidades (SRT) identificadas por marcadores de pequeno tamanho, o que auxilia a análise sem que haja o inconveniente de amplificação preferencial de determinados alelos, como ocorre com marcadores de maior tamanho (utilizados para VNTR).

Os STRs são os sistemas de escolha em casos de paternidade ou identificação de indivíduos no contexto forense porque:

– são abundantes no genoma humano;

CAPÍTULO 5 • IDENTIDADE E IDENTIFICAÇÃO **131**

– a técnica de análise é mais rápida e fácil;

– possuem elevado grau de polimorfismo, que se reflete no aumento do poder de discriminação e maior precisão dos resultados;

– há possibilidade de estudar vários microssatélites em uma única reação (*multiplex*), com diminuição do tempo de análise, bem como das quantidades de DNA e de reagentes utilizados;

– permitem o desenvolvimento de plataformas para análise automatizada;

– por se tratar de fragmentos de DNA de menor tamanho, sua análise permite obter resultados a partir de DNA de baixo peso molecular, como o encontrado em material degradado;

– a utilização na análise da PCR (*Polimerase Chain Reaction*) possibilita o estudo de amostras com quantidades muito baixas de DNA.

Como a análise de STR pode ser feita combinando, numa única reação, todos os *primers* ou identificadores, específicos para cada um dos vários locos STR que se pretende estudar, amplificando-os simultaneamente (*PCR multiplex*), pode-se obter informação de todos os STR numa só reação, usando menor quantidade de amostra e menos tempo de análise.

Estima-se que a probabilidade de coincidência ao acaso entre indivíduos não relacionados, mediante a análise dos 13 marcadores (SRT) estabelecidos no CODIS, é superior a um em um trilhão.

O CODIS (*Combined DNA Indexing System* = Sistema Combinado de Índice de DNA) recomenda a utilização de, no mínimo, 13 STRs localizados em cromossomos diferentes para a obtenção de uma identificação confiável.

Os principais marcadores STRs utilizados pelo sistema CODIS são:

TPOX	cromossomo 2
D3S1358	cromossomo 3
FGA	cromossomo 4
D5S818 e CSF1PO	cromossomo 5
D7S820	cromossomo 7
D8S1179	cromossomo 8
TH01	cromossomo 11
vWA	cromossomo 12
D13S317	cromossomo 13
D16S539	cromossomo 16
D18S51	cromossomo 18
D21S11	cromossomo 21
AMEL	cromossomo Xe AMEL (cromossomo Y)

Existem *kits* comerciais utilizados para essa análise.

1) PowerPlex®16 (*Promega Corporation, Madison, WI*) – inclui 16 marcadores:
   - os 13 marcadores STRs do CODIS (TPOX, D3S1358, D5S818, FGA, CSF1PO, D7S820, D8S1179, TH01, vWA, D13S317, D16S539, D18S51 e D21S11);
   - a amelogenina, que identifica o cromossomo sexual;
   - os marcadores PENTA D e PENTA E.

2) AmpFℓSTR® *next generation multiplex* (NGM)™ (*Applied Biosystems, Foster City, CA*) – também contêm 16 marcadores, diferindo do anterior em 7 deles:
   - D3S1358, vWA, D16S539, D2S1338, D8S1179, D21S11, D18S51, D19S433, TH01, FGA e amelogenina;
   - acrescenta cinco locos recomendados pela ENFSI (*European Network of Forensic Science Institutes*) e pela EDNAP (*European DNA*): D10S1248, D22S1045, D2S441, D1S1656 e D12S391.

Esses dois kits fornecem resultados conclusivos na maior parte dos casos de identificação.

3) PowerPlex®21 (*Promega Corporation, Madison*, WI) – utiliza 21 marcadores, incluindo:
   - os 13 marcadores utilizados no CODIS;
   - os locos D1S1656 e D12S391 utilizados na Europa;
   - o loco D6S1043 comum na China;
   - marcadores adicionais utilizados em todo o mundo (amelogenina, PENTA D, PENTA E, D2S1338 e D19S433).

Esse kit é utilizado em casos mais complexos, atípicos, que necessitam da utilização de marcadores genéticos além dos existentes nos dois primeiros *kits* a fim de se obter um resultado conclusivo.

São casos atípicos:
   - suposto pai falecido e poucos parentes disponíveis para a reconstrução do seu DNA;
   - pretensos genitores são relacionados (são parentes);
   - casos típicos de paternidade em que se detecta a ocorrência de mutação ou alelos nulos;
   - DNA coletado na cena do crime em avançado estado de degradação ou em quantidades ínfimas.

Na investigação de paternidade, o achado de três inconsistências (não coincidência de alelos) em cromossomos diferentes do suposto filho e possível pai já seria suficiente para excluir a paternidade, mas pode não ser seguro. Por isso, havendo discordância em até quatro marcadores, utiliza-se outro *kit* para confirmação de mais inconsistências. Já cinco inconsistências no mínimo podem excluir a paternidade com tranquilidade.

Gêmeos idênticos têm o mesmo DNA, não havendo como comprovar qual dos irmãos é o pai da criança.

Transfusão de sangue recente, transplante de medula óssea e existência de algum grau de parentesco entre as partes deve constar como observação, mas não impedem a realização da colheita e a investigação de paternidade.

Não sendo possível realizar teste direto com o material genético do suposto pai, pode ser feita a análise da paternidade reversa (ou determinação reversa da paternidade) onde se utiliza, sempre que possível, material genético de membros sobreviventes da família, como mãe e filhos do falecido.

Quando o suposto pai é falecido, podem ser remontados os dois alelos de cada marcador a partir da análise de parentes biológicos, dependendo do número de parentes citados, do grau de parentesco deles e da informação genética que eles apresentam.

Se ambos os pais estiverem ausentes, amostras dos tios ou outros filhos podem ser usadas para que uma tipificação estendida seja realizada. Qualquer combinação de três ou quatro desses parentes próximos resultará em um teste altamente conclusivo.

Havendo supostos avós, pode-se reconstituir os alelos de todos os marcadores do suposto pai.

Parentes mais distantes do suposto pai, como primos, não são parentes próximos o suficiente para fornecer informações úteis.

Então, se o suposto pai não estiver disponível, vários membros da família desse suposto pai devem ser analisados sempre que possível.

Em vista do exposto, como confirmação costuma ser incerta, apenas a exclusão da paternidade deve ser valorizada.

Quando se tem apenas um membro do sexo masculino proveniente da família do falecido, e o suposto filho também é do sexo masculino, pode-se usar o cromossomo y, de origem paterna, que vai passando de pai para filho com todas as características intactas. Como vem do ancestral comum, passa para todos os membros masculinos da mesma forma, permitindo afirmar que são da mesma família, mas não que sejam pai e filho.

Inexistindo parentes adequados, torna-se necessária a exumação para colher um fio de cabelo, um pedaço de osso ou um dente para fazer o teste.

Poder de exclusão (PEX) é a probabilidade em média de um indivíduo selecionado ao acaso em um caso de paternidade, ser excluído.

Quando se analisam vários marcadores, isto é, vários locos de STR, a probabilidade de um indivíduo falsamente acusado ser excluído é maior (poder de exclusão acumulado).

Acredita-se que a probabilidade de acerto de exame do DNA seja de 99,99%.

No Brasil, a ausência de padronização das técnicas utilizadas nos diferentes laboratórios pode levar a resultados discordantes, e a possibilidade de coincidência de alelos devido à grande miscigenação da população brasileira, pode gerar falsos resultados.

1.15.4. Identificação pelo DNA nos desastres em massa

Os desastres coletivos podem decorrer de:

- causas naturais (enchentes, terremotos);
- atos intencionais (atentados a bombas);
- causas acidentais (incêndios em locais públicos, queda de avião).

A identificação de vítimas graves ou fatais deve ser realizada o mais breve possível por causa:

- do direito de as famílias receberem e enterrarem seus mortos (fator humanitário);
- da necessidade de emissão de certidão de óbito, obtenção de pensões e seguros de vida (questões cíveis);
- da responsabilização do culpado e indenização das famílias das vítimas (questões criminais).

Inicialmente, os familiares fazem o reconhecimento visual das vítimas e identificação de objetos pessoais.

A seguir, ao mesmo tempo em que se realiza a identificação antropométrica, radiográfica, da arcada dentaria, pelas cicatrizes e tatuagens, papiloscopistas fazem a coleta e comparação de impressão digital.

Amostras para exame de DNA devem ser colhidas independentemente de identificação positiva pelos médicos-legistas, odonto-legistas e papiloscopistas, para servirem a eventual confronto genético no futuro (troca de corpos?).

A preservação do local e das vítimas é fundamental para evitar fragmentação dos corpos e contaminação das amostras quando se vasculham os destroços, dificultando a obtenção de resultados rápidos.

Corpos com grau avançado de carbonização, permitem apenas identificação com análise de DNA

A escolha do tipo de amostra depende da conservação: dentes e ossos são os materiais que se preservam por mais tempo, mesmo quando submetidos a diferentes fatores de degradação.

A limpeza do material antes da extração do DNA diminui o risco de contaminação com perfis genéticos de outras vítimas.

Concomitantemente à coleta de amostras, colhe-se material de referência:

- de escovas de dentes, biopsias anteriores e amostras de sangue de laboratórios de análises clínicas (direta);
- de familiares próximos como sangue ou *swab* oral da mãe, pai, filhos ou irmãos.

Preferem-se amostras biológicas dos familiares mais próximos, pois a utilização de referências diretas possibilita a troca ou mistura de material, dificultando a obtenção do perfil genético de referência da vítima ou levando a uma falsa exclusão.

CAPÍTULO 5 • IDENTIDADE E IDENTIFICAÇÃO

O grau de degradação dos corpos vai influenciar tanto no tipo de amostra a ser coletada como no tipo de análise a ser realizada. Se for muito evidente, o DNA mitocondrial parece ser a análise mais viável.

A identificação pelo DNA pode ser realizada através da amplificação das amostras utilizando-se:

- sistemas autossômicos STR – possibilitam a comparação direta das amostras e estabelecimento de vínculo genético entre as amostras de referência e da vítima;
- sistemas de amplificação específicos de cromossomo Y – permitem verificar a possibilidade de as amostras comparadas pertencerem ao mesmo ramo patrilinear, sendo útil nos casos em que a única referência disponível é de um irmão de vítima do sexo masculino, sendo ambos filhos do mesmo pai.

O DNA mitocondrial também pode ser usado porque:

- fornece elementos para verificar se as amostras comparadas possuem o mesmo haplótipo mitocondrial, o que significa que elas podem pertencer ao mesmo ramo matrilinear.
- permite a análise em amostras muito degradadas por apresentar várias cópias por célula, obtendo-se sucesso muito maior do que com o DNA nuclear;
- nos casos de alto grau de degradação, é possível a utilização de conjuntos de SNPs.

SNPs (polimorfismos de nucleotídeo único) são o tipo de variação genética mais comum, onde cada SNP representa uma diferença em um único nucleotídeo. Essa variação pode ser únicas ou ocorrer em vários indivíduos.

A fragmentação dos corpos aumenta o número de análises, pois os fragmentos deverão ser comparados com as amostras de referência e entre si, para verificar se pertencem ao mesmo corpo.

Em desastres em massa, o número de amostras biológicas para manipular e analisar geralmente é alto, sendo importantes:

- a integração nacional entre laboratórios para viabilizar a troca de informações entre eles;
- a padronização das técnicas utilizadas com o objetivo de se obter os resultados em tempo semelhante;
- o uso de kits validados para que os resultados sejam confiáveis;
- a padronização dos marcadores a serem utilizados para possibilitar a comparação.

Se o número de marcadores for pequeno e insuficiente, principalmente quando têm alelos muito comuns, são frequentes os falsos positivos, isto e, a inclusão de um suposto como sendo a vítima quando não é. Exemplo: número pequeno de marcadores comparados entre os perfis dos fragmentos e dos familiares, utilizando poucas regiões.

Em casos de desastres em massa, com número elevado de vítimas, um programa de banco de dados com grande capacidade de armazenamento de perfis genéticos e que possibilite a comparação genética de múltiplas amostras de vítimas e de referência, considerando todas as possibilidades de vínculo de parentesco, seria de grande utilidade.

2. IDENTIFICAÇÃO JUDICIÁRIA

É realizada por peritos não médicos.

Vários métodos foram utilizados, mas a maioria caiu em desuso por não apresentarem as qualidades de um bom método de identificação.

O nome, que continua sendo utilizado para identificar uma pessoa natural, adquire importância do ponto de vista jurídico no momento da aquisição de bens, participação em associações, abertura de contas bancárias e de tirar documentos.

Tem como inconvenientes a facilidade de adulteração, o fato de uma mesma pessoa ter diferentes nomes e a existência de homônimos (diferentes pessoas com mesmos nomes).

O assinalamento sucinto, a fotografia simples e o retrato falado são meros reconhecimentos, mas seu uso persiste até hoje, apesar de alguns inconvenientes.

2.1. Assinalamento sucinto

Utilizado em documentos e quando se procura alguém desaparecido. Consiste na anotação da estatura, da raça, da idade, da cor dos olhos e dos cabelos etc.

2.2. Fotografia simples

Usada como auxiliar tanto para a identificação civil (cédulas de identidade), quanto criminal, acompanha a informação sobre qualquer delito, ilustrando o criminoso ou as cenas de crimes

Apresenta vários inconvenientes, como as alterações fisionômicas da idade, confusão com sósias e irmãos gêmeos, alteração das próprias características físicas com cirurgias plásticas pelos criminosos, além de não existir um meio prático e seguro de arquivamento e pesquisa dessas fotos.

É complementar e insatisfatória como forma de individualizar pessoas.

2.3. Retrato falado

Obtido por meio dos pormenores relatados pelas testemunhas, com a utilização de fichas e programas de computadores contendo vários modelos de partes importantes da fisionomia.

2.4. Sistema antropométrico de *Bertillon*

Baseado na fixidez do esqueleto após 20 anos, preconizava 11 medidas, entre elas a da cabeça, da orelha, do pé esquerdo, que serviriam para classificação e arquivamento. A essas medidas associavam-se outros caracteres complementares, como estatura, cor dos olhos, cicatrizes etc. Apesar de estar em desuso, o sistema de Bertillon ou bertillonagem tem valor histórico por ter sido a base dos atuais processos científicos de identificação civil e criminal.

Críticas ao método: a execução não é prática, nem o arquivamento, e não permite uma classificação adequada, sendo excludente da faixa etária inferior aos 20 anos, aqui residindo seu principal inconveniente.

2.5. Fotografia sinaléptica

É uma fotografia de frente e perfil, com redução de 1/7, preconizada por Bertillon e utilizada na forma de superposição de imagens, comparando-se detalhes mínimos.

2.6. Sistema dactiloscópico de *Vucetich*

Utiliza como elemento característico de identificação o desenho digital.

Examinando-se diretamente a polpa dos dedos (dactilos) das mãos, observa-se que a pele apresenta um desenho chamado desenho digital. Ele se forma porque a pele das mãos e pés tem saliências, chamadas papilas, e depressões, daí também o nome de sistema papiloscópico.

A papiloscopia tem um significado mais amplo, porque diz respeito não apenas às polpas digitais, mas também aos desenhos palmares (quiroscopia) e plantares (podoscopia), sendo a dactiloscopia o segmento da papiloscopia que analisa apenas o desenho das polpas digitais.

O sistema *Vucetich* baseia-se na impressão desse desenho, chamada impressão digital, que se forma no sexto mês de vida intrauterina e se mantém inalterado durante toda a vida, inclusive após a morte, até que venha a putrefação.

Uma vez destruídas as papilas por queimaduras leves ou hanseníase, quando a pele se regenera, sem cicatrizes, o desenho se refaz.

Isso ocorre porque a camada superficial da pele, composta por células epiteliais, chamada epiderme, recobre a camada abaixo dela, de tecido conjuntivo, chamada derme. É nesta camada mais profunda que estão as irregularidades, com pontos salientes, que são as cristas de papilas, separadas por sulcos. Assim, uma vez afetada apenas a epiderme, ao se regenerar, o desenho se refaz porque a derme não foi atingida.

Entretanto, se a lesão for profunda, afetando a derme, ocorrerá a formação de cicatriz e o desenho fica deformado.

Olhando-se diretamente a polpa dos dedos, vê-se o desenho digital.

Entretanto, o sistema *Vucetich* diz respeito ao desenho impresso, isto é, à impressão digital, que é o reverso do desenho digital.

Consequentemente, quando se fala em sistema *Vucetich*, a referência é a impressão digital. *Vucetich* observou que podem ser impressas quatro figuras e que cada dedo pode apresentar qualquer uma delas. Basicamente existem três sistemas de linhas formando as figuras:

- **Linhas basilares:** na base da polpa digital;
- **Linhas marginais:** que contornam a polpa digital;
- **Linhas nucleares:** situadas entre as duas anteriores.

No ponto onde os três sistemas se encontram, forma-se um triângulo chamado delta, que é a base do sistema de *Vucetich*.

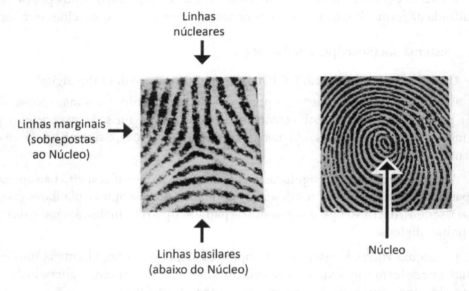

Verticilo: representado por V nos polegares (notação literal) e por 4 nos outros dedos (notação numérica).

Apresenta dois deltas e um núcleo central.

Presilha externa: representada por E nos polegares (notação literal) e por 3 nos outros dedos (notação numérica).

Apresenta apenas um delta à esquerda, estando o núcleo desviado para o lado contrário (para a direita).

(Memorização – Presilha Externa = Delta à Esquerda)

Presilha interna: representada por I nos polegares (notação literal) e por 2 nos outros dedos (notação numérica).

Apresenta um delta à direita e núcleo desviado para o lado oposto (para a esquerda).

Arco: representado por A nos polegares (notação literal) e por 1 nos outros dedos (notação numérica).

Como não há linhas nucleares, não se forma nenhum delta.

Figuras impressas

As impressões obtidas são colocadas na fórmula dactiloscópica, na qual são representadas como uma fração, onde a mão direita está no numerador e a mão esquerda no denominador.

Sequência de representação dos dedos: polegar, indicador, médio, anular, mínimo.

Exemplo:

$$Fd \quad \frac{E - 3412 \text{ (mão direita)}}{A - 2433 \text{ (mão esquerda)}}$$

A – 2433	E – 3412
Mão esquerda	Mão direita

	Mão esquerda	Mão direita
polegar	A (arco)	E (presilha externa)
indicador	2 (presilha interna)	3 (presilha externa)
médio	4 (verticilo)	4 (verticilo)
anular	3 (presilha externa)	1 (arco)
mínimo	3 (presilha externa)	2 (presilha interna)

Os polegares das mãos direita e esquerda têm notação literal.

Os outros dedos das mãos direita e esquerda têm notação numérica.

Regra para facilitar a interpretação da fórmula dactiloscópica:

Primeiramente, as figuras representadas por letras são dispostas em uma sequência que forme a palavra veia (no sentido vertical).

A seguir, numera-se em ordem decrescente, obtendo-se a representação numérica das respectivas figuras.

V = 4 → verticilo

E = 3 → presilha externa

I = 2 → presilha interna

A = 1 → arco

Olhando-se diretamente a polpa digital, no caso das presilhas interna e externa, ao se transformar o desenho na impressão digital, o delta muda de lado.

Não esquecer que o sistema Vucetich considera a impressão digital. Logo, é a figura impressa que deve ser denominada.

Exemplo: examinando-se diretamente o indicador direito, observou-se um delta à direita.

1°) O delta está à direita no desenho digital

2°) Transformando-se o desenho digital na impressão digital, o delta vai para a esquerda

3°) Denomina-se a impressão digital: presilha externa

Representação das anomalias:

A ausência de dedo representa-se por 0 (zero).

A presença de cicatriz que altera a impressão digital representa-se por X.

Havendo dedo supranumerário (a mais), sugere-se representar por letra minúscula, ao lado dos polegares, dependendo da mão em que se encontre.

Exemplo:

$$Fd = \frac{Va - 34X1 \text{ (mão direita)}}{A - 2100 \text{ (mão esquerda)}} \qquad \text{("a" – arco: é impressão digital do dedo supranumerário)}$$

Essas figuras impressas pelos dez dedos (sistema decadactilar) permitem grande variabilidade de combinações e servem para arquivamento.

O polegar da mão direita é o dedo fundamental.

A mão direita dá a série de arquivamento.

A mão esquerda dá a secção de arquivamento.

Entretanto, o que realmente identifica o indivíduo são as irregularidades existentes nas diversas linhas, chamadas acidentes, situadas em determinados locais.

Então, para afirmar que uma impressão digital obtida pertence a determinada pessoa, quando comparada com a impressão digital desta já registrada, não basta apresentar as mesmas figuras. Os mesmos acidentes têm de coincidir nos mesmos pontos.

Regra dos 12 pontos

No Brasil, os mesmos acidentes devem coincidir em 12 pontos para que se afirme que as impressões são da mesma pessoa.

Se coincidirem em oito a 12 pontos, provavelmente são da mesma pessoa, dependendo a certeza da nitidez da impressão, da raridade do seu tipo etc.

Não existem dois indivíduos com a mesma impressão digital.

Gêmeos idênticos têm impressões semelhantes, mas não iguais.

Os mais frequentes acidentes são:

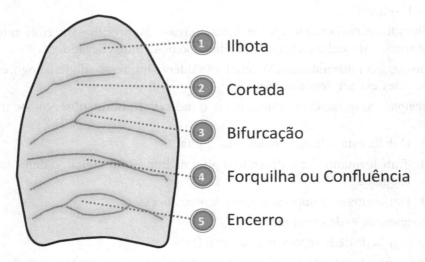

1. Ilhota
2. Cortada
3. Bifurcação
4. Forquilha ou Confluência
5. Encerro

Ponto: quando se tem uma linha extremamente curta.

Anastomose: quando duas linhas estão unidas por uma terceira linha.

Síndrome de *Nagali*

Consiste na ausência de impressões digitais e na dificuldade em segurar objetos como copos e talheres, e de virar páginas em decorrência da ausência das irregularidades da pele das polpas digitais que formam as linhas.

Os portadores desta síndrome podem apresentar manchas marrons irregulares pelo corpo e ter unhas, dentes e cabelos frágeis, com maior chance de caírem espontaneamente.

Não há cura e a possibilidade de surgirem digitais após algum tempo é praticamente nula.

É causada por um defeito genético raríssimo que consiste no mau funcionamento de uma proteína conhecida como cretin 14, o que impede a formação das digitais.

Em 2007, estimava-se que apenas três mil pessoas no mundo tinham essa síndrome e a probabilidade de alguém nascer com ela é de um em cada três milhões de nascidos.

Perda das impressões digitais

A perda das impressões digitais geralmente é parcial ou reversível, como acontece com pessoas que possuem pele fina ou digitais rasas, e trabalham com produtos abrasivos ou corrosivos, como cimento e cal, ou com a colheita de frutas cítricas, sem proteção.

A identificação pode ser feita pela impressão da planta dos pés, e em caso de perda total, é usada a arcada dentária. Entretanto, dispositivos eletrônicos de reconhecimento do formato do rosto e da íris, que são únicos em cada pessoa, são as alternativas mais viáveis.

Identificação de recém-nascido no ECA (arts. 10 e 229 da Lei 8.069/1990)

Os hospitais e estabelecimentos de saúde são obrigados a manter, por 18 anos, os meios capazes de identificar o recém-nascido:

- Registro da impressão digital da mãe;
- Registro da impressão digital ou plantar do recém-nascido (se esta for mais evidente que a digital).

Para alguns, a obrigatoriedade deve incluir os natimortos.

O ideal seria a identificação pelo DNA.

3. IDENTIFICAÇÃO CRIMINAL

É um processo complexo que consiste em:

- Identificação dactiloscópica (decadactilar) para fins criminais;
- Fotografia de frente e perfil;
- Boletim de vida pregressa.

O artigo 5º, LVIII, da Constituição Federal (CF), estabelece que o civilmente identificado, portando documento hábil de identificação, não será submetido à identificação criminal, salvo nos casos previstos em lei.

Em 2000, a Lei 10.054 veio regulamentar esse artigo constitucional.

O artigo 109 do ECA era compatível com a citada lei, no entanto, o artigo 5º da Lei 9.034/1995, que trata da identificação criminal compulsória dos integrantes das organizações criminosas, não foi recepcionado pela Lei 10.054/2000.

Uma corrente entendia que o artigo 5º da Lei 9.034/1995 continuava em vigor (foi apenas um cochilo do legislador), mas para outra corrente, o artigo seria inconstitucional, tendo sido revogado pela lei posterior.

A Lei 10.054/2000 foi revogada expressamente pela Lei 12.037/2009, que parece ter resolvido o problema ao afirmar, no artigo 1º, que o civilmente identificado não será submetido à identificação criminal, salvo nos casos previstos nesta lei, e, não, em lei. Dessa forma, demonstra que trata inteiramente da matéria da identificação criminal, não deixando margem para outras exceções previstas em diplomas diversos.

A Lei 9.034/95 foi revogada pela Lei 12.850/2013.

Observe-se que o artigo 5º, LVIII, da CF, faz referência apenas à identificação criminal.

A confirmação da identificação para fins civis não é inconstitucional, como, por exemplo, a exigência de registrar a impressão digital para comprovar a identidade em algum concurso.

3.1. Introdução do perfil genético na identificação criminal

A Lei 12.654 de 28 de maio de 2012, alterou as Leis n° 12.037, de 1° de outubro de 2009, e 7.210, de 11 de julho de 1984 (Lei de Execução Penal – LEP), para prever a coleta de perfil genético como forma de identificação criminal.

A Lei 7.210 sofreu acréscimo do artigo 9°-A pela Lei 12.654/2012 e, em 2019, esse artigo foi ampliado pela Lei 13.964/2019, que adicionou os parágrafos 1°-A, 3°, 4° e 8°:

> **Art. 9°-A Os condenados por crime praticado, dolosamente, com violência de natureza grave contra pessoa, ou por qualquer dos crimes previstos no art. 1° da Lei 8.072, de 25 de julho de 1990, serão submetidos, obrigatoriamente, à identificação do perfil genético, mediante extração de DNA – ácido desoxirribonucleico, por técnica adequada e indolor.**
>
> § 1° A identificação do perfil genético será armazenada em banco de dados sigiloso, conforme regulamento a ser expedido pelo Poder Executivo.
>
> § 1°-A A regulamentação deverá fazer constar garantias mínimas de proteção de dados genéticos, observando as melhores práticas da genética forense.
>
> § 2° A autoridade policial, federal ou estadual, poderá requerer ao juiz competente, no caso de inquérito instaurado, o acesso ao banco de dados de identificação de perfil **genético.**
>
> § 3° Deve ser viabilizado ao titular de dados genéticos o acesso aos seus dados constantes nos bancos de perfis genéticos, bem como a todos os documentos da cadeia de custódia que gerou esse dado, de maneira que possa ser contraditado pela defesa.
>
> § 4° O condenado pelos crimes previstos no *caput* deste artigo que não tiver sido submetido à identificação do perfil genético por ocasião do ingresso no estabelecimento prisional deverá ser submetido ao procedimento durante o cumprimento da pena.
>
> § 8° Constitui falta grave a recusa do condenado em submeter-se ao procedimento de identificação do perfil genético.

A Lei 12.037 também sofreu alterações pela Lei 13.964/2019, passando a vigorar com a seguinte redação:

> Art. 1° O civilmente identificado não será submetido a identificação criminal, salvo nos casos previstos nesta Lei.
>
> Art. 2° A identificação civil é atestada por qualquer dos seguintes documentos:
>
> I – carteira de identidade;
>
> II – carteira de trabalho;
>
> III – carteira profissional;
>
> IV – passaporte;
>
> V – carteira de identificação funcional;
>
> VI – outro documento público que permita a identificação do indiciado.
>
> Parágrafo único. Para as finalidades desta Lei, equiparam-se aos documentos de identificação civis os documentos de identificação militares.
>
> Art. 3° Embora apresentado documento de identificação, poderá ocorrer identificação criminal quando:
>
> I – o documento apresentar rasura ou tiver indício de falsificação;
>
> II – o documento apresentado for insuficiente para identificar cabalmente o indiciado;
>
> III – o indiciado portar documentos de identidade distintos, com informações conflitantes entre si;

IV – a identificação criminal for essencial às investigações policiais, segundo despacho da autoridade judiciária competente, que decidirá de ofício ou mediante representação da autoridade policial, do Ministério Público ou da defesa;

V – constar de registros policiais o uso de outros nomes ou diferentes qualificações;

VI – o estado de conservação ou a distância temporal ou da localidade da expedição do documento apresentado impossibilite a completa identificação dos caracteres essenciais.

Parágrafo único. As cópias dos documentos apresentados deverão ser juntadas aos autos do inquérito, ou outra forma de investigação, ainda que consideradas insuficientes para identificar o indiciado.

Art. 4º Quando houver necessidade de identificação criminal, a autoridade encarregada tomará as providências necessárias para evitar o constrangimento do identificado.

Art. 5º A identificação criminal incluirá o processo datiloscópico e o fotográfico, que serão juntados aos autos da comunicação da prisão em flagrante, ou do inquérito policial ou outra forma de investigação.

Parágrafo único: Na hipótese do inciso IV do art. 3º, a identificação criminal poderá incluir a coleta de material biológico para a obtenção do perfil genético.

Art. 5º A Os dados relacionados à coleta do perfil genético deverão ser armazenados em banco de dados de perfis genéticos, gerenciado por unidade oficial de perícia criminal.

§ 1º As informações genéticas contidas nos bancos de dados de perfis genéticos não poderão revelar traços somáticos ou comportamentais das pessoas, exceto determinação genética de gênero, consoante **as normas constitucionais e internacionais sobre direitos humanos, genoma humano e dados genéticos.**

§ 2º Os dados constantes dos bancos de dados de perfis genéticos terão caráter sigiloso, respondendo civil, penal e administrativamente aquele que permitir ou promover sua utilização para fins diversos dos previstos nesta Lei ou em decisão judicial.

§ 3º As informações obtidas a partir da coincidência de perfis genéticos deverão ser consignadas em laudo pericial firmado por perito oficial devidamente **habilitado.**

Art. 6º É vedado mencionar a identificação criminal do indiciado em atestados de antecedentes ou em informações não destinadas ao juízo criminal, antes do trânsito em julgado da sentença condenatória.

Art. 7º No caso de não oferecimento da denúncia, ou sua rejeição, ou absolvição, é facultado ao indiciado ou ao réu, após o arquivamento definitivo do inquérito, ou trânsito em julgado da sentença, requerer a retirada da identificação fotográfica do inquérito ou processo, desde que apresente provas de sua identificação civil.

Art. 7º-A. A exclusão dos perfis genéticos dos bancos de dados ocorrerá:

I – no caso de absolvição do acusado; ou

II – no caso de condenação do acusado, mediante requerimento, após decorridos 20 (vinte) anos do cumprimento da pena.

Art. 7º-B A identificação do perfil genético será armazenada em banco de dados sigiloso, conforme regulamento a ser expedido pelo Poder Executivo.

Art. 7º-C Fica autorizada a criação, no Ministério da Justiça e Segurança Pública, do Banco Nacional Multibiométrico e de Impressões Digitais.

§ 1º A formação, a gestão e o acesso ao Banco Nacional Multibiométrico e de Impressões Digitais serão regulamentados em ato do Poder Executivo federal.

§ 2º O Banco Nacional Multibiométrico e de Impressões Digitais tem como objetivo armazenar dados de registros biométricos, de impressões digitais e, quando possível, de íris, face e voz, para subsidiar investigações criminais federais, estaduais ou distritais.

§ 3º O Banco Nacional Multibiométrico e de Impressões Digitais será integrado pelos registros biométricos, de impressões digitais, de íris, face e voz colhidos em investigações criminais ou por ocasião da identificação criminal.

§ 4º Poderão ser colhidos os registros biométricos, de impressões digitais, de íris, face e voz dos presos provisórios ou definitivos quando não tiverem sido extraídos por ocasião da identificação criminal.

§ 5º Poderão integrar o Banco Nacional Multibiométrico e de Impressões Digitais, ou com ele interoperar, os dados de registros constantes em quaisquer bancos de dados geridos por órgãos dos Poderes Executivo, Legislativo e Judiciário das esferas federal, estadual e distrital, inclusive pelo Tribunal Superior Eleitoral e pelos Institutos de Identificação Civil.

§ 6º No caso de bancos de dados de identificação de natureza civil, administrativa ou eleitoral, a integração ou o compartilhamento dos registros do Banco Nacional Multibiométrico e de Impressões Digitais será limitado às impressões digitais e às informações necessárias para identificação do seu titular.

§ 7º A integração ou a interoperação dos dados de registros multibiométricos constantes de outros bancos de dados com o Banco Nacional Multibiométrico e de Impressões Digitais ocorrerá por meio de acordo ou convênio com a unidade gestora.

§ 8º Os dados constantes do Banco Nacional Multibiométrico e de Impressões Digitais terão caráter sigiloso, e aquele que permitir ou promover sua utilização para fins diversos dos previstos nesta Lei ou em decisão judicial responderá civil, penal e administrativamente.

§ 9º As informações obtidas a partir da coincidência de registros biométricos relacionados a crimes deverão ser consignadas em laudo pericial firmado por perito oficial habilitado.

§ 10. É vedada a comercialização, total ou parcial, da base de dados do Banco Nacional Multibiométrico e de Impressões Digitais.

§ 11. A autoridade policial e o Ministério Público poderão requerer ao juiz competente, no caso de inquérito ou ação penal instaurados, o acesso ao Banco Nacional Multibiométrico e de Impressões Digitais.

A identificação genética está prevista em duas situações, de forma diferente.

(A) Após condenação definitiva por crime praticado, dolosamente, com violência de natureza grave contra pessoa ou por crimes hediondos, consumados ou tentados, de acordo com a Lei 13.964/2019, que alterou o artigo 1º da Lei 8.072/1990:

- I – homicídio (CP, art. 121), quando praticado em atividade típica de grupo de extermínio, ainda que cometido por um só agente, e homicídio qualificado (CP, art. 121, § 2º, incs. I, II, III, IV, V, VI, VII, VIII e IX);

- I-A – lesão corporal dolosa de natureza gravíssima (CP, art. 129, § 2º) e lesão corporal seguida de morte (CP, art. 129, § 3º), quando praticadas contra autoridade ou agente descrito nos artigos 142 e 144 da Constituição Federal, integrantes do sistema prisional e da Força Nacional de Segurança Pública, no exercício da função ou em decorrência dela, ou contra seu cônjuge, companheiro ou parente consanguíneo até terceiro grau, em razão dessa condição;

- II – roubo:

  a) circunstanciado pela restrição de liberdade da vítima (CP, art. 157, § 2º, inciso V);

  b) circunstanciado pelo emprego de arma de fogo (CP, art. 157, § 2º-A, inciso I) ou pelo emprego de arma de fogo de uso proibido ou restrito (CP, art. 157, § 2º-B);

  c) qualificado pelo resultado lesão corporal grave ou morte (CP, art. 157, § 3º);

CAPÍTULO 5 • IDENTIDADE E IDENTIFICAÇÃO

- III – extorsão qualificada pela restrição da liberdade da vítima, ocorrência de lesão corporal ou morte (CP, art. 158, § 3°);
- IV – extorsão mediante sequestro e na forma qualificada (CP, art. 159 *caput* e §§ 1°, 2° e 3°);
- V – estupro (CP, art. 213, *caput* e §§ 1° e 2°);
- VI – estupro de vulnerável (CP, art. 217-A *caput* e §§ 1°, 2°, 3° e 4°);
- VII – epidemia com resultado morte (CP, art. 267, § 1°);
- VII-B – falsificação, corrupção, adulteração ou alteração de produto destinado a fins terapêuticos ou medicinais (CP, art. 273 *caput* e §§ 1°, 1°-A e 1°-B);
- VIII – favorecimento da prostituição ou de outra forma de exploração sexual de criança ou adolescente ou de vulnerável (CP, art. 218-B *caput*, e §§ 1° e 2°).
- IX – furto qualificado pelo emprego de explosivo ou de artefato análogo que cause perigo comum (CP, art. 155, § 4°-A).

Consideram-se também hediondos, tentados ou consumados (Lei 8.072/1990, art. 1°, parágrafo único):

I – o crime de genocídio (Lei 2.889, de 1° de outubro de 1956, arts. 1°, 2° e 3°)

II – o crime de posse ou porte ilegal de arma de fogo de uso proibido (Lei 10.826, de 22 de dezembro de 2003, art. 16);

III – o crime de comércio ilegal de armas de fogo (Lei 10.826, de 22 de dezembro de 2003, art. 17);

IV – o crime de tráfico internacional de arma de fogo, acessório ou munição (Lei 10.826, de 22 de dezembro de 2003, art. 18);

V – o crime de organização criminosa, quando direcionado à prática de crime hediondo ou equiparado.

Nesses casos, a identificação genética será obrigatória.

A Lei 14.069 (1/10/2020) cria, no âmbito da União, o Cadastro Nacional de Pessoas Condenadas por Crime de Estupro, o qual conterá, no mínimo, as seguintes informações sobre as pessoas condenadas por esse crime (art. 1°):

I – características físicas e dados de identificação datiloscópica;

II – identificação do perfil genético;

III – fotos;

IV – local de moradia e atividade laboral desenvolvida, nos últimos 3 (três) anos, em caso de concessão de livramento condicional.

Uma vez identificado, futuro acesso a essa informação só será permitido:

- Para a autoridade policial estadual ou federal;
- Desde que haja requerimento ao juiz competente;
- Se estiver instaurado inquérito policial, isto é, desde que haja indícios suficientes de possível autoria.

(B) Na investigação criminal, de forma facultativa, quando mesmo apresentando documento de identificação, o perfil genético for essencial às investigações policiais (Lei 12.037/2009, art. 3°, IV), dependendo de despacho do juiz competente, que decidirá de ofício ou mediante representação da autoridade policial, do Ministério Público ou da defesa.

Os bancos de dados, instituídos pelo Decreto 7.950, de 12 de março de 2013, podem facilitar a identificação de criminosos, pois auxiliam tanto no combate ao crime e ao terrorismo, como na libertação de indivíduos condenados e presos equivocadamente. Por isso, pode ser de interesse da defesa representar ao juiz para que determine a identificação genética.

A retirada do perfil genético do banco de dados (Lei 12.037/2009, art. 3°, IV) será possível se houver absolvição do acusado ou no caso de condenação do acusado, mediante requerimento, após decorridos 20 (vinte) anos do cumprimento da pena.

Assim, indivíduos divididos e definidos pela identidade genética passam a compor uma subclasse de pessoas catalogadas em bancos de dados de identidade genética de criminosos, suspeitos, detidos, e de material de cenas de crime, mas só permanecerão neles os reincidentes, incorrigíveis, denotando a influência do Direito Penal do Inimigo.

Entretanto, sérios problemas podem surgir se não for mantido o sigilo das informações.

Na Inglaterra, onde esses bancos de dados já existem há algum tempo, especialistas da polícia em DNA concluíram que entre os marcadores para identificação, existem os que fornecem informações sobre diabetes e vários tipos de câncer (Black, p. 677). Daí a necessária inclusão do artigo 5°-A na Lei 12.037/2009.

Fora da área criminal, a identificação genética é utilizada em processos de paternidade, disputa de herança e para esclarecer alegações relativas à linhagem cultural e familiar.

Em outros países, pessoas buscam obter a própria identificação pelo DNA temendo ser vítimas de terrorismo ou de alguma calamidade.

O estudo genético também auxilia o aconselhamento de casais que possam ter problemas de transmissão genética de doenças ou síndromes hereditárias.

Na área da identificação criminal, nos casos previstos na lei, acreditamos que a obrigatoriedade não fere a Constituição por se tratar apenas de mais uma forma de identificação, assim como a dactiloscopia e a fotografia.

Se no futuro as pessoas forem identificadas civilmente pelo DNA, essa identificação também será obrigatória, substituindo ou complementando a dactiloscópica.

Corre-se o risco, se tal ocorrer, da criação de perfis genéticos familiares pelos bancos de dados, com outros tipos de utilização como em processos judiciais, saúde pública e privada, emprego, seguro, concessão de crédito, caso o sigilo não seja mantido.

Com base nos dados genéticos, empresas de seguro poderão detectar fraudes e confirmar a veracidade das informações prestadas pelo segurado, e detectar a predisposição para doenças hereditárias, como as cardiovasculares, ou outras doenças e síndromes hereditárias.

Uma vez montado o perfil familiar, já não se trata apenas da predisposição genética do indivíduo, mas de um traço familiar, com repercussão em todos os membros.

Assim, havendo registro dos códigos hereditários da família, já não importa se o indivíduo a ela pertencente tenha, ou não, qualquer sintoma, porque irá prevalecer a história médica da família. Isso seria válido também para comportamentos desviados, justificando as restrições de acesso aos dados genéticos estabelecidas pela nova lei.

Realmente, observam-se famílias de criminosos, denotando a existência de predisposição genética.

A criação de um foco de discriminação genética vai repercutir em vários setores, não mais importando se o indivíduo é saudável, mas se descende de família com doenças ou traços específicos que podem ser manifestados por ele no futuro.

Por fim, a invasão da privacidade e da confidencialidade propiciada pelo perfil genético pode resultar numa discriminação não mais de raça ou cor, mas de geração, além da possibilidade de se criar uma subclasse e um gueto genético.

Capítulo 6
TANATOLOGIA FORENSE

Tanatologia é o estudo da morte.

Durante muitos séculos, a morte foi definida pelos vários credos como a partida da alma. Importava a existência, ou não, de vida após a morte, sem que houvesse preocupação em se determinar o momento da morte.

Somente após a descoberta da circulação sanguínea, no séc. XVII, e da ausculta pelo estetoscópio, no início do séc. XIX, que a ausência de batimento cardíaco foi relacionada à morte.

A partir daí a Medicina passou a ditar o conceito de morte como parada cardiorrespiratória. Os médicos tratavam as doenças, mas aceitavam a morte como evento natural.

Entretanto, com a evolução tecnológica, o médico começou a combater também a parada cardiorrespiratória com métodos de ressuscitação, de sorte que apenas seria morte aquela que não se revertesse.

1. MORTE REAL OU MORTE CLÍNICA, OU MORTE DE TODO O CORPO

É a morte por parada cardiorrespiratória irreversível.

O sistema cardiorrespiratório é composto pelos aparelhos cardiocirculatório e respiratório.

Os aparelhos são compostos por órgãos (no caso, coração e pulmões). Os órgãos são formados por tecidos que, por sua vez, são constituídos pelas diferentes células.

As células são as menores unidades do corpo, delimitadas por uma membrana que regula a entrada de nutrientes como glicídios (açúcares), aminoácidos (que provêm das proteínas) e lipídios (gorduras), e a saída das substâncias que devem ser eliminadas.

Produzem suas próprias proteínas e geram a energia necessária por meio da queima de glicídios (açúcares).

Quando o indivíduo respira, o oxigênio inalado entra na corrente circulatória (sangue) e é transportado pela hemoglobina dos glóbulos vermelhos até as células de todo o corpo. Na presença desse oxigênio, as células queimam a glicose (açúcar), gerando energia.

Resultam do processo descrito gás carbônico e água, que são eliminados.

Havendo parada da respiração e da circulação, as diferentes células do organismo não recebem o oxigênio e começam a morrer.

As que mais necessitam de oxigênio são as células cerebrais, que morrem em três a sete minutos.

As células musculares podem continuar vivas por várias horas, enquanto células chamadas fibroblastos podem durar até 24 horas após a parada.

Dessa forma, a morte é um processo em que as células vão morrendo, cada uma a seu tempo, dependendo da maior ou menor necessidade de oxigênio. É a morte celular.

1.1. Sinais abióticos imediatos, sinais de incerteza, ou diagnóstico da morte (clínica)

São os sinais abióticos, isto é, de ausência de vida que nos permitem supor que ocorreu a morte.

Ausência de função cardiocirculatória	Ausência de respiração	Ausência de funções cerebrais
• Batimentos cardíacos ausentes; • Pulso ausente; • Pressão arterial zero.	• Movimentos torácicos ausentes	• Inconsciência; • Insensibilidade; • Imobilidade; • Flacidez muscular difusa: 1) Os músculos relaxam, permitindo eliminação de fezes, urina, esperma; 2) As pupilas se dilatam (midríase); 3) O corpo se amolda ao apoio; 4) O tórax se achata; 5) A boca fica entreaberta, por queda da mandíbula; 6) As rugas da face se atenuam (máscara da morte).

O *facies* hipocrático foi descrito por Hipócrates como sendo o semblante do morto: fronte enrugada, olhos fundos, nariz afilado, têmporas deprimidas, orelhas repuxadas, lábios caídos, queixo enrugado, pele seca e palidez.

Entretanto, essa expressão é de sofrimento. característica dos moribundos, pois nos mortos, a flacidez muscular confere à face um semblante de serenidade e falta de expressão.

Por isso, França (2011, p. 428) prefere a denominação de máscara da morte.

Após as paradas, as células que ainda não morreram queimam o açúcar de forma incompleta, na ausência de oxigênio, gerando ácido lático que acidifica os líquidos orgânicos.

Se o fator que determinou aquela parada for reversível, ou se as funções vitais estiverem tão deprimidas que não se auscultem os débeis batimentos cardíacos, nem se percebam os movimentos respiratórios, a morte será aparente. Daí dizer-se que os sinais imediatos são de incerteza.

Alguns sinais podem auxiliar no diagnóstico da morte.

Sinal de *Bouchut* – a cessação da circulação está relacionada a ausculta do coração, que juntamente com a eletrocardiografia, é elemento valioso na caracterização do fenômeno da morte.

Sinal de *Piga* – baseia-se na observação radioscópica da área cardíaca, que permite verificar a contração miocárdica, sendo sua ausência sinal patognomônico de morte.

Prova de *Guérin* e *Frache* – consiste no registro eletrocardiográfico, sem ou com ativação adrenalínica, que resulta numa linha de base contínua ou plana (silêncio elétrico) indicando morte.

Sinal de *Halluin* –consiste na pesquisa da reação hiperêmica conjuntival, após a instilação de uma gota de éter, sendo sua ausência sinal de morte real.

Sinal de *Magnus* – baseia-se na aparição de uma coloração cianótica quando se estrangula a base de um quirodáctilo na pessoa viva; no morto, não há modificações da coloração.

Prova de *Ott* – consiste na formação de bolha de gás na pele com a aproximação de uma chama no morto; havendo vida, aparece flictena com líquido seroso ou sero-sanguinolento.

1.2. Sinais abióticos mediatos, sinais consecutivos, ou sinais de certeza

Com o passar do tempo, as alterações decorrentes da parada cardiocirculatória vão se tornando perceptíveis, confirmando a morte.

1.2.1. Desidratação

Como a perda de água do corpo pela evaporação não é compensada pela ingestão, o cadáver desidrata.

A velocidade da desidratação está sujeita a variantes, que interferem no cálculo do tempo de morte por esse parâmetro, sejam elas:

1) Ambientais
   a) Umidade do ar: Se for alta, retarda a desidratação, e se for baixa, acelera.
   b) Temperatura: Se estiver alta, acelera a desidratação, mas se estiver baixa, a retarda.
   c) Ventilação: Local bem ventilado acelera a desidratação.

2) Superfície de evaporação: Ausência de roupas favorece a evaporação através da pele.

3) Características individuais: Velhos e crianças desidratam mais rapidamente.

São consequências da desidratação:

- O cadáver perde peso, sendo essa perda mais acentuada em fetos e recém-nascidos. O cálculo do tempo de morte por esse parâmetro é impraticável porque, além da influência das variantes ambientais e da causa da morte, seria necessário conhecer o peso exato da pessoa no momento da morte.

- A pele e as mucosas ficam ressecadas. O dessecamento das mucosas dos lábios é mais comum na porção mais externa da mucosa labial e seu conhecimento é fundamental para não se atribuir a lesões traumáticas ou ação de substâncias cáusticas.

- Surge pergaminhamento da pele, isto é, a pele fica seca e enrugada, semelhante a um pergaminho, nos locais em que é muito fina, como na bolsa escrotal, nas áreas de arrancamento da pele (escoriação) *post mortem*, assim como nas zonas de compressão prolongada e contínua, como, por exemplo, no local de compressão pela corda nos enforcados.

- Aparecem alterações oculares:

a) Tela viscosa, resultante da evaporação da lágrima.

b) Opacificação da córnea, ficando a película brilhosa que recobre o globo ocular opaca e leitosa.

c) Sinal de *Sommer*, constituído pela mancha negra que surge na parte lateral externa da esclerótica (zona branca dos olhos) em torno de uma a três horas após a morte e que se generaliza em seis horas. Ocorre porque a esclerótica, ao desidratar, fica transparente, permitindo visualizar a camada mais interna (coroide) que é escura.

d) Hipotensão ocular, isto é, diminuição da pressão do globo ocular. Tem-se, aqui, o Sinal de *Stenon-Louis, que* consiste na perda da turgescência dos globos oculares como consequência da parada da circulação e da desidratação cadavérica.

e) Sinal de *Ripault*, que pode ser observado depois de 8 horas da morte e consiste na deformação da íris e da pupila à pressão digital.

f) Sinal de *Bouchut*, que diz respeito ao enrugamento da córnea consequente à desidratação.

1.2.2. Resfriamento do corpo

Com a morte celular, deixa de haver produção de energia, ficando a temperatura do corpo semelhante à do ambiente, em uma velocidade que depende de:

1) Fatores ambientais:

a) Ventilação: Local bem ventilado acelera o resfriamento.

b) Umidade do ar: Se for alta, retarda o resfriamento, se baixa, acelera.

c) Temperatura: Se estiver alta, retarda o resfriamento, se estiver baixa, acelera.

2) Superfície de exposição: Ausência de vestuário acelera o processo de resfriamento porque permite maior perda de calor através da pele para o ambiente.

3) Características do indivíduo: Ex.: Maior quantidade de gordura dificulta a perda de calor.

4) Causa da morte: Nas mortes por infecção generalizada, o resfriamento é mais lento em virtude da maior atividade bacteriana.

CAPÍTULO 6 • TANATOLOGIA FORENSE **155**

O esfriamento cadavérico começa pelos pés, mãos e face.

Quanto maior for a diferença entre a temperatura do ambiente e a do corpo na hora da morte, mais rápido será o seu resfriamento.

Ao contrário, o resfriamento será mais lento quanto mais próximas forem as temperaturas.

1.2.3. Livores hipostáticos ou hipóstases

Livores são manchas.

Hypo, do grego, significa embaixo e *estase*, parado.

Como a pressão dentro dos vasos é zero pela ausência da bomba cardíaca, o sangue fica sujeito à ação da gravidade, depositando-se nos vasos das zonas de maior declive, exceto nas regiões de apoio, pois a compressão fecha os vasos ali situados.

Este sangue depositado aparece como pequenos pontos que se tornam manchas arroxeadas, que é a cor do sangue pobre em oxigênio e rico em gás carbônico.

O mesmo fenômeno ocorre nos órgãos, constituindo as hipóstases viscerais, que são mais notadas no fígado, nos pulmões, nos rins e no baço do que nas demais vísceras.

Apesar de os livores hipostáticos serem sinal tardio da realidade da morte, há referências a seu aparecimento um pouco antes da morte, nos casos de agonia.

As hipóstases surgem de 30 minutos a três horas após a morte.

Inicialmente, quando o corpo é mudado de posição, a gravidade passa a atuar em outra direção e as manchas de hipóstase mudam de lugar devido ao deslocamento do sangue.

Com o passar das horas, a evaporação da água diminui a parte líquida do sangue existente no plasma, fazendo com que os glóbulos vermelhos fiquem aglomerados e não consigam mais se movimentar.

A partir daí, a mudança de posição do corpo não altera a localização das hipóstases.

Isso ocorre em torno de 12 horas após a morte, quando as hipóstases se tornam fixas, permitindo identificar a posição primitiva do corpo.

Em locais quentes, como na região nordeste do Brasil, a fixação pode se dar com 8 horas da morte e, em lugares muito frios, pode ultrapassar as 12 horas.

Assim, se o corpo de um enforcado ficou mais de 8 a 12 horas suspenso pelo laço de enforcamento, as hipóstases situadas da cintura para baixo não se modificam, mesmo que o corpo seja colocado deitado sobre o solo.

Os livores hipostáticos costumam ser fracos ou inexistentes nas cicatrizes, em função de sua pouca vascularização.

Enquanto as hipóstases têm contornos difusos, as equimoses têm contornos delimitados.

A localização também pode ser um elemento de diferenciação com equimose, assim como a ausência de transformação da hemoglobina sugerindo tratar-se de livor hipostático.

A cor das hipóstases pode denotar, em alguns casos, a causa da morte.

Nas intoxicações por monóxido de carbono existente no gás de cozinha, no gás eliminado pelo cano de escapamento dos veículos, o oxigênio do sangue não consegue entrar nas células causando asfixia em nível celular.

Isso ocorre porque o monóxido de carbono ocupa o lugar do oxigênio na hemoglobina das hemácias, que então não consegue entrar nas diferentes células do organismo, porque depende do transporte por essa hemoglobina.

Assim, a reação do CO com a hemoglobina (Hb) forma carboxihemoglobina (COHb) dificulta o transporte e a utilização de O2 pelos tecidos.

O CO é um gás geralmente formado pela combustão incompleta de hidrocarbonetos, com afinidade pela hemoglobina cerca de 240 vezes maior do que a do oxigênio, classificado como asfixiante bioquímico por diminuir o transporte de oxigênio no sangue.

A carboxiemoglobina é, portanto, o indicador da exposição ao monóxido de carbono (CO) e ao diclorometano (cloreto de metileno), que é um líquido incolor, não inflamável, volátil, com odor semelhante ao do éter.

O monóxido de carbono causa cefaleia, náuseas, lipotimia e confusão mental anteriores ao óbito.

Na intoxicação por CO, o cadáver apresenta a face rósea e as hipóstases são claras.

A rigidez é mais tardia, pouco intensa; o sangue é fluido, de tonalidade rósea; há dificuldade de coagulação do sangue e putrefação tardia.

Já nas intoxicações pelo cianeto, a asfixia celular decorre de bloqueio da respiração celular.

Assim, as células morrem apesar de haver bastante oxigênio no sangue, daí a cor avermelhada das hipóstases conferida pelo oxigênio, que deixa o sangue vermelho rutilante.

Nas asfixias em geral, os livores de hipóstase têm cor vermelha violácea, tendendo ao roxo.

Quando há formação de metahemoglobina, que pode ocorrer por exposição a substâncias oxidantes, medicamentos específicos e condições genéticas que afetam a atividade de enzimas responsáveis pela sua redução, a cor dos livores é vermelho parda, ou vermelho-acastanhada, se a metahemoglobinemia estiver em elevada concentração.

A meta-hemoglobina (ou metemoglobina) é uma forma de proteína da hemoglobina na qual o ferro no grupo heme está no estado $Fe3+$ e não no $Fe2+$ da hemoglobina normal, que não pode se ligar o oxigênio, causando sintomas de intoxicação relacionados aos graus de hipoxia: tontura, cefaleia e dispneia, principalmente quando níveis de metemoglobinemia estão acima de 10% a 35%.

Dificuldades na visualização das hipóstases:

- Anemia intensa, pois a diminuição dos glóbulos vermelhos deixa o sangue muito claro, tornando as hipóstases imperceptíveis.
- Raça negra, pela cor escura da pele.

Valor médico-legal dos livores de hipóstases:

- Avaliação do tempo de morte por meio da fixação das manchas de hipóstases que acontecem 12 horas depois da morte.
- Identificação da posição primitiva do corpo, dando indícios de adulteração da cena do crime, caso o local em que as hipóstases se fixaram não corresponda à zona de maior declive em relação à posição em que foi encontrado o cadáver.
- Diagnóstico da causa da morte pela variação da coloração das hipóstases.

As manchas hipostáticas cutâneas permanecem até o surgimento dos fenômenos putrefativos, ocasião em que elas são invadidas pela tonalidade verde-enegrecida que aparece no cadáver devido à formação do hidrogênio sulfurado combinado com a hemoglobina.

1.2.4. Rigidez muscular ou rigidez cadavérica

Os músculos, inicialmente flácidos, contraem-se pela última vez à custa de células que ainda não morreram.

A rigidez é uma variante da contração muscular normal, provocada pela escassez de oxigênio e acúmulo de ácido lático.

As unidades contráteis das células musculares são chamadas sarcômeros.

Os sarcômeros são formados por filamentos de actina e miosina II, que deslizam entre si levando ao encurtamento deles (sarcômeros) e consequente contração muscular.

Esse mecanismo é dependente de cálcio e ATP (*Adenosine TriPhosphate* ou adenosina trifosfato), que é a principal forma de energia química livre, necessária às atividades celulares.

Quando os filamentos se desligam, há relaxamento muscular, sendo também necessária a presença de ATP. Se ausente, a actina e a miosina II permanecem ligadas e o músculo contraído.

Após a morte, aumenta a concentração de cálcio no citosol (parte líquida do citoplasma), pois as membranas das estruturas que o concentravam se tornam permeáveis.

Esse aumento muda a conformação das proteínas regulatórias e, assim, actina e miosina II se ligam.

Como essa ligação só é desfeita na presença de ATP, que não está mais disponível após o óbito, a actina e a miosina II permanecem ligadas, resultando na condição de rigidez dos músculos.

A partir daí, a rigidez só se desfaz quando os lisossomos são lesados pelo ácido lático, liberando enzimas no meio celular que degradam os componentes dos sarcômeros e os músculos perdem a rigidez.

A rigidez aparece primeiro nos músculos de fibras lisas (dos órgãos) e, um pouco mais tarde, nos músculos estriados esqueléticos.

No coração (músculo estriado cardíaco) e no diafragma (músculo estriado), a rigidez geralmente começa antes, ao mesmo tempo que no músculo liso.

Na musculatura estriada esquelética, a rigidez se inicia nos músculos da mandíbula e orbicular dos olhos, atingindo a seguir o rosto e o pescoço, incluindo a nuca, evoluindo de forma descendente, sucessivamente, pela musculatura torácica, membros superiores, musculatura abdominal e membros inferiores, de acordo com a lei de *Nysten-Sommer*. Esta é a sequência originalmente descrita, podendo haver diferenças dependendo do autor.

Segundo *Calabuig* (p. 196), essa sucessão pode variar, evoluindo na ordem inversa à usual. Assim, pode começar nas extremidades inferiores, quando o corpo se encontra em declive, ou seja, com a cabeça ao nível mais baixo que os pés.

A constatação de rigidez muscular nos membros inferiores precedendo aos superiores pode ser consequência de esforço físico intenso.

A rigidez começa na primeira hora após a morte, generalizando-se após duas a três horas e atingindo o máximo entre 5 e 8 horas.

Pode ser prolongada por baixas temperaturas, porque a velocidade das reações é reduzida, levando mais tempo para a degradação dos tecidos.

Será mais ou menos intensa dependendo da massa muscular do cadáver, podendo até inexistir nos velhos e desnutridos, pois a quantidade de músculo é escassa. Não é, portanto, um parâmetro confiável para determinação do tempo da morte.

Segundo Moura e Sálvia (p. 18), são fatores que influenciam o desenvolvimento, a duração e a resolução do *rigor mortis* a quantidade de glicogênio e ácido lático nos músculos no momento da morte, além da temperatura ambiente, entre outros. Assim, situações em que a morte ocorreu durante ou logo após o esforço físico, exaustão ou eletrocussão, a rigidez pode se desenvolver muito rapidamente.

As intoxicações por substâncias contraturantes, como a estricnina, causam uma antecipação da rigidez muscular.

A reinstalação da rigidez muscular depende de ter sido desfeita quando ainda incompleta naquele segmento do corpo.

A rigidez se desfaz seguindo a mesma sequência descendente (crânio caudal), a não ser que tenha havido manipulação do cadáver para desfazê-la.

1.2.4.1. Espasmo cadavérico

É a manutenção da última posição do indivíduo antes de morrer.

Aqui a rigidez não é precedida da fase de relaxamento muscular.

Vários autores não reconhecem a existência do espasmo cadavérico, mas a presença de galhos e folhas, fortemente presos nas mãos fechadas de afogados, indica que o indivíduo estava vivo ao cair na água e que sofreu espasmo cadavérico, pois se inicialmente houvesse relaxamento dos músculos, teria soltado o que segurou.

1.3. Fenômenos transformativos destrutivos

1.3.1. Autólise

É a destruição das células pelas próprias proteínas que produz e que têm ação digestiva, chamadas enzimas, em virtude da liberação das mesmas pela ação lesiva do ácido lático sobre o compartimento que as contém dentro da célula (lisossomas).

A autólise se inicia precocemente e não há nenhuma interferência bacteriana.

1.3.2. Putrefação

É a decomposição do corpo pela ação das bactérias, gerando grande quantidade de gases.

No nosso clima, inicia-se ao redor de 24 horas da morte.

Depende de dois fatores:

1) Temperatura do ambiente: o calor antecipa e o frio retarda a ação das bactérias.

2) Condições individuais que causam aumento das bactérias antes da morte, como as infecções, ou que dificultam o esfriamento do corpo, como nos obesos, precipitam a putrefação.

Fases da putrefação:

1ª) Coloração ou cromática

Inicia-se pela mancha verde abdominal, que aparece na região inferior direita do abdome, denominada fossa ilíaca direita, em consequência da difusão, até a pele, dos gases resultantes da ação bacteriana no intestino grosso, principalmente gás sulfídrico, que dá a coloração esverdeada.

Essa cor verde espalha-se por todo o corpo.

Nos afogados e fetos mortos retidos por algum tempo no útero materno, a mancha verde inicia-se no tórax, talvez pela maior proliferação de bactérias nos pulmões.

A fase de coloração dura dias.

2ª) Enfisema ou gasosa

A intensa produção de gases distende os tecidos, fazendo com que o corpo aumente de tamanho.

O abdome distende-se (estufa) e a pressão dos gases espreme os vasos intra-abdominais, empurrando o sangue aí contido para os vasos superficiais, situados abaixo da pele.

Esses vasos ficam cheios de sangue e se tornam visíveis, constituindo a circulação póstuma de *Brouardel*, que surge entre 3 e 5 dias após o óbito.

Os gases desprendem-se do cadáver e dão o odor fétido.

Efeitos do aumento da pressão pelos gases:

a) Prolapso do útero que se exterioriza através da vagina.

b) Eliminação de secreção avermelhada pela boca e nariz, em decorrência da compressão dos pulmões pelos gases.

c) Eliminação de fezes, urina ou esperma.

d) Parto *post mortem*, que consiste na eliminação do feto morto, quando houver gravidez, por compressão do útero pelos gases.

e) Aumento de volume do pênis, dos globos oculares, da língua.

f) Descolamento da pele com formação de bolhas, seguida de destacamento dos pelos, unhas e cabelos.

Ainda nesta fase, que dura ao redor de três semanas, a atividade bacteriana dá origem às ptomaínas, que consistem numa mistura de substâncias básicas semelhantes a alcaloides, formadas a partir da decomposição de substâncias albuminoides.

Surgem do 2º ao 4º dia da putrefação.

Até o 7º dia, predomina a trimetilalanina, não tóxica.

A partir do 7º dia, aparecem os produtos tóxicos, inicialmente a midaleína e, após o 14º dia, a putrescina e a cadaverina.

Essas ptomaínas, presentes no material putrefeito, apresentam reações próximas às de certos alcaloides, como morfina e outros derivados do ópio, podendo falsear os resultados de testes toxicológicos, principalmente a partir do 20º dia da morte, quando sua quantidade é máxima, dando falso positivo.

3ª) Coliquativa

Durante meses, os tecidos amolecidos se desfazem, pois o cadáver é invadido por esquadrões de larvas de insetos (moscas etc.) que participam da destruição.

O estudo da fase de evolução dessas larvas permite avaliar o tempo de morte.

A cronotanatognose baseada em entomologia forense é mais precisa para o tempo mínimo da morte do que para o tempo máximo da morte.

Na fauna cadavérica que coloniza o cadáver, os dípteros são os insetos que costumam chegar primeiro, sobretudo, nas fendas palpebrais, narinas e boca.

O conceito dos esquadrões de animais que afluem sucessivamente ao cadáver, com o passar do tempo, foi criado por *Mègnin*.

Oscar Freire repetiu esses estudos em Salvador e em São Paulo durante 16 anos e fez várias restrições ao exagero na valorização dessas hordas para a cronotanatognose, pois:

– não há exclusividade das espécies para as fases da putrefação;

– as espécies têm distribuição geográfica variada;

– há diferenças na duração das fases evolutivas dos animais pelo clima;

– há dificuldade na classificação das espécies.

O desaparecimento das partes moles do corpo e a presença de insetos ocorre em 2 a 3 anos.

4ª) Esqueletização

Ocorre em tempo variável a perda total das partes moles, restando o esqueleto, as unhas e os dentes, cuja destruição pode levar milhares de anos.

A esqueletização completa: ocorre com mais de 3 anos.

1.3.3. Maceração

É o processo de putrefação que ocorre nos corpos submersos, chamado maceração séptica, isto é, com germes, e nos fetos mortos retidos dentro do útero materno a partir do quinto mês de gestação, denominado maceração asséptica, sem a presença de germes.

A pele perde a aderência e descola, após a formação de bolhas que se rompem.

Os fetos apresentam cor avermelhada, o couro cabeludo se desprende, a face fica deformada e achatada, os membros tornam-se flácidos e com grande mobilidade, conferindo-lhes aspecto de polichinelo.

Na maceração fetal, há destruição dos tecidos moles pela ação do líquido amniótico.

Os sinais evidentes de maceração estão presentes a partir de pelo menos 24 horas de morte.

Feto macerado com necrose funicular, com bolhas e descolamento da epiderme significa óbito há mais de 48 horas.

O cavalgamento dos ossos do crânio está presente pelo menos a sete dias de morte.

Sinal de Spalding – é o cavalgamento dos ossos do crânio, em razão da maceração das membranas inter suturas, quando a morte provavelmente ocorreu há mais de sete dias.

Tempo de morte de um feto macerado, de acordo com a classificação de *F. A. Laugley*:

- Grau zero – até 8 horas – pequenas bolhas esparsas na epiderme;
- Grau 1 – de 8 a 24 horas – bolhas agrupadas e início do destacamento da epiderme; Maceração evidente;
- Grau 2 – de 24 a 48 horas – acentuado destacamento da epiderme e líquido avermelhado nas cavidades;
- Grau 3 – de 48 horas em diante – além das alterações anteriores e líquido acastanhado nas cavidades.

Outra classificação da maceração:

1º grau: presença de flictenas na epiderme contendo líquido serossanguinolento (primeira semana de morte fetal).

2º grau: ruptura das flictenas, líquido amniótico sanguinolento e epiderme arroxeada (segunda semana de morte).

3º grau: deformação craniana, infiltração hemoglobínica das vísceras e córion friável e de tonalidade marrom-escura (terceira semana).

1.4. Fenômenos transformativos conservativos

A interferência de alguns fatores pode impedir ou interromper a putrefação do cadáver, no todo ou em parte, ficando preservadas as marcas da violência.

1.4.1. Adipocera ou saponificação

É a formação de material esbranquiçado, mole, friável, com cheiro de ranço, nas partes gordurosas do cadáver.

Iniciada a putrefação, a ação das bactérias sobre as gorduras leva à produção de ácidos graxos, cujo efeito bactericida paralisa o processo.

Fatores que favorecem o aparecimento da adipocera ou saponificação:

- Locais pouco arejados, quentes, úmidos, com baixa oxigenação;
- Terrenos argilosos;
- Indivíduos obesos.

Difere dos outros processos conservativos porque depende de ter iniciado a atividade bacteriana da putrefação. Então, se esta for inibida, não se iniciará a putrefação e, consequentemente, não haverá adipocera. Por isso, em climas frios que paralisam ou retardam a putrefação, a adipocera não se verifica ou se instala em longo período de tempo.

1.4.2. Mumificação

Ocorre quando a evaporação da água for tão rápida que iniba o crescimento bacteriano.

O cadáver diminui de peso e de volume, e a pele fica parda, enegrecida, ondulada e endurecida.

A mumificação é mais comum em pessoas magras e crianças.

Favorecem a mumificação:

- Ambientes secos, bem ventilados, com temperatura elevada;
- Solos arenosos.

1.4.3. Calcificação

Pode surgir no feto morto e retido no útero materno, abaixo do quinto mês de gestação, no qual há deposição de cálcio. Esse feto calcificado é chamado litopédio.

1.4.4. Corificação

É o processo conservativo em que a pele fica ressecada e endurecida, semelhante a couro, observado em corpos enterrados em urnas metálicas hermeticamente fechadas, tendo zinco na composição.

1.4.5. Congelação

Cadáveres mantidos em baixíssimas temperaturas podem se conservar por muito tempo. Parece que essa temperatura tem de ser abaixo de – 40°C.

1.4.6. Fossilização

Ocorre em períodos muito longos, onde o corpo apenas mantém sua forma, mas nada conserva da sua estrutura, sendo um fenômeno muito raro.

As fases percorridas pelo cadáver até a fossilização, de interesse da Medicina Legal, são estudadas pela Tafonomia forense.

1.4.7. Cabeça reduzida

É um processo conservativo utilizado pelos índios do Equador, Colômbia e Peru para conservar cabeças de seus inimigos como troféus ou talismãs. O volume dessas cabeças era reduzido pela retirada de todos os ossos da face e do crânio, sem lesão da pele, seguindo-se um mergulho delas em água quente com ervas. A seguir, eram preenchidas com pedras e areia quente, usando o calor para endurecer, corificar a pele, repetindo o processo quando as pedras e a areia esfriavam (França, p. 441).

Toda a análise feita tem por finalidade a determinação do tempo de morte, que será de extrema valia na análise probatória dos casos submetidos à justiça penal. Entretanto, o tempo da morte importa também ao Direito Civil, para confirmar ou afastar a presunção de comoriência.

1.5. Cronologia da morte

Refere-se ao diagnóstico do tempo de morte, também chamado tanatocronodiagnose ou cronotanatognose.

Baseia-se na avaliação do tempo decorrido entre a morte e o início, evolução e/ou desaparecimento de cada fase cadavérica.

Como essas fases estão sujeitas a muitas variáveis, inclusive ambientais, não há consenso no cálculo do tempo de morte entre os doutrinadores.

Apesar disso, a análise conjunta dos fenômenos cadavéricos observados pode fornecer uma estimativa razoavelmente confiável do tempo de morte.

Algumas variáveis são comuns, como o fato de o cadáver estar vestido ou não, de estar submerso em água corrente ou não, e até mesmo as condições individuais ou a causa da morte. Entretanto, as condições ambientais, entre elas a temperatura, faz com que as observações dos doutrinadores brasileiros nem sempre coincidam com as dos estrangeiros, pois o nosso clima é temperado, com temperatura que oscila entre 20°C e 30°C.

Em vista do exposto, não há precisão no cálculo do tempo de morte, devendo o perito estabelecer uma **faixa de tempo** na qual a morte pode ter ocorrido.

Os fenômenos cadavéricos imediatos não se prestam para esse cálculo, servindo apenas para diagnóstico da morte.

A parir daí, observam-se fenômenos de ordem:

• física– desidratação, resfriamento e livores de hipóstases;

- química – rigidez cadavérica, autólise, putrefação, maceração e fenômenos conservativos.

Já os de ordem biológica, por terem uma base química, não são considerados por vários autores.

Quanto maior o tempo decorrido da morte, menos precisa é a estimativa temporal.

Tafonomia – vem do grego: tafos = sepultamento; nomos = leis.

Esse termo foi introduzido na literatura por *Efremov* (1940), originalmente para designar o estudo das leis que governam a transição dos restos orgânicos da biosfera para litosfera.

Tafonomia é o estudo dos processos geológicos e biológicos que influenciam ou contaminam materiais orgânicos após a morte.

Em uma escavação, a cova é considerada uma unidade tafonômica, pois os remanescentes ósseos lá depositados são afetados por diversos fenômenos após a sua deposição.

Um desses fenômenos é a bioturbação, que é o sedimento gerado pela deformação e/ou mistura de solo e do material orgânico devida à ação de plantas e seres vivos, como, por exemplo, cupins, formigas, minhocas, e raízes de plantas que deformam camadas já sedimentadas.

1.5.1. *Cronologia dos fenômenos abióticos de certeza*

Resfriamento

A temperatura corporal resulta da diferença entre o calor produzido pelo metabolismo celular e a perda de calor para o ambiente.

Os principais mecanismos de regulação de temperatura corporal são a dissipação do calor através da superfície corporal (pele) e o aquecimento por meio da circulação sanguínea.

A circulação será a primeira a parar logo após a morte, levando a um resfriamento mais rápido da pele. Entretanto, a **temperatura corporal interna** (verificada pela via retal) chega a aumentar logo após a morte, para só depois diminuir, porque as células vão morrendo de forma sequenciada e não todas de uma vez. Assim, o metabolismo não cessa de imediato no momento da morte, o que leva a um aumento inicial da temperatura, seguido de diminuição, quando passa a ocorrer perda de calor cerca de 4 horas após a morte.

O decréscimo da temperatura corporal é um dos parâmetros ainda utilizados no cálculo do tempo de morte, apesar de sujeito a tantas variáveis que não é valorizado por muitos estudiosos.

De modo geral, considera-se que a temperatura corporal do cadáver cai no seguinte ritmo:

- 0,5° C por hora até a 3ª hora após a morte;
- 1° C por hora a partir da 4ª hora da morte;
- Após a 12ª hora a temperatura do corpo iguala-se à do ambiente.

A curva de resfriamento do corpo humano apresenta um pequeno platô antes de entrar na fase de resfriamento rápido.

A fórmula de *Moritz* serve para calcular as horas desde a morte, pela temperatura retal: subtrair de 37° a temperatura registrada no momento do exame e somar 3 ao resultado. O número encontrado expressa o número de horas pós-morte.

Perda de peso

Tem valor relativo no cálculo do tempo de morte.

Para utilizá-lo nesse cálculo, seria necessário saber previamente e com precisão, o peso real do indivíduo no momento exato da morte.

Livores hipostáticos ou hipóstases

- Surgem na 1ª hora da morte;
- Fixam-se em 8 a 12 horas da morte.

Os livores serão mais precoces quando o calibre dos vasos for maior e o sangue mais fluido, como nas asfixias, de forma a facilitar o deslocamento para as zonas de maior declive pela atuação da força da gravidade. Já a fixação depende da velocidade de desidratação.

A maioria das publicações estrangeiras considera que os livores surgem após 2 a 3 horas da morte, fixando-se em torno de 12 horas. Entretanto, França (p. 443) observou que o surgimento é mais precoce (cerca de 1 hora da morte), assim como sua fixação (ao redor de 8 horas), em decorrência do nosso clima.

Rigidez muscular ou cadavérica

A intensidade da rigidez depende de condições individuais e da causa da morte. Em pessoas robustas, instala-se mais tardiamente, é mais forte e duradoura. Entretanto, quanto maior a massa muscular, mais lentamente a rigidez se tornará perceptível.

No início, quando ainda não atingiu todas as fibras musculares, a rigidez voltará a se instalar se for desfeita. Quando todas as fibras já estiverem contraídas, se desfeita, não mais se instalará.

Não há encurtamento perceptível das fibras e, por isso, não adianta colocar arma nas mãos do morto, porque ele não vai segurar.

Nas mortes rápidas, naturais ou violentas, a rigidez demora para se instalar e atingir intensidade máxima, persistindo por mais tempo.

Já nas asfixias e anemias agudas, intoxicação por monóxido de carbono (CO) e cianeto, ela aparece mais cedo e dura menos por causa do teor de ATP que está reduzido em consequência da diminuição do oxigênio.

Seguindo a sequência descrita pela lei de Nysten-Sommer, a rigidez inicia-se na 1ª hora após a morte, generaliza-se em 2 a 3 horas, está máxima em 5 a 8 horas, progredindo da seguinte forma:

- Mandíbula / nuca – 1ª – 2ª hora
- Membros superiores – 2ª – 4ª hora
- Musculatura tórax e abdome – 4ª – 5ª hora
- Membros inferiores – 6ª – 8ª hora

A rigidez se desfaz na mesma sequência a partir de 36 a 48 horas.

Regra de *Niderkorn* – considera a rigidez como:

– precoce – ocorre até a terceira hora;

– normal – entre três e seis horas;

– tardia – entre a sexta e nona hora.

1.5.2. Cronologia dos fenômenos da putrefação

<u>Mancha verde abdominal</u>

A putrefação começa com a mancha verde na fossa ilíaca direita (FID – parte ínfero lateral direita do abdome), disseminando-se por todo o corpo:

- Início: 24 – 36 horas após a morte;
- Difusão por todo o corpo: 3 – 5 dias.

<u>Gases da putrefação</u>

Brouardel, perfurando o abdome dos cadáveres com trocarte e aproximando a chama de uma vela, observou diferentes comportamentos dos gases e criou uma classificação.

De acordo com estudos de *Brouardel*:

- 1º dia – não inflamáveis;
- 2º – 4º dia – inflamáveis;
- 5º dia em diante – não inflamáveis.

<u>Cristais de Westenhöfer – Rocha – Valverde</u>

São cristais em forma de lâminas cristaloides, fragmentadas agrupadas, cruzadas e incolores, mas adotam tonalidade castanha pelo iodo e azulada pelo ferrocianeto de potássio, que se observam ao exame do sangue putrefeito:

- Surgem no 3º dia da morte;
- Permanecem até o 35º dia.

1.5.3. Conteúdo gástrico

- Alimentação
  - Leve: estômago vazio em 1;30 – 2 horas;
  - Média: estômago vazio em 3 – 4 horas;

- Pesada: estômago vazio em 5 – 7 horas.
- Alimentos
  - Reconhecíveis – 1 – 2 horas da última refeição;
  - Em fase final de digestão – 4 a 7 horas da última refeição.

1.5.4. Fundo de olho

Com o passar das horas, o fundo de olho vai exibindo alterações, entre as quais elencamos:

- 2 horas: início das alterações vasculares;
- 4 – 6 horas: anel isquêmico em metade do fundo de olho;
- 8 – 16 horas: desaparecimento das artérias;
- 72 – 96 horas: fundo de olho irreconhecível.

1.6. Fenômenos de sobrevivência

Vivência é o que se experimentou vivendo, vivenciando, não por ouvir falar. Também é o fato de ter vida; o processo de viver.

Sobrevivência é o período que vai desde o evento danoso até a morte.

Como a morte não se dá em um momento, mas é um processo em que cada célula vai morrendo a seu tempo, a detecção de sinais de sobrevida de algumas células pode ajudar no cálculo do tempo de morte.

- Epitélio respiratório com movimentos até 13 horas da morte.
- Espermatozoides colhidos da vesícula seminal: móveis até 36 horas da morte.
- Reação dos músculos a estímulos elétricos e mecânicos até 6 horas.
- Dilatação da pupila:
  - utilizando-se atropina: até 4 horas;
  - utilizando-se eserina: até 2 horas.
- Reação das glândulas sudoríparas à excitação elétrica: até 30 horas.
- Leucócitos (glóbulos brancos) mortos observados ao exame de sangue:
  - 8% até 5 horas;
  - 58% até 30 horas;
  - 95% até 70 horas.
  - Dosagem de eletrólitos no plasma do sangue do cadáver – relação sódio/potássio.
- Vitalidade da córnea – até 6 horas.

Na perícia da sobrevivência, utilizam-se também provas laboratoriais, cujo valor está na dependência da análise conjunta com os outros sinais observados.

1.6.1. Determinação da morte súbita e da morte agônica

• Docimásia hepática

A dosagem da **glicose** e do **glicogênio** no tecido hepático está alta nas mortes súbitas, enquanto nas mortes agônicas, pelo consumo dessas substâncias pelo organismo, sua quantidade está baixa ou ausente.

A docimásia hepática histológica de *Braull* utiliza o corante iodo-iodado.

Baseia-se na demonstração de glicogênio intracelular hepático, que se apresenta na forma de pequenas esferas brilhantes, de cor escura e dimensões variáveis.

A docimásia hepática histológica de *Meixner* – utiliza o reativo de *Paul Best*.

Baseia-se na demonstração de glicogênio intracelular hepático, que se apresenta no interior da célula hepática como pequenas esferas de cor avermelhada e dimensões variadas.

Nessas duas docimasias, sem glicogênio, a célula hepática terá coloração uniforme.

Causas de erro na interpretação das docimasias hepáticas histológicas: putrefação, inanição, hemorragia e lesões hepáticas.

• Docimásia suprarrenal

Baseia-se na dosagem da quantidade média, nas duas glândulas suprarrenais, da **adrenalina** produzida por elas. Nas mortes súbitas, o nível está normal, mas nas mortes agônicas, essa substância que acelera o pulso, aumenta a pressão arterial e dilata os brônquios é consumida pelo organismo, ficando diminuída nos tecidos da glândula.

Utiliza a coloração pela hematoxilina-eosina.

O resultado positivo caracteriza-se pela tonalidade castanho-claro no tecido.

Na docimásia suprarrenal química de *Comessatti*, a presença de adrenalina se revelará, nas mortes agônicas, com uma coloração vermelho vivo ao introduzir um sublimado corrosivo.

A docimásia suprarrenal química de *Leoncini* e *Cevidalli* consiste no uso de reagentes específicos do tipo de *Folin-Colin*.

A grande quantidade de adrenalina é indício de morte súbita.

A docimásia suprarrenal histológica de Hilário Veiga de Carvalho se baseia na presença do pigmento feocrômico que se localiza na medular da glândula.

1.6.2. Determinação da premoriência

Concentração de potássio no humor vítreo

O potássio é um íon essencialmente intracelular, sendo liberado pela destruição das células. Por isso, sua concentração no humor vítreo, que é uma substância gelatinosa existente dentro do globo ocular, está aumentada pela autólise até 20 horas após a morte.

A punção da esclerótica para colheita de humor vítreo deve ser realizada com agulha fina conectada à seringa de 5 ml. A quantidade de humor vítreo a ser coletada deve ser de 2 a 3 ml.

O humor vítreo deve ser conservado com fluoreto de sódio de 0,5 a 2,0%.

Níveis de potássio acima de 12 mEq/L sugerem que a morte ocorreu há mais de nove horas do exame.

2. MORTE ENCEFÁLICA OU MORTE DO CORPO COMO UM TODO

Se por um lado, a evolução tecnológica possibilitou a recuperação da parada cardiorrespiratória de causa reversível, por outro lado, gerou problemas decorrentes do tempo prolongado desta parada.

Após três a sete minutos sem oxigênio, as células cerebrais morrem.

Os neurônios são as células do sistema nervoso central mais sensíveis à privação de oxigênio, sendo os mais vulneráveis à hipóxia: os do hipocampo; os das lâminas III, V e VI do córtex cerebral; os de certos núcleos da base; as células de Purkinje no cerebelo.

Dessa forma, apesar da retomada dos batimentos cardíacos e da respiração, após manobras de ressuscitação, nem sempre ocorre a recuperação das funções cerebrais e da consciência.

Além disso, indivíduos com lesões extensas, que comprometem todo o encéfalo, composto pelo cérebro e tronco encefálico, levando ao coma (ausência de consciência) e à parada respiratória irreversível, agora sobrevivem graças aos respiradores, até que o coração pare em 7 a 14 dias.

Essa morte do corpo como um todo integrado tornou possível a obtenção de órgãos viáveis para transplante, retirados com o coração ainda batendo e o sangue circulando.

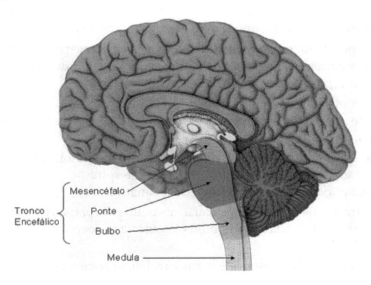

Encéfalo: cérebro + tronco encefálico

2.1. Morte cerebral

No cérebro está o conteúdo da consciência.

Quando lesado difusamente apenas o cérebro, levando ao coma persistente, as funções cardíaca e respiratória mantêm-se, apesar do estado de inconsciência, configurando a morte cerebral.

Outras vezes, a lesão cerebral não é tão extensa, podendo o indivíduo estar acordado, mas não consciente, e até apresentar alguns reflexos, inclusive o da deglutição, caracterizando o estado vegetativo persistente.

Nas duas situações, apenas o cérebro está afetado, mantendo-se a respiração espontânea e as demais funções vegetativas, e como não existem exames que atestem a irreversibilidade da lesão, esses indivíduos são considerados vivos.

Com o passar do tempo, as chances e a esperança de reversão do quadro vão ficando cada vez mais remotas, gerando as solicitações de autorização judicial para supressão dos meios de sobrevivência.

Discute-se inclusive a respeito de quais meios de sobrevivência seriam passíveis de supressão: se apenas os extraordinários, como sonda nasogástrica necessária à administração dos alimentos, ou também os ordinários, como a própria alimentação oral. Entretanto, tal debate mostrou-se infrutífero porque para o indivíduo que perdeu o reflexo da deglutição, a única forma de alimentá-lo seria conduzindo os alimentos até o estômago, transformando-se a sonda em meio ordinário de sobrevivência para ele.

2.2. Morte encefálica

Se a lesão se estender a outras estruturas além do cérebro, no caso, ao tronco encefálico, ainda pouco conhecido, nunca mais haverá respiração espontânea.

A parte superior do tronco encefálico é responsável pela capacidade de ter consciência, e a parte inferior, pelo controle da vida vegetativa, isto é, de tudo o que está fora do nosso domínio, como respiração e batimentos cardíacos.

Uma vez comprometida a parte superior do tronco encefálico, juntamente com o cérebro, mesmo que não seja completa a lesão deste último, jamais haverá recuperação da consciência.

Lesada a parte inferior do tronco, afetando o centro respiratório localizado em uma estrutura chamada bulbo, cessará definitivamente a respiração espontânea e, ao cabo de alguns dias, também o controle da circulação sanguínea.

Esse quadro que permite diagnosticar a morte antes da parada cardíaca é chamado de morte encefálica e, pela sua irreversibilidade, autoriza a doação de órgãos consentida pela família.

Novos critérios de diagnóstico de morte encefálica foram estabelecidos pela Resolução 2.173, de 12 de dezembro de 2017, do CFM, que revogou a de n. 1.480/97.

Parâmetros clínicos para o início do diagnóstico de morte encefálica (ME)

- coma não perceptivo;
- ausência de reatividade supraespinhal;
- apneia persistente.

Pré-requisitos

- lesão encefálica de causa conhecida, irreversível e capaz de causar a morte encefálica;
- ausência de fatores tratáveis que possam confundir o diagnóstico de morte encefálica;
- temperatura corporal superior a 35°;
- saturação arterial de oxigênio acima de 94%;
- pressão arterial sistólica maior ou igual a 100 mmHg para adultos.

Tempo de observação e tratamento para que seja iniciado o diagnóstico

- mínimo de 6 horas;
- quando a causa fora encefalopatia hipóxico-isquêmica – 24 horas.

Intervalo mínimo entre as duas avaliações clínicas

- de 7 dias a 2 meses incompletos – 24 horas;
- de 2 meses a 24 meses incompletos – 12 horas;
- acima de 2 anos – 1 hora.

Confirmação da morte encefálica

a) dois exames clínicos, por médicos diferentes, especificamente capacitados para confirmar o coma não perceptivo e a ausência de função do tronco encefálico;

b) um teste de apneia;

c) um exame complementar que comprove a ausência de atividade encefálica. Este exame deve comprovar:

- ausência de perfusão sanguínea encefálica, ou
- ausência de atividade metabólica encefálica; ou
- ausência de atividade elétrica encefálica.

Formação dos médicos examinadores

a) Será considerado especificamente capacitado o médico com um ano de experiência no atendimento de pacientes em coma e que tenha acompanhado ou realizado pelo menos dez determinações de morte encefálica, ou que tenha realizado curso de capacitação para determinação de morte encefálica;

b) Um dos médicos especificamente capacitado deverá ser especialista em uma das seguintes especialidades: medicina intensiva, medicina intensiva pediátrica, neurologia, neurologia pediátrica, neurocirurgia ou medicina de emergência;

c) Nenhum desses médicos poderá fazer parte da equipe de transplante.

Como a nova Resolução traz todos os conceitos e padronizou os procedimentos de forma completa, optamos por transcrevê-la assinalando os pontos principais.

Resolução 2.173/2017

Art. 1º Os procedimentos para **determinação de morte encefálica (ME)** devem ser iniciados em **todos os pacientes** que apresentem **coma não perceptivo, ausência de reatividade supraespinhal e apneia persistente**, e que atendam a todos os seguintes **pré-requisitos**:

a) presença de **lesão encefálica de causa conhecida, irreversível e capaz de causar morte encefálica**;

b) **ausência de fatores tratáveis** que possam confundir o diagnóstico de morte encefálica;

c) **tratamento e observação em hospital pelo período mínimo de seis horas**.

Quando a **causa primária** do quadro for **encefalopatia hipóxico-isquêmica**, esse período de tratamento e observação deverá ser de, no **mínimo, 24 horas**;

d) **temperatura** corporal (esofagiana, vesical ou retal) **superior a 35°C, saturação arterial de oxigênio acima de 94%** e **pressão arterial sistólica maior ou igual a 100 mmHg** ou pressão arterial média maior ou igual a 65mmHg para adultos, ou conforme a tabela a seguir para menores de 16 anos:

Art. 2º É obrigatória a realização mínima dos seguintes procedimentos para determinação da morte encefálica:

a) **dois exames clínicos** que confirmem coma não perceptivo e ausência de função do tronco encefálico;

b) **teste de apneia** que confirme ausência de movimentos respiratórios após estimulação máxima dos centros respiratórios;

c) **exame complementar que comprove ausência de atividade encefálica**.

Art. 3º O exame clínico deve demonstrar de forma inequívoca a existência das seguintes condições:

a) coma não perceptivo;

b) ausência de reatividade supraespinhal manifestada pela ausência dos reflexos fotomotor, córneo--palpebral, oculocefálico, vestíbulo-calórico e de tosse.

§ 1º Serão realizados **dois exames clínicos**, cada um deles por um **médico diferente**, especificamente capacitado a realizar esses procedimentos para a determinação de morte encefálica.

§ 2º Serão considerados especificamente capacitados médicos com no mínimo um ano de experiência no atendimento de pacientes em coma e que tenham acompanhado ou realizado pelo menos dez determinações de ME ou curso de capacitação para determinação em ME, conforme anexo III desta Resolução.

§ 3º Um dos médicos especificamente capacitados deverá ser especialista em uma das seguintes especialidades: medicina intensiva, medicina intensiva pediátrica, neurologia, neurologia pediátrica, neurocirurgia ou medicina de emergência. Na **indisponibilidade de qualquer um dos especialistas** anteriormente citados, o procedimento deverá ser concluído por outro médico especificamente capacitado.

§ 4º Em **crianças com menos de 2 (dois) anos** o intervalo mínimo de tempo entre os dois exames clínicos variará conforme a faixa etária:

– dos sete dias completos (recém-nato a termo) até dois meses incompletos será de 24 horas;

– de dois a 24 meses incompletos será de doze horas.

– Acima de 2 (dois) anos de idade o intervalo mínimo será de 1 (uma) hora.

Art. 4º **O teste de apneia deverá ser realizado uma única vez por um dos médicos responsáveis pelo exame clínico e deverá comprovar ausência de movimentos respiratórios na presença de hipercapnia (PaCO2 superior a 55mmHg).**

Parágrafo único. Nas situações clínicas que cursam com ausência de movimentos respiratórios de **causas extracranianas ou farmacológicas** é vedada a realização do teste de apneia, até a reversão da situação.

Art. 5º O **exame complementar** deve comprovar de forma inequívoca uma das condições:

a) ausência de perfusão sanguínea encefálica ou

b) ausência de atividade metabólica encefálica ou

CAPÍTULO 6 • TANATOLOGIA FORENSE **173**

c) ausência de atividade elétrica encefálica.

§ 1º A escolha do exame complementar levará em consideração situação clínica e disponibilidades locais.

§ 2º Na realização do exame complementar escolhido deverá ser utilizada a metodologia específica para determinação de morte encefálica.

§ 3º O laudo do exame complementar deverá ser elaborado e assinado por médico especialista no método em situações de morte encefálica.

Art. 6º Na presença de alterações morfológicas ou orgânicas, congênitas ou adquiridas, que impossibilitam a avaliação bilateral dos reflexos fotomotor, córneo-palpebral, oculocefálico ou vestíbulo-calórico, sendo possível o exame em um dos lados e constatada ausência de reflexos do lado sem alterações morfológicas, orgânicas, congênitas ou adquiridas, dar-se-á prosseguimento às demais etapas para determinação de morte encefálica.

Parágrafo único. A causa dessa impossibilidade deverá ser fundamentada no prontuário.

Art. 7º As conclusões do exame clínico e o resultado do exame complementar deverão ser registrados pelos médicos examinadores no Termo de Declaração de Morte Encefálica (Anexo II) e no prontuário do paciente ao final de cada etapa.

Art. 8º O médico assistente do paciente ou seu substituto deverá **esclarecer aos familiares** do paciente sobre o processo de diagnóstico de ME e os resultados de cada etapa, registrando no prontuário do paciente essas comunicações.

Art. 9º **Os médicos que determinaram o diagnóstico de ME ou médicos assistentes ou seus substitutos deverão preencher a Declaração de Óbito definindo como data e hora da morte aquela que corresponde ao momento da conclusão do último procedimento para determinação da ME.**

Parágrafo único. Nos casos de **morte por causas externas** a Declaração de Óbito será de responsabilidade do **médico legista**, que deverá receber o relatório de encaminhamento médico e uma cópia do termo de Declaração de Morte Encefálica.

Art. 10. A direção técnica do hospital onde ocorrerá a determinação de ME deverá indicar os médicos especificamente capacitados para realização dos exames clínicos e complementares.

§ 1º Nenhum desses médicos poderá participar de equipe de remoção e transplante, conforme estabelecido no art. 3º da Lei 9.434/1997 e no Código de Ética Médica.

§ 2º Essas indicações e suas atualizações deverão ser encaminhadas para a Central Estadual de Transplantes (CET).

Art. 11. Na realização dos procedimentos para determinação de ME deverá ser utilizada a metodologia e as orientações especificadas no ANEXO I (MANUAL DE PROCEDIMENTOS PARA DETERMINAÇÃO DA MORTE ENCEFÁLICA), no ANEXO II (TERMO DE DECLARAÇÃO DE MORTE ENCEFÁLICA) e no ANEXO III (CAPACITAÇÃO PARA DETERMINAÇÃO EM MORTE ENCEFÁLICA) elaborados e atualizados quando necessários pelo Conselho Federal de Medicina.

Art. 12. Esta Resolução entrará em vigor na data de sua publicação e revoga a Resolução CFM 1.480, publicada no Diário Oficial da União, seção I, p. 18227-18228, em 21 de agosto de 1997.

ANEXO I

MANUAL DE PROCEDIMENTOS PARA DETERMINAÇÃO DE MORTE ENCEFÁLICA

METODOLOGIA

A **morte encefálica (ME)** é estabelecida pela **perda definitiva e irreversível das funções do encéfalo por causa conhecida, comprovada e capaz de provocar o quadro clínico.**

O diagnóstico de ME é de certeza absoluta. A determinação da ME deverá ser realizada de forma padronizada, com especificidade de 100% (nenhum falso diagnóstico de ME). **Qualquer dúvida na determinação de ME impossibilita esse diagnóstico.**

Os procedimentos para determinação da ME deverão ser realizados em todos os pacientes em coma não perceptivo e apneia, independentemente da condição de doador ou não de órgãos e tecidos.

Para o diagnóstico de ME é essencial que todas as seguintes condições sejam observadas:

1) Pré-requisitos

a) Presença de lesão encefálica de causa conhecida, irreversível e capaz de causar a ME;

b) Ausência de fatores tratáveis que possam confundir o diagnóstico de ME;

c) Tratamento e observação em ambiente hospitalar pelo período mínimo de seis horas. Quando a causa primária do quadro for encefalopatia hipóxico-isquêmica, esse período de tratamento e observação deverá ser de, no mínimo, 24 horas;

d) Temperatura corporal (esofagiana, vesical ou retal) superior a 35 °C, saturação arterial de oxigênio acima de 94% e pressão arterial sistólica maior ou igual a 100 mmHg ou pressão arterial média maior ou igual a 65 mmHg para adultos, ou conforme a tabela a seguir para menores de 16 anos:

2) Dois exames clínicos – para confirmar a presença do coma e a ausência de função do tronco encefálico em todos os seus níveis, com intervalo mínimo de acordo com a Resolução.

3) Teste de apneia – para confirmar a ausência de movimentos respiratórios após estimulação máxima dos centros respiratórios em presença de PaCO2 superior a 55 mmHg.

4) Exames complementares – para confirmar a ausência de atividade encefálica, caracterizada pela falta de perfusão sanguínea encefálica, de atividade metabólica encefálica ou de atividade elétrica encefálica.

PRÉ-REQUISITOS

A. Presença de lesão encefálica de causa conhecida, irreversível e capaz de provocar quadro clínico.

O diagnóstico da lesão causadora do coma deve ser estabelecido pela avaliação clínica e confirmada por exames de neuroimagem ou por outros métodos diagnósticos.

A **incerteza** da presença de uma lesão irreversível, ou da sua causa, impossibilita a determinação de ME.

Um período mínimo de **observação** e tratamento intensivo em ambiente hospitalar de **seis horas** após o estabelecimento do coma, deverá ser respeitado.

Quando a **encefalopatia hipóxico-isquêmica** for a causa primária do quadro, deverá ser aguardado um período mínimo de **24 horas** após a parada cardiorrespiratória ou reaquecimento na hipotermia terapêutica, antes de iniciar a determinação de ME.

B. Ausência de fatores que possam confundir o quadro clínico.

Os fatores listados a seguir, quando graves e não corrigidos, podem agravar ou ocasionar coma.

A equipe deverá registrar no prontuário do paciente sua análise justificada da situação e tomar medidas adequadas para correção das alterações antes de iniciar determinação de ME.

1) **Distúrbio hidroeletrolítico, ácido-básico/endócrino e intoxicação exógena graves**

Na presença ou suspeita de alguma dessas condições, caberá à equipe responsável pela determinação da ME definir se essas anormalidades são capazes de causar ou agravar o quadro clínico, a consequência da ME ou somática.

A **hipernatremia grave** refratária ao tratamento não inviabiliza determinação de ME, exceto quando é a única causa do coma.

2) **Hipotermia** (temperatura retal, vesical ou esofagiana **inferior a 35°C**)

A hipotermia grave é fator confundidor na determinação de ME, pois **reflexos de tronco encefálico podem desaparecer** quando a temperatura corporal central é menor ou igual a 32°C.

É essencial que seja corrigida a hipotermia até alcançar temperatura corporal (esofagiana, vesical ou retal) superior a 35°C antes de iniciar-se a determinação de ME.

3) **Fármacos com ação depressora do Sistema Nervoso Central (FDSNC) e bloqueadores neuromusculares (BNM)**

CAPÍTULO 6 • TANATOLOGIA FORENSE **175**

Quando os FDSNC (**fenobarbital, clonidina, dexmedetomidina, morfina e out**ros) e BNM forem utilizados nas condições a seguir especificadas, deverão ser tomados os seguintes cuidados antes de iniciar a determinação de ME:

a) Quando utilizados em doses terapêuticas usuais não provocam coma não perceptivo, não interferindo nos procedimentos para determinação de ME;

b) Quando utilizados em infusão contínua em pacientes com função renal e hepática normais e que não foram submetidos à hipotermia terapêutica, nas doses usuais para sedação e analgesia, será necessário aguardar um intervalo mínimo de quatro a cinco meias vidas após a suspensão dos fármacos, antes de iniciar procedimentos para determinação de ME;

c) Quando os FDSNC e BNM forem utilizados na presença de insuficiência hepática, de insuficiência renal, e utilização de hipotermia terapêutica, ou quando há suspeita de intoxicação por uso em doses maiores que as terapêuticas usuais, ou por metabolização/eliminação comprometida, deve-se aguardar tempo maior que cinco meias-vidas do fármaco. Esse tempo deverá ser definido de acordo com a gravidade das disfunções hepáticas e renais, das doses utilizadas e do tempo de uso, para que haja certeza que ocorreu a eliminação/metabolização dos fármacos ou pela constatação que seu nível sérico se encontra na faixa terapêutica ou abaixo dela.

d) Nas condições anteriormente citadas deverá ser dada preferência a exames complementares que avaliam o fluxo sanguíneo cerebral, pois o EEG sofre significativa influência desses agentes nessas situações.

EXAME CLÍNICO

A. Coma não perceptivo.

Estado de inconsciência permanente com ausência de resposta motora supraespinhal a qualquer estimulação, particularmente dolorosa intensa em região supraorbitária, trapézio e leito ungueal dos quatro membros.

A presença de atitude de descerebração ou decorticação invalida o diagnóstico de ME.

Poderão ser observados reflexos tendinosos profundos, movimentos de membros, atitude em opistótono ou flexão do tronco, adução/elevação de ombros, sudorese, rubor ou taquicardia, ocorrendo espontaneamente ou durante a estimulação.

A presença desses sinais clínicos significa apenas a persistência de atividade medular e não invalida a determinação de ME.

B. Ausência de reflexos de tronco cerebral.

1) **Ausência do reflexo fotomotor** – as pupilas deverão estar fixas e sem resposta à estimulação luminosa intensa (lanterna), podendo ter contorno irregular, diâmetros variáveis ou assimétricos.

2) **Ausência de reflexo córneo-palpebral** – ausência de resposta de piscamento à estimulação direta do canto lateral inferior da córnea com gotejamento de soro fisiológico gelado ou algodão embebido em soro fisiológico ou água destilada.

3) **Ausência do reflexo oculocefálico** – ausência de desvio do(s) olho(s) durante a movimentação rápida da cabeça no sentido lateral e vertical. Não realizar em pacientes com lesão de coluna cervical suspeitada ou confirmada.

4) **Ausência do reflexo vestíbulo-calórico** – ausência de desvio do(s) olho(s) durante um minuto de observação, após irrigação do conduto auditivo externo com 50 a 100 ml de água fria ($\pm$ 5 °C), com a cabeça colocada em posição supina e a 30°. O intervalo mínimo do exame entre ambos os lados deve ser de três minutos. Realizar otoscopia prévia para constatar a ausência de perfuração timpânica ou oclusão do conduto auditivo externo por cerume.

5) **Ausência do reflexo de tosse** – ausência de tosse ou bradicardia reflexa à estimulação traqueal com uma cânula de aspiração.

Na presença de alterações morfológicas ou orgânicas, congênitas ou adquiridas, que impossibilitam a avaliação bilateral dos reflexos fotomotor, córneo-palpebral, oculocefálico ou vestíbulo-calórico, sendo possível exame em um dos lados, e constatada ausência de reflexos do lado sem alterações morfológicas, orgânicas, congênitas ou adquiridas, dar-se-á prosseguimento às demais etapas para determinação de ME. A causa dessa impossibilidade deverá ser fundamentada no prontuário.

TESTE DE APNEIA

A realização do teste de apneia é obrigatória na determinação da ME.

A apneia é definida pela ausência de movimentos respiratórios espontâneos, após a estimulação máxima do centro respiratório pela hipercapnia ($PaCO2$ superior a 55 mmHg). A metodologia proposta permite a obtenção dessa estimulação máxima, prevenindo a ocorrência de hipóxia concomitante e minimizando o risco de intercorrências.

Na realização dos procedimentos de determinação de ME os pacientes devem apresentar temperatura corporal (esofagiana, vesical ou retal) superior a 35°C, saturação arterial de oxigênio acima de 94% e pressão arterial sistólica maior ou igual a 100 mmHg ou pressão arterial média maior ou igual a 65 mmHg para adultos, ou conforme a tabela a seguir para menores de 16 anos:

A. Técnica.

1) Ventilação com $FiO2$ de 100% por, no mínimo, 10 minutos para atingir $PaO2$ igual ou maior a 200 mmHg e $PaCO2$ entre 35 e 45 mmHg.

2) Instalar oxímetro digital e colher gasometria arterial inicial (idealmente por cateterismo arterial).

3) Desconectar ventilação mecânica.

4) Estabelecer fluxo contínuo de $O2$ por um cateter intratraqueal ao nível da carina (6 L/min), ou tubo T (12 L/min) ou CPAP (até 12 L/min + até 10 cm $H2O$).

5) Observar a presença de qualquer movimento respiratório por oito a dez minutos. Prever elevação da $PaCO2$ de 3 mmHg/min em adultos e de 5 mmHg/min em crianças para estimar o tempo de desconexão necessário.

6) Colher gasometria arterial final.

7) Reconectar ventilação mecânica.

B. Interrupção do teste.

Caso ocorra hipotensão (PA sistólica < 100 mmHg ou PA média < que 65 mmHg), hipoxemia significativa ou arritmia cardíaca, deverá ser colhida uma gasometria arterial e reconectado o respirador, interrompendo-se o teste.

Se o $PaCO2$ final for inferior a 56 mmHg, após a melhora da instabilidade hemodinâmica, deve-se refazer o teste.

C. Interpretação dos resultados.

1) Teste positivo (presença de apneia) – $PaCO2$ final superior a 55 mmHg, sem movimentos respiratórios, mesmo que o teste tenha sido interrompido antes dos dez minutos previstos.

2) Teste inconclusivo – $PaCO2$ final menor que 56 mmHg, sem movimentos respiratórios.

3) Teste negativo (ausência de apneia) – presença de movimentos respiratórios, mesmo débeis, com qualquer valor de $PaCO2$. Atentar para o fato de que em pacientes magros ou crianças os batimentos cardíacos podem mimetizar movimentos respiratórios débeis.

D. Formas alternativas de realização do teste de apneia.

Em alguns pacientes as condições respiratórias não permitem a obtenção de uma persistente elevação da $PaCO2$, sem hipóxia concomitante. Nessas situações, pode-se realizar teste de apneia utilizando a seguinte metodologia, que considera as alternativas para pacientes que não toleraram a desconexão do ventilador:

1) Conectar ao tubo orotraqueal uma "peça em T" acoplada a uma válvula de pressão positiva contínua em vias aéreas (CPAP – continuous positive airway pressure) com 10 cm $H2O$ e fluxo de oxigênio a 12 L/minuto.

2) Realizar teste de apneia em equipamento específico para ventilação não invasiva, que permita conexão com fluxo de oxigênio suplementar, colocar em modo CPAP a 10 cm H2O e fluxo de oxigênio entre 10-12 L/minuto. O teste de apneia não deve ser realizado em ventiladores que não garantam fluxo de oxigênio no modo CPAP, o que resulta em hipoxemia.

EXAMES COMPLEMENTARES

O diagnóstico de ME é fundamentado na ausência de função do tronco encefálico confirmado pela falta de seus reflexos ao exame clínico e de movimentos respiratórios ao teste de apneia.

É obrigatória a realização de exames complementares para demonstrar, de forma inequívoca, a ausência de perfusão sanguínea ou de atividade elétrica ou metabólica encefálica e obtenção de confirmação documental dessa situação.

A escolha do exame complementar levará em consideração a situação clínica e as disponibilidades locais, devendo ser justificada no prontuário.

Os principais exames a ser executados em nosso meio são os seguintes:

1) **Angiografia cerebral** – após cumpridos os critérios clínicos de ME, a angiografia cerebral deverá demonstrar ausência de fluxo intracraniano. Na angiografia com estudo das artérias carótidas internas e vertebrais, essa ausência de fluxo é definida por ausência de opacificação das artérias carótidas internas, no mínimo, acima da artéria oftálmica e da artéria basilar, conforme as normas técnicas do Colégio Brasileiro de Radiologia.

2) **Eletroencefalograma** – constatar a presença de inatividade elétrica ou silêncio elétrico cerebral (ausência de atividade elétrica cerebral com potencial superior a 2 µV) conforme as normas técnicas da Sociedade Brasileira de Neurofisiologia Clínica.

3) **Doppler Transcraniano** – constatar a ausência de fluxo sanguíneo intracraniano pela presença de fluxo diástólico reverberante e pequenos picos sistólicos na fase inicial da sístole, conforme estabelecido pelo Departamento Científico de Neurossonologia da Academia Brasileira de Neurologia.

4) **Cintilografia, SPECT Cerebral** – ausência de perfusão ou metabolismo encefálico, conforme as normas técnicas da Sociedade Brasileira Medicina Nuclear.

A metodologia a ser utilizada na realização do exame deverá ser específica para determinação de ME e o laudo deverá ser elaborado por escrito e assinado por profissional com comprovada experiência e capacitado no exame nessa situação clínica.

Em geral, **exames que detectam a presença de perfusão cerebral, como angiografia cerebral e doppler transcraniano, não são afetados pelo uso de drogas depressoras do sistema nervoso central ou distúrbios metabólicos**, sendo os mais indicados quando essas situações estão presentes.

A presença de perfusão sanguínea ou atividade elétrica cerebral significa a existência de atividade cerebral focal residual. Em situações de ME, a repetição desses exames após horas ou dias constatará inexoravelmente o desaparecimento dessa atividade residual.

Em crianças lactentes, especialmente com fontanelas abertas e/ou suturas patentes, na encefalopatia hipóxico-isquêmica ou após craniotomias descompressivas, pode ocorrer persistência de fluxo sanguíneo intracraniano, mesmo na presença de ME, sendo eletroencefalograma o exame mais adequado para determinação de ME.

Um exame complementar compatível com ME realizado na presença de coma não perceptivo, previamente ao exame clínico e teste de apneia para determinação da ME, poderá ser utilizado como único exame complementar para essa determinação.

Outras metodologias além das citadas não têm ainda comprovação científica da sua efetividade na determinação de ME.

REPETIÇÃO DO EXAME CLÍNICO (2° EXAME)

Na repetição do exame clínico (segundo exame) por outro médico será utilizada a mesma técnica do primeiro exame. **Não é necessário repetir o teste de apneia quando o resultado do primeiro teste for positivo** (ausência de movimentos respiratórios na vigência de hipercapnia documentada).

O **intervalo mínimo** de tempo a ser observado **entre 1° e 2° exame clínico é de uma hora nos pacientes com idade igual ou maior a dois anos de idade**.

Nas demais faixas etárias, esse intervalo é variável, devendo ser observada a seguinte tabela:

A EQUIPE MÉDICA

Nenhum médico responsável por realizar procedimentos de determinação da ME poderá participar de equipe de retirada e transplante, conforme estabelecido no artigo 3° da Lei 9.434/1997 e no Código de Ética Médica.

A Direção Técnica de cada hospital deverá indicar os médicos capacitados a realizar e interpretar os procedimentos e exames complementares para determinação de ME em seu hospital, conforme estabelecido no art. 3° da Resolução. Essas indicações e suas atualizações deverão ser encaminhadas para a CET.

São considerados **capacitados** médicos com no mínimo um ano de experiência no atendimento de pacientes em coma, que tenham acompanhado ou realizado pelo menos dez determinações de ME e realizado treinamento específico para esse fim em programa que atenda as normas determinadas pelo Conselho Federal de Medicina.

Na ausência de médico indicado pela Direção Técnica do Hospital, caberá à CET de sua Unidade Federativa indicar esse profissional e à Direção Técnica do Hospital, disponibilizar as condições necessárias para sua atuação.

COMUNICAÇÃO AOS FAMILIARES OU RESPONSÁVEL LEGAL

Os familiares do paciente ou seu responsável legal deverão ser adequadamente **esclarecidos, de forma clara e inequívoca**, sobre a **situação crítica** do paciente, o **significado da ME**, o **modo de determiná-la** e também sobre os **resultados** de cada uma das etapas de sua determinação.

Esse esclarecimento é de responsabilidade da equipe médica assistente do paciente ou, na sua impossibilidade, da equipe de determinação da ME.

Será admitida a presença de **médico de confiança da família** do paciente para acompanhar os procedimentos de determinação de ME, desde que a demora no comparecimento desse profissional não inviabilize o diagnóstico.

Os contatos com o médico escolhido serão de responsabilidade dos familiares ou do responsável legal.

O profissional indicado deverá comparecer nos horários estabelecidos pela equipe de determinação da ME.

A decisão quanto à doação de órgãos somente deverá ser solicitada aos familiares ou responsáveis legais do paciente após o diagnóstico da ME e a comunicação da situação a eles.

FUNDAMENTOS LEGAIS

A metodologia de determinação de morte encefálica é fundamentada nas normas legais discriminadas a seguir:

1) Lei 9.434, de 4 de fevereiro de 1997.

2) Lei 11.521, de 18 de setembro de 2007.

3) Decreto 9.175, de 18 de outubro de 2017.

4) Resolução do CFM 1.826, de 6 de dezembro de 2007.

ANEXO II

TERMO DE DECLARAÇÃO DE MORTE ENCEFÁLICA

A equipe médica que determinou a morte encefálica (ME) deverá registrar as conclusões dos exames clínicos e os resultados dos exames complementares no **Termo de Declaração de Morte Encefálica (DME)** ao término de cada etapa e comunicá-la ao médico assistente do paciente ou a seu substituto.

Esse termo deverá ser preenchido em **duas vias**.

A **1ª via** deverá ser **arquivada no prontuário** do paciente, junto com o(s) laudo(s) de exame(s) complementar(es) utilizados na sua determinação.

A **2ª via ou cópia** deverá ser encaminhada à **Central Estadual de Transplantes (CET), complementarmente à notificação da ME**, nos termos da Lei 9434/1997, art. 13. Nos casos de **morte por causa externa**, uma **cópia da declaração será necessariamente encaminhada ao Instituto Médico Legal (IML)**.

A Comissão Intra-Hospitalar de Transplantes (CIHDOTT), a Organização de Procura de Órgãos (OPO) ou a CET deverão ser obrigatoriamente comunicadas nas seguintes situações:

a) possível morte encefálica (início do procedimento de determinação de ME);

b) após constatação da provável ME (1º exame clínico e teste de apneia compatíveis) e;

c) após confirmação da ME (término da determinação com o 2º exame clínico e exame complementar confirmatórios).

A **Declaração de Óbito (DO)** deverá ser preenchida pelo **médico legista nos casos de morte por causas externas (acidente, suicídio ou homicídio), confirmada ou suspeita**.

Nas **demais situações** caberá aos **médicos que determinaram o diagnóstico de ME** ou aos **médicos assistentes** ou seus **substitutos** preenchê-la.

A data e a hora da morte a serem registradas na DO deverão ser as do último procedimento de determinação da ME, registradas no Termo de Declaração de Morte Encefálica (DME).

Constatada a ME, o médico tem autoridade ética e legal para suspender procedimentos de suporte terapêutico em uso e assim deverá proceder, exceto se doador de órgãos, tecidos ou partes do corpo humano para transplante, quando deverá aguardar a retirada dos mesmos ou a recusa à doação (Resolução CFM 1.826/2007).

Essa decisão deverá ser precedida de comunicação e esclarecimento sobre a ME aos familiares do paciente ou seu representante legal, fundamentada e registrada no prontuário.

ANEXO III
CAPACITAÇÃO PARA DETERMINAÇÃO DE MORTE ENCEFÁLICA

A. Pré-requisitos médicos para ser capacitado, atendendo ao art. 3º § 2º desta Resolução:

1. Mínimo de um ano de experiência no atendimento de pacientes em coma.

B. Programação mínima do curso de capacitação:

1. Conceito de morte encefálica.

2. Fundamentos éticos e legais da determinação da morte encefálica:

a. Lei 9.434/1997;

b. Decreto 9.175/2017;

c. Resolução CFM 2.173/2017

d. Resolução CFM 1.826/2007.

3. Metodologia da determinação:

a. Pré-requisitos:

i. lesão encefálica;

ii. causas reversíveis de coma;

iii. diagnóstico diferencial.

b. Exame clínico:

i. metodologia para realização e interpretação;

ii. conduta nas exceções.

c. Teste de apneia:

i. preparo para o teste;

ii. metodologia para realização e interpretação;

iii. métodos alternativos.

d. Exame complementar:

i. escolha do método mais adequado;

ii. Doppler transcraniano;

iii. eletroencefalografia;

iv. arteriografia cerebral.

e. Conclusão da determinação:

i. Declaração de morte encefálica;

ii. Declaração de óbito.

4. Conduta pós-determinação:

a. Comunicação da morte encefálica aos familiares:

i. como informar aos familiares da situação de ME, dos resultados de cada etapa e da confirmação.

b. Retirada do suporte vital:

i. como informar aos familiares sobre a possibilidade de doação de órgãos e de retirada do suporte vital;

ii. como proceder na retirada do suporte vital aos não doadores de órgãos.

C. Metodologia de ensino:

1. Teórico-prático.

2. Duração mínima de oito horas, sendo quatro de discussão de casos clínicos.

3. Mínimo de um instrutor para cada oito alunos nas aulas práticas.

4. Suporte remoto para esclarecimentos de dúvidas por, no mínimo, três meses.

D. Instrutores:

1. Capacitação comprovada em determinação de morte encefálica há pelo menos dois anos.

2. Residência médica ou título de especialista em neurologia, neurologia pediátrica, medicina intensiva, medicina intensiva pediátrica, neurocirurgia ou medicina de emergência.

E. Coordenador:

1.Capacitação comprovada em determinação de morte encefálica há pelo menos cinco anos.

3.Residência médica ou título de especialista em neurologia, neurologia pediátrica, medicina intensiva, medicina intensiva pediátrica, neurocirurgia ou medicina de emergência.

F. Responsáveis pelo curso:

1. Gestores públicos.

2. Hospitais.

O diagnóstico de morte encefálica implica no preenchimento do termo de declaração de morte encefálica, que deve seguir o modelo estabelecido pelo Conselho Federal de Medicina.

A equipe médica que determinar a morte encefálica (ME) deve, ao término de cada etapa, registrar as conclusões dos exames clínicos e os resultados dos exames complementares no Termo de Declaração de Morte Encefálica (DME), além de comunicar ao médico assistente do paciente ou a seu substituto.

Esse termo deve ser preenchido em duas vias:

- 1ª via – deve ser arquivada no prontuário do paciente, junto com os laudos de exames complementares utilizados na sua determinação.
- 2ª via ou cópia – deve ser encaminhada à Central Estadual de Transplantes (CET) complementarmente à notificação da ME (Lei 9.434/1997, art. 13).
- morte de causa externa – uma cópia da declaração será necessariamente encaminhada ao Instituto Médico Legal (IML).

A Comissão Intra-Hospitalar de Transplantes (CIHDOTT), a Organização de Procura de Órgãos (OPO) ou a CET devem ser obrigatoriamente comunicadas nas seguintes situações:

- possível ME (início do procedimento de determinação de ME);
- após constatação da provável ME (1° exame clínico e teste de apneia compatíveis);
- após confirmação da ME (término da determinação com o 2° exame clínico e exame complementar confirmatórios).

O atestado de óbito será devido apenas com a morte clínica, seja pela retirada dos órgãos, seja pela parada cardíaca consequente à cessação da função do centro que comanda as funções circulatórias.

Deve ser preenchido:

- pelo médico legista – nos casos de morte por causas externas (acidente, suicídio ou homicídio), confirmada ou suspeita.
- demais situações – pelos médicos que determinaram o diagnóstico de ME ou pelos médicos assistentes ou seus substitutos.

Apesar de a morte encefálica ser o evento irreversível que antecede à morte clínica, a data e a hora do óbito que devem constar na Declaração de Óbito são as do último procedimento de determinação da ME, registradas no Termo de Declaração de Morte Encefálica (DME), equiparando-se assim a morte clínica à morte encefálica.

De acordo com a Resolução CFM 1826/2007, o médico tem autoridade legal e ética para suspensão dos procedimentos de suporte terapêutico quando determinada a morte encefálica, exceto se doador de órgãos, tecidos e partes do corpo humano para fins de transplante, nos termos do disposto na Resolução CFM 2.173, de 12 de dezembro de 2017, na forma da Lei 9.434, de 4 de fevereiro de 1997. Essa decisão deve ser precedida de comunicação e esclarecimento sobre a morte encefálica aos familiares do paciente ou seu representante legal, fundamentada e registrada no prontuário.

Esse procedimento torna inquestionáveis os critérios de morte encefálica, pois uma vez precipitada a morte clínica, impede-se que se observe se realmente há parada cardíaca subsequente e irreversibilidade do quadro.

Note-se que, na morte encefálica, apesar de o coração ainda estar pulsando, o corpo não mais funciona como um todo integrado.

2.3. Anencefalia

O anencéfalo é um feto que não possui cérebro, nem ossos do crânio, nem couro cabeludo, mas tendo tronco encefálico, apesar de rudimentar, apresenta respiração espontânea ao nascer, que cessa em horas ou dias.

Enquadra-se como morto cerebral, mas irreversível, pois não há correção para a ausência de cérebro.

Enquanto o feto anencéfalo está no útero materno, recebe tudo o que seu organismo necessita.

Ao nascer, desliga-se da fonte que o alimenta e começa a morrer.

Tratamentos intensivos, incluindo respiração por aparelhos, apenas prolongam o processo de morte, sem que haja qualquer objetivo a ser atingido, além de não se saber até que ponto o anencéfalo tem sensações de prazer e dor, podendo o tratamento intensivo tê-lo submetido à verdadeira tortura.

A anencefalia difere das outras anomalias congênitas porque o feto é considerado natimorto cerebral irreversível.

Como os diversos órgãos são perfeitos e há inviabilidade vital, a Resolução 1.752/2004 do CFM permitia a doação de órgãos, desde que autorizada pelos genitores.

Entretanto, a discussão sobre a necessidade de se aguardar a parada respiratória para a configuração da morte encefálica acaba criando um obstáculo à captação dos órgãos, pois mesmo que o anencéfalo seja colocado no respirador, há dificuldade em manter o coração batendo por tempo suficiente para a captação.

Por isso, a Resolução 1.949/2010, apesar de afirmar que para os anencéfalos, por sua inviabilidade vital em decorrência da ausência de cérebro, são inaplicáveis e desnecessários os critérios de morte encefálica, revogou a Resolução 1.752/2004, em decorrência dos precários resultados obtidos com os órgãos transplantados, retirando-os do rol dos possíveis doadores de órgãos.

2.3.1. Interrupção da gestação

A anencefalia pode ser diagnosticada pela ultrassonografia já na 12ª semana de gestação, quando se visualiza a cabeça fetal.

Uma vez confirmado o diagnóstico pela repetição do exame por duas vezes e com diferentes especialistas, pode ser desejo de a gestante interromper a gravidez.

Durante muito tempo inexistiu respaldo legal para tal procedimento, sob alegação de tratar-se de aborto eugênico.

Ora, aborto é a interrupção da gravidez, com morte do feto, independentemente da sua expulsão, tendo como pressuposto que o feto esteja vivo.

Como o anencéfalo é natimorto cerebral irreversível, essa interrupção não se identifica com o conceito de aborto.

Também não se trata de eugenia, uma vez que é a incompatibilidade do anencéfalo com a vida extrauterina autônoma que o leva à morte logo após o nascimento, também na gravidez a termo, sem que haja qualquer interferência.

A única certeza na gestação de feto anencéfalo é a impossibilidade da sua sobrevivência fora do útero materno, não se justificando submeter a genitora a problemas orgânicos gestacionais e, muito menos, psicológicos, caso não deseje levar a gravidez a termo.

Em 12/4/2012, o Supremo Tribunal Federal declarou a inconstitucionalidade da interpretação segundo a qual a interrupção da gravidez de feto anencéfalo seria conduta tipificada nos artigos 124, 126 e 128, incisos I e II, do CP.

Assim, os médicos que realizarem o procedimento e as gestantes que decidirem interromper a gravidez não estarão cometendo qualquer espécie de crime.

Para tal interrupção, as mulheres não precisam de decisão judicial que as autorize, bastando o diagnóstico de anencefalia.

Diferentemente, a microcefalia provocada pelo Zica vírus, não é incompatível com a vida extrauterina, além de arrastar consigo outras situações semelhantes que seriam englobadas na decisão sobre a possibilidade, ou não, de interrupção da gestação.

A Associação Nacional dos Defensores Públicos (Anadep) pediu a declaração de inconstitucionalidade do enquadramento da interrupção da gestação, em relação à mulher infectada pelo zikavírus, no artigo 124 do Código Penal e, alternativamente, que se julgasse constitucional a interrupção, nesses casos, em função do estado de necessidade, com perigo atual de danos à saúde, provocado pela epidemia de zika e agravada pela negligência do Estado brasileiro na eliminação do vetor. Com base nisso, solicitou a interrupção dos inquéritos policiais, prisões em flagrante e processos em andamento que envolvessem o aborto em gestantes com essa infecção comprovada.

Tais pedidos acompanharam a Arguição de descumprimento de preceito fundamental, com pedido de medida cautelar, questionando dispositivos da Lei 13.301/2016, na Ação Direta de Inconstitucionalidade (ADI 5581) protocolada no Supremo Tribunal Federal.

Por unanimidade, o Plenário do STF acompanhou o voto da relatora Ministra Carmen Lucia, no sentido de que a Anadep não tem legitimidade para a propositura da ADPF, pois a jurisprudência do STF somente reconhece a legitimidade das entidades de classe nacionais para o ajuizamento de ação de controle abstrato, se houver nexo de afinidade entre os seus objetivos institucionais e o conteúdo dos textos normativos. No caso, não se constatou interesse jurídico da associação de procuradores nas normas e políticas públicas questionadas.

Não se adentrou, portanto, no mérito da questão.

Observe-se que a interrupção da gestação nos casos de microcefalia não se enquadra no estado de necessidade, mas no aborto eugênico, o que suscita uma ampla discussão sobre a descriminalização, ou legalização, ou despenalização dessa indicação de aborto no Brasil.

3. TRANSPLANTES DE ÓRGÃOS E TECIDOS

Está previsto no artigo 199, parágrafo 4º, da CF e normatizado pela Lei 9.434/1997, modificada pela Lei 10.211/2001 e regulamentada pelo Decreto 9.175, de 18 de outubro de 2017.

A atuação dos médicos envolvidos no processo de captação e transplante dos órgãos está prevista no Código de Ética Médica, Cap. VI, que estabelece vedações:

Art. 43. Participar do processo de diagnóstico da morte ou da decisão de suspender meios artificiais para prolongar a vida do possível doador, quando pertencente à equipe de transplante.

Art. 44. Deixar de esclarecer o doador, o receptor ou seus representantes legais sobre os riscos decorrentes de exames, intervenções cirúrgicas e outros procedimentos nos casos de transplantes de órgãos.

Art. 45. Retirar órgão de doador vivo quando este for juridicamente incapaz, mesmo se houver autorização de seu representante legal, exceto nos casos permitidos e regulamentados em lei.

Art. 46. Participar direta ou indiretamente da comercialização de órgãos ou de tecidos humanos.

A doação é um ato de solidariedade e deve ser gratuita, conforme artigo 1º da Lei 9.434/1997, estando proibida a comercialização, ou seja, a intermediação. Assim, pode ser que, em uma situação de emergência, uma lei venha a autorizar a doação remunerada, ou seja, a compra e venda direta. Isso pode acontecer em relação à doação de sangue, que também é tecido, mas que tem regulamentação específica. Atualmente não há tal possibilidade.

3.1. Doador morto

Todo indivíduo em morte encefálica é um potencial doador, mas a doação só ocorrerá após autorização para tal e confirmação do diagnóstico da morte encefálica (Res. CFM 2.173/2017).

Tipos de manifestação da vontade para doação de órgãos dos pacientes em morte encefálica:

- Expressa, prevista na primeira lei de transplantes brasileira, por manifestação da vontade do indivíduo, enquanto vivo, em determinados documentos de identificação, consubstanciada nas expressões doador ou não doador.

Os casos em que nada constasse dependiam da família, que dificilmente aderia à doação.

- Presumida, adotada pela Lei 9.434/1997 que se seguiu, incluía como doador o que não se manifestasse, sendo rejeitada pela sociedade porque ignorava a autonomia da vontade da família.

- Potencial, de acordo com a Lei 9.434/1997, modificada pela Lei 10.211/2001, que independe de manifestação de vontade do indivíduo em documentos, devendo este comunicar seu desejo à família, pois a autorização dependerá dela. Como só os membros da família previstos no artigo 4º desta lei podem autorizar a doação, se estes não concordarem apesar da manifestação prévia favorável do

CAPÍTULO 6 • TANATOLOGIA FORENSE **185**

morto, ou não forem encontrados para dar a autorização, os órgãos não poderão ser captados.

Sendo o doador incapaz, a autorização será dada por ambos os pais ou pelo representante legal (Lei 9.434/1997, art. 5°).

Se capaz, dependerá de autorização do cônjuge ou parente maior de idade, obedecendo a linha sucessória até segundo grau inclusive.

A doação de órgãos tem como pressupostos:

- Doador identificado e com registro hospitalar.
- Presença de lesão encefálica de causa conhecida, irreversível e capaz de provocar quadro clínico.
- Ausência de fatores que possam confundir o quadro clínico:
    - distúrbio hidroeletrolítico, ácido-básico/endócrino e intoxicação exógena graves
    - hipotermia (temperatura retal, vesical ou esofagiana inferior a 35°C), pois reflexos de tronco encefálico podem desaparecer quando a temperatura corporal central é menor ou igual a 32°C.
    - utilização de fármacos com ação depressora do Sistema Nervoso Central (FDSNC) como fenobarbital, clonidina, dexmedetomidina, morfina, entre outros, e bloqueadores neuromusculares (BNM)

O paciente não pode estar em hipotensão arterial.

Afasta-se, com esses requisitos, a possibilidade de falso diagnóstico baseado em alterações funcionais reversíveis.

Quando as drogas consumidas forem conhecidas, assim como as administradas no tratamento do trauma encefálico, apenas as psicolépticas, depressoras do sistema nervoso central, impedem o diagnóstico de morte encefálica, pois as células nervosas podem estar apenas deprimidas e, não, mortas.

Não podem ser doadores, além dos recém-nascidos com menos de sete dias de vida, em que a imaturidade do sistema nervoso central compromete a avaliação da morte encefálica pelos critérios existentes:

- Pacientes portadores de doenças que comprometam o funcionamento dos diferentes órgãos, como insuficiência renal, hepática, cardíaca, pulmonar, pancreática e de medula óssea.
- Portadores de doenças infectocontagiosas transmissíveis pelo transplante, como HIV, doença de Chagas, hepatites B e C.
- Pacientes com septicemia (infecção generalizada) ou insuficiência de múltiplos órgãos.
- Portadores de tumores malignos, excetuando-se os tumores restritos ao sistema nervoso central, o carcinoma basocelular e o câncer *in situ* de colo uterino, pois são localizados e os outros órgãos não estão comprometidos.
- Doenças degenerativas crônicas e que podem ser transmitidas.

O diagnóstico de morte encefálica deve ser registrado no prontuário hospitalar por meio de um Termo de Declaração de Morte Encefálica e notificada compulsoriamente à Central de Notificação, Captação e Distribuição de Órgãos (CET) do Estado, independentemente de autorização para doação.

Esse procedimento permite o controle sobre a porcentagem de morte encefálica nos estabelecimentos de saúde, uma vez que tal diagnóstico viabiliza a doação de órgãos.

As equipes de captação e transplante estão impedidas de participar do diagnóstico de morte encefálica, pelo interesse nos órgãos, podendo a família trazer um médico de sua confiança para acompanhar os exames.

O artigo 6º, da Lei 9434/1997, veda a remoção post mortem de tecidos, órgãos ou partes do corpo de pessoas não identificadas. Logo, mesmo que estejam preenchidos os outros requisitos, sem identificação, não há como contatar os membros da família legitimados para autorizar a captação, o que impede a doação.

Órgãos como coração, pulmões, fígado e pâncreas devem ser captados antes da parada cardíaca. Os rins podem ser captados até 30 minutos após a parada, e os ossos e córneas até seis horas após.

Os órgãos do doador morto serão destinados aos receptores da fila de espera, não podendo o doador indicar em testamento, ou a família, o destino dos mesmos.

Os receptores compõem uma fila única, por ordem de chegada, considerando-se também a compatibilidade mínima necessária. Para transplante de fígado, estão sendo utilizados critérios objetivos de gravidade.

Essa fila única visando ao acesso igualitário nem sempre atinge seu objetivo, porque os menos favorecidos encontram dificuldade em obter vaga para internação quando chega a sua vez, gerando inúmeros processos judiciais.

Já o critério de gravidade teria o inconveniente de reduzir a porcentagem de êxito porque as repercussões da doença avançada no organismo do receptor não seriam resolvidas pelo órgão transplantado.

No Brasil, desde 2006, a fila única por gravidade tem sido adotada para transplantes de fígado de acordo com o critério MELD (*Model for End-Stage Liver Disease*), que quantifica a urgência no transplante de fígado em candidatos com 12 ou mais anos de idade.

Abaixo dos 12 anos, o critério utilizado é o PELD (*Pediatric for End-Stage Liver Disease*).

Esses dois critérios fundamentam-se numa fórmula alicerçada no resultado de três exames laboratoriais:

- Dosagem de bilirrubina – reflete a capacidade de excreção eficiente da bile pelo fígado;
- Creatinina – mede a função renal;
- RNI (Relação Normatizada Internacional) – baseada no valor da atividade da protrombina, que indica a função hepática na coagulação.

No Brasil, exige-se MELD com pelo menos 11 pontos para que se inclua o paciente na lista, podendo ocorrer variações, como em São Paulo, que exige um mínimo de 15 pontos de acordo com norma técnica do Sistema Estadual de Transplantes, baseada na relação risco-benefício extraída da literatura.

Pacientes com MELD baixo não podem constar da lista, reduzindo o número de pessoas na fila, o que leva a um aumento da quantidade de casos graves. Por isso, manteve-se a taxa de óbitos na fila.

Por outro lado, pacientes muito graves que antes eram privados do procedimento, agora conseguem ser transplantados e, de acordo com a opinião de especialistas da área, os resultados foram melhores do que o esperado.

A pontuação obtida dentro dos critérios estabelecidos é aumentada se o paciente apresentar:

- carcinoma hepático;
- ascite volumosa;
- encefalopatia;
- dosagem de sódio diminuída (mesmo com MELD baixo, indica alta percentagem de mortalidade).

Considerando-se que o MELD privilegia o paciente mais grave, torna-se mais justo que a fila única por ordem de chegada, pois reduz os casos de morte na fila decorrentes da ausência de substitutos da função hepática.

A cirrose hepática consequente a hepatite viral, em especial a do tipo C, representa cerca de 90% das indicações de transplante hepático, sendo que em um terço dos casos já há associação com carcinoma hepatocelular.

Existem situações em que o paciente fura a fila sem interferência do judiciário, seja ela por ordem de chegada, seja porque o critério MELD privilegiou cronologicamente (para fígado):

- Perda aguda da função hepática, para a qual não há substitutos
  - Hepatite fulminante, quadro gravíssimo de insuficiência hepática aguda, que evolui para óbito rapidamente, caso o paciente não receba um novo fígado.
  - Paciente anepático, isto é, que ficou sem o fígado porque precisou, por exemplo, retirá-lo em decorrência de lesão traumática.
  - Trombose hepática até o 15º dia.
  - Doença crônica grave agudizada (cirrose hepática).
- Retransplante, quando o órgão transplantado não vinga no pós-operatório, necessitando que se ponha outro no lugar.
- Doador vivo, isto é, aquele que já doou um órgão ou parte dele em vida, demonstrando solidariedade, e posteriormente necessita receber um órgão.

Por fim, estabelece o artigo 8º, da Lei 9.434/1997 que, após a retirada de tecidos, órgãos e partes, o cadáver será imediatamente necropsiado, se verificadas as hipóteses do parágrafo único do artigo 7º:

- morte sem assistência médica;
- óbito em decorrência de causa mal definida;
- outras situações nas quais houver indicação de verificação da causa médica da morte.

Nesses casos, a remoção de tecidos, órgãos ou partes de cadáver para fins de transplante ou terapêutica somente poderá ser realizada após a autorização do patologista do serviço de verificação de óbito responsável pela investigação, devendo ser citada em relatório de necropsia.

Esse artigo visa a impedir que, por falta de identificação de patologias que impeçam o indivíduo em morte encefálica de ser doador, sejam implantados no receptor, órgãos ou tecidos inadequados para tal.

Em qualquer caso, o cadáver deve ser condignamente recomposto para entrega, em seguida, aos parentes ou aos responsáveis legais para sepultamento.

3.2. Doador vivo

O indivíduo vivo também pode doar um órgão, desde que duplo, como rins, ou parte de órgãos como pulmão, fígado e pâncreas, sem que a integridade física ou a saúde fiquem comprometidas, respondendo as equipes de transplante por lesão corporal, caso isso aconteça. Também pode doar medula óssea.

O doador vivo capaz deve dar sua autorização por escrito, na presença de testemunhas

Em relação ao incapaz, só há previsão legal para doação de medula óssea, desde que haja compatibilidade imunológica comprovada e consentimento de **ambos os pais ou seus responsáveis legais e autorização judicial** e o ato não oferecer risco para a sua saúde (Lei 9434, art. 9º, § 6º).

Se faltar um dos pais, dá o consentimento o que tem o poder familiar, caso o outro o tenha perdido ou morrido.

Se o outro responsável for desconhecido ou até mesmo ausente (não participa da vida da criança), deverá haver suprimento judicial.

Discute-se a possibilidade de autorização judicial para doação de órgãos por incapaz em situações de exceção, conforme ocorreu em relação a uma mãe que necessitava de transplante de rim, sem que se encontrasse doador compatível capaz, restando apenas o único filho, portador de retardo mental, inexistindo familiares para cuidar dele. Nesse caso, a sobrevivência da mãe converte a doação em benefício maior para o filho do que para ela própria, sendo esse o fundamento de tal autorização.

Note-se que, nessa situação, o genitor tem interesse no órgão, o que invalida qualquer autorização dele.

Tem de haver urgência no transplante, ausência de doador compatível, dependência direta, ou seja, efetivamente esse genitor tem de ser indispensável ao incapaz e essa doação tem de reverter em seu proveito.

CAPÍTULO 6 • TANATOLOGIA FORENSE **189**

Após analisar o caso concreto, o juiz poderá autorizar excepcionalmente a doação se ficar comprovado o benefício do doador incapaz maior do que o do receptor.

Todos os casos de doador vivo incapaz necessitam sempre de autorização judicial (entrar com petição para que o juiz expeça alvará autorizando a doação).

Nos casos em que o receptor for juridicamente incapaz ou cujas condições de saúde impeçam ou comprometam a manifestação válida da sua vontade, o consentimento será dado por um de seus pais ou responsáveis legais (Lei 9434, art. 10, § 1º).

A gestante também pode doar medula óssea, desde que não prejudique sua saúde ou a saúde do feto.

Exige, o artigo 9º, que os receptores de órgão de doador vivo sejam parentes consanguíneos até quarto grau inclusive, para evitar a comercialização, dependendo outros casos de autorização judicial, dispensada esta, apenas, nos casos de doação de medula óssea.

3.3. Crimes e penas na Lei 9434/97

Crimes	Penas
Art. 14. Remover tecidos, órgãos ou partes do corpo de pessoa ou cadáver, em desacordo com as disposições desta Lei	Reclusão 2 a 6 anos e Multa
§ 1º Se o crime é cometido mediante paga ou promessa de recompensa ou por outro motivo torpe	Reclusão 3 a 8 anos e Multa
§ 2º Se o crime é praticado em pessoa viva, e resulta para o ofendido: I – incapacidade para as ocupações habituais, por mais de 30 dias; II – perigo de vida; III – debilidade permanente de membro, sentido ou função; IV – aceleração de parto	Reclusão 3 a 10 anos e Multa
§ 3º Se o crime é praticado em pessoa viva e resulta para o ofendido: I – Incapacidade para o trabalho; II – Enfermidade incurável; III – perda ou inutilização de membro, sentido ou função; IV – deformidade permanente; V – aborto	Reclusão 4 a 12 anos e Multa
§ 4º Se o crime é praticado em pessoa viva e resulta morte	Reclusão 8 a 20 anos e Multa
Art. 15. Comprar ou vender tecidos, órgãos ou partes do corpo humano: Parágrafo único. Incorre na mesma pena quem promove, intermedeia, facilita ou aufere qualquer vantagem com a transação	Reclusão 3 a 8 anos e Multa
Art. 16. Realizar transplante ou enxerto utilizando tecidos, órgãos ou partes do corpo humano de que se tem ciência terem sido obtidos em desacordo com os dispositivos desta Lei	Reclusão 1 a 6 anos e Multa
Art. 17. Recolher, transportar, guardar ou distribuir partes do corpo humano de que se tem ciência terem sido obtidos em desacordo com os dispositivos desta Lei	Reclusão 6 meses a 2 anos e Multa

Crimes	Penas
Art. 18. Realizar transplante ou enxerto em desacordo com o disposto no art. 10 desta Lei e seu parágrafo único	Detenção 6 meses a 2 anos
Art. 19. Deixar de recompor cadáver, devolvendo-lhe aspecto condigno, para sepultamento ou deixar de entregar ou retardar sua entrega aos familiares ou interessados	Detenção 6 meses a 2 anos
Art. 20. Publicar anúncio ou apelo público em desacordo com o disposto no art. 11	Multa
Art. 22. As instituições que deixarem de manter em arquivo relatórios dos transplantes realizados, conforme o disposto no art. 3° § 1.°, ou que não enviarem os relatórios mencionados no art. 3°, § 2° ao órgão de gestão estadual do Sistema único de Saúde § 1° Incorre na mesma pena o estabelecimento de saúde que deixar de fazer as notificações previstas no art. 13 desta Lei ou proibir, dificultar ou atrasar as hipóteses definidas em seu parágrafo único	Multa

3.4. Transplante de córnea

A Portaria 3.407, do Ministério da Saúde, de 5 de agosto de 1998, sobre a enucleação do cadáver, dispõe no artigo 8° que a tirada de órgãos, partes e tecidos, para a realização de transplantes ou enxertos, só podem ser realizadas por equipes especificamente autorizadas para esse procedimento.

Especifica, no parágrafo único desse artigo, que a retirada de globo ocular, com finalidade de obtenção de córneas para transplantes, pode ser realizada por técnicos treinados, sob a responsabilidade de médico oftalmologista autorizado.

4. TIPOS DE MORTE

4.1. Quanto ao processamento

- **Morte súbita:** É a morte que leva alguns minutos entre o início e o fim, não dando tempo para atendimento efetivo, pois tem efeito imediato.
- **Morte mediata:** Possibilita sobrevivência de poucas horas, permitindo alguma forma de providência.
- **Morte agônica:** É a que se arrasta por dias ou semanas.

A morte súbita ocorre de forma inesperada, brusca e sem qualquer influência externa.

Ocorre geralmente em adultos, representando a coronário esclerose cerca de 75% dessas mortes.

Na maioria das vezes, ocorre em pessoas que já apresentavam algum sintoma de lesão do músculo cardíaco, mas em 25% dos casos é a manifestação inicial da doença.

CAPÍTULO 6 • TANATOLOGIA FORENSE **191**

Nos infartos do miocárdio que cursam silenciosamente, sem sintomatologia suficiente para levar o paciente ao médico, como ocorre muitas vezes em diabéticos, a morte pode sobrevir por ruptura do ventrículo esquerdo e consequente tamponamento cardíaco pelo hemopericárdio.

Na morte súbita de origem cardíaca em indivíduos jovens, predominam as cardiomiopatias, sendo a cardiopatia hipertrófica obstrutiva a que mais causa morte súbita.

A morte súbita também pode resultar, de distúrbios primários do sistema de excitação e condução do impulso elétrico responsável pela contração miocárdica, especialmente durante ou logo após esforço físico exagerado, que não podem ser diagnosticados em exame cadavérico por serem distúrbios, meramente funcionais.

Se não houver evidência de causa violenta, nem natural, havendo dúvidas sobre a sua forma de ocorrência, a morte será considerada suspeita.

As mortes agônicas apresentam os seguintes achados macroscópicos:

- livores hipostáticos formados rapidamente;
- congestão pulmonar frequente;
- edema cerebral;
- presença de grandes coágulos sanguíneos nas cavidades cardíacas, tanto mais firmes, estriados e secos quanto mais prolongada a agonia;
- aumento do líquido pericárdico.

O período de sobrevivência tem importância nas mortes violentas, suspeitas e na determinação da comoriência. Neste último caso, havendo possibilidade de se determinar quem morreu primeiro, de acordo com a evolução dos fenômenos cadavéricos, a presunção estará afastada (presunção relativa).

4.1.1. Síndrome da Morte Súbita na Infância

É a morte súbita e inesperada de uma criança aparentemente saudável, com menos de um ano de idade.

Faixa etária de maior incidência da síndrome da morte súbita infantil:

– 90% das mortes ocorrem em crianças menores de 6 meses de idade;

– 95% das mortes ocorrem em crianças menores de 8 meses;

– poucos óbitos ocorrem em crianças com menos de 1 mês ou mais de 8 meses de idade.

O exame da cena da morte, a revisão da história clínica e o exame pós-morte completo não conseguem revelar uma causa de morte.

Seu diagnóstico é de exclusão, sendo uma das principais causas de morte infantil no mundo.

A abordagem de familiares e dos cuidadores da criança deve ser valorizada.

Essa forma de morte tem como características:

- não pode ser prevista, nem mesmo por equipe médica;

- apresenta patogênese desconhecida (até o momento);
- não é contagiosa ou hereditária;
- ocorre de maneira rápida, sem sofrimento ou angústia, supostamente quando a criança está dormindo;
- ocorre frequentemente nos primeiros 6 meses e dificilmente após 10 meses de vida.

4.2. Quanto à reversibilidade

- **Morte aparente:** É aquela em que as funções vitais estão tão deprimidas que não são percebidas, parecendo estar abolidas, mas não estão. Observam-se hipotonia muscular, imobilidade, inconsciência, a atividade circulatória é mínima e a respiração aparentemente inexiste.
- **Morte relativa:** Neste caso, há parada efetiva das funções respiratória, circulatória e nervosa, mas ainda é possível a recuperação com manobras terapêuticas extraordinárias.
- **Morte Intermediária:** Há reaparecimento de alguns sinais vitais após manobras, podendo haver vida artificial por algum tempo.
- **Morte absoluta ou real:** Nesta, desapareceu toda a atividade biológica do organismo de forma irreversível.

A morte aparente tem como exemplos de causas:

– naturais – o coma epiléptico, os estados sincopais e a morte aparente do recém-nascido.

– por fatores externos – asfixia, envenenamento, eletroplessão e fulguração.

Em relação ao diagnóstico de morte real, tem-se o sinal de *Laborde,* que consiste em introduzir uma agulha de aço polida no tecido e retirá-la meia hora após. Se estiver brilhante, a morte é real.

4.3. Quanto à extensão

- **Morte anatômica:** É a morte de todo o corpo, com morte dos tecidos. Apesar de se considerar o momento da morte como sendo o da parada cardiorrespiratória irreversível, a morte é um processo no qual as células dos vários tecidos morrem em momentos diferente, dependendo da maior ou menor necessidade de oxigênio para manter suas funções.
- **Morte histológica ou celular:** Em decorrência de agressão com intensidade e duração suficientes, rompe-se, de forma irreversível, a integração das três funções celulares: seletividade da membrana celular (regula o que deve entrar e sair da célula), metabolismo energético (a célula produz sua própria energia) e a síntese de proteínas (a célula produz as proteínas para o organismo e para si própria). As alterações iniciais são bioquímicas. Na sequência, surgem alterações morfo-

lógicas das organelas celulares, perceptíveis apenas à microscopia eletrônica e, finalmente, verificadas também pela microscopia comum.

Então, a integração dessas três funções acima citadas constitui o que se chama de vida.

Existem dois tipos de morte celular:

– **apoptose**: é a morte programada de células isoladas, sem reação inflamatória, que pode ocorrer de forma fisiológica no embrião (por exemplo, para formar cavidades) e após o nascimento (por exemplo, quando uma glândula atrofia por falta de estímulo hormonal), ou de forma patológica (por ação viral);

– **necrose**: é a morte de um grupo de células, com reação inflamatória, consequente a algum tipo de agressão.

4.4. Quanto à causa jurídica

- **Morte natural:** É a decorrente de doença ou envelhecimento.
- **Morte violenta:** É a que resulta de crime, suicídio ou acidente, mesmo que ocorra tardiamente em relação ao evento danoso, desde que presente o nexo causal com a violência.
- **Morte suspeita:** é a morte inesperada, sem sinais de violência, mas que ocorreu em condições estranhas.
- **Morte por inibição:** É a parada súbita das funções vitais de um indivíduo sadio, **sem causa médica e jurídica identificáveis**, talvez em decorrência de traumatismo leve, que não deixa vestígios, atingindo certas regiões e desencadeando reflexos nervosos inibidores do funcionamento de órgãos vitais, como o coração.

Nota: nesses casos, o legista (IML) e o patologista (SVO) atestam como morte de causa indeterminada. Pode ser que, posteriormente, surjam testes que identifiquem, por exemplo, substâncias tóxicas antes não detectáveis, possibilitando diagnóstico preciso da *causa mortis*.

Na análise da causa jurídica da morte, deve-se considerar a localização das lesões. Por exemplo, as lesões por luta ficam mais dispersas, sendo mais comuns na face, no pescoço, no tórax e no abdome.

Quando a causa da morte é desconhecida, recomenda-se:

- retirar amostras de alguns órgãos e de tecidos como do cérebro, estômago, fígado, gordura, rim e pulmão;
- no caso do fígado, dar preferência ao lobo direito;
- juntamente com a identificação do indivíduo, devem constar informações referentes do tempo entre a coleta e a hora aproximada do óbito.
- mesmo sendo material contaminado, durante o procedimento de retirada de amostras devem ser usadas luvas, máscaras e material estéril.

Morte presumida

Encontra-se no artigo 6º, do CC – a existência da pessoa natural termina com a morte; presume-se esta, quanto aos ausentes, nos casos em que a lei autoriza a abertura de sucessão definitiva.

A morte presumida pode ser declarada sem decretação de ausência (CC, art. 7º, I e II):

– se for extremamente provável a morte de quem estava em perigo de vida;

– se alguém, desaparecido em campanha ou feito prisioneiro, não for encontrado até dois anos após o término da guerra.

A declaração da morte presumida, nesses casos, somente poderá ser requerida depois de esgotadas as buscas e averiguações, devendo a sentença fixar a data provável do falecimento (CC, art. 7º, parágrafo único).

A morte presumida de pessoa desaparecida pode ser declarada nos casos de:

- vítima de incêndio no local de trabalho, com carbonização total e redução do corpo a material pulverizado.

- que conste em lista de passageiros de acidente aéreo, cujos despojos não foram encontrados.

- vítima de naufrágio em embarcação de sua propriedade, com testemunhas presenciais do sinistro.

- que se encontrava em sua residência por ocasião de desmoronamento de encosta sobre a mesma, com soterramento completo e destruição dos restos mortais.

4.5. Quanto à ordem das mortes

- **Comoriência:** Se dois ou mais indivíduos falecerem na mesma ocasião, não se podendo averiguar se algum dos comorientes precedeu aos outros, presumir-se-ão simultaneamente mortos (CC, art. 8º).

- **Premoriência:** quando dois ou mais indivíduos falecerem na mesma ocasião e, pela análise dos sinais de sobrevida ou dos fenômenos cadavéricos, é possível determinar que algum precedeu aos outros.

5. LESÕES EM VIDA E PÓS-MORTE

As lesões feitas após a morte não apresentam reação vital, podendo ser acidentais, decorrentes da atuação médica, intencionais ou decorrentes do ataque de animais necrófagos.

- Lesões acidentais podem ser produzidas por queda ou arrastamento do cadáver; pelo casco e hélices das embarcações, arrastamento do corpo pelas correntes marítimas e pelas manobras de resgate e transporte nos afogados; pela movimentação do corpo para desfazer a rigidez durante a autópsia, chegando a desarticular os braços e até a romper vasos.

- Lesões decorrentes da atuação médica geradas pelas manobras de reanimação, como fraturas de costelas, provocam sangramento para dentro da cavidade pleural e até para a cavidade abdominal, e podem causar embolia de medula óssea nas artérias pulmonares quando a pessoa já está morta. Entretanto, se a embolia se deu em vida, predominam os êmbolos de gordura sobre os de medula óssea (Hércules, p. 139).

- Lesões intencionais criminosas pós morte objetivam encobrir o crime praticado ou dificultar a identificação do cadáver pela decapitação e amputação das mãos. Outra forma é a destruição do cadáver pelo fogo, que pode produzir bolhas em locais de hipóstases intensas ou hiperemia decorrente da retração dos tecidos pela própria queimadura, que espreme o sangue para os tecidos vizinhos.

- Animais necrófagos, como formigas, produzem lesões minúsculas da epiderme. Quando confluentes, formam áreas semelhantes a escoriações que assumem aspecto pergaminhado ou podem ter tonalidade avermelhada se coincidirem com regiões de livores intensos. Baratas produzem lesões maiores e mais profundas, enquanto roedores destroem partes maiores, tendo as lesões bordas crenadas e escoriações pelas unhas. Até animais domésticos podem se alimentar do cadáver do dono que morreu e vivia sozinho, quando não têm o que comer. Urubus atacam corpos expostos, enquanto peixes e crustáceos produzem lesões nos afogados geralmente nas pálpebras, lábios, orelhas e nariz.

As lesões pós-morte **não** apresentam:

- Infiltração de sangue;

- Sangue coagulado.

Sinal de *Donnet* – refere-se à incoagulabilidade do sangue como sinal de morte, apesar de não ser absoluto.

- Retração dos tecidos, após algumas horas da morte;

- Formação de equimose;

- Mudança de tonalidade da equimose que se formou pouco antes da morte, ficando a cor inicial mantida;

- Reação inflamatória.

No vivo, há palidez no momento da agressão em decorrência da vasoconstrição local, seguindo-se uma vasodilatação que leva à vermelhidão. O fluxo sanguíneo se torna mais lento, com marginalização dos glóbulos brancos que então saem dos vasos e migram para a região lesada. Assim, o agente agressivo é neutralizado, as células mortas são removidas e começa a proliferação de células do próprio tecido para reparar a lesão ou preencher com tecido cicatricial. Como esse processo leva horas, só há reação inflamatória em lesões produzidas várias horas antes da morte.

- Crosta na região da escoriação, a qual adquire aspecto pergaminhado.

- Embolia, isto é, presença de coágulos, bolhas de ar (nas descompressões), ou gordura (decorrente de extensas fraturas) dentro dos vasos, se as lesões que deram origem a essas situações ocorreram após a morte.

• Reações nas zonas de queimaduras, como vermelhidão, bolhas e secreção.

Quando o cadáver é carbonizado, a retração dos tecidos queimados espreme o sangue para os tecidos vizinhos gerando hiperemia.

São sinais que costumam confirmar a reação vital: sangue coagulado e aderido à íntima do vaso; equimose retrofaríngea de *Brouardel*; aumento dos teores de serotonina e de histamina nas margens de ferida cutânea; enfisema aquoso em afogados.

<u>Período de incerteza de *Tourdes*</u>

É o período que engloba os momentos que precedem e sucedem à morte, no qual se torna difícil estabelecer se a lesão foi causada em vida ou após a morte.

Considerações a respeito do período de incerteza de *Tourdes*

a. Hemorragias externas, profusas, produzidas por lesão arterial, atingem locais distantes porque o sangue esguicha se feitas no vivo. Entretanto, se houver hemorragia interna violenta, como nas lesões de aorta ou de ventrículo cardíaco, levando a pressão rapidamente a zero, lesões externas feitas a seguir não sangram.

Lesões que ocorrem embaixo da água não apresentam sinais de hemorragia, mesmo no vivo.

Já as lesões de pele nos membros pendentes, por exemplo dos enforcados, onde as hipóstases se concentram, apresentam certo sangramento se realizadas logo após a morte.

Sangramento dentro de cavidade, como na pleura, intenso e com coágulos, resulta de lesão em vida.

Nos corpos que ficam com a cabeça baixa, as hipóstases aí se concentram e o sangue pode impregnar as meninges. Essa infiltração de pequeno volume não se confunde com hemorragia.

b. Coágulos ocorrem em vida, sendo aderentes às bordas da ferida, não descolando com a lavagem com água.

Coágulos de sangue podem se formar em lesões feitas logo após a morte.

Nas mortes que ocorrem rapidamente, como nas asfixias, esses coágulos logo se dissolvem, mas nas mortes agônicas, isso não se observa porque não é ativado o sistema fibrinolítico.

c. Retração das bordas das feridas ocorre no vivo, porque a elasticidade da pele permite que essas bordas sejam tracionadas pelas linhas de força e pelos músculos.

No cadáver, a elasticidade diminui pela desidratação da pele, associada à rigidez dos músculos, que perdem a capacidade de encurtar tornando os planos profundos mais fixos. Por isso, a retração não ocorre ou é mínima dependendo da região do corpo. Mesmo no vivo, a elasticidade é menor em certas locais, como regiões palmares e plantares (mãos e pés), enquanto no pescoço é acentuada, inclusive no morto.

d. Sinais vitais relacionados ao mecanismo da morte:

• Sangue nos brônquios dentro dos pulmões;

• Sangue no estômago;

- Corpos estranhos nas vias respiratórias;
- Fuligem nas vias respiratórias;
- Aumento do monóxido de carbono no sangue;
- Embolia gordurosa e gasosa.

A hemorragia é, em regra, um sinal característico de lesão produzida em vida, principalmente quando o sangue é projetado à distância.

Os derrames sanguíneos nas cavidades serosas só devem ser considerados vitais quando forem de grande volume.

A prova de *Verderau,* que consiste na visualização microscópica do afluxo leucocitário demonstrando vitalidade no momento da lesão, baseia-se na maior proporção de glóbulos brancos em relação aos vermelhos na região lesada comparativamente ao sangue.

O diagnóstico de vitalidade de uma lesão pode também ser realizado por meio de microscopia eletrônica de varredura.

6. ESTABELECIMENTO DA CAUSA JURÍDICA DA MORTE

Depende da boa investigação do local de crime e da autópsia bem-feita.

Muitas vezes, apenas a necropsia identifica a ocorrência da violência, mas pode não ser capaz de determinar se houve crime, suicídio ou acidente.

Nesses casos, apesar de definida a causa médica da morte, o legista dará como indeterminada a sua causa jurídica.

A causa médica refere-se às consequências decorrentes das lesões de órgãos ou funções que desencadearam a morte.

Os quesitos padronizados dos laudos periciais referem-se à causa médica, mas o legista pode fornecer elementos que auxiliem as autoridades na identificação da causa jurídica.

A repercussão da causa jurídica da morte extrapola a área penal. Tem-se como exemplo os contratos de seguro que não cobrem mortes por suicídio e, geralmente, estipulam maior indenização nas mortes por crime ou acidente.

6.1. Exame do local de crime

Análise dos vestígios encontrados:

Desordem no local de crime, utensílios quebrados	• Houve luta.
Janelas e portas fechadas	• Suicídio; • Agressor possuía as chaves do local.
Manchas de sangue	• Arrastamento do corpo produz faixas ou estrias de sangue no chão, paralelas entre si; • Vítima que se arrasta deixa manchas de sangue das mãos nos pontos de apoio.

Respingos de sangue	• Indivíduo parado: Pingos com aspecto radiado, pois caem perpendicularmente; • Indivíduo em movimento: Pingos com forma alongada que escorrem na direção do deslocamento do corpo.
Bilhete ou carta de despedida	• Com a letra da vítima: Sugere suicídio; • Irregularidade da escrita: Denota estado emocional alterado; • Quando escritos por máquina ou computador: Analisar impressões digitais no papel.
Análise da arma encontrada no local do crime	• Relação da arma com o cadáver: Se presa na mão da vítima ou apenas encostada; • Presença de sangue nas reentrâncias das armas brancas, que persiste após limpeza das mesmas, permitindo exames laboratoriais; • Perfurações pelos projéteis nas paredes e teto: Orientam estudo da direção dos disparos; • Cápsulas de cartuchos deflagrados: Auxiliam na identificação da arma.
Características do local de crime	• Externo: Estudo de rastros, pegadas, marcas de pneus; • Local de difícil acesso: Inviabiliza a hipótese de suicídio.

6.2. Exame do cadáver

6.2.1. Achados da necrópsia ou autópsia

Necropsia vem do grego: necro = morte, morto ou cadáver e psia = ação de ver ou examinar.

Autópsia também vem do grego: auto = por si mesmo ou pessoalmente, e não de si mesmo, e psia = ação de ver ou examinar. Significa analisar por si mesmo ou analisar pessoalmente.

Para alguns, o termo autópsia não significa examinar a si próprio.

Autópsia seria, então, um termo usado impropriamente em Medicina Legal, no lugar de necropsia, que é a perícia feita em cadáver para apurar a causa do óbito (causa *mortis*).

Apesar de necropsia ser um termo mais preciso, o termo autopsia pode ser empregado na medida em que entendermos que o corpo se mostra por si próprio, ou seja, o cadáver conta o que causou sua morte.

Achados da autópsia

a) Determinação dos sinais cadavéricos presentes no momento do exame - permite calcular o tempo de morte.

b) Vestes:

- rasgadas, desalinhadas, sujas de sangue – denotam que houve luta;
- número de perfurações, localização e dimensões;

CAPÍTULO 6 • TANATOLOGIA FORENSE **199**

- perfurações na roupa que não coincidem com as achadas no corpo da vítima: Houve mudança de postura da vítima quando atingida (se vítima rendida, estando com os braços levantados, a perfuração da roupa ficará em plano mais baixo que a do corpo).

c) Presença de lesões de defesa – afasta o elemento surpresa.

d) Resíduos de pólvora nas mãos da vítima

no suicídio, presentes nas duas mãos quando a vítima atira no peito;

no homicídio, se a vítima segurar a arma do agressor.

e) Lesões que denotam luta – são mais dispersas e consistem em equimoses e escoriações nas partes expostas do corpo, geralmente na face e no pescoço.

f) Estigmas ungueais, marcas de algemas ou cordas nos pulsos e/ou tornozelos – evidenciam contenção da vítima.

g) Sinais de manipulação do cadáver
- manchas de hipóstase no lado oposto ao esperado pela posição do corpo – sugerem crime;
- ausência de rigidez nos braços, quando ainda presente na nuca e membros inferiores.

h) Lesão única em certos locais – fala a favor do suicídio, mas dependendo da arma utilizada e do tempo de sobrevida, as lesões podem ser múltiplas também no suicídio.

i) Lesão mais grave – geralmente é a que causou a morte.

j) Lesões incisas – podem indicar se o agressor é destro ou canhoto, desde que se saiba a sua posição (de frente ou atrás) em relação à vítima.

k) Lesões que denotam intenção de matar – situam-se no precórdio (região do coração), cabeça e pescoço.

l) Lesões em zonas fatais – presentes em casos de suicídio, em especial nos membros superiores (punho e prega do cotovelo) e na cabeça (tiro encostado no ouvido).

m) Utilização de múltiplos meios – pode ocorrer tanto no homicídio, como no suicídio.

n) Presença de várias lesões mortais – observada em homicídios e acidentes.

o) Esgorjamento suicida – no indivíduo destro, a lesão incisa parte do ângulo esquerdo da mandíbula e desce obliquamente para a direita.

p) Esgorjamento homicida – o agressor ataca pelas costas, sendo a lesão incisa horizontal, iniciando à esquerda e angulando para cima na parte final.

q) Conteúdo gástrico
- O tempo de digestão dos alimentos é variável, dependendo da qualidade dos mesmos e de certas condições do indivíduo, como digestão mais lenta, presença de patologias que dificultem o esvaziamento do estômago, mas pode ser valorizado em conjunto com outros sinais.

- Alimentação leve: a digestão é mais rápida, ficando o estômago vazio de uma hora e meia a duas horas.
- Alimentação média: digestão em três a quatro horas.
- Alimentação pesada: digestão em cinco a sete horas.
- Os tipos de alimentos são reconhecíveis:

- a morte ocorreu após uma ou duas horas da última refeição;

- podem também indicar onde foi feita a última refeição.

- Alimentos em fase final de digestão: a morte ocorreu no período de quatro a sete horas da última refeição.
- Estômago vazio: a morte ocorreu após sete horas da última refeição.
- Alimentos bem mastigados: digestão mais rápida.
- Alimentos em pedaços grandes: maus hábitos alimentares ou a vítima fez uma refeição apressadamente.
- Odor: bebidas alcoólicas.

r) Presença de espermatozoides na vagina:

- móveis, até dez horas após a morte;
- imóveis, até dois a três dias.

Note-se que o agressor também pode apresentar lesões, que costumam ser do tipo escoriação causada pelas unhas da vítima e equimoses consequentes a dentadas.

6.2.2. Elementos importantes do suicídio

- Antecedentes de tentativas anteriores, muitas vezes marcadas por cicatrizes;
- Situação de crise pessoal;
- História de doença mental;
- Afastamento da roupa no local da lesão;
- Formas de morte: Enforcamento e imolação pela ação do fogo são eminentemente suicidas.

6.2.3. Considerações sobre causa acidental

Entre as mortes de causa acidental, predominam as que ocorrem por acidentes de transporte.

1) Acidentes de trânsito

Englobam as colisões de veículos e os atropelamentos de pedestres.

a) Atropelamentos

As lesões podem ser produzidas por dois mecanismos:

1º) Lesões causadas pelo impacto do veículo em movimento:

- Dependem da velocidade do veículo e do local atingido.

- Podem ocorrer em qualquer parte do corpo, predominando as lesões e fraturas no terço médio das pernas, na altura do para-choque, ou mais baixas se o veículo brecou no momento do impacto.
- Lesões no tórax e no abdome podem ter a forma da parte do veículo que atingiu a vítima, como a marca dos faróis ou de algum distintivo de fabricação, ou tinta do veículo, chamadas de **contusão tatuagem** (lesão padrão).
- Veículos de grande porte como ônibus, caminhão, carretas, causam impacto inicial vertical direito ou esquerdo, anterior ou posterior, dependendo da posição em que se encontrava a vítima ao ser atingida.

2°) Lesões produzidas pela projeção do corpo contra outras estruturas:
- Arremesso da vítima para o alto provocando o segundo impacto, agora contra o solo.
- A seguir, a vítima pode:
- rolar;
- ser arrastada, se ficar presa ao veículo;
- ser esmagada por outro veículo, que passa por cima do seu corpo deixando as marcas dos pneus (**marcas pneumáticas de** *Simonian*).

b) Acidentes envolvendo bicicleta e motocicleta

1°) Lesões decorrentes da colisão:
- Podem ocorrer em qualquer parte do corpo.
- Trauma de crânio: parece ser a lesão mais frequente, seja pelo menor porte da moto, que propicia a queda do condutor com a cabeça batendo diretamente no solo, sendo esse impacto agravado pela velocidade, seja pela projeção do condutor para frente, por cima da moto, quando o outro veículo colide com a parte traseira dela, caso em que a cabeça se torna o principal ponto de impacto e, muitas vezes, o único local lesado.
- Não são raras as amputações traumáticas de membros pelo próprio veículo que atingiu a moto ou a bicicleta, ou pelo arremessamento da vítima contra estruturas cortantes, como placas metálicas de propaganda.

2°) Atropelamento da vítima ao cair do veículo, daí a alta porcentagem de acidentes fatais.

c) Colisões

1°) Nos condutores dos veículos:
- Lesões na cabeça e no tórax causadas por impacto no para-brisa e no volante;
- Lesões por desaceleração brusca;
- Fraturas nos joelhos e colo do fêmur (parte do osso da coxa que encaixa na bacia), por projeção abaixo do painel;
- Ferimentos no dorso dos dedos do pé, principalmente no que está apoiado no pedal.

2°) Nos passageiros sentados no banco dianteiro, predominam as lesões na cabeça e no tórax por impacto sobre a bancada. Segundo França (p. 100), estes teriam lesões mais graves que as do condutor. Entretanto, deve-se considerar a posição do passageiro, se o veículo tombou ou capotou, se a colisão foi frontal ou não, além do porte do veículo.

2) Atropelamento náutico

1°) Impacto da embarcação: produz geralmente contusões e fraturas na cabeça, na parte superior do tórax e região dorso lombar.

2°) Projeção no meio líquido: só tem gravidade se o corpo esbarrar em algo consistente presente na água, ou se a vítima não sabe nadar ou está desacordada.

3°) Lesões pelas hélices da embarcação: a lesão tecidual é grande, decorrente de lesões cortocontusas em forma de curva (curvilínea), com cauda de escoriação inicial e terminal, fraturas e amputações com secção dos vasos em forma de **bico de gaita** (França, p. 100).

3) Atropelamento ferroviário

Para identificar a causa jurídica, adquirem importância a necropsia, a análise do local e da posição do corpo, além do relato de testemunhas.

Num primeiro momento, nem sempre é possível saber se houve homicídio, suicídio, acidente, atropelamento após morte natural ou dissimulação de morte violenta.

Achados de necropsia:

- Costuma haver um **espostejamento**, sendo um dos objetivos da necropsia a identificação de reação vital nas lesões, como equimoses, infiltração de sangue nos tecidos e placas de sangue coagulado para afastar simulação;

- No **suicídio**, geralmente há **secção transversal do pescoço ou do abdome** (a vítima se deita transversalmente nos trilhos ou se atira na frente do trem);

- Nos **acidentes**, frequentemente ocorre **secção das pernas**;

- Nos **atropelamentos pós morte**, não há reação vital nas lesões produzidas pelas rodas do trem;

- Se a causa foi **dissimulação de homicídio**, é possível identificar lesões de causa diversa, com reação vital; há sangue nas vestes, mas sua quantidade no local do atropelamento é incompatível com a extensão das lesões.

4) Acidentes aéreos

- Dependendo do tipo de aeronave, do choque no solo ou na água, da colisão com edificações ou com outra aeronave, ou de explodir, o problema é a identificação dos fragmentos de corpos.

- Para a identificação da causa do acidente, importa não apenas a pesquisa de álcool, drogas ou medicamentos no corpo do comandante e tripulação, mas a investigação de problemas psiquiátricos prévios ou atuais que indiquem a tendência ao suicídio, geralmente camuflados pelo portador.

6.2.4. Lesões por precipitação

- Característica: **desproporção entre as lesões cutâneas e as graves lesões ósseas e viscerais**, pois a pele geralmente está pouco lesada.
- Todas as vísceras podem ser afetadas, em especial as maciças (fígado, baço, rins).
- O lado direito do coração (átrio e ventrículo) é o mais afetado, principalmente o átrio, assim como a porção ascendente da aorta.
- Impacto na cabeça: provoca **fratura em saco de noz** (múltiplas fraturas da calota craniana, estando o couro cabeludo praticamente íntegro) e fratura de vértebras.
- Impacto sobre as pernas: causa fraturas no terço inferior das pernas e do terço médio dos braços (a vítima tenta amortecer o impacto) – **sinal de quatro fraturas de** *Pascoal*.
- Impacto lateral: gera fraturas principalmente de costelas, ruptura de baço, fígado e rins.
- Se a vítima estava morta antes da queda, não há reação vital nas lesões.

Quanto à causa jurídica

a) **Queda acidental:**

- O corpo cai próximo ao local da precipitação por ação da gravidade, inexistindo impulso horizontal (não foi empurrado, nem deu impulso, apenas se desequilibrou);
- No local onde o indivíduo estava, pode-se encontrar móveis ou utensílios, utilizados para apoio nas tarefas que executava, tombados;
- Nos acidentes de paraquedismo, são frequentes as luxações e fraturas, pela contenção da cinta, e os arrastões, quando o paraquedas não funciona ou funciona mal.

b) **Homicídios:** a distância é pouco maior porque o agressor empurra a vítima.

c) **Suicídio:**

- O corpo cai mais distante por impulso da própria vítima ou ela utiliza meios que facilitem a projeção;
- Geralmente a vítima cai em pé, enquanto nos acidentes e homicídios, pode cair em qualquer posição.

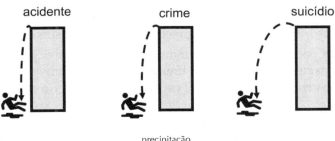

precipitação

6.2.5. Reação Vital

Determinar se uma lesão foi feita antes ou após a morte pode ser difícil nas proximidades do evento letal (pouco antes ou pouco depois).

Esse intervalo é chamado de período de incerteza (*Tourdes*).

7. INTERFERÊNCIA NO PROCESSO DE MORTE

7.1. Eutanásia

O termo eutanásia surgiu com o significado de boa morte ou morte amena, mas com o passar do tempo, ganhou a conotação de antecipação da morte.

Ainda não há previsão legal para tal procedimento na legislação pátria, enquadrando-se os casos que exibam seus requisitos como homicídio privilegiado, por relevante valor moral (CP, art. 121, § 1º).

Desde junho de 2012, tramita no Senado Federal, o anteprojeto do novo Código Penal (PLS 236/2012), que inclui a eutanásia no artigo 122, mantendo-se a tipificação de crime:

Eutanásia.

Art. 122 do CP. Matar, por piedade ou compaixão, paciente em estado terminal, imputável e maior, a seu pedido, para abreviar-lhe sofrimento físico insuportável em razão de doença grave:

Pena – prisão, de dois a quatro anos.

§ 1º O juiz deixará de aplicar a pena avaliando as circunstâncias do caso, bem como a relação de parentesco ou estreitos laços de afeição do agente com a vítima.

A eutanásia pressupõe que:

- O autor tenha agido por piedade ou compaixão, e não por interesse próprio;
- O paciente seja imputável e maior;
- O paciente não mais suporte o sofrimento físico, excluindo, portanto, o sofrimento moral e psicológico;
- O paciente esteja em fase terminal de doença grave, isto é, que o quadro apresentado pelo paciente seja irreversível;
- O paciente peça para morrer e esteja apto para consentir.

Observe-se que, mesmo não prevista no atual Código Penal, para a tipificação do homicídio piedoso, a situação tem de apresentar os pressupostos da eutanásia.

A eutanásia pode ser ativa, quando uma atitude comissiva precipita o desenlace fatal, como, por exemplo, a aplicação de uma medicação que provoque parada cardíaca, ou asfixia por obstrução do nariz e boca causada por travesseiro comprimido contra a face do indivíduo.

Mas, se for desligado um aparelho que mantenha a vida, que pode ser um respirador, a eutanásia será passiva, pois o meio necessário à sobrevivência deixou de ser fornecido por quem tinha o dever de fazê-lo ou mantê-lo, já que a omissão é normativa.

O autor da eutanásia pode ser o médico ou outra pessoa.

A legalização da eutanásia estabelece uma perigosa ligação da figura do médico à morte, que além de gerar desconfiança da população na atuação do profissional, pode quebrar a barreira psicológica entre o matar e o morrer.

7.2. Distanásia

É uma consequência da luta contra a morte.

As novas tecnologias que impediram a morte de tantas pessoas passaram a ter uso generalizado e, muitas vezes, indiscriminado, mesmo que ausente a possibilidade de melhora ou cura, impingindo ao paciente sofrimento desnecessário.

Essa obstinação terapêutica responsável pelo prolongamento do processo de morte foi denominada distanásia, que significa morte difícil e dolorosa.

O autor só pode ser o médico e não há qualquer implicação penal.

7.3. Ortotanásia

Para combater a distanásia, surgiu a ortotanásia, isto é, a morte correta, sem antecipação nem prolongamento do processo.

Aqui, não havendo mais qualquer terapêutica aplicável, restaria amenizar a dor, dar conforto material e psicológico, e aceitar a evolução da doença já sem controle.

Em outras palavras, o médico já utilizou todos os tratamentos disponíveis e indicados para o caso concreto, mas a doença evoluiu mesmo na vigência deles.

Se houvesse mais alguma terapêutica, o profissional não hesitaria em utilizá-la, mas não há, sendo a medicação sintomática a forma de adequação terapêutica.

Não é o médico que resolve parar, mas é a doença que ficou fora de controle e passou a dominar a situação. Resta-lhe estabelecer, de forma objetiva, que chegou o momento de parar porque os tratamentos específicos para o caso esgotaram-se.

Não há como normatizar tal situação, pois qualquer tentativa pode conduzir ao tratamento insuficiente, situação mais nociva do que a obstinação terapêutica.

Simplificando, tudo se baseia em saber a hora de parar porque o doente está em processo irreversível de morte.

Não é a tentativa de estabelecer regras autorizando a suspensão de tratamentos infrutíferos, mas a experiência do profissional que levará à adequação terapêutica do processo de morte.

Não se enquadra como ortotanásia, mas como eutanásia passiva, a suspensão de meios que mantêm o indivíduo vivo, sem os quais a morte é precipitada.

Na ortotanásia, a suspensão de tratamento fútil também pode ser consentida pelos familiares, pois muitas vezes o paciente já não apresenta condições para tal.

Apenas o médico pode ser o autor, mas a situação não configura crime, a não ser que haja duplo efeito, isto é, a intenção era a ortotanásia, mas acabou precipitando a morte, configurando eutanásia.

O anteprojeto do novo Código Penal (PLS 236/2012) prevê no parágrafo 2º do artigo 122, uma causa de exclusão de ilicitude interpretada como ortotanásia.

Exclusão de ilicitude

Art. 122 § 2º. Não há crime quando o agente deixa de fazer uso de meios artificiais para manter a vida do paciente em caso de doença grave irreversível, e desde que essa circunstância esteja previamente atestada por dois médicos e haja consentimento do paciente, ou, na sua impossibilidade, de ascendente, descendente, cônjuge, companheiro ou irmão.

A frase – deixa de fazer uso de meios artificiais para manter a vida – pode ser interpretada equivocadamente como autorização para eutanásia passiva, pois não tem o mesmo significado de deixar que a doença siga o seu curso natural.

Certamente, não há intenção de exclusão de ilicitude para qualquer procedimento que possa antecipar a morte, tanto que a Resolução 1.805/2006, do Conselho Federal de Medicina (CFM), sobre terminalidade da vida, teve sua validade suspensa em sede de liminar por ter sido considerada inconstitucional, em decorrência de ação civil pública movida pelo Ministério Público Federal (MPF) na Justiça Federal de Primeira Instância. Nesta ocasião foi interpretada como eutanásia passiva.

Em dezembro de 2010, houve a revogação da liminar depois que o próprio MPF revisou a ação inicial e concluiu que a ortotanásia não constitui crime de homicídio, ao contrário da eutanásia, e que o CFM tem competência para editar a resolução, já que não versa sobre direito penal, e sim sobre ética médica e consequências disciplinares.

A Resolução 1.805/2006 do CFM estabelece que:

Art. 1º É permitido ao médico limitar ou suspender procedimentos e tratamentos que prolonguem a vida do doente em fase terminal, de enfermidade grave e incurável, respeitada a vontade da pessoa ou de seu representante legal.

§ 1º O médico tem a obrigação de esclarecer ao doente ou a seu representante legal as modalidades terapêuticas adequadas para cada situação.

§ 2º A decisão referida no *caput* deve ser fundamentada e registrada no prontuário.

§ 3º É assegurado ao doente ou a seu representante legal o direito de solicitar uma segunda opinião médica.

Art. 2º O doente continuará a receber todos os cuidados necessários para aliviar os sintomas que levam ao sofrimento, assegurada a assistência integral, o conforto físico, psíquico, social e espiritual, inclusive assegurando-lhe o direito da alta hospitalar.

Em 31 de agosto de 2012, a Resolução CFM 1995 veio dispor sobre as diretivas antecipadas de vontade dos pacientes considerando, entre outros fatores, a inexistência de regulamentação sobre diretivas antecipadas de vontade do paciente, a necessidade de disciplinar a conduta do médico em face das mesmas, a relevância da questão da autonomia do paciente no contexto da relação médico-paciente e a existência de novos recursos tecnológicos que permitem a adoção de medidas desproporcionais que prolongam o sofrimento do paciente em estado terminal, sem trazer benefícios, e que essas medidas podem ter sido antecipadamente rejeitadas pelo mesmo.

CAPÍTULO 6 • TANATOLOGIA FORENSE | **207**

Art. 1º Definir diretivas antecipadas de vontade como o conjunto de desejos, prévia e expressamente manifestados pelo paciente, sobre cuidados e tratamentos que quer, ou não, receber no momento em que estiver incapacitado de expressar, livre e autonomamente, sua vontade.

Art. 2º Nas decisões sobre cuidados e tratamentos de pacientes que se encontram incapazes de comunicar-se, ou de expressar de maneira livre e independente suas vontades, o médico levará em consideração suas diretivas antecipadas de vontade.

§ 1º Caso o paciente tenha designado um representante para tal fim, suas informações serão levadas em consideração pelo médico.

§ 2º O médico deixará de levar em consideração as diretivas antecipadas de vontade do paciente ou representante que, em sua análise, estiverem em desacordo com os preceitos ditados pelo Código de Ética Médica.

§ 3º As diretivas antecipadas do paciente prevalecerão sobre qualquer outro parecer não médico, inclusive sobre os desejos dos familiares.

§ 4º O médico registrará, no prontuário, as diretivas antecipadas de vontade que lhes foram diretamente comunicadas pelo paciente.

§ 5º Não sendo conhecidas as diretivas antecipadas de vontade do paciente, nem havendo representante designado, familiares disponíveis ou falta de consenso entre estes, o médico recorrerá ao Comitê de Bioética da instituição, caso exista, ou, na falta deste, à Comissão de Ética Médica do hospital ou ao Conselho Regional e Federal de Medicina para fundamentar sua decisão sobre conflitos éticos, quando entender esta medida necessária e conveniente.

Entendemos que tal resolução carece ainda de compatibilização com a legislação penal e civil para tornar-se eficaz.

Em 2018, a Resolução 2.217, do CFM, aprovou o novo Código de Ética Médica que, no item XXII dos princípios que regem a profissão, refere-se às situações clínicas irreversíveis e terminais, nas quais o médico evitará a realização de procedimentos diagnósticos e terapêuticos desnecessários e propiciará aos pacientes sob sua atenção todos os cuidados paliativos apropriados.

O médico não poderá deixar de usar todos os meios disponíveis de diagnóstico e tratamento, cientificamente reconhecidos e a seu alcance, em favor do paciente (CEM, art. 32).

Também é vedado ao médico abreviar a vida do paciente, ainda que a pedido deste ou de seu representante legal (CEM, art. 41), afastando a possibilidade de realização de qualquer tipo de eutanásia ou auxílio material ao suicídio assistido.

No parágrafo único deste mesmo artigo, estabelece que nos casos de doença incurável e terminal, deve o médico oferecer todos os cuidados paliativos disponíveis sem empreender ações diagnósticas ou terapêuticas inúteis ou obstinadas, levando sempre em consideração a vontade expressa do paciente ou, na sua impossibilidade, a de seu representante legal.

Entretanto, as desigualdades existentes no Brasil configuram um problema adicional: grande parte da população não tem acesso a todas as terapias existentes, incluindo-se aqui tanto as mais sofisticadas como as básicas.

Muitas vezes, quando o paciente consegue atendimento, a sua doença já evoluiu livremente para a fase terminal, só lhe restando medicação paliativa, ou seja, ortotanásia.

MEDICINA LEGAL E NOÇÕES DE CRIMINALÍSTICA • Neusa Bittar

E mais, dependendo das terapias acessíveis e das vagas hospitalares disponíveis, ou da existência de hospital e de médicos na localidade, até quadros infecciosos passíveis de tratamento se tornam terminais pelo atraso ou falta de tratamento.

Então, a Resolução 1.805/2006 do CFM só teria aplicabilidade aos pacientes que tiveram acesso ao tratamento e esgotaram todos os realmente disponíveis, pois provavelmente também serão os beneficiados com essa assistência integral quando se tornarem terminais.

Diante de tanta desigualdade e da periculosidade de uma resolução ou de uma exclusão de ilicitude baseadas em análise genérica de uma situação que necessita de um enfoque criterioso do caso concreto, a obstinação terapêutica racional talvez seja a solução mais adequada à nossa realidade social.

7.4. Mistanásia

É a morte miserável, antes do tempo, sem que haja patologia que a justifique naquele momento.

Trata-se de morte evitável, causada pela falta atendimento de qualidade, de insumos ou de leitos, comprovando uma violação do direito à saúde que é garantido pela Constituição Federal.

Não há justificativa para a morte miserável, por falta de atendimento, nas filas de ambulatórios ou nas portas de hospitais, cujas vagas para internação esgotaram-se, ainda mais quando se trata de pacientes saudáveis, como no caso de gestantes.

Trata-se, portanto, de verdadeira eutanásia social.

Como os autores são indefinidos, essa situação não é punida e se perpetuará caso algum dispositivo penal não a tipifique.

7.5. Suicídio assistido

No suicídio assistido é o próprio paciente que põe fim à sua vida, com a participação de outra pessoa, que não necessita ser médico, e que responderá pelo crime de auxílio material ao suicídio do artigo 122 do CP, com nova redação dada pela Lei 13.968, de 2019.

Induzimento, instigação ou auxílio a suicídio ou a automutilação

Art. 122. Induzir ou instigar alguém a suicidar-se ou a praticar automutilação ou prestar-lhe auxílio material para que o faça:

Pena: reclusão, de 6 (seis) meses a 2 (dois) anos.

§ 1º Se da automutilação ou da tentativa de suicídio resulta lesão corporal de natureza grave ou gravíssima, nos termos dos §§ 1º e 2º do art. 129 deste Código:

Pena: reclusão, de 1 (um) a 3 (três) anos.

§ 2º Se o suicídio se consuma ou se da automutilação resulta morte:

Pena: reclusão, de 2 (dois) a 6 (seis) anos.

§ 3º A pena é duplicada:

I – se o crime é praticado por motivo egoístico, torpe ou fútil;

CAPÍTULO 6 • TANATOLOGIA FORENSE **209**

II – se a vítima é menor ou tem diminuída, por qualquer causa, a capacidade de resistência.

§ 4º A pena é aumentada até o dobro se a conduta é realizada por meio da rede de computadores, de rede social ou transmitida em tempo real.

§ 5º Aumenta-se a pena em metade se o agente é líder ou coordenador de grupo ou de rede virtual.

§ 6º Se o crime de que trata o § 1º deste artigo resulta em lesão corporal de natureza gravíssima e é cometido contra menor de 14 (quatorze) anos ou contra quem, por enfermidade ou deficiência mental, não tem o necessário discernimento para a prática do ato, ou que, por qualquer outra causa, não pode oferecer resistência, responde o agente pelo crime descrito no § 2º do art. 129 deste Código.

§ 7º Se o crime de que trata o § 2º deste artigo é cometido contra menor de 14 (quatorze) anos ou contra quem não tem o necessário discernimento para a prática do ato, ou que, por qualquer outra causa, não pode oferecer resistência, responde o agente pelo crime de homicídio, nos termos do art. 121 deste Código.

Essa modalidade de interferência no processo de morte não exige fase terminal da doença, nem intenso sofrimento físico. Assim, caso o ato acabe sendo executado pela pessoa que está prestando auxílio material, jamais será caracterizado como eutanásia.

7.6. Ordens de não reanimar

Discute-se a possibilidade de o médico ordenar que determinado paciente não deva ser submetido às manobras de ressuscitação, caso apresente parada cardiocirculatória.

Em função da quantidade de vida que resta ao paciente, tal ordem será possível.

Exemplificando: se a parada ocorrer em paciente em fase final de uma doença incurável, significa morte em decorrência da irreversibilidade do quadro clínico, podendo a intervenção ter o efeito de recuperar os batimentos cardíacos por apenas alguns segundos, minutos ou horas, prolongando o processo de morte.

Já em função da qualidade de vida que o paciente terá caso responda às manobras de ressuscitação, tal ordem jamais poderá ser emitida, pois representará antecipação da morte, além de que o conceito de qualidade de vida varia em função de cada indivíduo.

8. DESTINO DO CADÁVER

8.1. Inumação

É o enterramento ou sepultamento do cadáver.

Dependendo da situação em que se deu o óbito, tem-se:

• **Inumação simples**

É a realizada em 24 a 48 horas da morte, sem necessidade de autópsia prévia, mediante apresentação de certidão emitida pelo cartório, após registro do atestado de óbito preenchido e assinado pelo médico assistente, ou por duas pessoas qualificadas que tiverem presenciado ou verificado a morte caso inexistam médicos na localidade (Lei 6015/1973, art. 77).

• Inumação com necropsia

Ocorre quando o médico assistente está **impedido** de atestar o óbito, devendo o médico legista emitir o atestado de óbito após autópsia no Instituto Médico Legal (IML) nas mortes violentas (crime, suicídio, acidente) e mortes suspeitas, ou o médico patologista do Serviço de Verificação de Óbito (SVO) nas mortes naturais sem atendimento ou sem diagnóstico.

Se inexistir IML na localidade e, consequentemente, peritos oficiais, de acordo com os parágrafos 1º e 2º do artigo 159 do CPP, um médico da localidade ou outro profissional pode ser investido pela autoridade judicial ou policial na função de perito legista eventual (ad hoc), qualquer que tenha sido o tempo decorrido entre o evento violento e a morte propriamente (Portaria 116 de 2009, art. 19, inc. V, b).

Nas localidades sem SVO, a Declaração de Óbito deverá ser fornecida pelos médicos do serviço público de saúde mais próximo do local onde ocorreu o evento e, na sua ausência, por qualquer médico da localidade (Portaria 116 de 2009, art. 19, inc. II, b), podendo registrar como causa indeterminada se a causa da morte for desconhecida, mas devendo informar se existirem doenças preexistentes do seu conhecimento.

8.2. Partes do cadáver

O destino de membros do corpo humano amputados, assim como dos natimortos para os quais não se exija atestado de óbito, está normatizado pela Resolução RDC 306, de 07 de dezembro de 2004 (ANVISA), em seu Capítulo VI:

> 7.1 – Peças anatômicas (membros) do ser humano; produto de fecundação sem sinais vitais, com peso menor que 500 gramas ou estatura menor que 25 centímetros ou idade gestacional menor que 20 semanas, que não tenham valor científico ou legal e não tenha havido requisição pelo paciente ou seus familiares.
>
> 7.1.1 – Após o registro no local de geração, devem ser encaminhados para:
>
> I – **Sepultamento** em cemitério, desde que haja autorização do órgão competente do Município, do Estado ou do Distrito Federal ou;
>
> II – **Tratamento térmico por incineração ou cremação**, em equipamento devidamente licenciado para esse fim.

8.3. Cremação

Nos casos de morte natural, a cremação do cadáver só será feita se houver manifestação da vontade de ser incinerado ou se houver interesse da saúde pública (por exemplo em epidemias), devendo o atestado de óbito ser firmado por dois médicos ou por um médico legista. Sendo a morte violenta, torna-se necessária também a autorização judicial (Lei 6.015/1973, art. 77, § 2º).

A necessidade de autorização nas mortes naturais decorre do direito constitucional à liberdade de culto, pois existem religiões que não aceitam a cremação por acreditarem na reencarnação.

CAPÍTULO 6 • TANATOLOGIA FORENSE **211**

Em se tratando de morte violenta ou suspeita, a possibilidade de cremação fica subordinada aos requisitos legais (morte atestada por médico legista após autópsia e autorização judicial), uma vez que impossibilita posterior exumação.

8.4. Necropsia médico legal

Tem por finalidade estabelecer a causa médica da morte, identificando os agentes lesivos exógenos que atuaram sobre o organismo e o nexo causal com a morte violenta ou suspeita.

Essa ação exógena pode decorrer da participação humana ou não, como nos casos de acidentes por energia elétrica industrial ou natural (raios), inundações, terremotos, animais peçonhentos (escorpião, aranha, cobra etc.).

Através da necropsia evidenciam-se, também, o tempo da morte e os elementos para estabelecimento da causa jurídica da morte e identificação do cadáver.

> Art. 161, do CPP. O exame de corpo de delito poderá ser feito em qualquer dia e a qualquer hora.
>
> Art. 162, do CPP. A autópsia será feita pelo menos seis horas depois do óbito, salvo se os peritos, pela evidência dos sinais de morte, julgarem que possa ser feita antes daquele prazo, o que declararão no auto.
>
> Parágrafo único. Nos casos de morte violenta, bastará o simples exame externo do cadáver, quando não houver infração penal que apurar, ou quando as lesões externas permitirem precisar a causa da morte e não houver necessidade de exame interno para a verificação de alguma circunstância relevante.
>
> Art. 164, do CPP. Os cadáveres serão sempre fotografados na posição em que forem encontrados, bem como, na medida do possível, todas as lesões externas e vestígios deixados no local do crime
>
> Art. 165, do CPP. Para representar as lesões encontradas no cadáver, os peritos, quando possível, juntarão ao laudo do exame provas fotográficas, esquemas ou desenhos, devidamente rubricados.
>
> Art. 159, § 6º, do CPP. Havendo requerimento das partes, o material probatório que serviu de base à perícia será disponibilizado no ambiente do órgão oficial, que manterá sempre sua guarda, e na presença de perito oficial, para exame pelos assistentes, salvo se for impossível a sua conservação.

A necropsia compreende, inicialmente, uma **inspeção externa global** e, na sequência, uma **inspeção detalhada de cada segmento corporal**, incluindo os orifícios naturais, buscando descrever:

- Sinais que identifiquem o cadáver, como tatuagens, malformações etc.;
- Sinais de certeza da morte, que começam a ficar evidentes após 6 horas da morte, devendo o perito justificar no laudo a antecipação do procedimento quando as lesões externas forem incompatíveis com a vida;
- Sexo;
- Compleição física;
- Estado de nutrição;
- Estatura;
- Idade presumida.

Técnicas de necrópsia

Técnica de *Rokitansky* – é o primeiro método ordenado e completo de necropsia, baseado na dissecação das vísceras *in situ*. Assim, os órgãos são abertos e examinados no próprio sítio anatômico, ou seja, dentro do cadáver, um a um e, posteriormente, são retirados de maneira isolada.

Técnica de *Ghon* – modificou a técnica de *Rokitansky*, introduzindo a extração dos órgãos em bloco, sendo que o primeiro monobloco engloba todo o mediastino. A retirada em blocos separados permite maior agilidade quando o procedimento for realizado por apenas um médico. A técnica de *Ghon* é a que conserva a relação existente entre os órgãos, já que eles são retirados em blocos, por sistemas.

Técnica de *Rudolf Virchow* – consiste na retirada individual de cada órgão para análise minuciosa de cada peça. Tem como principais características o reconhecimento global das vísceras no seu local anatômico e análise posterior de cada órgão separadamente. A incisão utilizada é a biacromioxifopubiana, também chamada de submentoxifopubiana, que é a mesma incisão toracoabdominal. Apesar de valiosa para mostrar alterações patológicas, essa técnica sacrifica as relações anatômicas dos órgãos, pois eles são retirados individualmente.

Técnica de *M. Letulle* – consiste em uma grande incisão oval na face anterior do tórax e abdome para conseguir uma melhor visão do conjunto das vísceras das cavidades, que são retiradas em bloco único. Essa retirada em monobloco permite que o corpo seja preparado mais rapidamente para o funeral, devido ao menor número de dissecções nas cavidades do cadáver.

São materiais necessários para a necrópsia: afastadores de *Farabeuf*; cabo e lâminas de bisturi; pinças dente de rato; pinças hemostáticas curvas e retas; ruginas; costótomo; serra de crânio ou serrote; talhadeira; tesouras curvas e retas.

Rugina é uma espécie de alicate especializado projetado para cortar e remodelar ossos, utilizado para elevar o periósteo.

A cavidade craniana é aberta após rebatido o couro cabeludo, sendo utilizados os seguintes instrumentos na craniotomia do adulto, durante a necropsia: rugina de *Farabeuf*; serra de arco usada na construção civil; martelo de *Hajek*; escopro.

Griesinger preconiza a abertura de crânio e do cérebro de maneira conjunta, com arco de serra ou de lâmina, por um plano passando a um centímetro acima da protuberância occipital externa e um centímetro acima do rebordo orbitário.

Dispondo-se de serra elétrica de crânio, é preferível serrar os ossos do crânio e proceder à retirada do cérebro de forma inteira.

A seguir, procede-se ao **exame interno**.

1º) Da cavidade craniana

2º) Da cavidade torácica e abdominal

Além das vísceras, os grandes vasos devem ser abertos e examinados.

Em relação ao tórax:

CAPÍTULO 6 • TANATOLOGIA FORENSE

a) Presença de coágulos secos de cor vermelho tijolo nos vasos pulmonares indica embolia;

b) Nos vasos da base (junto ao coração)

- Presença de líquido escuro ocorre nas asfixias;
- Presença de coágulos cadavéricos ou pós *mortem*, cuja consistência é elástica, o aspecto é gelatinoso, liso e brilhante, e está solto dentro do vaso, diferentemente do trombo, que é friável, seco, inelástico e aderido.

Os coágulos cadavéricos podem ser de dois tipos:

- **negros, cruóricos**, de cor vermelha escura, resultantes da agregação dos elementos sólidos do sangue, em especial das hemácias;
- **brancos, fibrinosos ou lardáceos**, constituídos principalmente por fibrina e que se formam após a sedimentação dos elementos sólidos do sangue e são encontrados nas **mortes agônicas**.

Na necropsia de caso de morte súbita por choque anafilático, resultante de uma reação de hipersensibilidade do tipo I, observam-se sinais de asfixia por crise asmatiforme ou edema de mucosa da laringe; a morte também pode ocorrer por hipotensão acentuada e choque circulatório e pela vasodilatação generalizada da microcirculação.

Em caso de morte súbita por infarto pulmonar, há no pulmão uma área elevada de coloração vermelho-azulada em forma de cunha e a superfície pleural recoberta por um exsudato fibrinoso.

Alterações encontradas nos pulmões de pessoas que morrem de crise asmática:

– espessamento da membrana basal do epitélio brônquico.

– infiltração da parede bronquiolar por eosinófilos.

– hipertrofia das glândulas mucosas brônquicas.

– obstrução da luz brônquica por muco espesso.

O achado na necropsia de hiperinflação pulmonar combinada com atelectasia, escondendo o coração, juntamente com vias aéreas ocluídas por tampões de muco, está associado a casos de morte súbita por asma.

A morte súbita que resulta de distúrbios primários do sistema de excitação e condução do impulso elétrico responsável pela contração miocárdica, especialmente durante ou logo após esforço físico exagerado, não podem ser diagnosticados em exame cadavérico, pois meramente funcionais.

No suicídio com gás CO, são achados necropatológicos: rigor cadavérico intenso; coloração intensamente avermelhada nos pulmões, no fígado e no sangue, bem como petéquias subpleurais.

Os trombos são causas frequentes de obstrução vascular e morte, podendo ser de natureza arterial ou venosa.

No tromboembolismo pulmonar a obstrução da artéria pulmonar pode ser total, ou o trombo fica emperrado na bifurcação arterial (êmbolo em cela), a morte súbita pode ocorrer por falência cardiovascular ou *cor pulmonale* agudo (insuficiência cardíaca direita consequente à pneumopatia).

Os arteriais ocorrem em áreas de turbulência ou em locais que o endotélio esteja lesado e os venosos em locais de estenose.

Os trombos arteriais ou cardíacos são de coloração branco-acinzentada, friáveis e têm grande poder de oclusão.

É possível a diferenciação entre os coágulos e os trombos venosos, pois os coágulos. post-mortem, têm consistência elástica, aspecto é gelatinoso, liso e brilhante e estão soltos dentro do vaso, enquanto os trombos são friáveis, secos, inelásticos e aderidos à parede do vaso.

O conteúdo gástrico deve ser avaliado, e, nos casos de suspeita de intoxicação exógena, enviado seu conteúdo para estudo toxicológico.

A gastromalácia ácida resulta de autodigestão do estômago.

Bexiga repleta, em caso de morte noturna, o perito poderá suspeitar de uso de soníferos.

Em necropsia médico-legal de mulher adulta é indispensável a verificação de gravidez, preferencialmente através da abertura do útero, quando em idade fértil.

Em caso de morte em mulheres, é imprescindível a abertura do útero para verificação de gravidez em qualquer idade.

Cadáver de gestante cuja causa da morte foi eclampsia, apresenta o:

– edema acentuado;

– palidez cutâneo mucosa;

– posição de face e membros sugerindo atitude espástica;

– edema cerebral;

– derrame pericárdico;

– ascite;

– degeneração gordurosa hepática com superfície amarelada.

3º) Cavidade vertebral

4º) Órgãos do pescoço

Nos casos de enforcamento, estrangulamento e esganadura, adquire importância o exame das carótidas, buscando evidenciar:

- Sufusão hemorrágica na túnica externa: Sinal de *Friedberg*;

- Secção transversal da túnica interna, próximo à bifurcação da carótida – Sinal de *Amussat*;

- Roturas longitudinais em meia lua: descritas por *Marcos França*;

- Equimoses retrofaríngeanas descritas por *Brouardel*.

A análise do osso hioide tem importância, principalmente nas mortes suspeitas por traumatismo no pescoço.

Nas necrópsias, é difícil diferenciar se uma pessoa caiu porque teve uma hemorragia cerebral ou se sofreu uma hemorragia traumática proveniente da queda.

Para afastar a causa traumática, o patologista forense se baseia nos achados anatomopatológicos:

– presença de hemorragia e necrose nos núcleos da base do encéfalo;

– achado de intensa hipertrofia do ventrículo esquerdo do coração;

– presença de edema cerebral intenso;

– comprometimento da protuberância pela hemorragia.

5º) Exame das cavidades acessórias da cabeça.

Em necrópsias, os locais de maior frequência de encontro dos aneurismas cerebrais, em ordem decrescente, são:

– a união das artérias cerebrais anteriores com os ramos comunicantes anteriores;

– a bifurcação da artéria cerebral média;

– a união da carótida interna com a comunicante posterior;

– a bifurcação do tronco basilar.

Caso não haja auxiliares para a realização de uma necropsia, cabe ao médico legista realizá-la, assim como produzir o respectivo laudo e devolver o corpo em condições satisfatórias, aos familiares.

O ponto crioscópico do sangue, o valor mais provável, apurado em uma autópsia de um cadáver na fase gasosa da putrefação, é -0,77°C.

Alguns sinais provenientes de ação violenta ainda podem ser identificados durante o período de liquefação.

Em exame necroscópico, são indicações para encaminhamento de material para exame complementar anatomopatológico:

• avaliação de docimasia histológica;

• reação vital.

Para a realização de exames laboratoriais complementares em casos de morte violenta e de mortes associadas a abuso sexual, suspeito ou comprovado, é indispensável:

– coleta de amostras de: sangue da veia femoral usando de anticoagulantes nos frascos de coleta de amostras de sangue;

– coleta de vísceras, sendo que nos casos de suspeita de envenenamento, as amostras devem ser encaminhadas sem conservante, para análise toxicológica;

– material do fluido vaginal;

– material da boca, do reto ou do ânus;

– pelos;

– roupa íntima.

Sempre preservar a cadeia de custódia após a coleta de materiais durante a necropsia.

MEDICINA LEGAL E NOÇÕES DE CRIMINALÍSTICA • Neusa Bittar

Os cadáveres serão sempre fotografados na posição em que forem encontrados, bem como, na medida do possível, todas as lesões externas e vestígios deixados no local do crime (CPP, art. 164).

8.5. Exumação

É o desenterramento de um corpo morto, independentemente do local em que se encontre.

Como procedimento excepcional, só é admitido em situações específicas.

Mesmo que o tempo decorrido da morte seja grande, o estado de decomposição do corpo é variável e pode ser que se obtenham as informações procuradas até em casos de grau avançado.

Em decorrência dos fenômenos transformativos, os achados devem ser cuidadosamente avaliados.

De acordo com o artigo 163 do CPP, em caso de exumação para exame cadavérico, a autoridade providenciará para que, em dia e hora previamente marcados, se realize a diligência, da qual se lavrará auto circunstanciado, devendo o administrador de cemitério público ou particular indicar o lugar da sepultura, sob pena de desobediência. No caso de recusa ou de falta de quem indique a sepultura, ou de encontrar-se o cadáver em lugar não destinado a inumações, a autoridade procederá às pesquisas necessárias, devendo tudo constar do auto (CPP, art. 163, parágrafo único).

Assim, a administração do cemitério deve ser cientificada do dia e hora da exumação.

A seguir, a autoridade policial, familiares e testemunhas que estiveram presentes na inumação devem ser convidadas a participar da identificação do local do enterramento ou da gaveta em que se encontra nos cemitérios verticais, que resultará no auto de exumação.

Na sequência, o caixão é exibido e aberto para que as testemunhas identifiquem a urna e o cadáver se possível, devendo o perito do caso ditar todos os pormenores ao escrivão de polícia, ilustrando com fotografias devidamente rubricadas (CPP, arts. 164 e 165).

Havendo dúvida sobre a identidade do cadáver exumado, proceder-se-á ao reconhecimento pelo Instituto de Identificação e Estatística ou repartição congênere ou pela inquirição de testemunhas, lavrando-se auto de reconhecimento e de identidade, no qual se descreverá o cadáver, com todos os sinais e indicações (CPP, art. 166).

Em qualquer caso, serão arrecadados e autenticados todos os objetos encontrados, que possam ser úteis para a identificação do cadáver (CPP, art. 166, parágrafo único).

Por isso, deve o perito, além de descrever detalhes da sepultura ou da gaveta, do caixão e da roupa do morto, recolher fragmentos do tecido de revestimento interno e externo da urna mortuária, da terra abaixo dela (se houver) e da roupa do cadáver.

O auto de exumação deve ser assinado pelo perito, pelo oficial de justiça e pelas testemunhas presentes.

Note-se que o auto de exumação diz respeito à identificação da sepultura e do cadáver.

A seguir, procede-se à necropsia pós exumação, que deve iniciar com o que a motivou, e com a descrição das vestes do cadáver e do grau de decomposição cadavérica.

O desrespeito às disposições legais, tanto na exumação, como na inumação, caracteriza a infração prevista no artigo 67 da Lei de Contravenções Penais (Decreto-Lei 3.688/1941).

A exumação pode ter objetivos administrativos, jurídicos ou para realização de nova necropsia.

1) Administrativos – visando à transferência dos restos mortais:

a) Para outro local de sepultamento;

b) Para urna menor a fim de ocupar menos espaço ou para cremação, quando o corpo já está reduzido a esqueleto;

c) Para remoção do corpo por razões sanitárias.

2) Jurídicos – por determinação do juiz ou da polícia judiciária:

a) Para identificação do cadáver ou de seus restos;

b) Para necropsia, por não ter sido realizada no momento oportuno:

- Por falta de evidências de violência na ocasião;

- Por surgirem suspeitas de que a morte não foi natural.

- Por falta de reconhecimento do nexo causal com a violência, para evitar a necropsia obrigatória em casos de óbito ocorrido tardiamente em relação a acidente de trânsito ou de trabalho.

- Por não ter sido solicitada, nem ter havido intervenção da polícia diante de denúncia de morte por aborto.

c) Para realização de nova necropsia:

- Quando a primeira necropsia for insatisfatória, ou seu relatório apresentar contradições em relação aos fatos ou ser falso por afirmar inverdades;

- Por necessidade de confirmação de diagnóstico que tenha importância penal e que não conste da Declaração de Óbito;

- Para identificação e descrição de determinada lesão, colheita de material para exame laboratorial ou recuperação de projétil na fase de esqueletização do corpo, quando a decomposição das outras estruturas tornou possível o acesso.

As exumações administrativas em cemitério não necessitam de ordem judicial.

8.6. Embalsamamento / formolização

Embalsamamento é o método de conservação de restos mortais humanos com o objetivo de promover sua **conservação total e permanente**.

Já a formolização consiste no método de conservação de restos mortais humanos com o objetivo de promover sua **conservação de forma temporária.**

Têm por finalidades:

- Bloqueio dos fenômenos cadavéricos
- Transporte do cadáver
- Quando o tempo decorrido entre o óbito e a inumação estiver compreendido entre 24 a 48 horas, sendo o translado interestadual, intermunicipal ou internacional com países que fazem fronteira com o Brasil: formolização;
- Quando o tempo decorrido entre o óbito e a inumação ultrapassar 48 horas ou o translado do corpo for internacional: embalsamamento.
- Preparar o corpo para exposição ou estudo

Os métodos de conservação não podem ser utilizados após 24 horas do óbito e na presença de doença infectocontagiosa.

Consistem na substituição do sangue por uma solução de água e formol, sendo ideal que o procedimento seja realizado durante as primeiras 12 horas após o falecimento, porque depois desse período, o sangue começa a coagular, tornando a execução mais complicada.

Além do principal objetivo, que é o de preservar a matéria, há o de deixar o corpo o mais próximo possível ao que o falecido era em vida, bem como prevenir o mau cheiro, eliminando os microrganismos e resguardando o corpo por até 36 horas após a morte.

Etapas do embalsamamento:

- retirada da roupa e lavagem do corpo;
- massagem do corpo para retirar o rigor mortis;
- aplicação da solução química na artéria femoral ou carótida por meio de sondas;
- drenagem do sangue coagulado;
- necromaquiagem para os últimos retoques.

Há também a técnica de *Giacomin,* que consiste na conservação de cadáver com glicerinação, permitindo uma melhor preservação das peças anatômicas.

Tem como vantagens:

- peças anatômicas com a leveza que as mesmas adquirem no processo de conservação;
- a morfologia é preservada o mais próximo da coloração e forma original, facilitando à identificação de estruturas de difícil visualização;
- utilização de produtos menos agressivos às peças, ao meio ambiente e aos manipuladores, com diminuição e eliminação de vapores prejudiciais à natureza.

Para o embalsamamento, é necessário consentimento de autoridades sanitárias e policiais.

A Resolução 147, de 04/08/2006, da Agência Nacional de Vigilância Sanitária (ANVISA) regulamenta todo o procedimento.

CAPÍTULO 6 • TANATOLOGIA FORENSE **219**

RESOLUÇÃO 147 de 04/08/2006 da AGÊNCIA NACIONAL DE VIGILÂNCIA SANITÁRIA (ANVISA)
ANEXO I – REGULAMENTO TÉCNICO PARA CONTROLE E FISCALIZAÇÃO DO TRANSLADO DE RESTOS MORTAIS HUMANOS
CAPÍTULO I – DAS DEFINIÇÕES

Art. 1º Para efeito deste regulamento serão adotadas as seguintes definições:

I. Aeroporto: é o aeródromo público dotado de instalações e facilidades para apoio a operações de aeronaves, embarque e desembarque de viajantes e/ou cargas.

II. Área de Fronteira: franja territorial dinâmica que constitui uma zona de risco epidemiológico, com processo de troca espacial, demográfica, socioeconômica e cultural que dilui as particularidades nacionais e determina problemas sanitários reais e potenciais, às vezes, específicos, podendo obrigar a realização de atividades nacionais conjuntas, para seu controle.

III. Ata de Procedimento de Conservação de Restos Mortais Humanos: documento escrito que tem por objetivo relatar todo o procedimento de conservação de restos mortais humanos.

IV. Autoridade Sanitária: Servidor que tem diretamente a seu cargo a atribuição de aplicar medidas sanitárias apropriadas, de acordo com as Leis e Regulamentos vigentes em todo o território nacional e tratados ou outros atos internacionais que o Brasil seja signatário.

V. Conservação de Restos Mortais Humanos: ato médico que consiste no emprego de técnica, através da qual os restos mortais humanos são submetidos a tratamento químico, com vistas a manterem-se conservados por tempo total e permanente ou determinado, quais sejam, o embalsamamento e a formolização, respectivamente.

VI. Cadáver: corpo humano sem vida.

VII. Cinzas: resíduos pulverulentos, provenientes de incineração (cremação) de restos mortais humanos.

VIII. Cremar: incinerar restos mortais humanos. Cremação: é o ato de queimar.

IX. Desinfetantes: são formulações que têm na sua composição substâncias microbicidas e apresentam efeito letal para microorganismos não esporulados. Os de uso geral são para indústria alimentícia, para piscinas, para lactários e hospitais.

X. Embalsamamento: método de conservação de restos mortais humanos com o objetivo de promover sua conservação total e permanente.

XI. Exumação: ato de retirar restos mortais humanos da sepultura; desenterramento. A exumação pode ser administrativa, para fins de mudança ou desocupação de sepultura, ou judicial, por determinação judicial.

XII. Formolização: método de conservação de restos mortais humanos com o objetivo de promover sua conservação de forma temporária.

XIII. Inumação: ato de sepultar, sepultamento, enterramento.

XIV. Óbito: falecimento ou morte de pessoa; passamento.

XV. Ossadas: restos mortais humanos esqueletizados e isentos de partes moles.

XVI. Porto de Controle Sanitário: Porto Organizado, Terminal Aquaviário, Terminal de Uso Privativo, Terminal Retroportuário, Terminal Alfandegado e Terminal de Carga, estratégicos do ponto de vista epidemiológico e geográfico, localizado no território nacional, sujeito à vigilância sanitária.

XVII. Porto Organizado: aquele construído e aparelhado para atender as necessidades da navegação, movimentação e armazenagem de mercadorias e deslocamentos de viajantes; concedido ou explorado pela União, cujo tráfego e operações portuárias estejam sob a jurisdição de uma autoridade portuária.

XIII. Restos Mortais Humanos: constituem-se do próprio cadáver ou de partes deste, das ossadas e de cinzas provenientes de sua cremação.

Excetuam-se as células, tecidos e órgãos humanos destinados a transplantes e implantes, cujo transporte deverá obedecer à legislação sanitária pertinente.

XIX. Saneantes: substâncias ou preparações destinadas a higienização, desinfecção ou desinfestação domiciliar, em ambientes coletivos e/ou públicos, em lugares de uso comum e no tratamento de água. (Seriam os não desinfetantes?)

XX. Tanatognose: diagnóstico da realidade da morte.

XXI. Translado de Restos Mortais Humanos: todas as medidas relacionadas ao transporte de restos mortais humanos, inclusive àquelas referentes à sua armazenagem ou guarda temporária até a sua destinação final.

XXII. Translado Intermunicipal de Restos Mortais Humanos: transporte, em urna funerária, de restos mortais humanos, entre municípios brasileiros, seja por via aérea, marítima, fluvial, lacustre ou terrestre.

XXIII. Translado Interestadual de Restos Mortais Humanos: transporte, em urna funerária, de restos mortais humanos, entre estados brasileiros, incluindo o Distrito Federal, seja por via aérea, marítima, fluvial, lacustre, ou terrestre.

XXIV. Translado Internacional de Restos Mortais Humanos: transporte, em urna funerária, de restos mortais humanos, desde o país onde ocorreu o óbito até o destino final, seja por via aérea, marítima, fluvial, lacustre ou terrestre.

XXV. Urna Funerária: caixa ou recipiente resistente e impermeável, provido em seu interior de material absorvente, usada para acondicionamento e transporte de restos mortais humanos.

CAPÍTULO II – DA COMPETÊNCIA

Art. 2º O translado intermunicipal, interestadual e internacional de restos mortais humanos, em urna funerária, sujeitar-se-á, na forma da legislação pertinente, à fiscalização sanitária.

Art. 3º A solicitação para fiscalização sanitária de translado de restos mortais humanos dar-se-á mediante petição por meio eletrônico ou manual, disponibilizado e regulamentado pela ANVISA.

Art. 4º Na ocorrência de quaisquer acidentes ou anormalidades no translado de restos mortais humanos, a autoridade sanitária estadual, municipal ou do DF, poderá intervir, em caráter complementar, na falta de autoridade sanitária federal.

CAPÍTULO III – DA CONSERVAÇÃO E TRATAMENTO

Seção I – Dos Procedimentos de Conservação

Art. 5º A utilização ou não de procedimento de conservação dependerá do tipo de translado e do tempo decorrido entre o óbito e a inumação.

Parágrafo único. **Desde que não seja por via aérea ou marítima, estão desobrigados do uso de método de conservação os casos de translado intermunicipal e interestadual de restos mortais humanos quando o tempo decorrido entre o óbito e a inumação não ultrapassar 24 (vinte e quatro) horas.**

Art. 6º Para efeitos desta norma serão considerados procedimentos de conservação a formolização e o embalsamento.

Art. 7º Será **obrigatória** a utilização obrigatória de procedimento de conservação:

I – **no translado internacional, por meio de embalsamamento** e acondicionamento na urna funerária tipo I, impermeável e lacrada, especificada neste Regulamento.

Parágrafo único. **Excetua-se** do disposto no inciso I, deste artigo, o translado internacional de natureza terrestre, marítima, fluvial e lacustre de restos mortais humanos, **entre municípios brasileiros e os estrangeiros pertencentes a países que fazem fronteiras com o território nacional quando:**

a) o tempo decorrido entre o óbito e a inumação não ultrapassar 24 (vinte e quatro) horas;

b) o período entre o óbito e a inumação estiver compreendido entre 24 (vinte e quatro) horas e 48 (quarenta e oito) horas, devendo ser usada a formolização e acondicionamento em urna funerária impermeável, hermeticamente fechada, urna tipo II, especificada neste regulamento.

II – no **translado interestadual/intermunicipal** aéreo e/ou entre portos de controle sanitário instalados no território nacional, por meio de **formolização** e acondicionamento em urna funerária impermeá-

CAPÍTULO 6 • TANATOLOGIA FORENSE **221**

vel, hermeticamente fechada, urna tipo II especificada neste Regulamento, **quando o período entre o óbito e a inumação estiver compreendido entre 24 (vinte e quatro) horas e 48 (quarenta e oito) horas.**

III – no **translado interestadual/intermunicipal** aéreo e/ou entre portos de controle sanitário instalados no território nacional, por meio de **embalsamamento** e acondicionamento em urna funerária impermeável e lacrada, urna tipo I, especificada neste Regulamento, **quando o período compreendido entre o óbito e a inumação for superior a 48 (quarenta e oito) horas.**

IV – nos demais transladados, quando o período entre o óbito e a inumação estiver compreendido entre 24 (vinte e quatro) e 48 (quarenta e oito) horas, por meio de formolização e acondicionamento em urna funerária impermeável, hermeticamente fechada, urna tipo II, especificada neste Regulamento.

Art. 8º Fica vedada, em todo o território nacional, a prestação de conservação em restos mortais humanos, em que o óbito tenha tido como causa a encefalite espongiforme, febre hemorrágica ou outra doença infectocontagiosa a critério da ANVISA.

Art. 9º Só será permitida, em todo o território nacional, a prestação de serviço de conservação em restos mortais humanos que contenham radiação, após liberação formal pela Comissão Nacional de Energia Nuclear.

SEÇÃO II – Da Ata de Procedimento de Conservação

Art. 10. É obrigatória a lavratura de Ata de Conservação de Restos Mortais Humanos, anexo VII deste Regulamento, sempre que for realizado procedimento de conservação de restos mortais humanos. Referida ata deverá ser apresentada à autoridade sanitária federal de portos, aeroportos, fronteiras e recintos alfandegados, por ocasião do translado sob sua competência ou a critério da autoridade sanitária estadual ou municipal nos demais casos.

Parágrafo único. Os procedimentos de conservação de restos mortais humanos serão realizados por profissional médico ou sob sua supervisão direta e responsabilidade, cuja ata será por ele subscrita.

Art. 11. Os procedimentos de conservação de restos mortais humanos deverão ocorrer em laboratório apropriado, sob Licença de Funcionamento e Alvará Sanitário.

§ 1º O laboratório a que se refere o caput deste artigo deve possuir as características de sala de autópsia.

§ 2º O responsável técnico pelo laboratório, a que se refere o caput deste artigo, deve ser médico legalmente habilitado para o exercício de sua profissão.

CAPÍTULO IV – DO ACONDICIONAMENTO

Art. 12. Para efeitos desta norma serão considerados dois tipos de urna, a saber:

a) urna funerária tipo I, utilizada em embalsamamento: caixa ou recipiente externo em madeira, medindo, no mínimo 20 mm (vinte milímetros) de espessura, provido em seu interior de outro recipiente interno, com superfície de zinco soldada ou outro material impermeável e lacrável que venha a ser regulamentado;

b) urna funerária tipo II, utilizada em formolização: caixa ou recipiente externo em madeira, medindo, no mínimo, 30 mm (trinta milímetros) de espessura, forrado internamente com folhas de zinco soldada ou outro material impermeável e lacrável que venha a ser regulamentado.

Art. 13. A urna funerária deve ser compatível e adequada às características dos restos mortais humanos a serem transladados, bem como ao tempo compreendido entre o óbito e a inumação, e o meio de transporte a ser utilizado.

Parágrafo único. Na superfície externa da urna funerária deverá constar o nome, a idade e o sexo da pessoa falecida; a origem e destino final dos restos mortais humanos e a orientação quanto aos cuidados em seu manuseio.

Art. 14. A urna funerária que acondicionar restos mortais humanos sob método de conservação, deverá conter amostras da solução e substâncias utilizadas no procedimento, acondicionadas em frascos impermeáveis e lacrados, a título de contraprova.

CAPÍTULO V – DO TRANSLADO

Art. 15. O translado de restos mortais humanos submetidos a método de conservação pertinente e acondicionados em urna específica neste regulamento, deverá ser efetuado em compartimento apropriado, destinado exclusivamente para armazenagem de carga do veículo transportador aéreo, marítimo, fluvial, lacustre ou terrestre.

Art. 16. É vedado em todo o território nacional, o translado de restos mortais humanos para caso de morte por encefalite espongiforme, febre hemorrágica ou outra doença infectocontagiosa a critério da ANVISA.

Art. 17. O translado de restos mortais humanos que contenham radioatividade, só será autorizado após a liberação formal, pela Comissão Nacional de Energia Nuclear – CNEN.

Art. 18. Excetuam-se do disposto neste regulamento o translado de cinzas provenientes da cremação dos restos mortais humanos.

CAPÍTULO VI – DA FISCALIZAÇÃO SANITÁRIA

Art. 19. Cabe a empresa transportadora comunicar à autoridade sanitária de portos, aeroportos e fronteiras, o desembaraço de urna funerária contendo restos mortais humanos, a ocorrência do translado intermunicipal, interestadual ou internacional, conforme os artigos 2°, 3° e 4° desta norma.

§ 1° Nos translados de que tratam os incisos I, II, III e IV do art. 7° deste regulamento, a comunicação deverá ser dirigida à autoridade sanitária federal em exercício em portos de controle sanitário, aeroportos, pontos e passagens de fronteiras e recintos alfandegados.

§ 2° A comunicação de que trata este artigo dar-se-á mediante apresentação prévia da Declaração de Responsabilidade pelo Translado de Restos Mortais Humanos, em conformidade com o anexo IV.

Art. 20. A liberação sanitária nos translados de que tratam os incisos I, II, III e IV, do art. 7° deste regulamento, ocorrerá após a apresentação à autoridade sanitária, na forma do art. 2° do atendimento das exigências constantes do Anexo II e III desta Resolução, da inspeção física satisfatória, na forma deste regulamento e das normas sanitárias pertinentes, mediante emissão, no que couber, do Termo de Embarque de Translado de Restos Mortais Humanos ou do Termo de Desembarque de Translado de Restos Mortais Humanos, em conformidade com os anexos V e VI, respectivamente.

Parágrafo único. O termo de que trata este artigo poderá ser requerido pela autoridade sanitária a qualquer tempo durante o translado.

Art. 21. Fica obrigada a empresa transportadora a comunicar a autoridade sanitária competente à ocorrência de quaisquer acidentes ou anormalidades no translado de restos mortais humanos.

Art. 22. A critério da autoridade sanitária, poderá o translado sofrer intervenção sempre que ocorrerem acidentes ou anormalidades que comprometam ou possam comprometer as medidas sanitárias adotadas na forma deste Regulamento.

CAPÍTULO VII – DAS DISPOSIÇÕES FINAIS

Art. 23. Excluem-se do disposto neste Regulamento, os casos sob custódia dos Institutos Médicos Legais e o transporte de células, tecidos e órgãos humanos destinados para fins terapêuticos (transplantes e implantes), que deverá atender regulamento técnico pertinente para este fim.

Art. 24. Os casos não previstos neste Regulamento serão decididos pela área competente da ANVISA.

Capítulo 7
TRAUMATOLOGIA FORENSE

Trauma é a atuação de uma energia externa (exógena) sobre o indivíduo, suficientemente intensa para provocar desvio perceptível da normalidade ou apenas alterar o funcionamento do organismo.

Lesão é a alteração estrutural proveniente de agressão ao organismo, visível macroscopicamente (a olho nu) ou apenas ao microscópio, seja qual for a etiologia (causa).

Lesão violenta é a causada por traumatismos.

Agentes de lesão são todos os instrumentos ou meios que atuam no organismo produzindo lesão.

As energias vulnerantes (que afetam o organismo) podem ser de três ordens:

- **Física:** mecânica, barométrica, térmica, elétrica e radiante.
- **Química:** cáusticos, venenos.
- **Físico-química:** asfixias (vide capítulo 8).

Há autores que consideram outros tipos de energias:

- Energias de ordem bioquímica – consistem nas ações química e biológica combinadas. Atuam sobre a saúde produzindo lesões de forma negativa, carencial, ou positiva, tóxica ou infecciosa, dependendo das condições orgânicas e de defesa de cada indivíduo. Incluem os danos causados à vida ou à saúde pelas perturbações alimentares, autointoxicações, infecções e castração química.
- Energias mistas – englobam energias de ordem bioquímica e biodinâmica. Compreendem ações produtoras de lesões corporais ou de morte, analisadas na causalidade de dano. Aqui se enquadram a fadiga, algumas doenças parasitárias e todas as formas de sevícias.
- Energias biodinâmicas – dizem respeito a eventos como choque por hemorragia, distúrbios hidroeletrolíticos, entre outros, que são consequência e, não, causa de lesões violentas.

As lesões violentas serão estudadas pelo modo de ação dos instrumentos.

1. ENERGIAS DE ORDEM FÍSICA

1.1. Energia mecânica

Agentes mecânicos são os que transferem energia cinética (de movimento) para a parte do corpo com que entram em contato.

Se uma pequena pedra for colocada sobre a cabeça de uma pessoa, certamente nada ocorrerá. Entretanto, se essa mesma pedra for atirada, a energia gerada pelo movimento, transmitida ao organismo no ponto de impacto, provocará uma lesão.

Como a energia (E) é igual à metade da massa (m) multiplicada pela velocidade (V) ao quadrado, a intensidade da agressão dependerá da massa do objeto e da velocidade com que ele atinge o corpo.

$$E = \frac{m.V^2}{2}$$

Assim, objetos com pequena massa podem causar lesões importantes se atingirem o corpo com grande velocidade.

1.1.1. Ação contundente

Resulta da transferência da energia cinética para o corpo por meio de uma superfície, produzindo lesão contusa.

Ocorre de modo ativo, quando o corpo é atingido pela superfície do objeto (cassetetes, arcadas dentárias, pedra, pedaço de pau), ou de modo passivo, quando o corpo é lançado contra a superfície (solo ou parede).

Há também a forma mista, quando o corpo e o instrumento, ambos em movimento, chocam-se mutuamente.

Algumas vezes, quando o agente é bem definido, torna-se possível identificá-lo, como no caso dos cassetetes e dos dentes (mordida), pois a lesão toma a sua forma. São as lesões com assinatura.

Entretanto, na maioria das vezes, isso não ocorre nas lesões contusas, daí falar-se em ação contundente, e não em instrumento contundente, quando não houver padrão lesional.

A transmissão de energia pode se dar por compressão (mais comum), descompressão, tração, deslizamento (ação tangencial), percussão, explosão e torção.

A ação pode ser direta, quando lesa os tecidos no ponto de contato com o corpo, ou indireta (contragolpe), quando a lesão ocorre no lado oposto, como nas contusões na cabeça, em que o cérebro ainda está parado quando a parte óssea (calota craniana) se desloca por força do golpe. O cérebro ricocheteia nessa caixa óssea, rompendo os vasos do lado oposto ao da incidência do golpe.

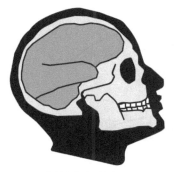 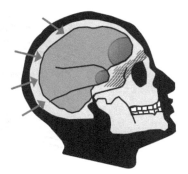

Antes do impacto
F = Força impulsora

Durante o impacto
F = Força de tração

Lesão por contragolpe

Nas lesões cranianas dos lutadores de boxe, o principal mecanismo lesional deve-se à rotação rápida da cabeça e ao seu movimento brusco no sentido anteroposterior

Quando antebraços, mãos, pernas e pés são usados para evitar golpes desferidos com algum instrumento portado pelo agressor, tornam-se alvos desses golpes, resultando nas denominadas **lesões de defesa, identificadas na vítima**.

Surge, porém, a indagação: seria a localização das lesões critério suficiente para qualificá-las como lesões de defesa?

Em outras palavras, bastaria que as lesões se localizassem nos antebraços e pernas para serem qualificadas como lesões de defesa?

Entendemos que não, especialmente quando a ação é contundente, pois as regiões citadas também servem para ataque.

De acordo com Hilário Veiga de Carvalho (Compêndio de Medicina Legal, 1978, p. 102), *os instrumentos contundentes se caracterizam como: **meios naturais**, a mão mormente se fechada, os pés, a cabeça, o joelho etc.; **meios usuais**, a bengala, o bastão etc.; **meios eventuais**, uma pedra, um tijolo, o martelo, o cabo de um utensílio, a face de uma pá etc.*

Dessa forma, **se o agressor utiliza seus braços ou pernas no ataque (meios naturais), a oposição da vítima pode produzir sérias lesões nesse agressor**, na proporção da intensidade do golpe rebatido. Tem-se, como exemplo, a fratura dos ossos da perna de um famoso lutador brasileiro de MMA decorrente da oposição ao seu ataque.

Nesse caso, apesar de terem a mesma localização, as lesões não são de defesa, pois estão presentes em quem agrediu.

Deve-se então analisar se há compatibilidade dos achados periciais com o histórico e valorizar a intensidade das lesões, principalmente quando há desproporção de forças, antes de atribuí-las a um dos oponentes.

As lesões contusas podem ser fechadas ou abertas.

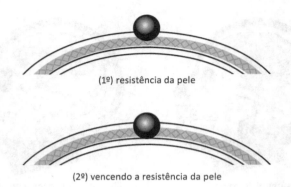

(1º) resistência da pele

(2º) vencendo a resistência da pele

- **Lesões contusas fechadas**

São as lesões em que a pele da região atingida se mantém íntegra, porque a força do golpe não foi capaz de vencer sua elasticidade. Entretanto, os tecidos abaixo da pele são menos elásticos, sendo então lesados.

Espécies de lesões contusas fechadas:

1) **Rubefação**

É a hiperemia (vermelhidão) que surge no local do trauma pouco intenso, devida à dilatação de pequenos vasos, desaparecendo em dez minutos.

É um processo funcional, pois inexiste ruptura dos vasos, não configurando lesão corporal, como ocorre na bofetada.

2) **Tumefação**

É a palidez e elevação da pele no local do impacto por edema (inchaço), com hiperemia ao redor, consequente de trauma pouco mais intenso (aspecto parecido ao da urticária). Desaparece em tempo pouco maior que a rubefação, não constituindo verdadeira lesão corporal.

3) **Equimose**

É a infiltração, nas malhas dos tecidos, de sangue que extravasou de pequenos vasos dos tecidos abaixo da pele que romperam por força de traumatismo. De acordo com a forma, recebe diferentes denominações:

Petéquias	Sugilação	Sufusão
Pontos avermelhados do tamanho da cabeça de um alfinete.	Pontos avermelhados agrupados (conjunto de petéquias).	Mancha arroxeada consequente a sangramento mais intenso.

Equimoma é uma equimose do tipo sufusão.

Essas lesões ocorrem tanto na superfície do corpo como nos órgãos.

As equimoses que se formam por sucção são comuns nos atos libidinosos.

Já as petéquias e sugilações decorrentes de golpes bruscos e superficiais, com intenção de intimidar ou brecar (é um chega para lá), e não de lesar, apresentam padrão característico. É o que ocorre nos golpes de cassetete, onde a compressão brusca e superficial é suficiente apenas para fechar os vasos no local do impacto, empurrando o sangue neles contido para os vasos das regiões vizinhas. Isso provoca rápido afluxo (chegada) de sangue a esses vasos situados ao redor, levando a aumento da pressão dentro deles e consequente ruptura. Dessa forma, a área atingida pelo cassetete fica clara e com faixa de petéquias e sugilações de cada lado, desenhando o instrumento.

Faixas equimóticas paralelas são chamadas de víbices.

As equimoses podem aparecer no próprio local da lesão ou à distância, como na compressão cervical (pescoço) nos casos de esganadura, em que se formam petéquias na conjuntiva ocular (película que recobre a parte anterior dos olhos e a face interna das pálpebras). Isso ocorre porque a compressão cervical pode obliterar as veias que conduzem o sangue que retorna da cabeça, sem afetar a sua chegada pelas artérias, aumentando a pressão dentro dos vasos da região.

Com o passar dos dias, as equimoses mudam de cor até desaparecerem, pois o sangue extravasado para os tecidos vai sendo reabsorvido (digerido e removido).

Durante esse processo, os glóbulos vermelhos se rompem e a hemoglobina contida dentro deles passa por uma sequência de transformações que ocasiona a mudança de cor até a resolução total da lesão.

O espectro equimótico de *Legrand du Saulle*, que corresponde à degradação dos pigmentos, envolve as substâncias: hemoglobina, hemossiderina, hematoidina e biliverdina, hematina e bilirrubina, nessa ordem.

As equimoses não surgem de imediato no local dos traumatismos, pois o sangue extravasado de pequenos vasos vai lentamente infiltrando os tecidos.

A absorção das equimoses será mais lenta quanto mais profunda e mais abundante for o extravasamento hemorrágico.

O espectro equimótico de *Legrand de Saulle* relaciona a coloração das equimoses com o seu tempo de evolução:

Vermelha	Violácea	Azulada	Esverdeada	Amarelada
1º dia	2º – 3º dia	4º ao 6º dia	7º ao 11º dia	12º dia, até desaparecer em 15 a 20 dias.

São exceções as equimoses conjuntivais (conjuntiva dos olhos) e as da bolsa escrotal, que permanecem vermelhas até a cura, e as equimoses de couro cabeludo recentes, que são de cor vermelha escura, sendo o contorno amarelado se mais antigas.

Quando a vítima morre logo após os golpes, as equimoses mantêm a cor original, pois não há reabsorção do sangue.

Valor médico-legal das equimoses:

- Demonstram que havia vida no momento do traumatismo, pois o extravasamento de sangue depende de haver circulação;
- Podem identificar o agente causador, quando tomam o seu formato;

- Podem sugerir o tipo de agressão pela localização e distribuição no corpo, como por exemplo, as equimoses no pescoço, face interna das coxas, lábios e nádegas nos crimes sexuais;
- Permitem identificar o tempo decorrido da agressão pelo exame da coloração.

4) Hematoma

Ocorre quando o sangue extravasado dos vasos rompidos pelo traumatismo, pelo seu maior volume, afasta os tecidos e ocupa espaço próprio, formando uma cavidade, só infiltrando nos tecidos ao redor da lesão (equimose periférica).

Como desloca e comprime os tecidos vizinhos, se o hematoma ocorrer internamente, como por exemplo, dentro da cabeça, pode ser fatal.

Na necrópsia de vítima de acidente de trânsito, a presença de grande quantidade de sangue concentrado na região temporal logo após rebater o couro cabeludo, formando volume abaixo do músculo temporal, aponta a presença de hematoma subgaleal na região temporal do mesmo lado.

A presença isolada de hemorragia subdural à necropsia, sugere traumatismo encefálico por cisalhamento.

Cisalhamento é o fenômeno de deformação ao qual um corpo está sujeito quando as forças que sobre ele atuam provocam um deslocamento em planos diferentes, mantendo o volume constante.

Cisalhamento também é o nome dado para o corte feito a partir da cisalha, uma espécie de tesoura mecânica feita para cortar cartões ou folhas de metal.

5) Bossa

É a coleção de líquido seroso (amarelado) ou serossanguinolento (com sangue) decorrente de compressão prolongada.

Pode decorrer de traumatismo ou de um processo fisiológico, como a encontrada no recém-nascido de parto normal (tumor de parto), devida à compressão da cabeça durante a passagem pelo orifício do colo do útero, que obstrui as veias do couro cabeludo sem afetar as artérias, cuja parede é mais resistente. Resulta uma dificuldade de circulação porque o sangue não consegue sair da região, provocando extravasamento de líquido dos vasos. Como para se formar a bossa tem de haver circulação de sangue, a sua presença atesta que o feto estava vivo durante o trabalho de parto.

Logo, é a compressão prolongada, principalmente de regiões em que há um contra plano ósseo, como cabeça, que represa o sangue dentro dos vasos da região, provocando a saída de líquido por causa do aumento de pressão dentro deles.

6) Entorse

É o estiramento da cápsula de uma articulação, com ou sem ruptura dos ligamentos.

7) Luxação

É o deslocamento permanente das superfícies articulares dos ossos de uma articulação, total ou parcial.

8) Fratura

É a solução de continuidade (ruptura) do osso, causada por ação direta ou indireta do agente contundente, como, por exemplo, flexão exagerada, torção, arrancamento ou esmagamento.

9) Rupturas viscerais

Ocorrem por impacto sobre o tórax ou abdome, mais frequentes neste último porque não há proteção de ossos como no tórax, ou por compressão forte e progressiva.

O estado fisiológico ou patológico dos órgãos pode favorecer o rompimento no momento do impacto:

Órgãos ocos	Órgãos maciços
Rompem com maior facilidade quando estão cheios e com parede mais distendida. Ex.: bexiga.	Ficam mais vulneráveis quando aumentados de volume ou mais friáveis por doença. Ex.: fígado e baço

Também a descompressão gerada por queda de certa altura ou desaceleração brusca lesa os órgãos (vísceras) pela tração gerada no momento em que o corpo para, mas os órgãos ainda estão em movimento, forçando e rompendo nos pontos em que estão fixos.

• Lesões contusas abertas

Ocorrem quando a resistência da pele é vencida pelo agente contundente, gerando solução de continuidade (rasgando) dos tecidos.

1) Escoriação

É o arrancamento traumático da epiderme, camada mais superficial da pele, pelo deslizamento do agente contundente que atua tangencialmente, isto é, de raspão.

Como o agente contundente desliza sobre a pele, o atrito arranca as camadas celulares da epiderme em profundidade variada, expondo a derme.

No indivíduo vivo, forma-se uma crosta parda avermelhada na zona escoriada em decorrência da exudação (secreção rica em proteína) no local, que vai secando.

Conforme a profundidade, a escoriação pode:

– atingir apenas o terço superior da camada espinhosa da epiderme, apresentando exsudação de líquido seroso, formando crosta sérica;

– atingir o plano intermediário, entre o ápice e a base das papilas dérmicas, formando crosta sero-sanguinolenta;

– ser mais profundas, passando em plena derme, dando origem a crostas hemáticas.

Depois da primeira semana, essa crosta começa a descolar a partir da periferia, destacando-se na segunda semana de evolução. Resulta em cicatriz de cor rósea esbranquiçada chamada marca de escoriação, que desaparece com o passar do tempo.

Assim, o aspecto da crosta pode permitir a avaliação do tempo de evolução, e sua forma e localização podem dar indícios do tipo de agressão. Tem-se, como exemplo, escoriação nos punhos causada pelo uso de algemas.

No cadáver, como não há eliminação de secreção pela zona escoriada, uma vez que não há circulação, nem reação inflamatória, não se forma crosta, ficando a região com aspecto apergaminhado em virtude da maior desidratação local, pois a solução de continuidade da pele permite uma evaporação mais rápida da água.

Escoriações feitas por unhas são chamadas estigmas ungueais, podendo ser encontradas no pescoço, nos casos de esganadura, e ao redor da boca e nariz, quando o agressor tenta abafar os gritos da vítima ou imobilizá-la.

Escaras são lesões na pele e no tecido subcutâneo causadas por pressão ou atrito prolongado, geralmente em áreas sobre saliências ósseas.

Ocorre com maior frequência em pacientes acamados ou com pouca mobilidade.

A distinção entre escaras produzidas *in vitam*, das produzidas *post mortem* apresenta dificuldades. As lesões produzidas post mortem não têm forma de escara, são marrom--escuras e não há reação vital nos exames histológicos.

2) Ferida contusa

Caracteriza-se por solução de continuidade (esgarçamento) que atinge todos os planos da pele e tecido celular subcutâneo, que é o tecido situado abaixo dela.

É uma lesão irregular, menos sangrante do que a lesão incisa porque os vasos localizados no fundo da lesão estão íntegros.

As lesões cranianas por martelo causam fratura radiada na calvária, definida como fratura perfurante de *Strassmann*, ou sinal do mapa-múndi de *Carrara*, ou sinal em terraza de *Hoffmann*.

3) Esmagamento

Resulta de lesão de todos os planos de um segmento do corpo, inclusive dos ossos, por agente vulnerante dotado de grande massa e excessiva energia cinética.

Síndrome do esmagamento é a destruição extensa de tecidos, com liberação de substâncias nocivas para os rins, que levam à morte por insuficiência renal. É a chamada Síndrome de Crush.

4) Síndrome explosiva (*blast injury*)

É o quadro devido à expansão dos gases de uma explosão, que produz uma onda de choque que se desloca de forma rápida e brusca, tanto no ar como na água, atingindo a vítima e provocando lesões em diferentes órgãos. É mais grave nos ambientes fechados.

5) Encravamento

É a lesão produzida pela penetração (com permanência) de objeto afiado em qualquer parte do corpo.

6) Empalamento

Caracteriza-se pela penetração de objeto no ânus ou no períneo.

1.1.2. Instrumentos cortantes

Transferem sua energia cinética por deslizamento e leve pressão através de um gume afiado, causando ferida incisa. São exemplos de instrumentos cortantes a navalha e o caco de vidro.

Características das lesões incisas:
- as bordas são regulares;
- há predomínio da extensão sobre a profundidade;
- o sangramento é abundante porque os vasos são cortados;
- ausência de esgarçamento de tecido no fundo da lesão por causa do gume afiado;
- ausência de contusão entorno da lesão, porque o gume afiado secciona os tecidos sem danificá-los.

Essas feridas são mais profundas no terço inicial, superficializando-se a seguir, para terminar em uma escoriação linear ao longo da epiderme, chamada de cauda de escoriação.

Dessa forma, a cauda de escoriação aponta para o final do movimento do instrumento, podendo indicar se o agressor é destro ou canhoto, após a reconstituição do crime, que vai evidenciar as posições do agressor e da vítima no momento dos golpes.

As caldas de escoriação apresentam formato mais alongado no vértice de distanciamento do gume do instrumento e mais rombo no vértice de aproximação.

Ferida incisa
Mais profunda na porção inicial; mais superficial na porção distal, formando a cauda de escoriação
Imagens de Hélio Gomes

Segundo Galvão (p. 63), os ângulos da lesão incisa são bem agudos e podem se continuar com a cauda de escoriação tanto no início como no término da ferida, em decorrência da menor pressão do instrumento nesses pontos. Dessa forma, a lesão incisa pode exibir cauda inicial ou de entrada e cauda terminal ou de saída.

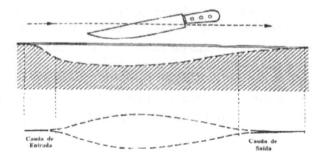

Imagem de Galvão

Se o instrumento atuar obliquamente, pode produzir arrancamento da epiderme.

Podem ocorrer mutilações, quando o instrumento atinge extremidades sem esqueleto, como orelhas, mamilos, pênis, feitas geralmente com a intenção de estigmatizar (marcar).

Algumas feridas incisas recebem nomes especiais dependendo da localização:

Esgorjamento	lesão profunda na parte anterior e laterais do pescoço.
Degola	lesão profunda na parte posterior do pescoço.
Decapitação	secção total do pescoço.
Esquartejamento	separação do corpo em quatro partes
Espostejamento	separação do corpo em diversas partes irregulares

A forma criminal do esquartejamento tem crescido nas últimas décadas.

Conforme Vanrell (p. 51), o esquartejamento criminal pode ser de forma ofensiva, quando provocada pela violência, crueldade ou insensibilidade moral do delinquente, ou de forma defensiva, em decorrência do temor de ser descoberto ou identificado.

A forma ofensiva pode ser desencadeada por uma reação emocional, resultante de um processo agudo, impulsivo, cego, dependente de um acesso abrupto de exaltação, ou por uma reação passional, decorrente de processo crônico, premeditado, dependente do sofrimento remoído, do ódio, do ressentimento e da vingança.

A forma defensiva é praticada quando o delinquente teme ser descoberto, processado, condenado e apenado, ou seja, teme o que pode acontecer se descoberto.

Com base na análise dos procedimentos ou comportamentos associados, do nível cultural do agente, dos meios em que se desenvolveram os atos e das condições do momento da execução, tem-se as formas:

– Profissional ou anatômica – quando o agente possui a habitualidade no manejo das técnicas cirúrgicas ou de corte;

– Maníaca ou sádica – que evidencia um perfil nitidamente psicopatológico do agente;

– Multitudinária ou das multidões – quando a vítima é subjugada pela violência da pressão grupal, de natureza exponencial e sem limites racionais.

As feridas localizadas nas mãos ou antebraços da vítima, principalmente na borda cubital (lateral externa), são chamadas lesões de defesa. As situadas na palma da mão traduzem a tentativa da vítima de segurar a arma do agressor. Ambas denunciam resistência da vítima e afastam o elemento surpresa, podendo ocorrer também nas pernas e pés, quando a vítima desfere chutes contra o agressor.

Lesões de defesa
Imagens de Hélio Gomes

No cadáver, as feridas são menos abertas porque os tecidos são menos elásticos e, nas feridas profundas, a retração dos planos musculares está diminuída por causa da rigidez cadavérica.

No pescoço, a retração é muito grande e, nas regiões palmares e plantares (mãos e pés), é muito pequena, gerando dúvidas quanto a terem sido feitas antes ou depois da morte.

No indivíduo vivo, o sangue infiltra os tecidos atingidos, enquanto no morto, por não haver circulação de sangue, isso não ocorre, podendo a lavagem com água eliminar qualquer resíduo de sangue existente na ferida feita após a morte.

Nos ferimentos feitos em vida, embaixo da água, a infiltração de sangue pode ser discreta.

A gravidade da lesão depende da região atingida, assim como as deformidades resultantes.

As feridas incisas situadas na parte anterior do punho, principalmente quando já existem cicatrizes no mesmo local, denotando tentativas anteriores, são sugestivas de suicídio.

A multiplicidade de golpes é frequente nos homicídios.

No suicídio por esgorjamento, os múltiplos entalhes nas bordas da ferida, superficiais e paralelos à lesão principal, são chamados de lesões de hesitação, significando que o indivíduo testou a sensibilidade da pele, que teve dúvidas.

As lesões de hesitação geralmente faltam se a causa do esgorjamento foi homicídio, mas quando presentes, denotam que houve tortura da vítima e sadismo do agressor.

Se duas lesões incisas se entrecruzam, a lesão feita por último ocorreu sobre um tecido já lesado, que sofreu a ação das linhas de força que repuxam suas bordas. Para identificar a lesão feita primeiro, precisaremos coaptar as bordas das feridas. Se escolhermos as bordas da primeira ferida para aproximarmos, as bordas da segunda ferida ficarão paralelas, apesar de defasadas. Entretanto, se a escolha recair na segunda ferida, não conseguiremos coaptar a primeira, que terá excesso de tecido em uma das metades (Sinal de *Chavigny*).

1.1.3. Instrumentos perfurantes

São instrumentos que transferem energia cinética por meio de uma ponta afiada, que afasta as fibras dos tecidos por pressão para dar passagem à sua haste, que não possui arestas ou gumes que possam seccionar os tecidos.

Note-se que, se a ponta não for afiada, o instrumento será perfuro-contundente, e se a sua haste tiver algum lado que seccione as fibras dos tecidos ao penetrar, ele será perfurocortante.

Podem atuar de forma ativa, quando atingem o corpo em repouso, e de forma passiva, quando o corpo em movimento se choca contra o instrumento.

1) Instrumentos perfurantes de pequeno calibre

Produzem feridas punctórias, isto é, um ponto com profundidade variável dependendo da intensidade de penetração, comum nos acidentes de trabalho. Tem-se, como exemplos, a agulha e o alfinete.

A elasticidade da pele fecha o orifício deixado pelo instrumento, uma vez que as fibras não são cortadas, apenas afastadas.

2) Instrumentos perfurantes de médio calibre

Causam feridas em fenda ou em botoeira (casa de botão), com bordas regulares e simétricas, que assumem a direção das linhas de força da pele, como ocorre com o furador de gelo, o estilete, o florete, o estoque (produzido pelos presos afiando a ponta de uma viga) etc..

Enquanto o instrumento perfurante de médio calibre está fincado no corpo da vítima, o orifício de entrada é circular. Ao ser retirado, a ferida sofre a ação das linhas de força da pele tomando forma alongada, semelhante à causada pelo instrumento perfurocortante de dois gumes (punhal), ou forma de botoeira, como a produzida pelo instrumento de apenas um gume (faca).

Em uma região cujas linhas de força da pele tenham a mesma direção, todas as lesões provocadas por instrumento perfurante de médio calibre serão tracionadas da mesma forma, ficando com o mesmo aspecto e com a mesma direção, portanto paralelas entre si.

Quanto à profundidade, as lesões podem ser superficiais, penetrantes ou transfixantes (o instrumento entra por um lado e sai pelo outro).

Se após a penetração total em uma região depressível do corpo, o instrumento tiver uma pressão adicional, o ferimento ficará mais profundo que o comprimento do mesmo, sendo chamado de lesão em acordeão.

Os ferimentos causados por instrumentos perfurantes de calibre médio devem ser diferenciados dos produzidos por instrumentos perfurocortantes.

1.1.4. Instrumentos perfurocortantes

Transferem sua energia cinética por pressão, através de uma ponta, e por deslizamento, por meio de um ou mais gumes que seccionam os tecidos, produzindo lesão perfuroincisa.

Tais instrumentos podem ter: um gume, como a faca de cozinha e o canivete; dois gumes, como o punhal, a baioneta e a espada, e mais de dois gumes, como certos tipos de lima.

Instrumentos perfurocortantes com um gume geram lesão em botoeira, que tem aspecto de fenda com um ângulo agudo e outro arredondado, enquanto o de dois gumes produz fenda com os dois ângulos agudos.

As feridas causadas são parecidas, mas quando houver torção do instrumento, antes de retirado do corpo atingido, a borda onde torceu o gume apresenta um corte adicional, denominado entalhe, que vai permitir identificar o número de gumes, pois só há entalhe no lado em que existir gume cortante.

INSTRUMENTO PERFURANTE	INSTRUMENTOS PERFUROCORTANTES	
Ferida em botoeira	Um gume	Dois, três e quatro gumes

A torção do instrumento dentro do corpo da vítima denota *animus necandi* (intenção de matar).

Nas lesões causadas por instrumento perfurocortante, há predomínio da profundidade sobre a extensão, daí a gravidade dessas lesões em função do grau de penetração do instrumento no corpo.

Lesões por ação perfurocortante:

– penetrantes – entra em cavidades preexistentes: pleural, pericárdica, peritoneal;
– perfurantes – penetram numa parte maciça do corpo, sem saída;
– transfixantes – atravessam um órgão ou uma parte do corpo;
– em fundo-de-saco – quando perfuram, atingem um obstáculo resistente e não penetram além do comprimento.

Quando penetram nas cavidades torácica ou abdominal, dependendo da direção dos golpes e da posição do corpo, diferentes vísceras podem ser atingidas.

As lesões feitas em vida por instrumento perfurocortante apresentam afastamento das bordas, infiltração sanguínea das vertentes e acúmulo de sangue nas cavidades quando penetrantes.

As feridas profundas ou penetrantes, quando alcançam o interior do tórax ou abdome, são denominadas feridas cavitarias.

As que atravessam o corpo, membro ou órgão são chamadas transfixantes.

Instrumentos perfurocortantes produzem marcas de baixo-relevo ao atingirem o plano ósseo, dependendo da força aplicada aos instrumentos.

As lesões podem ser acidentais, mas a maioria é de origem homicida, com múltiplos golpes em várias direções.

O afastamento das roupas no local de entrada do instrumento favorece a hipótese de suicídio, como ocorre no haraquiri dos orientais.

Os instrumentos perfurocortantes com dois gumes (punhal) também geram lesão em fenda, e os de um gume, em botoeira, independentemente da tração pelas linhas de força, pois seccionam as fibras dos tecidos, mantendo a direção de entrada do golpe.

Para diferenciar as lesões em fenda ou botoeira causadas pelos instrumentos perfurantes de médio calibre das produzidas pelos instrumentos perfurocortantes, Filhós e Langer estabeleceram princípios direcionados aos instrumentos perfurantes de médio calibre.

Leis ou princípios de Filhós e Langer

Dizem respeito aos instrumentos perfurantes de médio calibre. Para fins didáticos, essas leis estão relacionadas após a descrição das lesões causadas pelos instrumentos perfurocortantes, objetivando facilitar a diferenciação entre as lesões.

1ª) Primeira Lei de *Filhós* (também chamada Lei da Semelhança)

As feridas causadas por instrumento perfurante de médio calibre têm aspecto semelhante às produzidas por instrumentos perfurocortantes de dois gumes ou tomam a aparência de casa de botão.

2ª) Segunda Lei de *Filhós* (também chamada Lei do Paralelismo)

As feridas causadas por instrumento perfurante de médio calibre têm sempre a mesma direção em uma mesma região do corpo, cujas linhas de força tenham o mesmo sentido, ficando paralelas entre si (Filhós).

3ª) Terceira Lei de *Langer* (também chamada Lei da Elasticidade)

As feridas causadas por instrumento perfurante de médio calibre podem ter formas diferentes (triangulares, forma de ponta de lança ou de quadrilátero), bizarras, nos pontos de encontro das linhas de força, em decorrência da elasticidade da pele (Langer).

Para gravar:

P	E	S
paralelismo	elasticidade	semelhança

No caso dos instrumentos perfurocortantes, como os tecidos são seccionados, a lesão mantém a posição original, ficando apenas mais alongada ou mais aberta dependendo da tração das linhas de força, mas não ficam paralelas.

O problema da diferenciação surge quando há apenas uma lesão.

Se a única lesão estiver na direção das linhas de força, o instrumento causador poderá ser perfurante ou perfurocortante, que penetrou nessa posição.

Mas se a lesão não estiver na direção das linhas de força, isto é, se for contrária às linhas de força, só poderá ter sido causada por instrumento perfurocortante.

Nas lesões por instrumentos perfurocortantes com mais de dois gumes, as bordas das feridas tendem a se aproximar do centro.

1.1.5. *Instrumentos cortocontundentes*

São dotados de grande massa e transferem sua energia por um gume de borda romba, não afiada, agindo por pressão.

Produzem lesão corto-contusa que pode atravessar até o plano ósseo, dependendo da violência dos golpes.

Têm-se, como exemplos, machados, enxadas, foices, facões, rodas de trem, dentes e guilhotina.

As lesões corto-contusas são, geralmente, profundas, graves e mutilantes.

As bordas da lesão são afastadas, escoriadas, deixando ver certa laceração (esgarçamento) dos vários tecidos.

Na zona rural, resultam de acidentes de trabalho ou de rixas, enquanto na zona urbana, geralmente são causados por atropelamento por trem. As dentadas mutilantes ocorrem nas brigas de rua e em crimes sexuais.

1.1.6. *Instrumentos perfurocontundentes*

São instrumentos que atingem o indivíduo através de uma ponta romba, agindo por pressão.

Produzem lesão perfurocontusa em forma de túnel, tendo como principal representante os projéteis de arma de fogo. Outros instrumentos compostos por uma haste com ponta romba também se incluem nesse grupo como flechas, ponteira de guarda-chuva, espeto de churrasco, vergalhões etc., que diferem dos instrumentos perfurantes porque nestes a ponta é afiada.

1.1.6.1. Armas

A definição de arma é dada pela integração dos conceitos técnico e jurídico.

Conceito técnico: Arma é todo objeto criado pelo homem com a finalidade específica de ataque e/ou defesa.

Conceito jurídico: Arma é todo artefato criado pelo homem com a finalidade de matar, podendo esse conceito ser entendido em dois sentidos:

Stricto sensu: Arma é tudo o que for definido como tal pelo legislador, por exemplo, punhal, arma de fogo, espada etc. É a arma em sentido próprio.

Lato sensu: Arma pode ser qualquer instrumento ou objeto utilizado para a prática de um delito, como navalha, chave de fenda, travesseiro etc. É a arma em sentido impróprio.

De acordo com a classificação de Eraldo Rabello, as armas podem ser:

1) **Manuais:** Usadas no combate corpo a corpo, como espada e punhal.

2) **De arremesso:** Prestam-se ao combate à distância. Podem ser de duas formas:

Simples:	Complexas:
Quando a própria arma funciona como projétil. Ex.: lança e granada.	Quando arremessam projéteis. Ex.: arma de fogo.

1.1.6.2. Arma de fogo

É a arma construída pelo homem capaz de expelir projéteis, usando para tal a força expansiva dos gases resultantes da queima controlada de determinado propelente. São armas de arremesso complexas.

Classificação das armas de fogo:

Quanto à **alma do cano**, isto é, quanto à superfície interna do cano:

1) Arma de alma lisa: Sem raiamento, inexistindo qualquer estria ou sulco na parte interna do cano, tendo-se como exemplo as espingardas, cuja munição contém vários balins (projéteis) de chumbo ou de outro material, como borracha.

2) Arma de alma raiada: Com raias (sulcos) que imprimem movimento rotatório ao projétil em torno do próprio eixo, aumentando a precisão do disparo. Nessa categoria se enquadra a maioria das armas, podendo haver:

- Número par de raias.
- Número ímpar de raias.
- Raias com rotação para a direita (destrógiras).
- Raias com rotação para a esquerda (sinistrógiras).

A munição das armas de alma raiada contém projétil único, pois o movimento imprimido pelo raiamento confere estabilidade ao projétil, dando precisão do disparo.

Já as armas de alma lisa não permitem tal precisão. Por isso, a munição contém múltiplos projéteis que se dispersam quanto mais se distanciam da arma, a fim de atingir maior área e englobar o alvo. Existem também projéteis únicos, chamados balotes ou bala ideal, que penetram menos no corpo humano do que, por exemplo, projéteis de revólver, mas que possuem um grande poder de parada, isto é, de incapacitar o oponente. Essas armas são geralmente utilizadas para caça, por atingirem mais facilmente alvos móveis.

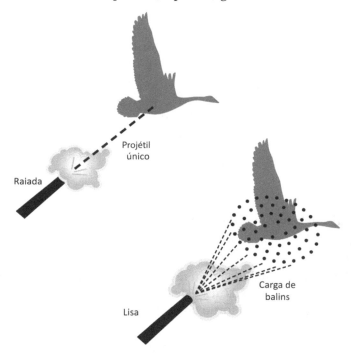

Quanto ao **calibre**, tem-se que:

As armas de alma lisa possuem apenas um calibre, isto é, o diâmetro é o mesmo em toda extensão do cano: é o calibre real.

Já as de alma raiada têm dois calibres diferentes, dependendo de ser medido em região com ou sem raiamento. Assim, o diâmetro entre dois pontos opostos cheios, isto é, sem o sulco do raiamento, é o real, enquanto o diâmetro medido entre dois pontos opostos sulcados ou entre um ponto cheio e um sulcado é o nominal.

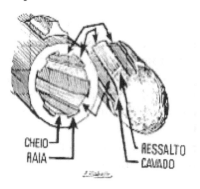

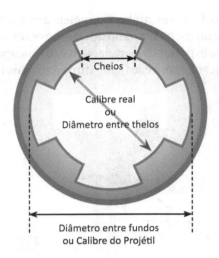

Imagem de Eraldo Rabello

Calibre real = diâmetro medido entre pontos cheios opostos.

Calibre nominal = diâmetro medido entre sulcos das raias opostos ou entre um sulco e um ponto cheio.

O projétil da arma de alma raiada tem calibre nominal, devendo vencer certa resistência na passagem pelo cano da arma de forma a se encaixar no raiamento, que lhe confere movimento giratório em torno do próprio eixo, resultando em maior estabilidade de movimento.

Quanto ao **sistema de carregamento**, a arma pode ser de:

a) Antecarga: A munição é colocada pela parte anterior da arma;

b) Retrocarga: A munição é colocada pela parte posterior da arma.

Quanto ao **sistema de ignição** (detonação), pode ser por:

a) Mecha ou pavio (obsoletas);

b) Atrito;

c) Percussão (a maioria das armas atuais);

d) Elétrica.

Quanto ao **funcionamento**, a arma pode ser de:

a) **Tiro unitário:** A arma tem de ser carregada manualmente a cada disparo efetuado, após a extração do estojo da munição do disparo anterior. Possui, portanto, apenas mecanismo de disparo. Pode ser de tiro simples ou múltiplo, tendo-se como exemplo neste último caso a espingarda de dois canos (comporta-se como se fossem duas armas montadas em uma só coronha, disparando de uma só vez a munição contida em cada cano).

b) **Repetição:** Uma vez carregada, permite efetuar vários disparos porque possui, além do mecanismo de disparo, um mecanismo de repetição que apresenta a próxima carga ao cano, tendo-se os seguintes tipos:

b.1) Não automática: Quando a apresentação da carga ao cano da arma (mecanismo de repetição) ocorre de forma mecânica, ao ser acionado o mecanismo de disparo pelo atirador, que pressiona o gatilho, tendo-se como exemplos o revólver e a maioria das carabinas.

Após cada disparo, não fica nenhuma munição posicionada no cano da arma. Assim, tanto o mecanismo de repetição, quanto o de disparo dependem da força muscular do atirador.

Nos revólveres, existe um tambor onde é depositada a munição, o qual gira quando o atirador pressiona o gatilho, colocando a próxima munição em posição e retendo o estojo vazio após o disparo. As outras armas expelem o estojo para o ambiente.

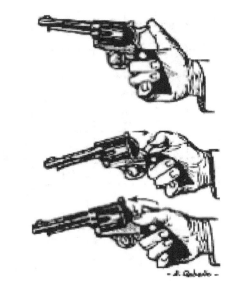

Imagem de Eraldo Rabello

Arma não automática ou mecânica: revólver

b.2) Semiautomática: Quando a energia proveniente do disparo já coloca a próxima carga em posição no cano, dependendo cada tiro do acionamento do gatilho pelo atirador, como ocorre nas pistolas.

Dessa forma, a força muscular do atirador aciona apenas o mecanismo de disparo, enquanto a força de expansão dos gases originados pela combustão da pólvora do disparo anterior aciona automaticamente o mecanismo de repetição.

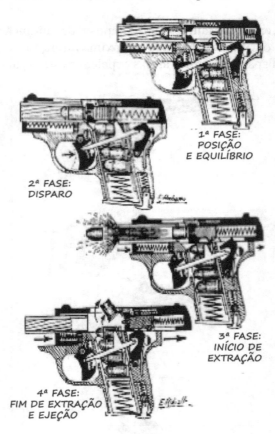

Imagem de Eraldo Rabello

Pistola

b.3) Automática: Difere da anterior apenas pelo fato de que, acionada pelo primeiro tiro, a arma continuará a atirar, consumindo toda a carga, enquanto o atirador mantiver o gatilho pressionado, como na metralhadora.

Aqui, o mecanismo de repetição e o de disparo são acionados, de forma automática, pela força expansiva dos gases resultantes da combustão da pólvora.

Metralhadora.

Quanto à **mobilidade**, as armas podem ser:

a) Fixas: Montadas sobre um suporte.

b) Móveis: Quando a base é móvel.

c) Semiportáteis: Que podem ser movimentadas por mais de uma pessoa.

d) Portáteis:
- De cano longo: para tiro a longa distância. Exemplos: fuzil, carabina e espingarda.
- De cano curto: para média e curta distância. Exemplos: revólver e pistola, classificados como armas de porte pelo Decreto 3665/2000.

Partes funcionais das armas de fogo:

1) A armação, com forma própria, e os acessórios.
2) O cano da arma, que recebe a munição.
3) O depósito, que recebe os cartuchos de munição.
4) O mecanismo, que possibilita o funcionamento.

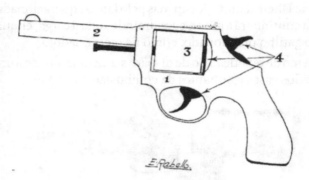

Revólver: componentes e munição.
Imagem de Eraldo Rabello

1.1.6.3. Munição

Nas armas de alma raiada, os cartuchos de munição são compostos por projétil, estojo, carga de projeção (pólvora) e espoleta.

O estojo, feito geralmente de liga metálica (latão), expande-se por ação do calor e veda o cano da arma na porção posterior, impedindo a passagem de qualquer material pela parte de trás (culatra da arma).

A espoleta é uma mistura explosiva, geralmente de fulminato de mercúrio, contida em pequena cápsula metálica na base do estojo.

Substâncias que compõem a mistura iniciadora presente nas espoletas dos cartuchos de projéteis de arma de fogo:

- estifinato de chumbo;
- sulfeto de antimônio;
- fulminato de mercúrio;
- nitrato de bário.

A percussão da cápsula de espoleteamento detona a espoleta, produzindo uma faísca que passa por um orifício, chamado evento, para o compartimento onde está a pólvora.

A pólvora é um composto químico inflamável. Contém carvão, enxofre e salitre, que queimam quando atingidos pela faísca da espoleta, gerando grande quantidade de gases. Essa é a antiga pólvora negra. Atualmente, os cartuchos contêm uma mistura de nitroglicerina e nitrocelulose, ou nitrocelulose coloidal resultante de uma mistura com álcool e éter.

Como o estojo é hermeticamente fechado na parte posterior, essa pressão dos gases força o projétil para fora, através do cano da arma.

O projétil, geralmente de chumbo, é a única parte da munição que atravessa o cano da arma, podendo estar revestido por uma liga metálica que se deforma ao contato com o alvo, denominado projétil encamisado.

O coeficiente balístico de um projétil de arma de fogo é o seu poder de penetração.

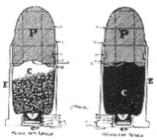

*O primeiro projétil é de chumbo ogival.
Os projéteis seguintes são revestidos, deformáveis.*

Calibre 380 - Expansiva

1.1.6.4. Balística

Balística é a parte da física que estuda o movimento dos corpos e projéteis no espaço.

a) Balística interior: estuda o mecanismo, funcionamento e técnica de disparo da arma, a mecânica do disparo e os efeitos da munição dentro da mesma.

Mecânica do disparo

- **Percussão:** ocorre quando o gatilho é pressionado, fazendo com que o percussor bata na espoleta da munição alojada na porção inicial do cano da arma, que não tem raiamento, denominada câmara.
- **Iniciação da espoleta:** uma vez comprimida pelo percussor, a espoleta detona produzindo uma faísca que passa pelo orifício chamado evento, atingindo a pólvora situada no outro compartimento da munição.

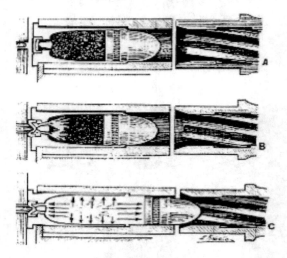

Imagens de Eraldo Rabello

- **Queima da carga de projeção:** em contato com a faísca, a pólvora se aquece e começa a queimar, aumentando a temperatura e gerando gases que se expandem dentro do estojo. O aumento gradual e progressivo da pressão desloca o projétil, único ponto que permite o escape da pressão gerada.
- **Voo livre e tomada do raiamento pelo projétil:** o projétil é forçado de encontro as raias do cano da arma, pois seu calibre é nominal, tendo de vencer a resistência por ser discretamente mais calibroso que os pontos cheios. Assim, o projétil gira no sentido imprimido pelo raiamento e se desloca no interior do cano.
- **Aceleração do projétil:** o projétil ganha velocidade.
- **Saída do projétil:** o projétil e os gases produzidos saem do cano da arma, diminuindo a pressão; o estojo vazio, que se dilatou pelo calor produzido, volta ao seu tamanho normal, permitindo sua extração e expulsão pela arma, ou ficando preso ao tambor, no caso dos revólveres.

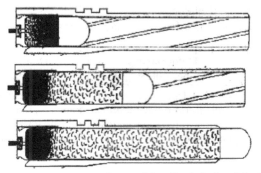

Imagens do livro Tiro de Combate Policial

b) **Balística exterior**: estuda a **trajetória** dos projéteis desde a saída da arma até o alvo.

Todo corpo que se desloca no espaço, em virtude de um impulso inicial, tem a trajetória de uma curva.

Tiro para o alto

No momento em que o projétil sai da boca da arma, sua velocidade é máxima. Ao tomar o sentido ascendente, encontra a resistência do ar e a força da gravidade que tende a atraí-lo para o centro da terra, opondo-se ao seu movimento. A velocidade do projétil vai diminuindo, até que ele para e começa a cair. A essa queda, também se opõe a resistência do ar, mas a gravidade passa a contar a seu favor. Assim, o projétil readquire na descida velocidade suficiente para atingir o alvo. Entretanto, a velocidade não chega ao nível da imprimida ao projétil no momento da saída do cano da arma. Portanto, a velocidade inicial do projétil é a sua velocidade máxima.

Passo de raiamento: o projétil se desloca no ar girando em torno do próprio eixo, de acordo com o sentido dado pelas raias da arma, além de outros movimentos como o de translação.

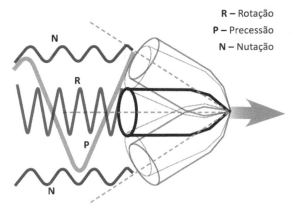

Fig. 1B – Análise do movimento dos projéteis das armas raiadas

Imagens de Eraldo Rabello

c) Balística terminal: estuda os efeitos dos projéteis no seu impacto contra o alvo. O projétil, na sua trajetória, sofre deformações mesmo antes de atingir o alvo:

Deformações normais	Deformações periódicas	Deformações acidentais
provocadas pelas raias do cano da arma.	provocadas pelo choque do projétil com o cano da arma, devido à má apresentação da munição.	ocorrem nos projéteis expansivos, que se deformam no impacto contra o alvo (projéteis encamisados).

1.1.6.5. Efeitos dos projéteis de arma de fogo no corpo humano

1) Efeitos primários

São os responsáveis pela eficiência dos projéteis. Ocorrem por ação direta e indireta.

a) Ação direta

Gerada pelo choque provocado pelo projétil, que empurra e abre os tecidos, rompendo-os no seu **trajeto** no corpo e deixando um canal de destruição chamado canal de ferida permanente.

A intensidade das lesões está na dependência do tipo de tecido atingido.

Nas vísceras maciças como fígado e rins, que estão cheios de líquido, a transmissão da energia se dá em sentido centrífugo (do centro para a periferia), gerando lesões extensas e laceradas.

Já no tecido pulmonar, que se assemelha a uma esponja elástica, a absorção da energia das ondas de pressão impede a desintegração observada nas vísceras maciças, mas existe certa hemorragia por rotura dos vasos no canal formado pela passagem do projétil.

Em relação ao coração, há um esgarçamento da musculatura com grande hemorragia e, se o projétil perder a força, pode ficar no interior do coração ou seguir a corrente circulatória e obstruir um vaso.

b) Ação indireta

Consiste na cavidade aberta pelo choque do projétil, que gera ondas de pressão hidrostática, as quais afastam os tecidos por frações de segundo, retornando estes ao estado anterior devido à sua elasticidade, chamada cavidade temporária. Este deslocamento gera lesão de tecidos não atingidos diretamente pelo projétil.

Os efeitos primários, em especial a cavidade temporária, são os principais responsáveis pelo poder de parada.

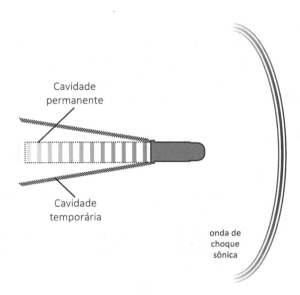

Poder de parada ou *Stopping Power*: expressa a relação entre calibre e munição ideais para incapacitar o oponente com um só disparo.

Projéteis que transferem rapidamente sua energia cinética para o alvo possuem maior poder de parada do que os que penetram mais rapidamente, transfixando o alvo. Note-se que a dissipação rápida da energia do projétil ao atingir o alvo reduz seu poder de penetração.

Projéteis de maior calibre e com maior velocidade possuem maior poder de parada, sendo utilizados para defesa por impedirem a reação do oponente. Também projéteis que se deformam e se expandem ou se fragmentam, aumentam a superfície de transmissão de energia ao tocar o alvo, aumentando o poder de parada.

Esses projéteis deformáveis são popularmente chamados de bala *dumdum*, por terem sido desenvolvidos pelo exército inglês sediado na província de Dum Dum, durante a guerra de independência da Índia porque os indianos, fortalecidos espiritualmente por *Ghandi*, exigiam vários disparos até serem brecados.

Dados estatísticos coletados em tiroteios nos Estados Unidos relatam que nem sempre o oponente caiu imediatamente ao ser atingido, mesmo que utilizadas arma e munições ideais, demonstrando que nenhum projétil pode ser considerado 100% eficaz em todas as vezes que é utilizado.

Isso se deve ao fato de existirem diferenças individuais físicas e psicológicas que interferiram no índice de incapacitação das munições analisadas.

Portanto, o Índice de Incapacitação de determinada munição é sempre um valor relativo, pois depende também das condições do oponente (RII = Índice de Incapacitação Relativo).

A ação das ondas de pressão é responsável pela ocorrência do fenômeno da cavitação.

2) Efeitos secundários

São os efeitos permanentes sobre o corpo humano, que interessam à Medicina Legal.

Quando uma arma de fogo é acionada, além do projétil, saem pela boca do cano outros elementos como pólvora já queimada (fuligem), pólvora em combustão, pólvora incombusta (não queimada) e chama (fogo), os quais constituem o cone de explosão.

Efeitos devidos ao projétil

Estão presentes sempre que o corpo humano for atingido, independentemente da distância da arma.

- **Orifício de entrada**

O projétil, ao tocar a pele, como tem a ponta romba, vai empurrando-a até o máximo da sua elasticidade, sempre girando sobre o próprio eixo.

Como rompe a pele no máximo da sua capacidade de distensão, o orifício produzido fica menor que o diâmetro do projétil, pois a pele distendida volta ao seu estado normal e as bordas ficam invertidas, isto é, viradas para dentro.

Em regiões de pele espessa, como a palma da mão, o orifício de entrada do projétil pode ter forma estrelada irregular.

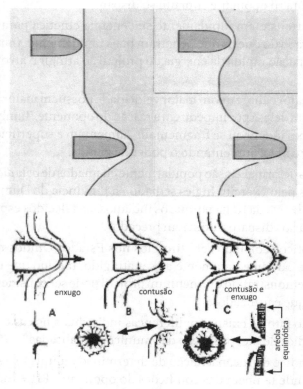

Projétil de arma de fogo penetrando na pele
Imagem de Eraldo Rabello

O movimento giratório escoria (esfola) a pele, dando origem à orla de escoriação ou orla de Fish (ou Fisch), e permite que o projétil se limpe, deixando as impurezas como graxa, óleo de limpeza da arma e fuligem da queima da pólvora na entrada do corpo, formando uma zona escura, mais interna, chamada orla de enxugo.

A ponta romba pressiona e contunde os tecidos, rompendo os vasos sanguíneos. O sangue extravasado infiltra os tecidos, causando a orla ou aréola equimótica.

Se o disparo for efetuado contra um indivíduo morto, por não haver circulação de sangue, não se forma a orla equimótica. Então, a presença dessa orla significa que a lesão foi feita em vida.

A orla de escoriação é chamada, por muitos autores, de orla de contusão. Entretanto, a orla equimótica também é uma lesão contusa. Por isso preferimos chamar de anel de contusão à associação dessas duas orlas.

Acompanhando autores estrangeiros, Montanaro denomina como anel de Fish ao conjunto das orlas de contusão (escoriação) e de enxugo.

Essas orlas podem ser concêntricas ou não, dependendo da direção do tiro, se perpendicular ou oblíquo. Nesse último caso, a escoriação é maior no lado de ângulo mais agudo, pelo maior contato do projétil com a pele, orientando a direção do disparo.

Na incidência perpendicular à superfície da pele, as forças de ação e de reação distribuem-se uniformemente ao redor da circunferência, resultando uma forma circular tanto do orifício como das orlas, com a mesma espessura em todos os quadrantes.

Orla de Chavigny – halo escuro concêntrico nos tiros perpendiculares decorrente das impurezas presentes nos projéteis de arma de fogo.

Quando o projétil de arma de fogo não penetra nas cavidades mais profundas do corpo, apenas as contornam, fazendo um trajeto subcutâneo, tem-se a lesão em sedenho.

Além do projétil, que é um instrumento perfuro contundente, a lesão em sedenho pode ser causada por instrumento perfurante e perfurocortante. Há quem cite também o instrumento e cortante, mas discordo porque neste caso, não há ponta afiada, nem romba, que permita este tipo de lesão.

Já o tiro de raspão diz respeito a uma abrasão, um ferimento superficial da pele, causado geralmente por um arranhão, uma "ralada", uma queimadura ou pela escovação intensa decorrente do contato com o projétil, que não penetra.

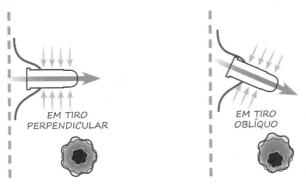

Imagem de Eraldo Rabello

Após entrar no corpo, o projétil pode sair ou não, ficando encravado em alguma parte dele, e também pode fragmentar-se, originando vários orifícios de saída.

Nas vísceras, principalmente nos pulmões, o ferimento de entrada apresenta o halo hemorrágico de *Bonnet*, sinal comprovador de entrada de projetil a qualquer distância.

- **Orifício de saída**

Para sair, o projétil força os tecidos de dentro para fora, rasgando-os e evertendo-os, isto é, virando para fora as bordas da pele.

O orifício de saída apresenta geralmente forma estrelada, maior diâmetro e maior sangramento que o orifício de entrada.

Não há orla de enxugo, pois o projétil já se limpou.

Também não há orla de escoriação porque o projétil gira abaixo da pele e, quando a atinge, o faz de dentro para fora, rasgando-a.

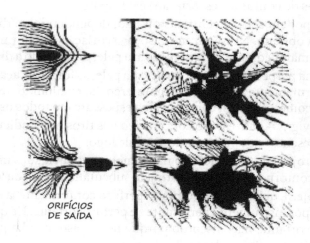

Imagem de Eraldo Rabello

Entretanto, se houver resistência à saída do projétil, por exemplo, se o corpo estiver vestido com uma peça de couro ou apoiado sobre uma superfície, teremos orla de escoriação também no orifício de saída, pois o projétil fica aí girando até conseguir sair, esfolando a pele.

Há contusão inclusive na saída, podendo haver orla de equimose se o indivíduo atingido ainda estiver vivo.

Sinal de Romanese diz respeito à presença de orla de escoriação no orifício de saída de projétil de arma de fogo em corpo encostado em um anteparo.

Efeitos devidos ao cone de explosão

Dependem da distância do disparo.

Os elementos do cone de explosão atingem diferentes distâncias, podendo chegar ou não até a vítima, denunciando a distância do disparo.

A pólvora não queimada ou em combustão, por ser mais pesada, chega até aproximadamente 25 a 30 centímetros e penetra na pele, deixando marca definitiva, gerando a zona de tatuagem.

Nas lesões de entrada de projétil de arma de fogo, disparado obliquamente e a curta distância, a orla de tatuagem fica mais concentrada no polo da ferida, que coincide com o crescente da orla de escoriação.

Já a pólvora queimada, por ser mais leve, apenas se deposita sobre a pele, podendo ser removida com água e sabão. Atinge cerca de 15 a 20 centímetros e forma a zona de esfumaçamento ou tisnado.

Por fim, o fogo que sai da boca do cano atinge apenas alvos muito próximos, até cinco centímetros, originando a zona de chamuscamento, em que os gases superaquecidos queimam a pele e os pelos.

O ideal seria testar a arma em questão para avaliar o alcance do seu cone de explosão.

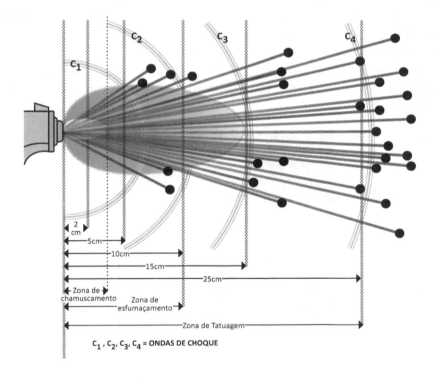

Disparo à longa distância: estão presentes apenas efeitos devidos ao projétil.
- Orla de escoriação.
- Orla de enxugo.
- Orla ou aréola equimótica.

Disparo a curta distância: apresenta efeitos do projétil e efeitos devidos ao cone de explosão, podendo estar presentes uma ou mais zonas, em função da proximidade do alvo.

Então, o elemento diferenciador está na presença das zonas, seja ao redor do orifício de entrada do projétil na pele, seja nas vestes da vítima, no caso de os elementos do cone de explosão terem ficado aí retidos.

- Orla de escoriação ou de Fish;
- Orla de enxugo;
- Orla ou aréola equimótica;
- Zona de tatuagem;
- Zona de esfumaçamento ou de tisnado;
- Zona de chamuscamento.

Disparo à queima-roupa: é o disparo a curta distância em que estão presentes todas as zonas, isto é, todos os elementos do cone de explosão.

A presença da zona de chamuscamento define o disparo à queima-roupa, mesmo que ausente a zona de esfumaçamento, pois a lesão pode ter sido lavada com água e sabão, na tentativa de destruir os vestígios do disparo à queima-roupa de uma execução.

Questão: nos disparos a curta distância e à queima-roupa, as zonas sempre estão presentes na lesão da pele junto do orifício de entrada?

Não, pois podem ficar retidas na roupa, encontrando-se na pele apenas as orlas decorrentes do projétil, sugerindo tratar-se de tiro a distância, caso o legista não tenha acesso à roupa da vítima.

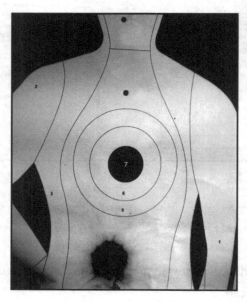

Imagem de orifícios de entrada em alvo.
Os dois orifícios de cima são de disparos a longa distância.
O orifício de baixo, com zonas, é de disparo à queima-roupa.

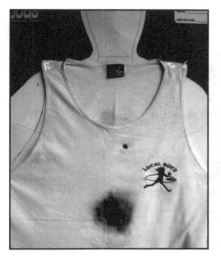
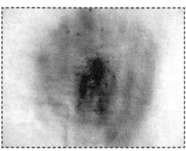

Resíduos retidos pela roupa.
Orifício superior – disparo a distância
Orifício inferior com zonas de tatuagem e esfumaçamento – disparo a curta distância

Disparo encostado: ocorre quando a boca do cano da arma é pressionada contra o corpo da vítima, de modo a não deixar escapar os elementos do cone de explosão, os quais penetram através da pele juntamente com o projétil.

Nas regiões em que há contraplano ósseo, como na cabeça, a aderência da arma à pele é completa, sendo a lesão característica.

Uma vez ocorrido o disparo, o projétil e os elementos do cone de explosão atravessam a pele. Entretanto, apenas o projétil consegue penetrar através do osso, enquanto os gases e a pólvora se expandem lateralmente, entre a pele e o osso.

Isso gera aumento da pressão, que descola a pele do osso, levando a um estufamento, seguido de explosão da pele, agora de dentro para fora.

Assim, o orifício de entrada nos disparos encostados é maior que o diâmetro do projétil, estrelado, porque o tecido é rasgado, e sujo de pólvora por dentro, como a explosão de uma mina: sinal da câmara ou buraco ou boca de mina de *Hoffman*. Se não houver escape, a pele ao redor estará limpa.

Câmara de mina de Hoffman

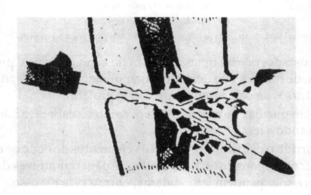

Imagens de Eraldo Rabello

Os resíduos de pólvora ficam depositados na superfície óssea, sendo esse o Sinal de *Benassi* (zona de esfumaçamento na superfície óssea).

O osso da cabeça é esponjoso, isto é, tem duas tábuas compactas e uma camada de osso esponjoso entre elas (como um biscoito *wafer*).

O projétil fura a camada compacta externa, fragmentando o osso nesse ponto e imprimindo velocidade aos fragmentos. Assim, a camada interna é atingida pelo projétil e pelos pedaços de osso, ficando com um buraco maior. Então, o orifício do lado do osso por onde entra o projétil é menor do que o orifício do lado de saída do projétil, com bordas talhadas em bisel (angulado com arestas) pelo lado interno e formando no osso um trajeto em forma de cone truncado (com o bico cortado). Esse é o Sinal de *Bonnet*, que permite identificar o orifício de entrada do projétil, quando outros sinais falharem.

Quando o projétil transfixar a cabeça, isto é, entrar por um lado e sair pelo outro, no orifício de entrada, a parte mais estreita do cone estará na camada externa do osso, enquanto no orifício de saída, a parte mais estreita estará na camada interna do osso. Dessa forma, o orifício na parte externa do osso é menor na entrada e maior na saída do projétil.

Assim, o diagnóstico diferencial entre ferimento de entrada e de saída no plano ósseo, principalmente nos ossos do crânio, é feito pelo sinal de funil de Bonnet ou do cone truncado de Pousold; na lâmina externa o ferimento de entrada é arredondado, regular e em forma de "saca bocado"; na lâmina interna é irregular e maior que da lâmina externa e com bisel interno bem definido, dando a perfuração forma de funil.

Nos tiros encostados, pode também haver uma queimadura ao redor do orifício de entrada, causada pelo cano e pela mira da arma aquecidos pelo disparo. Muitas vezes, o desenho da mira permite identificar se a arma utilizada foi revólver ou pistola. Esse é o Sinal de *Werkgartner*, que diz respeito à impressão do desenho da boca e da massa de mira do cano na pele da vítima.

Sinal de *Schusskanol* é a presença de pólvora no início do trajeto do projetil de arma de fogo. Indica disparo encostado ou muito próximo.

Na calota craniana o ferimento de entrada na lâmina externa do osso é regular, arredondado e em forma de "saca-bocado", enquanto, na lâmina interna, é irregular maior que o da lâmina externa e com bisel interno bem definido.

A presença de carboxiemoglobina no sangue periférico, assim como de enxofre, nitratos da pólvora e nitritos no sangue do ferimento da fronte da vítima consistem em importantes dados para a realização de diagnóstico seguro de tiro encostado.

O tiro encostado em região sem contraplano ósseo, pela má adaptação da boca do cano, permite algum escape dos resíduos de pólvora na pele ao redor do orifício de entrada, dificultando sua identificação.

Nos disparos com armas que apresentam orifícios perto da boca do cano para escape dos gases, chamados compensadores de recuo, o cone de explosão não atinge o alvo, comprometendo o aparecimento das zonas, nos tiros a curta distância, e a formação da câmara de mina de Hoffman, nos tiros encostados. Daí a importância do achado da arma na compreensão da mecânica do crime.

Em relação aos efeitos dos projéteis de arma de fogo, autores como França (p. 106), Tocchetto (p. 240) e Gazzola (p. 51) consideram como primários as orlas de enxugo e contusão e a auréola equimótica, ou seja, os efeitos do impacto do projétil, e como efeitos secundários os decorrentes do cone de explosão, diferentemente da corrente à qual nos aliamos.

Questão: É possível a alegação de legítima defesa quando o orifício de entrada está nas costas da vítima?

Sim, mas deve-se diferenciar tiro pelas costas de tiro nas costas, disparado à queima-roupa ou encostado, acompanhado de outras lesões que evidenciam ter havido luta e que o disparo foi efetuado quando os envolvidos estavam engalfinhados. Nesse caso, sendo a arma uma pistola, que é semiautomática, podem ocorrer disparos múltiplos, pois durante uma luta corporal, o controle do gatilho fica difícil, uma vez que cada acionamento já deixa o outro projétil em posição.

Armas de fogo de alma lisa

A munição das armas de alma lisa é composta por uma base metálica, onde se encontram a espoleta e a pólvora, e um estojo plástico contendo projéteis múltiplos, constituídos por balins de chumbo, agrupados por uma bucha.

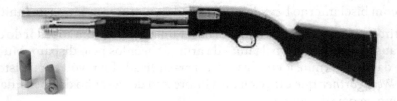

Espingarda e munição

As lesões produzidas variam de acordo com o calibre da arma e, principalmente, com a distância do disparo.

Como os projéteis são múltiplos, há mais dispersão quanto maior a distância do disparo, formando a chamada rosa de tiro nos disparos a longa distância.

Já nos disparos a curta distância e à queima-roupa pode haver um orifício central, por maior concentração dos balins, rodeado por orifícios menores ou até um único orifício, como se o projétil fosse único.

Quando se faz necessário o uso de munição não letal, como no controle de motins, os balotes são de borracha e causam apenas pequenos hematomas no ser humano, desde que atirados a certa distância maior de 20 metros (25 a 50 metros), devendo ser evitada a região da cabeça.

Essas balas de borracha, que recebem o nome técnico de elastômeros, apresentam alguns problemas, como desvios de trajetória do tiro, colocando pessoas em risco.

As corporações que adotam as balas de borracha alegam que o elastômero apresenta problemas como desvios de trajetória do tiro, o que colocaria pessoas em risco.

Desde 2021, a polícia militar passou a usar uma munição menos letal, com menor potencial ofensivo, em substituição às balas de borracha, denominada *Bean bag* (tradução literal – sacos de feijão).

Além do Brasil, essa munição é utilizada por instituições de policiamento em países como os Estados Unidos e México.

Há quem discorde, por achar que é equívoca essa substituição pelas *Bean bags*, pois as balas de borracha utilizadas amplamente em todo o planeta têm menor volume de danos, comparativamente com os das *Bean bags*.

Finalidades: conter distúrbios urbanos, como grandes aglomerações em tumulto, violência das torcidas, causar distração a um possível agressor para que a polícia ganhe tempo suficiente para solucionar a situação.

Essa munição é composta por pequenas bolinhas de chumbo alojadas em saquinhos plásticos, que ficam dentro de um tecido sintético, acopladas a cartuchos que são disparadas por armas de fogo, assim como as balas de borracha, geralmente por espingardas calibre 12.

Havendo disparo, o cartucho se abre e sai de dentro dele um saco de tecido sintético com saquinho contendo esferas de chumbo.

Se esse saquinho se romper, as esferas de chumbo penetram dentro do organismo.

De acordo com o protocolo (PM), as *Bean bags* precisam ser disparadas a uma distância mínima de 6 metros para não causar um dano maior ao atingido, enquanto as balas de borracha precisam de mais de 20 metros.

Pelo fato de serem projetadas para a dispersão de energia sobre uma área mais ampla, há redução do risco de ferimentos graves ou letais, além da capacidade de minimizar o risco de penetração em tecidos moles, como a pele humana (de acordo com estudos técnicos).

Entretanto, seu uso errôneo e em curtas distâncias também podem gerar graves lesões.

Como essa munição tem ponta que estabiliza a trajetória na hora do disparo, ela se torna altamente precisa, independentemente das condições de calor ou frio.

Recomendações para uso das *Bean bags*:

- o atirador deve estar a uma distância do alvo;
- – entre 6 metros e 10 centímetros para minimizar lesões graves;
- – entre 15 metros e 24 centímetros para minimizar risco à vida;
- a munição deve atingir nádegas, coxas ou joelhos;
- não pode atirar na cabeça;
- não pode atirar nos genitais;
- não pode atirar na nuca;
- não pode atirar na região dos olhos.

Assim, tem de atirar necessariamente nas pernas porque o objetivo é a contenção do avanço.

Disparos de espingarda

Lesões decorrentes da ação de projéteis de alta energia

São lesões causadas por projéteis de alta velocidade e grande amplitude de movimento, com alto poder de destruição e cavitação.

Munição: AR-15 e 7.62 – Fuzil AR-15

Em decorrência da passagem em alta velocidade, frequentemente o projétil carrega material aspirado do meio e de estruturas vizinhas como vestes, dentes, esquírolas ósseas (pequenos fragmentos de osso fraturado).

As lesões são geralmente transfixantes, a não ser que o projétil fique alojado em tecido que ofereça resistência, interrompendo a sua passagem.

- **Orifício de entrada**

O formato muitas vezes é circular ou oval, dependendo da penetração perpendicular ou oblíqua do projétil, semelhante ao das armas de uso civil.

As bordas são talhadas a pique (picotadas) ou irregulares.

A orla de escoriação pode estar presente, mas na maioria das vezes inexiste ou é pouco nítida.

São frequentes as microlacerações radiadas com até 1 (um) mm (milímetro) em toda a circunferência do orifício ou apenas em parte dele.

O diâmetro do orifício pode ser menor do que o do projétil em virtude da ponta pontiaguda deste, mas tende a ser maior quanto maior a velocidade do projétil e menor a distância da arma.

A região do corpo atingida também tem influência nesse diâmetro.

Regiões onde existe osso plano logo abaixo da pele, como cabeça e esterno, a resistência oferecida faz com que o projétil perca grande parte da sua energia para entrar.

Nesses casos, o orifício de entrada apresenta-se como um grande buraco, cujo diâmetro ultrapassa o do projétil, que expõe os tecidos mais profundos. Note-se que isso se deve à grande transmissão de energia no momento do impacto.

A maior espessura do osso altera a estabilidade do projétil, ampliando ainda mais a lesão, porque a rápida transmissão de energia distende a pele causando uma ferida explosiva, lacerada ou até estrelada. Na cabeça, principalmente na região occipital onde o osso é mais espesso, a lesão de entrada pode ser tão ampla a ponto de não se conseguir distingui-la da de saída.

Projéteis com ponta romba, deformável ou truncada utilizados por rifles de caça causam lesões semelhantes às que ocorrem nas regiões com osso, porque possuem maior superfície de contato, possibilitando maior transmissão de energia na entrada.

Nesses dois casos, há uma antecipação da cavidade temporária, isto é, aquele afastamento dos tecidos por ondas de pressão hidrostática ocorre logo na entrada, em vez de ocorrer em planos mais profundos, embora o poder de penetração seja menor.

Nota: quando o projétil transmite grande parte de sua energia na penetração no corpo, faz um verdadeiro buraco no ponto de entrada, mas penetra menos porque perdeu muita energia.

São condições que modificam a lesão de entrada dos atuais projéteis de arma de fogo dotados de alta energia cinética:

– região do corpo atingida;

– distância do tiro;

– forma da ponta do projétil;

– velocidade de impacto.

• **Orifício de saída**

O orifício de saída assemelha-se a um rasgo.

Quando os projéteis sofrem desvios de eixo e trajetória, podem sair de lado ou pela base, o que amplia muito o diâmetro da lesão de saída.

• Trajeto

No trajeto dentro do corpo, o canal de ferida permanente está rodeado por tecidos lacerados e necróticos, com infiltração hemorrágica, podendo ser reto ou em ziguezague, se o projétil ricochetear.

A infiltração hemorrágica se dá por rompimento de vasos decorrente da contusão pelas ondas de pressão.

O fenômeno da cavitação aqui origina cavidades temporárias tanto no sentido transversal, como longitudinal, com várias expansões e colapsos (fechamentos) dessas cavidades, por isso denominadas cavidades temporárias pulsantes.

Os tecidos mais próximos sofrem diretamente com as pulsações, formando zonas de laceração ou de esfacelo ao redor do trajeto, principalmente se a velocidade do projétil for muito grande, enquanto os tecidos mais distantes, menos afetados, apresentam zonas de hemorragia. Isso ocorre porque a maior potência das ondas de pressão provocadas pelos projéteis de alta energia, afasta de forma tão intensa as paredes do canal de ferida permanente, que parece ter havido uma explosão dentro do corpo.

Consequentemente, há maior poder de parada, interessando à atividade policial, mas o poder de penetração pode ser prejudicado pela perda da energia do projétil.

O dano causado depende também da qualidade dos tecidos deslocados.

Se o tecido for muito elástico, como o dos pulmões, ele absorve a energia e não ocorrem grandes rupturas, mas a ação contundente do projétil provoca, além de micro tromboses e isquemias, uma ruptura maciça de capilares (vasos muito pequenos), levando a uma infiltração hemorrágica de extensão variável até mesmo em região não atingida diretamente pela passagem do projétil.

Ao contrário, tecidos muito friáveis, que oferecem pouca resistência (com força tensional relativamente baixa) como os de vísceras maciças ricamente vascularizadas (baço, fígado, rins), ficam gravemente lesados porque a cavitação se forma mais rápida e extensamente. Como são mais densos, há rápida dissipação de energia na passagem do projétil, o que provoca um efeito devastador, com graves lacerações e hemorragias geralmente fatais.

Já nos tecidos que oferecem resistência, como nos ossos, ocorre uma explosão porque a colisão do projétil origina ondas que se potencializam. É o fenômeno das ondas de choque e de pressão.

Ondas de choque: surgem quando o projétil se desloca com velocidade superior à do som (1.500 metros/segundo). As moléculas gasosas do ar não conseguem transmitir as vibrações com a mesma velocidade, o que provoca um acúmulo de energia que acaba sendo liberada de forma abrupta. O meio líquido do organismo se comporta da mesma forma. As ondas de choque geradas, que antecedem o projétil, são de curta duração e não lesam os tecidos.

Ondas de pressão: resultam do deslocamento dos tecidos percutidos pelo projétil. Apesar de serem ondas de pressão positiva, deixam uma zona de baixa pressão atrás da passagem do projétil, ampliando dessa forma a lesão do canal de ferida permanente.

No crânio, pela rigidez da calota craniana, o trajeto tem aspecto explosivo porque a cavidade temporária se forma dentro de um compartimento rígido e, ao distender os tecidos, praticamente os esmaga.

Se o trajeto do projétil for relativamente curto, poderá haver coincidência entre o diâmetro máximo da cavidade temporária e o plano de saída, caso em que o orifício de saída tende a ser estrelado, irregular e de dimensão maior que o de entrada.

Já no coração, órgão muscular repleto de sangue, a dissipação de energia tende a provocar feridas mais extensas e lacerações, que logo determinam a morte, mesmo que o projétil tenha passado apenas nas proximidades.

O coração pode explodir principalmente se estiver no final da diástole, isto é, quando o músculo cardíaco relaxa para receber sangue. A maior distensão do coração e o fato de estar repleto de sangue no final dessa fase favorecem o evento.

1.1.6.6. Granadas

As granadas foram criadas pelos chineses por volta do ano 1000 a.C., tendo os europeus projetado suas próprias versões nos sécs. XV e XVI, com resultados variáveis.

No séc. XVIII, caíram em descrédito porque não se mostraram úteis nas batalhas da época, além de serem extremamente perigosas.

Ressurgiram no séc. XX, com o desenvolvimento de novas formas de combate, sendo usadas pelos soldados nas operações de trincheira, durante a Primeira Guerra Mundial, para eliminar ninhos de metralhadoras.

As granadas primitivas eram compostas por um recipiente metálico oco, preenchido com pólvora. Os soldados apenas acendiam um pavio e a arremessavam com rapidez.

Com a introdução dos sistemas de ignição mecânicos, as granadas tornaram-se armas relativamente práticas e seguras.

Realmente, a granada é uma pequena bomba projetada para uso em curta distância, composta por material combustível e um sistema de ignição.

Esse material combustível se inflama e gera gases que se espalham rapidamente, produzindo forte pressão expansiva que causa uma explosão.

Dependendo do material combustível, podem ser produzidos diferentes tipos de explosão e de efeitos, como espalhar fogo, liberar fumaça ou gases tóxicos, gerar um barulho intenso ou um clarão de luz.

Os sistemas de ignição podem ser temporizados ou de impacto, ambos com função de causar a explosão quando a granada estiver a uma boa distância do arremessador.

- **Granada temporizada**

O arremessador aciona um deflagrador, mecanismo que detona a granada depois de certo tempo (geralmente, depois de poucos segundos).

O coquetel Molotov, que consiste em uma garrafa cheia de líquido inflamável, com um pano preso a ela que atua como um deflagrador grosseiro é uma granada temporizada simples. O arremessador acende o pano e lança a garrafa, que se quebra com o impacto, deixando sair o líquido inflamável que é incendiado pelo pano em chamas.

O tipo de granada temporizada mais comum é a granada de mão de fragmentação, composta por uma carcaça externa de ferro fundido serrilhado, que é reduzida a pequenos fragmentos lançados em todas as direções por ação da carga explosiva, assegurando o máximo de danos. Pode também conter arame serrilhado ou bolinhas metálicas adicionais, para aumento dos danos resultantes da fragmentação.

Os pedaços de metal da carcaça externa voam em grande velocidade, cravando-se em tudo o que estiver dentro de seu alcance.

O mecanismo de disparo é engatilhado por um percussor mantido no lugar, no interior da granada, pela alavanca percussora que permanece em posição pelo pino de segurança. Dessa forma, o atirador segura firmemente a granada, empurra a alavanca percussora para cima e, a seguir, puxa o pino para fora e arremessa a granada.

As granadas temporizadas são muito eficazes, mas têm como desvantagem a imprevisibilidade, já que, em alguns deflagradores químicos, o intervalo de tempo até a explosão pode variar de dois a seis segundos. Em consequência, permite o contra-ataque caso não seja lançada no momento certo, podendo o inimigo apanhá-la e arremessá-la de volta, antes que exploda.

Por esse motivo, em determinadas situações, devem ser usadas granadas de impacto, que explodem onde caírem, não permitindo o arremesso de volta.

- **Granada de impacto**

O mecanismo é ativado pela força da aterrissagem da granada, isto é, pelo impacto com o alvo.

Pode ser confeccionada de forma simples, com um recipiente cheio de nitroglicerina ou outro material que se incendeie facilmente quando agitado, sendo o próprio líquido inflamável o ignitor.

Entretanto, qualquer dos dois tipos de granada pode explodir antes que o arremessador se livre delas.

A explosão da granada dissipa grande quantidade de energia e ondas de pressão com efeito letal em um raio de até 20 metros.

Os múltiplos fragmentos e estilhaços metálicos causam lesões, geralmente mortais, em virtude da penetração nas cavidades e órgãos vitais em altíssima velocidade.

Podem causar também grandes lacerações, queimaduras e amputações traumáticas.

1.1.6.7. Identificação das armas de fogo

É realizada pelo Instituto de Criminalística diretamente sobre a arma ou de forma indireta, por meio do estudo comparativo das marcas deixadas na munição.

As armas de alma lisa deixam deformações no estojo e na cápsula de espoleteamento.

Já as de alma raiada causam deformações no projétil em virtude do raiamento, chamadas estrias, específicas de cada arma, ou pela má apresentação do projétil no cano.

Quando o projétil não é encontrado, adquire importância o estudo das deformações no estojo e na cápsula de espoleteamento, causadas pela ação do percussor da arma.

Nas armas automáticas e semiautomáticas, a marca do extrator e do ejetor, no culote dos estojos da munição, auxilia na identificação.

Resíduos do tiro na arma

No momento do disparo, além do projétil, saem gases incandescentes onde estão presentes:

a. Produtos resultantes da queima da pólvora, como dióxido de carbono (CO2), monóxido de carbono (CO), vapor d'água e óxidos de nitrogênio (nitritos e nitratos).

b. Produtos da detonação dos elementos da espoleta, que se tornam voláteis em virtude da temperatura que chega a 2500°C. Dessa forma, os componentes metálicos saem na forma de vapor que logo se condensa, formando partículas que podem conter um ou até todos esses elementos.

c. Partículas de chumbo advindas da base do projétil.

d. Partículas de cobre e zinco oriundas da superfície interna do estojo ou da camisa do projétil.

Parte desses resíduos fica no estojo, na câmara ou no cano da arma. Outra parte sai da arma e pode atingir a mão do atirador ou outro alvo.

Resíduos amarelados correspondentes às partículas de nitrito podem ser identificados, a olho nu, no cano das armas semiautomáticas ou automáticas, e nas câmaras de todos os revólveres. Neste último caso, o número de disparos corresponde ao número de câmaras com resíduos.

Quando exame macroscópico negativo, seja porque não houve disparo da arma, seja porque os nitritos, em contato com o oxigênio do ar, com a umidade e temperatura, transformaram-se em nitrato ou volatilizaram formando ácido nitroso, recorre-se às provas químicas ou de recenticidade.

O reativo utilizado para detectar nitritos é o de *Greiss*, mas não é específico, uma vez que identifica nitritos de outras origens como urina, fertilizantes e cinzas de cigarro.

Então, o resultado positivo não confirma necessariamente que houve disparo.

Aqui, também, no caso dos revólveres, o número de disparos corresponde às câmaras em que foi detectada a presença de nitritos.

Note-se que esses exames se limitam a acusar a presença de resíduos, não tendo como avaliar o tempo decorrido entre o disparo e o exame.

Pelo exposto, a presença de pólvora combusta, na forma de nitritos, na arma, no atirador ou em outro suporte não e confiável e não deve ser utilizada como prova.

1.1.6.8. Identificação do atirador

A descarga de gases resultantes da explosão da espoleta e da queima da pólvora, assim como a de partículas de chumbo dos projéteis ogivais, atinge a pele das mãos do atirador formando manchas acinzentadas, ou não, pois muitas vezes são invisíveis a olho nu ou o tipo de arma quase não permite escape.

Durante o disparo de revólveres, esses resíduos saem: pela boca do cano, juntamente com o projétil; pela parte anterior das câmaras, entre o tambor e o cano; ou pela parte posterior, entre o tambor e a culatra.

A quantidade de resíduos que sai da arma é maior no caso dos revólveres do que das pistolas, que são armas mais fechadas.

As partes das mãos mais atingidas são a região dorsal do dedo indicador e do polegar, a dobra entre eles, e o dorso e palma da mão.

Esses resíduos podem ser encontrados nas mãos da vítima em decorrência da luta com o agressor, dando a falsa ideia de suicídio.

A prova da parafina permite identificar agentes oxidantes na forma de nitratos, resultantes da queima de qualquer dos componentes e não apenas da pólvora, sendo frequentes os resultados falsos positivos ou negativos.

A prova pode manter-se positiva por três a cinco dias após o disparo e consiste em se obter um molde das mãos com parafina quente. Ao ser resfriada, a parafina endurece e é retirada das mãos, levando consigo os resíduos.

O reagente usado nessa prova é a solução de difenilamina em ácido sulfúrico, pulverizado sobre os resíduos incrustrados no molde de parafina, resultando em coloração azul se houver nitrato.

Preconiza-se, ultimamente, a utilização do rodizonato de sódio, o qual permite identificar apenas partículas de chumbo (projéteis ogivais), mas é de baixa sensibilidade, daí as restrições ao seu uso.

Os resíduos são coletados das mãos com fita adesiva e borrifados com solução acidificada de rodizonato de sódio, que forma um complexo com o chumbo resultando em cor vermelha.

A ausência ou a presença de resíduos não pode ser encarada como elemento definitivo, e não deve ser utilizada no diagnóstico diferencial entre suicídio e homicídio, servindo apenas como orientação.

Em todos os métodos aventados, a contaminação ambiental é possível. Isso pode ser evitado com métodos físicos mais sofisticados que identifiquem chumbo (Pb), bário (Ba) e antimônio (Sb) dentro de uma única partícula.

A análise por ativação de nêutrons (NAA) detecta bem o bário e o antimônio, mas tem dificuldade em identificar o chumbo.

A espectrometria de absorção atômica (AAS) tem sensibilidade adequada, mas não identifica se os três elementos estão na mesma partícula, o que é fundamental para se concluir que vieram do disparo.

Já com a microscopia eletrônica de varredura (MEV), as partículas provenientes da espoleta e da pólvora são coletadas por uma fita adesiva nas mãos do atirador e em locais próximos ao disparo, e localizadas pelo microscópio em seu tamanho e forma característicos, distinguindo-as dos contaminantes.

1.1.6.9. Legislação

O registro, a posse e a comercialização de armas de fogo e munição, o Sistema Nacional de Armas – Sinarm e a definição de crimes e penas estão normatizados na Lei 10.826, de 22 de dezembro de 2003.

Em 2 de junho de 2021, o Decreto 19.711 instituiu o Banco Nacional de Perfis Balísticos, o Sistema Nacional de Análise Balística e o Comitê Gestor do Sistema Nacional de Análise Balística.

Art. 1º Ficam instituídos o Banco Nacional de Perfis Balísticos, o Sistema Nacional de Análise Balística e o Comitê Gestor do Sistema Nacional de Análise Balística, no âmbito do Ministério da Justiça e Segurança Pública.

Art. 2º O Banco Nacional de Perfis Balísticos tem como objetivo subsidiar ações destinadas a apurações criminais federais, estaduais e distritais a partir do:

I – cadastramento de armas de fogo; e

II – armazenamento de características de classe e individualizadoras de projéteis e de estojos de munição deflagrados por arma de fogo relacionados a crimes.

§ 1º O Banco Nacional de Perfis Balísticos conterá partições lógicas referentes aos dados de cada ente federativo e da Polícia Federal.

§ 2º O Banco Nacional de Perfis Balísticos será gerido pela Diretoria Técnico-Científica da Polícia Federal.

Art. 3º O Banco Nacional de Perfis Balísticos conterá dados e registros balísticos de elementos de munição deflagrados por armas de fogo relacionados a crimes.

Parágrafo único. A inserção de outros tipos de materiais nos bancos de dados de perfis balísticos que compõem o Banco Nacional de Perfis Balísticos será realizada a critério do seu administrador estadual ou distrital desde que:

I – o pedido de comparação de perfis balísticos se relacione a fundada suspeita de morte violenta; e

II – haja inquérito policial instaurado.

Art. 4º As informações obtidas a partir da coincidência de perfis balísticos relacionados a crimes serão consignadas em documento oficial firmado por perito criminal.

Art. 5º O Sistema Nacional de Análise Balística tem como objetivo permitir o compartilhamento e a comparação de perfis balísticos constantes do Banco Nacional de Perfis Balísticos.

Parágrafo único. A adesão dos Estados e do Distrito Federal ao Sistema Nacional de Análise Balística ocorrerá por meio de acordo de cooperação técnica celebrado entre o ente federativo e o Ministério da Justiça e Segurança Pública.

Art. 6º São finalidades do Sistema Nacional de Análise Balística:

I – a coordenação das ações dos órgãos gerenciadores de banco de dados de perfis balísticos; e

II – a integração dos dados no âmbito da União, dos Estados e do Distrito Federal.

Art. 7º Compete ao Comitê Gestor do Sistema Nacional de Análise Balística:

I – promover:

a) a padronização de procedimentos e de técnicas de coleta de análise de perfis balísticos e de inclusão;

b) o armazenamento e a manutenção dos dados balísticos nos bancos que compõem o Sistema Nacional de Análise Balística; e

c) a padronização das atividades de capacitação, treinamento e produção de conhecimento científico na área de balística forense, com vistas a aprimorar o Sistema Nacional de Análise Balística;

II – estabelecer:

a) as medidas de segurança para garantir a confiabilidade e o sigilo dos dados; e

b) os requisitos técnicos para a realização das auditorias no Banco Nacional de Perfis Balísticos e nos laboratórios de balística forense que integram o Sistema Nacional de Análise Balística; e

III – editar seu regimento interno.

Art. 8º O Comitê Gestor será composto pelos seguintes representantes:

I – seis do Ministério da Justiça e Segurança Pública, dos quais:

a) dois peritos criminais federais do setor de balística forense da Polícia Federal;

b) dois da Secretaria Nacional de Segurança Pública; e

c) dois da Secretaria-Executiva; e

II – cinco dos Estados ou do Distrito Federal, um de cada Região.

§ 1º Cada membro do Comitê Gestor terá um suplente, que o substituirá em suas ausências e seus impedimentos.

§ 2º Os membros do Comitê Gestor de que trata o inciso I do *caput* e respectivos suplentes serão indicados e designados em ato do Ministro de Estado da Justiça e Segurança Pública.

§ 3º Os membros do Comitê Gestor de que trata o inciso II do caput e respectivos suplentes serão indicados pelos dirigentes máximos dos órgãos de criminalística dos Estados ou do Distrito Federal que representam e designados em ato do Ministro de Estado da Justiça e Segurança Pública.

§ 4º Os membros de que trata o inciso II do *caput* deverão ser:

I – peritos criminais com experiência em balística forense; e

II – aprovados pelos entes federativos de cada Região que sejam signatários do acordo de cooperação.

§ 5º Na hipótese de não haver consenso entre os entes federativos da Região para a indicação de seu representante, será adotado o critério de revezamento entre os Estados e o Distrito Federal, por ordem alfabética, considerado o nome do ente federativo.

§ 6º Na hipótese de adoção do revezamento a que se refere o § 5º, a Região será representada por um de seus entes federativos pelo prazo de dois anos.

§ 7º Encerrado o prazo a que se refere o § 6º, assumirá o representante do ente federativo indicado à sucessão pela ordem adotada no critério de revezamento.

§ 8º Na hipótese prevista no § 7º, o dirigente máximo do órgão de criminalística dos Estados ou do Distrito Federal indicará o representante que comporá o Comitê Gestor.

Art. 9º O Comitê Gestor será coordenado por perito criminal federal, com experiência em balística forense, indicado e designado pelo Ministro de Estado da Justiça e Segurança Pública.

Parágrafo único. O Coordenador do Comitê Gestor exercerá, ainda, a função de administrador do Sistema Nacional de Análise Balística e do Banco Nacional de Perfis Balísticos.

Art. 10. O Comitê Gestor se reunirá, em caráter ordinário, bimestralmente e, em caráter extraordinário, mediante convocação de seu Coordenador ou por solicitação de, no mínimo, seis de seus membros.

§ 1º As reuniões serão convocadas com a antecedência de, no mínimo:

I – vinte e cinco dias para as ordinárias; e

II – sete dias para as extraordinárias.

§ 2º A convocação das reuniões ordinárias e extraordinárias será encaminhada aos membros do colegiado e conterá dia, horário e local da reunião, além da pauta e da documentação pertinente.

§ 3º O quórum de reunião e de aprovação do Comitê Gestor será de maioria absoluta.

§ 4º Na hipótese de empate, além do voto ordinário, o Coordenador do Comitê Gestor terá o voto de qualidade.

§ 5º O Coordenador do Comitê Gestor poderá convidar especialistas e representantes de outros órgãos e entidades, públicos ou privados, para participar de suas reuniões, sem direito a voto.

Art. 11. A Secretaria Executiva do Comitê Gestor será exercida pela Secretaria Nacional de Segurança Pública do Ministério da Justiça e Segurança Pública.

Art. 12. Os membros do Comitê Gestor e dos grupos de trabalho que se encontrarem no Distrito Federal se reunirão presencialmente ou por videoconferência, nos termos do disposto no Decreto nº 10.416, de 7 de julho de 2020, e os membros que se encontrarem em outros entes federativos e, excepcionalmente, não puderem comparecer, participarão da reunião por meio de videoconferência.

Art. 13. O Comitê Gestor encaminhará relatórios semestrais ao Ministro da Justiça e Segurança Pública.

Parágrafo único. Os relatórios de que trata o *caput* serão publicados no sítio eletrônico oficial do Sistema Nacional de Informações de Segurança Pública – Sinesp.

Art. 14. O Comitê Gestor poderá instituir grupos de trabalho com a finalidade de assessorá-lo em temas específicos.

Art. 15. Os grupos de trabalho:

I – serão instituídos e compostos na forma de ato do Comitê Gestor;

II – serão compostos por, no máximo, sete membros;

III – terão caráter temporário e duração não superior a um ano; e

IV – estarão limitados a, no máximo, três em operação simultânea.

Art. 16. A participação no Comitê Gestor e nos grupos de trabalho será considerada prestação de serviço público relevante, não remunerada.

Art. 17. Compete ao Ministério da Justiça e Segurança Pública coordenar a atuação para o cumprimento da legislação referente ao sigilo da identificação e dos dados de perfis balísticos administrados, no âmbito do Sistema Nacional de Análise Balística.

Art. 18. Caberá ao Ministro de Estado da Justiça e Segurança Pública editar os atos complementares necessários à execução do disposto neste Decreto.

Art. 19. Este Decreto entra em vigor na data de sua publicação.

1.2. Energia barométrica

As alterações provocadas no corpo humano pela permanência em ambientes de pressão atmosférica muito alta, muito baixa ou decorrentes de variações bruscas da pressão são denominadas baropatias.

1.2.1. Pressões muito baixas (hipobarismo)

O ser humano está adaptado à atmosfera do local onde vive e cuja mistura de gases exerce sobre seu corpo determinada pressão.

Ao nível do mar, essa pressão atmosférica considerada normal é de 760 milímetros de mercúrio, ou seja, 1 (uma) atmosfera.

À medida que há aumento de altitude, ocorre queda da pressão atmosférica e diminuição proporcional da pressão de oxigênio no ar, até que se torne insuficiente para oxigenar o sangue.

Por isso, o aumento da altitude tem de ser gradativo, possibilitando ao organismo uma adaptação por meio de maior produção de glóbulos vermelhos, que carregam o oxigênio até as células.

Quando um indivíduo vai para um lugar de maior altitude, se não houver esse período de adaptação do organismo, a rápida velocidade de queda da pressão de oxigênio leva a sintomas agudos de hipóxia, que é a diminuição do teor de oxigênio nos tecidos, inclusive no sangue.

O indivíduo sente falta de ar e passa a respirar mais vezes na tentativa de obter a quantidade necessária de oxigênio.

Como cada inspiração de oxigênio é acompanhada de expiração de gás carbônico, há maior eliminação deste último, além de que sua quantidade também está diminuída no ar respirado, levando à queda do seu teor no organismo, denominada hipocapnia.

Esse quadro de hipóxia associada à hipocapnia caracteriza o Mal das Montanhas, que ocorre em alpinistas não aclimatizados ou quando a montanha é tão alta que não permite a adaptação.

Como aviadores que operam em cabines sem recursos enfrentam o mesmo problema, a situação também é chamada de Mal dos Aviadores.

Tem como sintomas a excitação mental, tagarelice, crises de riso ou choro, irritabilidade, ideias fixas, confusão mental, assemelhando-se à embriaguez alcoólica leve.

Existe também a forma crônica do Mal das Montanhas, denominada Doença de *Monge*, desenvolvida por indivíduos maduros que residem há muito tempo em locais de grande altitude.

É causada pela diminuição da ventilação pulmonar, com consequente prejuízo da oxigenação do sangue. Esse fato estimula maior produção de glóbulos vermelhos pela medula óssea, pois aumenta a liberação de eritropoetina.

Os portadores apresentam lábios enegrecidos e mucosas de cor vinhosa escura decorrentes do hematócrito muito alto (alta porcentagem de hemácias no sangue).

A aptidão aos esforços físicos está diminuída e estão presentes sintomas neurológicos como cefaleia, tontura, parestesias (alterações da sensibilidade, formigamento etc.) e sonolência.

Os dedos têm formato de baqueta de tambor.

Podem ocorrer alterações no psiquismo (irritabilidade, depressão, alucinações).

Parece que as doenças pulmonares que ocorrem em grandes altitudes são as mesmas encontradas ao nível do mar, porém mais graves devido à redução da capacidade pulmonar que se instala com o passar dos anos. Por isso, a Doença de *Monge* não é observada em jovens.

1.2.2. Pressões muito altas (hiperbarismo)

Os efeitos compressivos ocorrem em locais situados abaixo do nível do mar, aos quais ficam expostos mergulhadores, mineiros e indivíduos que trabalham em túneis subterrâneos.

Os tecidos do corpo humano apresentam diferenças de elasticidade e dureza, sofrendo compressões pelo aumento da pressão externa, se não houver compensação pelo aumento da pressão no interior das cavidades e órgãos do corpo que contêm ar.

Por isso, mergulhadores usam roupas especiais que mantêm a pressão no seu interior por meio de bombas, a fim de contrabalançar a pressão ambiental.

Se esse mecanismo de proteção falhar, com o escapamento de ar pelas roupas, a energia mecânica do meio hiperbárico (alta pressão) pode causar esmagamento do tórax, além de alterações bioquímicas consequentes à descompressão.

Barotrauma decorre da incapacidade de igualar as pressões do ambiente hiperbárico e a das cavidades naturais do organismo que contêm ar, como o ouvido, os seios da face, as vísceras ocas e os pulmões.

Barotrauma é a lesão tecidual causada por essa alteração relacionada com a pressão do volume de ar de um compartimento no corpo.

Os fatores que aumentam o risco de barotrauma pulmonar são certos comportamentos (p. ex., subida rápida, prender a respiração, respirar ar comprimido) e doenças pulmonares.

1.2.3. Descompressão rápida

Pode ocorrer pela passagem brusca de um ambiente de pressão normal para um de pressão menor, como ocorre na descompressão de cabines de avião ou de ambientes hiperbáricos para o nível do mar, como acontece com os mergulhadores, escafandristas e mineiros que trabalham em escavações profundas e que sobem rapidamente.

• **Doença da descompressão**

É a doença dos mergulhadores, denominada Mal dos Caixões.

Durante a descida, a pressão dentro do equipamento tem de aumentar gradativamente para equilibrar a pressão externa e manter os pulmões expandidos.

Para retornar à superfície, o mergulhador deve subir lentamente, a fim de que a pressão do equipamento acompanhe a diminuição da pressão externa. Entretanto, a adequação não é perfeita, podendo haver instantes de pressão exagerada no ar inspirado.

Essa pressão elevada faz com que os gases do ar respirado se dissolvam em maior quantidade no sangue, tendendo a se desprender e formar bolhas que se alojam nos diferentes tecidos, sendo o nitrogênio o maior responsável.

O denominador comum aos barotraumas nos diversos órgãos ou sistemas dos mergulhadores de profundidade é a obstrução das vias de passagem do ar, o que leva ao desequilíbrio entre as pressões vigentes no interior dessas estruturas e a presente no exterior.

O barotrauma auditivo, por ser comum a várias profissões, constitui motivo para solicitação de indenizações em ações trabalhistas.

Mergulhadores e aviadores dever ter dentes em bom estado de conservação para evitar o barotrauma dental.

Classificação da doença da descompressão

Tipo I

Envolve articulações, pele e sistema linfático.

Predominam os sintomas musculoesqueléticos, cutâneos e os relacionados aos linfonodos.

É mais leve, menos grave e não costuma ser fatal.

A dor tende a se manifestar geralmente nas articulações dos braços ou das pernas, costas ou músculos, sendo por vezes difícil localizar a região.

No início, a dor pode ser leve ou intermitente, com possibilidade de se se intensificar de forma constante e tornar-se grave.

Tipo II

Inclui envolvimento neurológico ou cardiorrespiratório.

É grave, às vezes fatal, e afeta vários sistemas de órgãos.

Uma leve debilidade ou formigamento pode evoluir em horas para uma paralisia irreversível.

Pode ocorrer incapacidade de urinar, ou incapacidade de controlar a micção ou a defecação.

São comuns dor no abdômen e nas costas, e a perda de consciência é rara.

• Embolia traumática pelo ar

É um acidente de mergulho que ocorre na subida rápida, devido à ruptura dos alvéolos pulmonares que permite a passagem de ar para os vasos sanguíneos, formando bolhas que entopem esses vasos (como se fossem coágulos).

• Explosões

A enorme força expansiva dos gases liberados em uma explosão é transmitida em todas as direções, causando impacto (blast) sobre os corpos atingidos.

O material explosivo, por meio de uma reação química, transforma-se em gases que se expandem rapidamente, causando compressão do ar ao redor, o que leva ao seu deslocamento com velocidade supersônica.

Daí resulta um aumento súbito da pressão ao redor do foco da explosão, formando-se uma onda sonora ou **onda de choque** (*blast*), que caminha de forma mais rápida nesse ar comprimido.

Essa onda vai enfraquecendo conforme se distancia do foco.

CAPÍTULO 7 • TRAUMATOLOGIA FORENSE

Segue-se, a esse pico de pressão, queda tão acentuada que a pressão atmosférica chega a ficar negativa, provocando deslocamento do ar proporcional à intensidade da explosão. É o chamado **vento explosivo**.

Têm-se, assim, efeitos compressivos (onda de choque) e efeitos descompressivos (vento explosivo).

A propagação da onda de choque pode ocorrer por três formas: pelo ar, como a acima descrita, pela água e pelos sólidos.

Na água, como a propagação é mais fácil, a velocidade se mantém por grande distância.

Segundo Hércules (p. 323), são descritos 5 tipos de *blast*.

- *Blast* primário – causado pela onda de choque que se desloca no ar, na água ou no subterrâneo;
- *Blast* secundário – devido aos projéteis resultantes do estilhaçamento do invólucro do explosivo ou de fragmentação de corpos próximos;
- *Blast* terciário – consequente ao vento explosivo que desloca o indivíduo, que é lançado para cima, caindo a seguir, ou é projetado contra estruturas, ou sofre ação contundente pelo desabamento de construções;
- *Blast* quartenário – responsável pelas lesões não decorrentes dos anteriores, como queimaduras, intoxicação por gases ou irradiações;
- *Blast* quinário – relaciona-se com o estado hiperinflamatório persistente, levando à sudorese intensa, hipertermia e retenção hídrica.

As lesões provocadas dependem do tipo de *blast*.

No *blast* aéreo, os órgãos mais comumente lesados são ouvidos, pulmões e intestinos.

O *blast,* pode determinar enfisema em partes moles do pescoço e tórax.

Assim, o ambiente de alta pressão exerce sobre o organismo efeitos compressivos e descompressivos, denominados de barotrauma.

1.3. Energia térmica

O calor e o frio podem lesar o organismo de forma difusa ou localizada.

O corpo humano precisa manter a temperatura em torno de 36,5 °C para que seus aparelhos e sistemas se mantenham em estado de higidez, não resistindo a temperaturas abaixo de 32° C e acima de 42° C.

Existem mecanismos termorreguladores que mantêm a temperatura estável, pois o ser humano é homeotérmico, isto é, tem temperatura estável.

1.3.1. Calor

a) Ação do calor difuso

Causa as termonoses: insolação e intermação.

Insolação	Intermação
Produzida pelo calor natural em decorrência de temperatura alta, raios solares, excesso de vapor-d'água, com a colaboração de fatores orgânicos como doenças respiratórias e circulatórias, fadiga etc.	Resulta do excesso de calor proveniente de outras fontes como ambientes onde a ventilação e a renovação do ar são inexistentes, como ocorre no confinamento em um porta-malas ou dentro de um automóvel com as janelas fechadas.

As termonoses podem ocorrer de maneira individual ou coletiva, e na maioria dos casos, têm caráter acidental.

Na insolação, o quando anatomopatológico é inespecífico, devendo-se atentar para o fato de os óbitos ocorridos no período de 3 dias do início de onda de calor, com temperatura ambiental superior a 32,2° C em países de clima temperado. Já nos de clima tropical, como o Basil, onde o calor é úmido, parece que a tolerância é maior.

A possibilidade de morte é maior em idosos acima de 65 anos (3 a 5 vezes maior que na população em geral) e quando há consumo de cocaína nessas ondas de calor.

Os principais mecanismos de eliminação de calor são a sudorese e a vasodilatação superficial, com diminuição do retorno sanguíneo para o coração, o que compromete o aumento do débito cardíaco, o que é agravado pela desidratação.

Essa diminuição do fluxo cardíaco diminui, por sua vez, o volume de sangue periférico e, consequentemente, a perda de calor (círculo vicioso).

Na insolação ligada à prática de esportes, decorrente da prática de exercícios intensos, ou do ambiente de trabalho, os atingidos são jovens e saudáveis.

Já na forma clássica, os atingidos são os belhos, os debilitados por doenças crônicas e as crianças.

Sinais e sintomas da insolação: dores de cabeça, tontura, náusea, pele quente e seca, taquicardia, temperatura elevada (41°), taquipneia, distúrbios visuais, neurológicos e mentais, confusão menta, irritabilidade, delírios e alucinações, incoordenação motora, convulsões e pressão arterial normal ou baixa.

Nos debilitados, a insolação provocada por onda de calor é de instalação lenta, com distúrbios mentais e neurológicos progressivos, pele seca, porque sessa a transpiração, podendo estar avermelhada.

Na forma relacionada aos exercícios físicos, a instalação é abrupta e a temperatura não precisa estar muito alta.

Aqui, como o calor decorre do excesso de trabalho muscular, a morte de células musculares é frequente (rabdomiólise), com consequente mioglobinúria e deposição da mioglobina nos túbulos renais distais, levando à insuficiência renal.

Ainda há sudorese, insuficiente para dissipar o calor, e pode ocorrer coagulação intravascular disseminada (CID).

O organismo elimina calor pela transpiração, entre outros mecanismos. Se o ambiente não permite renovação do ar, mesmo que não seja hermeticamente fechado, o aumento do vapor d'água é tal que impede a transpiração. Consequentemente, cessa a eliminação de calor do organismo e a temperatura corporal se eleva, gerando desidratação, convulsões e morte.

Intermação, exaustão térmica ou prostração térmica é um quadro grave, que pode ser fatal, decorrente da descompensação dos ajustes térmicos do organismo ao calor ambiental.

Tem como sintomas: cansaço, sudorese intensa, palidez, fraqueza muscular, mialgia, cefaleia, tontura, náuseas, vômitos, anorexia, taquicardia e hipotensão.

Entre os afetados, uma parte apresenta depleção de água, e outra, depleção de sódio.

Na intermação, há vasodilatação com queda da resistência periférica. O coração não consegue aumentar o débito cardíaco no volume necessário para manter a pressão arterial seja por incapacidade do coração (idosos e debilitados), seja pela desidratação.

Sinais e sintomas da intermação: cefaleia, náuseas e tontura, vômitos, elevação da temperatura corporal (42°C), insuficiência respiratória, cianose, pele seca e quente, coma profundo.

Outras doenças do calor

Edema – ocorre em indivíduo não aclimatado que permanece longo tempo em posição ortostática, de pé ou sentado, sem movimentação adequada. Decorre de vasodilatação e retenção de sódio e água, geralmente nos pés, sendo mais frequente em mulheres. Desaparece com o passar dos dias de exposição ao calor, quando ocorre aclimatação.

Miliária – comum em crianças, é causada pela obstrução dos ductos das glândulas sudoríparas écrinas, que se rompem pela pressão do suor retido que infiltra os tecidos, provocando irritação.

De acordo com o nível da obstrução, muda o aspecto.

Obstrução muito superficial, chamada de sudâmina ou miliária cristalina – formam-se diminutas vesículas com conteúdo claro e incolor, próximas entre si, sem reação inflamatória.

Obstrução na região da camada nédia da epiderme (espinhosa), chamada de miliária rubra ou brotoeja – o suor infiltra o espaço entre as células causando irritação, reação inflamatória com formação de pápulas e vesículas. Há hiperemia e prurido.

Obstrução mais baixa, ao nível da camada basal da epiderme ou da sua junção com a derme, gerando a miliária pustulosa e a miliária profunda.

Síncope – ocorre com pessoas obrigadas a ficar em pé, em posição ortostática por longos períodos, sob altas temperaturas, sem estarem aclimatizadas.

Não exige exposição ao sol e também pode ocorrer com pessoas deitadas que se levantam rapidamente.

Manifesta-se por tontura, visão escura, zumbido auditivo e desmaio consequentes à queda da pressão arterial, com redução do retorno venoso, do débito cardíaco e do fluxo cerebral.

Fatores predisponentes:
– esforço físico em descanso;
– desidratação: braços ou abdômen.

Câimbras – são contrações musculares espasmódicas dolorosas da musculatura das pernas, braços ou abdômen, precedidas de sudorese, que surgem no final ou logo após exercício físico intenso, estando elevada a temperatura ambiente.

Tem como causa básica a hiponatremia.

b) Ação do calor local direto

Provoca queimaduras, que causam a morte instantânea de algumas células no ponto mais quente, e morte tardia de outras, além de reações gerais.

Tem como agentes os materiais em combustão: chamas, gases, líquidos ou metais aquecidos.

Classificação das queimaduras (Hoffman)	
Primeiro grau	Provoca eritema (vermelhidão) da pele, com edema e aumento da temperatura local. A pele descasca em três a quatro dias, como acontece nas queimaduras pelo sol. Esse eritema que caracteriza a queimadura de primeiro grau é o Sinal de *Christinson*.
Segundo grau	Formam-se flictenas (bolhas) contendo líquido amarelado, rico em proteínas (exsudato). É o Sinal de *Chambert*.
Terceiro grau	Há queimadura desde a pele até o plano muscular, gerando placa de necrose dura e de cor preta que, ao ser retirada, deixa uma úlcera (ferida). Necrose é a morte de um grupo de células, com reação inflamatória. Para cicatrizar, geralmente necessita enxerto, mas resulta em retração da pele chamada sinéquia.
Quarto grau	É a carbonização, quando a queimadura atinge também os ossos.

Chambert propôs investigar a natureza albuminoide do exsudato, que seria positiva em flictenas decorrentes de lesões vitais.

Atualmente, este teste foi ampliado com o estudo da composição bioquímica de outras proteínas, íons como Ca, Cl etc.

Na queimadura de primeiro grau, somente a pele é atingida e, no cadáver, a coagulação fixa o eritema após a morte.

A queimadura pode destruir todo o corpo, de forma generalizada, mas não total, como ocorre nos desastres aéreos, restando fragmentos de tecidos que permitirão a identificação.

A carbonização total (incineração) é rara, ocorrendo quando a exposição ao fogo é prolongada.

O volume do corpo está diminuído na carbonização generalizada, chegando entre 100 e 120 cm, pela condensação dos tecidos.

Se o indivíduo foi carbonizado enquanto vivo ou logo após a morte, mesmo que de outra causa, a retração dos músculos leva à posição de boxer, ou atitude de saltimbanco, ou atitude de epistótomo. Os membros superiores semifletidos, juntamente com os dedos das mãos posicionadas em garra, deixam o cadáver em posição de lutador de boxe.

CAPÍTULO 7 • TRAUMATOLOGIA FORENSE **277**

Pode haver rompimento da cavidade abdominal e do crânio pela explosão de gases.

Ossos longos podem apresentar fissuras e mesmo fraturas que podem estar relacionadas com a ação do fogo e não com uma eventual agressão.

De acordo com a intensidade da queimadura, tem-se:

Pequeno queimado ou queimado de pequena gravidade

- queimaduras de primeiro grau em qualquer extensão, em qualquer idade e/ou;
- queimaduras de segundo grau com área corporal atingida até 5% em crianças menores de 12 anos, ou;
- queimaduras de segundo grau com área corporal atingida até 10% em maiores de 12 anos.

Médio queimado ou queimado de média gravidade

- queimaduras de segundo grau com área corporal atingida entre 5% e 15% em menores de 12 anos, ou;
- queimaduras de segundo grau com área corporal atingida entre 10% e 20% em maiores de 12 anos, ou;
- qualquer queimadura de segundo grau envolvendo mão ou pé ou face ou pescoço ou axila ou grande articulação (axila ou cotovelo ou punho ou coxofemoral ou joelho ou tornozelo), em qualquer idade;
- queimaduras que não envolvam face ou mão ou períneo ou pé, de terceiro grau com até 5% da área corporal atingida em crianças até 12 anos, ou;
- queimaduras que não envolvam face ou mão ou períneo ou pé, de terceiro grau com até 10% da área corporal atingida em maiores de 12 anos.

Grande queimado ou queimado de grande gravidade

- queimaduras de segundo grau com área corporal atingida maior do que 15% em menores de 12 anos, ou;
- queimaduras de segundo grau com área corporal atingida maior do que 20% em maiores de 12 anos, ou;
- queimaduras de terceiro grau com área corporal atingida maior do que 5% em menores de 12 anos, ou;
- queimaduras de terceiro grau com área corporal atingida maior do que 10% em maiores de 12 anos, ou;
- queimaduras de segundo ou terceiro grau atingindo o períneo, em qualquer idade, ou;
- queimaduras de terceiro grau atingindo mão ou pé ou face ou pescoço ou axila, em qualquer idade, ou;
- queimaduras por corrente elétrica.

O paciente que for vítima de queimaduras de qualquer extensão, que tenha associada a esta queimadura uma ou mais das seguintes situações, será também considerado grande queimado:

- lesão inalatória; politrauma;
- fratura óssea em qualquer localização;
- trauma craniano (diagnosticado por exames radiológicos ou por quadro clínico);
- choque de qualquer origem;
- insuficiência renal;
- insuficiência cardíaca;
- insuficiência hepática;
- diabetes;
- distúrbios da coagulação e hemostasia;
- embolia pulmonar;
- infarto agudo do miocárdio;
- quadros infecciosos graves decorrentes ou não da queimadura (que necessitem antibioticoterapia venosa);
- síndrome compartimental ou do túnel do carpo, associada ou não à queimadura;
- doenças consumptivas, ou;
- qualquer outra afecção que possa ser fator de complicação à lesão ou ao quadro clínico da queimadura.

São fatores pessoais fisiológicos que aumentam o risco das termonoses:

- aclimatação;
- desidratação;
- privação de sono;
- extremos de idade.

São fatores de risco socioambiental para o desenvolvimento de termonoses:

- profissão relacionada com o calor;
- vestuário pesado ou em excesso;
- habitação provida de laje, mas sem telhado e com pouca ventilação;
- alcoolismo crônico

Mecanismo de morte dos grandes queimados

Depende da ação térmica ou da ação química dos gases, conforme o local do acidente (aberto ou fechado).

Incêndios em edifícios, casas, aviões, veículos são exemplos da atuação de dois mecanismos: queimadura e ação de gases inalados.

A lesão de inalação é causada pelas partículas de carvão existentes no ar inalado, que levam ao pulmão substâncias irritantes.

O ar quente e os gases superaquecidos só queimam a mucosa (revestimento) da entrada do aparelho respiratório, não chegando aos pulmões.

Nos recintos fechados, a morte se dá por asfixia porque o fogo consome o oxigênio do ar, levando à queda da sua concentração no ar inspirado, além de intoxicação pelo monóxido de carbono produzido pela combustão (queima) incompleta dos compostos orgânicos presentes no ambiente.

Agentes térmicos			
Chama	Gases ou vapores superaquecidos	Líquidos escaldantes	Sólidos
Além do corpo, as roupas também são carbonizadas, com tendência de baixo para cima.	Atingem as partes descobertas do corpo.	Produzem queimaduras de cima para baixo, pois o líquido escorre, ficando o lado de baixo protegido se o indivíduo estiver deitado.	Representados por objetos metálicos, como ferro de passar roupa. Produzem queimadura nos locais em que encostam.

Nas queimaduras produzidas por arma de fogo, geralmente são encontradas partes da roupa carbonizadas e pelos crestados.

Gases ou vapores muito aquecidos, mas não inflamados, provocam lesões restritas nas partes não protegidas com as vestes.

Líquidos escaldantes costumam produzir queimaduras descendentes, de acordo com a força da gravidade.

A lesão causada pela ação de líquidos quentes é chamada de escaldadura.

Nos acidentes em que o líquido escaldante é jogado ou cai sobre a vítima, há uma área de menor intensidade, situada em plano inferior com relação ao solo, da qual surgem prolongamentos escorridos, de intensidade cada vez menor, conforme se afastam da sua origem.

Nas queimaduras produzidas por líquidos e gases superaquecidos, as lesões não são tão profundas quanto aquelas produzidas por fogo e os cabelos não se chamuscam nem se carbonizam.

Queimadura produzida por chama direta apresenta lesões superficiais de aspecto geográfico, com distribuição ascendente, contrária à força de gravidade e tem os pelos locais crestados.

A severidade da lesão pelo calor em cadáveres queimados depende:

— da extensão da área comprometida;

— da profundidade das lesões;

— da idade da vítima;

— da localização das lesões;

— da presença de lesões por inalação de fumaça.

A causa jurídica das queimaduras pode ser:

1) Acidental, frequente em crianças, velhos, fumantes, alcoólatras, acidentes aéreos e terrestres.

2) Criminosa, nos casos de tortura, castigo corporal, homicídio e incêndios criminosos.

Nos casos de incêndios criminosos para fraudar seguradoras, por vingança, ação dos piromaníacos, ou para ocultação de outro crime, é importante a caracterização da reação vital para evidenciar se as queimaduras ocorreram em vida ou após a morte.

Geralmente, os cadáveres carbonizados apresentam-se com músculos faciais bem rígidos.

No exame interno de corpos carbonizados, pela ação do calor é comum o achado de hematoma subdural.

Diagnóstico de reação vital

Pode ser muito difícil quando o tempo transcorrido entre a lesão e a morte for mínimo, a ponto de não ocorrer reação inflamatória (só os vivos têm inflamação).

No caso de área de carbonização parcial, pode haver falsa reação inflamatória, com hiperemia ao redor da lesão, porque os vasos sanguíneos são espremidos pela retração dos tecidos.

A presença de monóxido de carbono (CO) no sangue dos pulmões e coração é sinal de que o indivíduo inalou o produto da combustão e, portanto, estava vivo por ocasião do incêndio.

O resultado que confirma que a vítima morreu de asfixia no local de incêndio, é um percentual de carboxiemoglobina acima de 50%.

A existência de fuligem e fumaça nas vias respiratórias denuncia que houve inalação (sinal de *Montalti*).

Na tentativa de carbonização de um corpo para ocultar homicídio, os órgãos internos geralmente estão preservados, servindo para identificar o agente causador da morte, e a parte do corpo voltada para o solo está preservada, já que não se movimenta.

Fraturas pela ação do calor podem ser confundidas com lesões por ação contundente causadas em vida.

Nos corpos com carbonização generalizada, o sexo pode ser identificado pelos genitais internos como útero e próstata.

A arcada dentária, as calosidades ósseas e o DNA podem servir para identificação do cadáver.

Nas queimaduras, a gravidade é determinada mais pela extensão do que pela profundidade, principalmente se atingirem mais de 40% da superfície do corpo, podendo levar à morte por insuficiência renal.

1.3.2. Frio

• **Ação do frio difuso**

Provoca hipotermia (baixa temperatura) quando a temperatura do corpo cai abaixo de 35° C.

Pode ocorrer pela exposição à temperatura ambiente muito baixa, ou porque o ajuste térmico do organismo estava prejudicado pelo efeito de alguma droga, como o álcool, ou o indivíduo estava debilitado por doença.

A hipotermia pode ser induzida como procedimento terapêutico para reduzir o metabolismo, diminuindo consequentemente a necessidade de oxigênio, e evitando a morte celular quando o aporte de oxigênio está reduzido, como no edema cerebral que comprime os vasos sanguíneos.

Alterações patológicas que podem ser encontradas na hipotermia grave:

- úlceras de Wischnevsky;
- microinfartos viscerais;
- edema pulmonar e broncopneumonia;
- pancreatite hemorrágica.

Mecanismo de morte

O frio leva a um embotamento progressivo das funções vitais, como a circulatória, até chegar à parada cardíaca por arritmia. Há também diminuição da função cerebral gerando sonolência, convulsões, delírios, alteração dos movimentos, anestesias, frequentes nos alpinistas.

Ao examinar o cadáver, nota-se que a pele está clara, há saída de sangue pelas vias respiratórias, o resfriamento do corpo é rápido e o início da putrefação é tardio.

• Ação do frio local

Provoca as geladuras, que são lesões de necrose da pele causadas pelo contato de substâncias muito frias por curto tempo.

Classificação das geladuras:

Primeiro grau	O local pode ficar pálido ou avermelhado, com inchaço e aspecto anserino (como pele de ganso, aspecto de pele arrepiada) por algumas horas; a seguir, a pele descama.
Segundo grau	O frio mais intenso provoca a destruição da epiderme, camada mais superficial da pele, formando bolhas.
Terceiro grau	O frio muito intenso leva ao congelamento e necrose dos tecidos por falta de circulação, pois os vasos sanguíneos contraem-se e passa pouco sangue para os tecidos, originando úlceras.
Quarto grau	A permanência dos membros em contato direto com o frio resulta em gangrena (pé de trincheira).

A gangrena foi observada nas guerras travadas em desertos gelados, daí o nome de pé de trincheira, mas também acomete alpinistas e trabalhadores de frigoríficos.

As geladuras podem ocorrer como complicação do uso da hipotermia em cirurgia cardíaca e do resfriamento inadequado de órgãos destinados ao transplante, lesando-os.

1.4. Energia elétrica

1.4.1. Ação da eletricidade natural

É causada pelos raios, que podem ter:

- Ação letal (causa morte), denominada fulminação.
- Ação apenas lesiva (não causa morte), chamada de fulguração.

A gravidade dos acidentes de fulguração costuma ser maior do que nos casos de eletroplessão.

A natureza, a intensidade e a gravidade das lesões dependem:

- da corrente contínua da eletricidade atmosférica;
- da resistência de corpo atingido;
- da tensão elétrica (voltagem);
- da intensidade da corrente;
- da duração do contato da vítima com a corrente;
- do trajeto da corrente através do corpo da vítima.

As lesões externas causadas pela eletricidade natural têm aspecto arboriforme (de árvore), tonalidade arroxeada, desaparecendo se o indivíduo sobreviver, sendo este o Sinal de Lichtenberg ou marcas queraunográficas (do grego keraunos, que significa raio).

Decorrem de fenômenos vasomotores, podendo desaparecer com a sobrevivência.

Surgem cerca de uma hora após a descarga e desaparecem gradualmente em torno das 24 horas subsequentes à descarga elétrica.

Há queimaduras também nos locais do corpo que estão em contato com metais, como fivelas.

As lesões são mais intensas nos locais de entrada e saída da corrente elétrica (mais comuns na cabeça, no tórax e nos pés).

Outras alterações: hemorragias musculares, ruptura de vasos de grosso calibre e até do coração; fraturas ósseas, congestão e hemorragia dos globos oculares; congestão das vísceras, fluidez do sangue, distensão dos pulmões e equimoses subpleurais e subpericárdicas.

A morte pela eletricidade atmosférica resulta:

- da inibição direta dos centros nervosos por paralisia respiratória e asfixia ou;
- de efeitos cardíacos com fibrilação ventricular.

Uma das lesões típicas é a queimadura nos locais próximos de objetos metálicos, como fivelas, medalhas, fecho ecler, moedas.

Nem sempre a vítima apresenta lesões na pele, mas apenas lacerações das vestes devido à explosão do raio, gerando dúvidas.

As lesões produzidas pelo raio têm variações que vão desde as figuras arborescentes até as queimaduras mais ou menos profundas, semelhantes àquelas produzidas por eletricidade artificial.

Há sinais de asfixia (à necrópsia), mas se a vítima for arremessada a grande distância, a causa da morte será traumatismo indireto.

Os que sobrevivem podem apresentar surdez por ruptura do tímpano e lesões do aparelho visual.

A morte por eletricidade natural ocorre por arritmia cardíaca.

1.4.2. *Ação da eletricidade industrial*

Produz a Síndrome da Eletroplessão, que engloba todas as formas de lesão, levando ou não à morte.

Apesar de o termo eletrocussão ser utilizado para denominar a morte por eletricidade industrial, vários autores contestam tal uso por entenderem que se aplica apenas à pena de morte na cadeira elétrica.

O arco elétrico, também conhecido como arco voltaico, é basicamente o resultado de um curto-circuito, ou seja, é o acontecimento que surge devido a uma descarga elétrica entre dois polos, superior à resistência do ar e mantida pela formação de gases que agem como meio condutor para a corrente elétrica.

Na eletrocussão, a morte é provocada por intensa carga elétrica que passa por todo corpo, atingindo com maior intensidade o coração e o cérebro. Este último, em consequência da sua consistência e da utilização de capacete metálico na cabeça durante a execução, apresenta lesões mais severas (lacerações e fissuras profundas)

Difere das diversas formas de eletroplessão pela generalização e pela gravidade das lesões que se verificam no interior do corpo.

Na eletroplessão, as lesões superficiais dependem da voltagem alta ou baixa da corrente.

A marca elétrica de Jellinek é a lesão mais simples, geralmente circular (mas pode ser elítica ou estrelada), de cor branca amarelada, consistência endurecida, bordas altas, leito deprimido, fixa, indolor, asséptica e de fácil cicatrização, podendo ter a forma do condutor.

Os pelos apresentam pontas chamuscadas e estão enrodilhados de forma helicoidal.

A raspagem da lesão identifica, em laboratório, a presença de metais fundidos e a composição química do condutor (cobre, bronze, alumínio etc.).

A marca elétrica representa exclusivamente a porta de entrada da corrente elétrica no organismo, pouco significativa, podendo até passar despercebida ou estar ausente, por exemplo, se a pele estiver úmida, sem que isso signifique que não houve passagem da corrente elétrica.

As queimaduras elétricas resultam do calor da corrente elétrica e causam escaras (feridas), pardacentas ou escuras, apergaminhadas, bordas nítidas, sem área de congestão, nem presença de flictenas.

Há lesões muito graves que vão desde a amputação de membros até secção completa do corpo.

Podem apresentar as seguintes modalidades:

- Metalização elétrica, quando o fundo da lesão tem partículas metálicas do condutor e destacamento da pele. Podem ocorrer salpicos metálicos (incrustação de pequenas partículas de metal distribuídas de forma dispersa) ou pigmentações;

- Efeito Jaule, quando a eletricidade é transformada em calor proporcional à resistência do condutor à passagem da corrente, ao quadrado da sua intensidade e ao tempo de passagem pelo condutor, produzindo queimaduras na pele, músculos, ossos e vísceras. Quando nos pés, são chamadas lesões de saída. Forma escaras negras, com bordas regulares, podendo ou não apresentar as marcas do condutor. Como o tecido ósseo oferece resistência, a corrente ocasiona sua fusão, produzindo pequenas esferas denominadas pérolas ósseas.

A corrente de alta voltagem gera marca elétrica e queimadura.

Nos acidentes produzidos por ação elétrica, a lesão do olho mais relacionada com o efeito térmico da corrente é catarata tardia.

O órgão mais vulnerável à passagem de correntes elétricas é o coração, causando assistolia e fibrilação como efeitos imediatos.

Mecanismos da morte por eletricidade

a) **Morte pulmonar**, em razão da asfixia por contratura dos músculos respiratórios causada por corrente elétrica na ordem de 20 a 30 mA (miliamperes), as quais mantêm a vítima presa, a não ser que alguém a solte, bastando três a cinco minutos para que a morte ocorra. A parada de respiração antecede à parada do coração.

b) **Morte cardíaca**, causada por fibrilação ventricular, que é uma arritmia em que o coração tremula (é como se estivesse parado).

Correntes elétricas a partir de 75mA já oferecem perigo de causar fibrilação, se duradouras, diminuindo esse tempo com a maior intensidade da corrente.

Acima de 2A (amperes) as correntes são desfibrilantes e o coração para em sístole (contraído), sendo mortais se perdurarem por mais de dois minutos.

c) **Morte cerebral**, consequente a hemorragias em vários locais, como meninges, ventrículos cerebrais, bulbo e medula espinhal.

Alguns entendem que a parada respiratória central com corrente de alta tensão, como a que ocorre na eletrocussão, decorre de aumento do calor gerado pela corrente, que eleva a temperatura cerebral até 60°C, sendo que a partir de 45°C a lesão cerebral já é irreversível (Gomes, 1997, p. 421).

Nas correntes de alta voltagem, há paralisação de centro respiratório central e a morte decorre de asfixia por paralisação de centro respiratório central.

Já nas redes de baixa tensão a perda da consciência é decorrente da parada cardíaca por fibrilação, seguida pela consequente parada respiratória.

Memorizar:

P	C	C
pulmonar	cardíaca	cerebral

Apesar da descarga elétrica, a morte pode ter causa diversa como contusão por precipitação ao solo no momento do choque (estabelecer o nexo causal).

Então, apesar de existir marca elétrica, a morte pode ser devida à ação mecânica (queda ao solo) ou outras patologias

Na perícia, importam:

- o depoimento de testemunhas para determinar a causa jurídica da morte;
- a caracterização da marca elétrica das lesões de entradas e de saída;
- se as lesões foram feitas *in vitam* ou *post mortem;*
- a existência ou não de outras alterações que possam influir no diagnóstico da morte.

Não existe quadro característico, mas manifestações de asfixia, edema dos pulmões, cavidades cardíacas dilatadas e repletas de sangue, micro hemorragia dos 3º e 4º ventrículos cerebrais, lesão eletroespecífica sugerindo morte por eletricidade industrial.

Atentar para o diagnóstico das lesões por eletricidade em sessões de tortura, principalmente nos genitais, nem sempre típicas, a não ser pelo fato de não apresentarem depósitos metálicos (ferro ou cobre) pelos cuidados de não deixarem vestígios.

1.4.3. Ação das pistolas elétricas

As pistolas elétricas (*stum guns*), conhecidas como *Taser*, são usadas na atividade policial para imobilizar pessoas por meio de dardos energizados, que penetram no corpo da vítima.

Ao serem acionadas, disparam 2 mini arpões ou dardos, com farpas semelhantes às de um anzol, presos à arma por fios elétricos de cobre.

Esses arpões se fixam na vítima, fechando o circuito porque um de seus polos se torna positivo e o outro negativo.

A corrente é produzida por pilhas ou baterias, o alcance do disparo varia de 4,5 a 10,5 metros e a ação dura 5 segundos.

O modelo *Taser X3* é capaz de aplicar choques elétricos em até três pessoas, sem necessidade de recarga.

Os atingidos perdem a coordenação pela paralisia muscular, debatem-se sem esboçar resistência, ficam imobilizados e são derrubados, facilitando a contenção.

As descargas dessas pistolas produzem pequenos eritemas ou queimaduras puntiformes, mas podem causar danos maiores ou até morte quando se repetem os disparos ou se a vítima tem doença cardíaca. Não é, portanto, uma ação inofensiva.

Esses eletrochoques paralisantes provocam sofrimento, sendo usados para intimidar, humilhar ou obter confissões.

Entretanto, não se justifica sua utilização como forma de tortura em indivíduos detidos e sem condições de fuga ou de reação, nem seu uso repressivo e muito menos preventivo.

1.5. Energia radiante

Lesões causadas pela radioatividade:

1.5.1. Raios X

Afetam a pele, causando lesões chamadas radiodermites agudas ou crônicas, podendo estas últimas levar ao câncer de pele (câncer dos radiologistas ou câncer roentgeniano). Como efeitos gerais, têm-se as esterilizações e as alterações sanguíneas.

Podem causar:

- lesões locais – são as radiodermites;
- lesões de ação geral – atingem órgãos profundos, principalmente as gônadas.

Essas lesões são estudadas na infortunística ou como elemento da responsabilidade médica.

As radiodermites podem ser:

Agudas

- 1º grau – geralmente temporárias, apresentam duas formas – depilatória e eritematosa. Essa fase, que dura cerca de 60 dias, deixa uma mancha escura que desaparece lentamente.
- 2º grau – forma papuloeritematosa representada geralmente por ulceração dolorosa recoberta por crosta seropurulenta, de cicatrização difícil, que resulta em uma placa esbranquiçada de pele rugosa, frágil e atípica.
- 3º grau – forma ulcerosa representada por zonas de necrose, de aspecto grosseiro e grave, conhecidas por úlceras de Röentgen.

Essas lesões podem aparecer nas mãos (mãos de Röentgen) dos profissionais que trabalham com raios X, sem os devidos cuidados.

Crônicas

Lesões locais – podem ter forma:

- úlceroatrófica;
- teleangiectásica; ou

- neoplásica, também chamada de câncer cutâneo dos radiologistas ou câncer röentgeniano, quase sempre do tipo epitelioma pavimentoso.

Efeitos gerais

Dizem respeito a síndromes: digestivas, cardíacas, oculares úlcera de córnea e cataratas), ginecológicas, esterilizantes, cancerígenas, sanguíneas e mortes precoces.

1.5.2. Rádio

A radiatividade pode afetar a vida e a saúde dos pacientes submetidos a tratamento, principalmente de forma indiscriminada, seja por ação externa ou interna.

1.5.3. Energia atômica

Usada em armas nucleares, têm efeitos semelhantes aos dos raios X e das radiações (efeitos radiativos), além dos efeitos traumáticos (blast), térmicos (queimaduras) decorrentes das explosões e das sequelas tardias, pela disseminação dos raios alfa, beta e gama.

Portanto, tem efeitos de ordem traumática, térmica e radioativa.

As lesões mecânicas decorrem da explosão, podendo levar à morte por desgarramento cutâneo, hemorragias viscerais, projeção a distância com traumatismo indireto.

Efeitos radioativos – dizem respeito às consequências tardias, com repercussões genéticas, neoplásicas e cutâneas.

1.6. Luz

Podem comprometer os respectivos órgãos dos sentidos, produzindo lesões e perturbações funcionais.

Ação intensiva da luz sobre os órgãos da visão – pode levar a consequências graves, chegando â à cegueira total.

Radiações não ionizantes, como o infravermelho e o ultravioleta, podem acarretar lesões sobre o cristalino e as conjuntivas, respectivamente.

Raio laser – forma de energia que se concentra muito em um único lugar, tem efeito fotoquímico e fototérmico muito maior, principalmente sobre a córnea e o cristalino; podendo a pele também sofrer danos.

O laser emite luz a partir da estimulação por radiação e suas características são: luz monocromática, coerente, direcional e de alta intensidade.

1.7. Som

Efeitos mais comuns em acidentes de trabalho, entre pessoas que permanecem, sem proteção, em ambientes de grande poluição sonora, com exposição continuada aos ruídos, causando alterações ao aparelho auditivo.

Epilepsia acustogênica seria a perturbação causada pela intensidade e permanência de certos ruídos, que pode ocorrer em telefonistas e radiotelegrafistas.

Som acima de 20.000 ciclos/s e 85 decibéis pode produzir lesões auditivas e perturbações psíquicas.

Infrassom também acarreta lesões do tipo labirintite.

Ultrassom causa destruição celular.

Dessa forma, o som é um dos agentes que contribui com o risco ocupacional, tendo o ruído como fator mais comum da perda auditiva temporária ou permanente.

Ruído é um fenômeno físico vibratório, audível, de características indefinidas e de frequência desarmônica.

Barulho é qualquer tipo de som indesejável e inútil.

A exposição crônica ao ruído excessivo pode produzir perda auditiva irreparável.

Mudança temporária do limiar de audição ou TTS (*temporary threshold shift*) – é a perda auditiva temporária, que surge por um período curto de tempo, em decorrência da exposição a ruído muito intenso.

Já a perda auditiva induzida pelo ruído é sempre causada pela exposição continuada e permanente em ambientes de muito ruído, ainda que seus efeitos sejam progressivamente instalados.

É quase sempre bilateral, permanente, lenta e progressiva.

Ruído acima de 85 decibéis ainda não é considerado como fator de exposição, caso o indivíduo esteja corretamente protegido.

A exposição ao risco de perda auditiva ocorre quando o ruído estiver acima de 85 decibéis, durante um tempo médio de 40 h semanais e sem nenhuma forma adequada de proteção.

O ruído intenso pode também produzir:

- zumbidos (frequente);
- recrutamento – sensação de desconforto para o som de alta intensidade;
- perda da discriminação da fala – dificuldade de estabelecer a altura da voz e a inteligibilidade da fala, prejudicando o processo de comunicação;
- otalgia – sensação desagradável, que repercute o mal nas atividades e no rendimento do indivíduo.

2. ENERGIA QUÍMICA

2.1. Ação interna

Produzida por substâncias (venenos) que ingeridas, inaladas ou em contato com a pele penetram no organismo e causam danos à saúde ou à vida.

A respiração dos tecidos é afetada, daí a cianose observada nesses casos.

A morte sobrevém por edema pulmonar e parada respiratória.

Existem dois grandes grupos de venenos (pesticidas):

Organoclorados	Organofosforados
Podem causar intoxicação aguda quando penetram no organismo em uma única dose elevada, ou crônica, se o acúmulo for gradual por exposição repetida. Os primeiros sintomas são digestivos, como vômitos e diarreia, seguidos de manifestações neurológicas como cefaleia, agitação, vertigens e convulsões, que podem ser fatais.	Têm atuação preferencial no sistema nervoso central, originando manifestações neuropsiquiátricas, e no sistema nervoso autônomo, provocando alteração do ritmo respiratório, opressão torácica, além de afetarem também o aparelho digestivo e urinário.

Entretanto, quase todas as substâncias podem agir como veneno, pois os efeitos podem ser diferentes dos desejados em função da quantidade. Assim, até medicamentos podem agir como venenos, dependendo da dose utilizada.

Portanto, a noção de veneno não é apenas qualitativa, mas também quantitativa.

No estudo físico-químico dos venenos tem-se por princípio o isolamento, identificação e dosagem do agente no material examinado.

Equivalente Tóxico é a menor quantidade de veneno infundida por via intravenosa, capaz de matar 1 Kg do animal considerado.

2.2. Ação externa

É causada pelos cáusticos, que incluem tanto as substâncias ácidas como as básicas.

Agem coagulando ou liquefazendo os tecidos.

Os ácidos têm efeito coagulante, produzem escaras (feridas) secas, endurecidas e com cores diferentes, dependendo das suas características.

Já a soda cáustica, que é básica, tem efeito liquefaciente e causa escaras úmidas, amolecidas e translúcidas (transparentes).

Vitriolagem é a ação criminosa de jogar cáusticos na vítima. Foi inicialmente descrita para ácido sulfúrico, também chamado óleo de vitríolo, usado pelos vidraceiros.

A sede preferida das lesões é a face, denotando a intenção de estigmatizar a vítima.

Quando há explosão de vasilhame contendo líquido cáustico, se esse líquido atingir uma pessoa, provavelmente provocará lesões circulares de tamanhos diferentes, mais ou menos concentradas.

Quando um indivíduo bebe uma solução cáustica, geralmente acontecem queimaduras da pele ao redor da boca.

Se uma pessoa estiver em pé enquanto bebe uma solução cáustica, as lesões por escorrimento serão encontradas nas laterais e parte anterior do pescoço.

São sequelas de vitriolagem: cicatrizes irregulares, formação de queloides, lesões graves dos olhos e cegueira, estenose esofagiana e perfurações gástricas.

3. LESÕES DECORRENTES DE MAUS-TRATOS

3.1. Maus-tratos a menores

1. Síndrome da criança espancada ou Síndrome de *Silverman*.

Na síndrome da criança espancada ou *battered child* síndrome, a criança é vítima de um trauma físico não acidental provocado, geralmente, por uma ou mais pessoas responsáveis por seu cuidado.

Para que maus tratos sejam caracterizados, é preciso que exista uma relação de guarda, proteção e vigilância entre autor e vítima.

As vítimas geralmente são crianças com idade abaixo de 3 anos (80%) e destes, 40% com menos de 6 meses.

Parece haver discreto predomínio no sexo masculino, sendo maior a frequência em crianças carentes, débeis e retardados.

Violência é toda ação material ou pressão moral exercida contra uma pessoa com o intuito de submetê-la à vontade de outrem.

a) Formas de maus-tratos:

- Por omissão – carência física e afetiva;
- Por ação – maus-tratos físicos, psíquicos e abuso sexual.

A negligência com as necessidades básicas da infância caracteriza maus tratos por omissão.

A forma mais comum de maus-tratos à criança é o abuso físico.

b) Perfil dos agressores:

- Padrastos, pais jovens ou familiares diretos;
- Desempregados;
- Com baixa escolaridade;
- Dependência em álcool ou drogas;
- Portadores de alterações psicoafetivas;
- Vítimas de maus-tratos na infância.

As classes mais abastadas e o bom nível de escolaridade não estão excluídos deste contexto, porém a maioria dos autores vem de classes de baixo nível econômico e tem baixa escolaridade, porque muitas vezes são limítrofes ou débeis.

c) Justificativa: educar a criança.

d) Exame da criança:

- Atitude da criança – apática, indiferente, temerosa, olhar triste, protege o rosto com as mãos ou fecha os olhos, ou chora com a aproximação de certas pessoas e fica impassível aos movimentos do examinador;
- Estado da criança – desidratada e desnutrida;
- Lesões mais comuns:
  - Equimoses, hematomas e feridas contusas, decorrentes de tapas, socos, mordidas ou agressões utilizando objetos;
  - Fraturas;
  - Rotura de vísceras por chutes ou arremesso ao chão ou contra a parede;
  - Queimaduras;
  - Edema por compressão indicando contenção;
  - Alopecia traumática localizada (ausência de cabelo), quando os golpes são desferidos na cabeça para não deixar marcas;
  - Fratura de dentes por introdução violenta da colher na boca;
  - Sufocação por aspiração decorrente da introdução violenta de alimentos na boca;
  - Lesões genitais nos casos de abuso;
  - Intoxicação por tranquilizantes;
  - Introdução de agulhas no corpo da criança.

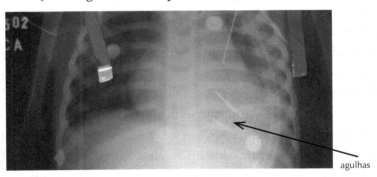

Fonte: https://www.correiodopovo.com.br/not%C3%ADcias/geral/pol%C3%ADcia-localiza-padrasto-da-crian%C3%A7a-com-40-agulhas-dentro-do-corpo-1.10173

São suspeitas as equimoses:
- Extensas;
- De idades variadas;
- Em locais relativamente protegidos, como faces mediais e posteriores dos braços, coxas, mãos, pescoço e regiões glúteas;
- Em áreas raramente lesadas por acidente como genitália e orelhas;

- Abdominais, que indicam forte impacto, pois a gordura tem flexibilidade e poder amortizador, devendo-se investigar lesões internas (causa acidental rara);
- Com padrão (forma específica), podendo ser lineares, arredondadas, paralelas, em alça, refletindo a forma do objeto utilizado (cordas, cintos, fivelas, varetas), situadas na região glútea, nas faces posteriores das pernas e no dorso.

Na presença de múltiplas equimoses com variações de cores, impõe-se a diferenciação com quadros patológicos que possam gerar confusão no diagnóstico, como púrpura trombocitopênica; hemofilia; anemia falciforme.

Lesões intraparenquimatosas hemorrágicas por rotura de canais vasculares também são observadas na síndrome da criança sacudida.

Conforme aumenta a mobilidade da criança, também aumentam os acidentes causadores de equimoses principalmente nas pernas (joelhos, face anterior da tíbia) e em proeminências ósseas, como fronte (testa) e espinha dorsal, enquanto as causadas por agressão costumam ter localização não usual.

Em quase todos os casos de abuso físico, aparecem sinais cutâneos.

As formas menores de abuso tendem a evoluir progressivamente para formas mais graves, caso não haja intervenção precoce.

e) Sinais de alerta:
- Lesões cutâneas múltiplas na face e membros, com diferentes tempos de evolução, coincidentes com fraturas ósseas que, além de múltiplas, também apresentam diferentes idades, denotando espancamentos repetidos em dias diferentes;
- Queimaduras de cigarro;
- Marcas de contenção nos punhos e tornozelos;
- Vítimas aterrorizadas;
- Informações contraditórias dos familiares.

f) Elementos indiretos significativos diante da suspeita de abuso:
- Explicações vagas ou inexistentes sobre a etiologia das lesões constatadas;
- Incompatibilidade entre o histórico relatado e os achados físicos;
- As versões sobre os fatos diferem de um momento ao outro;
- O responsável pelas injúrias tarda, sem motivo ou por motivos insignificantes, no mínimo duas horas para buscar auxílio médico ou recorre aos serviços de urgência;
- Histórico de visitas frequentes à emergência;
- Fraturas repetidas.

g) O exame radiológico (Raio X) evidencia:
- *Síndrome de Silverman ou Síndrome de Coffey-Kamp* – hematoma subperiósteo (coleção de sangue entre o osso e o periósteo, que é a membrana que reveste

o osso) em ossos longos dos membros superiores e/ou inferiores (braços e/ou pernas), pois pela maior flexibilidade, o osso da criança não chega a fraturar.

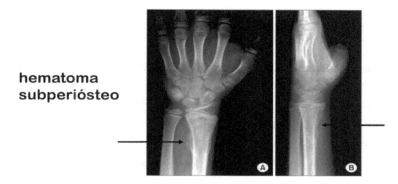

- *Síndrome metafisária de Straus* – arrancamento epifisário (epífise é a extremidade do osso que, na criança em crescimento, está ligada ao restante do osso por cartilagem).

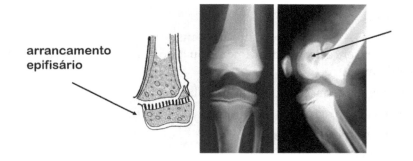

O perito médico legista deve:
– descrever as lesões quanto à forma, ao tipo, à localização e ao número;
– realizar estudo radiológico para verificar fraturas e calcificações ósseas em diferentes estágios;
– realizar a entrevista, sempre que possível, sem a presença do responsável;
– verificar a escassez de tecido subcutâneo relacionado à privação de alimento;
– verificar presença de infestações de parasitas relacionada à negligência.

h) Síndrome da criança sacudida ou chacoalhada

A criança é segurada pelo tórax e agitada com violência, de forma que não deixa sinais externos, mas leva a:
- danos neurológicos – hemorragia de meninge (película que recobre o cérebro) e edema cerebral;
- hemorragia de retina.

O impacto do lobo frontal do cérebro contra a caixa craniana produz lesões neste local onde se encontra a personalidade, podendo levar à distúrbios de personalidade (psicopatias).

3.2. Maus-tratos a idosos

As lesões decorrentes da Síndrome do Ancião Maltratado são de difícil diferenciação com as resultantes de acidentes próprios da idade.

Estima-se que 10% dos idosos são maltratados em casa, pela própria família, ou em hospitais e asilos, seja por ação, omissão ou negligência.

a) Tipos de maus-tratos:

• Físicos – ferimentos repetidos e pouco justificáveis, queimaduras, fraturas, escoriações e equimoses;

• Psíquicos – agressões verbais, ameaças, reprovações, desprezo e isolamento do idoso;

• Econômicos – privação de alimentos, supressão de bens e mau uso do que o idoso dispõe para se manter.

b) Fatores de risco:

• Individuais – agressor portador de transtornos mentais ou vício em álcool e drogas, presença de herança violenta ou filho que enfrentou a violência dos pais quando menor;

• Dependência econômica, gerando conflitos;

• Tipo de vida do agressor, onde o stress é frequente;

• Isolamento social do idoso.

c) Exame do idoso:

• Hiato longo de tempo entre a lesão e a procura por atendimento;

• Lesões com datas diferentes;

• Estado psíquico do idoso de terror e medo;

• Lesões em punhos e tornozelos, denotando contenção na cama.

3.3. Violência doméstica e familiar contra a mulher

De acordo com a Lei nº 11.340, de 7 de setembro de 2006 (Lei Maria da Penha), toda mulher, independentemente de classe, raça, orientação sexual, renda, cultura, nível educacional, idade e religião, passa a gozar dos direitos fundamentais inerentes à pessoa humana, sendo-lhe asseguradas as oportunidades e facilidades para viver sem violência, preservar sua saúde física e mental e seu aperfeiçoamento moral, intelectual e social.

Configura violência doméstica e familiar contra a mulher qualquer ação ou omissão baseada no gênero que lhe cause morte, lesão, sofrimento físico, sexual ou psicológico e dano moral ou patrimonial:

CAPÍTULO 7 • TRAUMATOLOGIA FORENSE **295**

– No âmbito da unidade doméstica – espaço de convívio permanente de pessoas, com ou sem vínculo familiar, inclusive as esporadicamente agregadas;

– No âmbito da família – comunidade formada por indivíduos que são ou se consideram aparentados, unidos por laços naturais, por afinidade ou por vontade expressa;

– Em qualquer relação íntima de afeto, independentemente de coabitação, na qual o agressor conviva ou tenha convivido com a ofendida.

A violência pode ser:

- Física – conduta que ofenda a integridade ou saúde corporal.

- Psicológica – conduta que cause danos emocionais e diminuição da autoestima, ou que prejudique e perturbe o pleno desenvolvimento, ou que vise degradar ou controlar as ações, comportamentos, mediante ameaça, constrangimento, humilhação, manipulação, isolamento, vigilância constante, perseguição, insulto, chantagem, exploração e limitação do direito de ir e vir ou qualquer outro meio que cause prejuízo à saúde psicológica e à autodeterminação.

- Sexual – conduta que obrigue a presenciar, a manter ou a participar de relação sexual não desejada, mediante intimidação, ameaça, coação ou uso da força; que a induza a comercializar ou a utilizar, de qualquer modo, a própria sexualidade, que a impeça de usar qualquer método contraceptivo ou que force ao matrimônio, à gravidez, ao aborto ou à prostituição, mediante coação, chantagem, suborno ou manipulação, ou que limite ou anule o exercício de direitos sexuais e reprodutivos.

- Patrimonial – conduta que configure retenção, subtração, destruição parcial ou total de objetos, instrumentos de trabalho, documentos pessoais, bens, valores e direitos ou recursos econômicos, incluindo os destinados a satisfazer as necessidades.

- Moral – conduta que configure calúnia, difamação ou injúria.

Diante de um caso suspeito, deve o perito:

- Valorizar os antecedentes (história familiar e seu relacionamento com o agressor), as lesões físicas, as causas que motivaram suas queixas e os sintomas.

- Examinar e valorizar os danos psíquicos, considerando as dificuldades decorrentes da:

– Inexistência de padrão clínico habitual dos distúrbios psiquiátricos;

– Impossibilidade de quantificar o dano;

– Imprecisão em determinar o nexo causal;

– Dificuldade em estabelecer a existência de dano psíquico anterior;

– Imprecisão na distinção entre dano neurológico e dano psíquico;

– Possibilidade de simulação e de metassimulação por parte da examinada.

- Considerar o estado anterior da vítima para estipular a existência de dano psíquico, isto é, se a vítima era ou não portadora de um dano ou transtorno psíquico, principalmente quando não foram diagnosticados ou tratados.

Deve-se distinguir:

– Dano psíquico – deterioração das funções psíquicas, de forma súbita e inesperada, que surge após ação deliberada e grave de alguém, causando um prejuízo material ou moral para a vítima;

– Transtorno mental ou doença mental – alteração das funções psíquicas, de causa natural.

Existindo anteriormente um quadro de dano corporal ou transtorno mental, para considerá-lo importante na avaliação, basta provar agravamento do processo.

Entretanto, inexistindo qualquer evidência do estado anterior da vítima, deve-se demonstrar se a sintomatologia apresentada decorre da agressão física ou psíquica.

- Estabelecer o nexo de causalidade, que é o vínculo coerente entre a ação e o resultado.

Na violência física, para se estabelecer o nexo de causalidade é necessário que:

a) A agressão física tenha existido;

b) A agressão tenha sido súbita e exógena;

c) Haja relação de temporalidade, ou seja, coerência entre a idade do dano e os fatos;

d) Exista uma lógica anatomoclínica de sinais e sintomas típicos;

e) Haja exclusão da preexistência de danos em relação à agressão física.

Violência no casal

É um fenômeno multicausal, que depende de diversos fatores.

- Fatores individuais:

– Agressor do sexo masculino;

– Com pai ausente;

– Usuário de drogas e/ou álcool;

– Que sofreu agressões quando criança; e/ou

– Presenciou violência conjugal; ou

– Cresceu em ambiente onde violência era vista como um comportamento masculino normal e aceitável para solução de conflitos.

- Fatores comunitários:

– Pobreza;

– Desemprego;

– Amigos delinquentes;

– Mulheres que se isolam das famílias.

- Fatores sociais:
- Normas socioculturais que dão o controle do comportamento feminino aos homens;
- Violência aceita como forma de resolução de conflitos;
- Conceito de masculinidade ligado à dominação, honra ou agressão;
- Papéis rígidos para ambos os sexos.

A violência contra a mulher constitui um problema de saúde pública.

Os agressores são classificados em função de:
- eventual psicopatologia;
- prática de violência generalizada ou voltada apenas para a companheira;
- severidade e frequência da agressão.

Perfis possíveis, com diferentes graus de violência, prognóstico e reincidência:
- agressores sem psicopatologia;
- antissociais;
- *borderlines*;
- disfóricos;
- psicóticos.

Estudo revelou que as características dos agressores e das vítimas são semelhantes:
- idade inferior a 45 anos;
- haver sofrido violência durante a infância;
- baixo nível de educação;
- consumir álcool;
- ter baixa renda.

Observou-se o consumo de álcool no momento da violência conjugal, tanto em agressores homens, como em agressoras mulheres, sendo frequente a ingestão também pelos respectivos companheiros à época dos fatos.

O uso de armas e o consumo de drogas aumenta a gravidade da agressão.

A face é a região mais atingida.

O feminicídio, que diz respeito ao homicídio de mulheres em função do gênero, costuma ocorrer no ambiente doméstico.

Geralmente, não se trata de um ato impulsivo isolado de pessoas pacíficas ou de doentes mentais, mas de ato premeditado, resultante de crescente agressividade contra a companheira, chantagens e denúncias policiais por lesão corporal, tentativas de homicídio, ameaça, injúria e difamação.

A morte muitas vezes decorre de lesões por arma de fogo ou outros meios que exigem contato direto, como objetos cortantes, penetrantes, contundentes e asfixia.

Se a violência for passional, observam-se sinais de tortura, lesões nos genitais, estupro e/ou lesões múltiplas.

É comum o agressor culpar a vítima pelo próprio assassinato:

- pela forma como ela se veste;
- porque ousou assumir conduta mais independente ao tentar trabalhar ou estudar;
- por desejar romper o relacionamento;
- por não dar uma nova chance ao agressor;
- por envolver-se com um novo parceiro.

Quando o agressor se sente rejeitado pela mulher, se ela ameaça deixá-lo ou vai embora, ele a mata.

O suicídio surge com o desejo de permanecer ligado à vítima, agora na morte, demonstrando a dependência do agressor.

Uma parte dos assassinos tenta suicídio após o delito, e os que matam por ciúme acreditando estarem sendo traídos, algumas vezes assassinam também o rival.

Os que matam também a família:

- são geralmente casados;
- sem história de atos violentos prévios;
- mais frequentemente tentam suicídio após o delito.

O suicídio pode ocorrer logo em seguida ao homicídio ou após um intervalo de tempo. Neste último caso, o assassino acredita que agiu corretamente no momento do crime, mas ao perceber que sua conduta foi inadequada, criticada e criminosa, não consegue conviver com isso.

Já a mulher que mata o amante ou o marido, em geral o faz para se defender das agressões repetidas e raramente se suicida.

Stalking

É a imposição de comportamentos de aproximação e comunicação não desejados, que induzem medo na vítima e constituem problema psiquiátrico e criminal.

Esses comportamentos geralmente estão ligados a namoros disfuncionais e conflitos domésticos (ciúme patológico, raiva pelo abandono etc.), nos quais se identificam transtornos de personalidade e abuso de substâncias.

Características das vítimas:

- Geralmente mulheres em idade reprodutiva;
- Que tiveram um relacionamento sexual com o perseguidor, mas há vítimas que não o conhecem pessoalmente;
- Pode existir relação de dependência;
- Pode existir relação sadomasoquista, com alto risco de agressão, inclusive letal.

Características dos *stalkers*:

- Indivíduos com transtornos paranoides ou esquizoides, que interpretam de maneira errada a comunicação de pessoas com as quais se relacionam;
- Erotomaníacos, que não têm um vínculo real com alguém, mas podem ter relacionamentos fantasiosos como substitutos para o real que não conseguem atingir;
- Psicóticos com delírios de que a pessoa os quer ou comportamentos de *stalking* em resposta a alucinações;
- Transtornos delirantes, esquizofrenia, psicoses orgânicas ou afetivas são mais comuns entre assediadores de estranhos e de pessoas famosas que não tenham nenhuma relação com eles;
- Retardados mentais e dementes que não têm controle dos seus impulsos e seguem pessoas pelas quais se sentem atraídos sexualmente;
- Predadores sexuais e parafílicos, como pedófilos, estupradores, voyeristas e fetichistas podem ter esse tipo de comportamento;
- Transtorno da personalidade antissocial (psicopatia) é incomum e sua presença aumenta o risco de violência.

Capítulo 8
ENERGIAS FÍSICO-QUÍMICAS – ASFIXIAS MECÂNICAS

As energias físico-químicas referem-se às ações físicas (mecânicas) que desencadeiam alterações da química do organismo.

Neste contexto se enquadram as asfixias mecânicas, em que uma ação física, criando um obstáculo à respiração, provoca, no sangue arterial, ao mesmo tempo:

- Redução do teor de oxigênio (hipóxia);
- Aumento do teor de gás carbônico (hipercapnia).

A asfixia é uma circunstância qualificadora do crime de homicídio, pois pressupõe que o agressor agiu de surpresa ou com superioridade de força.

Seja qual for a situação, tem de haver um firme propósito homicida, uma vez que a vítima não morre de imediato, levando geralmente mais de quatro minutos para tal.

FASES DA ASFIXIA
- Inicialmente, há dispneia inspiratória, que é a dificuldade para puxar o ar para dentro dos pulmões;
- A seguir, surge dispneia expiratória, isto é, dificuldade para expelir o ar, podendo haver convulsões;
- Sobrevém parada respiratória;
- Por fim, surgem os últimos movimentos respiratórios que precedem à morte.

Nas asfixias, a parada respiratória antecede a parada cardíaca.

Alguns sinais cadavéricos externos e internos podem levantar a suspeita de morte por asfixia.

Sinais cadavéricos	
Externos	**Internos observados na necropsia**
• Cianose da face, que é a cor arroxeada ou azulada da face; • Cogumelo de espuma, devido à eliminação de espuma pela boca e pelo nariz; • Projeção da língua para fora da boca; • Equimoses externas, com forma de petéquias, na pele e mucosas da face, sobretudo nas pálpebras e olhos (conjuntiva ocular); • Livores cadavéricos escuros e precoces.	• O sangue é fluido (líquido, não espesso, diluído) e escuro; • Há equimoses viscerais com forma de petéquias, mais frequentes na região subpleural e subepicárdica (abaixo das membranas que recobrem o pulmão e o coração), denominadas Manchas de *Tardieu*, que podem aparecer em qualquer tipo de asfixia; • Congestão, isto é, maior volume de sangue nas vísceras; • Hemorragia, edema e/ou enfisema pulmonar.

A cianose encontrada nos cadáveres de mortos por asfixia só é perceptível quando o teor de hemoglobina não oxigenada atinge 5%.

As petéquias externas e as viscerais (Manchas de *Tardieu*) formam-se pela ruptura de pequenos vasos sanguíneos ocasionada por um aumento na pressão dentro deles.

As manchas de *Tardieu* são lesões inespecíficas, podendo ser encontradas em diferentes tipos de asfixia, assim como em casos de mortes naturais por doenças (epilepsia, asma, coagulopatias etc.), problemas cardíacos graves e como consequência de manobras de ressuscitação cardiopulmonar que aumentam a pressão intratorácica.

Possuem tonalidade violácea, seu número é variável e podem ser esparsas ou aglomeradas.

Localizam-se, não raro, sob a pleura visceral, mais notadamente nos sulcos interlobares e nas bordas dos pulmões, no pericárdio, no pericrânio e, nas crianças, também no timo.

Parece que a teoria mais aceita é a que explica a ocorrência das manchas de *Tardieu* por aumento da pressão arterial, decorrente da excitação dos centros bulbares pelo gás carbônico, rompendo os capilares e produzindo equimoses viscerais.

As petéquias na região da cabeça, em especial as conjuntivais e palpebrais, são geralmente encontradas em asfixias por:

- estrangulamento;
- esganadura;
- enforcamento com suspensão incompleta do corpo;
- compressão torácica.

Isso ocorre quando a pressão aplicada no pescoço ou tórax é elevada o bastante para obstruir parcial ou totalmente o retorno venoso da cabeça, mas insuficiente para impedir o afluxo do sangue arterial, pois as paredes das artérias são mais firmes, gerando uma elevação na pressão intravascular craniana, que leva ao rompimento de vênulas e capilares (o sangue entra na cabeça, mas não consegue sair).

São necessários cerca de 2 quilos para obstruir as veias jugulares, e 5 e 30 quilos, respectivamente, para obstruir as artérias carótidas e vertebrais.

Quando não há diminuição no retorno venoso da cabeça, como nos afogamentos, sufocação por obstrução dos orifícios respiratórios, atmosferas irrespiráveis, ou se a força aplicada for suficientemente grande para obstruir também as artérias (enforcamento com suspensão completa do corpo), não ocorrerá aumento da pressão sanguínea na região da cabeça e consequentemente não serão observadas petéquias nesta região.

Em cadáver apresentando sinais gerais de asfixia, externos e internos, em relação ao aspecto do sangue, é possível constatar queda do ponto crioscópico nas cavidades esquerdas do coração.

1. CLASSIFICAÇÃO DAS ASFIXIAS VIOLENTAS

1.1. Asfixias por obstrução das vias respiratórias

1.1.1. Sufocação direta

É o impedimento da entrada do ar por obstáculo nos orifícios externos como boca e nariz, ou nas vias aéreas superiores (antes de chegar ao pulmão).

Achados sugestivos de sufocação direta:

- exame externo – escoriações na região nasal e bucal, recobertas por crostas serosas;

- exame interno – sinais gerais de asfixia; no aparelho respiratório;

- exame anatomopatológico de amostras de tecido pulmonar – edema alveolar e acentuada congestão vascular; hemorragia alveolar recente em áreas focais; alvéolos hiper distendidos, coalescentes e com rupturas septais.

1.1.1.1. Oclusão direta das narinas e boca

- **Acidental**, como ocorre em recém-nascidos e em adultos durante crise de epilepsia ou embriaguez, cujas faces ficam apoiadas fortemente sobre travesseiros ou objetos moles que se amoldam às mesmas, causando obstrução das narinas e boca.
- **Criminosa**, que exige desproporção de forças, como no infanticídio, em que a mãe coloca algodão na boca e nas narinas do filho para abafar o choro.

Esse tipo de asfixia é quase sempre de caráter criminoso.

No caso de bloqueio dos orifícios respiratórios com almofadas e travesseiros, os sinais exteriores da agressão são mínimos, mas quando o agressor utiliza as mãos, podem ser observadas severas contusões no nariz e lábios.

O envolvimento da cabeça da vítima por várias camadas de pano, de forma criminosa, também provoca esse tipo de asfixia (*smotherin*).

1.1.1.2. Oclusão dos orifícios da faringe e laringe

- **Acidental**, comum em crianças que engolem e aspiram objetos como bola de gude, moedas, vômitos, ou em adultos que se engasgam com pedaços de alimentos, idosos, indivíduos debilitados ou com distúrbios neurológicos. A dentição pobre, o consumo de bebidas alcoólicas e a utilização de substâncias depressoras do sistema nervoso central, como barbitúricos e benzodiazepínicos, são fatores de risco relevantes porque predispõem à aspiração de corpos estranhos, daí a necessidade de se realizar exames toxicológicos nas vítimas de asfixias aspirativas.
- **Criminosa**, como no infanticídio e no caso de adultos, como forma de tortura ou de apressar a morte. Por oferecerem resistência, as vítimas adultas acabam sofrendo equimoses e escoriações na face, além de fratura de dentes.

1.1.2. Asfixias por constrição cervical

Nas asfixias por constrição cervical, seja por enforcamento, estrangulamento ou esganadura, fenômenos circulatórios, respiratórios e nervosos participam em diferentes graus porque a compressão do pescoço afeta as várias estruturas que aí se encontram.

Então, diferentes mecanismos podem desencadear a morte:

- Obstrução das vias respiratórias;
- Dificuldade de circulação, principalmente nas veias, levando à retenção do sangue na cabeça;
- Desencadeamento de reflexos nervosos devido à compressão de terminações nervosas situadas junto aos vasos do pescoço (corpúsculos carotídeos), que levam à parada cardíaca.

São tipos de asfixia por constrição cervical:

1.1.2.1. Enforcamento

É a constrição (aperto, compressão circular) cervical (do pescoço) por um laço, que tem uma das extremidades fixa a um ponto, o qual é acionado pelo peso do corpo da vítima. Só há enforcamento quando a força atuante é o peso do corpo.

Assim, se um indivíduo amarra uma corda em seu pescoço, pendura uma pedra na outra ponta, deita-se na beira de um precipício e solta a pedra, não é enforcamento, pois o laço não está preso a um ponto e a força que o acionou foi o peso da pedra. São tipos de enforcamento:

Completo	Incompleto
O corpo fica totalmente suspenso.	O corpo toca o chão com alguma de suas partes.

Na morte por enforcamento, a cabeça da vítima está voltada para o lado oposto ao nó do laço, fletida para diante, com o mento tocando o tórax se o nó estiver na parte posterior da cabeça.

Os laços podem ser duros (arame, corda) ou moles (lençol) e ter uma (mais comum) ou várias voltas.

O nó pode ser fixo ou corredio e fica localizado na região posterior (nuca) ou lateral (mastoide) do pescoço. O corpo fica pendente para o lado oposto ao nó, daí a maior compressão nesse local.

O óbito ocorre no prazo de cinco a dez minutos, dependendo da intensidade da constrição.

No suicídio por enforcamento, além do osso hioide, as outras estruturas passíveis de lesão nas asfixias por contrição cervical são também lesadas: cartilagem tireoide, artérias carótidas, veias jugulares, artérias vertebrais e vértebras cervicais.

Existem casos em que a morte é instantânea, decorrente de parada cardíaca por reflexo nervoso, e não de asfixia, denominada morte por inibição.

Os enforcados podem ser de dois tipos:

1) Enforcado azul

A face fica cianosada e com aspecto vultoso (aumentado, volumoso) porque o laço, ao apertar o pescoço, comprime também a circulação.

Quando a pressão do laço não for exagerada, a passagem do sangue arterial para a cabeça ficará parcialmente interrompida porque as artérias têm paredes firmes (consistência igual à asa da orelha), mas o retorno do sangue pelas veias estará completamente bloqueado, pois suas paredes são mais moles (como o lobo da orelha).

Assim, mantém-se alguma passagem de sangue arterial levando oxigênio para a cabeça, mas o gás carbônico resultante do metabolismo celular aí fica retido, uma vez que o sangue venoso não consegue sair devido à obstrução total das veias. Daí a cianose (cor arroxeada, azulada) e o aumento do volume da face.

Note-se que o oxigênio deixa o sangue com cor vermelha viva, enquanto o gás carbônico o deixa com cor arroxeada, azulada.

2) Enforcado branco

A face fica branca e lívida devido à forte compressão do laço, que obstrui totalmente as veias e as artérias, interrompendo o fluxo sanguíneo para a cabeça. Dessa forma, o sangue não sai, mas também não chega à cabeça.

Nos enforcados, os livores de hipóstase situam-se abaixo da cicatriz umbilical (umbigo), caso o cadáver permaneça suspenso pelo laço de enforcamento pelo tempo necessário à fixação dos mesmos (8 a 12 horas), e a rigidez cadavérica é mais tardia.

Frequentemente a mão da vítima está presa ao laço, denotando que ela tentou desvencilhar-se.

Os ferimentos nas pernas e pés ocorrem porque a vítima se debate durante as convulsões causadas pela falta de oxigênio cerebral, esbarrando nas paredes e em objetos.

A morte por enforcamento pode dar-se por asfixia (oclusão de fora para dentro da luz da traqueia), por obstrução dos vasos (artérias e veias) do pescoço ou por mecanismo nervoso (estimulação do pneumogástrico, inibição reflexa e herniamento bulbar).

A causa jurídica de morte por enforcamento mais frequente é suicídio.

O laço deixa marcas no pescoço que permitem diferenciar o enforcamento do estrangulamento.

Características do sulco do enforcamento:
- É descontínuo, interrompendo-se nas zonas em que há cabelo e barba, ou nas proximidades do nó;
- Situa-se em posição alta no pescoço;
- É profundo na região do pescoço oposta ao nó e superficial ou ausente perto do nó;
- A direção do sulco é oblíqua ascendente;
- O aspecto é pálido e frequentemente pergaminhado.

O pergaminhamento resulta da compressão cervical contínua pelo laço dos enforcados que permanecem suspensos. Com o peso do corpo, os tecidos que estão abaixo do laço são espremidos, de forma a deslocar a água deles para os tecidos adjacentes (que estão ao lado, próximos). Isso acarreta intensa desidratação local e maior transparência, daí o pergaminhamento (aspecto enrugado e endurecido). Essa marca deixada pelo laço em forma de linha mais transparente e clara é chamada de linha argentina.

Podem existir lesões no pescoço decorrentes da violência do enforcamento como equimoses, ruptura de músculos, lesões do osso hioide (gogó), da coluna cervical e dos vasos carotídeos (artérias que passam pelo pescoço, levando o sangue para a cabeça).

As lesões nos vasos sanguíneos são evidenciadas pelos seguintes sinais:

- *Amussat*, que consiste em uma solução de continuidade (rasgo) transversal na túnica interna ou íntima (camada interna) da artéria carótida, junto à sua bifurcação;

- *Friedberg*, representado por uma sufusão hemorrágica (equimose) na túnica externa ou adventícia da carótida (camada mais externa);

- *Étienne Martin,* diz respeito ao desgarramento da túnica externa da carótida.

Como a causa jurídica do enforcamento geralmente é suicídio, sendo raras vezes homicídio ou acidente, deve-se afastar a possibilidade de simulação para ocultar um homicídio.

Para tal, o exame das lesões decorrentes da ação do laço sobre o pescoço da vítima viva pode diferenciar o enforcamento da simulação, situação em que o indivíduo já estava morto por outra causa.

Quando presentes, essas lesões prestam-se a tal diferenciação porque denotam reação vital, isto é, só ocorrem no vivo.

Infiltrações hemorrágicas puntiformes no fundo do sulco (**Sinal de *Neyding***) e vesículas sanguinolentas no fundo do sulco (**Sinal de *Lesser***) são lesões indiscutivelmente vitais, pois dependem da presença de sangue circulando sob pressão.

O **Sinal de *Azevedo-Neves*** refere-se aos livores punctiformes por cima e por baixo das bordas do sulco.

Já as lesões decorrentes apenas da qualidade do laço (duro ou mole, fino ou largo, áspero ou macio), da permanência da compressão que ele exerce e de fenômenos cadavéricos que se associam, podem estar presentes também na vítima morta antes do enforcamento. É o que ocorre no pergaminhamento, em que a compressão prolongada do pescoço por um laço duro espreme os tecidos abaixo dele, empurrando a água para as regiões adjacentes. A pele fica enrugada e endurecida pela desidratação intensa (desidratação cadavérica acelerada localmente pela compressão).

A pele enrugada e escoriada no fundo do sulco (**Sinal de *Ambroise Paré***) pode resultar de laço firme e áspero comprimindo o pescoço por longo período.

Livores cadavéricos em placas, por cima e por baixo das bordas do sulco do (**Sinal de *Ponsold***), são fenômenos cadavéricos que consistem no deslocamento do sangue para as zonas de maior declive, de modo que a compressão do pescoço pelo laço, obstruin-

CAPÍTULO 8 • ENERGIAS FÍSICO-QUÍMICAS – ASFIXIAS MECÂNICAS **307**

do parcialmente os vasos sanguíneos (veias), localiza o sangue da cabeça na região da obstrução, desde que o corpo permaneça suspenso por horas.

Como o pergaminhamento, a pele enrugada e escoriada, e os livores localizados junto ao sulco podem ocorrer em cadáver enforcado logo após a morte por outra causa, não se prestam isoladamente ao diagnóstico de enforcamento. Em contrapartida, pelo fato das infiltrações de sangue só ocorrerem no vivo, quando presentes, principalmente se associadas a sangue coagulado, dão a certeza de que o enforcamento foi a causa da morte.

O desgarramento da bainha mielínica do nervo vago, no pescoço dos enforcados, é denominado **Sinal de** *Dotto*.

Sinal de *Schulz* refere-se à borda superior do sulco saliente e violácea.

Sinal de *Thoinot* diz respeito à zona violácea ao nível das bordas do sulco.

Sinal de *Bonnet* relaciona-se com a marca de trama no laço.

1.1.2.2. Estrangulamento

É a constrição do pescoço por um laço que é acionado por outra força que não o peso do corpo.

No estrangulamento, o corpo da vítima atua passivamente e a força constritiva do laço age de forma ativa.

A face fica cianosada, pois dificilmente a força atuante é suficiente para fechar também as artérias.

Características do sulco do estrangulamento:
- É contínuo, abrangendo todo o pescoço com a mesma profundidade;
- Situa-se em posição baixa no pescoço;
- É horizontal;
- Frequentemente se identifica mais de uma volta do laço;
- Não costuma haver pergaminhamento, porque a força constritiva cessa com a morte da vítima, momento em que o agressor afrouxa o laço.

A projeção da língua, que adquire aspecto escurecido, é um achado comum nos estrangulamentos, mas não exclusivo.

São frequentes as lesões de luta, pois a causa jurídica geralmente é o homicídio. Raramente é acidental.

A causa jurídica de morte mais frequente por estrangulamento é crime.

1.1.2.3. Esganadura

É a contrição cervical diretamente por qualquer parte do corpo do agressor, como mãos, pernas, braços etc.

A face da vítima pode ficar pálida ou cianótica, dependendo da intensidade da constrição e da desproporção de forças, de modo a interromper totalmente ou não a circulação de sangue para a cabeça.

Além dos sinais de asfixia, identificam-se:

- Petéquias na face (**Sinal de *Lacassagne***);
- Equimoses à direita e à esquerda do pescoço pela compressão dos dedos das mãos;
- Escoriações causadas pelas unhas, denominadas estigmas ungueais;
- Fraturas do osso hioide (gogó);
- Fraturas de coluna cervical, que aparecem apenas no infanticídio.

As lesões externas mais importantes são as escoriações produzidas pelo agressor no pescoço da vítima, de forma semilunar, apergaminhadas, de tonalidade pardo-amareladas.

Quando a constrição é feita pelo antebraço do agressor (gravata), podem ser verificadas escoriações e contusões no topo dos ombros da vítima.

A esganadura vem sempre acompanhada de outras lesões, principalmente traumáticas, provenientes de outras agressões, como ferimentos na região posterior da cabeça, equimoses em redor da boca, escoriações nas mãos e nos antebraços, todas decorrentes da luta (lesões de defesa).

As infiltrações hemorrágicas nas estruturas profundas do pescoço são mais acentuadas e constantes do que no estrangulamento.

Na tentativa de esganadura, os sintomas e sinais incluem dores de garganta com perturbação dos movimentos cervicais, odinofagia, disfonia, inflamação da laringe, edema da glote e até abscesso retrofaríngeo, fobia, confusão mental e sinais externos locais típicos.

A vítima de esganadura apresenta, além das equimoses digitais, escoriações semilunares e escoriações em calha, exoftalmia e marcas de França, que correspondem à rotura, em forma de meia-lua, da túnica interna da carótida comum.

A causa jurídica é sempre crime, devendo haver desproporção de forças ou elemento surpresa para vencer a reação da vítima.

A esganadura frequentemente acompanha o estupro.

No infanticídio, geralmente está associada à asfixia por sufocação direta, utilizada para abafar o choro da criança.

A morte por esganadura pode ocorrer por asfixia ou por inibição devida à compressão de feixes nervosos do pescoço, sendo mais importante essa excitação dos seios carotídeos.

Observe-se que, nas asfixias por enforcamento, estrangulamento ou esganadura, as lesões cutâneas no pescoço da vítima podem ser produzidas tanto pelo agente causador da asfixia (sulcos, equimoses), como pela própria vítima (marcas ungueais) na tentativa de libertar-se.

Afrânio Peixoto (p. 177) classifica as asfixias como:

CAPÍTULO 8 • ENERGIAS FÍSICO-QUÍMICAS – ASFIXIAS MECÂNICAS **309**

- complexas ativas – a força é exercida por esforço muscular externo (estrangulamento);
- complexas passivas – a força é exercida pelo peso do corpo (enforcamento);
- mistas – decorrentes de perturbação respiratória e circulatória em graus variáveis (esganadura);
- puras – englobam todos os outros tipos.

Parece que essa distinção entre asfixias complexas e mistas se deve ao fato de a compressão sobre as diferentes estruturas presentes no pescoço, no caso da esganadura, ocorrer com intensidade variável, dependendo da dificuldade encontrada pelo agressor em manter uma compressão constante com as mãos. Dessa forma, se a compressão sobre as vias respiratórias variar para menos ou para mais, pode variar o tempo em que se dá o evento morte, assim como o mecanismo que a desencadeou (vascular? nervoso?).

1.1.2.4. Formas atípicas de constrição cervical

a) Estrangulamento atípico de laço aberto

Também chamado golpe de São Francisco, no qual o laço aberto passa pela parte anterior do pescoço da vítima, que é puxada de costas pelo agressor.

Outras vezes, a vítima é puxada através de grades ou arrastada.

Nesse tipo de asfixia, o sulco é oblíquo, alto no pescoço e descontínuo.

No garrote vil, que era um suplício por estrangulamento, o condenado era colocado sentado em uma cadeira encostadas em um poste. O laço era passado ao redor do pescoço e do poste, e apertado progressivamente.

b) Constrição cervical por outras partes do corpo

Antigamente, a esganadura era chamada de estrangulamento pelas mãos.

E se a constrição cervical for realizada pelo braço e antebraço do agressor (golpe da gravata) ou pelas coxas, como nos golpes de luta livre?

Para alguns, esses membros seriam equiparados a laços, sendo a constrição cervical um tipo de estrangulamento (antibraquial, com as pernas), ficando o termo esganadura restrito à constrição cervical pelas mãos.

Entretanto, como não há laço interposto entre agressor e vítima, mesmo sem utilizar as mãos, o processo asfíxico decorre de atuação direta do agressor, envolvendo também a maior necessidade de desproporção de forças ou de elemento surpresa, como na esganadura.

Por isso, entendemos que o chamado estrangulamento antebraquial e a chave de pernas se equiparam à esganadura com as mãos e nos aliamos aos que ampliam o conceito desta: asfixia por qualquer parte do corpo de agressor.

No estrangulamento antebraquial ou golpe da gravata, a morte geralmente se dá por oclusão das vias aéreas, ou obstrução da circulação das carótidas, por ação da prega do cotovelo sobre a face lateral do pescoço, ou pode ser devida a reflexo laríngeo pneumogástrico ou estrangulamento branco de *Claude Bernard-Lacassagne*, em que pressões menos significativas do pescoço podem resultar em parada cardíaca, sem os sinais clássicos de asfixia.

c) Constrição cervical praticada por lutadores de jiu-jitsu e de judô

Aqui, parte da pressão é exercida pela gola do quimono e o restante pelas mãos e antebraços do lutador agressor ao tracionar a referida gola, que funciona como um laço. Trata-se, portanto, de estrangulamento, uma vez que a força constritora é exercida pelo agressor.

d) Constrição cervical com objetos duros

Cassetetes ou bastões acionados pela força do agressor, configuram estrangulamento.

e) Constrição cervical autoerótica

Acompanha práticas masturbatórias que podem resultar em estrangulamento acidental quando fogem ao controle.

É a vítima quem aciona o laço de alguma forma, colocando uma proteção no pescoço para que não fique marca do laço.

Ocorre em locais de caráter sexual onde geralmente se encontram materiais pornográficos e peças íntimas espalhadas, ou a vítima está travestida de mulher.

Não há marcas de tentativas anteriores, nem bilhete de despedida.

1.2. Asfixias por restrição aos movimentos do tórax

1.2.1. Sufocação indireta

É um tipo de asfixia causada pela compressão torácica por força extrínseca (que vem de fora) ou peso excessivo que impede os movimentos do tórax.

Frequentemente observa-se a máscara equimótica de *Morestin*, também chamada de cianose cérvico-facial de *Le Dentut*, que é a cor violácea intensa da face, pescoço e parte superior do tórax.

A compressão pode ser homicida, quando o agressor restringe os movimentos do tórax da vítima, como no *To Burk* onde, após o estupro, ele senta sobre o tórax dela.

Nas cidades litorâneas, observa-se a perigosa brincadeira entre amigos de enterrar um deles em pé, em buraco fundo na areia, ficando exposta apenas a cabeça. Caso seja deixado dessa forma por algum tempo, o deslizamento da areia irá impedir os movimentos torácicos, levando à sufocação indireta.

Outras vezes, a compressão é acidental, como acontece nas multidões dos campos de futebol e nos acidentes de trabalho ou de trânsito, em que a vítima fica presa entre as ferragens.

A causa jurídica de morte mais frequente nas asfixias por sufocação indireta é acidente.

CAPÍTULO 8 • ENERGIAS FÍSICO-QUÍMICAS – ASFIXIAS MECÂNICAS **311**

Quando o agressor pressiona o tórax da vítima contra o chão ou outra superfície usando as mãos, braços, joelhos ou outros segmentos do corpo, o exame necroscópico revelará a presença de costelas fraturadas e/ou hemorragias nos órgãos torácicos e abdominais.

Nas compressões do tórax, suficientes para causar sufocação, há impedimento também da movimentação abdominal, podendo ser encontradas lesões no esqueleto torácico e nas vísceras torácicas e abdominais.

A sufocação indireta também pode ocorrer nas quedas em que o corpo fica em posição que impede os movimentos respiratórios (asfixia posicional). Nesses casos, além da exclusão de todas as outras possíveis causas de morte, deve haver evidências de que o posicionamento impróprio da vítima foi acidental e que dali não conseguiu se libertar, seja pela ocorrência de um trauma, seja pelo grande consumo de drogas (álcool, solventes, medicamentos etc.).

São fundamentais o estudo da posição do corpo no local em que se encontra, a realização de exames toxicológicos (álcool e drogas de abuso) e bioquímicos (carboxie-moglobina), além da ausência de sinais específicos de outros tipos de asfixia.

Na sufocação indireta, observam-se:

- máscara equimótica da face (congestão cefalocervical ou máscara equimótica de *Morestin*), produzida pelo refluxo sanguíneo da veia cava superior em face da compressão torácica;
- pulmões mostram-se distendidos (sinal de *Valentin*), congestos, com sufusões hemorrágicas subpleurais;
- fígado congesto e o sangue do coração, escuro e fluído.

Os achados necroscópicos sugestivos de sufocação indireta são: cianose das extremidades, equimoses subconjuntivais, saída de sangue fluido e escurecido à dissecção das cavidades, e manchas de *Tardieu* nos pulmões, coração e no estômago; congestão pulmonar.

1.2.2. Respiração paradoxal

A respiração paradoxal é causada por fraturas múltiplas de costela.

Entre os pulmões e o tórax há um espaço de pressão negativa que os mantém aderidos entre si, fazendo com que os movimentos das costelas, expandindo ou reduzindo o tórax, puxem ou comprimam os pulmões, permitindo a entrada ou a saída do ar.

Nas fraturas múltiplas de costelas, o tórax, em vez de se expandir quando o indivíduo puxa o ar (inspira), fecha-se em decorrência das fraturas, impedindo a entrada de ar. Há, portanto, um assincronismo entre os movimentos respiratórios e os movimentos do tórax, que é a respiração paradoxal.

1.2.3. Paralisia dos músculos respiratórios

Os músculos que auxiliam a respiração podem ficar imóveis por:

Paralisia espástica	Paralisia flácida	Fadiga muscular
Os músculos param em contração, como uma câimbra. Ocorre nos casos de eletroplessão (ação da eletricidade industrial) e de drogas que causam contração muscular.	Os músculos estão relaxados, como no uso de drogas relaxantes musculares.	É o mecanismo da morte na crucificação, na qual os músculos entram em exaustão.

1.3. Asfixias por modificação do meio ambiente

1.3.1. Confinamento

É a asfixia devida à alteração da quantidade dos gases existentes no ar.

Ocorre quando um ou mais indivíduos ficam presos em ambiente sem renovação de ar, mesmo que não hermeticamente fechado, desde que as necessidades de oxigênio e de remoção do gás carbônico e da umidade do ar não sejam adequadas.

O ar atmosférico é composto por aproximadamente:

78%	21%	1%
nitrogênio	oxigênio	outros gases, entre eles dióxido de carbono, argônio, vapor-d'água

A concentração mínima de oxigênio para uma exposição prolongada segura é 17%. Abaixo disso, já surgem sintomas que variam com a concentração desse oxigênio:

10%	7%	5%
tonturas, dispneia e taquicardia	estupor e perda da memória	concentração mínima de oxigênio compatível com a vida

Mecanismo da morte no confinamento:

1) Asfixia, em decorrência da diminuição do oxigênio e do aumento do gás carbônico;
2) Intermação, devida ao aumento do vapor d'água a ponto de impedir as perdas de calor pelo organismo, levando à elevação da temperatura corporal.

Causa jurídica:

1) Acidental, observada nos desabamentos;
2) Criminosa, decorrente da ocultação da vítima em locais fechados, como nos casos de sequestro;
3) Suicida (CO).

Nas asfixias por vícios de ambiente, ocorre a presença de gases tóxicos, saturando o ar, tais como em esgotos e fossas.

Nas asfixias por monóxido de carbono, o impedimento da hematose deve-se à carboxiemoglobinemia, resultante da fixação do monóxido de carbono (CO) à hemoglobina dos glóbulos vermelhos, que então não transporta o oxigênio aos tecidos (asfixia por carboxiemoglobinemia).

É possível a dosagem do monóxido de carbono e o seu coeficiente de saturação no sangue das cavidades cardíacas, como na prova de *Katayama*, além das provas de *Liebmann*, *Kunckel-Weltezel* e *Stockis* e da espectroscopia.

Para a determinação do monóxido de carbono, a Prova de *Katayama* utiliza um processo na determinação do monóxido de carbono, que consiste na diluição de 1 para 50, do sangue suspeito adicionado a gotas de sulfeto de amônio e ácido acético a 30 por cento. Quando positiva, essa reação apresenta uma tonalidade vermelho-claro.

Na asfixia por monóxido de carbono, a rigidez cadavérica é mais tardia, a putrefação é mais tardia e o sangue é fluido e róseo.

Na asfixia por monóxido de carbono, é mais frequente a forma acidental ou suicida e mais raramente a homicida.

1.3.2. *Soterramento*

Em sentido estrito, soterramento é a asfixia decorrente da substituição do ar, que deveria entrar nos pulmões, por partículas sólidas pulverizadas que vão obstruir os brônquios mais finos (canais que conduzem o ar, inclusive dentro dos pulmões).

Em sentido amplo, existe soterramento quando o indivíduo fica completamente coberto pelos escombros de um desmoronamento. Nesta situação, vários são os mecanismos da morte:

- Sufocação indireta por compressão torácica pelos escombros;
- Sufocação direta por partículas sólidas como lama e areia;
- Confinamento;
- Ação contundente;
- Soterramento propriamente dito.

Na asfixia por soterramento, a presença de material estranho nas vias respiratórias e digestivas, devido à impossibilidade de essas substâncias serem introduzidas post mortem, têm alto valor no diagnóstico.

O soterramento geralmente é acidental, mas pode ser criminoso, visando ocultar a verdadeira causa da morte. Daí a necessidade de verificar se há reação vital nos ferimentos e se os sinais de morte são compatíveis com o tempo decorrido do desmoronamento.

Assim, se vítimas forem resgatadas após quatro horas de um desmoronamento e uma delas já estiver em putrefação, que se inicia com 24 horas da morte, tem-se um indício de que a causa é criminosa, pois não há coincidência entre o tempo de aparecimento das lesões *post mortem* e o tempo de soterramento.

1.3.3. Afogamento

Ocorre pela penetração de qualquer líquido nos pulmões, através das vias respiratórias.

Como o organismo humano só consegue utilizar o oxigênio na forma gasosa, a ocupação dos alvéolos pulmonares por líquido leva à asfixia.

No afogamento real ou verdadeiro, o corpo fica totalmente submerso, enquanto no falso afogamento, basta que os orifícios naturais (nariz, boca) permaneçam submersos.

Existem dois tipos de afogados:

1) Afogado branco, quando não há líquido nos pulmões porque a morte ocorreu por parada cardíaca reflexa, consequente ao susto provocado pela queda na água ou outro motivo. É a morte por inibição, estando a respiração ausente quando o indivíduo submerge.

Assim, nos denominados afogados brancos de *Parrot*, não se encontram os sinais comuns às asfixias porque a morte não se dá por parada respiratória, mas por parada cardíaca decorrente de reflexos nervosos.

2) Afogado azul, quando a morte ocorreu pela entrada de líquido nos pulmões, levando à asfixia.

Dessa forma, a morte por afogamento pode dar-se por asfixia propriamente dita (afogado azul), ou por inibição ou choque vagal (afogado branco), sendo este também denominado afogamento-inibição, no qual a parada cardíaca é explicada pela estimulação vagal, procedente dos filetes nasorrespiratórios, glóticos e carotídeos.

Fases do afogamento

- **Fase de luta:** Inicialmente, o indivíduo tenta não se afogar, sobe e afunda várias vezes, engole muita água, procura agarrar-se nas pedras, contunde-se e se corta nas cascas dos mariscos.
- **Fase de apneia (ausência de respiração) voluntária:** O indivíduo afunda e prende a respiração, chegando a vomitar a água deglutida e a convulsionar em virtude da falta de oxigênio.
- **Fase de inspiração:** O indivíduo perde a consciência e inspira, permitindo que a água inunde os brônquios e alvéolos.

A causa jurídica de morte por afogamento mais frequente é acidente.

Alvéolos são cavidades microscópicas situadas na ponta dos menores brônquios. Estão em contato íntimo com vasos sanguíneos de paredes tão finas que possibilitam a troca de gases e líquidos entre eles: o oxigênio do ar inalado passa dos alvéolos para o sangue, e o gás carbônico passa do sangue para os alvéolos e daí para o exterior.

A entrada de líquido nos alvéolos impede essas trocas, levando à asfixia.

Mecanismos de morte por afogamento

a) Afogamento em água doce

A água que chega aos alvéolos pulmonares não tem eletrólitos como sódio, potássio etc.

CAPÍTULO 8 • ENERGIAS FÍSICO-QUÍMICAS – ASFIXIAS MECÂNICAS **315**

Como é menos concentrada do que o sangue, essa água passa dos alvéolos para os vasos e dilui o sangue (hemodiluição), que é mais concentrado. Isso acarreta aumento súbito do volume sanguíneo (hipervolemia) e falência cardíaca, pois o coração não consegue bombear todo esse volume.

Além disso, a água também entra nos glóbulos vermelhos, os quais incham e estouram, liberando potássio, causador de arritmia cardíaca.

A fibrilação ventricular, a hiperpotassemia e a hemólise são elementos constantes do afogamento em água doce.

Dessa forma, a morte do afogado de água doce se dá por parada cardíaca, e não por asfixia.

Nesse tipo de afogamento, a constante crioscópica do sangue costuma estar entre -0,56°C e -0,47°C.

b) Afogamento em água do mar

Ao contrário da água doce, a água do mar é mais concentrada do que o sangue.

Essa água mais concentrada desloca a água do sangue para dentro dos alvéolos, os quais ficam encharcados tanto pela água aspirada, como pela água que vem do sangue, levando à asfixia. Esse é o genuíno afogamento.

A pressão da água estoura os alvéolos e causa rompimento dos vasos, com extravasamento de sangue que forma equimoses dentro dos pulmões, chamadas Manchas de *Paltauf*.

Enquanto as Manchas de *Tardieu* podem aparecer em qualquer tipo de asfixia, as Manchas de *Paltauf* são típicas dos afogamentos.

Paltauf, legista da escola francesa do século XIX, descreveu áreas com lesões de cor avermelhada, de contornos esmaecidos nos casos de afogamento, devidas à hemólise e putrefação inicial, vistas por transparência na pleura de afogados em água doce.

Alterações internas resultantes dos afogamentos verdadeiros:

- **Sinal de *Niles*** – coloração azulada na porção petrosa do temporal, devida ao extravasamento de sangue para o interstício esponjoso da apófise mastoide e no ouvido médio, que se observa no afogado;
- Enfisema aquoso ou **Sinal de *Brouardel*** – ocorre quando o indivíduo aspira grande quantidade de água, levando ao rompimento dos alvéolos, passando e o líquido passa pelo espaço intra-alveolar, fazendo com que os pulmões se encham de água, inchando-se.
- **Sinal de *Wydler*** – refere-se à presença de espuma, líquidos e sólidos no estômago.

Nos casos de afogamento, tem-se:

1) Pele anserina (arrepiada), enrugada nas mãos (mãos de lavadeira);
2) Em fase mais adiantada, há processo de maceração (putrefação dos corpos submersos, independentemente da causa da morte) e destacamento da pele das mãos, podendo impedir a colheita das impressões digitais;

3) O líquido aspirado mistura-se com o ar que estava nos pulmões e se exterioriza pela boca e nariz na forma de espuma, formando o cogumelo de espuma quando o corpo é retirado da água;

4) Lesões dos afogados:

– em razão da luta para não afundar;

– mutilações feitas por animais como siris e, se houver mangue, também por ratos;

– lesões por hélices das embarcações;

– lesões por arrastamento do corpo pelas correntes marinhas;

– lesões devidas às manobras de resgate do corpo;

5) Partículas em suspensão na água, como areia e pedaços de conchas, são levadas para dentro da árvore respiratória;

6) A presença de conteúdo gástrico dentro dos brônquios significa que o indivíduo vomitou e aspirou o vômito na fase de luta, indicando que estava vivo quando caiu na água (sinal de reação vital);

7) O achado de água dentro dos pulmões nem sempre significa morte por afogamento, pois a alta pressão do ambiente pode fazer com que ela entre passivamente, isto é, mesmo que o indivíduo não esteja respirando;

8) Os pulmões estão aumentados de volume e de peso, com focos de hemorragia que formam as Manchas de *Paltauf*;

9) O corpo do afogado afunda inicialmente, mas quando começa a produção de gases da putrefação (no caso, maceração séptica), o cadáver vem à tona, a não ser que as lesões da pele sejam tão extensas que os gases produzidos não fiquem retidos no corpo;

10) Os livores de hipóstase aparecem na cabeça e na parte anterior do tórax, pois frequentemente o afogado fica em decúbito ventral (de barriga para baixo) enquanto submerso;

11) A mancha verde que marca o início da putrefação aparece no tórax;

12) Nos corpos que permanecem submersos, após um mês da morte, a pele fica de cor parda amarelada, apergaminhada e rugosa. Em torno do 3º mês, surgem na pele crostas arredondadas formadas por deposição de sais calcários.

Livores cadavéricos com tonalidade mais clara, presença de cogumelo de espuma em boca e narinas, equimoses da face das conjuntivas e presença de mancha verde da putrefação no esterno e na parte inferior do pescoço falam a favor de afogamento.

As manchas de *Paltauf* são globulares, de contornos mal definidos e resultam de roturas alveolares

A presença de corpos estranhos nos brônquios primários em vítimas de afogamento não comprova a reação vital, pois podem entrar passivamente se o corpo descer a grande profundidade, onde é elevada a pressão atmosférica.

Observa-se retração dos mamilos e temperatura baixa da pele.

CAPÍTULO 8 • ENERGIAS FÍSICO-QUÍMICAS – ASFIXIAS MECÂNICAS **317**

Sinais valiosos para o diagnóstico de morte por afogamento: enfisema aquoso, aspiração de vômito, presença de corpos estranhos, brônquios segmentares e manchas de *Paltauf*.

Ao ser retirado da água, o cadáver sofre um aceleramento dos fenômenos putrefativos com a exposição ao ar atmosférico.

O enfisema putrefativo é precoce e intenso no afogado.

O indivíduo em processo de afogamento encontrado com vida, que falece posteriormente, isto se deve à síndrome da angústia respiratória do adulto, decorrente do colapso de parte dos alvéolos por causa da perda do surfactante.

Na autópsia dos afogados, adquire relevância o achado de plâncton, presente em todas as águas, excetuando-se as destiladas.

O plâncton, composto por pequenas partículas de sílica – (geoplâncton) e por elementos vivos microscópicos animais (zooplâncton) e vegetais (fitoplâncton), para atravessar os alvéolos precisa ter tamanho inferior a 150 micras (1 micra = 1 milésimo de milímetro).

Uma vez ultrapassada a barreira alvéolo pulmonar, o plânton penetra na corrente sanguínea, sendo encontrado no sangue dentro do coração, no fígado e na medula óssea.

Entretanto, como populações ribeirinhas podem ter pequenas quantidades de plâncton no organismo, a análise nos afogados deve ser qualitativa e quantitativa.

Hadley e *Fowler* compararam o peso dos órgãos internos de vítimas de morte por trauma, por afogamento e por outros tipos de asfixia. Observaram que o peso médio dos pulmões, fígado, rins e baço era significativamente maior nos diferentes casos de asfixia, incluindo os de afogamento. Entretanto, os pulmões dos afogados eram em média 30% mais pesados do que nas outras asfixias. O cérebro e o coração não mostraram diferenças entre os grupos estudados.[1]

Diagnóstico diferencial das asfixias

O diagnóstico das asfixias pelo exame macroscópico do cadáver oferece inúmeras dificuldades de interpretação dos achados.

Na tentativa de superá-las, Delmonte e Capelozzi fizeram um estudo semiquantitativo das alterações pulmonares encontradas nos casos submetidos à autópsia forense, no qual analisaram estatisticamente as características morfológicas dos pulmões em 167 casos de mortes por asfixia.

Constataram ao exame histopatológico (microscópico) que:

- 100% das vítimas de asfixia por aspiração apresentavam congestão pulmonar, hemorragia septal e presença de alimentos, ou conteúdo gástrico ou líquido amniótico (nos casos de recém-natos) dentro dos bronquíolos e alvéolos;
- 81,8% dos casos de sufocação direta (por obstrução dos orifícios respiratórios), ou indireta (por compressão torácica) ou confinamento em atmosferas pobres

---

1. In SOUZA, Saúde, Ética & Justiça. 2005.

em oxigênio exibiam a presença de enfisema pulmonar, edema intersticial e constrição bronquiolar.

Nas mortes por afogamento, os pulmões apresentavam:

• edema na parte interna dos alvéolos e dilatação dos espaços entre eles;

• compressão secundária dos capilares septais.

Já nas mortes por constrição cervical (estrangulamento, esganadura e enforcamento), evidenciaram-se:

• presença de intensa hemorragia alveolar;

• áreas de dilatação e de constrição bronquiolar alternadas;

• enfisema;

• colabamento alveolar.

1.4. Asfixias por parada respiratória central

Nesse tipo de asfixia, o indivíduo para de respirar em consequência de lesão do centro que comanda a respiração:

Traumatismos cranioencefálicos	causam parada respiratória por lesão do tronco encefálico, que compromete o centro respiratório situado no bulbo;
Eletroplessão	correntes de alta tensão levam à asfixia por parada respiratória central resultante de elevação da temperatura ou de hemorragias encefálicas;
Doenças depressoras do sistema nervoso central	causam depressão do centro respiratório.

Thoinot classifica as asfixias como:

– asfixias mecânicas por constrição do pescoço; enforcamento; estrangulamento por mão; estrangulamento por laço;

– asfixias mecânicas por oclusão dos orifícios respiratórios externos;

– asfixias mecânicas por respiração num meio líquido (submersão), ou num meio pulverulento (soterramento).

Dentes róseos

O fenômeno denominado dentes róseos post mortem consiste na presença de dentes com uma coloração avermelhada, rosada, relacionado a mortes violentas.

Apesar de os dentes apresentarem coloração rosada como consequência de diversas situações específicas, este fenômeno tem sido frequentemente observado em vítimas de afogamento, estrangulamento, enforcamento, envenenamentos, mortes repentinas e não naturais.

O fenômeno acontece através da hemólise e degradação da hemoglobina para produzir porfirinas, composto degradado responsável pela coloração rosa da dentina.

Quanto aos achados externos e internos post mortem relacionados a asfixias por afogamento, o fenômeno denominado dentes róseos post mortem, quando encontrado nos afogados e enforcados, deve-se à dissociação da hemoglobina da polpa dentária que penetra nos canalículos dentinários.

Parece ser maior o tropismo por indivíduos do sexo masculino, mais jovens, relacionado com o tamanho e vascularização das câmaras pulpares.

A posição em que o corpo se encontra pode influenciar a quantidade de sangue que aflui para os dentes, bem como aumentar o tempo de contato com eles.

O fenômeno cadavérico relacionado aos dentes rosados é a hipóstase, devida ao acúmulo de sangue nos vasos sanguíneos de uma parte do corpo que está abaixo do nível do coração, causando uma coloração avermelhada ou arroxeada na pele.

Assim, o estado de decomposição, o tempo que o corpo permaneceu no lugar e o local onde foi encontrado, são ainda fatores que podem estar envolvidos no desencadeamento do fenômeno.

A relação da causa de morte com o fenômeno permanece uma incógnita, visto que, em vários casos de asfixia, nem todos eram portadores do achado.

Até agora, ainda é desconhecida a relação da causa de morte com o aparecimento deste fenômeno.

Patologias que podem levar à asfixia

Doença da membrana hialina ou síndrome da angústia respiratória em neonatos - é a síndrome causada por deficiência do surfactante pulmonar.

Síndrome de *Loffler* – é uma pneumonia eosinofílica, caracterizada por infiltrados pulmonares migratórios associados, geralmente, a um aumento do número de eosinófilos no sangue e escarro.

Broncoaspiração – é a entrada de substâncias estranhas, tais como alimentos e saliva, na via respiratória.

Pode ocorrer pelo enfraquecimento dos músculos usados na deglutição, o que pode causar a dificuldade no ato de engolir, também conhecida como disfagia.

A diferença entre sufocação e asfixia por aspiração reside no fato de que nesta última, o impedimento à penetração do ar nas vias respiratórias é causado por líquidos ou pelo vômito.

2. LESÕES CORPORAIS: QUANTIFICAÇÃO DO DANO

O artigo 129 do CP tipifica o crime de lesão corporal: "ofender a integridade corporal ou a saúde de outrem".

Lesão corporal é qualquer dano à integridade corporal ou à saúde, causado por outrem.

Saúde é o bem-estar físico, mental, social e ambiental (Organização Mundial de Saúde – OMS).

O dano deve ser objetivo, mensurável, seja ele estático, observado com o indivíduo parado, ou dinâmico, visível apenas pela movimentação.

Tem de haver prejuízo e nexo causal.

A autolesão não se enquadra nesse tipo, pois a lesão tem de ser causada por outrem (outra pessoa), podendo configurar outro crime se realizada para obter vantagem ilícita.

Está excluída, igualmente, a lesão em animais.

As lesões são classificadas sob aspecto qualitativo e quantitativo, pois lesões extensas podem ser fugazes, enquanto feridas pequenas podem ser fatais.

Elementos considerados na avaliação da lesão:

- Agente vulnerante;
- Sede e extensão das lesões;
- Nexo de causalidade entre ação e lesão;
- Consequências das lesões;
- Perenidade;
- Gravidade das alterações funcionais geradas;
- Repercussões na saúde e na vida, objetivas e subjetivas.

As consequências, a gravidade, a perenidade e as repercussões são as bases da classificação legal.

Causa é o evento que leva diretamente ao resultado.

Concausa é o fator que modifica o curso natural do resultado, desconhecido pelo agente ou que não poderia ser evitado.

A concausa pode ser:

a) Preexistente

- Anatômica, decorrente da localização anômala de órgãos que, se estivessem na sua posição habitual no corpo, não seriam atingidos pelo golpe. Entretanto, o que importa para a análise do *animus* do agressor é o local do golpe, independentemente dos órgãos atingidos. Dessa forma, se uma facada no lado direito do tórax atingir o coração aí situado anormalmente, não se deverá imputar à anomalia a maior gravidade, mas à sede da lesão, pois quem quer apenas lesar não desfere golpes no tórax.

- Fisiológica, que diz respeito aos órgãos ocos (bexiga) que, quando cheios, rompem-se mais facilmente em decorrência de traumatismo, devendo-se provar que a intensidade do trauma não seria suficiente para rompê-los, se vazios estivessem.

CAPÍTULO 8 • ENERGIAS FÍSICO-QUÍMICAS – ASFIXIAS MECÂNICAS

- Patológica, relativa aos órgãos maciços (fígado, baço) que, quando doentes, ficam maiores e friáveis, rompendo-se com traumatismo pouco intenso, devendo-se provar que a intensidade do trauma seria insuficiente para lesá-los, caso fossem sadios.

b) Superveniente

Ocorre quando pequenos ferimentos adquirem gravidade devido à contaminação, que leva à infecção generalizada, tétano ou outras complicações.

Ao realizar o exame pericial que permita a avaliação do dano à pessoa, o médico legista deve, em seu relatório:

– descrever detalhadamente as lesões e suas sequelas;

– indicar o nexo de causalidade;

– manifestar-se sobre incapacidades temporárias;

– estimar o tempo de consolidação médico-legal;

– apontar incapacidades permanentes.

2.1. Lesões leves

São as lesões superficiais, de fácil cicatrização, não enquadradas como graves (CP, art. 129, § 1º), nem como gravíssimas (CP, art. 129, § 2º).

2.2. Lesões graves (CP, art. 129, § 1º)

I – Incapacidade para ocupações habituais por mais de 30 dias

É a impossibilidade de execução de qualquer atividade genérica, habitual, como tomar banho, comer, não se restringindo ao trabalho remunerado, cuja execução até pode não estar afetada. Basta que alguma atividade habitual esteja comprometida pela incapacidade.

Abrange idosos, crianças, aposentados, prostitutas (atividade apenas imoral), além das pessoas que exercem atividade laboral, desde que lícita.

Mesmo que o legista conheça a evolução da lesão que está examinando, só poderá diagnosticar tal incapacidade em exame complementar, realizado no 30º dia, contado do fato delituoso (CPP, art. 168, § 2º), pois podem surgir complicações inesperadas que alterem a sua classificação. Exame realizado em prazo inferior a 30 dias é imprestável.

Por outro lado, se o legista solicitar exame complementar para data superior a 30 dias estará afastando a incapacidade para ocupação habitual exclusiva, restando as outras possibilidades mais gravosas de enquadramento da lesão.

Nesse segundo exame, o legista pode:

- Dar alta e afastar a incapacidade;
- Constatar a cicatrização da lesão e a incapacidade, caso o retorno às atividades seja prejudicial ou haja necessidade de mais dias para a recuperação total;

- Solicitar outros exames complementares, quando não tiver ainda elementos para classificar a lesão que ainda está em cicatrização, podendo complicar.

A alta está condicionada ao restabelecimento suficiente para que o indivíduo retome suas atividades, desde que tal retorno não interfira na recuperação total da lesão.

Assim, se um professor estiver com fratura no braço consolidada (cicatrizada), poderá ter alta logo após a retirada do gesso, enquanto um pedreiro deverá aguardar a recuperação total, pois o trabalho pesado que executa poderá levar a complicações. Há, portanto, um componente social no critério de alta.

A cura médico-legal baseia-se, então, na ausência de relação entre a atividade habitual e a cicatrização da lesão.

II – Perigo de vida (diagnóstico)

O Código Penal Brasileiro usa o termo perigo de vida, que é a probabilidade de dano à vida, ou seja, a probabilidade real e objetiva de morte, de lesão fatal.

Trata-se de evento atual ou que surgiu na evolução inicial da lesão (até 30 dias), concreto e diagnosticado, isto é, o perigo existiu na ocasião da lesão ou em determinado momento da sua evolução.

O mero prognóstico significando que o perigo poderá ou não ocorrer, não caracteriza a situação de perigo.

A presença de concausas e a inexistência de sequelas não afastam o perigo de vida, pois sua caracterização independe do resultado.

São situações em que o perigo de vida está presente: ferimentos penetrantes de tórax e abdome com lesões graves de vísceras, qualquer tipo de asfixia, coma, hemorragias, lesões de grandes vasos (vasos que possuem denominação específica, como por exemplo, artéria femoral) que se acompanham de violento sangramento, fratura de coluna, diferentes tipos de choque (pulso e pressão arterial = a zero), queimaduras que acometem mais de 50% da área corporal e traumatismo cranioencefálico com comprometimento do sistema nervoso.

O diagnóstico do perigo de vida fundamenta-se num conjunto de sinais e sintomas que demonstra clinicamente a presença de uma condição concreta de morte iminente.

Assim, esse diagnóstico deve basear-se em evidências concretas extraídas do exame do paciente, isto é, tem de decorrer da gravidade da lesão.

Não basta, por exemplo, que o paciente tenha batido a cabeça (trauma cefálico) para configurar o perigo de vida. Sintomas e sinais concretos demonstradores da gravidade do comprometimento do sistema nervoso devem estar presentes para configurar o perigo de vida.

Já o risco de vida, definido por Carrara como perigo de perigo de vida (França, p. 182), é a mera possibilidade de dano à vida, não configurando lesão grave. Como evento futuro e incerto, é mero prognóstico.

Diferentes expressões são utilizadas para indicar o perigo e o risco. Para interpretá-las, lembre-se que:

CAPÍTULO 8 • ENERGIAS FÍSICO-QUÍMICAS – ASFIXIAS MECÂNICAS

| Perigo | = | Probabilidade de dano |

Portanto, perigo de vida é a probabilidade de dano à vida, ou seja, probabilidade de morte.

| Risco | = | Probabilidade de probabilidade | = | Possibilidade de dano |

Assim, o risco de vida é a mera possibilidade de dano à vida, isto é, apenas possibilidade de morte.

Decifrando:

| Perigo de perigo de vida | = | Probabilidade de probabilidade de dano à vida | = | Possibilidade de dano à vida | = | Risco de vida |

Logo, não é lesão grave, pois apenas o perigo caracteriza tal lesão.

III – Debilidade permanente de membro, sentido ou função.

Debilidade é a redução parcial da força.

Membros são as pernas e os braços, mesmo que apenas uma parte esteja afetada. Assim, debilidade da mão direita é debilidade de membro superior direito.

Pênis não é membro, apesar de ser conhecido popularmente como membro viril.

O Código Penal não usa a palavra órgão porque não o considera por si só, mas pelo enfraquecimento da função que exerce. Assim, lesão de um dos órgãos duplos sadios, levando à sua perda anatômica ou funcional, gera apenas debilidade, pois o outro órgão não lesado passa a realizar toda a função, trabalhando pelos dois, como acontece na perda da função de um dos rins.

Lesão de órgão único, cuja função pode ser suprida por outro órgão, também gera debilidade. É o que acontece quando há perda do baço, cuja função de destruição dos glóbulos vermelhos velhos passa a ser feita pelo fígado.

No caso de perda de dentes, podem estar afetadas:

• Função mastigatória (dentes posteriores – molares);

• Estética (dentes anteriores – incisivos);

• Fonética (dentes anteriores – incisivos).

Sentidos são a visão, a audição, o olfato, o paladar e o tato.

A lesão de um dos órgãos dos sentidos sadios, desde que duplos, origina apenas debilidade de sentido.

No caso da cegueira de um dos olhos, estando o outro perfeito, não se deve acatar tal solução, pois a visão em profundidade denominada estereotáxica depende da atuação conjunta.

Dessa forma, tal lesão pode ser enquadrada como debilidade de sentido (grave), se o examinador entender que o olho sadio supre totalmente o sentido da visão, ou como inutilização de sentido (gravíssima), se considerar a perda da visão em profundidade.

Graduação do comprometimento da função:

- Desprezível: menor que 3%, caracterizando a lesão leve;
- Debilidade: 3% a 70%, configurando lesão grave;
- Inutilização: mais de 70% a 80%, identificando-se com lesão gravíssima.

A debilidade tem como referência o indivíduo médio.

Já a debilitação é o enfraquecimento em relação ao que o indivíduo era anteriormente, mesmo que continue acima da média.

Seria este um parâmetro mais adequado, pois a debilidade do braço de um lutador de boxe, por exemplo, mesmo que a força restante continue maior que a dos indivíduos normais, torna-o incapaz para lutar.

IV – Aceleração de parto

Ocorre quando uma mulher grávida de feto vivo entra em trabalho de parto em consequência da lesão corporal. Trata-se, na realidade, de antecipação de parto.

O feto deve nascer vivo e manter-se vivo. Para tal, tem de ser maduro ou pelo menos viável.

Feto maduro é o que está pronto para viver fora do útero materno.

Feto viável é o que tem condições de sobreviver fora do útero materno, mesmo que à custa de cuidados especiais, englobando as gestações a partir das 20 semanas, e fetos com 500 gramas de peso ou mais e 25 centímetros de estatura ou mais.

Alguns entendem que esse item deveria ser extinto, uma vez que não houve prejuízo para a mãe, nem para o feto. Entretanto, deve-se considerar que o parto ocorreu antes do prazo previsto, com maior possibilidade de complicações, e que o feto tem o direito de completar o período de vida intrauterina.

2.3. Lesões gravíssimas (CP, art. 129, § 2º)

I – Incapacidade permanente para o trabalho

Abrange apenas a atividade econômica. Diz respeito ao trabalho genérico.

Assim, se um pianista ficar impossibilitado de tocar após lesão das mãos, mas puder dar aulas de piano, não estará configurada a incapacidade.

Esse item, de cunho social, visa a impedir que funcionários incapacitados para a função que exercem, em decorrência de acidentes, sejam descartados. Não se configurando a incapacidade para qualquer trabalho, tem de haver remanejamento.

II – Enfermidade incurável

É a alteração permanente da saúde resultante da lesão. Exemplo: convulsões ocasionadas por disritmia cerebral consequente a traumatismo cranioencefálico.

III – Perda ou inutilização de membro, sentido ou função.

Novamente o Código não usa a palavra órgão.

A perda é anatômica, isto é, não tem mais:

- O membro (amputou a perna);
- O sentido (ficou sem os olhos);
- A função (arrancamento do pênis = perda da função copulatória).

Na inutilização, apesar de presentes os órgãos, a função foi perdida em mais de 70% a 80%:

- Membro (lesão de coluna levando à paralisia das pernas);
- Sentido (lesão do nervo óptico levando à cegueira);
- Função (lesão dos testículos comprometendo intensamente ou totalmente a produção de espermatozoides, inutilizando a função procriadora).

Lesão de um dos órgãos duplos doentes leva à inutilização, pois a função do órgão ileso já é deficiente.

IV – Deformidade Permanente

É o dano estético que afeta a autoestima e o relacionamento interpessoal. Não precisa ser visível, bastando que cause constrangimento, inclusive no relacionamento íntimo.

Critérios de avaliação:

- Objetivo: Leva em consideração a lesão, sua permanência e repercussão na aparência.
- Subjetivo: Avalia o dano em relação à pessoa lesada.

A utilização do critério subjetivo permitiria que lesões semelhantes fossem avaliadas de forma diversa, ferindo a igualdade e a adequação típica.

Tal procedimento não vinga na área penal. Já no processo civil, o ressarcimento pode ser diferenciado em função do prejuízo à imagem.

A vítima não pode ser obrigada a submeter-se a tratamento cirúrgico corretivo, nem à utilização de próteses. Entretanto, até 2015, se o fizesse, estaria afastando o enquadramento nesse item.

Tem-se, como exemplo, o indivíduo que perde os dentes incisivos (anteriores) e rapidamente corrige a deformidade com prótese ou implante. Ao ser reavaliado em exame complementar para a quantificação do dano, já não existirá a permanência da deformidade.

Em maio de 2015, o STJ manifestou-se contrariamente a esse entendimento:

a realização de cirurgia estética que repare os efeitos da lesão não afasta a qualificadora da deformidade permanente, pois **"o fato criminoso é valorado no momento de sua consumação, não o afetando providências posteriores, notadamente quando não usuais (pelo risco ou pelo custo, como cirurgia plástica ou de tratamentos prolongados, dolorosos ou geradores do risco de vida) e promovidas a critério exclusivo da vítima"** (HC 306.677/RJ, Rel. Min. Ericson Maranho (Desembargador convocado do TJ-SP), Rel. para acórdão Min. Nefi Cordeiro, julgado em 19/5/2015, DJe 28/5/2015 – Info 562.

V – Aborto

É a interrupção da gestação, em qualquer período, com morte fetal antes, durante ou logo após a expulsão, em consequência da lesão corporal.

Inclui fetos maduros e imaturos, desde que a morte seja consequente à lesão sofrida pela mãe (agressor tem intenção de lesar e não de provocar o aborto) ou à imaturidade fetal (gravidez com menos de 20 semanas, feto com peso menor que 500 gramas e estatura inferior a 25 centímetros).

Se a causa da morte for anomalia fetal incompatível com a vida, não se configura a agravante.

Entretanto, se a intenção ao agredir a gestante era a de matar o feto, por exemplo, desferindo chutes no ventre da mesma, estaremos diante do crime de aborto do artigo 127, do CP, porque a atitude foi dolosa, enquanto o aborto que qualifica a lesão corporal do artigo 129, § 2º, inc. V, é culposo.

Essa classificação das lesões como graves e gravíssimas é apenas doutrinária. O Código Penal considera todas as lesões dos §§ 1º e 2º como graves, apenando de forma mais severa as que chamamos de gravíssimas. Portanto, quando algum tipo penal tiver como elemento a lesão grave, inclui as graves e gravíssimas (ex.: CP, art. 122).

2.4. Lesão corporal seguida de morte (CP, art. 129, § 3º)

Nesses casos, prevalece a análise dos meios utilizados, assim como da sede, número, profundidade e direção das lesões com a finalidade de auxiliar na identificação do *animus* do agressor (matar ou apenas lesar).

Dessa forma, quem desfere inúmeras punhaladas no tórax, ou atinge a cabeça da vítima com um projétil de arma de fogo, por exemplo, não tem como alegar que queria apenas lesar, uma vez que atingiu regiões em que existem órgãos vitais, além de ter usado instrumentos que atuam em profundidade, sem falar dos golpes repetitivos.

2.5. Lesão corporal culposa (CP, art. 129, § 6º)

A lesão corporal culposa refere-se a quem causa lesão corporal sem o dolo de gerar danos, ou seja, sem intenção, mas que age de forma irresponsável, por ação ou omissão, com negligência, imprudência ou imperícia, resultando em danos físicos ou psicológicos a outra pessoa.

De acordo com o artigo 18, do CP, o crime é doloso quando o agente quis o resultado ou assumiu o risco de produzi-lo (I); o crime é culposo quando o agente deu causa ao resultado por imprudência, negligência ou imperícia (II).

CAPÍTULO 8 • ENERGIAS FÍSICO-QUÍMICAS – ASFIXIAS MECÂNICAS **327**

Há circunstâncias que aumentam a pena dos autores de lesão corporal culposa, como: fugir para evitar flagrante. não prestar imediato socorro à vítima; inobservância de regra técnica de profissão; não tentar diminuir as consequências de seu ato.

Os crimes de lesão corporal leve e lesão corporal culposa são de ação penal condicionada à representação do ofendido ou de quem tiver qualidade para representá-lo.

Nas demais espécies do crime de lesão corporal, a ação penal é pública, podendo o representante do Ministério Público intentá-la livremente, sem depender de qualquer provocação do ofendido ou de seu representante legal.

3. LESÕES POR TORTURA

O artigo 1º da Convenção contra a Tortura (adotada pela Assembleia Geral das Nações Unidas em 10 de dezembro de 1984) traz a seguinte definição de tortura:

> "Para fins da presente Convenção, o termo 'tortura' designa qualquer ato pelo qual dores ou sofrimentos agudos, físicos ou mentais, são infligidos intencionalmente a uma pessoa a fim de obter, dela ou de terceira pessoa, **informações ou confissões**; de **castigá-la** por ato que ela ou terceira pessoa tenha cometido ou seja suspeita de ter cometido; de **intimidar ou coagir** esta pessoa ou outras pessoas; ou por qualquer motivo baseado em **discriminação de qualquer natureza**; quando tais dores ou sofrimentos são infligidos por funcionário público ou por outra pessoa no exercício de funções públicas, ou por sua instigação, ou com o seu consentimento ou aquiescência. Não se considerarão como tortura as dores ou sofrimentos que sejam consequência unicamente de sanções legítimas, ou que sejam inerentes a tais sanções ou delas decorram".

No Brasil, a Lei 9.455, de 7 de abril de 1997 define, em seu artigo 1º, o crime de tortura:

> Art. 1º Constitui crime de tortura:
>
> I – constranger alguém com emprego de violência ou grave ameaça, causando-lhe sofrimento físico ou mental:
>
> a) com o fim de obter **informação, declaração ou confissão** da vítima ou de terceira pessoa;
>
> b) para provocar **ação ou omissão de natureza criminosa**;
>
> c) em razão de **discriminação racial ou religiosa**;
>
> II – submeter alguém, sob sua guarda, poder ou autoridade, com emprego de violência ou grave ameaça, a intenso sofrimento físico ou mental, como forma de aplicar **castigo pessoal ou medida de caráter preventivo**.

O sofrimento físico e/ou psicológico visa a vencer a resistência da vítima para atingir determinada finalidade.

O torturador geralmente não quer desencadear a morte, mas pode causá-la por se exceder na aplicação dos procedimentos ou por imperícia, além de tomar cuidado na aplicação de seus métodos para que não deixem vestígios denunciadores.

Nenhuma declaração prestada sob tortura pode ser invocada como prova em qualquer processo, salvo contra uma pessoa acusada de tortura como prova de que a declaração foi prestada. Entretanto, a prova de tortura é difícil de ser colhida.

A perícia tem de ser solicitada pela autoridade competente, mas o exame pericial para crimes de tortura raramente é pedido e não há padronização de metodologia e de procedimentos.

O documento mais completo sobre como devem proceder os peritos para identificação, caracterização e elucidação do crime de tortura está no Protocolo de Istambul, denominado "Manual para Investigação e Documentação Eficazes da Tortura e de outras Formas Cruéis, Desumanas ou Degradantes de Castigo ou Punição", apresentado ao Alto Comissariado das Nações Unidas para os Direitos Humanos, em 9 de agosto de 1999.

O exame pericial pode não detectar nenhum vestígio, como ocorre nas torturas por **restrição de movimentos**, que obrigam a vítima a ficar em determinadas posições, sem se mexer, por longos períodos, o que torna insuportável até posições corriqueiras. Outras vezes, a **postura física forçada** resulta de colocação da vítima em pequenos espaços, como gaiolas, onde ela não possa se movimentar.

O objetivo é desestabilizar a vítima pela exaustão, sendo tal intento intensificado quando se associam vedação da visão, ou colocação de foco de luz intensa permanente ou se amarram pés e mãos. Há casos em que se aplicam, por exemplo, choques elétricos para provocar movimento involuntário.

O perito deve estar atento para os sinais de asfixia por sufocação indireta, decorrentes de asfixia postural, ou de pequenas lesões causadas, por exemplo, por choques elétricos.

A restrição de movimentos também pode ser por suspensão, complementada por traumas, choques elétricos etc.

Na **suspensão vertical pelos punhos** com corda fixada no teto, ficando a vítima sem qualquer apoio, o diafragma que cria condições de vácuo, permitindo a expansão do tórax, começa a falhar e não é auxiliado pelos músculos dos membros superiores e do abdome, que entraram em exaustão pela posição forçada. A vítima apresenta hipóxia progressiva, perde a consciência em tempo variável, tendo como causa da morte a sufocação indireta lenta, além da congestão pulmonar, convulsões por comprometimento cerebral e alterações cardíacas.

Ao exame pericial, observam-se marcas das cordas nos punhos , marcas pelo atrito com a barra de suspensão no terço anterior distal dos antebraços, micro hemorragias no tórax e braços por esgarçamento dos músculos decorrente dos esforços, além de edema postural nos tornozelos.

suspensão vertical pelos punhos

Fonte: Syrian Network for Human Rights, 2019

Na **suspensão palestina**, onde os membros superiores ficam afastados (semelhante à crucificação), há hipóxia progressiva porque a respiração conta apenas com o diafragma, uma vez que as musculaturas do tórax e abdome estão totalmente inibidas pela distensão.

suspensão palestina

Fonte: Superinteressante

Mecanismo semelhante ocorre na **suspensão chinesa**, onde a vítima vai sendo levantada pelos braços amarrados separadamente e virados para trás, até não tocar mais no solo. Pode haver luxação da cabeça do úmero, além do esgarçamento muscular e sinal da asa de borboleta, decorrente do afastamento das escápulas (ou omoplatas) e hemorragias dos músculos subescapulares.

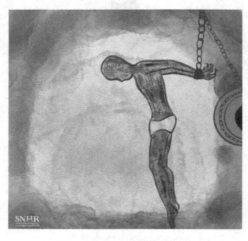

suspensão chinesa

Fonte: Syrian Network for Human Rights, 2019

Quando a **suspensão** é **invertida**, pelos **pés**, também há sufocação indireta porque as vísceras abdominais se deslocam e comprimem o diafragma, prejudicando a inspiração por diminuir a capacidade torácica.

suspensão invertida pelos pés

Fonte: Syrian Network for Human Rights, 2019

Ao exame pericial, há marcas nos tornozelos e no terço inferior medial das penas pelo atrito com a corda, há hipertensão vascular no pescoço e face, levando à cianose, petéquias e sugilação na pele dessas regiões, e equimoses conjuntivais. Pode ocorrer cianose nos lábios, orelhas e abaixo das unhas.

A suspensão poplítea ou pau de arara consiste em uma barra de madeira ou metal atravessada entre os punhos amarrados e a dobra dos joelhos fletidos, ficando a cabeça em um plano mais baixo. Se a vítima estiver despida, os genitais ficam expostos facilitando associação com outros métodos de tortura.

suspensão poplítea ou pau de arara

Fonte: Superinteressante

Nesses casos, há sinais de contenção nos punhos e braços, marcas na região poplítea pelo contato com a barra, mas os tornozelos nem sempre são amarrados.

O exame pericial constata sinais de hipertensão vascular na cabeça e pescoço, além de cianose nos lábios, orelhas e unhas. A região anal deve ser examinada para detectar ragádias, queimaduras, assim como os genitais, que podem apresentar sinais de violência e queimaduras (marca de Jellinek).

A **suspensão** pode ser **genital no sexo masculino**, pois o pênis tem um ligamento muito resistente, deixando marcas locais de correntes, escoriações, edema, equimoses etc.

A tortura também ocorre por **traumas bruscos**, isolados, que pegam a vítima de surpresa, ou por traumas sistemáticos, repetidos de tempos em tempos, como pisões, pontapés, responsáveis por lesões contusas abertas, como escoriações, ou fechadas, como equimoses e hematomas.

Socos também são aplicados, mas por produzirem lesões contusas identificáveis, o torturador muitas vezes prefere tapas com mãos espalmadas, que não deixam vestígios aparentes porque a força empregada se distribui pela superfície de contato.

Quando os **tapas** são aplicados na **região das orelhas**, em ambas ao mesmo tempo (telefone), podem provocar ruptura do tímpano uni ou bilateral.

telefone

Fonte: http://www.nanihumor.com/2014/07/a-tortura-continua-no-brasil.html

Traumas nas palmas das mãos (palmatória, terula) são identificados pelo edema que produzem.

Entretanto, o edema, assim como as equimoses, hematomas e escoriações só são detectados em exames precoces, pois desaparecem com o passar dos dias sem deixar vestígios.

Na **planta dos pés**, traumas de grande intensidade chamados de bastinado, falange, falaga ou falaka, principalmente se aplicados com instrumento cilíndrico (cacetete, taco de bilhar), produzem tanto efeitos imediatos como edema, parestesias, dor geralmente quando há fratura e dificuldade para deambular, como sintomas mediatos decorrentes da consolidação defeituosa das fraturas, identificadas pela radiografia.

O **trauma na região cervical** pode decorrer de golpe único, violento, aplicado com o antebraço na região lateral do pescoço numa vítima distraída e sem reflexo de defesa local. É o chamado **mata touro** que provoca paresia supra diafragmática, desequilibrando a vítima que cai ao solo.

Já na **chave de pescoço ou mata touro nucal**, o torturador tem de ser mais forte do que a vítima para aplicar a chave de braços. A asfixia assim produzida é complementada por compressão da nuca com golpe seco, que rompe os ligamentos intervertebrais podendo causar óbito instantâneo se lesar o bulbo, onde se encontra o centro da respiração.

Ao exame da vítima viva, há sinais externos de asfixia como cianose, petéquias cutâneas e conjuntivais.

Na vítima morta há hipermobilidade do pescoço e a autópsia permite identificar lesão dos ligamentos intervertebrais e do bulbo.

O **trauma de quadril** (La paralítica, Laralisadora) decorrente de golpe brusco, de surpresa, na região lateral onde se encaixa a cabeça do fêmur, provoca báscula da bacia, com impacto da cabeça do fêmur contralateral no acetábulo, provocando fratura. Se a vítima for examinada logo após o trauma, pode haver hiperemia local, que logo desaparece, restando a dificuldade de deambulação do lado oposto ao do golpe relatado, o que pode levar o perito a não valorizar esse sintoma e o histórico da vítima.

Queimaduras com objetos quentes são geralmente encontradas na parte dorsal e laterais do tronco e antebraços. Quando usada a **água ou outros líquidos** quentes, podem ocorrer em qualquer local.

Outras vezes, lábios, genitais e região anal são pincelados com pasta de pimenta ou cáusticos, mas este último é evitado porque deixa lesão denunciadora ou cicatriz evidente.

São frequentes as **queimaduras por cigarros** em partes pouco visíveis, muitas vezes com infecção secundária.

Na eliminação por meio térmico, tem-se a **carbonização** no chamado micro-ondas, onde a vítima é queimada dentro de uma pilha de pneus, restando como vestígio a presença de malhas de aço dos pneus envolvendo-a.

Choques com correntes contínuas de alta voltagem e baixa amperagem são usados porque não desencadeiam o óbito.

No **banho elétrico**, a vítima é mergulhada numa banheira cheia de água com sal grosso, onde são introduzidos dois terminais que geram corrente pelo acionamento de uma manivela.

Outras vezes, a vítima é colocada na **cadeira do dragão**, que é uma cadeira metálica com braços de madeira e locais de contenção. Após ser molhada, a vítima recebe corrente contínua cujo controle de voltagem e de amperagem é feito pelo torturador.

cadeira do dragão

Fonte: Syrian Network for Human Rights, 2019

Já as **correntes locais** são aplicadas por pinças, eletrodos ou pela arma taser em regiões não expostas como genitais, região anal, mamilos ou pavilhão auricular. Deixam escaras secas que podem ser puntiformes ou de pequenas dimensões, chamadas de marcas de Jellinek.

Nos casos de óbito, a autópsia revela a presença de pontilhado hemorrágico no assoalho dos 3º e 4º ventrículos (sinal de Piacentino), que associado à marca elétrica de Jellinek, leva a um diagnóstico de convicção de uma morte por eletroplessão.

As **torturas por asfixia** podem ocorrer pela **submersão** apenas da cabeça (**submarino úmido**) ou pelo afogamento pelo **método da hidráulica** onde a vítima, deitada com os pés elevados e com a cabeça mais baixa, é coberta por pano sobre a face, no qual se joga água. Ao aspirar essa água, a vítima tem tosse, agravando a asfixia.

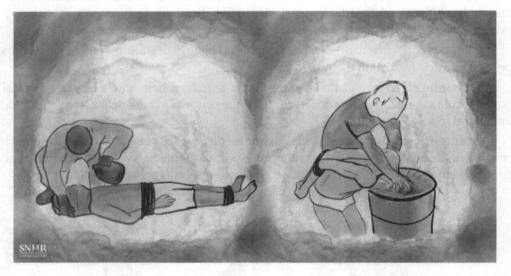

método da hidráulica   submarino úmido

Fonte: Syrian Network for Human Rights, 2019

No submarino úmido com morte, observam-se as manchas de *Paltauf* e resíduos nas vias respiratórias se o líquido de imersão tiver detritos.

Há **sufocação indireta** quando o torturador se senta no tórax e abdome da vítima. Nesses casos, há incompatibilidade entre os sinais evidentes de asfixia e a ausência de lesões corporais visíveis. Há máscara equimótica de *Morestin*, petéquias na face em grande quantidade por dificuldade no retorno venoso pela veia cava, em decorrência da compressão torácica.

O trauma torácico pode causar fratura de costelas e a rotura dos pulmões (**Sinal de Valentim**).

Teremos **sufocação direta** no **submarino seco ou sacolinha**, no qual a cabeça é envolvida por saco plástico fortemente aderido à face e amarrado ao pescoço. Às vezes, há insuflação de gás ou fumaça de cigarro com a finalidade de provocar tosse e agravar a asfixia.

Frequentemente as sessões de asfixia são utilizadas durante o interrogatório da vítima, sendo repetidas se este estiver sendo infrutífero.

O exame pericial evidencia a presença de petéquias na face, mucosa oral (lábio, bochecha, gengiva) e conjuntivas oculares, além do sulco produzido no pescoço quando usado saco plástico amarrado nesta região.

Lesões penetrantes também são infligidas, como:
- Introdução de objetos como espinhos, lascas de bambu, fios metálicos sob as unhas das mãos ou dos pés;

Fonte: Syrian Network for Human Rights, 2019

- Arrancamento das unhas durante o interrogatório da vítima;

Fonte: Syrian Network for Human Rights, 2019

- Esmagamento de dedo com martelada em golpe único gerando equimose subungueal;
- Fratura de dedo com alicate quando a vítima resiste em fornecer informação, gerando consolidação desalinhada do osso, levando a sequelas;
- Esmagamento do crânio por fita metálica ligada a um torniquete, fixado no banco em que está a vítima, colocado na altura da testa (semelhante ao garrote vil). O torturador controla o momento em que ocorre fratura do osso, comprimindo então o cérebro e causando a expulsão dos globos oculares das orbitas. Neste caso, há fratura do crânio em saco de noz e protrusão dos globos oculares.

Na tortura física, os órgãos mais atingidos pelos golpes são o baço e fígado, causando hemorragias porque esses órgãos não contam com uma proteção maior por músculos e ossos. Já os rins, são mais protegidos pelo local em que se situam, mas são frequentes os hematúrias cuja intensidade não guarda relação com a gravidade da lesão.

3.1. Perícia nas mortes em presídios e instituições equivalentes

Médicos em geral, e não apenas legistas, devem atentar ao fato de que mortes sem assistência médica, ocorridas em presídios ou centros de detenção, são consideradas suspeitas de decorrerem de tortura, impondo-se o exame conforme o Protocolo de Istambul.

O médico que prestou atendimento à vítima não pode atestar o óbito, devendo encaminhar o corpo ao Instituto Médico Legal para autópsia.

Cabe ao médico legista excluir a possibilidade de:

- morte súbita – decorrente de patologias orgânicas suficientes para explicar a morte como natural;
- de morte súbita funcional com base patológica – no caso de a morte ser súbita, sem registro de antecedentes patológicos, com alterações orgânicas de menor importância e ausência de manifestações violentas (exemplo: arritmia cardíaca).

A perícia médico-legal precisa ser complementada com exames toxicológicos e anátomo patológicos para investigar lesões e alterações típicas de morte violenta, causada por meios externos.

A vítima viva deve ser entrevistada logo após a ocorrência de tortura ou maus-tratos (quando as evidências ainda não desapareceram ou degradaram), em local reservado, sem acompanhamento policial ou de familiares.

O exame dos locais onde houve vítimas (fatais ou não), suspeitos de ocorrência de tortura, e dos objetos relacionados a esses casos, deve ser realizado seguindo os protocolos internacionais e nacionais:

- exame do local para buscar, identificar, colher, acondicionar e preservar fluidos, tecidos e anexos corporais encontrados;
- exame de objetos, para determinar a natureza, eficiência, eficácia e compatibilidade com as lesões observadas;

CAPÍTULO 8 • ENERGIAS FÍSICO-QUÍMICAS – ASFIXIAS MECÂNICAS

- exame de vestes e acessórios correlatos;
- exames diversos (DNA, sangue, pelos, marcas e impressões etc.) para comprovar a relação entre as pessoas envolvidas e o local ou objeto examinado.

O médico legista deve:

- Valorizar o exame esquelético-tegumentar;
- Descrever a sede e as características dos ferimentos, registrando em esquemas corporais;
- Fotografar as lesões e alterações existentes nos exames interno e externo;
- Detalhar a forma, idade, dimensões, localização e particularidades de todas as lesões;
- Radiografar os segmentos e regiões atingidos ou suspeitos de violência;
- Trabalhar em equipe;
- Examinar à luz do dia;
- Usar os meios subsidiários disponíveis;
- Examinar a vítima de tortura com paciência e cortesia, sem a presença dos agentes do poder;
- Respeitar as confidências e a privacidade;
- Obter o consentimento livre e esclarecido do examinando;
- Aceitar sua recusa ou limite ao exame.

O histórico completo e detalhado deve conter informações sobre doenças pregressas, antecedentes de traumas ou maus tratos, como base para futuras observações.

O exame físico, também detalhado, após exame das vestes, deve ser ilustrado com fotografias e esquemas em diagramas do corpo humano.

É fundamental o conhecimento das várias formas de tortura para a identificação das lesões denunciadoras.

Não se pode esquecer das repercussões psicológicas das torturas.

No estresse pós-traumático ou síndrome pós-tortura, a vítima tem permanente recordação das torturas e pesadelos, além da recusa fóbica de estímulos que possam trazer a lembrança dos maus tratos.

Essa síndrome pode manifestar-se com sintomas:

- psicossomáticos – cefaleia, pesadelos, insônia, tremores, desmaios, sudorese, diarreia;
- comportamentais – isolamento, irritabilidade, impulsividade;
- emocionais – disfunções sexuais, tentativas de suicídio.

A riqueza de detalhes da síndrome pós-tortura facilita o levantamento completo da sintomatologia e das sequelas físicas e psíquicas, e sua relação com os meios degradantes e desumanos causadores (principalmente em prisioneiros políticos ou de delitos comuns).

A necropsia em morte por tortura deve ser completa, ilustrada com fotografias, gráficos, esquemas, exames complementares, com anotação de todos os dados e participação de no mínimo dois legistas.

São consideradas suspeitas as mortes ocorridas em delegacias de polícia ou presídios:

- sem assistência médica;
- no curso de um processo clínico de evolução atípica;
- súbitas ou inesperadas.

O legista deve caracterizar o tipo de morte.

Morte natural

- ausência de lesões ou alterações produzidas por ação externa;
- presença de alterações orgânicas incompatíveis com a vida;
- óbito diagnosticado e explicado pela presença de antecedentes patológicos, sem dúvidas ou desconfiança.

Morte por causa indeterminada

- existência de fatores de inibição sobre regiões reflexógenas, predisposição constitucional e estados psíquicos inibidores;
- lesões orgânicas insuficientes para explicar a morte;
- ausência de qualquer manifestação exógena que possa ser a causa do óbito;
- ausência de antecedentes patológicos;
- ausência de lesões orgânicas evidentes na necropsia (necropsia branca);
- causa violenta de morte afastada;
- pesquisas toxicológicas e anátomo patológicas negativas.

Nas mortes súbitas sem antecedentes patológicos, com alterações orgânicas de menor importância e ausência de manifestações violentas, a morte pode ser explicada como morte súbita funcional com base patológica, por exemplo, causada por arritmia cardíaca.

Nesses casos, são importantes o exame cuidadoso do local dos fatos, a análise das informações do serviço médico do presídio ou do médico assistente, além do uso de meios subsidiários mais adequados a cada caso, com destaque para o exame toxicológico.

Se não existir qualquer alteração orgânica que justifique a morte, nem evidência de ação violenta, mas o indivíduo é portador de alguma perturbação funcional, em alguns casos pode-se justificar como morte súbita funcional. Exemplo: morte pós-crise convulsiva. Nesses casos, importa usar todos os meios complementares disponíveis para afastar a morte violenta e, se possível, atestar a morte natural a partir da confirmação daquelas perturbações.

Morte violenta

- morte inesperada;
- lesões e alterações típicas de violência evidentes.

Além do diagnóstico da causa da morte e da ação ou do meio causador, a perícia deve estudar o mecanismo e as circunstâncias em que esse óbito ocorreu, a fim de determinar sua causa jurídica.

O exame externo do cadáver tem Importância no diagnóstico da causa, mecanismo, etiologia e circunstâncias que antecederam a morte. pois permite:

- identificação antropológica e antropométrica do morto – estigmas pessoais e profissionais, malformações congênitas e adquiridas, cicatrizes, tatuagens, vestes;
- coleta de impressões digitais e sangue;
- registro da presença ou ausência dos dentes;
- estudo fotográfico;
- anotação das condições de nutrição, conservação e compleição física para determinar maus-tratos do detento – falta de higiene corporal, desidratação e desnutrição;
- presença de fenômenos cadavéricos abióticos, consecutivos e transformativos;
- registro de tudo o que serviu de base para avaliação do tempo aproximado de morte);
- meio ou condições em que o cadáver foi encontrado, para saber se o indivíduo foi levado em vida para outro local e depois transportado para a cela onde foi achado (exemplo: morrem em sessões de afogamento fora da cela carcerária);
- causa da morte, resultado do estudo externo e interno do cadáver, lembrando que, nos casos de morte por tortura, é o exame externo que evidencia lesões violentas.

Em relação às lesões traumáticas identificadas, devem ser valorizadas as que contribuíram para o diagnóstico da morte e das circunstâncias em que ela ocorreu.

Nas mortes por tortura, são frequentes:

- a multiplicidade das lesões;
- a diversidade de idade das lesões;
- a falta de cuidados;
- o local de predileção.

O exame interno do cadáver, além de metódico e sistemático, deve ter registrados todos os achados.

A resposta aos quesitos deve especificar se a morte foi produzida por meio de veneno, fogo, explosivo, asfixia, tortura ou por outro meio insidioso ou cruel, desde que as razões de tal afirmação estejam na descrição das lesões ou na forma de produção.

Meio insidioso (veneno) – é o que se manifesta pela forma dissimulada, capaz de encobrir a prática criminosa e impedir a defesa da vítima.

Meio cruel (fogo, explosivo, asfixia e tortura) – é aquele em que o autor procura provocar sofrimento físico ou psíquico da vítima, mais do que propriamente sua morte, por meio de um ritual. Para sua identificação, considerar em especial as regiões atingidas, as características das lesões e o meio ou instrumento utilizados. Gravidade e multiplicidade das lesões, por si sós, não caracterizam o meio cruel.

Se as manifestações não estiverem evidentes, o perito deve responder como quesito prejudicado, ou sem elementos de convicção, ou sem meios para afirmar ou negar.

Exames complementares, incluindo o laudo da perícia criminalística, poderão dar uma definição, principalmente se a morte ocorreu de forma suspeita ou duvidosa.

A resposta afirmativa está vinculada à certeza de que há lesões tipicamente produzidas por aqueles meios.

O perito nunca deve responder não, pois há muitas formas de crueldade e tortura que não deixam evidências.

As conclusões devem demonstrar se a possibilidade de tortura é forte ou praticamente inexistente.

O perito pode inclusive utilizar determinados termos, tais como:

1 – Inconsistente: a lesão não poderia ter sido causada pelo trauma descrito;

2 – Consistente: a lesão poderia ter sido causada pelo trauma descrito, mas não é específica dele e existem muitas outras causas possíveis;

3 – Altamente consistente: a lesão poderia ter sido causada pelo trauma descrito e são poucas as outras causas possíveis;

4 – Típica de: a lesão é geralmente encontrada em casos desse tipo de trauma, mas existem outras causas possíveis;

5 – Diagnóstico de: a lesão não poderia ter sido causada em nenhuma outra circunstância, a não ser na descrita.

Capítulo 9
SEXOLOGIA FORENSE

A Sexologia Forense é o ramo da Medicina Legal que estuda os problemas médico-legais decorrentes do comportamento sexual ou da procriação, tipificados como crime.

1. PERÍCIA NOS CRIMES CONTRA A LIBERDADE SEXUAL

A proteção não se restringe às mulheres, pois o crime de estupro passou a englobar também os atos libidinosos, assim como os demais tipos.

Estupro

Art. 213. Constranger alguém, mediante violência ou grave ameaça, a ter conjunção carnal ou a praticar ou permitir que com ele se pratique outro **ato libidinoso**:

Violação sexual mediante fraude

Art. 215. Ter **conjunção carnal** ou praticar outro **ato libidinoso** com alguém, mediante fraude ou outro meio que impeça ou dificulte a livre manifestação de vontade da vítima:

Importunação sexual

Art. 215-A. Praticar contra alguém e sem a sua anuência **ato libidinoso** com o objetivo de satisfazer a própria lascívia ou a de terceiro:

Assédio sexual

Art. 216-A. Constranger alguém com o intuito de obter **vantagem ou favorecimento sexual**, prevalecendo-se o agente da sua condição de superior hierárquico ou ascendência inerentes ao exercício de emprego, cargo ou função.

1.1. Perícia da conjunção carnal

Conjunção carnal é a cópula vaginal, isto é, a relação de contato do pênis com a vagina, com ou sem ejaculação.

Na mulher que não teve conjunção carnal, o exame do hímen adquire importância.

O hímen é a membrana que circunda o orifício de entrada da vagina.

Além do ser humano, várias espécies de mamíferos podem ter a presença do hímen nas fêmeas.

Estudos antigos davam conta de que era presente em animais como girafa, hiena, porco ou urso.

Alguns mamíferos que podem apresentar hímen: camelídeos, como as alpacas e lhamas.

O hímen é formado por uma dobra da mucosa vaginal, sob a forma de um folheto duplo no limite anatômico entre a vagina e a vulva, entremeado por estroma conjuntivo, contendo fibras elásticas e colágenas, inervação e vascularização, constituindo um diafragma geralmente de óstio único e central.

É formado, portanto, por duas membranas mucosas, entre as quais há uma camada de tecido conjuntivo com fibras elásticas, vasos e nervos e, às vezes, musculatura lisa.

A situação varia de acordo com a idade e a raça:

– crianças de 2 a 3 anos – situa-se mais profundamente;

– raça negra – é mais profunda que na branca, localizando-se cerca de 4 cm da entrada da vulva.

Sua borda livre delimita um orifício (óstio himenal) com diâmetro menor que o da vagina, que pode ter diferentes formatos.

Essa borda livre pode ser regular, irregular ou picotada, assemelhando-se, no último caso, a rupturas incompletas chamadas entalhes, devendo o legista fazer a diferenciação.

O hímen tem uma face vaginal ou interna e uma face vulvar ou externa.

A orla himenal é a borda do orifício himenal, situada externamente ao óstio.

A borda de inserção, no hímen, relaciona-se com as paredes vaginais e a borda livre, com o óstio.

Classificação dos himens

Classificação de Afrânio Peixoto

Baseia-se na presença ou não de linhas de junção formando ângulos na inserção vaginal, dividindo os himens em três grupos.

- Acomissurados:
    - imperfurados – sem abertura;
    - anulares – orifício circular, ovalar ou elíptico;
    - semilunares: abertura em forma de crescente;
    - helicoidais – a membrana descreve curvas em hélice;
    - septados: com septos transversal, longitudinal ou oblíquo, delimitando dois orifícios;
    - cribriformes – membrana crivada por várias aberturas regulares ou irregulares.
- Comissurados:
    - bilabiados – transversais ou longitudinais;
    - trilabiados – três valvas ou três comissuras;
    - quadrilabiados – quatro valvas e quatro comissuras;
    - multilabiados ou coroliformes – a membrana toma a forma de flor.
- Atípicos:

– fenestrados – com um orifício grande e outro pequeno;
– com apêndices salientes;
– com apêndices pendentes.

Classificação de Oscar Freire

Leva em conta, principalmente, o orifício, classificando os himens como:
- Imperfurados ou de natureza selada (Cícero) ou de natureza fechada (Plínio).
- Perfurados:
    - punctiformes:
    - central ou lateral;
    - circulares,
    - ovalares ou elípticos;
    - lineares:
    - em forma de fenda;
    - triangulares:
    - trilabiado;
    - quadrangulares:
    - orifício com quatro bordas;
    - multiangulares: com muitos lábios;
    - com dois orifícios: limitando um septo;
    - com três ou mais orifícios;
    - com vários orifícios (cribriforme).
- Atípicos: não se enquadram entre os anteriores referidos nesta classificação.
- Himens múltiplos – consistem em dois ou mais himens situados em um mesmo plano ou em planos diferentes, um adiante do outro.

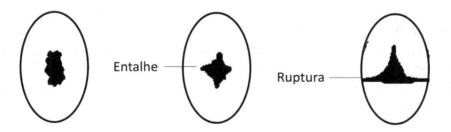

Hímen íntegro sem entalhe, hímen íntegro com entalhes e hímen com rupturas

Entalhe é a solução de continuidade do hímen, de bordas regulares e finas e provida de ângulo rombo.

Características dos entalhes:

- São incompletos, com pouca penetração na orla himenal, não chegando até a base do hímen (borda aderida à vagina);
- São geralmente simétricos, isto é, existem na mesma posição, dos dois lados do hímen;
- Suas bordas regulares não se coaptam (não se encaixam);
- Têm cor avermelhada igual à do hímen, pois possuem o mesmo tecido do hímen;
- Bordas são revestidas por epitélio pavimentoso estratificado, idêntico ao restante do hímen;
- Ausência de sinais de cicatrização recente e de infecção localizada;
- Ângulo de clivagem arredondado;
- Encontram-se em número que varia de um a cinco.

Características das rupturas:

- São completas (profundidade completa) na orla himenal, atingindo a base do hímen (raramente são incompletas);
- Suas bordas são irregulares e se encaixam;
- Têm coloração esbranquiçada, pois seu tecido é cicatricial, uma vez que no local da ruptura forma-se uma cicatriz;
- São assimétricas.
- Bordas recobertas por tecido fibroso cicatricial esbranquiçado;
- Ângulo da ruptura em forma de V;
- Sinais de cicatrização ao nível das bordas;
- Quando recente, há infiltração hemorrágica, sangramento ou sinais de supuração.

Estando a mulher em posição ginecológica, ao se dividir o hímen em quadrantes (quatro partes), têm-se dois quadrantes superiores (direito e esquerdo) e dois inferiores (direito e esquerdo), além de quatro pontos de junção desses quadrantes.

Quando a relação sexual se der na posição tradicional, a ruptura ocorrerá nos quadrantes inferiores ou na sua junção.

Mas se os parceiros estiverem em pé, ou se a causa for manipulação ou traumatismo, a ruptura acontecerá nos quadrantes superiores.

A elasticidade do hímen é variável, assim como a largura, oferecendo maior ou menor resistência à penetração do pênis.

Himens estreitos e elásticos podem permitir a conjunção carnal sem se romperem: são os himens complacentes.

Ruptura na relação em posição tradicional   Ruptura na relação em pé   Himens complacentes

Outras vezes, a presença de muitos entalhes aumenta o orifício e não há ruptura com a penetração.

Himens não complacentes também podem não se romper enquanto houver grande lubrificação gerada pela excitação. Faltando esta, haverá ruptura.

O pênis muito pequeno também colabora para que o hímen permaneça íntegro, apesar da penetração.

Nesse sentido, a complacência himenal que ocorre em himens estreitos e elásticos, tem caráter relativo, visto que também depende do diâmetro do órgão penetrador.

Após o parto, as rupturas se acentuam, restando apenas fragmentos de hímen chamados carúnculas mirtiformes.

Diagnóstico da conjunção carnal:

a) Ruptura himenal recente, no caso de mulher virgem, caracterizada por:
- Sangramento evidente nos três primeiros dias, podendo haver raias de sangue por até quinze dias;
- Secreção nas regiões das rupturas, que dura de 6 a 12 dias;
- Equimoses locais que permanecem por até seis dias;
- Cicatrização em aproximadamente 20 dias.

Fatores individuais interferem na duração dessas etapas, assim como a maior circulação de sangue no hímen, gerando maior ou menor sangramento à ruptura, com cicatrização mais rápida ou mais lenta respectivamente.

Ruptura himenal recente, sob radiação ultravioleta, apresenta bordas irregulares, de coloração arroxeada intensa.

b) Presença de espermatozoides na vagina: confirma a conjunção carnal independentemente de haver ruptura himenal.

c) Presença de fosfatase ácida em alta concentração na secreção vaginal, quando não houver espermatozoides (azoospermia) em decorrência de vasectomia ou doença que afetou a sua produção pelos testículos, como parotidite (caxumba). Como essa substância existe em outros líquidos orgânicos, mas em maior concentração no esperma, se for detectada em quantidade significativa leva à possibilidade de haver esperma.

d) Presença de proteína P30 ou PSA, própria do esperma, dá praticamente certeza de que há esperma.

e) Gravidez, que é o resultado da conjunção carnal, mesmo estando íntegro o hímen, quando se tratar de reprodução natural. Nos casos de supostos estupros, não há que se pensar em reprodução artificial do ponto de vista médico-legal, porque abriria a possibilidade de questionamento de qualquer exame de conjunção carnal, favorecendo o agressor. Assim, diante de vítima grávida que afirma ter sido estuprada, o **diagnóstico médico** de que houve conjunção carnal se impõe. No caso de a gravidez ter decorrido de inseminação artificial ou fertilização *in vitro*, sem ato sexual, o esclarecimento ocorrerá no curso do processo.

Na demonstração pericial de conjunção carnal, até quatro dias após a deposição, podem ser identificados espermatozoides na cavidade vaginal, mais precisamente até 3 dias ou 72 horas.

A perícia realizada em uma mancha de esperma ainda recente pode identificar características como o odor, o formato e fluorescência verde-esbranquiçada à luz ultra-violeta (lâmpada de *Wood*).

A lâmpada de *Wood*, também chamada de luz de *Wood* ou *LW*, é um equipamento pequeno de diagnóstico, muito utilizado na dermatologia e na estética, com o objetivo de identificar lesões de pele, suas características e extensão, de acordo com o padrão de fluorescência observado quando a lesão é iluminada em um comprimento de onda baixo (exposta à luz UV).

Através de seu componente de mercúrio, a lâmpada de *Wood* emite uma radiação ultravioleta a um comprimento de onda entre 320 e 400 nm, seu feixe de luz penetra até a camada média da derme, sendo útil também para o diagnóstico de doenças parasitárias, pigmentares e metabólicas.

As rupturas podem ser diferenciadas dos entalhes através da lâmpada de Wood.

A mucosa próxima às bordas da ruptura apresenta-se de tonalidade arroxeada até algum tempo depois de cicatrizadas, e muito tempo depois adquire um colorido amarelo--nacarado, em face da presença do colágeno da cicatriz e de sua reduzida vascularização.

Nos himens complacentes, o diagnóstico Médico-Legal da conjunção carnal pode ser estabelecido pela presença de gravidez.

Evidências de conjunção carnal como equimoses, escoriações, pelos, doença venérea, não são suficientes para a confirmação porque são sinais indiretos, de incerteza, que podem conduzir a erro.

A pesquisa de pelos pubianos no local do crime sexual é um dos elementos de prova que definirá a autoria.

Entretanto, se o suposto agressor for também examinado e apresentar a mesma doença venérea que a vítima, ou se os pelos encontrados denunciarem a presença de DNA diferente do pertencente à vítima, esses achados adquirem maior importância.

A presença de lesões em região vulvar é forte indício de que o ato sexual foi violento, uma vez que não houve os necessários relaxamento e lubrificação fisiológicos para a conjunção carnal.

Na perícia de conjunção carnal, é indispensável o exame das vestes.

A cicatrização da ruptura himenal ocorre, em geral, em cada borda da ferida isoladamente.

O tempo de cicatrização varia de acordo com: o estado geral da mulher; as condições de assepsia vaginal; repouso do órgão; critério subjetivo do examinador; espessura da membrana; extensão e número de rupturas.

Quanto à cicatrização, as rupturas himenais podem ser classificadas em:

- muito recente – de 1 a 6 dias – período de sangramento, equimose e orvalhamento sanguíneo;
- recente – de 6 a 20 dias – bordas da ruptura esbranquiçadas, com exsudação ou supuração e bordas da ruptura de coloração rósea;
- antiga – mais de 20 dias – bordas da ruptura completamente cicatrizadas.

1.2. Perícia do coito anal

O orifício anal difere do vaginal porque permanece fechado pela ação do esfíncter anal, composto tanto por músculos cuja contração não controlamos (esfíncter interno), como por músculos sobre os quais temos controle, como o esfíncter externo.

Quando relaxados, o orifício assume seu diâmetro original, mas, se contraídos, a pele da região anal fica pregueada.

As linhas de força da pele do ânus estão dispostas no sentido radiado, de forma que qualquer lesão nesse local assume a forma de fenda ou de triângulo, com a base voltada para a porção externa.

As lesões recentes assemelham-se a fendas lineares radiadas, são superficiais (ragadias) e sangrantes.

As mais antigas, também dispostas no sentido radiado, assumem forma triangular, são mais profundas, permitindo ver o músculo abaixo delas, as bordas têm coloração esbranquiçada, porque o tecido é cicatricial, e não costumam sangrar.

Fissura

Além disso, não existe lubrificação, como ocorre na vagina em mulheres com taxas hormonais normais (antes da menopausa), o que aumenta a intensidade do traumatismo local.

Durante o exame, nos casos de relação anal forçada, observam-se também edemas das pregas da pele perianal, equimoses e hematomas anais e perianais.

O exame interno se impõe na busca de lesões retais, assim como o exame vaginal, pois pode haver ruptura dos tecidos entre o reto e a vagina em decorrência da violência da penetração associada à resistência da vítima, formando uma comunicação entre ambas, denominada fístula reto-vaginal.

Em princípio, é possível colher material de dentro do reto para pesquisa de espermatozoides, mas podem surgir dificuldades caso a vítima tenha evacuado ou esteja com o reto cheio de fezes.

Caso o exame seja feito após algum tempo, a presença de doença venérea acometendo a região anal deve ser interpretada de forma diversa, dependendo do sexo.

Na mulher, a existência de doença venérea não indica necessariamente que houve relação anal, pois em decorrência da própria anatomia, qualquer secreção vaginal tende a escorrer para a região anal, contaminando-a secundariamente.

Já no homem, isso não ocorre, sendo o achado mais confiável.

A análise da abertura anal constitui um aspecto à parte.

Crianças possuem grande elasticidade do esfíncter anal, permitindo com que o esfíncter anal relaxe ao menor estímulo durante o exame, principalmente se for obstipada, porque a presença de fezes no reto também é estímulo para a sua abertura involuntária. Essa elasticidade pode minimizar as lesões resultantes do traumatismo, comprometendo o exame local de crianças seviciadas.

Já em adultos, a menor elasticidade, principalmente se houver problema anal prévio que torne o esfíncter interno hipertônico (mais contraído), juntamente com a maior resistência da vítima que acaba contraindo voluntariamente o esfíncter anal, potencializa as lesões locais.

Portanto, o grau de abertura anal deve ser analisado em conjunto com as outras lesões e com o relato da vítima, principalmente se for criança.

Quanto ao estupro de criança do sexo masculino, não pode ser baseado em rágades, equimoses e fissuras, localizadas na região anal, pois frequentemente tais lesões estão ausentes em virtude da acentuada elasticidade dos tecidos da criança ou podem ter outras causas como processos inflamatórios.

Os vestígios da conjunção carnal e/ou ato libidinoso, considerando a pesquisa de espermatozoides e de antígeno prostático específico, devem ser colhidos em até 72h da ocorrência, preferencialmente.

A constatação de ocorrência de dilatação do orifício anal do cadáver, especialmente se o tempo de morte for superior a quarenta e oito horas, não constitui, por si só, evidência de estupro com coito anal.

1.3. Abuso sexual em crianças

Sinais de alerta:

- mudança de comportamento: é o sinal que mais chama a atenção;
- medo de certas pessoas e lugares;
- recusa-se a ser examinada;
- responde de forma pronta e imediata negando ter sido tocada por um adulto;
- usa expressões ligadas ao sexo;
- faz insinuações sobre práticas sexuais ou sobre determinado indivíduo.

O exame pericial pode ser conclusivo ou não.

Note-se que, a simples presença de hiperemia (vermelhidão) não tem significado, uma vez que é frequente em crianças por causa da menor proteção local decorrente da ausência de hormônios sexuais ou por causa de alergias e higiene local deficiente.

Havendo dúvidas, torna-se fundamental a avaliação do psicólogo forense, pois a criança tem grande tendência de fantasiar.

Os dados estatísticos relativos aos crimes sexuais são deficientes, por considerarem apenas os casos que geram procedimentos policiais e legais. Grande número permaneça sem comunicação a qualquer autoridade.

Esse abuso é fator de risco para o aparecimento de transtornos mentais na infância ou na vida adulta da vítima. Aumentam o risco: a idade mais avançada da criança, a ocorrência de penetração e o envolvimento de vários agressores.

Estima-se que 10% das pessoas podem ter sido abusadas antes dos 18 anos, em geral meninas, sendo o agressor não raras vezes da própria família.

Tipos de abusadores:

a) Abusadores oportunos, regressivos ou situacionais

- preferem parceiros sexuais adultos, mas escolhem crianças porque estavam disponíveis ou eram mais vulneráveis;

- tendem a cometer o abuso em períodos de estresse;
- fazem poucas vítimas, em geral familiares;
- não são realmente pedófilos.

No incesto entre pais e filhos, acredita-se que a maior parte dos pais abusadores são oportunistas.

b) Abusadores pedófilos

- praticam atos sexuais preferentemente com crianças de tenra idade;
- fazem muitas vítimas;
- a maioria não pertence à família;
- apresentam valores e crenças que dão forte apoio a esse estilo de vida.

Não se evidenciou, em abusadores de crianças com história de vitimização na infância (ciclo vítima-agressor), relação entre o tipo de abuso sofrido na infância (sexual ou físico, incluindo a negligência) e o fato de cometerem crimes sexuais.

A Pornografia infantil é uma forma de abuso infantil definida pela Organização das Nações Unidas como qualquer representação, por quaisquer meios, de uma criança em atividades sexuais explícitas reais ou simuladas, ou qualquer representação das partes sexuais de uma criança para propósitos sexuais.

A internet é um instrumento facilitador, pois dá um sentimento de anonimato, que favorece a expressão de tendências reprimidas.

Numa rede de pornografia infantil, é preciso distinguir verdadeiros pedófilos de consumidores de pornografia em geral, ou de simples curiosos ou de pessoas que buscam ganhos financeiros com a venda de pornografia.

No Brasil, o Estatuto da Criança e do Adolescente (ECA) veda amplamente a pornografia infantil no artigo 241-A:

> Oferecer, trocar, disponibilizar, transmitir, distribuir, publicar ou divulgar por qualquer meio, inclusive por meio de sistema de informática ou telemático, fotografia, vídeo ou outro registro que contenha cena de sexo explícito ou pornográfica envolvendo criança ou adolescente.

O abuso sexual infantil está intimamente ligado à pornografia infantil, apesar de haver quem entenda que o consumo de pornografia infantil, por si, não seja um fator de risco para a prática de crimes sexuais.

2. PERÍCIA DA GRAVIDEZ

Adquire importância nos casos de:

- Suposição de gravidez – Mulher supõe estar grávida, mas não está;
- Simulação de gravidez – Mulher sabe que não está grávida, mas finge estar;
- Dissimulação de gravidez – Mulher sabe que está grávida, mas finge não estar;
- Gravidez ignorada – Mulher está grávida, mas ignora;

CAPÍTULO 9 • SEXOLOGIA FORENSE

- Metassimulação de gravidez – Corresponde à alteração do tempo de gestação para imputar determinada paternidade ou obter vantagens de ordem social.

Na suposição de gravidez ou pseudociese, a mulher apresenta alterações físicas, que incluem crescimento das mamas e do abdome.

Na simulação de gravidez, a mulher age de má-fé, fingindo estar grávida para se eximir de alguma responsabilidade.

Já a dissimulação de gravidez pode ser de:

- má-fé – a mulher nega estar grávida para escapar de ônus inerente a crimes de aborto e infanticídio, ou nos casos de adultério;
- boa-fé – quando, após muitos anos sem ter filhos, a mulher pensa ter alguma alteração de saúde diversa da gestação.

Sinais de probabilidade de gravidez:

- Suspensão da menstruação (amenorreia);
- Enjoos e vômitos;
- Ganho de peso;
- Cansaço;
- Alteração de humor;
- Alteração das mamas, como pigmentação das aréolas, eliminação de secreção pelos mamilos chamada colostro;
- Máscara gravídica, representada por manchas na face (cloasma);
- Pigmentação da linha alba (linha que vai do umbigo ao púbis);
- Aumento de volume do ventre;
- Sinais vaginais como cor arroxeada da vagina, colo do útero amolecido etc.
- Rede de *Haller* – refere-se ao aumento da circulação venosa, formando uma rede visível sob a pele transparente das mamas.
- Sinal de *Piskacek* – costuma ser percebido a partir de 8 semanas de gestação e consiste na assimetria temporária do útero durante o início da gestação, porque o útero começa a se desenvolver primeiro na região onde o embrião se implanta.
- Sinal de *Halban* – é um sinal que pode surgir devido à intensificação da nutrição dos folículos pilosos com a gravidez, dando origem ao aparecimento de pelos finos e macios (lanugem) geralmente na face e/ou couro cabeludo.

Sinais de certeza de gravidez:

- Presença de sopro uterino;
- Rechaço uterino (sinal de *Puzos*);
- Movimentos fetais perceptíveis após a 20ª semana, quando o útero já está palpável;
- Batimentos do coração do feto presentes, percebidos apenas após 20 semanas;
- Ultrassonografia, que identifica o saco gestacional com 5 (cinco) semanas de gravidez, o embrião com 7 a 8 (sete a oito) semanas e a cabeça do feto com 11 a 12 (onze a doze) semanas;

- O coração e os principais vasos sanguíneos começam a se desenvolver por volta do 16º dia de gestação, sendo que na sexta semana, já é possível visualizar o coração do feto ao ultrassom, com frequência em torno de 100bpm;

- Dosagem de gonadotrofina coriônica, que é um hormônio produzido pela placenta: na urina, positiva a partir de duas semanas de amenorreia, isto é, com quatro semanas de gestação, e no sangue, positiva com alguns dias de amenorreia, ou seja, a partir de duas semanas de gestação.

No sangue, está presente a fração beta do hormônio **gonadotrofina coriônica humana** (beta hCG), que começa a ser produzida entre 6 e 8 dias após a fecundação, na ocasião em que o óvulo fecundado pelo espermatozoide inicia a implantação na parede uterina. Seu teor no sangue materno aumenta com o desenvolvimento do embrião, chegando a dobrar a cada 2 ou 3 dias nas primeiras semanas de gestação, até atingir nível máximo na 10ª semana.

O exame deve ser feito somente após o atraso menstrual para evitar falso-negativo, apesar de alguns métodos conseguirem detectar o hormônio até 1 semana antes deste atraso.

Testes de gravidez vendidos em farmácias detectam o beta hCG na urina, cujas concentrações são menores que no sangue. Por isso, esses testes demoram para ficar positivos.

Anomalias da gravidez

- Superfecundação: fecundação de dois óvulos da mesma ovulação, na mesma relação sexual ou em relações diferentes, resultando gestação de gêmeos que podem, no último caso, ter pais diferentes.

- Superfetação: fecundação de óvulos de ovulações diferentes, levando à gravidez de gêmeos com evolução desigual e nascimento em datas diferentes.

- Gravidez extrauterina ou ectópica: implantação do embrião fora do útero.

- Prenhez molar: o embrião geralmente desaparece e a placenta degenera, podendo evoluir para tumor maligno (coriocarcinoma).

A superfetação é rejeitada por muitos, uma vez que, em princípio, seria impossível haver ovulação na presença de gravidez instalada.

3. PERÍCIA DO PARTO

3.1. Parto recente

- Mamas túrgidas, com aréola pigmentada e secreção de colostro nos dois primeiros dias após o parto, ou de leite a partir do terceiro dia, encerrando-se ao redor do vigésimo dia caso não haja amamentação;

- Flacidez e relaxamento do abdome, com pigmentação da linha alba;

- Estrias gravídicas;

- Vulva inchada, aberta e com sangue;
- Carúnculas mirtiformes, que são restos de hímen, se parto vaginal;
- Lesões vaginais e perineais, se parto vaginal;
- Colo do útero entreaberto;
- Útero ainda aumentado de volume;
- Lóquios, que é a secreção que escoa dos genitais, cujo aspecto é sanguinolento até o terceiro dia pós-parto, tornando-se serossanguinolento do quarto ao oitavo dia, clareando e desaparecendo até o 12º dia.

Na gestação, o útero chega a 32 centímetros e peso de 1,5 kg.

Nas primeiras 24 horas após o parto, o útero atinge a cicatriz umbilical, regredindo posteriormente cerca de 1 cm ao dia, embora de forma irregular.

Retorna ao seu tamanho considerado normal, de 7 centímetros e peso de 60 gramas até o décimo dia, quando deixa de ser um órgão abdominal para retornar à pelve.

Durante o processo de recuperação, os vasos uterinos costumam se contrair e se comprimir no local onde a placenta se encontrava, resultando na formação de alguns coágulos que recebem o nome de lóquios, que acompanha a mulher até seis semanas após o parto.

Os lóquios são classificados como:

- vermelhos ou sanguinolentos (*lochia rubra* ou cruenta), presentes até o 3º ou 4º dia pós-parto, constituindo-se de sangue vermelho intenso, tecido decidual necrosado e células epiteliais, com quantidade geralmente semelhante à do fluxo menstrual;
- a seguir, entre o 3º ou 4º dia e o 10º dia, o lóquio é seroso, parecido com um final de menstruação ou um corrimento menstrual, podendo ser controlado com absorventes normais ou protetores diários;
- a partir do 10º dia até o final do período, o lóquio fica amarelado ou esbranquiçado, e quase imperceptível.

3.2. Parto antigo

Não há como calcular a época em que ocorreu, baseando-se a perícia no achado de sinais gravídicos que persistiram ou de cicatrizes resultantes do parto, tais como:

- Pigmentação da aréola;
- Pigmentação da linha alba;
- Carúnculas mirtiformes;
- Cicatrizes no períneo e vulva (sinal de *Kluge*);
- Orifício do colo do útero em fenda.

Na mulher que não pariu, denominada nulípara, ou se o parto foi cesariana, o orifício do colo do útero é circular.

Também as alterações do hímen e as cicatrizes vulvares e perineais não estão presentes, se o parto não for vaginal.

4. PERÍCIA DO ABORTO

Aborto é a interrupção da gravidez, com morte do feto, em qualquer fase da gestação (conceito médico-legal).

Independe de expulsão do feto, isto é, se o feto morrer em decorrência de manobras abortivas, mesmo que fique retido dentro do útero, estará caracterizado o aborto.

Já o conceito obstétrico de aborto, produto do abortamento, é a eliminação de concepto com **menos** de 500 g, equivalente a gestação entre 20 e 22 semanas.

O exame pericial, nos casos de abortamento, consiste no diagnóstico de gravidez pregressa, seja na mulher viva, seja na mulher morta por complicações das manobras abortivas, como perfuração de útero e intestino, septicemia etc.

Os achados morfológicos de edema miometrial, transformação decidual do estroma e presença de citotrofoblasto são indicativos histológicos de gravidez recente.

Em caso de óbito, a autópsia permitirá o exame dos genitais internos e dos pulmões, detectando-se frequentemente células da placenta no tecido pulmonar, porque durante a gravidez, elas penetram nos vasos sanguíneos, sendo levadas pela corrente sanguínea e detidas pelos vasos pulmonares mais finos.

Esse achado é importante principalmente quando o útero foi retirado, impedindo o diagnóstico de aborto provocado por meio do seu exame.

A fundamentação legal para a criminalização do aborto é a proteção da pessoa e da vida do nascituro.

4.1. O aborto e a política de redução de danos

Não há consenso em torno da extensão da proteção da vida intrauterina. Entretanto, os problemas gerados pela proibição ou legalização indiscriminada levaram à busca de soluções menos rígidas.

4.1.1. Solução de indicações

Consiste em legalizar a interrupção da gravidez em determinadas circunstâncias e se for o desejo da mulher:

a) Indicação médica ou terapêutica, quando a gravidez põe em risco a vida da mãe;

b) Indicação ética ou sentimental, presente nas gestações decorrentes de violação sexual;

c) Indicação eugênica, quando se diagnosticam graves defeitos congênitos no feto;

d) Indicação social, para evitar aflição pessoal da gestante.

As mulheres que engravidam sem ter condições econômicas para sustentar mais um filho, ou quando o amor já não existe ou nunca existiu, ou é solteira, ficam tão angustiadas quanto nos casos de risco de vida, gestação resultante de estupro ou presença de malformação fetal.

A indicação terapêutica é aceita pela maioria dos países, enquanto a indicação social raramente é admitida por facilitar a atuação de médicos particulares à margem de qualquer determinação legal.

Assim, resta a essas grávidas recorrerem a abortos clandestinos, inclusive realizados por não médicos, que frequentemente resultam em risco para a vida ou para a saúde.

4.1.2. Solução de prazos

Autoriza o aborto nas primeiras 12 semanas de gravidez, sem que se mencionem os motivos, desde que realizado por médico, baseada em dois argumentos:

a) A atividade cerebral do feto inexiste até a 12ª semana de gestação, estando ausentes as sensações de prazer e dor;

b) A interrupção da gestação nessa fase traz menores riscos para a gestante do que o parto.

Tem como vantagem autorizar o aborto para todas as mulheres, independentemente da classe social, evitando abortos clandestinos.

4.1.3. Modelo de aconselhamento

É o meio-termo entre as soluções de indicação e de prazo.

Consiste em não punir o aborto realizado por médico, sem qualquer motivo específico, nas primeiras 12 semanas de gravidez, desde que a pedido da gestante, a qual deve submeter-se à orientação da repartição de aconselhamento em casos conflitantes de gravidez, pelo menos três dias antes da intervenção. Nesse aspecto, aproxima-se da solução de prazo, a não ser pelo fato de que a comissão de aconselhamento tentará dissuadir a gestante do seu intento, inclusive oferecendo alternativas para que fique com a criança.

O aborto só será justificado em qualquer fase da gestação se houver uma indicação médico-social, aproximando-se da solução de indicações.

O Brasil segue a solução de indicações de forma rígida, ineficaz quando uma mulher decide abortar, daí a manutenção do número de mortes por abortos clandestinos, principalmente nas classes sociais mais baixas, que recorrem a pessoas não qualificadas para realização do procedimento.

De acordo com o artigo 128 do CP, não se pune o aborto praticado por médico: nos casos de anencefalia, além de:

Aborto necessário

I – se não há outro meio de salvar a vida da gestante;

Aborto no caso de gravidez resultante de estupro

II – se a gravidez resulta de estupro e o aborto é precedido de consentimento da gestante ou, quando incapaz, de seu representante legal.

A Portaria 2.282, de 27 de agosto de 2020, do Ministério da saúde, que dispõe sobre o Procedimento de Justificação e Autorização da Interrupção da Gravidez nos casos previstos em lei, no âmbito do Sistema Único de Saúde-SUS, foi revogada.

Não é necessária comprovação judicial de crime sexual, nem autorização, para que seja realizado aborto sentimental ou terapêutico.

Apesar do acesso aos métodos anticoncepcionais, nem sempre seu uso é adequado, e diante de uma gravidez, prevista ou não, dois são os motivos que levam a mulher a interrompê-la:

a) Manter a sanidade da prole;

b) Conveniência da gestação.

A prática do aborto é repudiada por todos, mas o problema reside em evitar mortes por abortos clandestinos, incluído como problema de saúde pública.

O modelo de aconselhamento identifica-se com a política de redução de danos, cujo objetivo é acabar com as mortes por abortos clandestinos, propiciando que todas as gestantes, inclusive as carentes, tenham acesso à interrupção da gravidez por meio do sistema público, sob total controle.

Entretanto, não há como obrigar o médico a realizar ou ensinar aos alunos de medicina o procedimento, contrariando seus preceitos morais.

5. PERÍCIA DO INFANTICÍDIO

O infanticídio consiste em matar o próprio filho durante ou logo após o parto, sob a influência do estado puerperal (CP, art. 123).

É crime praticado em recém-nascido vivo, somente pela mãe em estado puerperal, durante ou logo após o parto, não admitindo coautoria.

Na prática, a maioria dos crimes de infanticídio é praticada entre a saída do feto e a saída da placenta (dequitação), isto é, nos 10 ou 15 minutos finais do parto, sendo excepcional o infanticídio durante o parto, por ser dificílimo de praticar.

Se a ação criminosa ocorrer antes do início do trabalho de parto, o crime será o de aborto.

A perícia do infanticídio foi chamada de a cruz dos peritos (*crucis peritorum*), em virtude da complexidade e das inúmeras dificuldades de tipificar o crime.

O exame pericial deve caracterizar o diagnóstico do: tempo de vida; nascimento com vida; mecanismo de morte; estado puerperal; puerpério; parto recente ou antigo da autora.

Inicialmente, deve-se diferenciar puerpério de estado puerperal.

CAPÍTULO 9 • SEXOLOGIA FORENSE **357**

Puerpério é o período pós-parto que começa com a expulsão do feto e dequitação (eliminação) da placenta, estendendo-se por seis a oito semanas.

Divide-se em:

Puerpério imediato	Puerpério tardio	Puerpério remoto
até 10 dias após o parto;	de 10 a 45 dias após o parto;	de 45 a 60 dias após o parto.

A expressão logo após o parto (CP, art. 123) induz à conclusão de que só é possível o infanticídio até o décimo dia pós-parto, portanto puerpério precoce.

Assim, a duração do estado puerperal, para alguns, seria de até 10 dias após o parto – puerpério precoce, porque o artigo 123, do CP, fala em matar o próprio filho durante ou logo após o parto. Entretanto, para outros, duraria enquanto persistissem as alterações gravídicas.

Para que se entenda o que é estado puerperal, é necessário primeiramente imaginar o desgaste normal de uma mulher que engravida. Possíveis exageros na descrição abaixo foram introduzidos para fins didáticos.

Quando a mulher engravida, fica sujeita a modificações físicas, funcionais e psicológicas. Conforme o útero aumenta de tamanho, passa a exercer pressão sobre a bexiga, obrigando-a a urinar mais vezes. Por outro lado, ao pesar sobre o reto, juntamente com a maior lentidão dos movimentos intestinais devida à ação hormonal, surge dificuldade para evacuar. Tudo isto se associa a dores lombares, decorrentes da mudança da posição da coluna para equilibrar o corpo, porque o ventre está maior e projetado para frente. O grande volume do útero no final da gestação piora a compressão sobre os órgãos abdominais e sobre os vasos da pelve. Assim, os membros inferiores edemaciam, a gestante tem dificuldade para deitar, respirar, urinar, evacuar etc. Se for verão, tudo fica pior. Aí, ocorre o parto normal. Para evitar que haja esgarçamento da pele e dos músculos do períneo, é feita uma episiotomia (incisão do períneo para diminuir o traumatismo da passagem do feto). No pós-parto, além do edema da vulva e períneo pelo traumatismo e pela sutura da incisão realizada, surgem assaduras pela umidade decorrente dos lóquios, persistindo a dificuldade para urinar e evacuar. Soma-se a amamentação, que produz cólicas uterinas e, se a mulher segue a orientação do pediatra de que os horários das mamadas devem ser determinados pela criança, essa mãe não consegue fazer mais nada. Tudo piora se a pele dos mamilos rachar e sangrar. Pode-se até pensar: ora, o marido ajuda. Entretanto, isso nem sempre ocorre, porque o marido pode estar com problemas psicológicos por achar que a criança roubou a atenção da esposa. Dessa forma, essa mulher mentalmente sadia, sob influência de todo esse desgaste físico e das alterações hormonais que influenciam seu psiquismo no período puerperal, pode até ter vontade de se livrar da criança (e também do marido), mas não o faz porque a sua razão e autodeterminação estão presentes.

Se além dessas alterações orgânicas e hormonais, a mulher não desejava a gravidez e não obteve êxito quando tentou abortar, optando por escondê-la e fazer sozinha o próprio parto, o desgaste é muito maior e pode afetar o psiquismo ao nível que foge à normalidade do puerpério, levando-a a se livrar da criança.

Então, o estado puerperal seria uma alteração temporária em puérpera previamente sadia, que diminui sua capacidade de entendimento e libera seus instintos, anulando seu senso moral, o que a leva a agredir o próprio filho.

Assim, diante de um caso em que a mãe matou o próprio filho, durante ou logo após o parto, pode-se pensar que ela agiu sob influência do estado puerperal desde que:

- A presença das alterações psíquicas seja tão intensa que leve à abolição da capacidade de autodeterminação;
- As alterações sejam limitadas ao puerpério;
- Haja desaparecimento dessas alterações com a eliminação do fato gerador que é o filho, daí dizer-se que o estado puerperal tem caráter fugidio.

Como as alterações psíquicas do estado puerperal não mais existem por ocasião da perícia psiquiátrica, em decorrência do seu caráter fugidio, torna-se difícil o diagnóstico diante de uma mulher que já se encontra dentro dos padrões de normalidade mental.

A perícia nos casos de infanticídio inclui inicialmente o exame da placenta, seguindo-se o exame da puérpera e do feto morto.

5.1. Perícia da placenta

Havendo dúvidas quanto à ocorrência de crime, o exame da placenta pode identificar alterações que justifiquem a morte intrauterina do feto, por deficiência de oxigenação, por exemplo.

5.2. Perícia da puérpera

5.2.1. Para diagnóstico de parto pregresso (sinais descritos no item 4)

5.2.2. Para caracterização do estado puerperal

O psiquiatra forense levará em consideração para diagnosticar tal estado:

- Critério psicológico: a mulher queria ocultar a desonra de uma gravidez ilegítima, mas esse fato só terá valor se configurado o estado puerperal, conforme a atual exposição de motivos do Código Penal;
- Critério físico-psíquico: baseado na instabilidade físico-psíquica da parturiente desencadeada pelo desgaste do trabalho de parto;
- Mulher sem história pregressa ou manifestações atuais de doença mental ou perturbação da saúde mental;
- Caráter fugidio das alterações;

CAPÍTULO 9 • SEXOLOGIA FORENSE **359**

• Gravidez indesejada, e apesar de ter tentado, a mulher não conseguiu abortar logo no início.

Estudos demonstraram que a maioria das mulheres que praticou infanticídio era solteira, a gravidez indesejada foi ocultada e o parto foi feito por elas próprias, solitariamente.

Pode-se acrescentar a esses fatores o estresse do período expulsivo e a pouca irrigação cerebral associada à hemorragia no puerpério, perturbando a afetividade.

Diagnóstico diferencial do estado puerperal com distúrbios psiquiátricos do pós--parto.

Disforia puerperal (*maternity blues ou postpartum blues*)

É a forma mais leve de transtorno psiquiátrico no puerpério, que afeta entre 50% e 90% das mulheres.

Os sintomas têm início nos primeiros dias após o nascimento do bebê, com pico no 4º ou 5º dia do pós-parto.

A remissão é espontânea em até duas semanas ou até o final do primeiro mês.

Os sintomas mais comuns são: choro sem motivo, alterações de humor, ansiedade, dificuldade de se concentrar, irritabilidade e dificuldade para dormir.

Tem como causa a alteração hormonal abrupta que acontece após o parto.

O descolamento da placenta dentro do útero faz com que a mulher perca a comunicação hormonal com o bebê, o que provoca uma reação no corpo.

Em alguns casos, a disforia puerperal pode se intensificar e evoluir para a depressão pós-parto.

Depressão pós-parto (DPP)

O início ocorre entre 2 semanas a 3 meses após o parto, e necessita tratamento.

Caracteriza-se por uma tristeza profunda, desespero e falta de esperança, que ocorre logo após o parto e pode afetar o vínculo da mãe com o bebê, com consequências no desenvolvimento da criança.

A puérpera apresenta:

– diminuição do nível de funcionamento mental;

– ideias obsessivas ou supervalorizadas;

– irritabilidade;

– choro frequente;

– sentimentos de culpa, incapacidade, autodepreciação e desespero;

– falta de energia e motivação;

– desinteresse sexual;

– desinteresse em cuidar da criança;

– transtornos alimentares e do sono;

– dificuldade para se concentrar ou tomar decisões;

– pensamentos de morte ou suicídio;

– repercussões na qualidade de vida, na dinâmica familiar e na interação mãe-bebê.

Psicose pós-parto

É o transtorno mental mais grave, que tem início rápido já nos primeiros dias ou até 2 semanas do pós-parto.

A paciente apresenta:

– euforia / humor irritável;

– logorreia – compulsão para falar, como se quisesse dar vazão ao grande número de ideias que passam por sua cabeça, expressadas através de frases sem sentido e/ou sem importância;

– agitação;

– insônia.

A seguir, surgem:

– delírios;

– ideias persecutórias;

– alucinações;

– comportamento desorganizado;

– desorientação;

– confusão mental;

– despersonalização.

Situações de risco para a ocorrência de morte do recém-nascido:

– negligência nos cuidados com o bebê;

– ideias suicidas;

– ideias delirantes, como o bebê é defeituoso ou está morrendo, o bebê tem poderes especiais, o bebê é um deus ou um demônio.

5.3. Perícia da criança

5.3.1. Para caracterizar a criança

Dependendo da ocasião da morte, isto é, se durante o trabalho de parto, logo ao nascer ou até dez dias após o parto, tem-se o feto nascente, o infante nascido ou o recém-nascido, respectivamente.

Feto nascente é o que tem todas as características do infante nascido, menos a faculdade de ter respirado, pois é morto pela mãe quando ainda está no canal de parto.

No infanticídio de feto nascente, as lesões encontram-se na parte que primeiro apontar na vagina, geralmente na cabeça, e têm as características de lesões vitais como processo inflamatório, sangue coagulado, denotando que o feto estava vivo.

Infante nascido é aquele que acabou de nascer, respirou, mas não recebeu nenhum cuidado especial.

Como não houve limpeza, tem o corpo coberto por sangue próprio e da mãe, e por induto sebáceo, que é uma substância gordurosa que protege a pele.

Apresenta bossa ou tumor de parto, que é a saliência violácea do couro cabeludo consequente à compressão da cabeça pelo colo do útero, desaparecendo em um a três dias.

O cordão umbilical é úmido, brilhante e de cor azulada, podendo estar ligado ou não à placenta.

Pode haver mecônio, substância esverdeada eliminada pelo intestino do feto ainda na cavidade uterina ou durante o parto, nos casos de sofrimento fetal.

Mas só é infante nascido o que respirou. Caso contrário será natimorto, que é o feto que nasce morto no período perinatal.

Atualmente, utilizam-se os parâmetros da RDC 306, de 07 de dezembro de 2004 (ANVISA) e da Portaria MS 116, artigo 19, inciso III, Seção IV, para definir natimorto: peso igual ou maior que 500 gramas, estatura igual ou maior que 25 centímetros e idade gestacional igual ou superior a 20 semanas.

Recém-nascido, de acordo com o entendimento Médico Legal, é o estágio que vai dos primeiros cuidados até o sétimo dia, estando ainda presentes os vestígios de vida intrauterina.

Entretanto, em pediatria, o conceito de recém-nascido mantém-se até o 30º dia de vida extrauterina.

O recém-nascido apresenta tumor de parto em involução (regressão), induto sebáceo nas dobras da pele, expulsão de mecônio pelo intestino e cordão umbilical achatado, seco, já destacado do corpo em torno do sétimo dia, quando se organiza a cicatriz umbilical.

Importância do cordão umbilical:

- Diferencia infante nascido de recém-nascido;
- Orienta na perícia da idade do recém-nascido;
- Fornece elementos nos casos de infanticídio.

O corte e tratamento do cordão umbilical denotam lucidez da mãe que fez o próprio parto, descaracterizando o infanticídio.

Se aderido à placenta, isto é, o cordão umbilical não foi cortado por ocasião do parto, conduz ao diagnóstico de infante nascido.

A ruptura espontânea do cordão sem ligadura, na ausência de outras lesões, pode evidenciar um infanticídio por omissão.

5.3.2. Provas de vida extrauterina

Para que haja infanticídio, o feto tem de estar vivo ao nascer, não importando se inviável devido a anomalias, se a termo ou prematuro.

Provas geralmente baseadas na existência de respiração ou de seus efeitos, denominadas Docimasias (do grego *Dokimos* = eu provo), são utilizadas para determinar se houve nascimento com vida.

O pulmão que não respirou:

• é menor do que o pulmão que respirou;

• tem cor vermelho-pardo (cor de café com leite);

• aspecto uniforme (parecendo fígado);

• bordas finas.

O pulmão que respirou:

• é maior;

• ocupa toda a cavidade torácica;

• tem cor vermelho-claro;

• consistência de esponja;

• crepita quando espremido (sai ar e sangue).

Docimasias pulmonares

• **Docimasia Diafragmática de** *Ploquet*

Após abertura da cavidade toracoabdominal, observa-se o músculo diafragma horizontal, quando houve respiração.

Entretanto, o diafragma pode apresentar convexidade exagerada das hemicúpulas, quando a respiração não ocorreu, sendo essa convexidade devida à pressão exercida pelas vísceras abdominais.

• **Docimasia Óptica ou Visual de** *Bouchut*

O pulmão que respirou tem bordas arredondadas e superfície com aspecto de mosaico devido a pequenas bolhas de ar, enquanto o pulmão que não respirou tem aspecto parenquimatoso.

•**Docimasia Táctil de** *Nerio Rojas*

Caso tenha havido respiração, na palpação interdigital, o parênquima pulmonar dá a sensação de fofura e crepitação.

• **Docimasia óptica de** *Icard*

Consiste na visualização das bolhas de ar quando um fragmento de pulmão que respirou é espremido entre duas lâminas.

Esta prova não tem valor para pulmões putrefeitos, pois os gases da putrefação podem simular um resultado positivo.

• **Docimasia Química de** *Icard*

Consiste em colocar um fragmento da parte central de um lobo pulmonar, que foi previamente lavado em álcool puro, em uma solução alcoólica de potassa cáustica a 30%.

Inicialmente, o fragmento fica preso ao fundo do frasco, porém, se houve respiração, deverão se desprender bolhas de ar originadas do parênquima destruído pelo líquido.

Se o pulmão estiver putrefeito, a dissolução da víscera será rápida e as bolhas grandes, decorrentes do enfisema putrefativo.

• **Docimasia Hidrostática Pulmonar de** *Galeno*

É a mais usada e prática. Baseia-se na diferença de densidade do pulmão que não respirou e o que respirou.

O pulmão que não respirou é compacto; tem densidade entre 1,040 e 1,092 e não flutua por ser mais pesado que a água, cuja densidade fica em torno de 1,0.

Havendo respiração, o pulmão aumenta de tamanho, porque o ar entra nos alvéolos pulmonares, e flutua se colocado na água, o que não acontece com o pulmão compacto que não respirou.

Seu peso permanece o mesmo, apesar da respiração e consequente expansão alveolar. mas seu volume aumenta acentuadamente, resultando em uma densidade pulmonar de 0,70 ou 0,80, de modo que apenas os pulmões que respiraram irão sobrenadar em água.

Só tem valor até 24 horas após a morte, pois com o começo da putrefação, a produção de gases faz com que até os pulmões que não respiraram flutuem, falseando os resultados.

Técnica

Consiste em tomar-se um reservatório cilíndrico, largo e com bastante profundidade, colocando-se água comum em temperatura ambiente até pouco mais de 2/3 de sua capacidade.

Esta prova compõe-se de quatro fases distintas, assim distribuídas:

1ª fase – o bloco contendo todo sistema respiratório (pulmões, traqueia e laringe) e língua, timo e coração são colocados no líquido.

Se estes órgãos flutuarem por inteiro ou à meia-água, esta fase é positiva, dispensando as demais, gerando a presunção de que o infante respirou bastante.

Se não flutuarem, esta fase é negativa, impondo-se a próxima fase.

2ª fase – com o bloco mantido no fundo do vaso, separam-se os pulmões pelo hilo das demais vísceras.

Se as vísceras permanecerem no fundo e os pulmões flutuarem por inteiro ou à meia-água, esta fase é positiva, interrompendo-se aqui. Gera presunção de respiração precária.

Se os pulmões permanecem no fundo, esta fase é negativa, partindo-se para a fase seguinte.

3ª fase – com os pulmões no fundo do reservatório, vários fragmentos de pulmão são cortados no interior do líquido, observando-se o comportamento deles.

Se alguns fragmentos flutuarem, esta fase será positiva, gerando presunção de respiração precária.

Se todos os fragmentos permanecerem no fundo, esta fase é negativa, impondo-se a fase a seguir.

4ª fase – alguns fragmentos que permaneceram no fundo do recipiente, são comprimidos entre os dedos e de encontro à parede do vaso.

Se houver desprendimento de finas bolhas gasosas misturadas com sangue, esta fase será positiva. A prova é duvidosa ou há presunção de raras incursões respiratórias.

Se tal não ocorrer, será negativa

5ª fase – alguns autores entendem existir mais esta fase, representada pelas docimasias hidrostáticas de *Icard,* indicadas quando a 4ª fase for positiva ou quando se pretende evidenciar pequenas quantidades de ar no fragmento de pulmão fetal.

- **Docimasias hidrostáticas de *Icard***

Complementam a docimasia hidrostática de *Galeno* nos casos de dúvidas ou quando apenas a 4ª fase é positiva, pois se presume quantidade mínima de ar nos fragmentos de pulmão.

Icard preconizou duas provas:

– Docimasia por aspiração – consiste em colocar alguns fragmentos de pulmão em um frasco contendo água fria até próximo ao gargalo, que é fechado a seguir com rolha de borracha contendo um orifício central por onde se adapta a cânula de uma seringa de metal. A seguir, o êmbolo da seringa é puxado a fim de diminuir a pressão interna do frasco pela rarefação do seu ar, até se obter um equilíbrio com o ar existente nos alvéolos dos fragmentos de pulmão no fundo do líquido. Assim, o pulmão aumenta de volume, diminuindo sua densidade e sobrenada, dando à prova um resultado positivo, provando ter havido respiração.

– Docimasia por imersão em água quente – tem a mesma finalidade da anterior, isto é, dilatar o ar que se encontra nos alvéolos. Toma-se um fragmento de pulmão que não sobrenadou e se coloca dentro de um reservatório com água quente. Depois de algum tempo, pela dilatação do ar pelo calor, o fragmento flutuará, indicando respiração autônoma.

- **Docimasia Epimicrocópica Pneumo-Arquitetônica de Hilário Veiga De Carvalho**

Fundamenta-se no estudo da superfície externa do pulmão por meio do ultra-opak.

Para isto, o pulmão deve ser lavado em formalina, depositado em uma placa de Petri, cortado em fragmentos, unido a uma gota de glicerina e visualizado com a lente objetiva de imersão.

Quando houve respiração, as cavidades cheias de ar mostram-se arredondadas e com refringência contrastada em fundo negro.

O pulmão que não respirou, mostra apenas um fundo negro uniforme e sem imagens.

No pulmão putrefeito, as bolhas são grandes, disformes e de distribuição irregular.

- **Docimasia Radiológica de *Bordas***

Refere-se à opacidade dos pulmões que não foram insuflados de ar, nos quais os diafragmas não são vistos ao RX, nem a silhueta cárdio aórtica.

Já o pulmão que respirou exibe uma imagem clara de transparência alveolar.

Atualmente, usam-se também tomografia axial computadorizada (TAC) e ressonância magnética nuclear, que permitem captar imagens de diferentes densidades dos órgãos.

- **Docimasia Histológica de *Balthazard***

Consiste no exame microscópico do tecido pulmonar, encontrando-se gás apenas dentro dos alvéolos no pulmão que respirou.

Estruturalmente, o pulmão que respirou apresenta-se igual ao pulmão do adulto, com a dilatação uniforme dos alvéolos, achatamento das células epiteliais, desdobramento das ramificações brônquicas e aumento do volume dos capilares pelo afluxo sanguíneo.

O pulmão que não respirou tem as cavidades alveolares colabadas, e quando putrefeito, o tecido pulmonar apresenta bolhas gasosas irregulares no tecido intersticial e cavidades alveolares fechadas.

Quando o tecido alveolar não é mais visível devido aos efeitos putrefativos, examinam-se as fibras elásticas pelo método de *Weigert*, cuja disposição cito arquitetônica denunciará se houve ou não distensão pela entrada de ar.

Se a putrefação inutilizou essas fibras elásticas, procura-se impregnar o retículo fibrilar pelo método de *Levi-Bilschowsky* com a mesma finalidade.

Iniciada a putrefação ao redor de 24 horas após a morte, surgem bolhas de gás dentro e fora dos alvéolos, consequentes à produção de gás pelos germes, tanto no pulmão que respirou, como no que não respirou.

Docimasias extrapulmonares

– Respiratórias

- **Docimasia Gastrointestinal de *Breslau***

Baseia-se na presença de ar no tubo digestivo quando houve respiração, consequente à sua deglutição.

Nos casos em que durante as manobras de ressuscitação houve insuflação de ar no estômago do feto, apenas este órgão flutuará, enquanto o restante do tubo digestivo afundará na água.

- **Docimasia Auricular de *Vreden, Wendt e Gelé***

Baseia-se na presença de ar na cavidade do ouvido médio, que lá entrou através da trompa de Eustáquio, desde que tenha havido respirado.

Consiste na punção da membrana timpânica, com a cabeça do feto mergulhada na água.

Se houve respiração, surgirá uma bolha de ar que sobe até a superfície do recipiente.

- **Docimasia Hematopneumo-Hepática de *Severi***

Consiste em determinar as taxas de oxiemoglobina do sangue existente no pulmão e no fígado.

Se essas taxas forem idênticas, significa que não houve hematose, logo, não houve respiração, pois se houver, a taxa de oxiemoglobina no sangue pulmonar será obrigatoriamente mais elevada.

- **Docimasia Plêurica de** *Placzek*

Tem por base o fato fisiológico de que, havendo respiração, deve existir uma pressão negativa na cavidade pleural.

- **Docimasia Traqueal de** *Martin*

Liga-se a traqueia na parte superior e coloca-se um manômetro bem sensível por meio de um corte transversal.

A seguir, faz-se pressão nos pulmões e, caso haja ar em seu interior devido à respiração, o líquido do manômetro irá oscilar.

Esta prova não tem valor em pulmões putrefeitos.

- **Docimasia Hematopulmonar de** *Zalesk*

Procura estabelecer se houve ou não respiração pelo estudo do conteúdo hemático dos pulmões.

- **Docimasia Ponderal de** *Pulcquet*

Baseia-se na diferença de peso relativo dos pulmões e do corpo do infante que respirou ou não.

- **Docimasia Do Volume D'Água Deslocado de** *Bernt*

Aqui, o diagnóstico da respiração é dado pelo grau de deslocamento do líquido em estão imersos o pulmão e o coração.

– Não respiratórias

- **Docimasia Siálica de Souza-Dinitz**

Consiste na pesquisa de saliva no estômago do feto.

A reação positiva é um indicativo de que existiu vida extrauterinas.

- **Docimasia Alimentar de** *Beoth*

Consiste na pesquisa de leite ou outros alimentos no estômago do feto, ausentes no natimorto.

Neste caso, importa não confundir estes restos de alimentos com o induto sebáceo que pode

ter sido deglutido pelo feto antes de nascer.

- **Docimasia Bacteriana de** *Malvo*

No feto natimorto, os fenômenos putrefativos começam pelos orifícios da boca, nariz e ânus.

Nos casos em que o feto teve vida extrauterina, a putrefação se inicia pelo tubo digestivo e pelo sistema respiratório.

Procura-se também pela presença de bactérias *Bacterium colli* como evidência de que houve respiração, porém sua presença é um tanto contraditória, pois refere-se mais à deglutição de alimentos do que propriamente à respiração.

• **Docimasia Úrica de *Budin-Ziegler***

Tem como base o conceito de que a presença de sedimentos de ácido úrico é muito comum naqueles que sobreviveram por um ou dois dias (Virchow).

Se forem encontrados uratos nos condutos renais, como marca da respiração do recém-nascido, a prova será positiva.

Esses sedimentos se apresentam sob a forma de estrias amareladas dispostas radialmente na zona medular.

• **Docimasia gastrintestinal de *Casper***

Baseia-se no fato de que bebês que nascem vivos deglutem ar.

Deve-se retirar o tubo digestivo (do esôfago ao reto), ligá-los e mergulhá-los em um vasilhame com água.

Se positiva, o tubo ou parte do tubo, flutuará.

• **Docimasia do Nervo Óptico de *Mirto***

Analisa ao microscópio a formação da bainha de mielina do nervo óptico, que se inicia após 12 horas do nascimento e se completa em quatro dias.

Quando se tem apenas a cabeça do feto, a presença de ar nos tímpanos indica que houve respiração, e o exame do nervo óptico pode dar ideia do tempo de sobrevivência do recém-nascido.

Algumas provas ocasionais podem confirmar a vida extrauterina:

• Presença de corpo estranho nas vias respiratórias;

• Presença de substâncias alimentares no tubo digestivo;

• Lesões com reação vital (no caso de infanticídio de feto nascente);

• Sinais de recém-nascido.

Se no bloco torácico (pulmões e coração), durante a necropsia de natimorto para caracterização da causa do óbito, os pulmões se acharem colapsados e se notar a presença das manchas ou petéquias de *Tardieu* em pleura, provavelmente houve anoxia intrauterina caracterizada pelas manchas de *Tardieu*, podendo ser esta a causa do óbito.

6. REPRODUÇÃO ASSISTIDA (RA)

No início, a RA era usada quando todos os tratamentos do casal infértil falhassem ou não houvesse possibilidade de correção da causa que impedia a procriação, restando combater a esterilidade com métodos que aproximassem o óvulo da mulher do espermatozoide do homem, desde que existisse produção deles. Atualmente, a indicação se ampliou, como veremos mais adiante.

Enquanto as bactérias duplicam-se fabricando uma imagem de si próprias, a espécie humana necessita de dois seres para gerar um terceiro, geneticamente diferente de ambos, apesar de resultante da união das respectivas cargas genéticas.

Por isso, seria mais adequado falar-se em procriação, no caso da espécie humana.

Fertilidade é a capacidade funcional de reprodução, isto é, de gerar outro ser com as mesmas características da espécie.

Esterilidade é a incapacidade para fecundar, quando no homem, e para conceber, quando na mulher, irreversível por meio de tratamento da causa básica, mas passível de utilização das técnicas de RA.

A infertilidade seria a esterilidade relativa, tendo o significado tanto de incapacidade para conceber, como de incapacidade para levar adiante uma gestação, sendo temporária e reversível, passível de tratamento.

A reprodução é dita sexuada quando depende da união de um gameta masculino (espermatozoide) com um feminino (óvulo), independentemente de ato sexual e da forma como se deu a união.

Todas as células do organismo possuem 46 cromossomos, com exceção das células germinais (óvulo e espermatozoide) que têm apenas 23.

Na união do óvulo com o espermatozoide, denominada fecundação, fertilização ou concepção, que dá origem à célula ovo ou zigoto, apenas o núcleo do espermatozoide penetra no óvulo e se funde com o núcleo dele.

O novo ser unicelular resultante dessa fusão tem 46 cromossomos no núcleo, herdados metade de cada um dos genitores, enquanto o restante da célula foi herdado apenas da mãe. Por isso, o DNA contido nas mitocôndrias, organela situada no citoplasma da célula, é proveniente apenas da mãe.

A clonagem nuclear, que necessita apenas do gameta feminino, o qual tem seu núcleo substituído por outro com 46 cromossomos, é forma de reprodução assexuada. O embrião resultante será semelhante ao que forneceu o núcleo.

Entretanto, o clone não será exatamente igual ao clonado, já que o DNA citoplasmático é o do óvulo, além das mutações que possam ocorrer durante o desenvolvimento.

Portanto, na reprodução sexuada, a carga genética nuclear do novo ser provém metade de cada genitor, enquanto na assexuada, origina-se de uma única pessoa, que forneceu o núcleo substituto.

6.1. Métodos de reprodução assistida

São métodos de reprodução assistida: a inseminação artificial e a fertilização *in vitro*.

Na inseminação artificial, o sêmen do homem é introduzido na vagina, útero ou trompas da mulher, após estimulação da ovulação e capacitação dos espermatozoides.

A estimulação dos ovários com hormônio tem por objetivo o amadurecimento de vários óvulos no ciclo em que será feita a inseminação, aumentando as chances de fertilização.

Da mesma forma, a capacitação dos espermatozoides visa a torná-los mais aptos à fecundação.

Na inseminação, o encontro dos gametas ocorre no lugar natural, mas é o médico que introduz o sêmen.

Havendo fecundação, o ovo ou zigoto formado nas trompas caminha em direção ao útero e aí nida (aninha-se, fixa-se) a partir do sétimo dia, completando-se a fixação ao redor do 14º dia.

A inseminação será homóloga quando o sêmen provém do marido ou companheiro, e heteróloga, quando de doador.

Observe-se que, após a introdução do sêmen, o restante do processo desenvolve-se de forma natural.

Entretanto, havendo algum tipo de obstáculo à aproximação dos gametas, o encontro tem de ser realizado no laboratório, onde os vários óvulos colhidos são colocados em contato com os espermatozoides capacitados, podendo dar origem a vários embriões.

É a fertilização *in vitro* (FIV), na qual a união dos gametas ocorre espontaneamente em ambiente que reproduz o das trompas, mas fora do organismo da mulher.

Quando se dispõe de poucos espermatozoides, insuficientes para uma fecundação espontânea, estes são injetados diretamente dentro dos óvulos, com utilização de técnicas de engenharia genética (ICSI).

Os embriões resultantes que apresentarem melhor aspecto morfológico serão transferidos para o útero da mulher, de acordo com o número estipulado pela Resolução do CFM vigente. Os que conseguirem nidar darão origem à gestação, única ou múltipla.

Os que não forem transferidos, chamados embriões excedentes, serão congelados, desde que viáveis.

Óvulos e espermatozoides criopreservados são apenas células germinativas, podendo ser descartados conforme vontade do doador. Já o descarte de embriões deve seguir as regras estabelecidas pela resolução que regulamenta a RA.

Nas diferentes técnicas de RA, além da dispensa do ato sexual e da participação do médico na procriação, na fertilização *in vitro* pode haver um hiato de tempo variável entre a fecundação e a nidação.

Havendo união dos gametas, houve concepção. O embrião formado, mesmo que criopreservado, é um novo ser (concebido).

A nidação no útero, condição indispensável à evolução do embrião, marca apenas o início da gestação.

A fertilização *in vitro* será homóloga se os gametas utilizados forem do casal, e heteróloga se um ou ambos os gametas forem de doadores, desde que a gestação se desenvolva no útero da esposa ou companheira.

Realmente, a mulher pode não ter condições de gerar, por exemplo, quando os ovários não produzem óvulos, mas pode ter útero normal para gestar o embrião resultante da fecundação de óvulo doado por espermatozoide do marido ou de doador.

Na ausência de casamento ou união estável, a fecundação não será homóloga, nem heteróloga.

Na área médica, o termo homólogo significa da mesma espécie, e o heterólogo, de espécies diferentes.

Observe-se que a RA resolve o efeito da esterilidade propiciando a gestação, sem corrigir as causas do distúrbio.

6.2. Regulamentação da reprodução assistida

A Reprodução Assistida foi regulada até 2010 pela Resolução 1.358/1992 do CFM, quando foi revogada pela Resolução 1.957/2010 do CFM.

Em 2013, considerando: a importância da infertilidade humana como um problema de saúde, com implicações médicas e psicológicas; a legitimidade do anseio de superá-la; o avanço do conhecimento científico que já permite solucionar vários casos de problemas de reprodução humana; que o pleno do Supremo Tribunal Federal, na sessão de julgamento de 5.5.2011, reconheceu e qualificou como entidade familiar a união estável homoafetiva (ADI 4.277 e ADPF 132), a Resolução 2.013 revogou a anterior.

Em 2015, a Resolução 2.121/2015 CFM promoveu uma atualização e revogação da Resolução 2.013/2013 CFM, atribuindo à reprodução assistida o papel de auxiliar a resolução dos problemas de reprodução humana, facilitando o processo de procriação. Não se trata de método de exceção, pois não se exige o fracasso de outras terapêuticas para sua adoção.

A Resolução CFM 2.168/2017 manteve a mesma linha, mas continuou restringindo a aplicação das técnicas de RA à resolução de problemas de procriação.

Já a atual Resolução CFM nº 2.320/2022, admitiu expressamente a utilização por razões não médicas.

A possibilidade de sucesso e baixa probabilidade de risco grave à saúde do(a) paciente ou do possível descendente devem estar presentes.

Daí decorre a manutenção da idade máxima das candidatas à gestação por técnicas de RA em 50 anos, havendo exceções a esse limite baseadas em critérios técnicos e científicos, fundamentados pelo médico responsável, relativos à ausência de comorbidades não relacionadas à infertilidade da mulher.

A autonomia da paciente e do médico deve ser respeitada, após esclarecimento sobre os riscos para a paciente e para os descendentes eventualmente gerados a partir da intervenção.

O consentimento livre e esclarecido é obrigatório, elaborado em formulário específico, com a concordância, por escrito, após discussão entre as partes envolvidas.

Devem ser detalhadamente expostos aspectos médicos acerca das circunstâncias da aplicação de uma técnica de RA, bem como os resultados obtidos naquela unidade de tratamento com a técnica proposta, além dos dados de caráter biológico, jurídico e ético.

As RA não podem ser aplicadas com a intenção de selecionar o sexo ou qualquer característica biológica da criança, exceto para evitar doenças no possível descendente.

É também proibida a fecundação de oócitos humanos com finalidade diversa da procriação humana.

O número de embriões a serem transferidos varia de acordo com a idade da receptora:

- até 37 (trinta e sete) anos – até 2 (dois) embriões;
- mais de 37 (trinta e sete) anos – até 3 (três) embriões;
- independentemente da idade, sendo os embriões euploides ao diagnóstico genético – até 2 (dois) embriões;
- nas situações de doação de oócitos – será considerada a idade da doadora no momento de coleta.

Embrião euploide é aquele que apresenta os 46 cromossomos, portanto geneticamente saudável. Possui maior potencial para se implantar no útero e mais chances de evoluir para uma criança saudável.

A redução embrionária nos casos de gestações múltiplas continuou proibida por se tratar de crime de aborto, uma vez que importa na morte de um dos embriões. Mesmo sendo conhecido o maior risco materno fetal nesses casos, tal procedimento não é cogitado nas gestações múltiplas por processos naturais.

O Anteprojeto do Código Penal de 2012 prevê, no inciso II do artigo 128, uma causa de exclusão de crime, caso o aborto seja feito porque a gravidez resultou do emprego não consentido de técnica de reprodução assistida. A redução embrionária pode aí se enquadrar, caso a mulher deseje apenas um filho e a gestação múltipla decorreu da implantação de mais de um embrião.

A Resolução CFM nº 2.320/2022 admite como pacientes das técnicas de RA, as pessoas capazes que solicitem o procedimento, desde que a indicação esteja dentro dos limites desta resolução e os participantes estejam de acordo após esclarecidos.

A **gestação compartilhada** feminina, que consiste na situação em que o embrião obtido a partir da fecundação do(s) oócito(s) de uma mulher é transferido para o útero de sua parceira, nos casos de união homoafetiva, é permitida.

As clínicas, centros ou serviços que aplicam técnicas de RA são responsáveis por:

- controlar as doenças infectocontagiosas;
- coletar, manusear, conservar, distribuir, transferir e descartar material biológico humano dos pacientes submetidos às técnicas de RA.

Devem apresentar como requisitos mínimos:

- Diretor técnico médico registrado no Conselho Regional de Medicina (CRM) de sua jurisdição, com registro de especialista em áreas de interface com a reprodução assistida, que será responsável por todos os procedimentos médicos e laboratoriais executados;

- Registro permanente das gestações e seus desfechos (dos abortamentos, dos nascimentos e das malformações de fetos ou recém-nascidos), provenientes das diferentes técnicas de RA e dos procedimentos laboratoriais na manipulação de gametas e embriões aplicadas na unidade;
- Registro permanente dos exames laboratoriais a que são submetidos os pacientes, a fim de evitar a transmissão de doenças.
- Os registros devem estar disponíveis para fiscalização dos CRM.

É permitida a doação de gametas desde que não tenha caráter lucrativo ou comercial.

Os doadores não devem conhecer a identidade dos receptores e vice-versa, exceto na doação de gametas ou embriões para parentes, de até 4º (quarto) grau, de um dos receptores (primeiro grau: pais e filhos; segundo grau: avós e irmãos; terceiro grau: tios e sobrinhos; quarto grau: primos), desde que não incorra em consanguinidade.

Então, é possível, por exemplo, a doação de embriões formados a partir de óvulos de mulheres da própria família, desde que não sejam fecundados por espermatozoides de parentes consanguíneos homens.

Relatório médico atestando a saúde física e mental de todos os envolvidos deve constar do prontuário.

A doadora de óvulos ou embriões não pode ser a cedente temporária do útero, isto é, continua proibida a chamada barriga de aluguel.

A doação de gametas pode ser realizada a partir da maioridade civil, sendo a idade limite de:
- 37 anos para a mulher;
- 45 anos para o homem.

Exceções ao limite da idade feminina, desde que os receptores sejam devidamente esclarecidos(as) sobre os riscos que envolvem a prole, podem ocorrer nos casos de:
- doação de oócitos previamente congelados;
- embriões previamente congelados;
- doação familiar (conforme regras acima citadas).

Deve ser mantido, obrigatoriamente, sigilo sobre a identidade dos doadores de gametas e embriões, bem como dos receptores, com as ressalvas:
- da doação para parentes;
- da motivação médica – fornecidas exclusivamente aos médicos, resguardando a identidade civil do(a) doador(a).

As clínicas, centros ou serviços onde são feitas as doações devem manter, de forma permanente, um registro com dados clínicos de caráter geral, características fenotípicas, de acordo com a legislação vigente.

A responsabilidade pela escolha das doadoras de oócitos, nos casos de gestação compartilhada feminina, é do médico assistente, que deve selecionar a doadora que tenha a maior semelhança fenotípica com a receptora, dentro do possível, a qual deve dar sua anuência à escolha.

A responsabilidade pela seleção dos doadores é exclusiva dos usuários quando da utilização de banco de gametas ou embriões.

Quando embriões são formados por gametas de pacientes ou doadores distintos, a transferência embrionária deverá ser realizada com embriões de uma única origem para a segurança da prole e rastreabilidade.

O número total de embriões produzidos em laboratório será comunicado aos pacientes, para que decidam quantos serão transferidos a fresco, de acordo com as regras desta resolução, devendo os excedentes viáveis, ser criopreservados.

O destino dos embriões criopreservados em caso de divórcio, dissolução de união estável ou falecimento, de um deles ou de ambos, e o desejo de doá-los, deve constar por escrito antes de serem gerados.

Embriões submetidos a diagnóstico de alterações genéticas causadoras de doenças, os quais não serão implantados, podem ser doados para pesquisa ou descartados conforme a decisão do(s) paciente(s), documentada com consentimento informado livre e esclarecido.

Também é permitida a utilização da RA para tipagem do sistema HLA do embrião, no intuito de selecionar embriões HLA-compatíveis com algum(a) irmão já afetado pela doença e cujo tratamento efetivo seja o transplante de células-tronco, de acordo com a legislação vigente.

Continua mantido em 14 dias o tempo máximo de desenvolvimento de embriões *in vitro*, pois a partir daí as células começam a se diferenciar.

Em relação às doadoras temporárias de útero nos casos de **gestação de substituição**, nos quais existe uma condição que impede ou contraindica a gestação, a cedente temporária do útero deve:

- ter ao menos um filho vivo;
- pertencer à família de um dos parceiros em parentesco consanguíneo até o quarto grau (primeiro grau: pais e filhos; segundo grau: avós e irmãos; terceiro grau: tios e sobrinhos; quarto grau: primos);
- na impossibilidade de atender o item anterior, deverá ser solicitada autorização do CRM.

A cessão temporária do útero não pode ter caráter lucrativo ou comercial e a clínica de reprodução não pode intermediar a escolha da cedente.

Documentos e observações que devem constar no prontuário da paciente, nas clínicas de RA:

- termo de consentimento livre e esclarecido assinado pelos pacientes e pela cedente temporária do útero, contendo aspectos biopsicossociais, riscos envolvidos no ciclo gravídico-puerperal e aspectos legais da filiação;

- relatório médico atestando a adequação da saúde física e mental de todos os envolvidos;
- termo de Compromisso entre o(s) paciente(s) e a cedente temporária do útero que receberá o embrião em seu útero, estabelecendo claramente a questão da filiação da criança;
- compromisso, por parte do(s) paciente(s) contratante(s) de serviços de reprodução assistida, públicos ou privados, com o tratamento e acompanhamento médico, inclusive por equipes multidisciplinares, se necessário, à mulher que ceder temporariamente o útero, até o puerpério;
- compromisso do registro civil da criança pelos pacientes, devendo essa documentação ser providenciada durante a gravidez; e
- aprovação do(a) cônjuge ou companheiro(a), apresentada por escrito, se a cedente temporária do útero for casada ou viver em união estável.

A RA pós morte é permitida desde que haja autorização prévia específica para o uso do material biológico criopreservado em vida, de acordo com a legislação vigente, o que inclui tanto os gametas quanto os embriões viáveis.

Atualmente, as mulheres estão postergando a maternidade e incorrem no risco de diminuição da probabilidade de engravidarem com o avanço da idade.

Além disso, o aumento das taxas de sobrevida e cura, após os tratamentos das neoplasias malignas, torna necessário que as pessoas acometidas façam um planejamento reprodutivo antes de intervenção que tenha risco de levar à infertilidade.

Essas pessoas sem problemas reprodutivos diagnosticados podem recorrer a técnicas disponíveis de reprodução assistida, como o congelamento de gametas, embriões e tecidos germinativos, ganhando a possibilidade de planejar o aumento da família de acordo com um calendário pessoal, como projetos de trabalho ou de estudos, ou com tratamentos e doenças que poderão levar a um quadro de infertilidade.

Pessoas solteiras também têm direito a recorrer a cessão temporária de útero, ampliando a possiblidade de procriação para indivíduos que assim desejarem.

Resolução CFM nº 2.320 de 20/09/2022

Adota normas éticas para a utilização de técnicas de reprodução assistida – sempre em defesa do aperfeiçoamento das práticas e da observância aos princípios éticos e bioéticos que ajudam a trazer maior segurança e eficácia a tratamentos e procedimentos médicos, tornando-se o dispositivo deontológico a ser seguido pelos médicos brasileiros e revogando a Resolução CFM nº 2.294, publicada no Diário Oficial da União de 15 de junho de 2021, Seção I, p. 60.

O Conselho Federal De Medicina (CFM), no uso das atribuições que lhe confere a Lei nº 3.268, de 30 de setembro de 1957, regulamentada pela Decreto nº 44.045, de 19 de julho de 1958, alterado pelo Decreto nº 10.911, de 22 de dezembro de 2021; a Lei nº 12.842, de 10 de julho de 2013; e o Decreto nº 8.516, de 10 de setembro de 2015, e

Considerando o Código de Ética Médica, especial mente o artigo 15 e seus parágrafos e o artigo 40;

Considerando a infertilidade humana como um problema de saúde, com implicações médicas e psicológicas, e a legitimidade do anseio de superá-la;

CAPÍTULO 9 • SEXOLOGIA FORENSE **375**

Considerando o aumento das taxas de sobrevida e cura após os tratamentos das neoplasias malignas, possibilitando às pessoas acometidas um planejamento reprodutivo antes de uma intervenção com risco de levar à infertilidade;

Considerando a postergação da gestação pela população, evidenciada pelas estatísticas atuais, e a diminuição da probabilidade de engravidar com o avanço da idade;

Considerando que o avanço do conhecimento científico permite auxiliar nos processos de reprodução humana a todas as pessoas que deles necessitem;

Considerando o reconhecimento e qualificação como entidade familiar a união estável homoafetiva pelo Pleno do Supremo Tribunal Federal, na sessão de julgamento de 5 de maio de 2011, ao julgar a ADI 4.277 e a ADPF 132;

Considerando a necessidade de harmonizar o uso dessas técnicas com os princípios da ética médica;

Considerando o disposto na Resolução CFM nº 2.217, de 27 de setembro de 2018, que aprova o Código de Ética Médica;

Considerando o Decreto nº 678, de 8 de novembro de 1992;

Considerando a Lei nº 11.105, de 24 de março de 2005, que dispõe sobre a criação do Conselho Nacional de Biossegurança; e

Considerando, finalmente, o decidido na sessão plenária do Conselho Federal de Medicina, realizada em 1º de setembro de 2022,

Resolve:

Art. 1º Adotar as normas éticas para a utilização das técnicas de reprodução assistida, anexas à presente resolução, como dispositivo deontológico a ser seguido pelos médicos.

Art. 2º Revogar a Resolução CFM nº 2.294, publicada no Diário Oficial da União (DOU) de 15 de junho de 2021, Seção I, p. 60.

Art. 3º Esta resolução entra em vigor na data de sua publicação.

ANEXO

NORMAS ÉTICAS PARA A UTILIZAÇÃO DAS TÉCNICAS DE REPRODUÇÃO ASSISTIDA

I – PRINCÍPIOS GERAIS

1. As técnicas de reprodução assistida (RA) têm o papel de auxiliar no processo de procriação.

2. As técnicas de reprodução assistida podem ser utilizadas para doação de gametas e para preservação de gametas, embriões e tecidos germinativos por razões médicas e não médicas.

3. As técnicas de reprodução assistida podem ser utilizadas, desde que exista possibilidade de sucesso e baixa probabilidade de risco grave à saúde do(a) paciente ou do possível descendente.

3.1. A idade máxima das candidatas à gestação por técnicas de reprodução assistida é de 50 anos.

3.2. As exceções a esse limite são aceitas com base em critérios técnicos e científicos, fundamentados pelo médico responsável, sobre a ausência de comorbidades não relacionadas à infertilidade da mulher e após esclarecimento ao(s) candidato(s) sobre os riscos envolvidos para a paciente e para os descendentes eventualmente gerados a partir da intervenção, respeitando a autonomia da paciente e do médico.

4. O consentimento livre e esclarecido é obrigatório para todos os pacientes submetidos às técnicas de reprodução assistida. Os aspectos médicos envolvendo a totalidade das circunstâncias da aplicação de uma técnica de RA devem ser detalhadamente expostos, bem como os resultados obtidos naquela unidade de tratamento com a técnica proposta. As informações devem também atingir dados de caráter biológico, jurídico e ético. O documento de consentimento livre e esclarecido deve ser elaborado em formulário específico e estará completo com a concordância, por escrito, obtida a partir de discussão entre as partes envolvidas nas técnicas de reprodução assistida.

5. As técnicas de reprodução assistida não podem ser aplicadas com a intenção de selecionar o sexo (presença ou ausência de cromossomo Y) ou qualquer outra característica biológica da criança, exceto para evitar doenças no possível descendente.

6. É proibida a fecundação de oócitos humanos com qualquer outra finalidade que não a procriação humana.

7. Quanto ao número de embriões a serem transferidos, determina-se, de acordo com a idade:

a) mulheres com até 37 (trinta e sete) anos: até 2 (dois) embriões;

b) mulheres com mais de 37 (trinta e sete) anos: até 3 (três) embriões;

c) em caso de embriões euploides ao diagnóstico genético, até 2 (dois) embriões, independentemente da idade; e

d) nas situações de doação de oócitos, considera-se a idade da doadora no momento de sua coleta.

8. Em caso de gravidez múltipla, decorrente do uso de técnicas de reprodução assistida, é proibida a utilização de procedimentos que visem a redução embrionária.

II – PACIENTES DAS TÉCNICAS DE REPRODUÇÃO ASSISTIDA

1. Todas as pessoas capazes que tenham solicitado o procedimento e cuja indicação não se afaste dos limites desta resolução podem ser receptoras das técnicas de reprodução assistida, desde que os participantes estejam de inteiro acordo e devidamente esclarecidos, conforme legislação vigente.

2. É permitida a gestação compartilhada em união homoafetiva feminina. Considera-se gestação compartilhada a situação em que o embrião obtido a partir da fecundação do(s) oócito(s) de uma mulher é transferido para o útero de sua parceira.

III – REFERENTE ÀS CLÍNICAS, CENTROS OU SERVIÇOS QUE APLICAM TÉCNICAS DE REPRODUÇÃO ASSISTIDA

As clínicas, centros ou serviços que aplicam técnicas de reprodução assistida são responsáveis pelo controle de doenças infectocontagiosas, pela coleta, pelo manuseio, pela conservação, pela distribuição, pela transferência e pelo descarte de material biológico humano dos pacientes submetidos às técnicas de reprodução assistida. Devem apresentar como requisitos mínimos:

1. Diretor técnico médico registrado no Conselho Regional de Medicina (CRM) de sua jurisdição com registro de especialista em áreas de interface com a reprodução assistida, que será responsável por todos os procedimentos médicos e laboratoriais executados;

2. Registro permanente das gestações e seus desfechos (dos abortamentos, dos nascimentos e das malformações de fetos ou recém-nascidos), provenientes das diferentes técnicas de reprodução assistida aplicadas na unidade em apreço, bem como dos procedimentos laboratoriais na manipulação de gametas e embriões; e

3. Registro permanente dos exames laboratoriais a que são submetidos os pacientes, com a finalidade precípua de evitar a transmissão de doenças.

4. Os registros devem estar disponíveis para fiscalização dos Conselhos Regionais de Medicina.

IV – DOAÇÃO DE GAMETAS OU EMBRIÕES

1. A doação não pode ter caráter lucrativo ou comercial.

2. Os doadores não devem conhecer a identidade dos receptores e vice-versa, exceto na doação de gametas ou embriões para parentesco de até 4º (quarto) grau, de um dos receptores (primeiro grau: pais e filhos; segundo grau: avós e irmãos; terceiro grau: tios e sobrinhos; quarto grau: primos), desde que não incorra em consanguinidade.

2.1. Deve constar em prontuário o relatório médico atestando a adequação da saúde física e mental de todos os envolvidos.

2.2. A doadora de óvulos ou embriões não pode ser a cedente temporária do útero.

3. A doação de gametas pode ser realizada a partir da maioridade civil, sendo a idade limite de 37 (trinta e sete) anos para a mulher e de 45 (quarenta e cinco) anos para o homem.

CAPÍTULO 9 • SEXOLOGIA FORENSE **377**

3.1. Exceções ao limite da idade feminina podem ser aceitas nos casos de doação de oócitos previamente congelados, embriões previamente congelados e doação familiar conforme descrito no item 2, desde que a receptora/receptores seja(m) devidamente esclarecida(os) sobre os riscos que envolvem a prole.

4. Deve ser mantido, obrigatoriamente, sigilo sobre a identidade dos doadores de gametas e embriões, bem como dos receptores, com a ressalva do item 2 do Capítulo IV. Em situações especiais, informações sobre os doadores, por motivação médica, podem ser fornecidas exclusivamente aos médicos, resguardando a identidade civil do(a) doador(a).

5. As clínicas, centros ou serviços onde são feitas as doações devem manter, de forma permanente, um registro com dados clínicos de caráter geral, características fenotípicas, de acordo com a legislação vigente.

6. Na região de localização da unidade, o registro dos nascimentos evitará que um(a) doador(a) tenha produzido mais de 2 (dois) nascimentos de crianças de sexos diferentes em uma área de 1 (um) milhão de habitantes. Exceto quando uma mesma família receptora escolher um(a) mesmo(a) doador(a), que pode, então, contribuir com quantas gestações forem desejadas.

7. Não é permitido aos médicos, funcionários e demais integrantes da equipe multidisciplinar das clínicas, unidades ou serviços serem doadores nos programas de reprodução assistida.

8. É permitida a doação voluntária de gametas, bem como a situação identificada como doação compartilhada de oócitos em reprodução assistida, em que doadora e receptora compartilham tanto do material biológico quanto dos custos financeiros que envolvem o procedimento.

9. A escolha das doadoras de oócitos, nos casos de doação compartilhada, é de responsabilidade do médico assistente. Dentro do possível, o médico assistente deve selecionar a doadora que tenha a maior semelhança fenotípica com a receptora, que deve dar sua anuência à escolha.

10. A responsabilidade pela seleção dos doadores é exclusiva dos usuários quando da utilização de banco de gametas ou embriões.

11. Na eventualidade de embriões formados por gametas de pacientes ou doadores distintos, a transferência embrionária deverá ser realizada com embriões de uma única origem para a segurança da prole e rastreabilidade.

V – CRIOPRESERVAÇÃO DE GAMETAS OU EMBRIÕES

1. As clínicas, centros ou serviços podem criopreservar espermatozoides, oócitos, embriões e tecidos gonadais.

2. O número total de embriões gerados em laboratório será comunicado aos pacientes para que decidam quantos embriões serão transferidos a fresco, conforme determina esta Resolução. Os excedentes viáveis devem ser criopreservados.

3. Antes da geração dos embriões, os pacientes devem manifestar sua vontade, por escrito, quanto ao destino dos embriões criopreservados em caso de divórcio, dissolução de união estável ou falecimento de um deles ou de ambos, e se desejam doá-los.

VI – DIAGNÓSTICO GENÉTICO PRÉ-IMPLANTACIONAL DE EMBRIÕES

1. As técnicas de reprodução assistida podem ser aplicadas à seleção de embriões submetidos a diagnóstico de alterações genéticas causadoras de doenças, podendo nesses casos ser doados para pesquisa ou descartados, conforme a decisão do(s) paciente(s), devidamente documentada com consentimento informado livre e esclarecido.

2. As técnicas de reprodução assistida também podem ser utilizadas para tipagem do Antígeno Leucocitário Humano (HLA) do embrião, no intuito de selecionar embriões HLA – compatíveis com algum irmão já afetado pela doença e cujo tratamento efetivo seja o transplante de células-tronco, de acordo com a legislação vigente.

3. O tempo máximo de desenvolvimento de embriões in vitro é de até 14 (quatorze) dias.

MEDICINA LEGAL E NOÇÕES DE CRIMINALÍSTICA • Neusa Bittar

VII – SOBRE A GESTAÇÃO DE SUBSTITUIÇÃO (CESSÃO TEMPORÁRIA DO ÚTERO)

As clínicas, centros ou serviços de reprodução podem usar técnicas de reprodução assistida para criar a situação identificada como gestação de substituição, desde que exista uma condição que impeça ou contraindique a gestação.

1. A cedente temporária do útero deve:

a) ter ao menos um filho vivo;

b) pertencer à família de um dos parceiros em parentesco consanguíneo até o quarto grau (primeiro grau: pais e filhos; segundo grau: avós e irmãos; terceiro grau: tios e sobrinhos; quarto grau: primos);

c) na impossibilidade de atender o item b, deverá ser solicitada autorização do Conselho Regional de Medicina (CRM).

2. A cessão temporária do útero não pode ter caráter lucrativo ou comercial e a clínica de reprodução não pode intermediar a escolha da cedente.

3. Nas clínicas de reprodução assistida, os seguintes documentos e observações devem constar no prontuário da paciente:

a) termo de consentimento livre e esclarecido assinado pelos pacientes e pela cedente temporária do útero, contemplando aspectos biopsicossociais e riscos envolvidos no ciclo gravídico-puerperal, bem como aspectos legais da filiação;

b) relatório médico atestando a adequação da saúde física e mental de todos os envolvidos;

c) termo de Compromisso entre o(s) paciente(s) e a cedente temporária do útero que receberá o embrião em seu útero, estabelecendo claramente a questão da filiação da criança;

d) compromisso, por parte do(s) paciente(s) contratante(s) de serviços de reprodução assistida, públicos ou privados, com tratamento e acompanhamento médico, inclusive por equipes multidisciplinares, se necessário, à mulher que ceder temporariamente o útero, até o puerpério;

e) compromisso do registro civil da criança pelos pacientes, devendo essa documentação ser providenciada durante a gravidez; e

f) aprovação do(a) cônjuge ou companheiro(a), apresentada por escrito, se a cedente temporária do útero for casada ou viver em união estável.

VIII – REPRODUÇÃO ASSISTIDA POST MORTEM

É permitida a reprodução assistida post mortem, desde que haja autorização específica para o uso do material biológico criopreservado em vida, de acordo com a legislação vigente.

IX – DISPOSIÇÃO FINAL

Casos de exceção não previstos nesta resolução dependerão da autorização do Conselho Regional de Medicina da jurisdição e, em grau recursal, do Conselho Federal de Medicina.

6.3. Natureza da reprodução assistida

A natureza da reprodução assistida é determinada, em cada país, pelas possibilidades éticas e legais de sua aplicação, que vão situá-la como método para resolver a infertilidade conjugal ou método alternativo de reprodução.

A Resolução 2.013/2013 encerrou qualquer discussão sobre a natureza da reprodução assistida no Brasil, ao determinar seu papel de auxiliar a resolução dos problemas de reprodução humana, facilitando o processo de procriação, sem exigir o insucesso anterior do emprego de outros métodos (mantido pela Resolução 2.121/2015).

A Resolução CFM 2.168 de 21/09/2017 inovou ampliando a utilização de RA por motivos sociais e de tratamento oncológico ou doença.

A atual Resolução CFM nº 2.320/2022 simplificou, atribuindo às técnicas de RA o papel de auxiliar no processo de procriação, podendo ser utilizadas para doação e preservação de gametas, embriões e tecidos germinativos, por razões médicas, como esterilidade do casal, e não médicas, como preservação de gametas ou embriões para postergar uma gravidez.

Observe-se que:

a) Mesmo que ausente a esterilidade, a RA pode ser utilizada quando o casal necessite colher os gametas e congelá-los para posterior fecundação, em decorrência de tratamentos que alterem a qualidade deles, como por exemplo, quimioterapia de um dos cônjuges.

b) Também é permitida a utilização da RA para procriação quando se tratar de casais homoafetivos.

c) Apesar de proibida a RA para seleção de sexo, ela pode ser utilizada para evitar a transmissão de doença genética ligada ao sexo como no caso de hemofilia, em que a mulher transmite a herança, mas apenas o homem desenvolve a patologia.

d) A RA é utilizada como método de procriação de portadores do vírus HIV, tanto para evitar a contaminação do cônjuge não infectado, como para impedir a transmissão mútua de cepas diferentes do vírus, quando ambos são soropositivos, assim como para impedir a transmissão do vírus ao embrião, uma vez que a RA permite a lavagem dos espermatozoides. Como o vírus é encontrado no plasma seminal e em outras células, mas não no próprio espermatozoide, é possível, através da lavagem e preparação adequada, fertilizar o óvulo com um espermatozoide livre de HIV.

e) O inciso III do artigo 1.597 do CC presume concebidos na constância do casamento (ou união estável) os filhos resultantes da fecundação artificial homóloga após falecimento do marido, abrindo-se a possibilidade de utilização de qualquer método de RA quando já não existe o casal, desde que os espermatozoides usados, tanto para a inseminação, como para a fertilização *in vitro*, sejam do marido (ou convivente).

f) O inciso IV do artigo 1.597 do CC refere-se exclusivamente a embriões excedentários resultantes de fertilização *in vitro,* que podem ser implantados a qualquer tempo, abrangendo situações como o divórcio, a não ser que haja disposição em contrário no momento da contratação da RA.

Conclui-se que a RA se trata, portanto, de método alternativo de reprodução.

6.4. Redução embrionária

A transferência para o útero materno de mais de um embrião visando ao aumento das chances de sucesso, traz como consequência a possibilidade de gestação múltipla.

Quanto maior o número de fetos por gestação, maior será o risco materno-fetal.

Existiriam duas alternativas:

1ª) Transferir apenas um embrião, reduzindo a possibilidade de gestação gemelar à da concepção normal, em que o embrião resultante da fecundação de um único óvulo por apenas um espermatozoide sofreria um processo de separação das suas células indiferenciadas em dois blocos, cada qual dando origem a um ser. Trata-se de verdadeira clonagem por bipartição que resulta em gêmeos idênticos, com o mesmo patrimônio genético.

Entretanto, a transferência de apenas um embrião por vez diminui consideravelmente a obtenção de gravidez, além de levar as consequências danosas ao organismo da mulher em decorrência da repetição do preparo hormonal para cada tentativa de implante.

2ª) Reduzir o número de embriões que nidaram com sucesso, após implante de mais de um embrião, por meio de injeção letal, com base no aborto necessário para salvar a vida da mãe e do feto que continuou em desenvolvimento.

Esse procedimento continua vedado expressamente e não existe até o momento qualquer dispositivo legal que exclua o seu enquadramento no crime de aborto.

7. PESQUISA E TERAPIA COM CÉLULAS-TRONCO

7.1. Embrião ou pré-embrião?

As pesquisas com células-tronco vieram acompanhadas do dilema ético da utilização de embriões humanos vivos, mesmo que ainda constituídos por células indiferenciadas.

Somente no 14º dia, com a formação do sulco neural, e no 15º dia, do tubo neural, terá início a diferenciação das células do organismo.

Para justificar as práticas com embriões, a Comissão Warnock, integrada por especialistas da Grã-Bretanha, reuniu-se entre os anos de 1982 e 1984 e definiu o embrião nas primeiras fases de desenvolvimento como um ser humano em potencial, não integrante da espécie humana por não constituir um ser atual.

Em 1985, em Londres, os membros da Fundação Europeia para Ciência definiram que tal embrião seria apenas uma coleção de células resultantes da divisão progressiva do óvulo fecundado, devendo ser denominado de pré-embrião até o 14º dia.

Ignorou-se o critério genético, que determina a individualidade desde a concepção, para adotar-se um critério morfológico, no qual o tubo neural que surge ao redor do 15º dia seria o primeiro esboço de órgãos, estabelecendo-se a ligação entre individualização e sistema nervoso.

A exclusão do pré-embrião do contexto humano facilitaria a sua destruição e revestiria de licitude as práticas proibidas.

Assim, a clonagem de pré-embriões não seria contrária ao estabelecido pela lei da Biossegurança, uma vez que a proibição recairia sobre a clonagem humana e o pré-embrião não pertence à espécie humana até o 14º dia.

Indiferenciadas ou não, essas células compõem um ser humano em fase inicial de desenvolvimento, cuja origem é humana, e deve ser tratado como tal para evitar eventuais abusos na investigação.

7.2. Principais teorias de início da vida

7.2.1. Teoria Concepcionista

A vida humana teria sua origem na fecundação do óvulo pelo espermatozoide, momento este chamado de concepção.

Para essa teoria, não pode haver pesquisa com embriões fertilizados in vitro, pois implicaria em crime, já que o embrião é considerado ser humano com vida própria, um indivíduo em desenvolvimento, que merece respeito e dignidade conferidos a todos a partir da concepção.

7.2.2. Teoria da Nidação ou Nidacionista

A vida teria seu início com a implantação (nidação) do óvulo fecundado no útero da mulher, pois só a partir suas células podem ser consideradas capazes de gerar um indivíduo distinto.

Essa teoria é defendida por grande número de ginecologistas, que argumentam estar condenado à morte o embrião fecundado em laboratório caso não seja implantado no útero de uma mulher, não possuindo, portanto, relevância jurídica.

Como o início da vida ocorre com a implantação e nidação do ovo no útero materno, não haveria vida humana em embrião fertilizado em laboratório, que então não precisaria de proteção como pessoa humana.

7.2.3. Teoria Genético – Desenvolvimentista

No início de seu desenvolvimento, o ser humano passa por fases com características diversas: pré-embrião, embrião e feto.

O embrião humano, nas etapas iniciais de desenvolvimento, não apresenta ainda caracteres suficientes para individualizá-lo e identificá-lo como pessoa.

O reconhecimento de sua dignidade e necessária proteção se dá quando já é possível identificá-lo como único e individualizado, sendo necessário estabelecer critérios de identificação dos elementos capazes de determinar essa individualidade.

7.2.4. Teoria Das Primeiras Atividades Cerebrais

A definição da vida pode ser feita pelo seu inverso, ou seja, a morte.

A morte pode ser decretada quando o cérebro deixa de funcionar, mas o coração ainda bate, sendo possível retirar os órgãos para fins de transplante.

Diante disso, se a vida acaba quando o cérebro para, seria lícito supor que ela só começa quando o cérebro se forma.

Nesse sentido, o embrião humano, ainda sem atividade encefálica, pode ser utilizado para pesquisas em prol de outras vidas humanas.

Discute-se sobre o exato momento em que ocorre a formação encefálica no feto, pois não há unanimidade.

Para alguns, haveria sinais cerebrais na 8ª semana, quando o feto já teria feições faciais mais ou menos definidas e um circuito básico de 3 neurônios.

Entretanto, outros apontam para a 20ª semana, quando a mulher conseguiria sentir os primeiros movimentos do feto e o tálamo, que é a central de distribuição de sinais sensoriais dentro do cérebro, já estaria pronto.

7.2.5. Teoria Da Potencialidade Da Pessoa Humana

Classifica o embrião como ser humano desde a concepção, porém não afasta a ideia de ele vir a se tornar humano.

O embrião teria, desde o primeiro momento da sua existência, uma autonomia que não é humana nem biológica, mas embrionária, porque contém potencialmente o ser completo que virá a ser mais tarde.

Considerado como pessoa em potencial, o embrião necessita de amparo jurídico para não ser tratado como objeto e para ter asseguradas a vida e a dignidade que lhe são inerentes.

7.2.6. Teoria Natalista

A personalidade da pessoa tem início a partir do nascimento com vida.

O nascituro seria um ser em potencial com expectativa de direitos, pois para que tenha os direitos que lhe são reservados desde a existência intrauterina, é necessário o nascimento com vida.

Para os natalistas, o nascituro não é pessoa, apenas tem, desde a concepção, uma expectativa de direitos dependente do seu nascimento com vida.

A afirmação de que a personalidade tem início a partir do nascimento com vida, não quer dizer que o nascituro não tenha direito antes do nascimento.

7.3. Disponibilização de embriões

A Lei da Biossegurança (Lei 11.105/2005) é a única lei que dispõe sobre a utilização de células-tronco embrionárias na terapia de doenças e pesquisa, desde que obtidas de embriões excedentes das técnicas de RA não utilizados no procedimento.

Os incisos I e II do artigo 5º da Lei da Biossegurança, diferenciam o embrião viável do inviável quanto à possibilidade de disponibilização, exigindo-se o decurso de três anos de criopreservação apenas para os viáveis, ainda aptos para implante no útero, para que o casal tenha certeza do seu ato.

Assim, são considerados disponíveis os embriões congelados há três anos ou mais, na data da publicação da Lei da Biossegurança, ou que já congelados nesta data, depois de completarem três anos, contados a partir da data de congelamento.

Se após três anos de criopreservação, o casal não concordar com tal disponibilização, o embrião deverá ser mantido criopreservado, pois existem casos de utilização para procriação com sucesso após dez anos, além da impossibilidade de descarte, mesmo com autorização dos genitores.

Já os inviáveis são desde logo disponíveis, porque jamais servirão à procriação.

De acordo com o artigo 3º, XIII, do Decreto 5.591/2005, são embriões inviáveis:

Art. 3º (...)

(...)

XIII – embriões inviáveis: aqueles com alterações genéticas comprovadas por diagnóstico pré-implantacional, conforme normas específicas estabelecidas pelo Ministério da Saúde, que tiveram seu desenvolvimento interrompido por ausência espontânea de clivagem após período superior a vinte e quatro horas a partir da fertilização *in vitro*, ou com alterações morfológicas que comprometam o pleno desenvolvimento do embrião;

Não se dispensa a autorização dos genitores (Lei 11.105/2005, art. 5º, § 1º), definidos como usuários finais da fertilização *in vitro* (Decreto 5.591/2005, art. 3º, inc. XV), mesmo que se trate de embriões inviáveis.

Em decorrência das anomalias que definem a inviabilidade, questiona-se a validade das pesquisas que utilizam tais embriões, pois não se sabe se a resposta de suas células--tronco aos estímulos é confiável.

A Lei da Biossegurança também traz definições, no seu artigo 3º:

Art. 3º (...)

(...)

VII – Célula germinal humana: célula-mãe responsável pela formação de gametas presentes nas glândulas sexuais femininas e masculinas e suas descendentes diretas em qualquer grau de ploidia.

VIII – Clonagem: processo de reprodução assexuada, produzida artificialmente, baseada em um único patrimônio genético, com ou sem utilização de técnicas de engenharia genética.

IX – Clonagem para fins reprodutivos: clonagem com a finalidade de obtenção de um indivíduo.

X – Clonagem terapêutica: clonagem com a finalidade de produção de células-tronco embrionárias para utilização terapêutica.

XI – Células-tronco embrionárias: células de embrião que apresentam a capacidade de se transformar em células de qualquer tecido de um organismo.

Proíbe engenharia genética em célula germinal humana, zigoto humano e embrião humano (art. 6º, III), e clonagem humana (art. 6º, IV).

Realmente, qualquer manipulação genética realizada em célula germinal, zigoto ou embrião transmite-se a todas as células do organismo e aos descendentes, enquanto a alteração genética realizada em células-tronco adultas não se transmite aos descendentes, daí não ser proibida.

São crimes previstos nos artigos 24 a 26 da Lei 11.105/2005:

- Utilizar embrião humano em desacordo com o que dispõe o artigo 5º;
- Praticar engenharia genética em célula germinal humana, zigoto humano ou embrião humano;
- Realizar clonagem humana.

A proibição é total para a clonagem humana, independentemente da finalidade terapêutica ou reprodutiva.

8. TRANSTORNOS SEXUAIS

Os transtornos sexuais dividem-se em transtornos do desejo sexual, parafilias e transtornos de identidade de gênero.

8.1. Transtornos do desejo sexual

Apresentam etiologia variada e podem acompanhar perturbações psíquicas.

São transtornos do desejo sexual:

a) Desejo sexual hipoativo – há deficiência ou ausência de fantasias sexuais e do desejo de ter atividade sexual, levando à dificuldade interpessoal. Tem-se como exemplos:

- **Anafrodisia** – diminuição do desejo sexual no homem;
- **Frigidez** – diminuição do desejo sexual na mulher;

b) Aversão sexual – há aversão e esquiva ativa do contato genital, podendo englobar qualquer estímulo sexual.

c) De excitação sexual – há incapacidade persistente ou recorrente de manter uma resposta adequada de excitação, de lubrificação e turgescência genital até o término da atividade sexual, que aflige o sexo feminino.

d) Erétil masculino – há incapacidade persistente ou recorrente de obter ou manter ereção adequada até o fim da atividade sexual (forma de impotência *coeundi*).

e) Orgástico – atraso ou ausência de orgasmo (anorgasmia) após excitação sexual normal que ocorre em ambos os sexos. São exemplos:

- **Ejaculação precoce** – desencadeamento do orgasmo e da ejaculação por estímulo mínimo antes, durante ou após a penetração, sem que o indivíduo consiga evitar;
- **Dispareunia** – dor genital associada à penetração sexual, que pode ocorrer também antes ou após o coito e afeta os dois sexos;
- **Vaginismo** – contração involuntária dos músculos do períneo durante a tentativa de penetração vaginal do pênis ou dedo, especulo etc. (forma de impotência *coeundi* quando o impedimento é completo).

8.2. Parafilias ou distúrbios sexuais

Caracterizam-se por qualquer interesse sexual intenso, preferencial e persistente, não direcionado a estimulação genital ou carícias preliminares.

Os anseios, fantasias ou comportamentos sexuais envolvem objetos, atividades ou situações incomuns, com prejuízo social, ocupacional ou em outras áreas.

Quando uma parafilia está causando sofrimento ou prejuízo ao indivíduo, ou sua satisfação implica dano ou risco pessoal a outros, tem-se o transtorno parafílico.

O diagnóstico de transtorno parafílico depende:

– Da qualidade da parafilia;

– Do período de pelo menos seis meses de sintomas;

– Das consequências negativas.

Em alguns casos, as fantasias ou os estímulos parafílicos podem ser obrigatórios para a excitação erótica e sempre estão incluídos na atividade sexual, mas em outros, o indivíduo é capaz de funcionar sexualmente sem elas, pois as preferências parafílicas são episódicas.

O comportamento parafílico é mais intenso entre 15 e 25 anos, diminuindo com a idade.

Fatores biológicos e ambientais estão presentes na gênese da parafilia, enquanto fatores sociais e culturais influenciam suas práticas, modificando seu significado e importância de acordo com a época e o lugar.

O uso não patológico de fantasias sexuais, de comportamentos heterodoxos e da utilização de objetos para a excitação sexual não caracteriza transtorno parafílico.

A deficiência intelectual, demência, episódio maníaco ou esquizofrênico raramente levam a comportamento sexual incomum e diferem de parafilia porque esse comportamento não é o padrão preferido ou obrigatório. Os sintomas sexuais ocorrem exclusivamente durante os surtos e os atos sexuais incomuns tendem a ser isolados e a se iniciar em idade mais tardia.

As parafilias associam-se comumente com abuso de substâncias, estados depressivos e fobia social.

• **Narcisismo** (autofilia)

Admiração pelo próprio corpo, sendo indiferente ao sexo oposto.

• **Autoerotismo** (autismo sexual, psicolagnia, autoerastia, coito psíquico)

Satisfação sem participação física de parceiro.

Geralmente, é acompanhado da contemplação de retratos, filmes ou visualização da pessoa desejada, como ocorre em fãs obcecadas por seus ídolos sexuais.

Às vezes, basta a evocação mental da pessoa desejada.

• **Onanismo** (quiromania)

É a automasturbação manual masculina compulsiva.

Masturbação é o ato de estimular os órgãos genitais com o intuito de alcançar o prazer, que pode, ou não, resultar em um orgasmo.

- **Narratofilia**

Excitação e obtenção de prazer em narrar histórias eróticas e pornográfica pessoais ou de outras pessoas.

- **Somnofilia**

Excitação e obtenção de prazer em acordar o parceiro ou desconhecidos com caricias, sexo oral etc.

- **Morfofilia**

Consiste na excitação e obtenção de prazer com parceiros que tenham características anatômicas peculiares, exóticas ou consideradas excêntricas.

- **Andromimetofilia**

Preferência do homem por parceira que se relacione eroticamente como homem.

- **Ginomimetofilia**

Excitação e satisfação heterossexual com parceiro do sexo masculino que se relacione como mulher.

- **Edipismo**

Atração sexual específica do filho homem pela mãe.

- **Eletrismo**

Atração sexual específica da filha mulher pelo pai.

- **Pornolagnia**

Atração preferencial por prostitutas.

- **Cronoinversão** (ancianofilia, gerontofilia)

Amor de pessoa jovem pelo sexo oposto com grande diferença de idade.

- **Lubricidade senil**

Atração de velhos, muitas vezes impotentes, por pessoas muito mais jovens, principalmente crianças, levando-os a atos libidinosos.

A manifestação do instinto sexual é exagerada e pode representar o início de estados demenciais da senilidade.

- **Gerontofilia**

Consiste na excitação e obtenção de prazer com pessoas de idade avançada.

- **Acrotomofilia**

Consiste na excitação e obtenção de prazer em pessoas que possuem partes do corpo amputadas.

- **Apotemnofilia**

Consiste na excitação e obtenção de prazer por amputar parte do próprio corpo.

- **Estigmatofilia**

É a atração sexual por perfurações, tatuagens ou cicatrizes corporais.

- **Hibristofilia**

Consiste na excitação e obtenção de prazer com pessoas que tenham cometido crimes, principalmente pelos que cometeram assassinato.

- **Autoagonistofilia**

Excitação e/ou satisfação ao ser observado, filmado, fotografado.

- **Ofaltofilia**

Consiste na excitação e obtenção de prazer pelo cheiro, principalmente o do corpo e partes genitais.

- **Urofilia**

Consiste na excitação e obtenção de prazer por urina, em sua maioria urina humana, embora haja casos de URófilos que possuem desejo por urina de animais como cães e cavalos em casos de zoourofilia.

- **Coprofilia e Coprofagia**

Consiste na excitação e obtenção de prazer em cheirar, manipular ou ingerir fezes.

- **Odaxelagnia**

Consiste na excitação e obtenção de prazer por morder e ser mordido eroticamente.

- **Exibicionismo**

Prazer em exibir os órgãos sexuais em público, sem violência e sem desejo de relação sexual, sendo o orgasmo alcançado por masturbação durante ou após a exposição.

É mais frequente em homens, mas pode acontecer em mulheres.

O artigo 233, do CP, tipifica ato obsceno como crime – praticar ato obsceno em lugar público, ou aberto ou exposto ao público.

Ato obsceno não se confunde com ato libidinoso.

Ato obsceno é a manifestação de cunho sexual praticada em local público ou aberto ao público, capaz de ofender o pudor médio da sociedade, configurando o crime (CP, art. 233).

Ato libidinoso consiste em práticas e comportamentos que tenham finalidade de satisfazer desejo sexual, tais como: apalpar, lamber, tocar, desnudar, manter coito anal, sexo oral, dentre outros, sendo um dos elementos dos crimes de estupro (CP, art. 213), de violação sexual mediante fraude (CP, art. 215) e importunação sexual.

- **Ecdiseísmo**

Tendencia mórbida de provocar estimulação erótica em indivíduos do sexo oposto ao se despir.

- **Autonepiofilia**

Consiste na excitação e obtenção de prazer em fingir-se ser um bebê, que necessita de cuidados, podendo ou não se caracterizar como um bebê utilizando fraldas, mamadeira etc. e outros.

O Infantilismo é uma variante dessa parafilia, onde o sujeito finge ser uma criança.

- **Biastofilia**

Consiste na excitação e obtenção de prazer em atacar uma pessoa desconhecida.

Aqui há dois meios de excitação: o fato de abordar um (a) desconhecido (a) e o meio, que é o estado de choque, pânico ou terror que a vítima se encontra.

- **Autassassinofilia**

Consiste na excitação e obtenção de prazer em encenar a própria morte de forma realista, orquestrada pelo sujeito que sofre de tal parafilia, geralmente de forma trágica e masoquista.

- **Voyeurismo** (escopofilia)

Excitação sexual ao observar os outros em cenas íntimas (tomando banho, trocando de roupa etc.), sem que eles saibam.

O *voyeur* pode fantasiar que está envolvido em relação sexual com a pessoa observada, que não tem qualquer relação com ele na realidade.

Atualmente, programas de televisão (*realities shows*) exploram o voyeurismo.

- **Mixoscopia**

Prazer sexual em assistir a relação sexual dos outros.

- **Ecouterismo**

Prazer em escutar o som proveniente de atividades sexuais ou higiene íntima.

- **Pictofilia**

Excitação e obtenção de prazer em assistir filmes eróticos e ver fotos com seu parceiro.

- **Misofilia**

Excitação e obtenção de prazer em cheirar, mastigar, usar e se esfregar em roupas sujas ou objetos de higiene usados de outra pessoa.

- **Coprolalia**

Excitação e prazer sexual ao proferir ou ouvir de alguém palavras vulgares e obscenas.

- **Erotofonia**

Prazer em ouvir obscenidades.

Quando ocorre através do telefone, é chamada de escatofilia telefônica. Tem-se, como exemplo, o disque-sexo.

• Erotofonofilia

Consiste na excitação e obtenção de prazer em imaginar, fantasiar ou colocar em execução a fantasia da morte de seu parceiro, chegando ao orgasmo no ato da morte.

• Cleptolagnia

Excitação sexual pelo ato de furtar e roubar.

• Crematistofilia

Consiste na excitação e obtenção de prazer em ser extorquido, roubado ou chantageado, tudo que leve o sujeito a ser obrigado a pagar.

• Crematofilia

Excitação por ter de pagar pelos serviços do parceiro ou de ser roubado por ele.

• Asfixiofilia (hipoxifilia, erotismo hipóxico)

Excitação e satisfação por meio de manobras asfíxicas, que consistem na constrição do pescoço, mordaças ou envolvimento da cabeça com filme plástico, podendo ocorrer morte.

• Clismafilia

Excitação sexual dependente do uso de clisma, enema ou clister.

• Fisting

Consiste na excitação e obtenção de prazer por introdução da mão no ânus ou na vagina.

• Dendrofilia (fitofilia)

Atração sexual por árvores.

• Pigmalionismo (iconolagnia, iconomania, estatuofilia)

Indivíduo se enamora pela sua criação (desenhos, estátuas).

Recebe, também, o nome de agalmatofilia, sendo o termo agalma derivado de *agalmatos* que, em grego, significa estátua.

Consiste no apego ou admiração por estátuas.

Os indivíduos com essa parafilia são chamados de estupradores de estátuas, pois elas os excitam a ponto de induzi-los à masturbação.

• Dollismo:

É uma forma de pigmalionismo, em que o indivíduo tem relações com bonecas infláveis ou manequins com forma humana.

• Pseudopeolagnia

Excitação sexual com pênis artificial.

• Erotismo (afrodisia)

Aumento do apetite sexual.

• Ninfomania (andromania, citeromania, estromania, histeromania, furor feminil, furor uterino, uteromania, metromania)

Desejo exaltado na mulher.

- **Satiríase**

  É o hiper erotismo masculino, com ereção quase contínua e ejaculações repetidas.

- **Donjuanismo**

  É um tipo de hipersexualidade masculina onde há compulsão por conquistas amorosas chamativas, com objetivo de esconder sentimentos de inferioridade pela demonstração de sucesso erótico.

  É uma falsa hipersexualidade, porque há pouco interesse pela parceira e, logo que consiga provar que a excita sexualmente é impelido a novas conquistas, pois já aliviou as dúvidas acerca da própria capacidade masculina.

- **Erotismo**

  É um estado de excitação sexual, uma tendência a experimentar a excitação sexual mais prontamente que a média das pessoas.

- **Erotofobia**

  Temor mórbido em realizar o ato sexual.

- **Erotografia**

  Satisfação em escrever obscenidades que fazem apologia ao sexo, comuns em banheiros públicos.

- **Picnofilia**

  Satisfação em fazer desenhos obscenos em locais públicos.

- **Erotomania**

  Desejo exaltado sem ereção, com ideia fixa de sexo.

- **Priapismo**

  Ereção sem desejo.

- **Uranismo**

  Consiste no fato de um indivíduo do sexo masculino manter relações sexuais ou afetivas com outros homens.

- **Pederastia**

  É a satisfação sexual centrada na cópula anal com homem.

- **Sodomia**

  É a satisfação sexual centrada na cópula anal com mulher.

- **Estigmatofilia**

  Atração por parceiros com cicatrizes, tatuagens etc., principalmente em regiões genitais.

- **Fetichismo** (simbolismo erótico)

  Desejo ou satisfação sexual despertado por objetos (calcinha, meia etc.), função fisiológica ou características individuais (tiques, atitudes etc.), que absorvem todo o desejo sexual.

Quando o fetichismo é genuíno, basta a contemplação ou o contato sexual com o fetiche para causar excitação ou orgasmo.

O odor contribui para a excitação, daí a preferência por peças usadas.

O fetiche pode estar associado à masturbação ou ser incorporado na relação sexual.

Afeta quase exclusivamente homens.

São variação do fetichismo: parcialismo e retifismo.

• **Podofilia**

Consiste na excitação e obtenção de prazer por pés, a idolatria por pés como objeto de investimento libidinal.

• **Parcialismo**

Preferência por parte extragenital do corpo do parceiro, como nuca.

• **Retifismo**

Atração erótica pelo pé, sapatos ou ambos.

• **Frotteurismo**

Consiste em esfregar os órgãos sexuais ou manipular partes do corpo de outra pessoa sem o consentimento dela, imaginando um relacionamento carinhoso.

Esse comportamento costuma ocorrer em locais com grande concentração de pessoas (ônibus, trem), quando o indivíduo pode se evadir facilmente.

A Lei 13.718/2018, visando impedir a ocorrência do frotteurismo nos meios de transporte, introduziu a importunação sexual no Código Penal, que deixou de ser mera contravenção penal:

Art. 215-A. Praticar contra alguém e sem a sua anuência ato libidinoso com o objetivo de satisfazer a própria lascívia ou a de terceiro:
Pena – reclusão, de 1 (um) a 5 (cinco) anos, se o ato não constitui crime mais grave.

• **Topoinversão**

Prática de atos libidinosos envolvendo o contado dos genitais de uma pessoa com parte extragenital da outra, ambas de sexos diferentes, de forma a proporcionar prazer. Inclui a sodomia, a felação, a cunilíngua e demais cópulas ectópicas, sendo aceitas como aquecimento para uma cópula natural e não um fim em si mesmas.

• **Masoquismo** (algofilia passiva, algolagnia passiva, nicolaísmo)

Satisfação sexual ao sofrer dor e humilhação (contrário do sadismo).

Prevalece nas mulheres, mas pode ocorrer em homens.

O sofrimento pode ser administrado pelo parceiro ou pelo próprio individuo, na presença do parceiro ou à sós.

O prazer não vem da sensação de dor, mas da inferioridade frente ao parceiro sexual, pois o foco é a situação de insegurança, de incerteza e de estar à mercê dos desejos alheios.

O masoquista pode também permitir a recepção, em seu corpo, de fezes ou urina do parceiro.

Alguns indivíduos se submetem a atos masoquistas por anos, sem aumento dos riscos potenciais, mas outros, principalmente quando sob stress, aumentam o grau da violência, podendo acarretar ferimentos graves ou morte.

- **Sadismo** (algofilia ativa, algolagnia ativa, tiranismo)

Excitação e satisfação sexual ao causar sofrimento físico, desde palmadas até mutilações e asfixias, podendo chegar à morte, além de sofrimento moral como humilhações e insultos (contrário do masoquismo).

A violência é premeditada, relacionada a alguma fantasia erótica.

Não há, portanto, uma explosão de agressão totalmente instintiva e impulsiva.

O sádico exercita um poder sobre o parceiro e a sua excitação decorre da percepção de medo do parceiro, voluntário ou não.

- **Sadomasoquismo**

Geralmente manifestado por dupla sexual, onde um parceiro tem o papel de mártir (masoquista) e o outro de martirizador (sádico).

Existem grupos de adeptos com a sigla SM (sadomasoquismo) e BDSM (bondage, dominação, sadismo e masoquismo), onde as práticas são seguras e ocorrem de comum acordo entre as partes e conforme o lema SSC, que significa são, seguro e consensual.

- **Bondagismo**

Prazer sexual pelo contato físico com pessoas amarradas.

- **Coprofilia** (coprolagnia, escatofilia, escatolagnia)

Prazer sexual no contacto ou odor de fezes, ou ao olhar o ato de defecar.

- **Urolagnia** (erotismo urinário, urofilia, undinismo)

Prazer associado ao ato de urinar e seu ruído, ou ao contato com a urina, seu odor, ou até em ver o parceiro urinando sobre ele.

- **Saliromania**

Prazer pelo ato de sujar intencionalmente o corpo ou as vestes do parceiro.

- **Riparofilia** (misofilia, escatofilia, azolagnia)

Atração por mulheres grávidas, menstruadas ou desasseadas.

- **Vampirismo**

Satisfação em beber o sangue da vítima.

- **Pirolagnia** (piromania erótica)

Excitação e até orgasmo estimulados pela presença de fogo.

- **Penculofilia**

Consiste em práticas eróticas envolvendo situação tensas, riscos e perigos.

CAPÍTULO 9 • SEXOLOGIA FORENSE **393**

- **Swapping** (swing)

Consiste na prática heterossexual simultânea entre casais, alternando-se os parceiros.

- **Triolismo** (troilismo, ménage à trois)

Prática sexual conjunta ou separada entre três pessoas, sendo duas de um sexo e uma de outro.

- **Pluralismo** (sexo grupal ou amor coletivo ou bacanal)

Prazer dependente de práticas hetero e homossexuais simultâneas, entre mais de três pessoas.

- **Bestialismo** (bestialidade, zoofilia, zoolagnia, zoofilismo erótico, zooerastia)

É a satisfação sexual com animais, comum em regiões rurais.

- **Zoofilia e zoolagnia**

Quando a satisfação sexual envolve apenas atos libidinosos com animais, sem coito.

- **Formicofilia**

Excitação e orgasmo pela ação de formigas ou outros animais pequenos que mordem as partes íntimas.

- **Necrofilia**

Relações hetero ou homossexuais com objeto de prazer que simbolize a morte, incluindo o cadáver.

É quase exclusiva de homens.

A necrofilia pode ser dividida em:

– Comum – uso de um corpo já morto para fins sexuais;

– Homicida – o indivíduo mata para obter o cadáver;

– Fantasiada – existe apenas a fantasia de relacionamento sexual com o cadáver.

- **Necrosadismo**

É a forma mais severa de necrofilia na qual o algoz se serve da vítima fatal de seus impulsos sádicos após mutilações.

- **Pseudonecrofilia**

O indivíduo se satisfaz relacionando-se sexualmente com mulher trajando mortalha, inerte e indiferente ao ato, como se estivesse morta.

O indivíduo pode chegar a decorar seu quarto de forma sombria, incluindo odores típicos e tudo que possa lembrar morte.

- **Pedofilia** (nepiofilia)

Pedofilia vem do grego: *Paedós*, que significa criança, e filia, atração.

Consiste na atividade sexual com criança pré-púbere (menor de 13 anos), de qualquer sexo, que não inclui necessariamente a cópula.

O pedófilo, como regra, é um adulto que revela preferência por determinada faixa etária.

Quando o suposto pedófilo tem idade inferior a 18 anos, deve ter mais de 16 anos e, no mínimo, cinco anos a mais do que a vítima. Entretanto, o indivíduo apenas é taxado como pedófilo após os 18 anos.

Apesar de o transtorno começar na adolescência, essa atração por crianças só tem relevância a partir da meia idade, sendo o comportamento desencadeado pelo stress psicossocial.

A preferência pode ser por determinada faixa etária, meninas, meninos ou ambos.

Existem casos em que ele ataca até crianças com um ou dois anos de idade.

O comportamento pedofílico pode se limitar aos próprios filhos, a filhos adotivos e a crianças da família ou extrafamiliares.

Ao contrário do que se imagina, um pedófilo não pratica apenas a conjunção carnal. Ele também é dado a atos libidinosos de todos os tipos, chegando a desenvolver algumas técnicas sofisticadas para praticá-los contra suas vítimas.

O acesso às crianças envolve técnicas sofisticadas, incluindo a obtenção da confiança da mãe, ou casar-se com mulher que tenha uma criança atraente ou traficar, adotar ou raptar crianças.

Pode também atender às necessidades da vítima para obter seu afeto, interesse e lealdade, evitando que ela o denuncie.

As crianças são ameaçadas pelo pedófilo para não revelar seus atos.

A pedofilia é um desvio de caráter, grave e incurável, uma perturbação da saúde mental porque as outras esferas mentais, como a inteligência, a memória e a percepção não estão alteradas.

As causas são desconhecidas, mas estudos sugerem a existência de tendência congênita e há evidências de transmissão familiar.

Como não se trata propriamente doenças mental, os pedófilos dificilmente são reconhecidos pelas pessoas porque parecem normais, agem como se o fossem, mas não o são.

Dificilmente um pedófilo assume a sua condição e todos, sem exceção, negam suas ações criminosas. Por isso, os crimes por eles praticados são de difícil esclarecimento e eles só são descobertos depois de praticá-los.

Pesquisas relataram não haver relação causal entre abuso sexual na infância e pedofilia, sendo que a maioria das crianças que sofreram tais abusos não desenvolve o transtorno.

Comorbidades psiquiátricas, como transtorno da personalidade antissocial e abuso de substâncias são fatores de risco para a concretização dos impulsos pedófilos.

Imagens de ressonância magnética funcional (RMf) demonstram que pedófilos têm ativação reduzida do hipotálamo, quando comparados a indivíduos não pedófilos, ao serem expostas a fotografias eróticas de adultos.

Os pais precisam ficar atentos para algum comportamento anormal ou alguma resposta esquiva do filho em tratar de determinados assuntos.

Pais muito próximos dos filhos sempre vão notar alguma coisa diferente, seja no comportamento, seja na irritabilidade ou nas perguntas que fazem.

Pais ausentes ou distantes vão ter mais dificuldade.

A maioria dos casos de pedofilia ocorre dentro da família: madrastas, padrastos, tios, tutores e responsáveis.

Relacionados com a pedofilia, estão o alcoolismo (maior incidência) e as drogas.

Se a pessoa pratica o crime sabendo o que está fazendo e poderia evitar se o quisesse, é um criminoso comum.

Agora, se essa pessoa não entende direito o que faz ou entende, mas é tomada por impulso irresistível, incontrolável, que não consegue frear, então ela tem de ser vista como um perturbado mental, com as suas consequências legais.

No caso de criminoso comum, deve cumprir a pena imposta pelo ato que praticou.

Por outro lado, se ele é capaz de entender, mas não tem a capacidade de frear o impulso, caberia a adoção de medidas de segurança.

Nesse caso, como ele tem periculosidade social, ou seja, se for deixado em liberdade pode voltar a cometer delitos da mesma natureza, então ele deveria ficar longe da sociedade em um hospital-cadeia.

A castração química não funciona porque a pedofilia não está no órgão sexual, mas na cabeça do indivíduo.

A castração funciona única e exclusivamente como um remédio causador de impotência.

Note-se que há muitos pedófilos impotentes que praticam seus atos libidinosos com as mãos, com a boca ou objetos, sem atingir o orgasmo. Já são castrados naturalmente na sua virilidade e continuam sendo pedófilos.

A castração não age no intelecto, nos valores éticos e morais. Aí é que mora a pedofilia.

Como é uma deformidade do caráter, o indivíduo volta a atacar.

A partir do momento em que começa a agir, praticamente é irreversível. Praticará o crime a vida toda.

Não são consideradas clinicamente pedófilas as pessoas que não têm atração sexual primária por crianças.

- **Efebofilia**

Excitação e obtenção de prazer por jovens púberes, durante o fim da infância e o início da adolescência, com surgimento dos caracteres sexuais secundários da maturação sexual.

Aspectos médico-legais das parafilias

Inicialmente, importa saber se a anomalia está ou não associada a uma patologia mental, para se estabelecer a imputabilidade.

Muitas vezes, o portador da parafilia não possui alteração da capacidade de entendimento, nem há degeneração mental que o torne um antissocial ou um predisposto a reações contra o direito individual ou coletivo.

Por isso, deve-se estabelecer sua periculosidade ou temibilidade como critério para internação em instituições de tratamento.

O parafílico pratica os atos de forma escondida porque tem consciência da ilegalidade e da reação social se forem flagrados.

Com base nisso, pode-se afirmar que as parafilias não provocam turvação de consciência, transtornos de sensopercepção ou quebra da realidade.

Seu principal efeito consiste em alterar qualitativamente o objeto de desejo com associação, ou não, de alteração quantitativa do impulso.

Não havendo comorbidades psiquiátricas, há plena capacidade de autodeterminação, embora exista desequilíbrio entre o autocontrole e a intensidade de impulso.

Dessa forma, as parafilias não afetam a compreensão da ilicitude das condutas a elas relacionadas.

A dificuldade de controle dos impulsos poderia ser justificada por um desenvolvimento psicossocial não saudável, mas nada foi provado.

Visando confirmar a possibilidade de autocontrole, o perito deve investigar:

– a inexistência de premeditação ou planejamento, caracterizando o ato como impulsivo;

– a presença de inteligência limítrofe (deficiência intelectual subclínica);

– a intenção de não praticar o crime – se há luta interna entre o impulso e os escrúpulos, o respeito à lei e ao sofrimento do outro;

– tentativas prévias de lidar com o impulso patológico de forma adequada – evidenciadas por tentativas de tratamento ou providências para evitar o surgimento de situações propícias à conduta criminosa;

– ato de caráter isolado ou infrequente;

– intensidade extraordinária do impulso, revelada por sofrimento inerente ao seu controle;

– arrependimento e preocupação com o sofrimento da vítima.

O desejo do parafílico pode levá-lo a comportamentos criminosos tais como furto de peças íntimas (fetichistas), abuso de menores (pedófilos), atentado público ao pudor (exibicionistas) e lesões corporais ou homicídios (sádicos).

Entretanto, a maioria dos comportamentos não é criminosa.

Os voyeurs têm várias possibilidades (dentro da lei), como filmes eróticos, espetáculos de sexo praticado por profissionais, mas a preferência é a invasão de privacidade.

O frotteurismo, o exibicionismo e a pedofilia trazem a violação legal na sua essência.

Erotologia forense é o ramo da sexologia forense que estuda os problemas médico-legais ligados a crimes sexuais.

8.3. Transtornos de identidade de gênero ou Disforia de gênero

Identidade de gênero é a convicção íntima de ser do gênero masculino ou feminino, que segundo sexólogos, começa a se formar aos 3 anos de idade.

A sexualidade humana é um traço biológico binário objetivo, com marcadores genéticos XY e XX.

Assim, o ser humano é concebido como macho, ou como fêmea, sendo esse o sexo biológico presente no nascimento.

São raros os distúrbios de diferenciação sexual (DDSs).

Gênero é um conceito sociológico e psicológico.

Diz respeito à consciência e percepção de si mesmo como homem ou mulher, que se desenvolve ao longo do tempo e pode ser influenciado por percepções subjetivas, relacionamentos e experiências adversas da criança, desde a infância.

Sentir-se do sexo oposto ou entre os dois sexos não constitui um terceiro sexo, pois esses indivíduos permanecem homens biológicos ou mulheres biológicas.

A alteração objetivo está na mente e, não, no corpo.

Assim, um menino, segundo conceito biológico, que acredita ser uma menina, ou uma menina, segundo conceito biológico, que acredita ser um menino, apresentam disforia de gênero (DG), anteriormente chamada de transtorno de identidade de gênero (TIG), reconhecido pelo Manual de Diagnóstico e Estatística da Associação Psiquiátrica Americana (DSM-V).

Os tratamentos com hormônios que bloqueiam a puberdade, inibem o crescimento e a fertilidade de uma criança até então biologicamente saudável.

A testosterona e o estrogênio causam aumento da pressão arterial, formação de coágulos sanguíneos, acidente vascular cerebral e câncer.

Cerca de 98% dos meninos e 88% das meninas, confusos com o próprio gênero, depois de passarem naturalmente pela puberdade. acabam aceitando seu sexo biológico (DSM-V).

A taxa de suicídio é 20 vezes maior entre adultos que usam hormônios do sexo oposto e se submeteram a cirurgias de mudança de sexo.

- **Transexualismo** (transgenitalismo, castrofilia)

Consiste em reconhecer em uma pessoa com genitais de um sexo e psiquismo contrário (do outro sexo).

A Resolução n° 1.652, de 6 de novembro de 2002, do Conselho Federal de Medicina, estabelece no artigo 3° os critérios mínimos para a definição de transexualismo:

– Desconforto com o sexo anatômico natural;

– Desejo expresso de eliminar os genitais, perder as características primárias e secundárias do próprio sexo e ganhar as do sexo oposto;

– Permanência desses distúrbios de forma contínua e consistente por, no mínimo, dois anos;

– Ausência de outros transtornos mentais.

- **Travestismo** (fetichismo travéstico, disfarcismo, inversão sexo estética, eonismo)

Excitação e até orgasmo ao exibir-se com roupas do sexo oposto. Se praticado esporadicamente, como no carnaval, costuma ser aceito socialmente. O travesti não tem o desejo de se transgenitalizar.

- **Intersexualismo**

Transtorno do desenvolvimento sexual em que existem elementos dos dois sexos, sendo assumido um deles na vida social (geralmente de acordo com as características externas como barba).

O homossexualismo **não é mais considerado doença ou desvio de conduta**.

Na maior parte dos casos, decorre de tendência inata, de causa desconhecida, mas pode ser uma prática escolhida por fatores culturais e econômicos.

Capítulo 10
PSICOPATOLOGIA FORENSE

Para que se entendam os diferentes processos psicopatológicos e suas repercussões no direito, torna-se necessário não apenas estabelecer o significado de normalidade mental, mas tecer inicialmente algumas considerações sobre avaliação da imputabilidade e intervalo lúcido.

1. IMPUTABILIDADE

Imputar significa atribuir algo a alguém.

Para que um indivíduo seja responsabilizado penalmente, tem de ser imputável à época do fato.

Quando se faz necessário avaliar a imputabilidade, o psiquiatra forense vai se basear não apenas na capacidade de imputação jurídica, mas também na imputação do fato.

Capacidade de imputação jurídica é a capacidade psicológica de entender o caráter ilícito do fato e de se comportar de acordo com esse entendimento.

Nesse aspecto, avalia-se a presença de razão e livre arbítrio, isto é, se o indivíduo raciocina e se tem capacidade de escolher entre cometer ou não o delito, ou seja, de se autodeterminar.

Essa capacidade pode ser total, parcial ou nula.

Entretanto, no Estado Democrático de Direito vigora o Direito Penal do Cidadão, isto é, o Direito Penal do fato e da culpabilidade do seu autor.

Dessa forma, não basta que o indivíduo esteja, por exemplo, em surto de doença mental à época do fato para ser considerado inimputável. Deve ser também analisada a imputabilidade do ato.

Enquanto a capacidade de imputação jurídica é uma capacidade psicológica que faz parte do indivíduo, o qual pode apresentá-la, ou não, a imputabilidade do ato não faz parte do indivíduo, mas do ato.

Então, para que um indivíduo seja considerado inimputável, além do comprometimento total da razão e do livre arbítrio (capacidade de imputação jurídica nula), o ato deve ter relação com a doença mental constatada. Em outras palavras, o indivíduo praticou o ato em função da doença, como manifestação ou sintoma desta.

Inexistindo tal relação, esse indivíduo pode ser dado como imputável caso não se exija conduta diversa.

Entender de forma diferente seria julgar o indivíduo pelo que ele é e, não, pelo que ele fez.

Isso nos aproximaria do Direito penal do inimigo, que se baseia no autor e na sua periculosidade.

A inimputabilidade não pode ser presumida.

De acordo com o artigo 26, do Código Penal (CP), é isento de pena o agente que, por doença mental ou desenvolvimento mental incompleto ou retardado, era, ao tempo da ação ou da omissão, inteiramente incapaz de entender o caráter ilícito do fato ou de determinar-se de acordo com esse entendimento.

A pena pode ser reduzida de um a dois terços, se o agente, em virtude de perturbação de saúde mental ou por desenvolvimento mental incompleto ou retardado não era inteiramente capaz de entender o caráter ilícito do fato ou de determinar-se de acordo com esse entendimento (CP, art. 26, parágrafo único).

Os menores de 18 (dezoito) anos são penalmente inimputáveis, ficando sujeitos às normas estabelecidas na legislação especial (CP, art. 27).

Os indivíduos inimputáveis que cometam crimes serão colocados em medida de segurança, que consiste em internação ou tratamento ambulatorial, com prazo mínimo de um a três anos (CP, art. 97, § 1º).

Se o fato previsto como crime for punível com detenção, poderá o juiz submetê-lo a tratamento ambulatorial (CP, art. 97, *caput*).

A execução da medida de segurança detentiva não terá caráter penitenciário, não sendo admitido o uso de números ou de outros sinais para a identificação dos internados (Decreto 3.2639, de 27/04/1953, art. 3º).

A internação, ou tratamento ambulatorial, será por tempo indeterminado, perdurando enquanto não for averiguada, mediante perícia médica, a cessação de periculosidade.

Quanto ao tempo de duração, apesar de indeterminado, a medida de segurança não pode privar perpetuamente um indivíduo de sua liberdade, não devendo ultrapassar o prazo máximo previsto para recolhimento à prisão nas penas privativas de liberdade.

1.1 MODIFICADORES DA IMPUTABILIDADE PENAL

a. Ambientais

Dizem respeito ao meio em que o agente se desenvolveu ou a situações esporádicas de alteração do ambiente em que ocorreu o fato.

• Grau de civilização

Dependendo do grau de civilização, existem diferentes valores ético-morais. Os índios não aculturados têm os valores da própria tribo, que diferem dos valores da vida civilizada. Por isso, eles são tratados pelo Código Penal de forma diferenciada, caso cometam algum ato que contrarie as leis vigentes, mas que sejam aceitáveis dentro da tribo.

Por outro lado, mesmo que parcialmente aculturado, se o índio exercer certas tarefas como cuidar das finanças da tribo ou executar transações que impliquem no próprio enriquecimento, será dado como imputável.

- Multidões

Nas multidões, as inibições individuais se atenuam e a razão dá lugar às paixões irracionais.

Quanto maior for o grupo, maior será a ousadia, porque há uma diluição da responsabilidade, o que explica a prática de atos contrários aos valores sociais por pessoas pacatas, que não seriam capazes de cometê-los se estivessem sozinhas.

Assim, multidões enfurecidas se comportam como o estouro da boiada.

Pode haver redução da responsabilidade das pessoas que agem dentro de uma multidão em tumulto, com exceção do responsável pelo desencadeamento dos atos contrários ao Código Penal (CP, art. 65, III, "e").

Cada indivíduo preso responderá individualmente pelo que praticou, mas o direito a essa atenuante depende também do fato de não ser reincidente.

b. Biológicos

- Idade

É um critério puramente biológico, por questão de política criminal.

- Sexo

No período menstrual, quase todas as mulheres sofrem alterações psíquicas, que vão desde aumento da sensibilidade até depressão e síndrome de tensão pré-menstrual.

Essa síndrome surge na semana que antecede a menstruação e se manifesta por alterações psíquicas como irritabilidade, agressividade, depressão e dificuldade de concentração.

Em casos extremos, pode haver uma diminuição da capacidade de autocontrole, levando a mulher a causar lesão corporal em outrem ou chegar as vias de fato, sendo possível aceitar uma diminuição da imputabilidade.

Como procriar faz parte da natureza da mulher, a gestação não aumenta a percentagem de psicopatologia e algumas portadoras de neurose podem até melhorar.

Existem crimes que só podem ser cometidos por mulheres, como infanticídio (CP, art. 123) e autoaborto (CP, art. 124).

Com o aumento da idade, a redução dos níveis dos hormônios sexuais no homem e na mulher provocam alterações do humor, irritabilidade e intolerância, podendo também ocorrer depressão e melancolia.

Nas psicoses do climatério podem ocorrer surtos psicóticos, levando à redução ou abolição da imputabilidade. As pessoas acometidas entendem a ilicitude, estando afetada a capacidade de autodeterminação.

Entretanto, não há provas de que a involução ovariana seja capaz de produzir psicopatologias.

- Sono

Durante o sono, estímulos de baixa intensidade não são percebidos em decorrência do desligamento dos canais que fazem a comunicação com o meio exterior. Esses estímulos não chegam um nível consciente. O limiar dos estímulos suficiente para acordar é variável dependendo do indivíduo.

Há dois tipos de sono:

- Sono superficial, acompanhado de movimentação rápida dos olhos (REM – *rapid eye moviment*). A atividade cerebral é semelhante à da vigília, mas está inibida a liberação de neurotransmissores como noradrenalina, serotonina e histamina. Por isso, não há movimentação ativa do corpo.

- Sono profundo e calmo. É nesta fase que há restauração neuronal, pois a atividade cerebral se reduz muito.

Quando o ser humano dorme menos de 6 a 8 horas, pode apresentar irritabilidade e dificuldade de concentração.

Se o indivíduo se envolve em um acidente porque não dormiu por vontade própria, sua responsabilidade é plena, mas se foi coagido a continuar numa escala de trabalho para não perder o emprego, pode haver uma atenuante.

- Hipnotismo

Neste caso, há alteração da consciência semelhante ao sono.

A susceptibilidade ao hipnotismo é variável, sendo mais susceptível a pessoa capaz de se concentrar na leitura ou na música.

A realidade e as sugestões do hipnotizador se misturam, sendo percebidas simultaneamente.

A pessoa hipnotizada pode ter alucinações.

Parece que as áreas cerebrais ativadas nas alucinações e nas sensações reais são as mesmas, diferentes das que são excitadas pelo sono.

A personalidade da pessoa hipnotizada interage com as ordens do hipnotizador, percebendo os atos realizados mediante comando externo como se não fossem seus. Por isso, interrompem os atos que entram em choque com seus valores morais. Consequentemente, pessoas hipnotizadas que praticam atos ilícitos, não podem ter redução da imputabilidade.

Não há amnésia verdadeira, porque o indivíduo hipnotizado lembra de forma mais ou menos precisa das ordens que recebeu e das sensações que teve.

- Sonambulismo

É um estado patológico, semelhante ao sono, no qual o indivíduo fala, anda, escreve e até agride outras pessoas se tiver alucinações.

Formas de sonambulismo:

- Psicogenética – tem relação com vivências do dia e com objetos do meio circundante, caracterizada por atos de complexidade variável.

Durante a crise de sonambulismo, o indivíduo pode ser despertado ao ser chamado ou por estímulos fortes.

A consciência não está abolida, mas perturbada, pois o real e o sonho se misturam.

O indivíduo mantém a capacidade de remover objetos que estão em seu caminho e não há amnésia verdadeira dos fatos;

– Epiléptico – caracteriza-se por automatismo das ações, que são estereotipadas, imotivadas, repetitivas, inadequadas, sendo total a amnésia.

O eletroencefalograma pode identificar atividade cortical típica de epilepsia.

A forma mais grave de sonambulismo epiléptico é o estado crepuscular, no qual há estreitamento da consciência e distorção da percepção.

Ilusões, alucinações, vivências fantásticas, associadas à agitação psicomotora e agressividade, costumam durar desde horas até mais de mês.

Pessoas confusas e sonolentas frequentemente cometem violência não direcionada.

Atos ilícitos cometidos neste tipo de sonambulismo, assim como crimes brutais com golpes repetitivos, não são puníveis em razão da completa inconsciência, que leva o paciente à total inimputabilidade.

• Emoção e paixão

A emoção é uma reação imediata a um estímulo competente, relacionado a algo que mexe com a pessoa, podendo provocar uma sensação agradável ou não.

A violenta emoção é o estado exaltado de ânimo, de forma breve e intensa, sob domínio parcial do indivíduo.

Não há exclusão de culpabilidade (CP, art. 28, I), mas o Código Penal admite o caráter atenuante ao delito cometido sob domínio de violenta emoção, a seguir de injusta provocação da vítima (CP, art. 65, III, c).

Paixão é um sentimento muito forte de atração por uma pessoa, objeto ou tema.

É algo intenso, envolvente, um entusiasmo ou um desejo forte por qualquer coisa.

Quanto à duração:

– fugaz – na emoção

– longa – na paixão.

Quanto à repercussão psíquica e orgânica

– a emoção cria um estado agudo e intenso de alteração mental e física, com sinais de descarga adrenérgica;

– na paixão há um estado afetivo continuado, com potencial para eclosão de surtos emocionais e ruptura das barreiras da censura caso o limiar de excitação seja baixo.

As paixões desorganizam as emoções, que podem atingir tal intensidade a ponto de levar ao embotamento da consciência, com redução da razão e liberação de instintos primitivos de cólera.

No início da paixão, há uma excitação da vida afetiva, que vai crescendo até gerar incontinência da vontade e da ação, mas a consciência ainda governa a razão e a vontade, e o indivíduo normal consegue frear a impetuosidade na origem. Se não o fizer, assume a responsabilidade pelos seus atos.

Assim, a paixão é um processo organopsíquico permanente e crônico, acompanhado de estados afetivos e emocionais intensos e prolongados, capaz de alastrar-se de modo arrebatador, irracional e incontrolável.

Sensação afetiva é a impressão no corpo, captada pelos sentidos, sem qualquer interferência do pensamento, como ocorre com o prazer e a dor, que independem da pessoa que os sente.

Já o sentimento é um estado de espírito em relação a determinado objeto após juízo valorativo. Assim, julga-se o objeto para verificar se ele serve ou não aos nossos propósitos.

Enquanto o amor é a exaltação do sentimento, a paixão é a loucura do coração.

O ciúme doentio não é amor, é quase ódio. O ódio é paixão.

Crime passional

Seria o crime por causa de amor.

Refere-se a crimes violentos, especialmente homicídio, decorrentes de um impulso forte de raiva ou outra emoção.

No homicídio passional, os sujeitos possuem uma relação afetiva, sexual ou não, mas com violenta emoção (CP, art. 121, § 1º).

Realmente, não há afeição, mas ódio, ciúmes, egoísmo, amor-próprio ferido e sentimentos são de obsessão e possessão.

O passional não tem um amor genuíno, de doação.

Ele não respeita a vida e liberdade da outra pessoa, e a mata por impulso, em decorrência de sentimento de desprezo e rejeição.

O criminoso passional é um criminoso impetuoso, que age sem premeditação, por amor à honra.

Há um potencial interior para a conduta criminosa, mas ela só se manifesta se houver incitação por estímulos externos.

Apesar de ter o psiquismo bem estruturado, uma falha momentânea do senso crítico, diante de situação que os instiga, desencadeia uma ação em curto-circuito (reação primitiva).

Não há juízo valorativo nesse momento.

Geralmente, os criminosos passionais se arrependem, pois costumam ser honestos, devendo-se a ação agressiva à emoção que inibiu o senso crítico.

Observa-se que o estado de cólera e a resultante agressão são inibidos quando há possibilidade de revide por parte da vítima ou possibilidade de ser preso e processado.

O Código Penal admite diminuição da responsabilidade em condições especiais (CP, arts. 65, III, "c", 121, § 1º e 129, § 4º).

O prazo decorrido entre o crime e a ciência do fato que o motivou pode afastar a violenta emoção.

Os crimes passionais estão frequentemente associados à violência doméstica.

2. INTERVALO LÚCIDO

É o retorno ao estado de sanidade mental por período longo de tempo.

São fundamentais na configuração do intervalo lúcido:

- Ausência de sintomas da doença, inclusive de qualquer manifestação do defeito psíquico que se exteriorize nas atitudes do indivíduo;
- Período longo de tempo sem qualquer manifestação da patologia.

Não basta um período de acalmia da doença, isto é, não basta que o indivíduo esteja tranquilo e com escassas manifestações. Tem de haver sanidade mental, constatada por várias avaliações psiquiátricas.

Os intervalos lúcidos podem ocorrer em certas patologias como neuroses, toxicomania e alcoolismo moderados, enquadrados como perturbação da saúde mental, mas jamais ocorrerão quando a doença mental for de nascença ou tiver aparecido precocemente.

O intervalo lúcido é utilizado para se detectar o período em que uma pessoa inimputável possa ser responsável pelos seus atos criminosos.

3. NORMALIDADE MENTAL

A conceituação de normalidade mental é tarefa bastante difícil, ainda mais quando se está diante do autor de um delito. Entretanto, devemos considerar que o crime não é apenas um fato humano, mas também um fenômeno social.

Assim, os fatores criminógenos, oriundos da própria constituição do indivíduo ou do meio em que ele vive, podem vencer fatores crimino-repelentes como a educação, o senso ético e o sobrenatural, gerando a conduta desviante.

Nesse sentido, normalidade seria a condição de quem é capaz de realizar um ato com pleno discernimento, mesmo que antissocial, e esse ato lhe pode ser imputado.

Não há um padrão de normalidade psíquica, sendo insuficiente a alegação de ausência de doença mental, uma vez que os limites são imprecisos.

Essa ausência de limites nítidos entre o normal e o patológico torna relativo o conceito de normalidade mental, além de que esta não depende apenas da avaliação médica, mas também de padrões sociais, culturais e estatísticos.

A normalidade pode ser vista sob quatro perspectivas.

A primeira seria a normalidade como equivalente à saúde mental, estando a conduta dentro dos padrões normais quando não existisse nenhuma psicopatologia (doença psíquica) manifestada.

A segunda perspectiva concebe a normalidade como a combinação adequada dos diferentes elementos da mente que culmina com um funcionamento ótimo, próprio de um ser ideal.

A terceira entende a normalidade como meio-termo entre dois extremos de comportamentos desviados, não servindo para análise individual, apenas coletiva.

Por fim, a quarta perspectiva encara a conduta normal como resultado final de sistemas de interações, valorizando o processo que a motivou, e não a conduta em um dado instante. Avalia a conduta dentro de um contexto.

Modernamente, o conceito de normalidade está mais ligado à adaptação normal ao ambiente social, às situações de estresse, às enfermidades e dificuldades físicas.

As manifestações clínicas das enfermidades psiquiátricas seriam expressões de crise no processo adaptativo, como resultado de fatores biológicos, socioculturais e psicológicos.

Nos casos duvidosos, a avaliação psiquiátrica precisa, juntamente com outros dados processuais, servirá de base para avaliação da responsabilidade penal pelo juiz e para a aplicação da pena.

A normalidade mental é determinada pela razão (entendimento) e livre-arbítrio (autodeterminação).

A autodeterminação requer que o indivíduo esteja livre de qualquer condição mórbida que possa interferir ou abolir a capacidade de reflexão sobre a escolha de praticar ou não o ato ou a omissão.

Os crimes praticados pelos indivíduos mentalmente normais têm sempre uma motivação plausível, afetiva ou sórdida.

Mesmo quando assassinos seriais, os motivos do indivíduo normal são identificáveis:

Econômico	Fanatismo	Político
matadores de aluguel	terroristas	ditadores chefes de Estado

4. DESENVOLVIMENTO MENTAL INCOMPLETO

Neste contexto, o desenvolvimento mental não está completo, mas pode se completar porque o cérebro é normal. Inclui as seguintes situações:

a) Menoridade

A lei brasileira adota o sistema biopsicológico para a caracterização da imputabilidade.

Abaixo dos 18 anos, o cérebro não está totalmente desenvolvido e, consequentemente, o psiquismo também não está.

Como a natureza não dá saltos, deve haver, segundo Palomba (2003, p. 509), uma graduação na atribuição da imputabilidade que respeite os momentos biopsicológicos:

CAPÍTULO 10 • PSICOPATOLOGIA FORENSE **407**

- **Nascimento até 12 anos:** é o período de aquisições mentais que corresponde à menoridade e à inimputabilidade.
- **Treze aos dezoito anos:** é o período em que o cérebro já apresenta condições para que, no meio social, o indivíduo forme seus valores éticos, morais, e tenha seus próprios interesses, devendo-se reconhecer a menoridade relativa e a semi-imputabilidade.
- **A partir dos 18 anos**, já existe desenvolvimento biológico e mental suficientes, com aptidão para a vida, sendo a imputabilidade plena.

Segundo o ECA, considera-se:

- criança – quem tem até 12 anos incompletos;
- adolescentes – entre 12 e 18 anos incompletos (ECA, art. 2°).

Os menores de 18 anos, na área penal, são inimputáveis, enquanto na esfera civil, são absolutamente incapazes de exercer pessoalmente os atos da vida civil os menores de 16 anos (CC, art. 3,). Entre 16 e 18 anos, eles são relativamente incapazes (CC, art. 4°, I).

A menoridade cessa aos dezoito anos completos, quando a pessoa fica habilitada à prática de todos os atos da vida civil (CC, art. 5°, *caput* e parágrafo único).

A partir dos 16 nos, a incapacidade cessará pela emancipação:

- pela concessão dos pais, ou de um deles na falta do outro, mediante instrumento público, independentemente de homologação judicial, ou por sentença do juiz, ouvido o tutor, se o menor tiver dezesseis anos completos;
- pelo casamento;
- pelo exercício de emprego público efetivo;
- pela colação de grau em curso de ensino superior;
- pelo estabelecimento civil ou comercial, ou pela existência de relação de emprego, desde que, em função deles, o menor com dezesseis anos completos tenha economia própria.

Na área civil, não há limite superior de idade.

Já na área penal, os maiores de 70 anos têm atenuação de pena, de acordo com o artigo 65, do CP são circunstâncias que sempre atenuam a pena: I – ser o agente menor de 21 (vinte e um), na data do fato, ou maior de 70 (setenta) anos, na data da sentença.

b) Surdo-mudo

A hipoacusia (surdez) pode ser congênita, pura, primária e irreversível, ou adquirida, consequente, por exemplo, a um trauma crânio encefálico que gere lesão mais extensa, comprometendo, inclusive, o funcionamento psíquico.

A surdez congênita ou adquirida precocemente leva ao mutismo, pois acarreta ausência de sensações auditivas que servem de base para a emissão de sons e autocorreção da fala.

Essa ausência de sensações auditivas também afeta o contato com o meio exterior, o intercâmbio com as pessoas e a aquisição de noções que dependem da linguagem falada, como princípios ético-morais, mesmo com educação especializada, principalmente quando a deficiência for de nascença.

Em vista disso, o surdo-mudo pode apresentar restrições nas funções mentais e comprometimento do discernimento.

A linguagem de sinais é limitada, ficando a comunicação imperfeita e a concepção do mundo exterior falseada.

Pela ausência de estímulo auditivo, não há estímulo da atenção e da curiosidade, gerando indiferença para o que ocorre ao redor, caso alguém não chame sua atenção. Em consequência, distrai-se com facilidade e não percebe o nexo de causalidade.

Resta ao surdo-mudo basear-se nas percepções visuais, aguçando sua capacidade de análise, especialmente em relação à interpretação mímica, que fica superior à de um homem normal.

Assim, interpretam emoções através da face, da fisionomia, porém suas observações são superficiais e sua vida psíquica rudimentar é equiparada à das crianças.

São facilmente sugestionáveis, pois não questionam, apenas imitam os outros.

Têm, como verdade, a explicação de outra pessoa e não procuram verificar as informações, o que os tornam testemunhas superficiais e perigosas.

Não criam vínculos fortes de empatia, pois apresentam sentimentos de hostilidade e rancor devido à exclusão dos grupos de amigos na infância e adolescência. Daí a falta de lealdade, que origina a falsidade do testemunho.

Havendo interrogatório, este deve ser por escrito e de forma a não o influenciar com o conteúdo das perguntas, nem com a forma como são feitas.

A hipoacusia pura e grave, com ou sem educação adequada, gera inimputabilidade se o crime praticado tiver nexo causal com a patologia. Já na hipoacusia moderada, haverá semi-imputabilidade se presente o nexo do ato com a patologia, e na leve, imputabilidade plena.

Os surdos-mudos que recebem tratamento em clínicas especializadas e <u>podem expressar sua vontade</u>, não são considerados penalmente irresponsáveis.

O testamento cerrado, no caso da surdo-mudez, será válido se escrito e assinado pelo próprio indivíduo, na presença de duas testemunhas, desde que ele também escreva, na parte externa do envelope, que aquele é seu testamento (CC, arts. 1866 e 1873).

c) Silvícola não aculturado

Tem conceitos próprios da comunidade em que vive, tendendo à apatia, insensibilidade e frieza, além de carecer de identidade social. Entretanto, havendo certo grau de aculturamento, mesmo vivendo na tribo, se exercer funções lucrativas ou cuidar das finanças da tribo, considera-se completo o desenvolvimento.

De acordo com o Código Civil, artigo 3°, parágrafo único: a capacidade dos indígenas será regulada por legislação especial, que é a Lei 6001 (19/12/1973) – Estatuto do índio – que estabelece, no artigo 8° – são nulos os atos praticados entre o índio não integrado e qualquer pessoa estranha à comunidade indígena quando não tenha havido assistência do órgão tutelar competente.

Não se aplica a regra deste artigo no caso em que o índio revele consciência e conhecimento do ato praticado, desde que não lhe seja prejudicial, e da extensão dos seus efeitos (Lei 6001, art. 8º, parágrafo único).

d) Apedeutismo

É a profunda ignorância daqueles que não sabem ler e escrever, equiparados à situação do silvícola pela falta de identidade social, sendo hoje muito raro.

Discute-se se a cegueira afeta o desenvolvimento mental, uma vez que os outros sentidos ficam mais aguçados. Apesar dos bons resultados da educação especializada, a cegueira que surge no adulto dificulta a adaptação, afetando o gerenciamento da própria vida.

O cego, sem educação apropriada, equipara-se ao surdo-mudo. Havendo educação apropriada, a perícia correta pode identificar se o desenvolvimento mental é completo, atestando a capacidade plena. Essa capacidade não pode ser presumida se o fato em questão dependeu do sentido comprometido. Para o cego, o artigo 1.867 do CC admite apenas testamento público, lido duas vezes em voz alta, na presença de testemunhas.

5. DESENVOLVIMENTO MENTAL RETARDADO OU OLIGOFRENIA

No desenvolvimento mental retardado há comprometimento do primeiro nível da imputabilidade, que diz respeito à capacidade de entender o caráter ilícito do fato.

Retardo mental é o funcionamento intelectual geral subnormal, que pode ser evidente no nascimento ou surgir durante a infância.

Há lentidão ou parada no desenvolvimento intelectual, gerando essa alteração quantitativa da mente.

Enquanto o indivíduo com inteligência normal assimila ensinamentos que lhe permitem resolver novos problemas, tal não ocorre com o oligofrênico, que fica incapacitado para exercer novas tarefas.

A inteligência concreta percebe o significado direto das coisas. Já a inteligência abstrata, diz respeito à capacidade de interpretar, de captar o que as coisas simbolizam.

No oligofrênico, está comprometida principalmente a inteligência abstrata, mas não se pode basear o diagnóstico apenas nesse fato porque, pessoas segregadas, com baixo nível socioeconômico, que moram em locais ermos, podem parecer ter menos inteligência, mas têm apenas desenvolvimento mental incompleto, que se completa quando supridas as carências. Trata-se, portanto, de pseudoligofrenia.

Também estão presentes transtornos de aprendizagem, adaptação social, amadurecimento e, frequentemente, transtornos emocionais.

Antigamente, utilizavam-se alguns termos para classificar o retardamento: idiota, para idade mental inferior a três anos; imbecil, para idade mental entre três e sete anos; débil, para idade mental acima de oito anos, não ultrapassando os 10 anos. Essa classificação foi mantida, pois nossa análise é baseada em critérios psicopatológicos, sem qualquer influência política.

A debilidade é o grau mais leve, mas não se equipara à normalidade porque há falta de atenção, falha no raciocínio, dificuldade de aprendizagem e prejuízo do juízo valorativo.

As capacidades mais simples estão preservadas e predomina a inteligência concreta, que até pode ser normal nos graus mais leves, com alguma capacidade de abstração, mas pode faltar totalmente nos graus mais severos.

Os débeis aprendem leitura, cálculos rudimentares e tarefas repetitivas.

Podem ser imputáveis se não houver nexo causal entre sua patologia e o delito. Havendo tal nexo, serão considerados semi-imputáveis.

Em geral são valentões, destemidos e rancorosos, praticando atos agressivos e até homicídios, principalmente se estimulados pelo álcool ou estresse.

Os imbecis conseguem comer por conta própria e se proteger dos perigos, mas em consequência de déficit de linguagem escrita e falada, leem com dificuldade e não entendem o significado das coisas, não ultrapassando o primeiro ano primário.

Na sua forma mais leve, diferencia-se do débil profundo pela incapacidade na escrita.

São passíveis de treinamento para ofícios que não exijam maior grau de capacitação e condicionamento.

Como seus instintos mais primitivos não têm freios, agem brutalmente para satisfação imediata, praticando estupros, bestialismo ou se prostituem.

As mulheres praticam o infanticídio, e os homens espancam e atiram contra a parede os próprios filhos.

O oligofrênico leve (débil) e moderado (imbecil) são sugestionáveis e influenciáveis em decorrência da baixa inteligência e incapacidade de crítica, sendo frequentemente utilizados como laranjas por outros marginais, como traficantes de drogas e arrombadores, inclusive para confessar crimes que não praticaram, porque não têm condições de argumentar.

Já os idiotas apresentam sérias deficiências motoras e neurológicas, sendo totalmente dependentes.

Na forma completa, não controlam os esfíncteres, não falam e mal se locomovem. Apesar de não terem capacidade para delinquir, podem ter reações instintivas muito violentas que resultam na prática de crimes monstruosos.

Na forma incompleta, podem controlar os esfíncteres, ter uma linguagem rudimentar e até se movimentar, praticando estupros e bestialismo.

Quanto mais grave for o retardo mental, menor é a probabilidade de envolvimento em uma prática delituosa.

Quando há características de personalidade passiva e submissa, é menor o potencial para cometer crimes.

Transantornos do caráter, com respostas inadequadas aos estímulos recebidos, são frequentes em portadores de retardo mental.

Por outro lado, os oligofrênicos são muitas vezes vítimas de abandono e maus tratos.

Os portadores de retardo mental moderado e profundo são considerados inimputáveis.

A deficiência mental moderada e profunda inviabiliza a condição de testemunho.

Entre o retardamento e a normalidade mental, situam-se os indivíduos considerados limítrofes, presentes em alta percentagem na população geral, em especial na população criminal, pela agressividade, baixo controle dos instintos e pequena tolerância à frustração.

São altamente irritáveis em decorrência da pobreza das relações interpessoais e da rejeição social.

A marginalização da sociedade competitiva faz com que vivenciem sua inferioridade, gerando angústia, ansiedade e hostilidade. Para compensar, reagem de forma desproporcional e violenta.

Dedicam-se especialmente a roubos, dos quais participam como cúmplices em decorrência da dificuldade mental para planejamento da ação.

São manipulados pelos autores e agem com violência desproporcional e desnecessária contra as vítimas.

Uma simples contradição pode desencadear uma atitude explosiva, pois o pensamento passa rapidamente a ato, sem freios, daí a fraca motivação de seus crimes.

Nos delitos sexuais, existe um forte componente vingativo por serem alvos de zombarias e menosprezo geradores da brutalidade com que praticam estupros e pedofilia homo ou heterossexual.

Os limítrofes são também numerosos nos grupos antissociais, como nos de vadios e de prostitutas, ligados geralmente a outros fatores como álcool e drogas.

Podem cometer delitos de incêndio apenas pela fascinação pelo fogo, sem previsão das consequências ou por vingança.

Em relação à capacidade civil, o retardamento grave (idiota) e o moderado (imbecil) geram incapacidade total, sendo possível a interdição e a anulação de negócios jurídicos.

Associa-se uma incapacidade de exercício do poder familiar e as visitas aos filhos com idade de até 7 anos, devem ter acompanhamento pessoal de maiores ou curadores, porque esses graus de retardamento geram um comportamento compatível com o de uma criança.

Já nos casos leves, tudo vai depender do amadurecimento mental e social.

Os negócios jurídicos podem ser anuláveis se houver dificuldade de entendimento.

Atualmente, o grau de retardamento é medido pelo CI (Coeficiente de Inteligência): limítrofe (68-85), leve (52-67), moderado (36-51), grave (20-35), profundo (<20).

6. DOENÇA MENTAL

Como não existe uma definição para doença mental, deve-se atentar às manifestações que refletem anomalias do pensamento, do sentimento e da conduta.

Surgem: pensamentos anormais, alteração do curso e da forma de pensamento, além de crenças anormais a respeito da possessão de pensamentos.

O pensamento racional, lógico e dirigido a um fim está deformado, comprometendo o juízo valorativo das alternativas existentes para a ação.

A consciência plena, conceituada como a capacidade de compreender a informação e de utilizá-la de maneira adequada, é substituída pela confusão, daí desorientação temporal, espacial e pessoal, e pelo delírio.

Delírio é a convicção errônea, baseada em conclusões falsas tiradas da realidade exterior.

Então, ideias delirantes são juízos patologicamente falsos.

O indivíduo apresenta convicção extraordinária, certeza subjetiva praticamente absoluta, não tendo dúvida sobre a veracidade de seu delírio.

Argumentos lógicos não são suficientes para remover a crença delirante.

Na doença mental, também pode surgir alteração da sensopercepção, gerando alucinações e ilusões.

Alucinações são sensações advindas dos órgãos dos sentidos, geralmente auditivas ou visuais, sem base na realidade.

O indivíduo tem como verdadeiro algo que só existe na sua mente.

A alucinação deve ser distinguida da pseudoalucinação.

Alucinose ou pseudoalucinação é uma experiência sensorial involuntária, vivida em ausência de um objeto, mas percebida como irreal, ao contrário da alucinação, que se confunde com a realidade nos pacientes em surto psicótico.

A alucinose seria uma alucinação não psicótica, na qual o senso crítico e o juízo estão conservados para perceber o que é realidade e o que é uma falsa percepção.

Assim, enquanto nas alucinações se vê, ouve, cheira, saboreia ou sente algo que não existe, e se acredita que essa sensação é um objeto real, nas pseudoalucinações as sensações alteradas são reconhecidas pela pessoa como irreais.

A pseudoalucinação ocorre em: transtorno de humor e de ansiedade; uso de álcool e alucinógenas; febre alta, acima de 39°, em crianças ou idosos; estímulo de um nervo sensitivo (ver pontos luminosos pela compressão dos olhos); ausência de estímulos por tempo prolongado; escutar vozes após um dia na prisão solitária; ao acordar: por exaustão; abstinência de drogas sedativas etc.

Há uma diplopia mental relacionada com a pseudoalucinação.

Diplopia é um distúrbio em que a pessoa enxerga duas imagens de um único objeto, podendo afetar um ou os dois olhos, causada por problemas de visão ou por alterações neurológicas.

CAPÍTULO 10 • PSICOPATOLOGIA FORENSE **413**

O cérebro não consegue reunir as imagens e as vê como duplas.

Ilusões são erros de percepção ou de entendimento por engano dos sentidos ou da mente.

Na doença mental, o erro está na interpretação da mente.

Podem surgir ideias de referência, que dizem respeito à distorção mórbida que leva o indivíduo à impressão de que é observado por outras pessoas constantemente, e tudo o que se percebe no mundo se relaciona com ele.

A memória também é comprometida, assim como a personalidade, constituída pela soma total dos padrões de pensamento, emoções e conduta habitual da pessoa na adaptação contínua da vida.

A personalidade contém o temperamento e o caráter.

O temperamento é inato. Sob influências sociais, transforma-se no caráter.

Temperamento é potência, enquanto caráter é atualidade.

Já a personalidade é a organização dinâmica, interior ao indivíduo, dos sistemas psicofísicos que determinam a sua adaptação única ao ambiente.

Na doença mental, há alteração qualitativa da mente que leva à perda da identidade pessoal.

O indivíduo afetado não tem consciência da doença.

Apesar de presentes as manifestações citadas, não se pode reduzir todo o comportamento do louco a mero sintoma da doença mental.

Deve-se analisar a conduta dentro de um contexto, determinando-se a existência ou não de relação entre a patologia e o delito.

Assim, inexistindo tal relação e não se exigindo conduta diversa da adotada, apesar de doente mental, será imputável.

Com base no exposto, inimputável é o indivíduo que, pela ausência total de entendimento do caráter ilícito do fato, realiza uma conduta criminosa que tem relação com seu estado mental, isto é, a conduta é mero sintoma da doença.

Se parcial o entendimento, será semi-imputável.

São consideradas doenças mentais: as demências, as psicoses, o alcoolismo crônico e as toxicomanias graves.

6.1. Demência

É o rebaixamento de todos os setores do psiquismo, tendo como exemplos, demência senil, Alzheimer (abaixo dos 60 anos), demência por arteriosclerose, trauma craniano etc.

Há comprometimento do comportamento social, da função cognitiva e do controle emocional.

O requisito primário para o diagnóstico de demência é a presença de múltiplos *deficits*, particularmente em pacientes com nível de escolaridade médio ou mais alto.

MEDICINA LEGAL E NOÇÕES DE CRIMINALÍSTICA • Neusa Bittar

A demência do idoso leva a raras ocorrências criminais, geralmente relacionadas à impossibilidade de satisfazer os próprios instintos sexuais, daí a prática de atos de libidinagem, exibicionismo, sadismo etc. Frequentemente, as vítimas são crianças, até as próprias netas.

Quando casado com mulher mais jovem, pode ter ciúme doentio que o leva ao crime.

6.2. Psicose

É a ruptura total ou parcial com a realidade circundante, alterando a conduta social do indivíduo. Inclui a psicose maníaco-depressiva (distúrbio bipolar), as psicoses epilépticas, pré-senil, senil, puerperal, esquizofrenia etc.

As psicoses podem ser:

a. Agudas – decorrentes de stress, traumatismos cranioencefálicos, intoxicações, estados infecciosos, sendo também observadas em casos graves que permanecem tempo prolongado na Unidade de Terapia Intensiva (UTI). Uma vez cessada a causa, o estado mental volta ao normal, pois são transitórias;

b. Crônicas – podem evoluir por surtos, com ou sem períodos de melhora.

Apresentam as seguintes fases de evolução, segundo Lutz (Hércues, p. 719):

— Fase pré-psicótica – a doença já existe, mas não pode ser clinicamente detectável. Desta forma, se o indivíduo cometer delito e for condenado, a doença pode eclodir durante o cumprimento da pena, gerando a necessidade de avaliação psiquiátrica;

— Fase médico-legal – os sinais e sintomas já estão presentes, mas ainda não houve diagnóstico, o que acaba ocorrendo ao passar pelo psiquiatra forense quando comete o delito;

— Fase de estado – a doença já está evidente, podendo evoluir para melhora, piora ou estabilização;

— Fase de remissão – quando o paciente apresenta intensa melhora, mas sem cura completa, porque mantém o defeito psíquico e de personalidade;

— Fase de cura – é rara e geralmente aparente, porque os defeitos de personalidade próprios da doença permanecem e um novo surto confirma a ausência de cura.

6.2.1. Psicose maníaco-depressiva ou distúrbio bipolar

É um grave distúrbio primário do humor que se manifesta, na sua forma tradicional, por períodos de extrema depressão, intercalados por períodos maníacos de extrema euforia. Entre esses períodos podem ocorrer, ou não, intervalos lúcidos de duração variável.

Os primeiros sintomas se iniciam na adolescência ou na idade adulta jovem.

Na fase maníaca, praticam furtos e estelionatos, utilizam cheques sem fundos, pois, com seu otimismo infundado, acham que ganharão muito dinheiro.

O episódio maníaco caracteriza-se por:

– humor elevado, podendo haver uma alegria contagiante;

– discurso rápido;

– pensamento acelerado;

– atividade física e mental mais vigorosas;

– diminuição da necessidade de sono;

– irritabilidade, com ou sem hostilidade;

– hipersexualidade improdutiva;

– impulsividade;

– autoestima elevada;

– ideias delirantes de grandeza;

– fala de forma ininterrupta;

– incapacidade de persistir em qualquer objetivo fixo;

– tendência de dominar e controlar os outros, provocando conflitos;

– distração constante decorrente da elevada percepção de estímulos externos;

– envolvimento em atividades potencialmente perigosas, sem qualquer preocupação;

– fuga de ideias, pois elas correm tão rapidamente que impossibilitam a conclusão, levando o paciente a emendar uma ideia não concluída em outra, sucessivamente.

Como seus impulsos doentios não têm freios, podem tornar-se violentos caso encontrem obstáculos em seu caminho.

A orientação da vontade é paradoxal, podendo doar os próprios bens.

A prodigalidade é um conceito jurídico que define um sintoma comum em vários diagnósticos psiquiátricos, não sendo um conceito médico patognomônico do Transtorno Afetivo Bipolar.

O pródigo é aquele que dilapida seu patrimônio com gastos injustificáveis.

O perito não determina se o avaliado é ou não pródigo. Sua identificação deve ser determinada pelo juízo.

Os psicóticos maníaco-depressivos (distúrbio bipolar) habitualmente não delinquem, mas podem fazê-lo.

O paciente maníaco fica eufórico e exaltado, podendo fazer compras de forma excessiva, doar ou vender seus bens ou se envolver em apostas ou jogos, de forma patológica, sendo a interdição a medida para proteger o patrimônio do paciente e de sua família.

Mesmo com o Estatuto da Pessoa com Deficiência (Lei nº 13.146 de 06.06.2015), o "pródigo" não deixou de ser passível de interdição total ou parcial, dependendo da patologia em que esse sintoma se liga.

Estados de mania, com grande excitação e agitação psicomotora, com sintomas psicóticos, muitas vezes do tipo paranoide, favorecem a prática de atos violentos, geram inimputabilidade.

Na área civil, capacidade é a medida jurídica da personalidade, sendo, portanto, o reconhecimento da existência dos requisitos necessários para que o indivíduo possa agir por si, como sujeito ativo ou passivo de uma relação jurídica.

Na fase maníaca, o indivíduo pode apresentar prodigalidade (conceito jurídico-social).

Por estar eufórico e exaltado, o paciente maníaco pode fazer compras de forma excessiva, doar ou vender seus bens ou se envolver em apostas ou jogos, de forma patológica, sendo a interdição a medida habitual para proteger seu patrimônio e de sua família.

Na fase depressiva, as manifestações ansiosas e delirantes levam aos atos brutais, geralmente contra a própria família: matam para livrá-los de futuros sofrimentos, pelos quais se sentem responsáveis (delírio de culpa). Não raras vezes, suicidam-se a seguir, pois para eles o suicídio é uma saída lógica.

Nesta depressão psicótica, o indivíduo considera, de forma delirante, que ele e algum familiar vão sofrer para sempre ou serão condenados, podendo planejar o homicídio desse familiar, seguido de tentativa de suicídio.

Na depressão psicótica, o indivíduo acha, de forma delirante, que ele e familiares vão sofrer para sempre ou serão condenados, podendo planejar o homicídio desses familiares, seguido de suicídio consumado ou tentado e fazendo jus à inimputabilidade.

Frequentemente, apenas o homicídio foi cometido, tendo o indivíduo se ferido após ser impedido por outrem de dar continuidade a seus atos, caindo na inimputabilidade.

Também são comuns, nessa fase, os crimes de omissão em decorrência da inércia gerada pela depressão.

Podem atentar contra a própria vida, utilizando meios adequados ou não, o que denota sério distúrbio mental porque o instinto de preservação é o instinto básico da vida. É o instinto mais forte e determinante de outros, como o instinto sexual, que permite a continuidade da espécie, o instinto gregário etc. O homem dele depende para sobreviver.

Tem-se, como exceção, a autoeutanásia relacionada ao sofrimento físico insuportável.

Em revisão de 15.629 suicídios realizada pela OMS, 35,8% das vítimas tinham transtorno de humor.

Entretanto, não é a infelicidade ou as frustrações que levam ao suicídio, pois elas são naturais e normais em certas situações e até estimulam a busca soluções.

Assim exemplifica o professor Guido Palomba:

Se morre o cachorro de um indivíduo, é normal do ser humano ficar deprimido. Nesse caso, é um erro entender que se trata de um transtorno bipolar e prescrever antidepressivo. Quem ficaria feliz nesse caso? Quem é que está feliz sem dinheiro no bolso? E quando está com dificuldade de arrumar emprego e tem de pagar as contas?

A hipomania e a depressão moderada são perturbação da saúde mental, podendo causar a prejuízo na capacidade de entendimento e de determinação, levando à semi-imputabilidade (CP, art. 26, parágrafo único).

Na depressão leve ou moderada, o indivíduo tem plena capacidade civil.

Na fase depressiva grave, com sintomas psicóticos, por exemplo, o paciente também pode fazer doações ou testamentos.

Havendo sintomas psicóticos, os documentos serão anulados.

Na fase depressiva grave, com sintomas psicóticos, o paciente também pode fazer doações ou testamentos, sendo esses documentos geralmente questionados quanto à validade, o que torna necessária a perícia psiquiátrica.

Havendo sintomatologia psicótica, os documentos serão anulados.

Na depressão de gravidade leve ou moderada, o indivíduo tem plena capacidade civil.

Tipos de distúrbio bipolar

Tipo 1

Chamado de bipolar clássico, inicia-se geralmente aos 18 anos.

Há predomínio da mania ou hipomania em relação à depressão, com sintomas expressivos e psicóticos desconectados da realidade.

Tipo 2

Inicia-se em torno dos 25 anos.

Há predomínio da depressão em relação à hipomania, ao contrário do tipo 1, sendo os episódios de mania leves ou moderados, que não geram grandes alterações na vida do indivíduo.

Estão presentes: impulsividade, tentativas de suicídio e uso de substâncias que alteram a consciência.

Tipo 3

Os episódios de mania são causados por medicação.

Há sentimento de culpa ou inutilidade, ansiedade, irritabilidade, desânimo, cansaço mental, tendência ao isolamento social e familiar.

Hipomania é uma alteração de humor semelhante à mania, porém com menor intensidade, com sinais que interferem menos na rotina, além de mais fáceis de controlar.

É, portanto, um quadro em grau mais leve de mania, que aparece em pacientes com transtorno bipolar, no início dos episódios de mania, ou no transtorno ciclotímico.

A ciclotimia é um transtorno crônico de humor que causa uma flutuação entre a euforia e a tristeza, com períodos de hipomania e depressão, podendo haver momentos de estabilidade no temperamento.

Na hipomania, há mudança no humor habitual para euforia ou irritabilidade, hiperatividade, tagarelice, diminuição da necessidade de sono, desinibição e atitudes despreocupadas.

Estão aumentadas a sociabilidade, a atividade física, a iniciativa de atividades prazerosas, a libido e a atividade sexual.

Não há sintomas psicóticos, nem comprometimento funcional do indivíduo, podendo durar de 1 a 3 dias ou vários dias.

O humor é irritável, com sensação de nervosismo e aumento de energia.

Geralmente, há história familiar positiva para mania, hipomania e depressão.

Estágio I – é a fase inicial caracterizada pelo aumento de atividade, humor lábil eufórico, irritável ou ambos, pensamentos expansivos, grandiosos e de autoconfiança exacerbada.

Estágio II – é o estágio seguinte, de mania aguda, com atividade psicomotora aumentada, discurso mais rápido, humor mais lábil, mistura de euforia e disforia, irritabilidade que se transforma em franca hostilidade e raiva, comportamento explosivo e agressivo, fuga de ideias, cognição desorganizada, tendências grandiosas e paranoicas.

Estágio III – o episódio maníaco avança para um episódio psicótico não diferenciado com disforia, acompanhada de movimentação frenética, pensamentos incoerentes, delírios bizarros e de autorreferência, caracterizando desorganização psicótica.

Há dificuldade em distinguir de outras psicoses agudas, mas ao contrário do que ocorre na mania depressiva, há disposição para realizar atividades diárias, a pessoa se sente muito bem, com bastante energia, diminui a necessidade de sono e a libido aumenta.

A hipomania ocorre no distúrbio bipolar do tipo 2, ou como episódio isolado, e não interfere na aplicação da pena.

Depressão – é uma tristeza profunda, muitas vezes sem conteúdo e sem motivo aparente, podendo o indivíduo chorar, sentir aperto no perito, palpitações, ter pensamentos suicidas.

Um sentimento mais ou menos permanente de frustração, de não realização dos seus planos e projetos domina o indivíduo, e há baixa autoestima.

Dependendo da intensidade dos sintomas, um episódio depressivo pode ser:

- leve – há alguma dificuldade em continuar um trabalho simples e atividades sociais, mas sem grande prejuízo no funcionamento global;
- moderado – há rebaixamento do humor, redução da energia, mudança da capacidade de ter prazer, perda de interesse, dificuldade para se concentrar, fadiga, problemas do sono e diminuição do apetite;
- grave sem sintomas psicóticos – agitação, sensação de angústia e irritabilidade, com risco de suicídio, sentimento de culpa, desânimo, sono, libido e concentração alterados;
- grave com sintomas psicóticos – alucinações, ideias delirantes, lentidão psicomotora ou estupor graves, afetando as atividades sociais normais, que se tornam impossíveis, havendo risco de morrer por suicídio, por desidratação ou de desnutrição.

Distimia ou transtorno depressivo persistente – consiste no mau-humor crônico, que não é notado pelos portadores desse distúrbio.

Pode ter origem ainda na infância ou na adolescência e persistir por anos ou décadas.

6.2.2. Esquizofrenia

É uma doença que evolui com surtos de exacerbação dos sintomas e surtos de acalmia.

Caracteriza-se por uma desordem profunda nos processos psíquicos.

Na fase prodrômica, a esquizofrenia apresenta sintomas depressivos, leves alterações de pensamentos, piora do desempenho escolar e isolamento social.

Esse quadro precede o início da doença e pode culminar com o primeiro episódio psicótico.

O afeto está inadequado ou embotado.

A capacidade intelectual inicialmente está mantida, mas com o tempo, podem surgir *déficits* cognitivos.

Na esquizofrenia aguda, predominam os delírios, as alucinações e a alteração de comportamento.

Podem surgir delírios explicativos, a ponto de o indivíduo acreditar que forças naturais ou sobrenaturais influenciam seus pensamentos e ações.

Predominam as alucinações auditivas, percebidas pelo paciente como provenientes do espaço exterior, descritas por ele como vozes fora da cabeça.

Há uma modificação profunda e duradoura da personalidade.

A atividade motora torna-se excessiva, sem propósito aparente, não influenciada por estímulos externos, além de movimento voluntário peculiar, com posturas inadequadas ou bizarras, movimentos estereotipados, maneirismos e trejeitos faciais;

O negativismo é extremo, a postura é rígida e resistente às tentativas de mobilização, mutismo.

Surgem:

- ecolalia, que é uma forma de afasia em que o paciente repete mecanicamente palavras ou frases que ouve; ou
- ecopraxia (do grego echo = repetição e praxia = ação), que é a repetição involuntária ou a imitação dos movimentos de outras pessoas.

São frequentes: fugas, abandono de serviço, e deserção do serviço militar, de forma súbita e sem motivação aparente, podendo o paciente regressar de maneira espontânea ou ser encontrado vagando sem rumo.

Podem ocorrer automutilações, tentativas de suicídio, condutas incendiárias e delitos sexuais, como respostas a delírios, alucinações; e/ou intensa angústia.

Esquizofrenia residual é um estágio tardio do desenvolvimento crônico de um transtorno esquizofrênico, no qual houve progressão de período inicial, com um ou mais episódios agudos da doença, para um período posterior, caracterizado por sintomas negativos de longa duração.

A depressão pós-esquizofrênica caracteriza-se por episódio depressivo após um episódio da doença, prolongado ou não, estando ainda presentes alguns sintomas esquizofrênicos, sem dominar o quadro clínico. Está mais associado a risco de suicídio.

A esquizofrenia é a psicose mais frequente nos réus que se submetem a exame de imputabilidade penal e são considerados inimputáveis.

Indivíduos com esquizofrenia podem cometer qualquer tipo de delito, em especial delitos contra a pessoa, como lesões corporais e homicídios praticados sem coautoria.

Há uma tendência repetitiva e estereotipada dos delitos.

Quando praticam furtos sozinhos, nota-se inutilidade da conduta, pelo fato de se apoderarem de objetos bizarros e sem valor comercial.

Mulheres esquizofrênicas inimputáveis têm geralmente como vítimas os próprios filhos, enquanto homens inimputáveis vitimizam as esposas ou as companheiras.

A violência dos indivíduos com esquizofrenia estaria associada a sintomas psicóticos positivos, enquanto os sintomas negativos diminuiriam o risco de agressão.

Por isso, na esquizofrenia paranoide, o homicídio decorre de resposta a delírios persecutório e alucinações auditivas do tipo ordem de comando.

Delitos de desacato a autoridades ou de resistência a abordagens terapêuticas e judiciais também podem ocorrer.

Pacientes não tratados podem se tornar vítimas de todo tipo de violência, ou ser usados, por sua sugestionabilidade, para a prática de delitos diversos sob orientação de criminosos.

A esquizofrenia paranoide pode deixar o acusado inteiramente incapaz de entender o caráter criminoso do fato cometido, geralmente repentino, inesperado e sem motivos, mas pode ter um planejamento mórbido.

Portadores de esquizofrenia em remissão dos sintomas psicóticos podem praticar crimes nas mesmas condições de pessoas sem doença mental, desde que inexista nexo de causalidade entre a doença mental e o delito.

Formas de esquizofrenia: simples, catatônica, paranoide e hebefrênica

Esquizofrenia simples

É incomum, tendo desenvolvimento insidioso e progressivo.

A conduta do paciente é estranha, há incapacidade para atender às exigências da vida em sociedade e um declínio geral no seu desempenho.

Delírios e alucinações não são evidentes e não há alterações bruscas de comportamento.

Há perda progressiva da afetividade, da capacidade de interagir com pessoas e prejuízo crescente de seu desempenho social e ocupacional.

Esquizofrenia paranoide

É a forma mais comum.

Leva a uma desagregação do pensamento, embotamento afetivo, alucinações principalmente auditivas, de comando e delírios de perseguição, de referência, ascendência, missão especial e ciúmes.

Há alterações do humor como irritabilidade, raiva repentina, receio e suspeita.

Em virtude dos delírios de perseguição, a esquizofrenia do tipo paranoide é a mais envolvida em crimes, pois o doente age como se fosse autodefesa: ataca para se defender.

O crime é imotivado, sendo disparado por alucinações auditivas imperativas (ouve vozes que o intimidam, que determinam).

Como há embotamento da afetividade, os delitos geralmente são bárbaros.

Não há arrependimento, nem dissimulação, porque o esquizofrênico acredita ter agido em legítima defesa, permanecendo no local do crime ou próximo a ele.

São frequentes os homicídios cruéis e os delitos contra a família e pessoas próximas, premeditados ou não.

Esquizofrenia hebefrênica

Costuma ter início entre os 15 e os 25 anos, desenvolvendo-se rapidamente, com sintomas negativos, principalmente embotamento afetivo e perda da volição.

O pensamento é desorganizado e o discurso é incoerente, com divagações.

O afeto é superficial e inadequado, acompanhado de sorrisos de autossatisfação, de absorção em si mesmo ou de caretas, maneirismos, brincadeiras, queixas hipocondríacas e frases repetitivas.

São característicos: a atitude, o maneirismo e a fisionomia tipicamente infantil.

Esquizofrenia catatônica

Aqui predominam as perturbações psicomotoras, podendo surgir alternância entre extremos, como hipercinesia e estupor, obediência automática e negativismo.

Podem ocorrer episódios de violência e agitação psicomotora.

São características da esquizofrenia catatônica:

- autismo;
- negativismo;
- resistência imotivada às solicitações de movimento ou tentativas de mobilização;
- estupor, que é um estado de inconsciência profunda de origem orgânica, com insensibilidade ao meio ambiente e ausência de reações motoras;
- imobilidade súbita;
- catalepsia – condição transitória de incapacidade na movimentação dos membros, na cabeça ou até na fala, podendo ser confundida com morte, pois a respiração também é afetada.

- maneirismo – graça, leveza e sofisticação;
- estereotipia – comportamentos motores ou verbais repetitivos, não direcionados a um objetivo, com repetições idênticas contínuas durante um período e em várias ocasiões.
- verbigeração – repetição incessante de expressões, frases ou palavras sem sentido, geralmente fora do contexto da conversa.

O paciente permanece na mesma posição durante horas ou se senta encurvado em um canto com expressão pétrea, olhar para o espaço com expressão absorta, fala incoerente e com pessoas invisíveis, agitado, mudez.

Esquizofrenia indiferenciada é a que apresenta aspectos de mais de um tipo de esquizofrenia, sem predomínio de uma delas.

O transtorno esquizotípico consiste no comportamento excêntrico.

Tem curso crônico com flutuações, podendo evoluir para esquizofrenia franca.

Há anomalias do pensamento e do afeto que se assemelham aos vistos na esquizofrenia, mas inexiste quadro clínico evidente da doença, não preenchendo os critérios para esquizofrenia.

Parafrenia é uma psicose paranoide caracterizada pela presença de alucinações, sem alterações afetivos e sem pensamento desorganizado, com preservação da personalidade.

Consiste em delírios paranoicos, com ou sem alucinações, que ocorrem em adultos com um cérebro e personalidade bem formados, sem deterioração cognitiva das psicoses precoces.

Difere da esquizofrenia pela sua baixa ocorrência hereditária, progressão mais lenta e sintomas mais tardios (perto dos 60 anos).

Aspectos periciais

O portador de esquizofrenia considerado inimputável pelo juiz, será absolvido e receberá uma medida de segurança (MS) a ser cumprida na forma de tratamento hospitalar ou ambulatorial, obedecendo a critério de gravidade do delito e a natureza da pena (reclusão ou detenção).

É tratamento de caráter obrigatório e duração mínima de 1 a 3 anos, de acordo com as circunstâncias do delito e a critério do juiz.

Ao terminar o prazo mínimo, o paciente será submetido a exame de verificação de cessação de periculosidade, que avalia o risco, em curto ou médio prazo, de reincidir na prática de ato violento. É uma probabilidade.

Caso persista a periculosidade, o exame será renovado a cada ano enquanto persistir em cumprimento de MS.

Exame clínico minucioso deve verificar: a evolução da doença mental e das comorbidades, a resposta e a adesão ao tratamento, a existência de *insight* (clareza súbita na mente) sobre a doença, a crítica feita ao delito, os planos futuros e a existência de apoio sociofamiliar.

Na área cível, o perito deve ater-se à capacidade de entendimento do doente.

Quadros psicóticos tornam os pacientes absolutamente ou relativamente incapazes para atos da vida civil.

Ao examinar a capacidade para a prática de determinado ato já realizado, em ações de anulação de atos ou negócios jurídicos, o perito deve se ater ao discernimento do paciente em relação aos elementos essenciais do ato ou negócio em discussão.

Na esquizofrenia crônica, o indivíduo pode apresentar perda da iniciativa e da motivação, apatia, desatenção, levando à dificuldade na avaliação da compreensão do paciente sobre o que fez ou ao que pretende fazer.

O indivíduo com esquizofrenia paranoide, devido à sua conduta desconfiada e onipotente, pode ser lacônico, ocultando deliberadamente seus sentimentos e pensamentos.

A avaliação pericial deve ser complementada por: entrevistas de familiares e informantes idôneos; exame de relatos sobre tratamentos e internações prévias; testagens psicológicas e aplicação de escalas.

6.2.3. Psicose epiléptica

Antes de se comentar a respeito da psicose epiléptica, impõe-se esclarecer que existem três tipos de epilepsia:

neurológica	psicótica	condutopática ou psicopática
sinais e sintomas neurológicos (convulsões)	sinais e sintomas psicóticos	sinais e sintomas comportamentais

Na forma neurológica, representada por contrações musculares ou convulsões generalizadas, os indivíduos não apresentam qualquer componente delitivo diferente do restante da população

Já na psicose epiléptica, há alterações graves do psiquismo que se assemelham às da esquizofrenia, mas as alucinações são visuais, sendo frequentes também as gustativas e olfativas.

Os delírios são místico-religiosos e sempre estão presentes os equivalentes epilépticos como cefaleia, sonambulismo etc.

Essa forma psiquiátrica da epilepsia, que se caracteriza por estados crepusculares, automatismos e alterações psicomotoras, evolui com crises de extrema agressividade. Entretanto, os sintomas não se resumem às crises, pois existem manifestações antes e depois das mesmas. Dessa forma, os delitos podem ser cometidos antes, durante ou depois das crises.

Sintomas que antecedem às crises

• contrações musculares involuntárias, principalmente nas mãos e na face;

• sensação de desconforto;

- vertigem;

- parestesias (formigamentos);

- alterações mentais como irritabilidade e agressividade ou apatia, mutismo ou tagarelice;

- alterações de humor como euforia ou depressão;

- distúrbios de afetividade.

Devem ser diferenciados da aura, que é o conjunto de sintomas sensoriais, motores e/ou psíquicos que precede imediatamente às crises, geralmente invariáveis para cada doente (como se fosse um aviso de que a crise vai ocorrer). Por isso, para alguns autores, a aura já faz parte das crises.

Crises

Manifestam-se por automatismos exteriorizados por impulsos, que são ações explosivas espontâneas, súbitas e irreversíveis, acompanhadas de grande agressividade e ferocidade.

O doente ataca quem estiver por perto, geralmente familiares como esposa e filhos, de forma brutal e violenta, com golpes repetitivos e crueldade. Quebra tudo ao redor (pantoclastia), principalmente quando sob efeito de álcool ou drogas. É o furor epiléptico.

A crise de liberação de agressividade parece ser um substituto da crise convulsiva orgânica, devendo-se observar se presentes pelo menos seis dos nove itens indicadores dos crimes violentos praticados pelos doentes mentais epilépticos:

- Ausência de motivos plausíveis;

- Ausência de premeditação;

- Instantaneidade da ação;

- Ferocidade na execução;

- Multiplicidade dos golpes;

- Ausência de dissimulação;

- Ausência de remorso;

- Ausência de cúmplice;

- Amnésia ou lembranças confusas.

Sintomas que sucedem às crises

- Amnésia lacunar

Pode haver amnésia total ou parcial do momento do crime, como se o indivíduo estivesse no período pós-convulsão.

- Fugas

São ações independentes da vontade do doente, coordenadas ou não, que podem levá-lo a se deslocar de uma cidade para a outra e durar dias. Age automaticamente, sem consciência do que faz. Pode delinquir ou não.

Nessas duas situações, o doente é inimputável.

• Estados crepusculares

Estado crepuscular é um estado de inconsciência não muito profundo, mais ou menos prolongado, que surge frequentemente no fim das crises convulsivas, cessando de modo mais ou menos brusco. É uma forma grave do sonambulismo epiléptico.

Há um estreitamento da consciência e distorção da percepção, manifestada por alucinações, ilusões, agitação psicomotora e agressividade. Dura horas, mas pode ultrapassar mais de mês.

As ideias são delirantes multiformes, acompanhadas de episódios confusionais, obnubilação da consciência e alucinações de cor viva (geralmente vermelho).

O indivíduo age com cólera e violência.

O doente vai apresentando um caráter epiléptico que consiste em:

– raciocínio lento;

– dificuldade de fazer associações;

– dificuldade de captar o sentido global do que ouvem;

– apega-se nas minúcias em detrimento do conjunto;

– prolixos;

– solícitos, mas exigentes de consideração e afeto;

– comportamento que oscila entre viscosidade e explosividade;

– embotamento intelectual.

Em vista do exposto, fatos insignificantes provocam explosões e agressões, uma vez que o epiléptico percebe ofensas em pequenos deslizes. Com o tempo, tudo se acentua e ele acaba ficando isolado, o que contribui para a deterioração da atenção, compreensão e memória.

Ao contrário do que se possa pensar, os doentes mentais não delinquem mais do que os indivíduos normais, mas quando o fazem, não necessitam de qualquer estímulo do meio. Tudo brota de suas mentes.

Quando assassinos seriais, cometem os crimes sozinhos em decorrência de descarga de agressividade, visando atingir o maior número possível de vítimas e geralmente suicidam-se a seguir. Aqui se enquadram:

• Os **franco-atiradores** (*mass murderer*) – os quais matam quatro ou mais vítimas em um único episódio, em um mesmo local;

• Os **matadores ao acaso** (*spree killers*) – que matam em locais diversos, em um lapso de tempo muito curto, pois vão andando e matando quem aparecer no caminho.

São geralmente esquizofrênicos ou psicóticos epilépticos.

O alcoolismo crônico grave e a toxicomania grave, considerados doenças mentais por anularem o entendimento e o livre-arbítrio, serão analisados no **capítulo 11**.

7. PERTURBAÇÃO DA SAÚDE MENTAL

Entre a normalidade e a doença mental existe uma fronteira com limites imprecisos onde se encontram os indivíduos com perturbação da saúde mental.

Inclui as neuroses, as condutopatias, a toxicomania e o alcoolismo moderados e leves.

7.1. Neuroses

São distúrbios da saúde mental relacionados à angústia e à ansiedade.

Angústia é o medo sem objeto atual e definido (desconhecido).

Ansiedade é a inquietação, a impaciência, o estado de alerta que acaba definindo o que era indefinido na angústia.

O indivíduo tem noção de que está doente, mas não consegue reagir.

Uma vez definida a causa, a neurose assume diferentes tipos:

a) Neuroses obsessivo-compulsivas, nas quais as ideias obsessivas se impõem ao indivíduo, levando-o à ação. Têm-se como exemplos a cleptomania (mania de furtar objetos), a loucura da dúvida (medo de se contaminar se tocar em certos objetos), o jogo patológico e a oniomania (compra compulsiva, por impulso, de coisas sem necessidade alguma, que atinge cerca de 3% de pessoas ao redor do mundo, mais frequente nas mulheres).

b) Neurose histérica, representada por sintomas orgânicos e mentais que levam à simulação semiconsciente de doença.

c) Neurose fóbica, manifestada por terror paralisante projetado sobre pessoas, coisas, situações ou atos. São exemplos: hidrofobia – medo de água; misofobia – medo de sujeira, síndrome do pânico.

A cleptomania já é a mania de praticar furtos, e o jogo patológico, pode levar ao estelionato, contravenções penais e furtos para cobrir as perdas. Também pode haver clastomania, que é a mania de quebrar ou rasgar coisas, levando a crime de dano.

Já a neurose histérica pode ser causa de atos omissivos.

A crise dissociativa histérica tema tendência a surgir na presença de outras pessoas. Fala-se, inclusive, que enquanto houver espectador, há espetáculo.

Entre as neuroses fóbicas está a síndrome do pânico, caracterizada pelo sentimento de ameaça iminente, acompanhado de sensações corporais descritas detalhadamente pelo indivíduo e relacionadas ao local em que ocorreram.

O medo mórbido pode ser de espaços abertos (agorafobia) ou fechados (claustro-fobia).

O indivíduo tem sentimento de morte súbita, palpitação, falta de ar, tontura, nó na garganta, pressão no peito, tremores e desmaios.

Os sintomas duram cerca de dez minutos, voltando o psiquismo ao normal após a crise.

CAPÍTULO 10 • PSICOPATOLOGIA FORENSE **427**

O segundo episódio, após dias ou semanas, é mais forte, levando o indivíduo a fugir das situações desencadeadoras (atitude de evitação) e a pensar que está louco.

Nas neuroses, as alterações têm por base as vivências dolorosas do passado, enquanto nas psicoses a patologia mental é fruto da mente.

7.2. Condutopatias, sociopatias ou psicopatias

É a loucura dos atos, a patologia da vontade e dos sentimentos contrastando com uma inteligência geralmente normal.

Recebeu várias denominações: loucura moral, loucura dos degenerados, enfermidade do caráter, inferioridade psicopática, loucura lúcida, cegos morais, anestesiados do senso moral, semiloucos, desequilibrados insociáveis, personalidade psicopática, transtorno de caráter, distúrbio de comportamento, distúrbio da conduta, sociopatia, transtorno de personalidade e de comportamento (CID-10), transtorno de personalidade (DSM-IV) e, mais modernamente, condutopatia, termo utilizado por Palomba (2003, p. 518).

A personalidade é uma etiqueta descritiva global para a totalidade da conduta, refletindo-se nas técnicas utilizadas no relacionamento com as pessoas ou coisas.

Quando anormalmente estruturada, o prazer gerado por conduta conflitante prepondera sobre o sofrimento social que possa produzir, o que torna esses indivíduos insocializáveis.

Há uma incapacidade de fidelidade significativa a indivíduos, grupos ou valores sociais.

Os condutopatas, também chamados psicopatas, sociopatas ou fronteiriços, são egoístas, insensíveis, impulsivos, incapazes de sentir culpa ou de aprender com a experiência ou com o castigo.

Culpam os outros por suas condutas ou buscam racionalizações plausíveis para justificá-las.

Essas alterações do comportamento resultam basicamente do comprometimento de três estruturas psíquicas:

- afetividade;
- conação (intenção mal dirigida) – volição (movimento em direção ao ato);
- capacidade de crítica.

O comprometimento da afetividade gera insensibilidade, indiferença a elogios e críticas, egoísmo e frieza que os torna alheios ao sofrimento do próximo, além da ausência de sentimentos de piedade.

Como a conação-volição está afetada, há intenção mal dirigida e o movimento voluntário em direção ao ato não tem o freio da crítica. Isso porque há comprometimento da capacidade crítica e de julgamento de valores ético-morais.

Em outras palavras, uma vez que surja o impulso mórbido, a conduta que o concretizaria não é inibida, pois a autocrítica e o juízo de valores ético-morais estão anormalmente estruturados.

As outras estruturas da mente como inteligência, memória e sensopercepção estão íntegras. Dessa forma, não apresentam delírios, nem alucinações, e caso isso ocorra pelo uso de bebidas ou drogas, constitui mero fator coadjuvante e não causa do distúrbio.

O condutopata não prevê as consequências dos seus atos, não observando as regras mínimas de segurança. Mas também não sofre com eles, a não ser que as consequências o atinjam ou que tenha fracassado na ação.

A característica básica dos indivíduos fronteiriços é a ausência de arrependimento.

Os condutopatas raramente têm motivo para sofrimento pessoal e são incapazes de fortes emoções.

Não têm relacionamentos significativos, excetuando-se com os parentes de primeiro grau. Entretanto, consideram as relações mais íntimas do que na verdade são.

Sempre satisfeitos consigo próprios, não buscam e não aceitam ajuda especializada.

O importante é que o condutopata é capaz de fazer mal ao seu semelhante pelo simples prazer de fazê-lo, impingindo-lhe sofrimento desnecessário e cruel, sem que tenha capacidade de agir de forma diversa daquela como agiu.

Classificação dos psicopatas

A classificação de *Kurt Schneider* é a classificação original das psicopatias, que se fundamenta na alteração básica principal para estabelecer os seguintes tipos:

a. Hipertímico (tipo sanguíneo de Hpócrates).

É despreocupado, alegre, informal, superficial, sem seriedade e inconstante, com muitas ideias e atividades que não chega a concluir. Toma decisões com facilidade e faz promessas que não cumpre, passando por cima de tudo.

Envolve-se em brigas, disputas (inclusive judiciais), furtos, estelionatos, infidelidades, chegando a praticar crimes contra a dignidade sexual.

b. Depressivo.

É triste, desanimado, com pouca atividade física e mental, desestabiliza-se com facilidade, muitas vezes hipocondríaco e assume a aparência de coitado.

c. Explosivo ou irritável.

É calmo, até que algo o incomode. Exalta-se por qualquer motivo (estopim curto), sem premeditação, chegando a agredir e até a matar em virtude de reação desproporcional ao estímulo, sendo frequentes os desrespeitos aos superiores e os crimes passionais.

d. Lábil de humor.

Apresenta distimia, isto é, oscilações de ânimo imotivadas e desproporcionais, irritando-se ou deprimindo-se facilmente. Pode chegar à disforia, que é a sensação de desagrado, com repercussões físicas e mentais.

Daí decorre o abandono do trabalho e a vagabundagem, as bebedeiras que podem chegar ao alcoolismo crônico e a vagabundagem.

Pode cometer furtos, ter piromania e crises de agressividade quando irritado.

e. Abúlico.

Tem como característica a falta de vontade, daí decorrendo a falta de iniciativa e a facilidade com que é influenciado por pessoas ou situações.

Tem tendência à poiquilodermia, isto é, comporta-se como camaleão, absorvendo bons e maus exemplos vindos do meio.

Pode ter inteligência privilegiada, mas não sabe o que quer e não se fixa a uma só coisa. Por isso, não termina o que iniciou, muda muito de emprego e de residência.

Apesar de frívolo, inquieto e intransigente, pode ser contido e reeducado.

É levado a furtos e roubos motivados por problemas econômicos decorrente da incapacidade laborativa, e tende a culpar o meio por suas atitudes.

Como lhe falta energia, procura obtê-la em fontes como álcool e drogas.

f. Inseguros de si mesmos.

São indivíduos que se sentem inferiores sem razão para tal. Assim, essa insegurança não se baseia em vivências anteriores, como acontece com os neuróticos. Podem ser obsessivos ou desconfiados.

g. Fanáticos de si mesmos.

Supervalorizam a si próprios e vivem em luta permanente por uma ideia que consideram a melhor e mais justa, deixando de lado todo o resto, inclusive a família.

Não consegue aguardar a discussão sobre essas ideias, com outros pontos de vista, e tenta angariar adeptos (proselitismo).

Os psicopatas fanáticos apresentam alta periculosidade no caso de assumirem liderança de grupos ou massas humanas em épocas de instabilidade político-social.

h. Sem sentimentos.

São perversos e amorais, pois para que construam valores, é necessário nascer com sentimentos, sendo incapazes de elaborar juízos valorativos.

A principal característica está no fato de que a falta de sentimentos se manifesta no momento em que fazem um julgamento valorativo.

Não têm afeto, bondade, compaixão, pudor, honra, piedade, sendo frios até consigo mesmos e incapazes de arrependimento, o que os torna impulsivos.

Essas características manifestam-se desde cedo com atos de crueldade, mitomania e delinquência, podendo praticar qualquer tipo de crime, sempre de forma desumana e bestial.

Medidas educativas ou tentativas de recuperação são infrutíferas.

i. Ostentativos ou necessitados de estima.

Têm necessidade de estima e valor social. Aspiram subir na vida, sem limites para tal, mas aparentam ser mais e melhor do que realmente são.

Muitas vezes, tornam-se agressivos para chamar a atenção, e são frequentes as mentiras, as falcatruas e os estelionatos.

Quanto às mentiras, podem ser:

– Mitômanos: mentem pelo prazer de mentir;
– Chantagista: mentem para obter vantagens;
– Pseudólogo fantástico (confabulação): mente e acaba acreditando na própria mentira;
– Histérico: mente para se livrar de uma situação em que se envolveu.

j. Astênicos.

Têm como característica o cansaço físico e psíquico, sendo comum a irritabilidade.

Comumente se auto-observam, inclusive nas funções vitais, ou desmaiam com facilidade.

Os tipos hipertímico, depressivo, explosivo e lábil de humor apresentam alterações no humor e na reatividade afetiva.

Os abúlicos, os inseguros e os fanáticos de si mesmos, apresentam alterações básicas nos instintos e no impulso (vontade).

Os sem sentimentos e os necessitados de estima apresentam alteração nos sentimentos.

A alteração principal dos astênicos está na resistência física e psíquica.

Os psicopatas paranoicos são caracterizados por uma tendência crescente a ideias supervalorizadas, devido à extrema estreiteza de seus pensamentos, interesses unidirecionais, maior presunção, egocentrismo e suspeita de outras pessoas.

O psicopata anancástico caracteriza-se pela preocupação em excesso pelos detalhes, é teimoso, rígido, possui pensamentos repetitivos, além de ser perfeccionista.

Outras classificações vieram, mas da mesma forma que a acima citada, não lograram êxito porque os tipos se confundem. Afinal, não se trata de doença, mas de uma forma de ser causada por alteração na estrutura da personalidade.

Por isso, preferimos a orientação de Palomba, que entende poderem esses transtornos de personalidade e de comportamento assentar-se em uma base esquizofrênica, epiléptica ou encefalopática.[1] Isso significa que os sintomas dessas patologias de base

---

1. Palomba, op. cit., p. 519.

são frustros, exteriorizando-se quase que totalmente pelo distúrbio de personalidade. Aí residem algumas diferenças de comportamento.

Enquanto os condutopatas de base esquizofrênica são desconfiados, rancorosos, tendentes ao isolamento, maledicentes e distantes das normas e convenções sociais, os de base epiléptica são explosivos, impulsivos, instáveis nos empregos e desrespeitadores de normas e convenções.

Quando citada a base epiléptica, está sendo considerada a epilepsia comportamental. Isso significa que a crise epiléptica (convulsão) não é orgânica. É o comportamento de tal indivíduo que se assemelha a uma convulsão, por exemplo, desferindo golpes repetitivos, com intensa violência.

Essas duas formas são de origem constitucional.

A forma encefalopática, consequente a doenças ou traumatismos cranioencefálicos, é adquirida. Por esse motivo, nessa forma, os indivíduos apresentam déficit de inteligência, são sugestionáveis e impulsivos, mesmo contra os próprios interesses, e têm dificuldade de tomar decisões, alternando-se entre extremos (quer – não quer).

Seja qual for a base em que se assente a condutopatia, são frequentes os transtornos sexuais, sejam eles:

- Transtornos de desejo sexual, como impotência, frigidez, ejaculação precoce etc.
- Transtornos de identidade de gênero, como travestismo etc.
- Parafilias ou desvios sexuais, entre eles, exibicionismo, sadomasoquismo, pedofilia etc.

Deve-se frisar que, por não constituírem doença mental, os distúrbios de personalidade permitem ao indivíduo uma vida de relações suficientemente normal, sem evidente comprometimento social e/ou pessoal. Há, entretanto, um distanciamento da realidade ambiental e das regras de comportamento social.

Características gerais dos crimes praticados pelos condutopatas

Os crimes são violentos, ferozes, praticados com frieza, sem remorso, com requintes de perversidade, inclusive contra pessoas próximas e parentes.

Não há um motivo claro, afetivo ou sórdido que justifique os delitos praticados.

Sentem prazer na maldade em si, na vingança e na desgraça alheia.

Após o primeiro homicídio, ficam absorvidos pela ideia do crime e com recordações do prazer propiciado pelo ato, o que contribui para os delitos vindouros.

Não há limites de consciência e suas fantasias e desejos são ilimitados.

Assim, elaboram fantasias sangrentas de um mundo em que se sentem senhores, proprietários da vida das pessoas, as quais coisificam.

A vítima desconhecida ou pouco conhecida facilita a coisificação.

Muitas vezes convivem com a futura vítima, sem qualquer sentimento, apenas para conhecê-la, isto é, conhecer a vítima na intimidade e planejar melhor, tanto o crime como as falsas pistas que retardarão o trabalho investigatório da polícia.

Frequentemente vão ao enterro, choram e consolam a família das pessoas que assassinaram.

Mutilam suas vítimas antes ou depois da morte, dificultando o reconhecimento.

Ritualizam a cena do crime, como se fosse sua assinatura, por meio de um comportamento único que realizam antes, durante ou depois do crime.

Muitos são sádicos sexuais, tendo o sentimento de existir por meio da morte e da dominação do outro.

Ao matarem suas vítimas, sofrem uma descarga emocional e um embotamento da consciência chamado "síndrome de Drácula".

Agem linearmente e sem emoção quando planejam, executam ou recordam o crime, não sentindo nem angústia, nem remorso.

Uma vez presos, têm comportamento exemplar. Entretanto, a punição não os modifica, já que tendem a culpar os outros ou a fornecer racionalizações plausíveis para explicar a conduta que leva os indivíduos a entrarem em conflito com a sociedade.

Simulam sinceridade, mas são mentirosos profissionais e obsessivos, conseguindo enganar a polícia, os acusadores e os julgadores.

Mestres na manipulação, conseguem ludibriar, em decorrência da fluência verbal que possuem, até os psiquiatras que os avaliam enquanto presos e, tão logo obtenham a liberdade, tornam a matar de forma mais elaborada e cruel, pois a prisão nada muda em suas vidas.

São irrecuperáveis, uma vez que sabem o que é correto e o que é errado, mas não têm autodomínio para agir de acordo com esse entendimento.

As infrações são variadas e geralmente repetitivas, indo do furto simples ao homicídio, ligando-se regularmente a três tipos: assassinato em série, parricídio e piromania.

Assassinatos em série

Os *serial killers* fronteiriços são os verdadeiros assassinos seriais.

São assim catalogados quando cometem três ou mais homicídios sem motivo plausível, havendo espaço de tempo entre eles.

Teoricamente, mais de três homicídios, principalmente se análogos, com requintes de perversidade, com conotação sexual, com presença de lesões que signifiquem a vontade de mastigar e engolir as vítimas (canibalismo) pode indicar um assassino em série condutopata.

Entretanto, esse critério é falho, pois não inclui as tentativas.

Além disso, se detidos após o primeiro delito, as características anunciadoras de um assassino em série podem falhar, devendo-se observar se o delito cometido atende aos cinco critérios identificadores de um assassino narciso-sexual, que são:

• O crime é violento e o autor não experimenta remorso algum;

CAPÍTULO 10 • PSICOPATOLOGIA FORENSE **433**

- O matador teve relações sexuais com a vítima antes, durante ou depois da morte;
- A vítima foi fortemente despersonalizada, especialmente após a morte;
- O criminoso matou para manipular o cadáver (transporte, mutilação, troféu corporal);
- O matador não teve relações com a vítima, mas o homicídio apresenta uma conotação sexual (exemplo: o corpo desnudado sem uma violação aparente).

Não raras vezes, o condutopata imita outro assassino serial para tentar superá-lo.

Parricídios

São chamados parricidas os indivíduos que matam os pais.

Pertencem geralmente a duas categorias de patologias:

- Esquizofrenia (paranoide) – Os esquizofrênicos geralmente mutilam o cadáver, não dissimulam o crime e não fogem do local;
- Condutopatia de base epiléptica – Nesse grupo há premeditação mórbida do crime e tentativa de dissimulação.

A incidência maior dos parricídios em datas festivas ou próximo a elas sugere estímulo dos impulsos mórbidos por essas datas, que funcionariam como fator desencadeante da ação criminosa e, não, determinante.

Piromania

É a mania incendiária, geralmente relacionada com graves distúrbios mentais e perversões sexuais, pois o fogo é a personificação do amor e ódio.

Pode ocorrer em condutopatas, os quais costumam voltar ao local do crime pelo prazer de ver o objeto do crime queimar.

Periculosidade dos condutopatas

Os condutopatas são indivíduos inintimidáveis e refratários a qualquer tratamento psiquiátrico.

Quando cometem delitos de sangue, principalmente se repetitivos, a periculosidade é máxima, exigindo segregação permanente, pois, uma vez postos em liberdade, voltam a delinquir, corrigindo os erros do passado, aprimorando-se e tornando o delito mais elaborado.

Imputabilidade nas condutopatias

O fronteiriço é aparentemente normal, inteligente, calculador, sem alteração significativa da memória, da vigilância e da sensopercepção, e tendente à mentira.

Consequentemente, a ação parece planejada, dissimulada, normal, mas na realidade não é, uma vez que há frieza patológica associada à crueldade, insensibilidade, egoísmo e perversão.

Como a memória está preservada, pode haver premeditação mórbida proveniente de ideia fixa e compulsiva.

A tentativa de dissimulação do crime é pouco elaborada.

Em vista do exposto, o condutopata será:

• imputável – se o distúrbio de conduta for leve e não houver nexo causal entre a patologia e o delito.

• semi-imputável – quando presentes os distúrbios de comportamento, o nexo causal entre a patologia e o delito, e os elementos demonstrativos de que, apesar da capacidade de entender o caráter ilícito do fato, há uma incapacidade parcial de determinar-se de acordo com esse entendimento.

Não há comprometimento do entendimento.

As deformidades presentes repercutem na forma de conduzir-se, pois está parcialmente preso a uma intenção mórbida, refratária aos freios da crítica. Mas só parcialmente, pois é capaz de evitar a prática da ação caso algo contrário a seus impulsos mórbidos possa prejudicá-lo. A maior parte dos fronteiriços aí se enquadra.

• inimputável – se os sintomas forem acentuados, houver nexo causal entre a patologia e a infração e, apesar de entender o caráter ilícito do fato, for totalmente incapaz de se autodeterminar de acordo com esse entendimento, mesmo contra seus próprios interesses.

Como sempre entende o caráter ilícito do fato, a incapacidade do fronteiriço é parcial, mesmo quando considerado inimputável.

Quando se tratar de parricidas, a imputabilidade está praticamente afastada. Isso porque é quase impossível parricídio praticado por indivíduo mentalmente normal, excetuando-se os casos de legítima defesa, praticada contra um dos genitores que o agride injustamente, ou de terceiros, quando age em defesa de um dos genitores que está sendo agredido pelo outro.

7.3. Outros transtornos de personalidade (TP)

Nesses transtornos, há uma perturbação grave da constituição, do caráter e das tendências do comportamento individual.

Transtorno de personalidade delirante ou paranoia

Apresenta delírios ou ilusórias permanentes, com manifestações de autofilia (amor a si mesmo, de caráter patológico) e egocentrismo.

Há sensibilidade excessiva diante de contrariedades e rejeições, são desconfiados, hostis, rancorosos, recusam-se a perdoar quando insultados e tendem a distorcer fatos devido interpretação errônea.

Desprezam ações neutras ou amistosas, são combativos, obstinados em relação aos próprios direitos, mesmo que em desacordo com a situação real.

Apresentam delírio celotípico ou de ciúme, por temerem uma infidelidade conjugal, apesar da ausência de evidências, que podem levar a situações de periculosidade, com agressividade e homicídio.

Supervalorizam a própria importância, com atitudes de autorreferência e explicações conspiratórias, sem base, sobre eventos ao seu redor ou até que não lhe digam respeito.

Insiste em convencer os outros de suas verdades, mas não consegue se expressar de forma clara.

O pensamento, a vontade e as ações estão preservadas.

Transtorno de personalidade esquizoide

Geralmente começa no início da idade adulta.

Os portadores apresentam manifestações pueris ou fora de propósito, mas tentam parecer bem-humorados para demonstrar espontaneidade, sendo vistos como excêntricos, esquisitos.

Há frieza emocional, capacidade limitada para expressar os sentimentos, afetividade embotada, dificuldade ou incapacidade de sentir prazer, pouco interesse em experiências sexuais com outra pessoa, evitam contatos sociais e afetivos, não mantendo relações estreitas nem com a família, sendo vistos como solitários.

São indiferentes a elogios ou críticas, não têm amigos íntimos e preferem atividades solitárias, tendendo à fantasia e à introspecção.

Ignoram normas e convenções sociais, evitam o olhar direto, dificultando o diálogo.

Transtorno de personalidade antissocial

Para alguns, não é sinônimo de psicopatia, apesar da proximidade com a tal quadro, mas há quem entenda serem a mesma patologia.

Tem como características: indiferença, insensibilidade, irresponsabilidade, desprezo por normas, regras e obrigações sociais, incapacidade de manter relacionamentos, baixa tolerância à frustração, baixo limiar para a agressividade, violência, incapacidade de sentir culpa, dificuldade em aprender com a experiência ou com a punição, tendência a culpar os outros.

Os sintomas podem surgir desde a infância, mas só é possível diagnosticar a condição na adolescência ou idade adulta.

São mentirosos, infringem leis, agem impulsivamente e desconsideram a própria segurança e a dos outros, são capazes de práticas cruéis, que não são vistos por eles dessa forma.

Transtorno de personalidade emocionalmente instável

Os portadores agem de modo imprevisível e impulsivo, sendo indiferentes às consequências.

O humor é instável, com a acessos de cólera e incapacidade de controlar o comportamento impulsivo, explosivo, entrando em conflito com os outros, principalmente quando contrariados ou censurados.

Subtipos:

a. Impulsivo

Há instabilidade emocional e falta de controle de impulsos.

b. *Borderline*

Apresenta: instabilidade emocional; perturbações da autoimagem; crises de identidade; gostos e valores instáveis; dificuldade em definir preferências pessoais, objetivos e projetos de vida; impulsividade nos gastos financeiros, sexo, drogas, álcool, vícios e comida; dificuldades para lidar com a rejeição e abandono; sentimento de vazio, que colabora para que o paciente recorra a relacionamentos pessoais intensos e instáveis; comportamentos constantes de raiva e de autodestrutivos, com tentativas de suicídio e automutilação; – baixa tolerância à frustração; relacionamentos instáveis e intensos.

Há mudança imprevisível da aparente normalidade para crise aguda, desencadeada por estresse, frustração, perda ou separação, que se manifesta por auto ou heteroagressão, ideias de perseguição ou sintomas psicóticos transitórios.

Geralmente é detectado na adolescência, mas pode manifestar-se em qualquer idade, sendo mais frequente em mulheres, sendo sua evolução é imprevisível.

O diagnóstico só pode ser fechado após os 18 anos, pois alguns sintomas podem ser pertinentes à fase de desenvolvimento da criança, cujo cérebro está em constante mudança.

As causas consistem numa interação de predisposição genética e fatores ambientais.

Transtorno de personalidade histriônica

É mais frequente no sexo feminino, tendo como características: dramatização; teatralidade; expressão exagerada de emoções; sugestionabilidade; afetividade superficial e lábil; egocentrismo; busca contínua de excitação, de ser o centro das atenções; comportamento sedutor inapropriado; afetividade superficial e lábil; egocentrismo, que dificulta a manutenção de um relacionamento estável de longa duração.

Note-se que:

– no antissocial, há irresponsabilidade social, desrespeito por outros, falsidade e manipulação dos outros para ganho pessoal;

– no *borderline*, existe um vazio interior, relacionamentos instáveis e desregulação emocional;

– no histriônico, há busca de atenção e emocionalidade excessiva.

Transtorno de personalidade anancástica ou obsessivo compulsiva

Caracteriza-se por: sentimentos de dúvida e de cautela excessivos; preocupação com detalhes, regras, ordem ou esquemas; perfeccionismo que compromete a conclusão de tarefas; escrúpulos e preocupação com a produtividade; exclusão do prazer e das relações interpessoais; pedantismo; aderência excessiva às convenções sociais; rigidez e teimosia.

Os portadores são sistemáticos, metódicos, o afeto é contido, não espontâneo, insistem em submeter os outros à sua maneira de fazer as coisas ou reluta em permitir que os outros façam determinadas coisas, sendo seus pensamentos ou impulsos repetitivos.

São formais, sérios, esforçam-se para fornecer os mínimos detalhes, sem objetividade, buscam a perfeição, obstinados, prudentes e excessivamente rígidos.

Transtorno de personalidade ansiosa (esquiva)

Aqui, a tensão e apreensão são persistentes, acreditam que são socialmente ineptos, desinteressantes, inferiores aos outros, hipersensíveis à crítica e à rejeição.

Reluta em se envolver com pessoas, a não ser que haja certeza de ser apreciado, desejam ter uma vida socialmente participativa e projeção profissional, mas o próprio perfil os impede de concretizar tal desejo.

Têm necessidade de segurança física, esquivando-se de atividades fora da rotina, exagera os perigos ou riscos potenciais em situações banais.

Transtorno de personalidade dependente

Neste tipo, há subordinação das próprias necessidades em relação as dos outros e capacidade limitada de tomar decisões cotidianas, encorajando ou permitindo que outros tomem a maioria das decisões importantes em sua vida, submetendo-se à vontade do outros.

Relutam em fazer exigências às pessoas das quais dependem, têm sentimento de desamparo quando sozinhos, causado por medo exagerado da incapacidade de cuidar de si e de ser abandonado.

Recorrem a um excesso de conselhos, pela capacidade limitada de tomar decisões cotidianas, não conseguindo exercer atividade autônoma ou cargo de chefia.

Aceitar diferentes desvios de comportamento do cônjuge, pois o sofrimento causado pelo comportamento do outro é menor do que o sofrimento de estar sozinho.

Transtorno de personalidade esquizotípica

Há delírios de referência, pensamento mágico, distorção da percepção, discurso bizarro, ideias paranoides, inadequação do afeto, comportamento excêntrico, ausência de relacionamentos íntimos e ansiedade social.

Transtorno de personalidade narcisista

É mais comum em homens, com autoimagem grandiosa, fantasias cheias de idealizações das próprias capacidades, acreditando ser uma pessoa especial, tem necessidade de admiração, com expectativa de tratamento especial.

Tiram vantagens dos relacionamentos interpessoais; inexiste empatia; há inveja, arrogância; egocentrismo; desrespeito pelos sentimentos dos outros; incapacidade de lidar com críticas; senso de direito exagerado.

8. TEMAS DIVERSOS

8.1. Transtornos de Linguagem

São percebidos na primeira infância pelos pais ou educadores.

Indicam alteração no hemisfério cerebral esquerdo.

Os portadores apresentam dificuldades de se expressar e entender o que os outros estão dizendo, sem que haja problemas de audição.

Os diversos tipos podem interferir na comunicação ao afetar a fala, a linguagem, a audição ou a voz.

Crianças portadoras desses transtornos apresentam: fala ininteligível, pois há troca de sons, dificuldades na elaboração de frases, vocabulário pobre e *déficits* de memória, comprometimento do desenvolvimento das habilidades de leitura e de escrita, e a alfabetização.

Podem ocorrer problemas emocionais como baixa autoestima e dificuldades de interação com os colegas.

Entre as causas, tem-se as genéticas, as degenerativas, as decorrentes de lesão, as ambientais e/ou emocionais.

Dislalia

É a dificuldade de falar alguns sons, por perturbação na articulação de palavras, levando à dificuldade de articular palavras ou a erros na pronúncia, como troca ou omisso de letras.

Tipos de dislalia:

– evolutiva – dificuldade de fala temporária que passa com a idade;

– funcional – há substituições de letras;

– audiógena – ocorre em casos de deficiência auditiva;

– orgânica – há lesão cerebral ou alterações na estrutura da boca e língua.

Disartria

É a perda da capacidade de articular palavras de forma normal.

Disfemia

É um distúrbio na temporalização da fala, que afeta a fluência e a comunicação, causando repetição frequente ou prolongamento de sons, sílabas ou palavras, que pode estar associada ao estado emocional.

Para alguns, a disfenia é o mesmo transtorno que a gagueira, mas para outros, é transtorno diferente.

Crianças podem apresentar este distúrbio até os 5 anos de idade, tendo uma fala vacilante, com repetições de vocábulos, semelhante ao gaguejar, que cessa com o desenvolvimento.

Afasia

É um distúrbio que limita ou faz cessar a capacidade de comunicação, pois afeta a capacidade de falar, escrever e compreender a linguagem, tanto verbal quanto escrita, que pode ocorrer repentinamente, após um derrame ou traumatismo craniano, ou gradualmente, decorrente de um tumor cerebral.

As frases são curtas ou incompletas ou sem sentido, há substituição de palavras, além do não entendimento da conversa de outras pessoas.

Apraxia da fala

É a uma desordem neurológica da fala, na qual há incapacidade de realizar voluntariamente movimentos motores da boca, língua, lábios e mandíbula para produzir sons de fala claros e consistentes, apesar de os músculos estarem normais e o paciente saber como fazer o movimento, podendo levar à perda da capacidade de falar.

Se presente desde o nascimento, afeta a capacidade de a criança formar sons e palavras.

Síndrome de *Landau Kleffner* (SLK)

É um distúrbio neurológico raro, que consiste numa afasia epiléptica adquirida, inicialmente apenas verbal, que evolui para dificuldade em processar e interpretar informações.

Ocorre em crianças entre 3 e 9 anos, previamente hígidas, com desenvolvimento neuropsicomotor e social normal, que passam a apresentar alterações eletroencefalográficas durante o sono, afasia, convulsões clínicas.

Disfasia

É um distúrbio da comunicação que afeta a linguagem, dificultando a expressão e compreensão verbal, que geralmente se manifesta em crianças em fase de desenvolvimento linguístico.

As dificuldades podem envolver a gramática, vocabulário e a articulação das palavras, afetando a comunicação fluida.

Habilidade expressiva é a capacidade de produzir a fala de forma a ser compreendida verbalmente pelos outros, podendo apresentar também dispraxia oral, que é a dificuldade de programar e executar o som da fala.

Habilidade receptiva é a capacidade de receber e compreender o que outro está falando.

8.2. Transtornos delirantes

Transtorno delirante persistente ou permanente ou paranoia

Consiste em delírios de longa duração, que são a única ou a mais evidente característica clínica, com ideias delirantes eróticas, de ciúmes ou persecutórias, descrevendo complôs imaginários de entidades poderosas, nos quais se vê enredado, estando A maioria das outras capacidades preservadas, não havendo alterações evidentes da personalidade.

A evolução é insidiosa, com baixa resposta terapêutica, podendo acompanhar o paciente por toda a vida.

O paciente pode cometer qualquer tipo de delito, sendo mais comuns os crimes contra a pessoa., pois acredita estar sendo humilhado, perseguido, prejudicado ou menosprezado. Para ele, o crime representaria o cumprimento de um dever ou de uma necessidade, por causa de seu delírio.

O crime pode ser premeditado, costuma agir só, não foge, não oculta a autoria do delito, nem demonstra arrependimento, mas alívio ou orgulho por acreditar que a ação foi necessária.

O risco de violência se mante caso persista a crença delirante.

Transtorno delirante induzido (folie à deux)

Consiste no compartilhamento, por duas ou mais pessoas que mantêm laços emocionais íntimos e intensos, de um sistema delirante próprio, de forma que um indivíduo induz delírios em outro.

O indutor apresenta quadro psicótico próprio e, por meio de sua ascendência sobre o induzido, transfere a ele suas crenças.

Em geral, os delírios compartilhados são de natureza grandiosa, religiosa e/ou persecutória.

Os sintomas no induzido geralmente desaparecem com a separação física do indutor.

Transtornos psicóticos agudos e transitórios

Têm início abrupto, podendo se desenvolver em resposta a um estresse psicossocial.

A recuperação costuma ser completa em poucos meses, semanas ou dias, mas pode persistir numa parte dos pacientes.

8.3. *Delirium*

É um distúrbio agudo da atenção, da cognição e do nível de consciência, transitório, flutuante, geralmente reversível, que causa redução do nível de vigilância, atenção e percepção do ambiente.

O *delirium* pode ter como causa quase todos os distúrbios ou drogas, além de distúrbio metabólico e infecção sistêmica, sendo mais comum em indivíduos de idade avançada ou com diminuição da reserva cerebral (demência).

8.4. Alienação mental

É um termo jurídico que se refere a doenças que se caracterizam por diminuição de processos cognitivos, decorrente de doença psíquica irreversível, de forma geral e persistente.

A alienação ocorre quando há perda significativa na aquisição de conhecimento, no pensamento, na linguagem, na percepção da realidade, na memória, no raciocínio etc.

O paciente ignora estar doente.

O laudo médico tem de detalhar:

– o quadro clínico do paciente;

– as complicações que o diagnóstico provoca, como: a visão distorcida da realidade;

– o fato de poder ser um risco para si e para os outros ao redor.

A alienação mental é questionamento comum em perícias para definição de isenção de imposto de renda e em perícias de servidores públicos que pleiteiam aposentadoria integral.

São exemplos de alienação mental: esquizofrenia crônica refratária, demência, oligofrenia grave, transtorno bipolar, entre outros. Já no transtorno neurótico, mesmo que grave e persistente, não há alienação mental.

8.5. Suicídio

Consiste em causar a própria morte de forma intencional, com evidências de que a pessoa tinha a intenção de morrer.

É um fenômeno global e um problema de saúde pública.

Métodos suicidas mais usados: ingestão de pesticidas, enforcamento e imolação pelo fogo, dependendo da cultura e da disponibilidade do instrumento.

Intenção suicida é a expectativa subjetiva e o desejo de que um ato auto lesivo resulte na própria morte.

Tentativa de suicídio é o comportamento auto lesivo deliberado que não leva à morte, apesar da intenção e da expectativa de êxito, podendo ou não ter consequências.

O transtorno do comportamento suicida ocorre quando o indivíduo tem pelo menos uma tentativa de suicídio, mesmo que interrompida porque mudou de ideia após início do ato ou alguém interferiu na sua execução.

Esse transtorno não se configura se o indivíduo for dissuadido por alguém ou desistiu antes de iniciar o comportamento suicida.

Critérios identificadores do transtorno do comportamento suicida (DSM-5:5):

- o indivíduo fez uma tentativa de suicídio nos últimos 24 meses;
- o ato não preenche os critérios para autolesão não suicida;
- o diagnóstico não é aplicado à ideação suicida ou a atos preparatórios;
- o ato não foi iniciado durante um estado de delirium ou confusão.
- o ato não foi realizado unicamente por um objetivo político ou religioso.

O transtorno pode ser:

– atual – menos de 12 meses desde a última tentativa;

– com remissão inicial – 12 a 24 meses desde a última tentativa.

A autolesão não suicida ou parassuicídio consiste no comportamento autoagressivo deliberado, repetitivo, não acidental, utilizando geralmente objeto afiado que causa lesões superficiais, dolorosas, merecidas, mas sem intenção de resultar em morte.

As regiões do corpo mais afetadas são face anterior das coxas e face dorsal do antebraço.

Relaciona-se com dificuldades interpessoais, sentimentos ou pensamentos negativos.

Há preocupação com a dificuldade de controle do comportamento pretendido e pensamento constante na autolesão, mesmo quando não praticada.

O diagnóstico considera o indivíduo que, no último ano, se envolveu em dano físico menor ou moderado, intencional, em 5 ou mais dias, sem intenção suicida declarada ou inferida do engajamento repetido.

Os objetivos são obter alívio de um estado negativo de sofrimento, resolver uma dificuldade interpessoal e induzir a um estado de sentimento positivo.

O alívio ou resposta desejada ocorre durante ou logo após a autolesão, podendo haver dependência desse comportamento, o que gera sofrimento ou interferência nas relações interpessoais.

O desejo de estar morto ou o pensar em se matar, com atos ou comportamentos preparatórios que incluem a obtenção de meios necessários, desfazer-se de algum bem ou escrever algum bilhete, é a ideação suicida.

Há plano suicida quando o paciente já decidiu como se dará a tentativa de suicídio, com suas circunstâncias, se na presença de alguém, momento da execução, com ou sem possibilidade de alguém intervir e as precauções para evitar que alguém descubra ou interfira.

Nas tentativas de suicídio impulsivas, súbitas, com pouca ou nenhuma premeditação, é difícil sua previsão e prevenção, mas os métodos usados na execução são menos letais, pois dependem do que estiver disponível no momento e da menor intenção suicida, porque ao reagir a impulsos, a capacidade de reflexão sobre as próprias intenções é limitada.

Entretanto, não estão afastadas as tentativas por métodos violentos.

Fatores de risco para o suicídio: existência de tentativa prévia, desesperança, elevada intenção suicida, gênero masculino, idade avançada, presença de doença mental, tratamento prévio para transtorno mental, uso prolongado de hipnóticos, doença física grave, residir sozinho, perda financeira, história de abuso sexual, físico ou emocional, relacionamentos interpessoais conflituosos, isolamento social e acesso fácil a métodos suicidas (armas de fogo, pesticidas, medicamentos).

Os tipos de suicídio são:

- Egoísta – quando há individualismo extremado;
- Altruísta – predominante nas sociedades modernas, tendo o ato de tirar a própria vida tem um sentido simbólico, relacionado a alguma ideia ou crença superior (pilotos kamikazes japoneses, homens-bomba). Caracteriza-se por uma integração social intensa e forte, com vinculação e comprometimento do indivíduo com seus ideais ou com motivações hierárquicas.

CAPÍTULO 10 • PSICOPATOLOGIA FORENSE **443**

- Anômico – reflete a confusão moral e a ausência de direção social, relacionadas a distúrbios sociais e econômicos dramáticos.

Quando muitos reproduziam os atos suicidas de outros, inclusive no mesmo local, frequente em adolescentes e em pares, tem-se epidemia de suicídios.

A história familiar positiva para suicídio aumenta o risco independentemente de história familiar de transtorno psiquiátrico, sendo difícil prever quem irá, ou não, tirar a própria vida.

Estão relacionados a atos suicidas: transtornos do humor, esquizofrenia, transtornos decorrentes do uso de substâncias, principalmente álcool.

No homicídio seguido de suicídio, a decisão específica de acabar com a própria vida precipita o desejo de matar outrem.

Ocorre, geralmente, com homem entre 40 e 50 anos de idade, sem história criminal, motivado por separação, rejeição ou ciúmes, tendo como alvo a companheira ou o núcleo familiar, geralmente utilizando arma de fogo.

Já a mulher que mata o companheiro raras vezes comete suicídio após praticar o crime.

Também nos casos de filicídio, os pais são ais propensos a cometer suicídio após matar os filhos do que as mães.

A presença de álcool no momento do ato, ou história de abuso dessa substância é frequente, talvez porque ele facilite o ato ao contribuir para a exacerbação de estados emocionais negativo.

Os transtornos mentais relacionados à prática de homicídio/suicídio são: depressão, abuso de substâncias e transtorno psicótico.

Sinais de alerta:

- em homens de meia-idade – separação recente, deprimidos com acesso a armas de fogo;
- em homens mais velhos – que sustentem a família, que tiveram diagnóstico recente de doença incapacitante, sintomas depressivos, arma de fogo disponível.

Se paciente perde a capacidade de tomar decisões adequadas e há riscos para sua segurança, esse risco pode ser compartilhado a fim de fortalecer a rede de apoio sociofamiliar e de supervisão ao doente, não se justificando o respeito à autonomia e ao segredo profissional.

Se risco iminente, está indicada internação, inclusive involuntária.

Na alta a pedido, contrariando a indicação do médico, no caso de risco iminente, o psiquiatra não está autorizado a concedê-la, podendo responder judicialmente se o paciente liberado atentar contra a própria vida.

Indivíduos que estão ou estiveram presos, têm maior mortalidade por todas as causas, em comparação com a população em geral, em especial por: suicídio, complicações pelo uso de drogas, doença psiquiátrica, permanência em isolamento, doença física crônica grave, sanções disciplinares etc.

As taxas de suicídio imediatamente após a liberação da prisão são elevadas, talvez pelas dificuldades de ajustamento no retorno à sociedade ou a comportamentos de risco. Outras vezes, ocorre próximo à data do encarceramento, nos sete primeiros dias ou nas primeiras 24 horas.

Quanto maior o tempo da pena, maior o risco de suicídio.

Detidos por crimes violentos têm maior risco de suicídio em relação aos demais presos.

Em casos de condenação por homicídio, os suicídios decorrem de sentimento de culpa.

Fatores de risco nos suicídios sob custódia: sexo masculino, caucasiano, autoria de crimes violentos (excetuando-se crimes sexuais), detenção pré-julgamento ou sentença maior ou igual a 18 meses, alojamento em cela individual, uso de substâncias e tratamento para transtorno mental.

Em ambiente carcerário, o método suicida mais usado é o enforcamento, geralmente à noite, estando presentes história de tratamento psiquiátrico e de lesões auto infligidas.

O risco de **efeito *Werther***, que se refere a um pico de suicídios depois de um suicídio amplamente divulgado, é ainda mais intenso em ambiente carcerário.

8.6. Transtorno do Espectro Autista (TEA)

Essa expressão foi usada pela primeira vez pelo psiquiatra Leo Kanner, em 1943, incluindo as nomenclaturas usadas anteriormente, como autismo, autismo típico e Síndrome de Asperger.

Diz respeito a um transtorno do neurodesenvolvimento, cuja etiologia permanece desconhecida, existindo uma interação de fatores genéticos e ambientais.

Há prevalência no sexo masculino, podendo os sinais serem percebidos nos primeiros meses de vida, sendo o diagnóstico estabelecido por volta dos 2 a 3 anos de idade.

Fatores biológicos de risco para o TEA:

- fatores genéticos dependentes da expressão de múltiplos genes;
- uso de substâncias durante a gestação, como ácido valproico (anticonvulsivante que estabiliza o humor);
- síndromes de base genética, como a Esclerose Tuberosa.

Fatores ambientais podem aumentar ou diminuir o risco de TEA em pessoas geneticamente predispostas.

Contribuem, também, para o desenvolvimento do TEA: deficiência de vitamina D e ácido fólico, prematuridade (abaixo de 35 semanas), baixo peso ao nascer (< 2.500 g), gestações múltiplas, infecção materna durante a gravidez e idade parental avançada.

O diagnóstico, essencialmente clínico, está baseado em:

- deficiência na comunicação social, caracterizada pelo uso repetitivo da linguagem e dificuldade para iniciar e manter um diálogo;

CAPÍTULO 10 • PSICOPATOLOGIA FORENSE **445**

- alterações comportamentais – manias, apego excessivo a rotinas, ações repetitivas, interesse intenso em coisas específicas e dificuldade de imaginação.

Manifestações agudas de agitação, podendo haver auto ou heteroagressividade, ocorrem por motivos como: dificuldade em comunicar alguma dor ou incômodo sensorial.

Sinais e sintomas característicos:

- atraso na fala;
- uso repetitivo da linguagem;
- dificuldade para iniciar e manter um diálogo;
- irritabilidade fácil;
- não desenvolve relacionamento com colegas ou adultos;
- dificuldade em interagir socialmente;
- falta de reciprocidade emociona;
- alterações comportamentais – manias, apego excessivo a rotina, ações repetitivas, interesse intenso em coisas específicas, dificuldade de imaginação.

Ecopraxia, do grego echo = repetição, e praxia = ação, é a repetição involuntária ou a imitação dos movimentos de outras pessoas.

Difere da parapraxia, que diz respeito ao indivíduo que tenta executar ações voluntárias e obtém, como resultado, ações diferentes das que intencionava realizar.

Já a estereotipia é o comportamento motor caracterizado pela repetição rígida e estereotipada de movimentos ou gestos, de maneira automática e sem variação, muitas vezes sem uma finalidade prática aparente, que pode ser observada em diferentes condições neurológicas e psiquiátricas, como no autismo, em alguns transtornos do desenvolvimento e em condições neurológicas específicas.

Há dificuldade para manter o contato visual, identificar expressões faciais, compreender gestos comunicativos, expressar as próprias emoções e fazer amigos.

9. INTERNAÇÃO E TRATAMENTO

A Lei 10.216, de 6 de abril de 2001, dispõe sobre a proteção e os direitos das pessoas portadoras de transtornos mentais, que independem de raça, cor, sexo, orientação sexual, religião, opção política, nacionalidade, idade, família, recursos econômicos e do grau de gravidade ou tempo de evolução de seu transtorno (Lei 10.216, art. 1º), e redireciona o modelo assistencial em saúde mental.

De acordo com o artigo 4º, *caput* e §§ 1º e 2º, da Lei 10.216, a internação será indicada apenas quando os recursos extra-hospitalares se mostrarem insuficientes, tendo o tratamento, como objetivo, a reinserção social do paciente em seu meio e deve oferecer assistência integral, incluindo serviços médicos e assistência social, psicológica, ocupacional, lazer etc.

É vedada a internação em instituições com características asilares, desprovidas dos recursos que assegurem os direitos acima enumerados (Lei 10.216, art. 4º, § 3º).

Exige-se laudo médico circunstanciado contendo os motivos, para a internação psiquiátrica (Lei 10.216, art. 6°).

Tipos de internação psiquiátrica:

- internação voluntária – com o consentimento do usuário.

A pessoa que solicita voluntariamente a própria internação ou que a consente, deve assinar, no momento da admissão, declaração de que optou por esse regime de tratamento.

O término desse tipo de internação dar-se-á por solicitação escrita do paciente ou por determinação do médico assistente (Lei 10.216, art. 7° e § único).

- internação involuntária – sem o consentimento do usuário e a pedido de terceiro.

No prazo de 72 horas, a internação psiquiátrica involuntária deverá ser comunicada ao Ministério Público Estadual pelo responsável técnico do estabelecimento no qual tenha ocorrido, assim como a respectiva alta (Lei 10.216, art. 8o, § 1°).

O seu término dar-se-á por solicitação escrita do familiar, ou responsável legal, ou quando estabelecido pelo especialista responsável pelo tratamento (Lei 10.216, art. 8°, § 2°).

A internação voluntária ou involuntária somente será autorizada por médico devidamente registrado no Conselho Regional de Medicina – CRM do Estado onde se localize o estabelecimento (Lei 10.216, art. 8°).

- internação compulsória: determinada pela Justiça.

Levando em conta a legislação vigente, o juiz competente deverá considerar as condições de segurança do estabelecimento, quanto à salvaguarda do paciente, dos demais internados e funcionários (Lei 10.216, art. 9°).

Os casos de evasão, transferência, acidente, intercorrência clínica grave e falecimento, serão comunicados, pela direção do estabelecimento de saúde mental, aos familiares, ou ao representante legal do paciente, e à autoridade sanitária responsável, no prazo máximo de vinte e quatro horas da data da ocorrência os (Lei 10.216, art. 10).

Pesquisas científicas para fins diagnósticos ou terapêuticos só poderão ser realizadas com o consentimento expresso do paciente, ou de seu representante legal, após comunicação aos conselhos profissionais competentes e ao Conselho Nacional de Saúde (Lei 10.216, art. 11).

10. PROCEDIMENTOS DIVERSOS

10.1. Exame pericial psiquiátrico

A doença mental, se existente, deve ser constatada antes da condenação, mas se identificada após a sentença, esta poderá ser reformada.

O processo diagnóstico em psiquiatria é complexo, exige conhecimento, sensibilidade e equilíbrio para bem utilizar as informações.

Os testes psicológicos e neuropsicológicos auxiliam nos diagnósticos diferenciais.

Os exames complementares não substituem a entrevista psiquiátrica, nem o exame psíquico minucioso.

O exame do estado mental permite conhecer a capacidade mental ativa do paciente através da avaliação do aspecto geral, comportamento, crença e percepção incomum ou bizarra (delírios, alucinações), humor e aspectos da cognição (atenção, orientação. memória).

O exame psiquiátrico forense tem por objetivo compreender profundamente o estado mental de um indivíduo para:

- avaliação da competência legal;
- avaliação de risco;
- determinação de sanidade mental;
- testemunho em um tribunal.

Consiste em:

- avaliação médica com registro fiel;
- explicação médico-legal dos fatos;
- resposta aos quesitos formulados pelas autoridades e/ou partes.

Além do exame atual, frequentemente o perito deverá estabelecer a condição psíquica do examinando por ocasião do ato delituoso (avaliação retrospectiva).

As intervenções e técnicas que podem ser eficazes para a realização adequada da entrevista psiquiátrica são:

- técnicas de reforço, como dizer "entendo", são fundamentais para aprofundar assuntos importantes;
- uso adequado do silêncio pode ser útil para dar tempo ao paciente para lidar com seus sentimentos e conseguir se expor, desde que não seja prolongado;
- comunicação não verbal é uma das técnicas facilitadoras;
- perguntas fechadas, perguntas compostas, conselhos prematuros e uso excessivo de perguntas com "por que" são as intervenções obstrutivas.

Cabe ao perito informar ao juiz sobre a existência ou não de incapacidade, se absoluta ou relativa.

O perito apenas se pronuncia sobre a realidade e a natureza das perturbações mentais do periciando, sendo sua responsabilidade ou irresponsabilidade de ordem filosófica e jurídica.

Mesmo que seja estabelecida a inimputabilidade do réu por condição patológica irreversível, não fica dispensado o exame de cessação de periculosidade periódico, pois muitas doenças evoluem por surtos, com períodos de acalmia e até de intervalos lúcidos.

No caso de deficiência mental, a incapacidade em razão de transtorno mental exige que exista uma repercussão grave no juízo, na vontade ou na inteligência.

Os absolutamente incapazes são titulares de direitos, mas não poderão exercê-los pessoalmente, devendo ser representados por seus tutores ou assistidos por seus curadores.

No caso de incapacidade relativa, cabe ao perito informar em seu laudo quais atos da vida civil o periciando não tem capacidade de realizar.

São fundamentais os exames:

– da curva de vida;

– do periciando;

– dos antecedentes pessoais e sociais é fundamental;

– das funções psíquicas – consciência, atenção, memória, juízo de realidade, inteligência, vontade, capacidade de abstração e simbolização mentais;

– das funções cognitivas primárias – como as executivas, (capacidade de realizar ações complexas e planejadas, direcionadas à execução de objetivos).

Apesar de o examinado reservar-se ao seu direito de manter-se em silêncio, o relatório de exame pericial deve ser realizado.

Se não houver identificação de transtorno mental, encerra-se a avaliação pericial.

Identificando qualquer diagnóstico psiquiátrico, é de responsabilidade do perito convertê-lo à linguagem jurídica.

No exame pericial, a inimputabilidade é a exceção e a imputabilidade, a regra.

A culpabilidade é o aspecto subjetivo do delito.

A responsabilidade penal é atribuição do juiz, com base no diagnóstico ou prognóstico de uma conclusão médico-legal.

A psicopatologia forense também tem aplicação no foro administrativo, público ou privado para verificação da capacidade mental para fins de licença e aposentadoria.

A perícia nem sempre deve ser realizada na presença do pai, mãe ou responsável legal, por exemplo, quando a suspeita do crime recai sobre um deles.

Se o menor não tiver registro civil e houver dúvida em relação a sua idade na época do cometimento dos delitos, esta poderia ser estabelecida por exame médico legal, com verificação da dentição ou da soldadura das epífises dos ossos do punho.

Em indivíduo preso, apesar do bom comportamento, a cessação de periculosidade deve ser assinalada somente após exame psicopatológico forense que a confirme.

10.2. Exame de verificação de cessação de periculosidade

Caso seja constatada a inimputabilidade do indivíduo que cometeu um crime, ele recebe medida de segurança cujo término só se dá após perícia médica de cessação de periculosidade (art. 175 da Lei de Execução Penal).

É o juiz quem determina sua internação.

O exame de verificação de cessação de periculosidade é uma avaliação multidisciplinar, periódica, realizada por perito médico legista psiquiatra de Hospital de Custódia, com objetivo de verificar se as condições que fizeram a pessoa delinquir ainda persistem e analisar a probabilidade de ela voltar a infringir a lei penal.

O perito psiquiatra deverá avaliar se a pessoa ainda oferece qualquer perigo para a sociedade, independente de doença psiquiátrica.

Se for constatado que as condições que fizeram a pessoa delinquir ainda existirem, ela será mantida em medida de segurança.

Caso não mais ofereça perigo, o perito deverá informar ao juízo que houve cessação da periculosidade.

A avaliação do risco de violência deve ser estruturada, baseada em evidências e padronizada para facilitar a comunicação entre diferentes setores.

Principais instrumentos utilizados na avaliação de periculosidade

Psychopathy Checklist (PCL-R)

Demonstra a correlação, moderada a forte, com a recorrência de episódios de violência, em indivíduos detidos por crimes violentos, crimes sexuais e transtornos mentais.

Consiste em uma entrevista semiestruturada com 20 questões, que enumera a presença de características compatíveis com personalidade psicopática, como: charme superficial, autovaloração excessiva, tendência a se entediar, mentiras patológicas, falta de sensação de culpa, entre outras.

HCR-20

Busca estruturar o exame com as informações relevantes relacionadas ao risco para violência, ser bom para detectar recidiva de violência em pacientes psiquiátricos internados, ou não.

Refere-se à organização em 20 fatores de risco agrupados em três domínios:

- histórico pessoal – incluem: episódios passados de violência, idade do primeiro incidente de violência, instabilidade em relações, uso de substâncias, presença de transtornos mentais ou de personalidade etc.;
- características clínicas – inclui falta de consciência da doença, sintomas ativos de transtornos mentais, impulsividade e falta de resposta ao tratamento;
- avaliação de risco – investiga a presença de planos futuros inviáveis, instabilidade, ausência de suporte social, falta de adesão ao tratamento.

Violence Risk Appraisal Guide (VRAG)

É um bom preditor de recidiva de violência em indivíduos psicopatas, com esquizofrenia e pessoas com déficits intelectuais.

Consta de uma escala composta por 12 itens:

- dois relacionados ao período de desenvolvimento, como separação dos pais em idade precoce, grau de ajustamento em ambiente escolar;
- quatro que avaliam características do sujeito e de atos violentos pretéritos, como idade, tipo de ferimento/dano provocado no passado, características da vítima;
- seis que abrangem características psicopáticas, indícios de transtorno psicótico, uso de álcool e episódios de problemas quando em liberdade condicional.

Estão fortemente associados ao risco de atos violentos graves: hostilidade, suspicácia, sintomas persecutórios e atitude alucinatória conferiram risco 1,5 vez maior em relação àqueles sem esses sintomas.

Agitação e ideias de grandiosidade, associaram-se à violência grave em menor intensidade.

A presença de sintomas negativos, como perda de espontaneidade, isolamento social e afeto pobre associou-se à diminuição de risco para atos violentos graves, embora com menor intensidade.

Estão mais fortemente associados ao risco de atos violentos graves: hostilidade, suspicácia (que é suspicaz, que causa suspeita; suspeito, estranho, que não confia, que costuma suspeitar de outrem, desconfiado, suspeitoso, matreiro), sintomas persecutórios e atitude alucinatória conferem risco maior em relação àqueles sem esses sintomas.

A presença de características psicopáticas, em amostra carcerária é um te preditor para eventos violentos.

10.3. Interdição

Na área civil, apenas os menores de 16 sã absolutamente incapazes (CC, art. 3º).

São relativamente incapazes para certos atos ou pela maneira de os exercer (CC, art. 4º):

– os maiores de dezesseis e menores de dezoito anos (I);
– os ébrios habituais e os viciados em tóxico (III);
– aqueles que, por causa transitória ou permanente, não puderem exprimir sua vontade (IIII);
– os pródigos (IV).

Os procedimentos processuais para a interdição de direitos civis de indivíduos com transtornos mentais estão previstos nos artigos 747 a 757, do CPC.

O processo de interdição se inicia quando uma pessoa interessada, que pode ser pai, mãe, tutor, cônjuge ou algum parente próximo apresenta uma petição inicial especificando os atos que entende revelarem a existência de uma anomalia psíquica, com base em indícios preliminares de sua alegação.

Incumbe ao autor, na petição inicial, especificar os fatos que demonstram a incapacidade do interditando para administrar seus bens e, para praticar atos da vida civil, bem como o momento em que a incapacidade se revelou (CPC, Art. 749).

O requerente deverá juntar laudo médico para fazer prova de suas alegações ou informar a impossibilidade de fazê-lo (CPC, Art. 750).

O juiz, diante desse pedido, obedecendo ao contraditório e à ampla defesa, mandará citar o réu para dar-lhe conhecimento da solicitação do autor e para que compareça em data designada em audiência, na qual será interrogado (CPC, art. 1.181).

O requerido terá cinco dias para se quiser, tentar impugnar o pedido.

CAPÍTULO 10 • PSICOPATOLOGIA FORENSE **451**

Transcorrido esse prazo, será nomeado um perito, ou pode ser equipe multidisciplinar, para realizar exame no interditando.

Decorrido o prazo previsto no artigo 752, do CPC, o juiz determinará a produção de prova pericial para avaliação da capacidade do interditando para praticar atos da vida civil (CPC, art. 753).

Para se defender, o réu poderá constituir advogado e assistente técnico.

Apresentado o laudo, o juiz marcará audiência de instrução e julgamento, à qual comparecerá o representante do Ministério Público.

Se a convicção do juiz for favorável ao pedido inicial, declarará a incapacidade e decretará, por sentença a interdição, fundamentada no laudo, definindo seus limites e nomeando curador se interdito for parcial ou totalmente incapaz.

O curador dos totalmente incapazes procede à representação geral na vida civil, tomando as iniciativas necessárias ao seu bem-estar e aos seus interesses.

Já ao curador dos parcialmente incapazes, caberá assisti-los nas decisões que tomarem, orientando-os quando solicitado e vetando quando for apropriado.

O levantamento da interdição ocorrerá se cessar a causa que a determinou, podendo seu pedido ser feito pelo próprio interditado.

O juiz deverá nomear perito novamente e, tendo sido entregue o laudo, nova audiência de instrução e julgamento será designada.

Acolhido o pedido, o juiz decretará o levantamento da restrição e mandará publicar a sentença, assim como na interdição, seguindo-se sua averbação no registro de pessoas naturais.

10.4. Tutela e curatela

O tutor é nomeado para proteger filhos menores em caso de morte dos pais ou perda do poder familiar. (CC, art. 1.728 e seguintes).

O curador é nomeado para proteger pessoas maiores de 18 anos que, por algum motivo, não tenham capacidade de tomar decisões.

De acordo com o artigo 755, I, do CPC, na sentença que decretar a interdição, o juiz: nomeará curador, que poderá ser o requerente da interdição, e fixará os limites da curatela, segundo o estado e o desenvolvimento mental do interdito.

O papel do curador é prestar apoio à pessoa em situação de curatela, oferecendo-lhe os esclarecimentos necessários sobre seus bens, patrimônio e negócios, respeitando seus direitos, vontades e preferências.

O curador também deverá buscar tratamento e apoio apropriados à conquista da autonomia pelo curatelado.

A Lei 13.146/2015, que instituiu o estatuto da pessoa com deficiência, estabelece, no artigo 84, que a pessoa com deficiência tem assegurado o direito ao exercício de sua capacidade legal em igualdade de condições com as demais pessoas.

452 | MEDICINA LEGAL E NOÇÕES DE CRIMINALÍSTICA • NEUSA BITTAR

Quando necessário, a pessoa com deficiência será submetida à curatela (§ 1º), sendo-lhe facultada a adoção de processo de tomada de decisão apoiada (§ 2º).

A tomada de decisão apoiada é o processo pelo qual a pessoa com deficiência elege pelo menos 2 (duas) pessoas idôneas, com as quais mantenha vínculos e que gozem de sua confiança, para prestar-lhe apoio na tomada de decisão sobre atos da vida civil, fornecendo-lhes os elementos e informações necessários para que possa exercer sua capacidade.

A definição de curatela de pessoa com deficiência constitui medida protetiva extraordinária proporcional às necessidades e às circunstâncias de cada caso, e durará o menor tempo possível (§ 3º), sendo os curadores obrigados a prestar, anualmente, contas de sua administração ao juiz, apresentando o balanço do respectivo ano (§ 4º).

A curatela afetará tão somente os atos relacionados aos direitos de natureza patrimonial e negocial (art. 85), não alcançando o direito ao próprio corpo, à sexualidade, ao matrimônio, à privacidade, à educação, à saúde, ao trabalho e ao voto (§ 1º).

A curatela constitui medida extraordinária, devendo constar da sentença as razões e motivações de sua definição, preservados os interesses do curatelado (§ 2º).

No caso de pessoa em situação de institucionalização, ao nomear curador, o juiz deve dar preferência a pessoa que tenha vínculo de natureza familiar, afetiva ou comunitária com o curatelado (§ 3º).

Em casos de relevância e urgência e a fim de proteger os interesses da pessoa com deficiência em situação de curatela, será lícito ao juiz, ouvido o Ministério Público, de ofício ou a requerimento do interessado, nomear, desde logo, curador provisório, o qual estará sujeito, no que couber, às disposições do Código de Processo Civil (art. 87).

11. Noções de Psicologia jurídica

11.1. Psicologia do interrogatório

O interrogatório é o ato processual mais importante, sendo um meio de defesa do acusado, haja ou não confissão, e uma fonte de provas.

Muitas vezes, apenas o acusado conhece as circunstâncias do crime e, se ele confessa, pode auxiliar a convicção do juiz.

Enquanto o acusado tem direito de se defender, o juiz tem o direito de utilizar as provas.

A família da vítima busca a punição do culpado e não quer que se crie um responsável.

No processo civil, impera a indivisibilidade do interrogatório, o que não ocorre no processo penal, podendo o juiz acatar uma parte verdadeira e rejeitar outra que não seja.

O juiz pode, também, aproveitar as informações sobre o caso e ignorar o complemento.

O acusado é a testemunha das próprias ações e suas circunstâncias, o que o diferencia de uma pessoa que apenas testemunhou o fato.

Nas reações primitivas, que incluem as reações reflexas, em curto-circuito e em cadeia (golpes repetitivos), os estímulos não atravessam os mecanismos de personalidade, gerando lacunas na memória.

Por outro lado, nas reações de personalidade, há consciência da ação, levando à recordação de tudo, até de pontos secundários, a não ser que haja intenso estado emotivo no momento.

O autor de fato imprevisto tem recordações imprecisas e lacunares dos precedentes do crime, enquanto o autor do fato preordenado tem recordações precisas e minuciosas.

Quando o autor valoriza o crime como qualquer ato da vida, o estado de excitação que o domina torna a recordação confusa.

Se o interesse se degenera em **paixão**, a atenção é insuficiente e a percepção terá falhas graves. Por isso, nos crimes por paixão, ímpeto e com violência contra a pessoa, são maiores as inexatidões da recordação do momento do crime.

Quanto maior é o interesse por uma situação, maior é a nossa atenção. Por isso, nos crimes preordenados, o autor tem lembranças detalhadas do momento do crime.

Deve-se desconfiar de lembranças detalhadas de crimes que ocorreram há certo tempo, a não ser que estejam ligados a um acontecimento importante.

Quando as minúcias são abundantes, pode ser que a narração seja mentirosa, pois o criminoso está querendo dar uma aparência de veracidade ao que relatou, ou ele está com a atenção intensificada porque está para cometer o crime ou acabou de cometê-lo.

O acusado, seja ele culpado ou inocente, evoca a memória em estado de emoção, pois não sabe o que pode acontecer, levando a inexatidões. Por isso, nem tudo que o réu fala contra os próprios interesses tem valor absoluto.

Diferentemente, o réu confesso é tranquilo, porque já aceitou a acusação.

O delinquente por paixão confessa por causa do remorso, que dificulta a ocultação.

Já nos crimes contra a dignidade sexual, o remorso inexiste e o criminoso procura esconder o que fez.

No adultério, deve-se observar os dois envolvidos. Normalmente, há indiferença quando a mulher é a responsável pelo adultério, que além de não confessar, ataca veementemente o marido.

Havendo confissão, para ser válida, deve ser pessoal, realizada por pessoa capaz e de forma expressa, livre e espontânea.

Não é vedado ao juiz dividir a confissão em partes. De acordo com o artigo 200, do CPP, a confissão será divisível e retratável, sem prejuízo do livre convencimento do juiz, fundado no exame das provas em conjunto).

O juiz deve confrontar a confissão com as demais provas do processo, verificando se entre ela e estas existem compatibilidade ou concordância (CPP, art. 197).

O direito do acusado de se manter calado não abrange o momento da sua qualificação perante a autoridade policial.

Segundo o artigo. 186, do CPP, depois de devidamente qualificado e cientificado do inteiro teor da acusação, o acusado será informado pelo juiz, antes de iniciar o interrogatório, do seu direito de permanecer calado e de não responder perguntas que lhe forem formuladas.

O silêncio, que não importará em confissão, não poderá ser interpretado em prejuízo da defesa (parágrafo único). Reza o artigo 198, do CPP, que o silêncio do acusado não importará confissão, mas poderá constituir elemento para a formação do convencimento do juiz.

A confissão é a rainha das provas e suplanta toda e qualquer outra, mas não isolada nos autos do processo, não importando na condenação do réu, nem supre outras provas indispensáveis, pois ele pode estar escondendo o verdadeiro autos dos fatos (CPP, art. 158).

Não é vedada a retratação da confissão mesmo após o início do processo penal. Reza o artigo 200, do CPP, que a confissão será divisível e retratável, sem prejuízo do livre convencimento do juiz, fundado no exame das provas em conjunto).

11.2. Capacidade para testemunhar

O testemunho já foi alvo de comentários em setores específicos deste livro.

Aqui, trataremos da capacidade para testemunhar no Código de Processo Civil.

Podem depor como testemunhas todas as pessoas, exceto as incapazes, impedidas ou suspeitas (CPC, art. 447).

São incapazes para depor (§ 1º):

- o interdito por enfermidade ou deficiência mental;
- o que, acometido por enfermidade ou retardamento mental, ao tempo em que ocorreram os fatos, não podia discerni-los, ou, ao tempo em que deve depor, não está habilitado a transmitir as percepções;
- o que tiver menos de 16 (dezesseis) anos;
- o cego e o surdo, quando a ciência do fato depender dos sentidos que lhes faltam.

São impedidos (§ 2º):

- o cônjuge, o companheiro, o ascendente e o descendente em qualquer grau e o colateral, até o terceiro grau, de alguma das partes, por consanguinidade ou afinidade, salvo se o exigir o interesse público ou, tratando-se de causa relativa ao estado da pessoa, não se puder obter de outro modo a prova que o juiz repute necessária ao julgamento do mérito;
- o que é parte na causa;
- o que intervém em nome de uma parte, como o tutor, o representante legal da pessoa jurídica, o juiz, o advogado e outros que assistam ou tenham assistido as partes.

São suspeitos (§ 3º):

– o inimigo da parte ou o seu amigo íntimo;

– o que tiver interesse no litígio.

Sendo necessário, pode o juiz admitir o depoimento das testemunhas menores, impedidas ou suspeitas (§ 4º), que serão prestados independentemente de compromisso, e o juiz lhes atribuirá o valor que possam merecer (§ 5º).

A testemunha não é obrigada a depor sobre fatos que lhe acarretem grave dano, bem como ao seu cônjuge ou companheiro e aos seus parentes consanguíneos ou afins, em linha reta ou colateral, até o terceiro grau; ou a cujo respeito, por estado ou profissão, deva guardar sigilo (CPC, art. 448).

11.3. Depoimento da criança

A criança é sugestionável, bastando que se repita com convicção que ela esteve presente à certo acontecimento, para gerar sua convicção nisso.

Há fraqueza da vontade, fantasia desenvolvida, facilidade de associação de fatos inverossímeis, e escassez de discernimento e crítica, o que torna a criança crédula.

Por outro lado, a criança tem grande intuição e descobre rapidamente a opinião de quem a interroga.

Pode ser sugestionada por:

• insinuação;

• coação implícita – quando uma pessoa pergunta qual é a opção correta entre duas características, a criança escolhe uma, mesmo que nenhuma delas seja a verdadeira;

• coação explícita – neste caso, a criança não consegue mudar rapidamente sua posição, além de ser obstinada, o que a leva a se fechar e a discordar.

Na criança e no surdo-mudo coincidem a incapacidade processual e penal. São irresponsáveis pelo crime e se o interrogatório ocorrer muito após o fato, podem ser incapazes de descrevê-lo. O sentimento de ilicitude é vago, o que os leva a dizer mentiras.

A criança não é capaz de ter um sistema lógico de defesa.

Síndrome de Medeia – ocorre quando um progenitor decide prejudicar seu/sua filho/a, tanto física como psicologicamente, devido a um comportamento do outro progenitor que considera injusto.

A alienação parental é um transtorno que surge principalmente no contexto de disputas para custódias de crianças entre casais separados, também conhecida como síndrome de: Medeia.

O roteiro e a técnica da observação psiquiátrica da criança e do adolescente apresentam certas particularidades que a tornam específica.

Os encaminhamentos, as determinações e a iniciativa espontânea dos pais integram as indicações à avaliação de uma criança ou adolescente.

Os estudos atuais acerca da saúde mental valorizam cada vez mais o papel da família, tanto na produção, como na manutenção dos transtornos psiquiátricos e psicológicos da criança.

Nas entrevistas com a criança, a anamnese subjetiva é feita com o próprio paciente, e a anamnese objetiva é feita com familiares ou amigos do paciente.

O médico, deixando a criança à vontade no consultório para brincar, pode observar: a forma como ela brinca; os marcadores do desenvolvimento neuropsicomotor; se a criança é criativa ou agressiva; se reproduz situações vividas em casa.

Um ambiente acolhedor vai desde a forma como a criança é recebida até o pós-atendimento do paciente.

A entrevista deve ser conduzida de forma tranquila, esclarecendo-se qualquer dúvida que surja.

Deixar a criança à vontade, oferecer brinquedos e distrações, além de garantir segurança para que a criança possa se movimentar livremente pelo consultório, são pontos fundamentais para que o médico possa avaliar como a criança interage com os objetos e as pessoas, podendo gerar informações cruciais para a anamnese.

Devem ser observados na identificação do melhor caminho para conduzir a anamnese:

- o relacionamento da criança com os pais e cuidadores, e entre os pais e outros familiares e pessoas próximas da criança;
- personalidade e comportamento dos pais e/ou cuidadores, e qual o conhecimento de cada um a respeito da criança.

Capítulo 11
TOXICOLOGIA FORENSE

Toxicologia é a ciência multidisciplinar que estuda os efeitos nocivos das substâncias químicas sobre seres humanos, animais e plantas.

Tem como objetivo evitar que essas substâncias afetem a saúde ou o meio ambiente.

Estuda a relação entre o agente químico e a reação tóxica causada por ele no organismo.

Analisa os efeitos físicos, químicos e biológicos das substâncias nocivas aos organismos, com importância tanto pela ação ambiental, como pela atuação direta sobre o ser humano.

A Toxicologia forense estuda os aspectos médico-legais em busca do esclarecimento da causa das intoxicações.

A Toxicologia analítica tem como objetivo identificar e/ou quantificar a substância suspeita de ter causado o envenenamento de uma pessoa, nos tecidos e fluidos biológicos, e/ou seus metabólitos, produtos de degradação ou a detecção de algum parâmetro relacionado à exposição que provoque alterações funcionais no organismo.

Métodos espectroscópicos, consistentes na medida da quantidade de radiação emitida ou absorvida pelas substâncias tóxicas presentes em amostras biológicas, são os mais divulgados em Toxicologia analítica.

A Toxicologia experimental tem como objetivo a avaliação dos efeitos tóxicos de substâncias químicas através de indicadores biológicos, empregando sistemas experimentais *in vitro* e *in vivo*, além do estudo e desenvolvimento de métodos alternativos para a avaliação toxicológica.

A Toxicologia clínica é um campo científico da Química, que se concentra na análise dos efeitos químicos das substâncias tóxicas sobre os seres humanos e animais.

É usada para determinar como certas substâncias químicas interagem com o ambiente interno de um organismo, podendo causar danos à saúde, além de estudar os sinais e os sintomas indesejáveis causados pelo toxicante.

Toxicante é uma substância química que pode causar danos a um sistema biológico, alterando funções ou levando à morte.

A Toxicodinâmica estuda os mecanismos de ação dos tóxicos nos organismos vivos, isto é, sua toxicidade, e descreve a interação dinâmica de um tóxico com as moléculas-alvo e as consequências biológicas dessa interação.

A Toxicocinética estudo os processos aos quais uma substância química está sujeita após entrar em contato com o corpo (humano / animal) em função da dose e do tempo.

Alimento	Medicamento	Veneno

O alimento e o medicamento diferenciam-se do veneno não apenas pela qualidade da substância, mas principalmente pela quantidade. Não existe uma linha divisória, mas uma escala de efeitos dependentes da dose ingerida.

Qualquer substância pode causar uma intoxicação exógena quando penetra no organismo de pessoas sadias em grande quantidade, ou quando atinge a dose tóxica mais rapidamente em decorrência de problemas prévios.

Já os venenos, por sua natureza, afetam a saúde ou causam a morte em pequenas quantidades.

1. VENENOS

Os agentes tóxicos sistêmicos (venenos) são substâncias que provocam efeitos deletérios ao organismo em locais distantes ao de contato inicial.

O ser humano pode estar exposto mesmo antes do nascimento, pois drogas ingeridas pela gestante muitas vezes ultrapassam a barreira placentária.

O percurso dos venenos através do organismo segue fases determinadas, na sequência: penetração, absorção, distribuição, fixação, transformação e eliminação.

1.1. Espécies de veneno.

As intoxicações exógenas podem ser causadas por substâncias naturais de origem animal, vegetal e mineral, ou por substâncias industrializadas.

1.2. Fatores que influenciam a produção de danos ao organismo:

a) Idade;

b) Disponibilidade da substância;

c) Ocorrência no campo ou na cidade;

d) Ocorrência no lar ou no ambiente do trabalho.

Dados nacionais, regionais e por agentes tóxicos, relacionados com mortalidade e com idade podem ser encontrados no site do Sistema Nacional de Informações Tóxico Farmacológicas (SINITOX).

1.3. Vias de penetração

Estão relacionadas com o estado da substância.

Substâncias sólidas	Substâncias voláteis	Substâncias líquidas
geralmente penetram por ingestão.	geralmente penetram pela via respiratória.	geralmente penetram por ingestão ou endo-venosa.

A penetração também ocorre pela pele e mucosas.

1.3.1. Via oral

Para penetrar no organismo por essa via, a substância deve ser solúvel em água ou em lipídios, sendo absorvida a partir do estômago (raramente pela mucosa da boca ou esôfago).

O organismo se defende por meio de vômitos e/ou diarreia.

1.3.2. Via aérea

É a via do monóxido de carbono, dos derivados do petróleo (importante nas intoxicações nos locais de trabalho, e do gás lacrimogênio.

Gases, vapores e sólidos pulverizados passam através dos alvéolos pulmonares, enquanto partículas de poeira, por serem maiores, não chegam até os pulmões e penetram pela mucosa das vias respiratórias.

1.3.3. Via cutânea

Locais de pele mais espessa e sem anexos, como pelos, glândulas sebáceas, são de mais difícil penetração.

Substâncias lipossolúveis, como inseticidas organoclorados e organofosforados, penetram com maior facilidade, enquanto as que dissolvem em água penetram pelos anexos.

Favorecem a penetração: pele hidratada, aumento de temperatura (porque aumenta a circulação local), e regiões com escoriações (pois a pele está lesada).

1.3.4. Via parenteral

Utilizada principalmente por viciados (raramente em homicídios). As vias são:
- Endovenosa – a substância atua na dependência da velocidade de injeção;
- Intramuscular ou subcutânea – a atuação depende da velocidade de remoção da substância para cair na corrente sanguínea;
- Intradérmica – a substância aplicada permanece em alta concentração no local da aplicação, podendo ser identificada aí na perícia.

O sangue é o principal transportador de substâncias tóxicas pelo organismo.

1.4. Absorção

Para que um veneno possa atingir o compartimento sanguíneo, precisa ser absorvido.

A absorção depende da via de introdução.

A via endovenosa é o caminho mais rápido. A substância que entra numa veia cai diretamente na circulação, mas para atingir os órgãos, passa pelo lado direito do coração, pulmões e volta para o lado esquerdo do coração, sendo, então, distribuída aos órgãos.

Na penetração por inalação, a droga passa dos alvéolos pulmonares para os capilares (vasos muito pequenos), cai na circulação e vai diretamente para o lado esquerdo do coração, sendo então distribuída para os órgãos. O efeito é quase imediato, como ocorre com o crack. Já a cocaína, por ser cheirada, penetra pela mucosa da entrada das vias respiratórias, fazendo o caminho descrito para a via endovenosa (no parágrafo anterior).

Algumas substâncias só têm efeito quando penetram por determinado local. Tem-se, como exemplo, o veneno de cobra e o curare (substância que paralisa os músculos esqueléticos, que são os músculos do corpo que movimentamos), os quais só atuam pela via parenteral (pela veia, músculo, subcutâneo, intradérmico ou intracavidades torácica ou abdominal) porque são substâncias desativadas pelo suco gástrico se forem ingeridas.

Para atingir o local dos seus receptores, a substância tem de atravessar:

1°) A membrana das células do tecido com que tiveram o contato inicial;

2°) A membrana das células que revestem os capilares desse tecido para caírem no sangue;

3°) Transporte pela corrente sanguínea e novamente a parede dos capilares dos órgãos;

4°) Membrana das células dos órgãos onde estão os receptores;

5°) Membrana das organelas intracelulares.

A membrana celular é lipoproteica, isto é, constituída por lipídios e proteínas.

Tipos de transporte através da membrana celular:

- Transporte passivo: substâncias lipossolúveis, isto é, que dissolvem em gordura, passam pela membrana passivamente, com velocidade maior quanto maior for a sua concentração;

- Transporte ativo: quando a substância precisa ligar-se a uma proteína transportadora para ultrapassar a membrana celular, gastando energia para tal;

- Filtração: quando a substância penetra por canais formados pelas proteínas ou por poros entre as células dos capilares, epiderme ou mucosas.

Fatores que contribuem favoravelmente para a absorção de um veneno:

- aumento da superfície de contato;

- aumento da vascularização;

- ingestão do veneno com estômago vazio;

- massageamento do local de administração após injeção intramuscular.

1.5. Mecanismo de ação

- Bloqueio do transporte de oxigênio. Ex.: monóxido de carbono (CO), que ocupa o lugar do oxigênio na hemoglobina (no heme), de forma que o oxigênio não consegue entrar nas células.
- Bloqueio da respiração celular Ex.: cianeto de potássio.
- Tetanização. É a contração muscular espasmódica persistente, impedindo a expansão do tórax e, consequentemente, a respiração. Ex.: estricnina, EDTA.
- Paralisia da musculatura esquelética. Impede os movimentos do tórax. Ex.: curare.
- Depressão do sistema nervoso central. Ex.: agrotóxicos, antidepressivos, ópio e derivados, tranquilizantes, álcool.
- Arritmias e parada cardíaca. Ex.:
  - anfetaminas, cocaína, que levam a arritmias (com parada cardíaca em fibrilação ventricular) principalmente se houver lesão cardíaca prévia, ou lesão da musculatura cardíaca pela própria droga em usuários crônicos;
  - cloreto de potássio, que leva à parada cardíaca.

1.6. Fatores que modificam a ação dos tóxicos

- Susceptibilidade individual.
- Hiperreatividade decorrente de particularidades do organismo.

Idiossincrasia é um termo impreciso, que diz respeito à resposta anormal a um fármaco, geneticamente determinada.

Entretanto, nem todas as reações idiossincráticas têm causa farmacogenética.

A idiossincrasia é a predisposição particular do organismo, que faz com que um indivíduo reaja de maneira pessoal à influência de agentes exteriores (alimentos, medicamentos etc.).

- Hiporreatividade ou tolerância: pode ser natural ou adquirida após doses repetidas da substância, como ocorre com alcoolistas crônicos, que custam para ficar embriagados.

O uso crônico de uma substância pode provocar alterações na conformação, no ritmo de síntese e na localização dos receptores.

Essas alterações justificam vários fenômenos observados no uso crônico de drogas, como tolerância, taquifilaxia, dessensibilização, resistência e hipersensibilidade.

A tolerância a veneno decorrente de exposição a pequenas doses repetidas é chamada de **mitridatização**.

- Peso;
- Idade;
- Sexo;

- Estado de hidratação;
- Sonolência;
- Doença;
- Hábito;
- Associação de drogas:
  - Efeito aditivo: quando o efeito final da soma de duas substâncias é maior do que o de cada uma delas isoladamente (**sinergismo**), geralmente observado com substâncias similares.
  - Efeito antagônico: quando uma substância compete com a outra pelo mesmo receptor ou uma neutraliza a outra.

A eliminação, ou seja, a saída de uma substância do organismo, ocorre não exclusivamente por meio da urina, mas também da bile, suor e saliva.

O diagnóstico de envenenamento se dá por critérios: clínicos, circunstanciais, anatomopatológicos e toxicológicos.

Fatores que dificultam o estabelecimento da correlação entre os resultados laboratoriais e a suspeita de intoxicação:
- anamnese incompleta;
- material biológico inadequado;
- síndrome de abstinência;
- presença de vários agentes tóxicos e de outras patologias.

Efeito residual – ocorre com substâncias reagentes que permanecem no local onde foram aplicadas por determinado período, pois se degradam lentamente.

Intoxicação é o aparecimento de sinais e sintomas prejudiciais aos seres humanos ou animais, devido ao contato com substâncias químicas (drogas, medicamentos e substâncias biológicas e as não especificadas), com intenção não determinada.

Tipos de intoxicação

Intoxicação aguda é a intoxicação decorrente de um único contato (dose única) ou múltiplos contatos (doses repetidas) com a substância química.

Manifesta-se dentro de períodos curtos de exposição.

Os efeitos podem surgir de imediato, ou nas primeiras 24 horas após a exposição, ou no decorrer de alguns dias, no máximo duas semanas, dependendo do princípio ativo.

É associada com o colapso de tecidos e sistemas fisiológicos, em graus que excedem os graus de reparação ou adaptação, sendo muitas vezes relacionada a efeitos letais rápidos.

Intoxicação subaguda, na qual os sintomas são vagos, subjetivos e podem surgir após horas ou dias após a exposição.

Intoxicação sub crônica é definida pela exposição ao agente tóxico, por período de até 1 mês.

Nos testes de toxicidade sub crônica, ou de curta duração, o experimento dura, geralmente, entre 21 e 90 dias e decorre do efeito tóxico após exposição prolongada ao agente tóxico, o que permite identificar se o efeito é acumulativo, ou não, e auxilia na detecção dos órgãos afetados após serem submetidos a doses.

Intoxicação crônica ocorre quando os efeitos tóxicos surgem após repetidas exposições, por um longo período, geralmente durante toda a vida ou aproximadamente 80% do tempo de vida.

Esse surgimento tardio, após meses ou anos de exposição, acarreta danos muitas vezes irreversíveis.

Os sintomas são subjetivos, e há dificuldade em estabelecer o diagnóstico e o nexo causal.

Toxicidade é a capacidade de uma substância causar danos a um organismo vivo, alterando processos bioquímicos, sistemas enzimáticos ou órgãos específicos.

A toxicidade pode ocorrer por exposição a substâncias tóxicas em qualquer dose, ou a substâncias não tóxicas em quantidades excessivas.

Toxicidade recôndita é o processo tóxico em que ocorrem lesões, sem manifestações clínicas.

É um estado deletério decorrente da introdução no organismo de produto potencialmente danoso.

Intolerância é a sensibilidade exaltada a pequenas doses do veneno.

DL-50

É a dose letal mediana de uma dada substância ou tipo de radiação, necessária para matar 50% de uma população em teste.

A DL 50 de um produto puro pode ser empregada para intoxicação oral, dermal ou inalatória.

Usada como um indicador da toxicidade aguda de uma substância, é medida geralmente em miligramas de substância por quilograma de massa corporal dos indivíduos testados, ou miligramas de substância por grama de massa corporal dos indivíduos testados.

A sua determinação é feita expondo cobaias a diferentes doses da substância a ser testada por um determinado período, até se determinar a que mata apenas metade da população testada.

Quanto maior a dose letal, menos tóxica é a substância.

1.7. Comentários sobre alguns tóxicos

Carbamatos e organofosforados

Os carbamatos têm seus efeitos principais devido à inibição da colinesterase plasmática, sendo seu representante mais conhecido o chumbinho, muito empregado em suicídios.

É importante causador de envenenamentos acidentais, voluntários ou criminosos no Brasil.

O aldicarb ou chumbinho é uma substância inseticida do grupo dos carbamatos, utilizada clandestinamente como raticida, sendo fonte frequente de intoxicação letal, pois é utilizada clandestinamente como raticida.

Os inseticidas organofosforados e carbamatos são absorvidos pelo organismo, pelas vias oral, respiratória e cutânea.

A absorção por via oral ocorre nas intoxicações agudas acidentais, nas tentativas de suicídio, sendo, portanto, a principal via implicada nos casos atendidos nos serviços de emergência.

Os compostos organofosforados e carbamatos são inibidores da colinesterase, impedindo a inativação da acetilcolina, permitindo assim uma ação mais intensa e prolongada do mediador químico nas sinapses colinérgicas, ao nível de membrana pós-sináptica.

Intoxicação por inseticida organofosforado causa aumento de salivação, lacrimejamento, sudorese, bradicardia e finalmente óbito, decorrentes, especificamente, da ligação do organofosforado com a acetilcolinesterases.

O uso de organofosforado pode causar hipoplasia ou aplasia da medula óssea.

Os piretroides são, atualmente, alguns dos inseticidas mais utilizados na agricultura, com resultados efetivos contra diversas pragas agrícolas, mas seu uso requer cuidados com misturas e com o intervalo de aplicações.

Podem causar sensação de formigamento nas pálpebras e na região perioral, olhos lacrimejantes, tosse, problemas cardíacos e dificuldades de respiração.

O diagnóstico é baseado em sintomas, exames de sangue e em uma descrição dos eventos envolvidos com a intoxicação.

Organoclorados

Dicloro-Difenil-Tricloroetano (DDT), composto organoclorado, tornou-se um dos mais conhecidos inseticidas de baixo custo. Começou a ser utilizado na Segunda Guerra Mundial para eliminar insetos e combater as doenças emitidas por eles, como a Malária, Tifo e Febre amarela. Era usado também por fazendeiros para controlar pestes agrícolas.

Tetracloreto de carbono

O tetracloreto de carbono é um líquido incolor com cheiro adocicado característico, que pode ser detectado a baixas concentrações.

Penetra no organismo por ingestão, inalação ou via dérmica.

A excreção deste solvente é efetuada: 50% pelo ar expirado (entre 1 e 3 horas) e 50% pela urina.

Os sinais e sintomas nas exposições inalatória e oral ao tetracloreto de carbono por curto prazo são: cefaleia, fraqueza, letargia, náusea, dor abdominal, dificuldade respiratória e vômito. Nos casos graves podem ocorrer hemorragia, coma hepático e morte.

Exposições a altas concentrações (1000-2000ppm) por meia a uma hora, podem causar arritmia cardíaca, inconsciência, coma e morte.

Podem ocorrer danos nos rins e fígado após uma única exposição intensa.

Exposições crônicas levam a danos nos rins e especialmente no fígado.

Em caso de suspeita de intoxicação por tetracloreto de carbono, que evolui, em uma semana, para coma hepático, com icterícia, aumento acentuado da TGO, oligúria, insuficiência renal e morte, a necrópsia revelou necrose centrolobular confluente e esteatose hepática. Se o exame toxicológico não conseguiu detectar o tetracloreto de carbono nem outras drogas hepatotóxicas, deve-se concluir, quanto à causa da morte, que o caso é sugestivo de envenenamento por tetracloreto de carbono.

Arsênio

O arsênico constitui exemplo de substância considerada de origem mineral, que pode agir como veneno.

Os compostos de arsênio são utilizados na agricultura como ingredientes em inseticidas, venenos de ratos, herbicidas e conservantes de madeira, além de pigmentos em tintas, papel de parede e cerâmica.

Quando penetra no organismo, após a absorção, o arsênico se liga à hemoglobina, aos leucócitos e às proteínas plasmáticas.

Em 24 horas, o arsênico desaparece da circulação, sendo redistribuído para fígado, rins, baço, pulmões, trato gastrintestinal, músculos e tecidos nervosos, com subsequente integração no cabelo, unhas e ossos.

Dessa forma, diante intoxicação por arsênio, sua comprovação se dá pela detecção de vestígios no fígado, cabelo e unhas.

A intoxicação crônica pelo arsênico, que é um metaloide quase insípido e inodoro, causa significativa toxicidade aguda e crônica em todo o mundo e não produz o fenômeno conhecido como mitridatismo.

Os efeitos da intoxicação por arsênico envolvem diversos sistemas, sendo os efeitos gastrintestinais os mais importantes, com diarreia considerável descrita em forma de "água de arroz associada a náuseas e vômitos", que pode ser difícil de diferenciar da cólera e durar de dias a semanas.

A intoxicação crônica por arsênio pode causar: fadiga, mal-estar, gastroenterite, leucopenia, anemia, neuropatia periférica sensorial predominante, elevação das transaminases hepáticas, hipertensão portal não cirrótica, insuficiência vascular periféricas, lesões cutâneas, cânceres, hipertensão, mortalidade cardiovascular, diabetes melitos e insuficiência respiratória.

Os compostos de arsênio são utilizados na agricultura como ingredientes em inseticidas, venenos de ratos, herbicidas e conservantes de madeira, além de pigmentos em tintas, papel de parede e cerâmica.

No exame interno realizado em autopsia, o achado de mucosa gastroduodenal de coloração acinzentada sugere envenenamento por ácido sulfúrico.

Nitratos

A ação farmacológica básica dos nitratos é o relaxamento da musculatura lisa vascular, o que reduz a pressão arterial e facilita o fluxo sanguíneo no corpo.

O mecanismo íntimo dessa ação vasodilatadora não está completamente esclarecido. Os nitratos são potentes dilatadores arteriais e venosos, tanto dos vasos coronários, como dos sistêmicos.

Veneno da cascavel

O veneno da cascavel (*Crotalus durissus terrificus*) tem 65% de crotoxina, proteína que é seu principal componente ativo.

A cascavel é responsável por cerca de 10% dos acidentes com cobras no Brasil.

Seu veneno é bastante tóxico, atacando os músculos e o sistema nervoso, podendo a picada causar a sensação de formigamento ou dor no local, geralmente sem lesão ou inchaço.

O veneno inibe os movimentos musculares: por isso, a vítima pode até parar de respirar se não tiver socorro adequado em tempo hábil, algo em torno de 2 a 6 horas.

Apesar de as consequências do envenenamento serem bem conhecidas, pouco se sabe do efeito do veneno sobre as células e do desenvolvimento da resposta imune do organismo.

Gases tóxicos

Substância tóxica volátil é definida como aquela que é líquida e é absorvida em forma de gás.

São gases tóxicos: amônia; cianeto de hidrogênio; dióxido de carbono (condições normais de temperatura e pressão); dióxido de enxofre; gás cloro; monóxido de carbono; sulfeto de hidrogênio (H2S).

O cianeto, ao reagir com a citocromoxidase, inibe a respiração celular, o que resulta em hipóxia citotóxica.

Constatação, à necropsia, de conteúdo gástrico avermelhado e com odor de amêndoas amargas sugere intoxicação por cianeto.

O cianeto é um gás com odor de amêndoas amargas, que inibe as enzimas que atuam na cadeia respiratória mitocondrial e produz livores róseos.

A morte por intoxicação por monóxido de carbono caracteriza-se pela presença de livores róseos, sangue de cor vermelho-vivo, trombose dos vasos cerebrais e dos pulmões, pneumonia e amolecimento cerebral.

O sulfeto de hidrogênio é um gás incolor, que pode ocorrer naturalmente no ar através de várias fontes de petróleo bruto ou natural, gases vulcânicos e águas de nascente.

Traços de H2S podem ser encontrados na atmosfera, o que geralmente não é prejudicial.

Uma vez inalado, o sulfeto de hidrogênio é rapidamente absorvido pelos pulmões, podendo resultar em parada cardíaca ou até morte, pois afeta os tecidos neurológicos e cardíacos.

O sintoma mais conhecido de envenenamento por sulfeto de hidrogênio é a morte súbita nos trabalhadores do esgoto.

Outros tóxicos

- Trióxido de arsênio – sólido (pó);
- Sulfeto de bismuto – sólido (pó);
- Ácido pícrico – líquido;
- Estricnina tem origem vegetal (planta Strychnos nux vômica).
- Apamina, de origem animal, é o veneno de abelhas da espécie *Apis melífera*.
- Cicuta tem origem vegetal (*Conium maculatum*).
- Curare é de origem vegetal.

1.8. Exames toxicológicos

Álcool e drogas de abuso fazem parte da maioria das requisições de exames toxicológicos.

Concentrações letais de intoxicação pelo álcool não deixam sinais macroscópicos significativos no tecido cerebral.

Os resultados dos exames toxicológicos de um indivíduo estão associados ao tipo de substância pesquisada, à frequência de uso e à quantidade e pureza da droga consumida.

Os testes laboratoriais, além de serem confirmatórios, podem ser utilizados, em juízo, como prova documental de consumo ou não de determinada substância psicoativa.

Para fins forenses, todo exame toxicológico deve ser realizado utilizando-se no mínimo duas técnicas com metodologias de análise diferentes. Por exemplo, para a detecção de cocaína na urina de um municiando, deve-se realizar uma análise por técnica baseada em imunoensaio e outra por cromatografia gasosa associada à espectrometria de massa.

A amostra de urina para detecção do uso de substâncias psicoativas deve ser mantida refrigerada por, no máximo, vinte e quatro horas, até ser encaminhada ao laboratório competente para a pesquisa adequada.

São técnicas analíticas consideradas como sendo de alta sofisticação:

- Espectofotometria de absorção molecular – UV-Vis.
- Espectofotometria de absorção atômica – AAS.
- Cromatografia líquida – HPLC.
- Ensaio imunoquímico – Elisa.

As reações volumétricas ou colorimétricas não são técnicas analíticas consideradas como sendo de alta sofisticação.

A cromatografia gasosa/espectrometria de massas (CG/EM) é o método analítico mais frequentemente usado para a análise da cocaína.

O cabelo acumula cocaína e, portanto, deve ser escolhido como amostra.

Em relação aos exames toxicológicos *post mortem*:

- Algumas drogas, como a cocaína, se encontram em altas concentrações na bile.
- Para análise química *post mortem* dá-se preferência à dosagem na urina do que no sangue.
- Imunoensaio é um dos métodos mais utilizados na análise de amostras post--mortem.
- O sangue é a amostra mais comumente usada para análise quantitativa de álcool.

Na investigação da causa de morte em cadáver que se encontra na fase gasosa da putrefação deve-se evitar a análise histopatológica por causa da autólise e degradação tecidual.

O líquido orgânico ou os fragmentos de vísceras de cadáveres a serem submetidos a exame toxicológico analítico devem ser: conservados em geladeira, entre 0° e 4°.

O procedimento adequado para a conservação de uma amostra de fígado humano em pesquisas toxicológicas de envenenamento por carbamatos, até o efetivo processamento pelo laboratório, inclui a refrigeração, podendo também incluir o congelamento.

2. SUBSTÂNCIAS PSICOATIVAS

São substâncias capazes de influir no estado de ânimo das pessoas.

Apesar de consumidas desde os tempos mais remotos, não representavam perigo, pois as regras sociais de moralidade restringiam o uso a situações e finalidades determinadas.

Nas sociedades primitivas, o uso mágico e religioso era controlado pelo conhecimento dos efeitos dessas substâncias e pelas regras morais. A imoderação surgia em situações de grave desestruturação social, geradas pela desagregação da sociedade e crise dos valores compartilhados.

Também na Antiguidade, o abuso de substâncias psicoativas era considerado questão de moderação privada e não um problema social.

As situações de maior gravidade surgiram na Modernidade, inicialmente na Inglaterra (séc. XVIII) quando as classes mais baixas, afetadas pela migração dos camponeses para as cidades, começaram a fazer uso desregrado de bebidas alcoólicas, estabelecendo-se o vínculo entre álcool e proletariado.

Nessa mesma época, nos Estados Unidos, a difusão do álcool e outras substâncias entre os índios das colônias inglesas provocaram um verdadeiro genocídio. Esse fato não conseguiu inibir o comércio das substâncias psicoativas, pois foi interpretado como consequência da inferioridade religiosa, cultural e racial dos índios, mantendo-se a crença na falta de controle individual.

No séc. XIX, a Europa começou a sentir necessidade de controle estatal por razões morais, em virtude do aumento do consumo de álcool pelas classes mais baixas, e por razões econômicas, motivadas pela proibição de importação do ópio vindo da Índia pela China. A proibição legal foi encarada como barreira econômica e não vingou.

CAPÍTULO 11 • TOXICOLOGIA FORENSE **469**

Ao mesmo tempo, teve início o desenvolvimento da química orgânica e os princípios ativos das substâncias psicoativas foram isolados e sintetizados: morfina (1805), cocaína (1859), heroína (1898), barbitúricos (1903).

Essa revolução farmacológica continuou no séc. XX com a descoberta das metanfetaminas, anfetaminas, LSD, benzodiazepínicos e tranquilizantes.

Ainda por razões econômicas e comerciais, surgiu a primeira proibição ao consumo dessas substâncias: legislação sobre narcóticos, nos Estados Unidos.

O problema do abuso aparecia também em outros países, originando convênios internacionais para limitar o tráfico de ópio, morfina e cocaína.

A partir desses convênios, criaram-se leis para restrição ao uso legítimo (tratamento médico), sendo proibido qualquer uso não médico ou tratamento não legítimo (Lei Seca, Lei da Marijuana). As razões para o surgimento dessas normas foram o aumento do uso recreativo, inclusive de substâncias psicoativas permitidas, como o álcool; morais, consequentes do alto consumo pelas minorias étnicas; e comerciais, geradas pela necessidade de importação dessas substâncias.

Os riscos para a saúde continuaram ignorados até a crise psicodélica, em que o consumo das mais variadas drogas gerou a necessidade de uma legislação específica para impedir a variação social, agora tendo como objetivos a saúde física e mental da população, e o combate à toxicomania.

Assim, o reconhecimento de que se tratava de combater uma enfermidade e de que havia um problema de saúde pública só ocorreu na década de 1970.

Nessa época, surgiu o conceito de droga, estabelecido pela lei, como substância psicoativa proibida, além das definições de:

- **Toxicomania:** desejo constante de usar drogas para obter sensações prazerosas ou estado especial de exaltação, gerando danos físicos e mentais com o passar do tempo.
- **Dependência química:** é o desejo compulsivo que se desenvolve em decorrência da administração repetida da substância. Engloba a dependência física e a dependência psíquica. A dependência química é sempre física e psíquica, podendo predominar uma ou outra. A dependência ocorre em ampla variedade de psicotrópicos, que atuam por muitos mecanismos diferentes. A característica comum das substâncias produtoras de dependência consiste na ação de reforço positivo (recompensa), associada à ativação da via dopaminérgica mesolímbica.
- **Dependência física:** necessidade física anormal causada pela suspensão abrupta ou dosagem insuficiente das drogas, denominada síndrome de abstinência, representada por sintomas orgânicos variados como diarreia, calafrios, sudorese, taquicardia, convulsões, alucinações etc.
- **Dependência psíquica:** manifestações psíquicas que levam o indivíduo a usar a droga por qualquer meio (fissura). assim, os estados toxicofílicos são caracterizados por uma compulsão irresistível e incontrolável, nos quais as pessoas continuam o uso da substância a qualquer custo. Esse desejo compulsivo é o principal fator que leva à recidiva entre os dependentes tratados.

MEDICINA LEGAL E NOÇÕES DE CRIMINALÍSTICA • Neusa Bittar

- **Tolerância:** necessidade de doses cada vez maiores para conseguir os mesmos efeitos. A tolerância pode ocorrer, na administração repetida, para os efeitos da droga.
- **Toxicidade:** produção de efeitos nocivos físicos e psicológicos pela ação das drogas nos diferentes setores do organismo. É a potencialidade de a substância química provocar efeitos adversos quando em contato com o organismo vivo, enquanto intoxicação é a manifestação das reações indesejáveis causadas pelas substâncias químicas no organismo.

2.1. Proibição *versus* legalização

Os debates sobre drogas começaram tardiamente, quando a situação legal e social decorrente do abuso dessas substâncias já estava consolidada.

Em um extremo, estavam os adeptos da proibição de todas as drogas, consideradas indistintamente, pois o ato de consumir seria imoral, devendo-se manter e endurecer as medidas antidrogas.

No outro extremo, os partidários da legalização encaravam as drogas na sua pluralidade, levando em conta a diferença de efeitos danosos, sendo legítimo o ato de consumir, pois deveria ser respeitada a autonomia da vontade. Dessa forma, as medidas antidrogas teriam de desaparecer, até porque não surtiram qualquer efeito que não fosse o fortalecimento do narcotráfico.

Entretanto, ao preconizarem o desaparecimento irrestrito das medidas antidrogas, os partidários da legalização se esqueceram do pregão pluralista, isto é, de considerar as repercussões de cada droga sobre o organismo.

Além disso, como defender uma autonomia que foi abandonada no momento em que o indivíduo começou a se drogar?

2.2. Tratar o mal ou reduzir o dano?

Baseada nos pontos positivos das correntes anteriores, surge uma posição intermediária em que as drogas são consideradas de forma diferenciada, dependendo dos seus efeitos.

O ato de consumir é encarado pelos possíveis efeitos danosos à saúde, e o objetivo das medidas antidrogas passa a ser a proteção da saúde física dos indivíduos.

Tem por objetivo a proteção, seja do indivíduo contra si próprio, seja da coletividade.

Não significa aderir à legalização, e sim rever a legislação existente para torná-la adequada, seja a mais efetiva repressão do narcotráfico, seja ao tratamento legal dos usuários e dependentes, agora considerados doentes.

Princípios da política de redução de danos:

- Evitar os efeitos maléficos das drogas;
- Certeza de obter consequências benéficas;
- Inexistência de outras formas de combate.

A prioridade passou a ser o contexto social, pois o objetivo político-moral de uma sociedade livre de drogas foi substituído pelo objetivo de proteção da saúde dos cidadãos.

Assim se delineia a política de redução de danos, constituída por:

a) Medidas contra substâncias psicoativas legais e drogas, unificadas na circunstância de causarem danos à saúde e gerarem adicção;

b) Subordinação da atuação penal à atuação sanitária por meio de:

- Descriminalização, não penalização ou tratamento mais benéfico do dependente;

- Distinção entre os vários tipos de drogas.

c) Assistência ao consumidor de drogas por meio do fornecimento de seringas, preservativos e outras medidas, visando à proteção individual e coletiva, juntamente com informação, sem imposição de abstinência, e substituição das medidas penais por tratamento.

d) Potencialização das políticas locais, uma vez que as drogas consumidas diferem em cada país.

Note-se que essa política abrange qualquer situação de dependência, incluindo a de substâncias psicoativas lícitas e as usadas em medicamentos. Essas últimas são as mais procuradas pelos dependentes e usuários de drogas, daí a política de redução de danos abranger também o mau uso, ou seja, o consumo de substâncias psicoativas de uso terapêutico.

Deve-se entender que, ao lado dos indivíduos que querem parar de consumir, existem os que querem, mas não conseguem, e os que não querem. Todos farão jus à proteção sem que se abandone a intenção de tratamento.

Exige-se, entretanto, para a manutenção das medidas adotadas, que o resultado benéfico seja evidente. Caso contrário, tais medidas poderão favorecer o consumo.

Por exemplo, a distribuição de seringas, para ser mantida, tem de propiciar uma queda evidente da porcentagem de contágio do vírus da Aids por drogas injetáveis.

Dilemas:

Como diferenciar o dependente do traficante, já que esses também consomem drogas?

Como saber se o dependente, inicialmente vítima, não se uniu ao traficante vitimizador para poder adquirir a droga?

Como atingir o usuário que trabalha, tem poder aquisitivo para adquirir a droga consumida nos fins de semana, que não adere a programas de redução de danos, não é identificável, e alimenta o narcotráfico?

3. TOXICOMANIAS

As toxicomanias estão associadas a vários fatores, inclusive de ordem genética.

Recentes estudos neuroquímicos e métodos sofisticados de imagem revelaram as principais regiões cerebrais envolvidas na dependência às drogas através da via mesolímbica da dopamina, em que se incluem as áreas tegumentar ventral e núcleo accumbens.

As substâncias psicoativas são substâncias químicas naturais ou sintéticas capazes de alterar, de vários modos, a atividade mental, ora deprimindo, ora excitando, ora perturbando o psiquismo.

As drogas psicotrópicas são, então, aquelas que têm atração para atuar no cérebro, modificando nossa maneira de sentir, de pensar e, muitas vezes, de agir.

A aspirina, por exemplo, atua no cérebro para impedir a dor, mas não modifica o comportamento.

De acordo com o artigo art. 1º, parágrafo único, da Lei 11.343/2006, consideram-se como drogas as substâncias ou os produtos capazes de causar dependência, assim especificados em lei ou relacionados em listas atualizadas periodicamente pelo Poder Executivo da União.

A Portaria 344/98 da ANVISA/MS também traz definições e cataloga as drogas.

Droga é a substância ou matéria-prima que tenha finalidade medicamentosa ou sanitária.

Entorpecente é a substância que pode determinar dependência física ou psíquica, relacionada na Lista A1 e A2;

Psicotrópico é a substância que pode determinar dependência física ou psíquica, relacionada nas Listas B1 e B2;

Precursor é a substância relacionada na Lista D1.

Se for constatada a existência de alguma substância não relacionada na Portaria nº 334/98 da ANVISA/MS, por força do princípio da estrita legalidade, sua produção, comercialização, distribuição ou consumo não constituirá crime de tráfico ou de porte para consumo pessoal.

O exame clínico não é soberano para a verificação do uso de substância que provoca dependência, não podendo ser preterida a verificação do exame laboratorial.

São critérios diagnósticos do DSM-IV-TR para dependência de substância:

- a tolerância;
- a síndrome de abstinência;
- os esforços malsucedidos para reduzir ou controlar o uso da substância.

Considerando a grande ocorrência e diversidade de drogas psicoativas, é fundamental, para o tratamento, a identificação da substância.

Drogas com menores índices ou que não apresentam crises de abstinência: maconha, cocaína e LSD.

A espectrometria de massas é considerada atualmente técnica de referência para detecção de drogas e compostos psicoativos.

Líquidos orgânicos ou fragmentos de vísceras de cadáveres a serem submetidos a exame toxicológico analítico devem ser conservados em geladeira, entre 0º e 4º.

Em relação à rotina preferencial para a realização de exames necroscópicos em um Departamento de Medicina Legal, a pesquisa de psicotrópicos é feita na urina, devendo a amostra ser coletada da bexiga.

A fase de triagem consiste em obter respostas rápidas, custo acessível e permitir a pesquisa de várias substâncias na mesma alíquota de amostra.

A amostra de saliva permite identificar presença de etanol, anfetamina, cocaína e tetrahidrocanabinol (THC) em baixas concentrações.

A escolha de saliva como amostra é justificada por ser uma amostra de natureza menos invasiva e de fácil obtenção.

A saliva é um fluido biológico secretado a partir das glândulas salivares, composta de uma variedade de substâncias como hormônios, proteínas, ácidos nucleicos e anticorpos.

A obtenção da amostra fluida oral pode ser reduzida pelo estresse, uso de anticolinérgicos, fibrose cística e diabete.

3.1. Drogas psicolépticas

São substâncias que deprimem a atividade mental, diminuem a vigília, reduzem a atividade intelectual, sedam a tensão emocional, induzem ao sono, relaxam os músculos e diminuem a ansiedade e o pânico.

Falta de coordenação motora e perda de memória são alguns dos sintomas característicos produzidos por substâncias psicolépticas.

Ao deprimirem as células cerebrais de forma difusa, as substâncias psicolépticas atingem primeiro os centros inibitórios, causando uma excitação inicial, pois inibem as inibições, para depois agirem sobre os centros excitatórios causando os sintomas já descritos.

Entorpecentes são substâncias tóxicas, drogas ou medicamentos, que agem no sistema nervoso central, provocando estado de entorpecimento, de embriaguez, e que, mesmo tolerável em doses altas pelo organismo, frequentemente causa dependência e progressivos danos físicos e/ou psíquicos como droga estupefaciente ou psicoléptica.

3.1.1. Ópio

Originado, provavelmente, do vale do Nilo, já era muito apreciado na Antiguidade, sendo considerado um presente dos deuses.

Hipócrates foi um dos primeiros a descrever seus efeitos medicinais.

É extraído da papoula e produz excitação inicial, que é ilusória porque consequente à inibição dos centros inibitórios (inibe a inibição), seguida de depressão decorrente da inibição dos centros excitatórios, além de sono não reparador e fadiga.

O ópio e seus derivados são potentes analgésicos e causam hipnose, pois aumentam o sono, daí serem chamados de narcóticos.

Dentre os sintomas causados pelo abuso de opiáceos, a perda da vontade é o principal.

Os opiáceos provocam intensa contração das pupilas (miose), paralisia do estômago, dando a sensação de saciedade, e paralisia dos intestinos, daí seu uso nas diarreias.

O dependente abandona tudo, inclusive família e trabalho.

A crise de abstinência é muito grave até o sexto dia, quando os sintomas começam a declinar. Tem como principais sintomas transpiração excessiva, lacrimejamento, coriza, febre, vômitos, diarreia e irritabilidade.

A intensidade da síndrome da abstinência difere para cada droga, variando, inclusive, entre drogas do mesmo tipo.

Por exemplo, a abstinência da metadona é menos intensa, porém mais duradoura que a abstinência da heroína.

Essa é uma das razões por trás da manutenção do tratamento com metadona em usuários viciados em heroína.

Diversos tipos de drogas terapêuticas, incluindo agentes antidepressivos e antipsicóticos, também geram sintomas de abstinência quando o tratamento é interrompido, porém, é importante distinguir este tipo de fenômeno de rebote comumente observado da dependência física associada ao abuso de drogas.

São seus derivados:

Morfina	É um alcaloide sintético, usado no tratamento da dor.
Diacetilmorfina	É uma substância semissintética conhecida como heroína, usada inicialmente em xaropes contra a tosse.
Codeína	É um alcaloide natural obtido do ópio, usado no tratamento da dor e tosse.
Meperidina ou petidina	É uma droga sintética, usada no tratamento da dor, que leva à severa dependência.
Speedbaling	É uma droga composta por heroína e cocaína.
China-white	É o alfa-metil-fentanil, cuja potência assemelha-se à da heroína.
Metadona	Utilizada no tratamento do dependente em heroína, por ter efeitos menos devastadores e ser de uso oral.

A morfina não é eliminada na sua forma in natura, sendo metabolizada, formando:
– morfina-3-glicuronídeo, que é inativa, mas se liga aos receptores, impedindo a ligação da morfina;
– morfina-6-glicuronídeo, que tem ação analgésica significativa.

Os metabólitos se acumulam em pacientes com insuficiência renal.

3.1.2. *Barbitúricos*

São substâncias sintéticas industrializadas legalmente que agem como calmantes, indutores do sono e anticonvulsivantes.

A embriaguez barbitúrica caracteriza-se por tremores, perturbação da marcha, disartria, sonolência e estado confusional, podendo simular os efeitos do álcool.

Em doses altas, deprimem a respiração e levam à morte.

CAPÍTULO 11 • TOXICOLOGIA FORENSE **475**

Têm-se como exemplos:

a) Fenobarbital (Gardenal): usado como anticonvulsivante.

b) Pentobarbital e Tiopental: com efeito anestésico, de uso hospitalar.

No caso de suspeita de tentativa de suicídio pela ingestão de sobredose de barbitúricos, coma, sem resposta a estímulos, reflexos e sinais vitais instáveis, miose intensa e depressão respiratória, chegando ao óbito, sugerem esse tipo de intoxicação.

3.1.3. Calmantes e tranquilizantes

Aqui se enquadram os Benzodiazepínicos (Diempax, Lóorax, Dalmadorm etc.), usados em medicamentos para combater a ansiedade, o pânico e a insônia, constituem problema de saúde pública em face do abuso.

Quando utilizados continuamente, causam dependência e taquifilaxia, que é o efeito decrescente pelo uso sucessivo por curto período.

Os benzodiazepínicos (BZD) de ação curta são úteis no controle da insônia e não apresentam metabólitos ativos.

Causam efeitos mais abruptos de retirada.

A retirada de BZD de meia-vida mais curta tende a ter taxas maiores de recaída do que a retirada de fármacos com meia-vida mais longa.

Por isso, pode-se utilizar a estratégia inicial de trocar o fármaco de meia-vida curta por um de meia-vida mais longa, para depois realizar a redução gradual de dose.

Associam-se a um terço dos casos de suicídio, mas como a dose tóxica é muito alta, os óbitos são raros.

Podem causar amnésia, sendo administrados pelos criminosos às suas vítimas para cometer furtos e crimes sexuais (boa noite cinderela).

3.2. Drogas psicoanalépticas

São substâncias que estimulam a atividade mental, aumentam a vigília, causam insônia, excitam a atividade intelectual, exaltam a tensão emocional, levando à euforia e à ansiedade.

Algumas combatem a depressão, enquanto outras diminuem o apetite, levando ao emagrecimento.

A perda da consciência e a amnésia são sintomas frequentemente observados após crise convulsiva provocada pelos excitantes do sistema nervoso central.

3.2.1. Cocaína

Extraída da planta *Erytroxylon coca*, é usada por aspiração nasal, endovenosa ou raramente por ingestão, sendo veículo de disseminação da Aids pelo compartilhamento das seringas.

Entre as drogas de abuso injetáveis, a cocaína é que mais está associada a endocardite bacteriana.

A cocaína é um alcaloide presente em baixa concentração nas folhas de coca.

A extração se dá em duas fases, das quais resulta a pasta base, que tem um teor de mais de 80% de cocaína.

Para se chegar à cocaína em pó (cloridrato de cocaína), que pode ser inalada ou diluída e injetada, adicionam-se ácido clorídrico, éter e acetona.

Uma forma de camuflagem química tem sido usada pelos traficantes de drogas, misturando de forma homogênea o alcaloide com outras substâncias que permitam escapar aos controles, principalmente dos aeroportos. Os primeiros casos foram estudados em laboratórios especializados na Alemanha, que chamavam esse tipo de droga de "**cocaína negra**", mas seu nome técnico é "**cocaína antiteste de drogas**" ("*antinarcoprueba*" em espanhol).

A cocaína negra (ou cocaína preta) é uma mistura de pasta base de cocaína e / ou cloridrato de cocaína com outras substâncias cuidadosamente escolhidas para esconder especificamente as características físicas da cocaína e interferir na sua detecção.

Esse processo químico, usado por traficantes de drogas colombianos, objetiva evitar a detecção por cães farejadores e testes químicos. Os traficantes adicionam carvão ativado e outros produtos químicos à cocaína, transformando-a em uma substância negra que não tem cheiro e não reage quando submetida aos testes químicos usuais.

Análises indicaram que as amostras eram compostas por um material contendo hidrocarbonetos, sendo a percentagem de cocaína calculada como cloridrato de aproximadamente 4%.

Posterior análise química detalhada realizada pelas autoridades alemãs detectou, em uma substância apreendida, 40% de cocaína e uma mistura homogênea de tiocianato de cobalto (ou potássio) e cloreto férrico. Outro estudo, também alemão, identificou grafite adicionado ao material, provavelmente com a intenção de mascarar as impressões digitais infravermelhas (IR) típicas da cocaína.

A cocaína negra apreendida ao redor do mundo foi encontrada dentro de ícones religiosos, escondida em um lote de pó de açaí, em cartuchos de toner na forma de pó, ou como um corante industrial e até como ingrediente em materiais plásticos.

A cocaína, assim como os seus derivados, independentemente da forma de administração, atua aumentando a disponibilidade de neurotransmissores, especialmente de dopamina, produzindo sensação de bem-estar, euforia, aumento do estado de alerta, da concentração e do prazer sexual, e acelera o pensamento.

Os efeitos surgem em 5 a 10 minutos e duram de 30 a 60 minutos.

Esse efeito *high* é sucedido pelo crash, que consiste em disforia (contrário de euforia, mal-estar) associada à depressão, fadiga, irritabilidade e impulsividade.

O efeito excitante do sistema nervoso central provocado pela cocaína consiste em aumentar a liberação e prolongar o tempo de atuação dos neurotransmissores - dopamina, noradrenalina e serotonina, que atuam no cérebro.

A cocaína aumenta a atividade do sistema nervoso simpático e melhora os sintomas da depressão.

Conforme aumenta a dependência, o cocainômano passa a apresentar as seguintes características: vive o presente, apresenta embotamento afetivo, delírio de perseguição, excitação, insônia, emagrecimento, impotência e frigidez.

O delírio de perseguição surge porque o efeito da cocaína tem curta duração, obrigando o dependente a procurar lugares em que possa esconder-se para repetir o consumo, como banheiros públicos, gerando o medo de ser flagrado.

O abuso da droga conduz a estados alucinatórios, com cenas de violência ou suicídio.

O rebote ou rebordose causado pela falta da droga caracteriza-se por ansiedade, tristeza e pânico.

Com o passar do tempo, o dependente perde o prazer do uso da droga, mas mantém o vício para evitar os sintomas insuportáveis do não uso, isto é, a síndrome de abstinência.

A absorção sistêmica da cocaína aumenta a pressão arterial e a frequência cardíaca.

A arritmia cardíaca pode ser causa de morte induzida pelos excitantes do sistema nervoso central, como a niquetamida (fármaco com ação estimulante dos centros respiratório) e cardíaco. e a anfetamina.

A morte por overdose é causada por complicações cardíacas, uma vez que a cocaína aumenta a pressão arterial, desencadeia arritmias, enfarte do miocárdio, podendo também levar ao acidente vascular cerebral, problemas respiratórios e convulsões.

Como tanto o uso agudo, como o crônico de cocaína correlacionam-se com infarto agudo do miocárdio e acidente vascular cerebral, nem sempre a morte súbita pelo uso de cocaína se dá em decorrência de overdose.

Os achados necroscópicos macroscópicos, nos casos de overdose de cocaína, geralmente não são patognomônicos, podendo-se observar congestão visceral generalizada e edema cerebral.

A cocaína transforma o medroso em corajoso, sendo utilizada para a prática de crimes. Entretanto, em decorrência das complicações cardiocirculatórias que provoca, potencializadas pelo stress no momento da ação criminosa, tem-se observado vários casos de óbito do criminoso durante a prática do delito.

A aspiração nasal de cocaína diminui a circulação de sangue na mucosa nasal, pois a cocaína provoca vasoconstrição e, por conseguinte, pode afetar quase qualquer órgão, provocando sequelas como infarto do miocárdio, isquemia e hemorragia cerebral, dissecção de aorta, isquemia intestinal e isquemia renal.

O usuário crônico da cocaína inalada apresenta perfuração do septo nasal, configurando o denominado nariz de rato.

Existe um quadro característico da cocaína que consiste na intoxicação aguda (overdose) com pequena dose em usuário acostumado a doses muito maiores, como se houvesse a inversão da tolerância. Essa situação é frequente em dependentes que estão sem consumir a droga em função de tratamento e têm uma recaída.

Indivíduos que fazem uso concomitante de cocaína e álcool apresentam no plasma o composto ativo cocaetileno, que apresenta propriedades estimulantes e pode contribuir para a intoxicação.

A cocaína atravessa a barreira placentária e atinge o feto de mães usuárias, causando retardo do desenvolvimento, cardiomiopatias (doenças do músculo cardíaco), distúrbios de comportamento, microcefalia e morte intrauterina.

A biotransformação da cocaína ocorre com sua hidrólise espontânea ou por reação catalisada pelas carboxilesterases, originando a benzoilecgonina.

Esse produto da transformação da cocaína ou do chá de coca, tem impacto no sistema cardiovascular, com o aumento da frequência cardíaca; também provoca um incremento das secreções salivar, gástrica e pancreática, além de intensa sudorese.

No organismo humano, a cocaína é rapidamente transformada em benzoilecgonina, metabólito usado como marcador para detecção do consumo dessa droga, que pode ser apurada na urina em até três dias após a última ocorrência de uso.

A benzoilecgonina é o principal metabólito a ser pesquisado na suspeita de intoxicação pela cocaína.

Os vestígios do consumo de cocaína podem ser pesquisados na urina, sangue, saliva e mecônio (conteúdo intestinal do feto):

- Na urina, até dois a três dias após o consumo.
- No cabelo, até dois a três meses.

A meia-vida da cocaína é de cerca de seis horas, sendo mais eficiente, para fins médico-legais, a pesquisa de seu metabólito, a benzoilecgonina.

Após a morte, a colheita de material para análise, principalmente de cérebro e fígado, que exibem maior concentração de cocaína, deve ser feita logo para evitar a influência das substâncias resultantes da decomposição do cadáver, que alteram as dosagens.

Os padrões de qualidade internacionalmente aceitos para fins forenses preconizam que todo exame toxicológico deve ser realizado utilizando-se no mínimo duas técnicas com metodologia de análise diferentes.

Por exemplo, para a detecção de cocaína na urina, deve-se realizar uma análise por técnica baseada em imunoensaio e outra por cromatografia gasosa associada à espectrometria de massa.

Se, no exame laboratorial toxicológico, houver positividade para benzoilecgonina na urina, é correto afirmar que houve consumo de substância entorpecente, pois ela é o principal metabólito da cocaína, frequentemente usado como um marcador para detecção da presença dessa droga no organismo em testes de drogas na urina. Pode apresentar até 3% de resultados falso-positivos. O melhor material humano para se fazer exame toxicológico de um cadáver com suspeita de morte por overdose de cocaína é o Humor vítreo, pois material colhido em outros locais pode resultar falso positivo devido à produção de ptomaínas pela digestão das proteínas pelas bactérias, em especial na fase gasosa da putrefação.

Síndrome de *body packer*

CAPÍTULO 11 • TOXICOLOGIA FORENSE **479**

É a síndrome observada em indivíduo conhecido como mula ou correio, usado para transportar drogas ilícitas no interior do próprio organismo, preparadas na forma de cápsulas, em especial no estômago e nos intestinos, com o objetivo de tráfico.

A cocaína é uma das drogas mais comumente contrabandeadas dessa maneira.

O transporte de drogas por ingestão (*body packing*) e a inserção de drogas no corpo (*body stuffing*) significam engolir pacotes cheios de drogas ou colocá-los em cavidades do corpo para evitar sua detecção pelos agentes da lei.

Havendo suspeito de ingestão de cápsulas de drogas ilícitas: mesmo que o paciente esteja assintomático e o exame físico não evidencie anormalidades; o exame radiográfico revelará estruturas tenuemente radiopacas com halo de hipertransparência circundante, compatíveis com a suspeita de ingestão de drogas.

A evolução do quadro clínico para excitação motora, agitação e morte, mesmo que haja sinais e sintomas de intoxicação, somente o exame clínico não seria suficiente para concluir que o paciente havia ingerido um pacote contendo drogas, sendo, a radiografia indispensável para detectar a presença de cápsulas no organismo.

Se for constatada a ingestão de cocaína, a morte sempre ocorrerá com a intoxicação aguda causada pela droga ingerida, e os exames toxicológicos de urina e sangue poderão revelar a droga transportada na proporção de sua ingestão.

Se houver obstrução no nível do piloro ou da válvula ileocecal por cápsula, o indivíduo não teria permanecido assintomático, pois teria tido náuseas, vômitos e epigastralgia.

Se o paciente tiver falecido em decorrência do rompimento de cápsulas de drogas no estômago, haverá intoxicação aguda e súbita.

São derivados da cocaína:

Crack	O crack pode ser obtido também a partir da pasta base, mediante simples aquecimento e adição de bicarbonato e solvente, ficando com mais impurezas e menor teor de cocaína, ou a partir do próprio cloridrato de cocaína, por meio da adição de água e amônia ou bicarbonato. O crack não é um subproduto da cocaína. Tem mais impurezas se vier da pasta base e menos se vier do cloridrato de cocaína. Contém 70% de cocaína, enquanto o cloridrato chega a 90%. É a cocaína sem refino (sem éter e sem acetona), fumada em cachimbo, muito forte e barata. Gera rápida dependência a partir da terceira ou quarta dose. O dependente vive em função da droga, abandona tudo, associa-se à criminalidade, entrando em decadência física e mental vertiginosamente. No crack e nos outros derivados também fumados, a droga entra pelos alvéolos pulmonares e cai na circulação sanguínea, atingindo rapidamente o cérebro em poucos segundos. Consequentemente, o metabolismo é mais rápido, levando à queda da concentração no sangue na mesma velocidade. Por isso, os efeitos do crack surgem em 8 a 10 segundos, mas duram apenas 5 a 10 minutos. Assim, o usuário logo necessita de nova dose do crack, seja para repetir as sensações prazerosas, seja para evitar o efeito da dependência, o que justifica o padrão compulsivo de uso (***binge***), que dura dias de consumo seguidos, interrompidos apenas pela exaustão física.

Freebasing	O *freebasing* é o resultado da transformação do cloridrato de cocaína em cristais de cocaína, os quais são esmagados e fumados em tubo de vidro especial.
Merla	A merla é obtida da pasta crua de coca, à qual se adiciona ácido sulfúrico, ou querosene, ou cal virgem, contendo alto nível de impurezas. A adição de ácido sulfúrico gera o sulfato de cocaína. A merla pode ser fumada pura, ou misturada ao tabaco ou à maconha (**Bazuca**).
Oxi ou oxidato	O oxi ou oxidato também vem da pasta crua e tem mais impurezas, sendo sua composição semelhante à da pasta base. É fumado em cigarros ou cachimbos pela queima das pedras, bem como aspirada em pó, sendo mais potente e letal do que o crack.

O uso de crack associado à ingestão de álcool pode ser demonstrado por análise toxicológica por meio da pesquisa da coca-etileno.

3.2.2. Anfetaminas

São drogas sintéticas utilizadas para diminuir o sono e para emagrecimento.

O indivíduo torna-se muito falante, com movimentos exacerbados, a boca fica seca e os olhos bem abertos, aumenta a resistência às bebidas alcoólicas e surge a necessidade do uso de calmantes para combater a insônia.

Em pequenas doses, as anfetaminas tiram a fadiga, causam sensação de bem-estar, melhoram o humor e a performance, sendo usadas por esportistas e motoristas de caminhão (rebite) para tirar o sono. Entretanto, precipitam acidentes porque levam à perda de sentidos (apagões), quando esses motoristas então dormem ao volante.

Em altas doses, provocam hipertermia (aumento da temperatura corporal), hiper-reflexia (exacerbação dos reflexos) e arritmias cardíacas.

As anfetaminas são popularmente chamadas de bolinhas, rebite, *ice*, cristal, *speed*, *ecstasy*, *mitsubish* e cápsula de vento.

Femproporex é um inibidor de apetite, psicotrópico, psicoanaléptico, anorexígeno, derivado da anfetamina, podendo causar dependência física e psíquica.

A modificação das anfetaminas em laboratórios, principalmente clandestinos, deu origem a inúmeros derivados, muitos deles com efeitos alucinógenos mais potentes que os da mescalina e do LSD.

Essas metanfetaminas perdem parte do efeito estimulante para tornarem-se alucinógenas.

Não há consenso no enquadramento das metanfetaminas alucinógenas, sugerindo alguns que deveriam compor um tipo diferente dos aqui elencados. Por enquanto, preferimos enquadrá-las como psicodislépticas.

3.3. Drogas psicodislépticas

São substâncias que perturbam a atividade mental, gerando distorção da realidade (delírios), alucinações, ilusões, estados confusionais e despersonalização.

CAPÍTULO 11 • TOXICOLOGIA FORENSE

As drogas psicodislépticas ou alucinógenas, além de produzirem graves transtornos da personalidade, provocam dependência principalmente psíquica.

3.3.1. Maconha

Extraída da planta *Cannabis Sativa*, produz efeitos que dependem do temperamento do indivíduo, da quantidade da droga introduzida no organismo, da susceptibilidade individual, das expectativas e experiências anteriores, além da técnica de fumar.

O THC é uma das substâncias produzidas pela *Cannabis Sativa,* que tem na sua composição.

– o grupo funcional éter, identificado pelo átomo de oxigênio localizado entre dois átomos de carbono; e

– o grupo funcional fenol, identificado pelo grupo OH – hidroxila, ligado diretamente ao benzeno.

Apresenta baixa solubilidade em água, apesar de apresentar o grupo OH (hidroxila) e o grupo C-O-C, que interagem com a água e com o etanol por meio de ligações de hidrogênio.

Como não é muito solúvel na água, quando ingerido por meio de medicamentos, por exemplo, terá uma eliminação maior nas fezes do que na urina.

O THC apresenta solubilidade maior em lipídios ou compostos apolares, por apresentar a maior parte da sua estrutura com caráter apolar, já que possui muitos átomos de carbono e hidrogênio.

Apresenta-se em estado sólido, em temperatura ambiente, com aparência vítrea, límpida e transparente.

Quando exposto à luz, calor e ao oxigênio, é transformado em canabidiol;

Já em meios ácidos ou básicos, transforma-se em outros canabinoides.

Nos neurônios, o THC pode ligar-se a receptores de canabinoides e influenciar:

– funções motoras (controle dos músculos);

– funções cognitivas (diminuição da percepção, atenção e memória, por exemplo);

– antinocicepção (diminuição da capacidade de sentir dor);

– sono;

– diminuição do apetite.

Segundo pesquisadores, em virtude da interação do THC com os receptores canabinoides em células neuronais, a utilização da maconha pode provocar ao usuário fenômenos psicológicos: sentimentos de felicidade, excitação e dissociação de ideias, enganos na avaliação do tempo e do espaço, aumento de sensibilidade auditiva, ideias fixas e convicções delirantes, impulsos irresistíveis, comprometimento da memória, apatia, falta de motivação, sonolência, reações de pânico e crises alucinatórias.

A maconha altera a sensopercepção, a memória, a capacidade de orientação.

Gera síndrome amotivacional (perda do interesse pelas coisas), confusão mental e enfraquecimento da concentração.

Estudos demonstraram que o uso recreativo e recorrente da maconha pode levar a alterações no funcionamento e em estruturas cerebrais, em particular em cérebros em desenvolvimento, ou seja, em adolescentes (Crippa, Jornal do Cremesp, junho de 2014).

Os danos à memória são maiores e irreversíveis quanto mais cedo se inicie o consumo.

Miose acentuada, pulso lento, salivação intensa, vômitos, diarreia e confusão mental sugerem intoxicação por tetrahidrocanabinol.

Apesar de ser considerada droga leve, pode causar câncer de pulmão e levar à alteração dos cromossomos.

Seus vestígios são encontrados na urina, sangue, saliva, cabelo, suor e mecônio.

Na urina, pode ser detectada:

• Até três a sete dias após o consumo, em usuários ocasionais;

• Até 60 dias após o consumo, em usuários crônicos.

O Haxixe e o *Skunk* também são retirados da *cannabis sativa* e geram os mesmos efeitos da maconha, porém em maior intensidade.

A *cannabis sativa* tem utilização medicamentosa em alguns países, sendo alvo de pesquisas no Brasil inicialmente em relação à doença de Parkinson, ansiedade e esquizofrenia.

Tem cerca de 400 componentes, sendo mais ou menos 80 derivados canabinoides.

O canabidiol (CBD) é o principal componente da pasta importada com os supostos efeitos, inclusive sobre epilepsia refratária a outros tratamentos. Seu uso medicinal foi autorizado pelo Conselho Federal de Medicina (CFM) para crianças e adolescentes portadores de epilepsias refratárias a tratamentos convencionais. A decisão faz parte da Resolução CFM 2.113/2014, que detalhou os critérios para emprego do CBD com fins terapêuticos no País.

Essa resolução foi revogada pela Resolução CFM nº 2.324, de 11 de outubro de 2022, que **restringiu** o uso do canabidiol ao tratamento de epilepsias da criança e do adolescente refratárias às terapias convencionais na Síndrome de Dravet e Lennox--Gastaut e no Complexo de Esclerose Tuberosa (art. 1º), desde que os pacientes ou seus responsáveis legais sejam esclarecidos sobre os riscos e benefícios potenciais por Termo de Consentimento Livre e Esclarecido (TCLE).

Proíbe a prescrição da *Cannabis in natura* para uso medicinal, bem como quaisquer outros derivados que não seja o canabidiol (Res. CFM 2.113/2014, art. 2º).

O grau de pureza do canabidiol e sua forma de apresentação devem seguir as determinações da Anvisa.

O canabidiol (CBD) ainda não é registrado como medicação e não produz os efeitos típicos da maconha. Pode melhorar sintomas, mas não é isento de riscos ou agravos à saúde e tem, como efeitos indesejáveis mais conhecidos até o momento: sonolência, fraqueza e alterações do apetite. Efeitos em prazo mais longo ainda não foram adequadamente estudados.

CAPÍTULO 11 • TOXICOLOGIA FORENSE **483**

Também podem surgir, durante o tratamento, complicações de diferentes naturezas, como efeitos colaterais ainda não descritos ou reações alérgicas inesperadas.

O canabidiol pode interferir com a quantidade no sangue das medicações em uso, o que pode diminuir a eficiência delas ou aumentar seus efeitos colaterais indesejáveis.

Epilepsia resistente ao tratamento: falha de resposta a adequado ensaio clínico com dois anticonvulsivantes tolerados e apropriadamente usados (seja como monoterapia ou em combinação) para alcançar remissão de crises de modo sustentado.

Berg et al. (1996) consideram uma criança portadora de epilepsia de difícil controle medicamentoso quando apresenta pelo menos uma crise epiléptica por mês, por um período mínimo de 2 (dois) anos e que, durante esse período, três diferentes drogas antiepilépticas foram utilizadas em monoterapia ou politerapia.

A refratariedade medicamentosa ocorre quando pelo menos dois medicamentos, escolhidos e utilizados de maneira apropriada e em doses terapêuticas, não melhoraram de forma significativa os sintomas da doença, mesmo sem produzir efeitos colaterais significativos.

Síndrome de *Dravet*: epilepsia mioclônica grave caracterizada por crises febris do tipo clônica, generalizadas ou unilaterais, geralmente prolongadas durante o primeiro ano de vida, e crises mioclônicas entre 1 e 4 anos de vida. A partir do início dessas crises, de difícil controle medicamentoso, ocorre um atraso do desenvolvimento neuropsicomotor, atraso de linguagem, ataxia em 80% dos casos e hiperreflexia.

Ataxia é a dificuldade ou incapacidade de manter a coordenação motora normal e o equilíbrio.

Síndrome de *Lennox-Gastaut*: é uma forma grave de epilepsia, caracterizada por diferentes tipos de crises epilépticas recorrentes, frequentemente associadas a retardo mental, que pode ser evitado com o controle adequado das crises epilépticas. É responsável por 2% a 3% das epilepsias da infância, geralmente em crianças de 1 a 7 anos, principalmente na idade pré-escolar.

Síndrome de *Doose*: é uma epilepsia com crises mioclônicas, com características semelhantes à Síndrome de Lennox-Gastaut, que ocorre em 0,2% das crianças com epilepsia. As crises epilépticas, geralmente associadas ao declínio do desenvolvimento neuropsicomotor, podem levar ao retardo mental e ataxia.

É vedado ao médico (Res. CFM 2.113/2014, art. 3°):

- prescrever canabidiol para indicação terapêutica diversa da prevista na Resolução, salvo em estudos clínicos autorizados pelo Sistema CEP/CONEP.
- ministrar palestras e cursos sobre uso do canabidiol e/ou produtos derivados de *Cannabis* fora do ambiente científico, bem como fazer divulgação publicitária.

Essa resolução deve ser reavaliada de acordo com a literatura científica no prazo de 3 anos a partir da data de sua publicação.

Note-se que, o fato de a planta possuir componentes utilizados em medicamentos, não significa que seu consumo recreativo seja recomendado. A partir da papoula (*papaver somniferum* – papoula do Oriente), de onde se extrai o ópio, que tem efeitos devastadores sobre os usuários, também são obtidos potentes analgésicos como morfina, petidina e propoxifeno, e potentes antidiarreicos feitos com o pó de ópio. Da mesma forma, a vincristina utilizada no tratamento da leucemia e de cânceres de pele, é retirada da Maria sem vergonha (*Catharantuns roseus*), planta com efeitos alucinógenos.

Os canabinoides, tanto por via oral, aplicação tópica ocular ou aspirados, reduzem a pressão intraocular e tem o potencial de se tornar uma opção para o tratamento do glaucoma.

As propriedades medicinais dos canabinoides derivam de suas interações específicas com o sistema endocanabinoide.

Óleo de Butano (BHO – *Butane Hash Oil* ou *Butane Honey Oil*)

Trata-se de uma espécie de extração mais concentrada do THC da maconha, que surgiu nos Estados Unidos, com cor e textura semelhantes ao mel.

A maconha é dissolvida em gás butano.

A partir desse contato, o gás produz uma espécie de óleo que, posteriormente, passará por um processo de purificação para a retirada do excesso do gás e outras impurezas.

Dependendo da temperatura e/ou pressão utilizadas no processo de extração, obtém-se diferentes tipos de BHO:

- *Shatter* – apresenta-se de forma sólida, cristalizada, chegando a uma concentração de 90% de THC;
- *Crumble* ou *Moon Rock* – aspecto de esponja dourada que se esfarela ao toque. Tem-se os seguintes subtipos:
  – *Wax Crumble*, obtido a partir da planta desidratada;
  – *Sugar Crumble*, mais cristalizado que o anterior, obtido a partir da planta fresca;
- *Budder* ou *Butter* – consistência semelhante à manteiga;
- *Wax* ou cera – consistência de cera de abelha, sendo um dos mais consumidos pela facilidade de uso pela queima no *pipe*.

Versões oleosas do BHO são populares para uso em cartuchos de vape.

3.3.2. Mescalina

Extraída de um *cactus* (*peyote*), é usada pelos índios em rituais místicos.

3.3.3. Psilocybina

Extraída de um cogumelo, foi consumida pela geração hippie dos anos 1960.

3.3.4. Santo Daime

Extraído do cipó-amaririi, é usada pela seita, que tem o mesmo nome, na forma de chá.

Tem como princípio ativo a dimetiltriptamina (DMT).

Causa visões, revelações e encontros com Deus, e pode desencadear doença mental latente.

3.3.5. LSD

Derivado alcaloide do *ergot*, que é um produto do fungo que dá no centeio, provoca alucinações visuais terrificantes, pânico, desespero e depressão (*bad trips*).

O principal perigo consiste na perda da habilidade de perceber e avaliar as situações de perigo, levando a acidentes que podem sugerir suicídio num primeiro momento.

Muitas pessoas que consumiram o LSD apresentaram longos períodos de ansiedade, depressão ou surtos psicóticos.

Uma variante desse distúrbio é o denominado *flashback*, onde, após semanas ou meses do consumo de LSD, o indivíduo volta a ter os sintomas psíquicos como se tivesse novamente usado a droga.

Então, *flashbacks* são transtornos de percepção pós-alucinógena, caracterizados por recorrências fragmentadas de efeitos alucinógenos, como: distorções visuais, intensificação visual de uma cor, aparente movimento de um objeto fixo, confusão entre um objeto e outro e perda do limite do ego ou emoção intensa.

A tolerância aos efeitos do LSD desenvolve-se muito rapidamente, mas não há síndrome de abstinência física.

A identificação qualitativa do LSD (dietilamina de ácido lisérgico) é realizada pelo método de Ehrlich gerando cor violeta.

3.3.6. Metanfetamina

As metanfetaminas alucinógenas são drogas sintéticas que deixam os usuários ansiosos, desconfiados, agressivos, com distúrbios psíquicos representados por ilusões e alucinações táteis que os levam a produzir escoriações na pele.

Além desse quadro psicótico, podem ocorrer outras complicações, como hemorragias intracranianas; convulsões consequentes à hipertermia, geralmente fatais; edema agudo de pulmão e morte súbita.

Entre essas metanfetaminas têm-se:

- *Ice*: É inalada, enquanto a maioria das anfetaminas é ingerida.
- *Ecstasy* (MDMA – metilenodioximetanfetamina): É usada na forma de comprimidos ou de pó.

Consumidas e traficadas principalmente por universitários de classe média e alta, causam euforia, sensação de intimidade, alteração da percepção visual, aumento da libido, secura da boca e garganta, diminuição da fome, estado energético assemelhado a um transe, aumento da temperatura corporal acima de 42° C, com intensa desidratação e choque térmico, podendo levar à morte.

O MDMA foi desenvolvido, em 1914, como um supressor do apetite, mas foi a partir de 1983, que se tornou uma droga recreativa popular, conhecida como ecstasy, XTC, Adam e MDM.

A excreção urinária do MDMA inicia-se após três horas do consumo e finda entre quatro e sete dias após a ingestão, podendo ser detectado pelo teste de *screening* urinário.

Cerca de 65% da dose de êxtase é eliminada sem metabolização, por excreção renal.

O MDMA estimula a liberação de serotonina, levando a uma hiper estimulação.

Apesar do aumento da libido, há diminuição da capacidade de ereção.

Os efeitos tóxicos são a depressão, fadiga, ansiedade, distúrbios do sono, que ocorrem dias após o uso.

A presença de metanfetamina pode ser identificada pelo reagente de *Marquis*.

O período de detecção da anfetamina e da metanfetamina na urina é de 2 a 4 dias.

3.3.7. *Feniciclidina*

Também chamada de pó de anjo e combustível de foguete, surgiu como anestésico, mas foi abandonada por causar alucinações, agitações, convulsões e arritmias. Ficou restrita ao uso veterinário, sendo também utilizada para adulterar outros alucinógenos como LSD, mescalina e maconha.

Não é uma droga apreciada por causa da rebordose, isto é, dos efeitos desagradáveis que produz após seu uso.

3.4. Outras drogas

3.4.1. *Solventes e inalantes*

Solventes são substâncias capazes de dissolver outras substâncias que lhe são semelhantes.

Inalantes são substâncias voláteis, isto é, que evaporam facilmente.

Substância tóxica volátil é aquela que é líquida e é absorvida em forma de gás.

Tanto os solventes como os inalantes são voláteis, sendo utilizados por meio da aspiração pelo nariz e pela boca, e pertencem ao grupo dos hidrocarbonetos derivados do petróleo.

Muitos são inflamáveis, representando um risco adicional aos usuários.

Têm-se como exemplos: gasolina, querosene, aguarrás, cola de sapateiro, esmalte de unha, tíner, fluído de isqueiro, éter, clorofórmio, esmalte, removedor e verniz.

Deprimem o sistema nervoso causando euforia, desinibição e agressividade iniciais, seguidas de dificuldade para falar, desorientação espacial, processos alucinatórios, alterações auditivas, perda da memória, chegando ao coma e à morte.

O consumo de cola de sapateiro, termo que generaliza os tipos de solventes orgânicos inalados com o objetivo de entorpecimento, tais como o xileno e o tolueno, agrava-se entre os menores de rua e constitui importante causa de vitimização por atropelamento entre os usuários.

A cola é constituída de hidrocarbonetos de efeitos muito rápidos sobre o sistema nervoso, embora de pouca duração.

Pode levar à euforia e a alucinações.

Os efeitos surgem em minutos após a inalação, desaparecendo rapidamente em 15 a 20 minutos, o que leva o usuário a repetir a dose frequentemente.

A aspiração pode ser:

– involuntária, como ocorre nos trabalhadores das indústrias de calçados e das oficinas de pintura;

– voluntária, observada nas crianças de rua que cheiram cola de sapateiro e jovens que inalam lança-perfume (cloreto de etila) ou cheirinho da Loló (mistura de éter e clorofórmio).

As crianças de rua alegam que o uso repetido de tais substâncias ajuda a esquecer a fome, o frio e a falta de afeto, e que na falta delas se sentem muito mal, indicando haver dependência.

O uso crônico do éter leva à degeneração mental.

O cloreto de etila (lança-perfume) produz inconsciência e insensibilidade.

Os solventes e inalantes são utilizados geralmente por menores de 16 anos e por maiores que atuam no crime ligados a esses menores, ou que têm desenvolvimento mental retardado.

Já o éter, o cloreto de etila, o clorofórmio e outros anestésicos voláteis são usados por maiores de 16 anos.

Constituem problema de saúde pública, pois a maioria dessas substâncias não é de venda proibida.

3.4.2. Maria-louca

É a aguardente dos presídios, resultante da fermentação do milho ou arroz, casca de frutas e açúcar por sete dias. Tem alto teor alcoólico, gerando agressividade.

3.4.3. Ketamina

Ketamina ou cetamina, também conhecida como Special K, é uma substância psicotrópica depressora, com ação psicodélica.

Usada como um anestésico para procedimentos cirúrgicos, é utilizada por algumas pessoas como droga recreativa devido a seus efeitos alucinógenos, que proporcionam ao usuário a sensação de estar fora do seu corpo.

Pode provocar delírios, amnésia, deterioração da função motora e problemas respiratórios potencialmente mortais.

As altas doses de cetamina causam a perda da consciência, a analgesia e a depressão respiratória.

O aumento da atividade simpática (palpitação e hipertensão arterial) e os delírios são sinais e sintomas que acompanham a intoxicação pela cetamina.

3.4.4. GHB

GHB é o ácido gama-hidroxibutírico, também chamado de ecstasy líquido.
Seus efeitos são similares aos da ketamina.

3.4.5. Haloperidol

O Haloperidol é droga psicoléptica pertencente à classe das butirofenonas, sendo um agente antipsicótico indicado no tratamento de esquizofrenia, mania, distúrbios comportamentais, síndrome de Tourette e crises de ansiedade grave.

Bloqueia o receptor D2 da dopamina, levando ao aumento da troca de dopaminas no cérebro, o que produz o efeito antipsicótico.

3.4.6. DMT

A N-dimetiltriptamina ou DMT é um alcaloide indólico com acentuada ação psicoativa, presente em bebidas vegetais de origem indígena, como o vinho da jurema e a ayahuasca.

3.4.7. Clomipramina

A Clomipramina é um antidepressivo tricíclico, que pertence a uma das classes de fármacos que ajudam na regulação do humor, sono e libido.

3.4.8. Paraquat

O Paraquat age nos mecanismos de indução do estresse oxidativo pela produção aumentada de radicais livres associados à depleção dos sistemas antioxidantes do organismo.

A gravidade da intoxicação por PQ correlaciona-se com a quantidade ingerida e distribui-se por graus:

- leve, produz irritação orofaríngea e gastroesofágica, com total recuperação;
- moderados a graves, produzem insuficiência renal aguda (IRA), insuficiência hepática e fibrose pulmonar , ocorrendo a morte em 2 a 3 semanas;
- grave, na forma fulminante há falência de múltiplos órgãos ocorrendo o óbito em menos de uma semana.

3.4.9. Propofol

Propofol é um anestésico parenteral de curta duração, com rápido início de ação (aproximadamente, 30 segundos), utilizado na indução e manutenção de anestesia geral em procedimentos cirúrgicos.

Tem como efeitos colaterais: diminuição da pressão arterial e dos batimentos cardíacos, dor de cabeça, náuseas e vômitos.

3.4.10. Zolpidem

O Zolpidem é um hipnótico indicado no tratamento da insônia de curta duração, por dificuldades em adormecer e/ou manter o sono.

O tempo de uso deve ser o menor possível e, assim como para todos os hipnóticos, não deve ultrapassar quatro semanas.

Efeitos colaterais comuns: alucinações, agitação, pesadelos e depressão.

Efeitos colaterais incomuns: confusão, irritabilidade, inquietação, agressividade, sonambulismo e humor eufórico.

Efeito colateral raro: alteração na libido.

Efeitos colaterais muito raros: desilusão e dependência, com sintomas de retirada ou efeito rebote podem ocorrer após a descontinuação do tratamento.

3.4.11. Tabaco

De acordo com a Organização Mundial de Saúde, existe 1 bilhão de fumantes no mundo.

O tabagismo é tão comum em mulheres quanto em homens, sendo prevalente em pessoas com menor renda.

A taxa de dependência de nicotina, em fumantes diários, é de aproximadamente 90%, uma vez que cerca de 25% da nicotina inalada atravessa os alvéolos pulmonares e chega ao encéfalo via sanguínea em 15 segundos, colaborando para que o alto índice de dependência ser causada rapidamente.

3.4.12. Drogas sintéticas

São substâncias sintetizadas em laboratórios clandestinos a partir de princípios ativos legais, muitos deles componentes de medicamentos.

São também chamadas de *new psychoactive substances* (NPS – novas substâncias psicoativas), *legal highs e designer drugs*.

Surgiram na Europa na década de 1990 e atualmente disputam espaço com as drogas tradicionais.

Simulam os efeitos de drogas ilegais como maconha, cocaína, LSD e ecstasy, mas não utilizam ingredientes ou princípios ativos proibidos em lei.

Relatório recente do Escritório das Nações Unidas sobre Drogas e Crime (Unodc) demonstrou que a produção e o tráfico desses entorpecentes se globalizaram nos últimos quatro anos, atingindo inclusive o Brasil.

Estima-se que a cada 5 dias, uma nova droga entre no mercado, daí a dificuldade de identificação e de inclusão desses compostos na lista de substâncias proibidas.

Entre as já detectadas, alguns exemplos podem ser citados:

- **Canabinoides sintéticas**, conhecidas como *spice,* K2, K4, K9, fogo de iucatã, *black mamba, cannabis blends, genie* e *mumbai blue,* imitam os efeitos da **maconha**. Na forma de incenso ou pot-pourri, tem-se o *Bombay Brese,* composto por capim moído e cristais esverdeados que liberam o princípio ativo ao serem fumados pelo usuário.

O *spice* tem apresentação atrativa e inofensiva, parecendo a de doces, com diferentes sabores, cheiro de morango ou melancia, pacotes coloridos e aspecto similar à maconha. Quando surgiu, seus componentes eram similares ao THC (tetraidrocanabinol), mas a droga sofreu perigosas mutações químicas. Não existe um perfil específico de consumidor, mas o mercado de *spice* visa aos jovens, daí a apresentação de forma atrativa e inofensiva. O consumo começa entre 14 a 16 anos, mas também é usada por idosos, atingindo tanto zonas rurais como grandes centros urbanos. Destacam-se, no mercado, as marcas *Scooby Snacks*, que tem a foto do *Scooby-Doo*, e Bizarro, cujo nome foi inspirado nos inimigos de Super-Homem, com embalagem de cor púrpura marcada com a letra "S". Gera paranoias, pensamentos suicidas e um dano à saúde, cujas dimensões em longo prazo são ainda desconhecidas. O indivíduo tanto pode consumi-la e ficar um tempo drogado, como pode sofrer efeitos nefastos em alguns minutos, sendo alto o índice de overdose. As substâncias químicas utilizadas na fabricação são compradas pela internet, importadas de laboratórios da China, que camuflam a droga como vitaminas ou tinta para impressora. A essas substâncias são adicionados acetona, sabores sintéticos e folhas secas de Damiana. Por isso, os laboratórios clandestinos que fabricam essas drogas sintéticas exalam um odor de doces. Não há como saber de que forma o *spice* vai afetar o corpo, pois é uma droga sintetizada com produtos químicos de origem desconhecida, o que a torna um coquetel *molotov*, com cheiro de frutas.

A **K4** é uma droga produzida em laboratório, que imita o THC, porém chega a ser 100 vezes mais potente que a maconha. Surgiu nos EUA, sendo considerada evolução da K2 (ou *spice*). Na sua composição foram encontrados ketamina e clorofórmio. Apresenta forma líquida, incolor e inodora, sendo impregnada em papel para distribuição (pode o papel ser submergido no líquido ou o líquido ser borrifado nele). Ao secar, a substância fica impregnada no papel indefinidamente, pois não se degrada facilmente e não é volátil, acabando por passar despercebida pelas autoridades policiais. Foram encontrados papeis impregnados com K4 em embalagem de sabonete, embalagem e filtro de cigarros, dentro de forro de roupas e calçados, e até mesmo dentro de balas de caramelo, razão pela qual é chamada de "papelzinho" pelos traficantes brasileiros. Recentemente, observou-se alto índice de apreensão dessa droga principalmente em presídios.

A Polícia Civil apreendeu em Carapicuíba, na Grande São Paulo, uma receita que detalhava os ingredientes e modo de produção da **K9**, utilizando, inclusive, massa plástica de funilaria. Parece que também são utilizados metais pesados. Diversos produtos químicos foram apreendidos: pesticidas, ácido sulfúrico, anestésicos, anabolizantes usados em cavalos e gasolina. A mistura resulta num líquido que, normalmente, é borrifado em algum tipo de tabaco para ser usada como cigarro. A K9, droga dos zumbis, faz parte dos canabinoides sintéticos do grupo K e tem como efeitos relaxamento, percepção alterada dos objetos e condição à volta, sintomas de psicose, ansiedade extrema, confusão, paranoia e alucinações.

A **maconha gourmet ou maconha dos playboys,** tornou-se popular no primeiro semestre de 2024, nas baladas e festas privadas da elite de São Paulo, especialmente em bairros nobres como Itaim Bibi e Alphaville, podendo custar até 50 vezes mais que a maconha comum, chega a ser vendida por R$500,00 o cigarro. É uma maconha mais potente, fabricada em laboratório a partir do haxixe. Pode vir com essências de sabor, que adicionam um aroma diferenciado à droga. É oferecida em diversas formas e texturas, incluindo: Dry marroquino – pasta de coloração escura enrolada em papel fino; Ice – pedra, semelhante ao crack; Meleca – formato mais pastoso. Possui alta concentração de THC, potencializada por compostos químicos, que proporcionam efeitos prolongados e mais intensos. Sua comercialização é restrita a grupos de troca de mensagens em aplicativos como WhatsApp. A entrega se faz diretamente na casa dos usuários, geralmente de alto poder aquisitivo, não sendo encontrada em biqueiras (pontos de venda comuns de drogas). Os riscos à saúde são preocupantes, pois seu uso contínuo pode causar problemas psicológicos e psiquiátricos, devidos à alta concentração de THC, que altera a percepção de tempo, espaço, e pode provocar perturbações mentais.

- **DOB (dimetoxibromo-anfetamina)** ou droga do medo, que é uma droga psicoanaléptica na forma de comprimidos, sintetizada a partir da adição do bromo à anfetamina. É usada por jovens viciados em games e RPGs, e por frequentadores de festas *rave* que desejam ficar ligados, sem dormir. Produz um pico de grande euforia, intensas alucinações, taquicardia, sudorese, tendo seus efeitos duração de até 30 horas.

- **Pastilhas de festa**, que simulam o *ecstasy*, agem liberando serotonina. Estimulam sensações de intimidade e êxtase, e reduzem a inibição. A pastilha *Blessed* tem efeitos que duram cerca de 3 horas e meia: visão turva e confusa, sensação de felicidade e afeição pelos que estão em sua companhia. Já os efeitos das pastilhas *Happi Cap* duram 2 horas. Apesar de mais suave, causa perda da memória de curto prazo.

- *Cloud Nine* é uma droga alucinógena, também chamada *Ivory Wave, Vanilla Sky ou White Lightning*, todas conhecidas como sais de banho porque são vendidas em embalagens semelhantes às que contêm sabonete em pó. São estimulantes cerebrais que causam insônia, agitação, irritação, náuseas, paranoia, delírios, pensamentos suicidas e ataques de pânico. As pessoas ficam violentas a ponto de matar sem ter noção do porquê o fizeram, como se o cérebro se desconectasse do corpo. Não controlam as emoções, nem o corpo.

O sal de banho concentrado é uma mistura de MDPV (metilenodioxipirovalerona) e mefedrona, também chamada miau-miau ou droga dos zumbis, em virtude dos casos de mendigos que morderam policiais durante abordagens nos Estados Unidos. Essas duas substâncias produzem efeitos similares aos da **cocaína**, porém mais intensos: estimulam o sistema nervoso central e produzem euforia.

- **Krokodil** é a **heroína** sintética, que custa apenas um terço do preço. Seu princípio ativo é a codeína, que é um opiáceo derivado da heroína, acrescido de outros ingredientes como thinner, ácido clorídrico, iodo, gasolina e fósforo. O aquecimento da mistura gera um líquido viscoso que é injetado no organismo. Após algumas aplicações, os usuários ficam com a pele grossa, morta e esverdeada no local, daí o nome *krokodil* (crocodilo). O uso contínuo leva à necrose local que acaba em amputação de mãos, braços e pernas. Os consumidores do *krokodil* se situam principalmente na faixa dos 14 aos 21 anos de idade e não sobrevivem a mais de 3 anos de uso.

- **NBome**, também chamada de Pandora ou Dime, é uma droga alucinógena que imita os efeitos do *LSD*. Existem cerca de 11 tipos de *Nbome* sintetizados a partir da feniletilamina. É proibida pela Anvisa (Agência Nacional de Vigilância Sanitária) no Brasil desde fevereiro de 2014. Apresenta-se sob a forma de pílulas, pó, ampolas e *blotters* (papeizinhos embebidos com a substância, feitos para colocar embaixo da língua). Como é mais barata, a *Nbome* é vendida como se fosse o LSD para aumentar a margem de lucro do traficante, sendo comprada e consumida equivocadamente pelos usuários que percebem apenas diferenças de paladar: enquanto o LSD não tem gosto, a *NBome* é extremamente amarga. Provoca alucinações visuais, de padrões e cores vibrantes e sonoras, com ruídos altamente distorcidos, que duram entre quatro e seis horas. Causa espasmos e náuseas, além de dificuldade de se localizar no tempo e no espaço. Estudos de casos concluíram que a *Nbome* apresenta riscos de intoxicação severa, hipotermia, amnésia, acidose metabólica e convulsões que podem resultar em morte.

- **Nyaope** é um pó esbranquiçado contendo baixa concentração de heroína, veneno para rato e farelo de remédios para HIV, que é polvilhado sobre maconha, resultando num coquetel altamente viciante e destrutivo.

- **Flakka** é o nome popular da Catinona alpha-PVP. Essa droga altera a química cerebral de quem a ingere, levando à perda do controle dos pensamentos e ações. É barata, acessível e bastante perigosa. Seus efeitos estimulantes são terríveis e suas consequências ainda pouco conhecidas.

- **Cocaína rosa** é a denominação popular do 2-CB (2-dimetoxibenzaldeído), descoberto pelo cientista Alexander Shulgin, em 1974. Acreditava-se que a droga poderia ser utilizada no tratamento de dependências químicas, até que sua toxicidade foi questionada. A droga 2-CB, conhecida como tusi, cocaína rosa, *pink powder*, *erox*, vênus e *nexus*, é uma substância sintética com efeito estimulante, despersonalizante e eufórico, semelhantes à associação de LSD e *ecstasy*. O 2-CB é um afrodisíaco, daí ser também chamado de erox, em alusão a Eros, o deus grego do amor. Já o nome cocaína rosa vem da sua semelhança física com a cocaína, pois também é apresentado na forma de pó. Causa alucinações, e pode provocar hipertensão, hipertermia e desidratação. Em doses extremas, pode levar à sobrecarga do coração, causando infarto. A toxicidade do 2-CB deriva, principalmente, de seus efeitos alucinógenos, que podem causar distorções na percepção da realidade. Há registros da droga em 2012, mas seu uso tornou-se comum em 2022, quando chegou à Colômbia e a alguns países da Europa, como a Espanha. Devido ao alto custo, sua presença no Brasil ainda é incomum. Amostras da droga vendidas como cocaína rosa continham, além do 2-CB, uma mistura de ketamina (anestésico), MDMA (*ecstasy*) e cafeína. Na Argentina, foi reportada a mistura do 2-CB com LSD e MDMA.

3.5. Relação entre dependência e imputabilidade

- **Dependência leve**: Ligada a um condicionamento social, é perturbação da saúde mental, sendo o usuário imputável.
- **Dependência moderada:** Uso quase diário da droga, com certa crise de abstinência e incapacidade parcial de autodeterminação que levam à semi-imputabilidade, considerada também perturbação da saúde mental.
- **Dependência grave:** É uma doença mental, pois há síndrome de abstinência e perda total da capacidade de autodeterminação, daí a inimputabilidade.

Não basta estabelecer a imputabilidade em relação ao grau de dependência. É necessário estabelecê-la também em relação ao tráfico, uma vez que a lei trata de forma diferenciada o traficante, mesmo que também usuário, e o dependente.

DEPENDENTE	TRAFICANTE
• É doente e inimputável;	• É imputável, mesmo que também dependente;
• Decai financeiramente e materialmente;	• Prospera, pois visa ao lucro;
• Espera da droga os efeitos;	• Espera do tóxico o lucro;
• Vende tudo e mata pela droga;	• Adquire e vende a droga, aumentando o capital;
• Tem intenção toxicofílica, visando apenas adquirir a droga;	• Tem intenção lucrativa;
• Descumpre a lei pela doença.	• Descumpre a lei para obter lucro.

Em vista do exposto, o mesmo indivíduo pode ser considerado inimputável em relação ao grau de dependência das drogas, mas imputável em relação ao tráfico se exibir as características do traficante.

Para determinar se a droga se destinava a consumo pessoal, o juiz atenderá à natureza e à quantidade da substância apreendida, ao local e às condições em que se desenvolveu a ação, **às circunstâncias sociais e pessoais**, bem como à conduta e aos antecedentes do agente (Lei 11.343/2006, art. 28, § 2°).

Então, o agente que adquirir, guardar, tiver em depósito, transportar ou trouxer consigo, **para consumo pessoal**, drogas sem autorização ou em desacordo com determinação legal ou regulamentar, assim como aquele que, para seu consumo pessoal, semeia, cultiva ou colhe plantas destinadas à preparação de pequena quantidade de substância ou produto capaz de causar dependência física ou psíquica (Lei 11.343/2006, art. 29, *caput* e § 1°), não será submetido à prisão em flagrante se não for reincidente, devendo ser imediatamente encaminhado ao juízo competente ou, na falta deste, assumir o compromisso de a ele comparecer, ocasião em que será lavrado termo circunstanciado e providenciadas as requisições dos exames e perícias necessários (Lei 11.343/2006, art. 48, § 2°).

Já nos casos em que ocorre prisão em flagrante, para efeito da lavratura do auto de prisão em flagrante e estabelecimento da materialidade do delito, **é suficiente o laudo de constatação da natureza e quantidade da droga, firmado por perito oficial ou, na falta deste, por pessoa idônea** (Lei 11.343/2006, art. 50, *caput* e § 1°).

O perito que subscreve esse laudo não ficará impedido de participar da elaboração do laudo definitivo (Lei 11.343/2006, art. 50, § 2°).

Quanto às penalidades, postula o artigo 28, caput, que quem adquirir, guardar, tiver em depósito, transportar ou trouxer consigo, para consumo pessoal, drogas sem autorização ou em desacordo com determinação legal ou regulamentar será submetido às seguintes penas:

– advertência sobre os efeitos das drogas;

– prestação de serviços à comunidade;

– medida educativa de comparecimento à programa ou curso educativo.

Estabelece, no § 1°, que às mesmas medidas submete-se quem, para seu consumo pessoal, semeia, cultiva ou colhe plantas destinadas à preparação de pequena quantidade de substância ou produto capaz de causar dependência física ou psíquica.

De acordo com o artigo 28, § 6°, da Lei 11.343, para garantia do cumprimento das medidas educativas a que se refere o caput, nos incisos I, II e III, a que injustificadamente se recuse o agente, poderá o juiz submetê-lo, sucessivamente a:

I – admoestação verbal;

II – multa.

4. ALCOOLISMO

É o abuso de bebidas alcoólicas.

O álcool causa dependência em uma minoria de usuários, necessitando de vários anos para sua instalação.

Como substância depressora do sistema nervoso central, o álcool inibe inicialmente os centros inibidores cerebrais, isto é, inibe as inibições com consequente euforia e desinibição comportamental, para a seguir deprimir os centros excitatórios, causando depressão.

O efeito depressor sempre estará presente, enquanto o efeito excitatório ocorrerá geralmente com doses menores.

O álcool, como substância psicoléptica, inibe a liberação do hormônio antidiurético, o que resulta em aumento da diurese, podendo favorecer o indivíduo intoxicado a urinar em público, expondo a genitália, o que configura ato obsceno.

As razões para beber são iguais para todos. Entretanto, apenas uma parte constituída pelos alcoolistas, torna-se dependente, comprometendo sua vida social e profissional.

O álcool é rapidamente absorvido, sendo cerca de 20% já no estômago e o restante no intestino delgado.

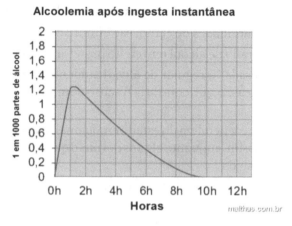

Curva alcoolêmica

A curva de difusão ascendente corresponde ao período de absorção.

A curva de eliminação corresponde ao período de desintoxicação em que predomina o processo de oxidação.

Sob o ponto de vista fisiológico, a partir do momento em que uma dose de álcool entra no organismo, pouco minutos depois ela se transforma em um derivado da decomposição da substância, que recebe o nome de acetaldeído, que é altamente tóxico.

A velocidade de absorção do álcool etílico é influenciada principalmente pelo conteúdo estomacal. Por exemplo, se o indivíduo fez uma refeição rica em proteína antes do consumo do etanol, a absorção será mais lenta em comparação com uma refeição rica em carboidrato ou em jejum.

A embriaguez é mais rápida em jejum, pois a presença de alimentos no estômago retarda a absorção do álcool.

A massa corporal do indivíduo irá influenciar na distribuição e excreção do etanol e derivados, tendo em vista a afinidade dessas substâncias com o tecido adiposo.

Uma vez absorvido, o álcool entra na corrente circulatória e é distribuído pelos diferentes órgãos, incluindo-se os pulmões, daí estar presente no ar exalado.

Nos alvéolos pulmonares, ocorre um perfeito equilíbrio entre o álcool presente nos pulmões e no sangue, permitindo que o exame do ar expirado sirva para avaliar a concentração de álcool no sangue.

Até 15 a 20 minutos após a ingestão, a impregnação de álcool na mucosa da boca eleva bastante o seu nível no ar exalado. Por isso, os instrumentos de dosagem são programados para aceitar apenas o ar alveolar, obtido em um sopro contínuo que alcance a expiração quase completa, sendo rejeitada a primeira parte.

Após a fase de equilíbrio de difusão, o corpo começa a depuração, por processos de oxidação em aldeído, ácido acético, gás carbônico e água.

O organismo humano realiza o processo de desintoxicação do álcool por fases continuadas de oxidações, transformando-o em aldeído, ácido acético, gás carbônico e água.

Pequeníssimas quantidades de etanol são eliminadas sem se oxidar.

O consumo moderado de álcool tem efeito protetor contra cardiopatia isquêmica.

Uma ingestão "pesada" e regular de álcool aumenta os riscos de doença coronariana e arritmias cardíacas, o que contraria o senso comum de que o álcool sempre faz bem ao coração.

Os efeitos do álcool dependem do estado emocional, das expectativas e da situação em que é consumido. Assim, enquanto alguns dormem quando se excedem no consumo, outros se tornam agressivos.

Observam-se evidentes diferenças nos efeitos do álcool em relação ao sexo do consumidor.

As mulheres são mais sensíveis por possuírem maior proporção de gordura no organismo e por desenvolverem níveis sanguíneos mais altos que os dos homens em decorrência da menor quantidade de água no corpo, além de apresentarem menor quantidade da enzima que digere o álcool.

Os neurotransmissores do organismo feminino deixam-no mais sensível aos efeitos do álcool, explicando:

- O progresso mais rápido da dependência física.
- A maior gravidade dos problemas de saúde decorrentes do abuso da bebida, como amenorreia (ausência da menstruação), tensão pré-menstrual, infertilidade, menopausa precoce, aumento da mortalidade, possivelmente potencializados pelos hormônios femininos.

Polêmica: A propaganda de cerveja leva ao alcoolismo crônico?

Não, mas pode levar à embriaguez, quadro agudo que pode ocorrer apenas uma vez, enquanto o alcoolismo crônico pressupõe uso contínuo e persistente. O alcoolismo crônico é doença mental, que se inicia com o uso das mais variadas bebidas. Mas ao surgir, após anos, a dependência, o alcoolista procura bebidas fortes que mantenham elevado o nível de álcool no sangue. Isso não é possível com a cerveja, pelo seu baixo teor alcoólico e rápida metabolização. Pode, entretanto, ser a porta de entrada para bebidas mais fortes, pois a propaganda aumenta o número de usuários de cerveja.

4.1. Tipos de alcoolismo

4.1.1. Alcoolismo agudo

É a intoxicação alcoólica que se caracteriza pela ausência de crise de abstinência, significando que os sintomas cessam quando se esgota o álcool no organismo.

As manifestações neurológicas observáveis em um exame de corpo de delito de verificação de embriaguez alcoólica na fase aguda são: disartria, que é a perda da capacidade de articular as palavras de forma normal, podendo a fala ser espasmódica, com a respiração interrompida, irregular, imprecisa ou monótona, e ataxia, que é uma dificuldade ou mesmo incapacidade de se manter a coordenação motora como normalmente, pois são os movimentos voluntários que perdem o controle, como levantar ou erguer um garfo para se alimentar.

Períodos da intoxicação aguda:

- Período de euforia, caracterizado por comportamento extrovertido e ausência de autocrítica;

- Período médico-legal, no qual há diminuição das faculdades mentais e comprometimento da coordenação motora e do autocontrole;

- Período comatoso, evidenciado pela ausência de reflexos (arreflexia), atonia muscular (músculos relaxados), pulso lento, hipotensão, hipotermia, náuseas, vômitos, culminando com parada respiratória.

Tipos de alcoolismo agudo:

a) **Alcoolista social:** É o que abusa esporadicamente de bebida alcoólica. Como os efeitos do álcool não são os mesmos para todos os indivíduos e, para o mesmo indivíduo, variam com o estado de ânimo, o indivíduo embriagado pode ficar alegre, eufórico, expansivo, generoso, ou depressivo, irritado, agressivo, indo desde a forma mais leve até o estado comatoso.

b) **Alcoolista habitual:** Difere do anterior porque a embriaguez (o porre) é frequente.

A embriaguez alcoólica apresenta as seguintes fases:

- subclínica: ainda não apresenta nenhum sintoma, comportamento normal.

- excitação inicial, pois sendo o álcool uma substância depressora, deprime inicialmente os centros depressores, gerando excitação inicial à custa da liberação dos centros excitatórios;

- confusão mental, com disartria (perda da capacidade de articular as palavras de forma normal), falas pouco articuladas e algumas sem sentido, perturbações sensoriais, andar cambaleante, roupas desalinhadas, agressividade e irritabilidade;

- sonolência incontrolável decorrente da depressão dos centros excitatórios;

- coma;

- morte.

É considerado embriagado, ao exame de corpo de delito, o indivíduo que apresenta as seguintes alterações clínicas: congestão das conjuntivas, taquicardia, taquipneia e hálito cetônico.

4.1.2. Alcoolismo crônico

Neste caso, o indivíduo bebe há muito tempo e os distúrbios não cessam mesmo após a eliminação do álcool, pois há crise de abstinência.

Se moderado, apesar de se perceberem manifestações comportamentais, o convívio social está mantido. Entretanto, sendo grave, há transtornos psicóticos pelo alcoolismo, com distúrbios da sensopercepção (alucinações) e do pensamento (ciúme alcoólico).

Estudos recentes demonstraram a existência de vários fatores no desencadeamento do alcoolismo crônico. São eles:

a) Teorias biológicas

Baseadas na hereditariedade, explicariam a vulnerabilidade e o determinismo biológico. Observa-se que alguns não conseguem controlar-se diante do álcool, bebendo até a embriaguez. Essa perda de controle independe da vontade, sendo decorrente de fatores próprios da constituição desses indivíduos, que geralmente apresentam antecedentes de doença mental, perturbação da saúde mental ou casos de toxicomania e alcoolismo na família.

A presença do álcool no organismo desencadeia a compulsão.

Os fatores genéticos atuam tanto diretamente, regulando o metabolismo do álcool, como indiretamente, determinando traços de personalidade.

b) Teorias psicológicas

- **Teoria da personalidade**: baseada em características individuais de dependência, insegurança, passividade e introversão que levariam ao alcoolismo.
- **Teoria da aprendizagem**: que explicaria os casos em que o indivíduo aprende a lidar com seus problemas existenciais por meio dos efeitos do álcool.

c) Teorias socioculturais

Baseadas no consumo diferenciado do álcool dependendo do sexo, idade, etnia, educação e religião, afirmam seus defensores que os fatores sociais são muito mais complexos, uma vez que o alcoolismo atinge todas as classes sociais e todos os países, seja qual for o regime.

O alcoolismo crônico causa danos aos seguintes sistemas:

- **Digestivo**: anorexia (falta de apetite), gastrite, infiltração gordurosa do fígado;
- **Circulatório e sanguíneo**: lesões do músculo cardíaco, anemia e diminuição dos glóbulos brancos;
- **Reprodutor**: impotência no homem e esterilidade em ambos os sexos;
- **Nervoso**: lesões que trazem diversas consequências psiquiátricas, além de tremores e enfraquecimento dos membros devido a neurites.

O álcool, por ser uma substância depressora do sistema nervoso central (SNC), pode afetar a função sexual em homens: aumenta a libido, mas prejudica o desempenho, o que pode dificultar a conjunção carnal.

São perturbações neurológicas da intoxicação alcoólica crônica:

- Polineurite;

- Síndrome de Korsakow (amnésia de longo prazo);
- Poliencefalite superior hemorrágica de Wernicke.

A síndrome de *Wernicke-Korsakoff* (SWK) é uma perturbação neurológica causada por uma deficiência de tiamina, que pode estar presente no alcoolismo e na desnutrição.

Caracteriza-se pelo quadro de lesões por minúsculos focos hemorrágicos dos nervos cranianos do tronco cerebral.

Manifesta-se por uma amnésia anterógrada com um estado de distúrbio mental, marcha atáxica e nistagmo.

Essa forma incomum de amnésia combina duas doenças: um estado de confusão aguda (encefalopatia de *Wernicke*) e um tipo de amnésia de longo prazo denominada síndrome de *Korsakoff*.

A degeneração neurológica nos grandes consumidores de álcool, o que causa demência e neuropatias periféricas.

O consumo do etanol causa dependência psicológica e dependência física, além de ocorrer a tolerância.

O consumidor inveterado de álcool apresenta um desvio da curva dose resposta para a direita, em decorrência da tolerância quanto ao consumo da sustância por longo prazo, onde se precisa de um consumo maior do etanol para que se obtenham os mesmos resultados.

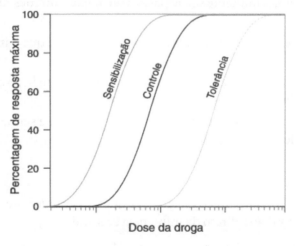

Os Relatórios Técnicos da Organização Mundial de Saúde e dos Comitês Técnicos da Saúde Mental e sobre o Álcool e Alcoolismo dividem a instalação do alcoolismo em quatro fases, de acordo com os padrões de consumo de álcool de Jellinek:

I – fase pré-alcoólica, sintomática ou fase alfa de Jellineck;

II – fase prodrômica sintomática ou fase beta de Jellineck;

III – fase crucial ou fase gama;

IV – fase crônica.

Formas de alcoolismo

Alfa

No alcoolismo alfa, também conhecido como consumo de evasão, o indivíduo começa a usar o álcool apenas em ambiente social, porém, em excesso.

Diz respeito a indivíduos que sofrem de doenças físicas ou psicológicas, sendo o alcoolismo uma consequência.

Aqui se incluem:

– bebedores sintomáticos que consomem para atenuar os efeitos de uma doença mental ou clínica, como epilepsia, esquizofrenia, paranoia;
– pessoas inseguras de si mesmas.

A dependência psicológica é contínua para neutralizar a dor corporal ou emocional.

Não seguem regras sociais quanto ao tempo, ocasião, local, quantidade e efeito da bebida, tendendo à indisciplina na ingestão de álcool.

Não apresentam:

– descontrole;
– incapacidade de se absterem;
– inais de processo progressivo; distúrbios decorrentes da supressão do álcool.

Com a evolução, o ambiente social passa a ser apenas uma desculpa para a ingestão do álcool.

Em qualquer situação, por qualquer motivo, admitem que a ingestão de álcool é necessária.

O álcool vai se tornando indispensável para mantê-lo em bem-estar psíquico, pois alivia a pesada carga da ansiedade e das tensões sociais.

É o tipo de alcoolismo de melhor prognóstico, pois pode ser reversível na maioria das vezes, mas podem evoluir para o tipo gama.

Beta

É o tipo de alcoolismo típico das regiões que são grandes produtoras de bebidas alcoólicas, sendo resultado direto da influência cultural.

O indivíduo bebe de maneira regular, diária, rotineira, e não considera as quantidades excessivas, nem se embriaga.

Não apresenta uma verdadeira dependência física ou psicológica, podendo interromper o consumo sem causar síndrome de abstinência.

Entretanto, No entanto, apresentam repercussões orgânicas do hábito (alcoolização) e complicações como polineuropatias, gastrite ou cirrose hepática e em geral procuram o médico para tratar a cirrose, pancreatite ou neuropatia em evolução crônica.

CAPÍTULO 11 • TOXICOLOGIA FORENSE

Este tipo de alcoolismo pode derivar em gama ou delta e provoca uma deterioração geral da saúde e redução da expectativa de vida.

Gama

É o alcoolismo decorrente do uso patológico e sem controle do álcool.

O fato definidor é o impulso para a embriaguez.

O paciente bebe até cair e só para de beber quando perde a consciência.

Há problema de controle quando o indivíduo começa a beber, e só para quando iniciam os problemas de saúde ou financeiros que o impeçam de continuar bebendo.

Características padrão de consumo de álcool:

- tolerância progressiva do tecido;
- adaptação do metabolismo celular;
- dependência física (síndrome abstinência) na forma de sinais de retraimento ou descontrole.

Há períodos de intoxicação diária durante meses ou semanas entre os quais há abstinência ou consumo moderado.

É comum em países com alto consumo de bebidas destiladas, como Estados Unidos e Grã-Bretanha; sendo também chamado de alcoolismo anglo-saxão.

O prognóstico das complicações familiares e sociais é ruim.

Apesar de haver tratamento, são casos de extrema dificuldade, pois se trata de uma doença.

Delta

É uma forma mais grave que a beta, pois resulta do agravamento desta.

O paciente bebe com frequência e, no ambiente social, não aparece embriagado.

De repente, tendo que ficar sem beber por algum motivo extraordinário, é surpreendido pelo aparecimento da síndrome de abstinência.

Esse tipo de alcoolismo também apresenta tolerância e dependência física.

Caracteriza-se por um alto consumo diário de álcool, sem intoxicação e sem a compulsão de exceder a quantidade.

A capacidade de controlar a quantidade de bebida consumida geralmente não está alterada.

Apresenta características do tipo gama, diferindo porque a pessoa não consegue ficar sem beber e sem apresentar sintomas de abstinência.

Epsilon

É o alcoolismo decorrente da dipsomania ou alcoolismo periódico.

O paciente permanece abstêmio durante muito tempo, porém, periodicamente, por algum motivo, bebe exageradamente.

Tolera longos períodos de abstinência até que, inesperadamente, se entrega ao consumo compulsivo e intensivo (consumo excessivo de álcool), embriagando-se completamente.

Pode aparecer em pacientes com antecedentes mórbidos de epilepsia, associado a estados de crepúsculo, comportamentos semiautomáticos e amnésia subsequente, além da distimia epiléptica ou ciclotímica; depressão; ansiedade.

As alterações psiquiátricas ligadas ao alcoolismo podem manifestar-se de diferentes formas.

a) **Demência alcoólica:** o psiquismo está comprometido havendo desorientação, alterações da memória, do interesse, da afetividade, embotamento intelectual, decadência moral, familiar, social e profissional;

b) *Delirium tremens*: quadro de desorientação, com alucinações visuais, inquietação, ausência de memória de fixação, sudorese, debilidade cardíaca, febre, podendo levar à morte (gravíssimo);

c) **Alucinose alcoólica:** o dependente escuta vozes, com as quais dialoga, sendo o discurso violento, repetitivo, mantendo certo grau de lucidez.

d) **Embriaguez patológica:** é a embriaguez com pequena ingestão de álcool, que ocorre em indivíduos com constituição epiléptica, ou retardamento mental, ou após trauma craniano. Os sinais de embriaguez surgem subitamente, com atos violentos, seguidos de sono profundo. Na embriaguez patológica, o agente pode ser agressivo e violento, podendo chegar à prática de crime; apresenta acessos de raiva, impulsos destrutivos violentos e delirante, com tendência a autoacusação.

e) **Dipsomania:** o consumo de bebidas alcoólicas é esporádico, mas em grande quantidade, até por vários dias seguidos. É uma crise impulsiva e irreprimível de ingerir grandes quantidades de bebidas alcoólicas. Nos intervalos, não bebe e tem aversão ao álcool. Esses indivíduos têm alta tolerância ao álcool, não apresentando sintomas de intoxicação, apesar da grande quantidade ingerida. Também é dipsomania quadro semelhante usando gasolina, refrigerantes, água, clorofórmio.

f) **Psicose de** *Korsakov*: consiste na perturbação da memória (não fixa nada), alucinações visuais e confabulação (inventa uma história e passa a acreditar nela). Fisicamente está desnutrido, com fraqueza muscular e reflexos lentos.

A embriaguez patológica, a dipsomania e a psicose de *Korsakov* são distúrbios mentais de origem alcoólica ligados a uma patologia mental de base.

Principais sinais psiquiátricos observados nos indivíduos com dependência ao álcool etílico são: *delirium tremens*, alucinações e demência.

Na psicose alcoólica, o paciente apresente gastrite, pituíta matinal (líquido gomoso formado por secreções esofágicas e que é regurgitado pela manhã), pelos indivíduos com gastrite, nomeadamente na gastrite alcoólica., nariz vermelho, como sintomas e sinais orgânicos: marcha cerebelar, tremores das extremidades; e como sinais neurológicos: impotência sexual, embotamento da inteligência.

4.2. Implicações forenses

O álcool predispõe acidentes e crimes, pois leva à perda dos freios da crítica.

A depender do grau de intoxicação, o indivíduo ébrio é mais propenso a cometer delitos em razão das modificações do seu estado mental que um indivíduo sóbrio.

Estatisticamente, quanto maior a concentração de álcool no sangue, maior a velocidade média e a gravidade dos ferimentos causados pelo acidente.

Os crimes contra a companheira são motivados por delírios de ciúme porque, apesar do apetite sexual, há impotência pela ação do álcool.

Mesmo em pequenas concentrações, o álcool afeta a percepção e a reação, aumentando a agressividade e diminuindo a capacidade de julgamento, o que eleva a probabilidade de respostas agressivas, de acidentes e de envolvimento em situações de violência.

Em relação às perturbações produzidas pelo uso excessivo do álcool, determinar a taxa de álcool no sangue não suplanta a necessidade de avaliar as manifestações clínicas do periciando.

Essas perturbações são decorrentes tanto da quantidade ingerida, como da tolerância individual.

As manifestações neurológicas, ligadas a alterações clínicas de equilíbrio, marcha e coordenação motora, são as mais importantes para firmar o diagnóstico.

As manifestações psíquicas devem fazer parte da avaliação.

Há evidências científicas da participação de indivíduos alcoolizados em homicídios, suicídios, violência doméstica, crimes sexuais, atropelamentos e acidentes envolvendo motoristas alcoolizados.

Estudo de mestrado realizado por Souza (2018) demonstrou que, em 2015 no município de São Paulo, aproximadamente um terço das vítimas de morte violenta apresentou algum grau de alcoolemia, ou seja, uma a cada três vítimas estava sob efeito do álcool por ocasião da morte. Nos casos de homicídio, quase 40% das vítimas apresentou uma alcoolemia positiva.

Já nos casos de acidentes de trânsito, considerando-se colisões e atropelamentos, em pouco mais de 40% dos óbitos constatou-se o consumo prévio de álcool. As alcoolemias mais altas encontradas no estudo foram identificadas nessas vítimas.

Por fim, em cerca de 20% dos óbitos por suicídio observou-se prévio consumo de álcool.

Nesses casos, detectou-se uma maior quantidade de mulheres com alcoolemia positiva em relação aos homens, mas a concentração nos homens foi quatro vezes mais alta do que nas mulheres, sendo os casos de enforcamento os que apresentaram maiores níveis de alcoolemia.

A análise de todos os tipos de morte violenta envolvendo indivíduos com alcoolemia positiva evidenciou um predomínio de casos na faixa etária entre 35 e 54 anos, o que pode ter implicações socioeconômicas importantes, uma vez que provavelmente os incluídos nesta faixa contribuem para a renda familiar e têm filhos em idade escolar.

504 MEDICINA LEGAL E NOÇÕES DE CRIMINALÍSTICA • Neusa Bittar

Em relação ao alcoolismo crônico, no *delírio tremens* e na psicose de *Korsakov* o estado clínico é tão grave que não permite qualquer atividade, criminosa ou não.

Já a dipsomania é motivada por alguma doença mental ou perturbação da saúde mental, exibindo o doente as manifestações respectivas.

Na embriaguez patológica exacerbam-se os impulsos mais primitivos, levando a atos obscenos, estupros e atentados violentos ao pudor, podendo investir até contra crianças.

O alcoolismo crônico é doença mental e, havendo nexo entre a patologia e o delito, impõe-se a inimputabilidade.

Entretanto, criminosos comuns ou indivíduos com distúrbio de conduta (fronteiriços), muitas vezes utilizam o álcool para desinibir, facilitando as manifestações mórbidas. Não sendo alcoolistas crônicos, são imputáveis.

4.3 Dosagem alcoólica

4.3.1 No vivo

Nos indivíduos vivos, a dosagem de álcool é feita principalmente no sangue, através de testes laboratoriais, e no ar expelido pelos pulmões, através do etilômetro, como visto no Capítulo 2, item 3.

O método da cromatografia gasosa é o método de escolha para a dosagem da alcoolemia por sua grande credibilidade e especificidade, pois não interfere com outras substâncias redutoras.

Entretanto, outras amostras também podem ser utilizadas, como urina, suor, fluido oral (saliva) etc. A urina não é comumente utilizada, pois nela estará presente o álcool só após o início da metabolização, indicando que o indivíduo estava sob a influência do álcool em um passado recente, mas não necessariamente naquele momento (é possível a detecção na urina entre 6 e 48 horas após o consumo). Já a dosagem na saliva exibe uma boa correlação, muito embora também possa sofrer interferências similares às do etilômetro.

Em casos de morte violenta, principalmente em acidentes de trânsito, é sempre aconselhada a prática da dosagem de álcool, principalmente no sangue venoso periférico.

O exame subsidiário para quantificação do álcool no caso de um motorista avaliado para embriaguez, consiste no método laboratorial utilizado na amostra colhida com maior precisão, que corresponde a testes colorimétricos e cromatográficos.

A colorimetria é um método de análise baseado na comparação de cores ou mais especificamente, à faixa de comprimento de uma cor com base em outra que é utilizada como padrão.

O processo compara a cor produzida por uma reação química com uma cor padrão.

De acordo com a intensidade do tom alcançado, infere-se a concentração da substância que está sendo analisada, através de um espectrofotômetro.

CAPÍTULO 11 • TOXICOLOGIA FORENSE **505**

As vantagens do método "headspace" com microextração em fase sólida (MEFS) para análise do álcool são: baixo custo; facilidade operacional; existência de sistema portátil e perda e contaminação mínima da amostra.

4.3.2 Post mortem

Nos casos de análise *post mortem*, a coleta das amostras deve ser a mais próxima possível do momento da morte, tendo em vista a possibilidade de produção de etanol em corpos em decomposição, sem que tenha havido qualquer ingestão prévia. Inúmeros microrganismos produtores de etanol podem ser encontrados em fluidos e tecidos de cadáveres. A produção se dá principalmente a partir da glicose e pode variar de acordo com o estado de putrefação do cadáver.

Nos Institutos Médico-Legais do Estado de São Paulo, existe a determinação (SPTC/DA 153/12) de que sejam coletados 4 ml (quatro mililitros) de sangue da veia femoral ou da cavidade cardíaca em tubo contendo o conservante fluoreto de sódio e o anticoagulante EDTA (tubo de tampa cinza).

Desde que ainda não tenham surgidos os fenômenos putrefativos do cadáver, a dosagem deverá ser feita na veia femoral.

Entretanto, é possível que a dosagem no sangue seja influenciada pela presença de álcool no estômago do cadáver, levando à contaminação da cavidade cardíaca pela sua difusão passiva ou pela ruptura do estômago nos casos de cadáveres politraumatizados. Então, é preferível que a coleta seja realizada em veias periféricas e calibrosas, como por exemplo, as veias femorais e subclávias.

A coleta de sangue das grandes cavidades como a pleural e a abdominal interfere com as dosagens alcoólicas, mesmo em cadáveres sem lesões viscerais.

A dosagem de álcool na urina dá resultado mais elevado que no sangue após o término da fase de absorção.

A concentração de álcool no humor vítreo costuma ser menor do que a do sangue durante a fase de absorção.

A quantificação da concentração de álcool em amostra líquida colhida de humor vítreo pode resultar em dados mais confiáveis do que a amostra de sangue, no caso de cadáver putrefato.

O humor vítreo também pode ser utilizado para a determinação de álcool etílico. Por estar alocado no interior da câmara ocular, que é um ambiente consideravelmente estéril e protegido de traumas, o humor vítreo continua adequado para a dosagem de álcool mesmo nos casos de carbonização parcial do cadáver, além de apresentar grande resistência nos processos de putrefação. É, portanto, pouco suscetível à produção de etanol por microrganismos.

Quando não for possível colher o sangue do cadáver, seja por ter havido esquartejamento do corpo, seja por putrefação ou outra causa, aconselha-se fazer a dosagem no humor vítreo (substância gelatinosa da parte posterior do interior do globo ocular).

O humor vítreo também se presta à dosagem pós morte de drogas, como cocaína, pelo mesmo motivo de permanecer relativamente isento de germes, o que talvez evite a ocorrência de testes falso positivos consequentes à produção de ptomaínas.

Álcool e drogas de abuso fazem parte da maioria das requisições de exames toxicológicos.

No exame *post-mortem* de suspeito de intoxicação crônica pelo álcool etílico, os órgãos de escolha para exame são: estômago, fígado e coração.

Concentrações letais de intoxicação pelo álcool não deixam sinais macroscópicos significativos no tecido cerebral.

5. EMBRIAGUEZ ETÍLICA E POR DROGAS NO CÓDIGO PENAL

EMBRIAGUEZ NÃO ACIDENTAL	
Voluntária (CP, art. 28, II)	A pessoa está determinada a embriagar-se
Culposa (CP, art. 28, II)	O agente quer apenas beber (imprudente – não evita)
Preordenada (CP, art. 61, inc. II, I)	Indivíduo embriaga-se com um fim de cometer algo
EMBRIAGUEZ ACIDENTAL (CP, ART. 28, §1º)	
Caso Fortuito	O agente ignora o caráter inebriante da substância que ingere; não é forçado, não há imprudência, nem predeterminação.
Força Maior	O agente é obrigado a ingerir a substância

A embriaguez não acidental não exclui a imputabilidade penal, enquanto a embriaguez acidental isenta / reduz a pena.

Assim, a embriaguez, voluntária ou culposa, causada pelo álcool ou por substância análoga, não elide a responsabilidade penal. Enquadram-se na categoria de embriagantes análogos ao álcool os estupefacientes, tais como a maconha, a morfina, a cocaína, alguns antidistônicos e o éter.

Há, também, a embriaguez preterdolosa, na qual o agente, sem querer o resultado, mas conhecendo suas reações, assume o risco de produzi-lo.

A embriaguez preterdolosa é um conceito jurídico que diz respeito ao estado de intoxicação de um indivíduo que, ao cometer um ato ilícito, já se encontrava sob influência de álcool ou droga, mas não tinha intenção de causar dano.

O agente não age com dolo, não há intenção de produzir o resultado, mas com culpa, isto é, ele pode não ter a intenção de produzir o resultado, mas age de forma imprudente ou negligente devido ao seu estado de embriaguez.

Esse conceito pode influenciar as consequências jurídicas do ato praticado, atenuando as consequências jurídicas do ato praticado.

A teoria da *actio libera in causa* vem solucionar casos nos quais, embora considerado inimputável, o agente tem responsabilidade pelo fato. É o clássico exemplo da embriaguez não acidental.

Se o agente for inimputável, pelo Código Penal, nos artigos 97 e 26, o juiz determinará sua internação ou poderá submetê-lo a tratamento ambulatorial, se o fato previsto como crime for punível com detenção. A Lei 11.343/2006, artigo 45, *caput* e parágrafo único e artigo 46 vem nesse mesmo sentido.

De acordo com a Lei das Contravenções Penais (LCP, Lei nº 3.688/1941), artigo 62, é contravenção apresentar-se publicamente em estado de embriaguez, de modo que cause escândalo ou ponha em perigo a segurança própria ou alheia.

Se habitual a embriaguez, o contraventor é internado em casa de custódia e tratamento (LCP, art. 62, parágrafo único).

A embriaguez admite natureza agravante em crimes cometidos por pessoas com transtorno de personalidade borderline, havendo necessidade de análise, visto que essas pessoas têm por característica primária um déficit na autorregulação e no autocontrole.

Os sinais do transtorno de personalidade borderline podem variar, mas na maioria dos casos incluem: comportamento constante de raiva; instabilidade emocional; crises de identidade, como autoimagem, autoestima, sexualidade, gostos e valores instáveis; impulsividade em determinadas áreas, como gastos financeiros, sexo, drogas, álcool, vícios e comida; sentimento de vazio; dificuldades para lidar com a rejeição e abandono; baixa tolerância à frustração; tentativas ou ameaças de suicídio e automutilação; relacionamentos instáveis e intensos.

6. TRATAMENTO E INTERNAÇÃO

A substância utilizada, com críticas, contra a dependência química de álcool, é o Dissulfiram, pois pode causar efeitos colaterais neurológicos e dificultar o diagnóstico para saber qual o agente químico responsável pela alteração neurológica em curso.

Além disso, os efeitos do Dissulfiram, em presença de álcool, podem provocar intenso mal-estar no paciente, ou nos familiares mais próximos, que nem sempre sabem que a droga está sendo usada, levando a problemas éticos para o profissional que prescreveu a droga, sem informar ao paciente seus efeitos colaterais.

A Lei 11.343 dispõe, no artigo 23-A sobre o tratamento do usuário ou dependente.

Em relação à internação, são considerados 2 tipos:

Internação voluntária: ocorre com o consentimento do dependente de drogas.

É precedida de declaração escrita de que optou por este regime de tratamento

O término se dá:

– por determinação do médico responsável; ou

– por solicitação escrita da pessoa que deseja interromper o tratamento.

Internação involuntária: ocorre sem o consentimento do dependente, a pedido de familiar ou do responsável legal ou, na absoluta falta deste, de servidor público da área de saúde, da assistência social ou dos órgãos públicos integrantes do Sisnad (exceção – servidores da área de segurança pública), que constate a existência de motivos que justifiquem a medida.

Realiza-se após a formalização da decisão por médico responsável;

É indicada depois da avaliação sobre:

- o tipo de droga utilizada;
- o padrão de uso;
- na hipótese comprovada da impossibilidade de utilização de outras alternativas terapêuticas previstas na rede de atenção à saúde.

Lei 11.343

Art. 23-A. O tratamento do usuário ou dependente de drogas deverá ser ordenado em uma rede de atenção à saúde, com prioridade para as modalidades de tratamento ambulatorial, incluindo excepcionalmente formas de internação em unidades de saúde e hospitais gerais nos termos de normas dispostas pela União e articuladas com os serviços de assistência social e em etapas que permitam:

I – articular a atenção com ações preventivas que atinjam toda a população;

II – orientar-se por protocolos técnicos predefinidos, baseados em evidências científicas, oferecendo atendimento individualizado ao usuário ou dependente de drogas com abordagem preventiva e, sempre que indicado, ambulatorial;

III – preparar para a reinserção social e econômica, respeitando as habilidades e projetos individuais por meio de programas que articulem educação, capacitação para o trabalho, esporte, cultura e acompanhamento individualizado; e

IV – acompanhar os resultados pelo SUS, Suas e Sisnad, de forma articulada.

§ 1º Caberá à União dispor sobre os protocolos técnicos de tratamento, em âmbito nacional.

§ 2º A internação de dependentes de drogas somente será realizada em unidades de saúde ou hospitais gerais, dotados de equipes multidisciplinares e deverá ser obrigatoriamente autorizada por médico devidamente registrado no Conselho Regional de Medicina – CRM do Estado onde se localize o estabelecimento no qual se dará a internação.

§ 3º São considerados 2 (dois) tipos de internação:

I – internação voluntária: aquela que se dá com o consentimento do dependente de drogas;

II – internação involuntária: aquela que se dá, sem o consentimento do dependente, a pedido de familiar ou do responsável legal ou, na absoluta falta deste, de servidor público da área de saúde, da assistência social ou dos órgãos públicos integrantes do Sisnad, com exceção de servidores da área de segurança pública, que constate a existência de motivos que justifiquem a medida.

§ 4º A internação voluntária:

I – deverá ser precedida de declaração escrita da pessoa solicitante de que optou por este regime de tratamento;

II – seu término dar-se-á por determinação do médico responsável ou por solicitação escrita da pessoa que deseja interromper o tratamento.

§ 5º A internação involuntária:

I – deve ser realizada após a formalização da decisão por médico responsável;

II – será indicada depois da avaliação sobre o tipo de droga utilizada, o padrão de uso e na hipótese comprovada da impossibilidade de utilização de outras alternativas terapêuticas previstas na rede de atenção à saúde;

III – perdurará apenas pelo tempo necessário à desintoxicação, no prazo máximo de 90 (noventa) dias, tendo seu término determinado pelo médico responsável;

IV – a família ou o representante legal poderá, a qualquer tempo, requerer ao médico a interrupção do tratamento.

§ 6º A internação, em qualquer de suas modalidades, só será indicada quando os recursos extra-hospitalares se mostrarem insuficientes.

§ 7º Todas as internações e altas de que trata esta Lei deverão ser informadas, em, no máximo, de 72 (setenta e duas) horas, ao Ministério Público, à Defensoria Pública e a outros órgãos de fiscalização, por meio de sistema informatizado único, na forma do regulamento desta Lei.

§ 8º É garantido o sigilo das informações disponíveis no sistema referido no § 7º e o acesso será permitido apenas às pessoas autorizadas a conhecê-las, sob pena de responsabilidade.

§ 9º É vedada a realização de qualquer modalidade de internação nas comunidades terapêuticas acolhedoras.

§ 10 O planejamento e a execução do projeto terapêutico individual deverão observar, no que couber, o previsto na Lei nº 10.216, de 6 de abril de 2001, que dispõe sobre a proteção e os direitos das pessoas portadoras de transtornos mentais e redireciona o modelo assistencial em saúde mental.

7. O QUE A LEGALIZAÇÃO DAS DROGAS RESOLVE?

7.1. Diminui o consumo de drogas?

Países que legalizaram a maconha tiveram aumento no consumo.

Estudos demonstraram que:

- 7% da população já experimentou maconha;
- idade em que adolescentes experimentam maconha – 16 anos;
- 50% da maconha produzida em Denver é comestível;
- 40% dos usuários de maconha são usuários de cocaína;
- 70% dos usuários de cocaína são usuários de maconha.

A maconha:

- evolui por ciclos longos e lentos;
- afeta gerações;
- as consequências são previsíveis e tardias;
- causa menor alarme social;
- despertam menor atenção pública.

Já a cocaína e o crack:

- evoluem por ciclos curtos e rápidos;
- as consequências são velozes e menos previsíveis;
- causam preocupação e alarme social;
- chamam a atenção pública.

7.2. Acaba com a Cracolândia?

Não, porque a legalização não diminui o consumo, nem os efeitos.

7.3. Acaba com o comércio ilegal?

A droga vendida legalmente tem preço maior pelos impostos e o usuário vai buscar a droga vendida ilegalmente. Além disso, há usuários que não querem ser reconhecidos ao frequentarem loja de venda de drogas.

7.4. Acaba com a criminalidade?

Criminalidade é o conjunto de criminosos, crimes praticados, fatores geradores, periculosidade e oscilações em decorrência de medidas repressoras, numa determinada época, em certa região.

O crime é normal numa sociedade, pois sempre que existirem normas alguém irá descumpri-las.

O crime também é:

- necessário – mantém a coesão social, pois com a efetiva imposição da pena como castigo, faz-se a separação entre o bem e o mal, fortalecendo-se o Estado que, com a punição, demonstra zelar pelos seus membros;
- útil – não apenas por manter aberto o caminho para as reformas necessárias, mas por preparar diretamente certas mudanças;
- funcional – pois gera emprego para todos os que atuam na repressão, julgamento, prevenção, além de ele próprio gerar diretamente empregos, como acontece com o narcotráfico. Tem, dessa forma, função econômica, sendo a prisão do chefe do tráfico um verdadeiro desastre para a comunidade à qual pertence.

O delito limita o próprio delito quando, por exemplo, traficantes de uma localidade impedem a entrada de determinada droga ou quando quadrilhas disputam algum ponto de venda.

A descriminalização acaba com as prisões pelo comércio de drogas, mas vão aumentar as detenções por sonegação de impostos por causa das vendas clandestinas.

Os crimes praticados em função da ação da presença ou ausência das drogas no organismo não de alteram.

7.5. Reduz os homicídios?

Homicídios relacionados ao consumo e ao comércio de drogas (Goldestain –1985).

a. Efeitos psicofarmacológicos da droga:

O consumo da droga leva o indivíduo a agir de forma violenta.

A própria dependência torna o indivíduo violento ou sujeito à vitimização.

Sobre o crack e a violência, estudo envolvendo 8% dos municípios brasileiros (2010) observou que o crack afeta 1% dos adultos, localizados 46% no sudeste e 17% no nordeste.

Perfil do usuário de crack:

* sexo masculino;
* jovem;
* solteiro;
* baixa classe econômica.

Taxa de mortalidade de usuários de crack na cidade de São Paulo: 1992 – 2006 (Ribeiro e Lima, 2012) é:

* 7 vezes maior do que na população em geral;
* mais de 50% das mortes ocorrem por homicídio;
* 25% das mortes são devidas ao HIV;
* o restante decorre de overdose / hepatite C.

b. Formação de compulsão econômica:

A droga potencializa crimes de furtos e roubos porque são necessários recursos para sua compra.

Se a vítima reage ou o viciado se descontrola emocionalmente; pode resultar em homicídio.

c. Violência sistêmica:

Como o produto comercializado é ilegal, o mercado de droga também é ilegal.

Por isso, as instituições estatais não amparam as trocas e a resolução de conflitos ocorre com base na ameaça e força física.

7.6. Reduz o uso de armas?

Armas de fogo são usadas pelos traficantes para:

* intimidar, a fim de afirmar a reputação;
* cometer homicídios com objetivo de resolver conflitos e afirmar poder nas disputas territoriais entre traficantes rivais; afirmação de códigos de conduta no interior dos grupos de traficante; eliminação de informantes; punição por adulteração de drogas e por dívidas não pagas.

7.7. Reduz a população carcerária?

Reduz apenas a quantidade de presos por tráfico de drogas.

7.8. Reduz a necessidade de mais escolas e empregos?

Sim, porque o esperado aumento do consumo de drogas pós descriminalização afasta os jovens das escolas pela crise amotivacional.

7.9. E a necessidade de mais hospitais?

O provável aumento do consumo aumenta o número de dependentes, com suas consequências físicas e mentais que podem atingir nível insustentável, com necessidade de tratamento em regime de internação.

7.10. Reduz a violência?

Inicialmente, precisamos entender a origem da violência nas comunidades para, a seguir, analisar sua relação com as drogas.

As comunidades surgem em decorrência de reassentamento de pessoas pelo poder público ou de invasão e ocupação de áreas públicas e privadas por pessoas com diferentes normas e valores, associados a fatores sociais como desestruturação familiar, desemprego, alcoolismo, dependência de drogas etc.

Há ausência de controle, pois ausentes a justiça e o policiamento nesses locais, o que torna impossível a solução pacífica de conflitos. Tudo isso propicia a formação de gangs e a violência se instala.

Quando o tráfico de drogas começa a se instalar, muda o perfil da violência nas comunidades.

Na 1ª fase, os conflitos e o crime desorganizado levam ao surgimento de grupos de jovens delinquentes e à germinação de violência.

Esses locais invisíveis, tornam-se visíveis pelas vulnerabilidades, violência e prisões por assaltos e venda de drogas, atraindo policiais violentos e corruptos.

Além desses efeitos diretos, há efeitos indiretos (Blumstein, 1995), pois normas e padrões de comportamentos do tráfico influenciam também atitudes e comportamentos dos indivíduos sem envolvimento direto com o tráfico, difundindo a violência e os homicídios.

Na 2ª fase, começa a competição entre os grupos de traficantes, com extinção de vários deles.

Ocorre estruturação mais complexa das atividades criminosas, com utilização de armas de fogo em grande escala e assassinatos em massa.

Aumentam os conflitos com a polícia levando ao encarceramento maciço de elementos de gangs.

Há difusão e fortalecimento desses grupos nas prisões, gerando organização da massa carcerária que mantém conexão com as gangs da comunidade.

A 3ª fase é de ajuda mútua e controle de mercados, predominando a lógica econômica.

Os conflitos diminuem, há divisão de produtos e territórios, com expansão das atividades comerciais, cooperação com grupos e com policiais, além de organização política dos grupos.

O tráfico se estrutura através de redes:

Redes de bocas – há uma firma, com patrão (que não aparece) e um gerente que faz a integração dos moradores locais e coordena tudo, além dos vapores ou guerreiros, aviões, correria, olheiros, fogueteiros, faxineiros ou ratos (gangs);

Redes de empreendedores – há uma firma, um gerente e empreendedores que são fornecedores autônomos que seguem um sistema de referência, baseado em grupos de amigos e indicações.

CAPÍTULO 11 • TOXICOLOGIA FORENSE

7.11. Torna o Estado mais eficiente?

Para responder a essa questão, tomamos por base um trecho do prefácio do livro Admirável Mundo Novo, de Aldous Huxley.

"O governo pelos cassetetes e pelotões de fuzilamento, pela carestia artificial, pelas prisões e deportações em massa, não é simplesmente desumano; é, de maneira demonstrável, ineficiente e numa época de tecnologia avançada, a ineficiência é o pecado contra o Espírito Santo.

"Um estado totalitário verdadeiramente eficiente seria aquele em que o executivo todo poderoso de chefes políticos e seu exército de administradores controlassem uma população de escravos que não tivessem de ser coagidos porque amariam a sua servidão".

Assim é o escravo das drogas: ama sua servidão.

8. PROBLEMA DAS DROGAS

De todo o exposto nesse capítulo, nota-se que o problema das drogas entendido como abuso de qualquer substância psicoativa, atinge três esferas:

Saúde pública	Segurança pública	Política
compromete não só o indivíduo, mas toda a coletividade;	aumenta a criminalidade e fortalece as organizações criminosas;	controle dos diferentes setores pelo narcotráfico.

Capítulo 12
NOÇÕES DE INFORTUNÍSTICA

Infortunística é a parte da Medicina Legal que estuda os acidentes do trabalho, as doenças profissionais e as doenças do trabalho.

Acidente do trabalho (Lei 8.213, art. 19) é o que ocorre pelo exercício do trabalho a serviço de empresa ou de empregador doméstico, ou pelo exercício do trabalho dos segurados referidos no inciso VII, do artigo 11 da Lei 8.213, provocando lesão corporal ou perturbação funcional que cause a morte ou a perda ou redução, permanente ou temporária, da capacidade para o trabalho.

O acidente-tipo diz respeito à lesão pessoal que ocorre de forma abrupta, por ação externa, violenta e involuntária, no exercício do trabalho.

Para efeitos legais, o trabalhador que se acidenta durante o percurso compreendido entre seu domicílio e a sede de seu trabalho sofre acidente de trabalho, desde que esteja escalado para trabalhar no dia do acidente.

Os peritos trabalhistas não são peritos oficiais e não precisam prestar compromisso para atuar nessa área.

Os exames médicos-periciais, em caso de acidente de trabalho, têm por finalidade assegurar administrativamente ao acidentado do trabalho auxílio-doença, auxílio-acidente ou aposentadoria por invalidez.

No caso de servidor público, a chefia imediata iniciará processo eletrônico de solicitação de avaliação de capacidade laborativa, preenchendo requerimento padrão, com a descrição, de forma detalhada da situação e solicitação da avaliação da capacidade laborativa do servidor.

O servidor será convocado para inspeção presencial realizada por junta médica, devendo apresentar a documentação comprobatória do seu estado de saúde, exames médicos e/ou relatórios e aguardar, em atividade, a realização da inspeção médica.

A seguir, o servidor será submetido a avaliação multiprofissional, conforme o caso e a doença apresentada, sendo emitido parecer acerca de sua saúde.

O servidor público não possui o direito de se negar a deixar que junta médica o examine, podendo ser punido com suspensão de até 15 (quinze) dias o servidor que, injustificadamente, recusar-se a ser submetido a inspeção médica determinada pela autoridade competente, cessando os efeitos da penalidade uma vez cumprida a determinação, de acordo com o § 1º, do artigo 130, da Lei nº 8.112/1990.

Em casos de morte por acidente de trabalho, é obrigatória a necropsia no IML, pois é uma morte violenta, mesmo que tardia em relação ao acidente, desde que haja nexo causal.

O acidente de trabalho não letal deverá ser comunicado à previdência social até o primeiro dia útil seguinte.

O perito do trabalho responderá penalmente, se, por dolo, elaborar laudo inverídico, além de responder pelos prejuízos que causar à parte.

Considera-se também acidente do trabalho a doença profissional e a doença do trabalho (Lei 8.213, art. 20, inc. I e II).

Doença profissional (ou tecnopatia) é a produzida ou desencadeada pelo exercício do trabalho peculiar a determinada atividade, constante da respectiva relação elaborada pelo Ministério do Trabalho e da Previdência Social.

O ocorre pela exposição continuada do trabalhador a determinados agentes insalubres.

Como a doença profissional é peculiar ou inerente a determinado tipo de trabalho, o nexo causal é presumido.

Resulta em sequelas permanentes, com redução da capacidade de trabalho (Decreto 3.048/99, art. 104, que regulamenta a Lei 9.732, de 11/11/1998).

Apresenta uma síndrome típica encontrada em outros trabalhadores de mesma situação, com instalação lenta e gradual, tendo como causa um fator conhecido.

Exemplos:

- saturnismo – intoxicação pelo chumbo (Pb), que ocorre em trabalhadores da mineração, da indústria automobilística e naval, assim como em pessoas que podem se intoxicar por fragmentos de chumbo de projéteis alojados no corpo, desencadeando transtorno psicótico capaz de ensejar a prática de crimes violentos;

- silicose – doença pulmonar pela sílica, em trabalhadores da mineração;

- intoxicação por cádmio – ocorre pela exposição ao cádmio e seus compostos em fundição e refino de zinco, chumbo e cobre, manufaturas de ligas de cádmio, pigmentos e estabilizadores de plástico, produção de baterias níquel-cádmio e soldas metálicas;

- asbestose – doença pulmonar causada pelo asbesto ou amianto, que incide em trabalhadores em mineração e transformação do asbesto para fabricação do cimento amianto, materiais de fricção, tecidos incombustíveis com amianto, juntas e gaxetas, papéis e papelões especiais, sendo uma pneumoconiose que, além da fibrose pulmonar, está relacionada à carcinogênese (carcinoma bronco pulmonar e/ou mesotelioma);

- beriliose – inflamação dos pulmões, predominantemente granulomatosa, causada pela inalação de pó ou gases contendo berílio (substância química), que atinge trabalhadores da indústria aeroespacial e pessoas que moram perto de refinarias de berílio, podendo ter a forma aguda, causada pela exposição intensa ao agente, ou a forma crônica, que se desenvolve ao longo de anos de exposição ao agente;

CAPÍTULO 12 • NOÇÕES DE INFORTUNÍSTICA **517**

- antracose – lesão pulmonar causada pela inalação de pequeníssimas partículas de carvão, mais grave em fumantes por agravar as doenças causadas pelo tabaco, que atinge moradores das grandes cidades poluídas e os mineradores de carvão;
- cádmio – é um metal associado às indústrias de galvanização de metais e de fundição, cuja intoxicação está associada a fraturas como a osteomalácia.

Os trabalhadores de serviços de saúde estão sujeitos a riscos biológicos provenientes de potencial exposição a agentes biológicos. Entre eles, não há vacina eficaz disponível para *Mycobacterium avium*.

Doença do trabalho, assim entendida a adquirida ou desencadeada em função de condições especiais em que o trabalho é realizado e com ele se relacione (constante da relação do Ministério do Trabalho).

É a chamada mesopatia, doença indiretamente profissional, que também se instala de forma lenta e gradual, mas difere da doença profissional por não apresentar um risco específico, surgindo devido a certas condições biológicas do indivíduo, não tendo o trabalho em si um significado fundamental na sua existência.

Tem-se como exemplos:

- LER / DORT – é o conjunto de perturbações que atinge os músculos, tendões e nervos, decorrente do excesso de uso do sistema osteomuscular no trabalho.

A Previdência Social considera as lesões por esforço repetitivo (LER) como uma doença do trabalho, por ser proveniente de certas condições especiais em que o trabalho se realiza.

- Síndrome do impacto do ombro – é a doença relacionada ao trabalho que pode ser avaliada durante uma perícia, utilizando-se o teste de *Jobe* e o teste de *Neer*.
- Teste de Jobe – avalia o tendão supraespinhal (ombro), verificando a diminuição de força ou até incapacidade de elevar o membro se houver ruptura completa.
- Teste de *Neer* – utilizado para verificar a compressão dos tendões do manguito rotador sob o arco coracoacromial.

O teste é feito pela flexão anterior forçada do membro superior, levantado acima da cabeça e totalmente em pronação.

- Síndrome do túnel do carpo – considerada a mais comum entre as motivações de ações administrativas, cíveis e trabalhistas, caracteriza-se por alterações funcionais sensitivas ou motoras causadas pela compressão do nervo mediano, no local de sua passagem pelo canal osteofibroso da região ventral do punho.

Embora a Síndrome do Túnel do Carpo tenha muitas causas possíveis, costuma ter relação com movimentos repetitivos que envolvem flexão do punho, mas também pode estar associada a outros processos traumáticos, doenças inflamatórias ou diabetes.

A compressão pode ser causada pelo inchaço do tecido adjacente ou dentro do túnel ou por bandas de tecido fibroso que se formam na face palmar do pulso.

Durante a perícia, no exame clínico, são testes ou manobras que indicam tal síndrome:

Teste de *Tinel* – é feita uma percussão sobre a região do nervo mediano, que resulta em uma disestesia na região deste nervo.

Consiste em estimular o nervo mediano na região do túnel do carpo, a fim de verificar se há dor na ponta dos dedos, sensação de choque ou formigamento.

Teste de *Phalen* – os sintomas são provocados pela flexão palmar completa dos punhos por 30 a 60 segundos, provocando a dor.

É considerado positivo quando há parestesia ou formigamento na topografia inervada pelo nervo mediano, no momento em que o paciente mantém seus punhos fletidos entre 30 e 60 segundos.

– Disacusia por exposição a ruídos também é doença do trabalho.

O setor da indústria em que são mais comuns as doenças relacionadas ao trabalho é o setor de transformação.

Síndrome de *Burnout* ou Síndrome do Esgotamento Profissional.

Foi descrita pelo psicoterapeuta austríaco *Alfried Langle*.

É um distúrbio emocional que tem nexo causal com o excesso de trabalho.

Atinge qualquer profissão.

Os sintomas são de exaustão extrema, estresse e esgotamento físico resultante de situações de trabalho desgastante, que demandam muita competitividade ou responsabilidade.

O esgotamento é tão intenso que leva à paralisia de forças e sentimentos, que acaba se convertendo em perda da vontade de viver.

Fatores que contribuem com o problema: uso excessivo da tecnologia; foco demasiado no consumo; materialismo.

Esgotamento leve

Surge após forte tensão ou término de uma tarefa mais pesada, de um desafio que requer dose extra de energia.

Os sintomas são irritabilidade, falta de desejo sexual, transtornos de sono, diminuição da motivação e sintomas depressivos, que são reações psicológicas e fisiológicas em resposta a um estresse mais forte.

Se o indivíduo se sentir obrigado a cumprir expectativas elevadas, com medo ou excesso de ansiedade, pode ocorrer sobrecarga do sistema nervoso, dos músculos e ranger de dentes durante o sono.

Quando a situação-gatilho do estresse termina, os sintomas desaparecem sozinhos.

Esgotamento crônico

Se a tensão for crônica, a síndrome se manifesta como uma desordem generalizada, com fadiga só de pensar que terá de trabalhar.

Os atingidos contraem doenças facilmente e as relações com os colegas de trabalho são abaladas, culminando num sentimento de culpa e desejo de fugir de tudo, além de trabalharem menos e agirem como robôs.

Seus sentimentos se enfraquecem, tanto para amar, como para escutar, e as pessoas se transformam num fardo, pois sentem que não podem ser correspondidos, uma vez que os outros não estão no mesmo nível de suas expectativas.

O trabalho começa a ser prejudicado quando surgem reações defensivas automáticas e redução da produtividade, além de se sentirem impotentes em relação a novos êxitos e não recebem o reconhecimento que julgam merecer.

Etapas do esgotamento (*Freudenberger*): escala de 12 níveis.

- No início, há desejo obsessivo de afirmação, inclusive com competição com colegas.

- Em seguida, surge atitude negligente com as próprias necessidades, por causa de menor motivação para fazer exercício ou outra coisa de que goste, tendo menor tempo para os outros e para si mesmo, além de conversar com menos frequência.

- No nível seguinte, não tem tempo para resolver conflitos, que passam a ser ignorados e, na sequência, não percebidos, e se ausenta.

- Mais adiante, perde os sentimentos com respeito a si mesmo, torna-se uma máquina que não pode parar, trabalhando no automático.

- Na sequência, começa a sentir vazio interior, tornando-se depressivo.

- Na última etapa (12ª etapa), a pessoa cai doente, física e mentalmente, podendo, inclusive, ter pensamentos suicidas.

Etapas de desgaste emocional segundo *Matthias Burisch*.

1ª etapa – é inofensiva, pois não é um desgaste emocional de fato, mas necessita de atenção porque a pessoa se sente invadida por um entusiasmo excessivo, fazendo com que exija demais de si mesma (pode durar semanas ou meses).

2ª etapa – há esgotamento físico e emocional.

3ª etapa – manifestam-se as primeiras reações defensivas, correspondentes a um mecanismo de defesa para que o esgotamento não se agrave.

Intuitivamente, a pessoa sente que precisa de um descanso, afasta-se das relações sociais, sendo os contatos com outras pessoas cada vez menos frequentes, que atinge a área dos relacionamentos, de forma inadequada, pois a pessoa se isola de demandas e reclamações.

4ª etapa – o esgotamento fica mais perceptível, sendo esta a fase da repulsa e significa que não há sentimento de alegria.

As causas do esgotamento apresentam três aspectos:

- individual e psicológico – a pessoa não liga de se entregar ao estresse;

- social – a pressão que vem da sociedade, das exigências do trabalho, dos prazos cada vez mais curtos, das metas e das convenções sociais com cumprimento obrigatório;

- tempo no ambiente de trabalho – serão (trabalho noturno fora do horário de trabalho, com direito à remuneração), que não é remunerado e que o funcionário não pode se negar a fazer, pelo risco de ser mandado embora.

Não são consideradas como doença do trabalho (Lei 8.213, art. 20, § 1º)

a) a doença degenerativa;

b) a inerente a grupo etário;

c) a que não produza incapacidade laborativa;

d) a doença endêmica adquirida por segurado habitante de região em que ela se desenvolva, salvo comprovação de que é resultante de exposição ou contato direto determinado pela natureza do trabalho.

Equiparam-se ao acidente do trabalho (Lei 8.213, art. 21):

I – **acidente ligado ao trabalho** que, embora não tenha sido a causa única, haja contribuído diretamente para a morte do segurado, para redução ou perda da sua capacidade para o trabalho, ou produzido lesão que exija atenção médica para a sua recuperação;

II – **acidente sofrido pelo segurado no local e no horário do trabalho**, em consequência de:

a) ato de agressão, sabotagem ou terrorismo praticado por terceiro ou companheiro de trabalho;

b) ofensa física intencional, inclusive de terceiro, por motivo de disputa relacionada ao trabalho;

c) ato de imprudência, de negligência ou de imperícia de terceiro ou de companheiro de trabalho;

d) ato de pessoa privada do uso da razão;

e) desabamento, inundação, incêndio e outros casos fortuitos ou decorrentes de força maior;

doença proveniente de contaminação acidental do empregado no exercício de sua atividade;

III – **acidente sofrido pelo segurado ainda que fora do local e horário de trabalho**:

a) na execução de ordem ou na realização de serviço sob a autoridade da empresa;

b) na prestação espontânea de qualquer serviço à empresa para lhe evitar prejuízo ou proporcionar proveito;

c) em viagem a serviço da empresa, inclusive para estudo quando financiada por esta dentro de seus planos para melhor capacitação da mão de obra, independentemente do meio de locomoção utilizado, inclusive veículo de propriedade do segurado;

d) no percurso da residência para o local de trabalho ou deste para aquela, qualquer que seja o meio de locomoção, inclusive veículo de propriedade do segurado.

§ 1º Nos períodos destinados a refeição ou descanso, ou por ocasião da satisfação de outras necessidades fisiológicas, no local do trabalho ou durante este, o empregado é considerado no exercício do trabalho.

§ 2º Não é considerada agravação ou complicação de acidente do trabalho a lesão que, resultante de acidente de outra origem, se associe ou se superponha às consequências do anterior.

Excepcionalmente, a Previdência Social deverá considerar acidente do trabalho a doença não incluída na relação prevista nos incisos I e II do artigo 20, desde que tenha resultado das condições especiais em que o trabalho é executado e com ele se relacione diretamente (Lei 8.213, art. 20, § 2º).

Notificação compulsória e o trabalho

É compulsória a notificação de doenças e agravos relacionados ao trabalho, sejam elas doenças profissionais ou do trabalho, obrigando médicos e outros profissionais de saúde ou responsáveis pelos serviços públicos e privados de saúde, que prestam assistência ao paciente, conforme o artigo 8º, da Lei nº 6.259, de 30 de outubro de 1975.

O conhecimento dos riscos e agravos à saúde relacionados ao trabalho é fundamental para o planejamento das ações de assistência, de vigilância e de intervenção sobre os ambientes de trabalho.

Os sistemas para notificar/registrar casos de doenças e agravos relacionados ao trabalho são o Sistema de Informação de Agravos de Notificação (SINAN), do Ministério da Saúde, e o Sistema de Informações em Saúde do Trabalhador (SIST/RS), cujo objetivo é epidemiológico, envolvendo casos suspeitos e confirmados de relação com o trabalho, independentemente do vínculo de trabalho.

A Vigilância em Saúde do Trabalhador (Visat) é um dos componentes do Sistema Nacional de Vigilância em Saúde (SNVS), que consiste em ações direcionadas à promoção da saúde, prevenção da morbimortalidade e redução de riscos e vulnerabilidades na população trabalhadora, realizadas de forma contínua e sistemática.

Essas ações objetivam detectar, conhecer, pesquisar e analisar os fatores determinantes e condicionantes dos agravos à saúde decorrentes dos processos e ambientes de trabalho, considerando-se seus aspectos tecnológicos, sociais, organizacionais, epidemiológicos.

A exposição dos trabalhadores a situações de risco nos ambientes de trabalho pode interferir no processo saúde-doença, refletindo:

- no aumento da frequência de doenças e agravos;
- no surgimento precoce de certas patologias;
- potencializando a complexidade desses eventos.

Riscos ocupacionais, capazes de causar danos à saúde do trabalhador: físicos, químicos, biológicos, ergonômicos, psicossociais, ambientais e mecânicos (de acidentes).

É obrigatória a investigação epidemiológica das doenças e dos agravos relacionados ao trabalho, a partir da suspeita do caso ou da informação sobre outros trabalhadores expostos aos mesmos fatores de risco: acidentes de trabalho; acidentes com exposição a material biológico; perda auditiva induzida por ruído (Pair); dermatoses relacionadas ao trabalho; câncer relacionado ao trabalho; pneumoconioses; transtornos mentais relacionados ao trabalho; lesão por esforço repetitivo/doenças osteomusculares relacionadas ao trabalho (LER/Dort).

Devem ser avaliadas: as circunstâncias da ocorrência da doença ou agravo e a relação com trabalho.

Após confirmação da relação com o trabalho, por meio da investigação epidemiológica, deve-se notificar no Sistema de Informação de Agravos de Notificação os casos de doenças e de agravos relacionados ao trabalho apresentados anteriormente.

Teoria do risco

Todo trabalho, por mais simples que seja, traz sempre consigo um risco próprio independente de culpa. É risco profissional inerente ao próprio trabalho, não importando se houve culpa do patrão, do operário, de terceiros ou outras causas.

O acidente é inevitável, sendo os interesses e prejuízos tanto do patrão, que fica sem a mão de obra, como do operário que, apesar de não deixar de ganhar, o que recebe não satisfaz suas necessidades.

O risco profissional pode ser:

- genérico – é o que incide sobre todas as pessoas, quaisquer que sejam suas atividades ou ocupações;
- específico – é aquele a que está sujeito determinado operário em função da própria natureza do trabalho que executa; decorre da ação direta do trabalho, dos instrumentos ou meios utilizados no seu exercício;
- genérico agravado – é aquele a que está sujeito o empregado, em virtude de circunstâncias especiais do trabalho ou das condições em que este o realiza.

Elementos que caracterizam o acidente do trabalho:

a) **lesão pessoal** – decorrente do trabalho, causada por qualquer energia externa, violenta, involuntária, no exercício do trabalho, ou por doenças profissionais ou por certas condições de tempo e lugar em que o trabalho é exercido (doenças das condições do trabalho).

b) **incapacidade para o trabalho** – pode ser:

- temporária – afasta o indivíduo do trabalho por período inferior a 1 ano;
- parcial e permanente – reduz atividade laborativa por toda a vida, mesmo com a consolidação das lesões;
- total e permanente – é a invalidez, que reduz a capacidade do indivíduo para qualquer atividade ou ocupação;
- incapacidade total e definitiva – morte.

c) **nexo de causalidade** – vinculando a lesão ao acidente, à doença profissional ou à doença do trabalho.

Havendo concausas, o nexo concausal refere-se ao que, de alguma forma, contribui para a produção ou para o agravamento de um resultado.

A caracterização de nexo concausal em enfermidades relacionadas ao trabalho. equiparadas a acidente de trabalho pela lei 8.213/91, deve ser feita cuidadosamente pelo médico perito.

d) **existência de determinadas condições de tempo e lugar**.

Considera-se como dia do acidente, no caso de doença profissional ou do trabalho, valendo para esse efeito o que ocorrer primeiro:

- a data do início da incapacidade laborativa para o exercício da atividade habitual; ou
- o dia da segregação compulsória; ou
- o dia em que for realizado o diagnóstico.

O acidente provocado dolosamente pelo empregado em si próprio não constitui acidente de trabalho (Decreto-Lei 7.036, de 10/11/1944, art. 7º, alínea *a*).

A culpa (imperícia, imprudência ou negligência) do acidentado ou de terceiros não descaracteriza o acidente de trabalho (teoria do risco), mesmo nos casos de embriaguez.

O empregado recebe assistência médica, cirúrgica, hospitalar, farmacêutica e odontológica que o caso venha a exigir, assumindo os riscos de sua recusa injustificada.

Recusa justificada, como para tratamentos de eficácia duvidosa, não exclui o direito do acidentado, nem quando a recusa for motivada por estado mental grave.

Recusa a tratamento hospitalar por trabalhador que sofreu traumatismo cranioencefálico, vindo a ter graves consequências posteriores ou morte, não constitui recusa consciente de tratamento.

As concausas preexistentes e supervenientes não descaracterizam o acidente de trabalho no que diz respeito ao amparo legal.

Consideram-se também inclusas nos benefícios as doenças anteriores que sejam agravadas pelo trabalho.

Não constitui agravação ou complicação de acidente do trabalho a doença que seja resultante de outro acidente e se associe ou se superponha às consequências do anterior.

É necessária avaliação objetiva, afastando-se alegações inverídicas do examinado.

Pré-simulação ou simulação anterior ou retrossimulação – é a praticada de forma premeditada, tendo o simulador planejado e executado seus sintomas com antecedência, de forma a criar um reconhecimento social de sua doença, para depois buscar os benefícios que deseja.

Assim, na pré-simulação, o interesse é anterior ao ato simulatório principal.

Simulação – o paciente alega situações inexistentes, geralmente sinais e sintomas falsos, subjetivos, como dores, paralisias, surdez, anestesias, ou fenômenos objetivos como hérnias, tumores, afecções cutâneas, sem nexo de causa e efeito, ou até ferimentos atribuídos a acidentes, mas produzidos por futebol ou outras atividades recreativas do domingo (acidentados da segunda-feira).

Ao simular sintomas, os pacientes submetem-se a um maior risco de iatrogenia ao acessarem os serviços de saúde e não costuma ter um bom prognóstico.

O objetivo é obter resultado favorável aos próprios interesses: licenças médicas, aposentadorias, seguros, inimputabilidade penal etc.

Entretanto, não se pode confundir com transtornos mentais:

– simulação – o paciente tem consciência dos sintomas falsos e da motivação que o leva a agir de maneira enganosa;

– transtorno fáctico – a intenção de referir sintomas falsos é igual à da simulação, mas há um desejo inconsciente de assumir uma doença, como ocorre na síndrome de Münchhausen, na qual o paciente pode até praticar autoflagelação, conseguir ser internado e operado, ou transformar seus filhos menores em vítimas de seu transtorno;

– transtornos dissociativo e conversivo – o paciente não tem consciência dos sintomas, nem interesse ou percepção de suas motivações, podendo apresentar sintomas de perda da audição, da visão, da voz, dos movimentos e da sensibilidade e, em casos raros, crises convulsivas.

Note-se que a simples presença de um ganho externo, como aposentadoria, não é um critério necessário para o diagnóstico de transtorno factício.

Diferentemente do que se verifica no transtorno factício, em que a intenção de referir sintomas falsos é igual à da simulação, em caso de síndrome de Briquet, os sintomas são produzidos de forma involuntária.

A Síndrome de *Briquet* ou transtorno de somatização é a comunicação de sofrimento psicológico, manifestado em forma de sintomas físicos.

O transtorno de somatização é polissintomático, caracterizado por vários problemas, combinados ou não, que surge após os 30 anos de idade.

Há história de muitas queixas físicas, que levam o paciente a procurar tratamento permanentemente, com prejuízo social e ocupacional.

As queixas mais frequentes são: dores de cabeça, nas costas, nas articulações e no momento da micção; náuseas e vômitos quando come; nó na garganta; falta de libido, evitando relações sexuais.

Em relação aos transtornos dissociativo e conversivo, conversão é a ação ou efeito de converter; ação de voltar, de retornar; mudança de forma ou natureza; transmutação, transformação; mudança ou substituição de uma obrigação por outra.

Tem-se, como exemplo, a histeria, do grego *hystéra*, que significa útero, daí o caráter feminino da doença, que era atribuída a uma disfunção uterina.

A histeria é um tipo de neurose que se caracteriza, predominantemente, pela transformação da ansiedade subjacente para um estado físico.

Simulação pura – não há qualquer moléstia ou doença, estando o periciado agitado, impaciente, respondendo rapidamente às perguntas.

Parassimulação ou supersimulação ou simulação aumentada – coexistem doença e simulação, sem agressividade, sendo o indivíduo geralmente de baixo nível social.

Há acúmulo de sinais e sintomas de doenças diferentes, porém afins.

Ocorre, por exemplo, quando uma pessoa copia e imita sintomas e condutas de outras pessoas doentes mentais, com o objetivo de obter vantagens.

Também ocorre parassimulação caso o examinado refira, além dos sintomas forjados, ser portador de doença verdadeira, somando outros sintomas que veridicamente possui.

Nessa situação, não se pode concluir que, possivelmente, o objetivo do réu seja o de tornar-se inimputável e isento de pena e de sofrer medidas cautelares, pois há doença verdadeira além dos sintomas forjados.

Metassimulação – as consequências do acidente existem, mas são inferiores ao que o paciente alega, isto é, há exagero de sinais e sintomas existentes, de situações reais que, apesar de verdadeiras, não seriam suficientes para atingir os objetivos, como a obtenção de algum benefício.

Tem-se como exemplo o indivíduo curado de uma doença mental, que continua intencionalmente a exibir os sintomas.

Dissimulação – é a simulação negativa, onde o paciente apresenta-se como normal, ou seja, simula não ter sintomas, esconde o que realmente sente para obter vantagens com a volta ao trabalho.

Ocorre quando se procura não demonstrar ou amenizar os sintomas que realmente existem, na tentativa de evitar uma privação de direitos.

O médico perito deve desconfiar diante de comportamento exagerado, atitude teatral, número exagerado de sintomas, confirmação indiscriminada de sintomas sugeridos, alegações de alucinações auditivas e visuais durante o exame.

Dor

O sintoma mais referido é a dor, que é um fenômeno físico-psíquico. Para não rotular como inverídica uma situação real, o exame pericial da dor deve considerar vários fatores:

- sexo – as mulheres suportam mais as dores;
- idade – os jovens são mais sensíveis;
- trabalho e fadiga – potencializam a dor;
- perturbações mentais – podem até abolir a sensação dolorosa;
- destros – lado direito mais doloroso pela inervação mais acentuada no plano muscular mais desenvolvido.

Apenas o relato de dor não constitui lesão.

Entretanto, dependendo de estar acompanhado de sinais clínicos com substrato anatômico que a justifique, pode caracterizar lesão corporal.

Pesquisa dos chamados sinais da dor:

• **Sinal de *Müller***

Marca-se o ponto doloroso dentro de um círculo na região onde a dor é referida. A seguir, mantendo-se o indivíduo de olhos vendados, comprime-se com o dedo um ponto que não seja sensível à dor e, na sequência, passa-se rapidamente a comprimir o ponto doloroso.

No caso de simulação, o paciente não percebe a mudança.

• **Sinal de *Levi***

Pede-se ao paciente que olhe à distância e se faz compressão no local referido como doloroso. Quando a dor existe, verificam-se contrações e dilatações das pupilas.

• **Sinal de *Imbert***

É utilizado na simulação dolorosa dos membros. Coloca-se o paciente em repouso e contam-se as pulsações. Em seguida, manda-se que ele fique apoiado na perna ou que segure um peso com o braço apontado como dolorosos. Quando a dor alegada é real, há um aumento das pulsações.

• Sinal de *Mankof*

Consiste na aceleração do pulso radial quando se comprime um ponto doloroso. É importante para diferenciar uma dor simulada, pois nesta o sinal é negativo.

• Sinal de *Romberg* ou de *Brauch-Romberg*

Há diferença de equilíbrio com os olhos abertos e fechados, sendo positiva essa prova quando o paciente consegue manter-se em equilíbrio com os olhos abertos, mas apresenta oscilações importantes ou tendência à queda ao fechar os olhos.

Para não se afirmar aquilo que inexiste ou negar uma existência real de dano, pode-se utilizar a **imagem térmica infravermelha de alta resolução** (termografia, tele-termografia ou termometria), capaz de contribuir de maneira objetiva no diagnóstico da dor. É o único meio conhecido de registrar objetivamente a fisiologia por imagem da alteração ou lesão de nervos e de tecidos moles, pois possibilita registro de irritação ou lesão de nervos indicando que algo está anormal. Note-se que imagem infravermelha não identifica o fenômeno dor nem mostra sua intensidade, mas apenas permite demonstrar uma perturbação fisiológica capaz de explicá-la.

Entretanto, como não se pode assegurar com certeza que alguém sente ou não dor, pela diferença entre as pessoas, a imagem infravermelha deve ser utilizada complementando outros exames.

Autolesões

Autolesionismo é o conjunto de lesões, perturbações e alterações causadas pelo indivíduo em si mesmo.

Há uma simulação ou metassimulação de danos.

Essas autolesões são na sua maioria de interesse pessoal, afetivo ou material, como forma de chamar a atenção ou culpar alguém.

O perito deve estudar a personalidade do examinado e as características das lesões.

O exame clínico deve ser minucioso, valorizando-se a história contada pelo examinado, levando em conta a coerência ou incoerência de suas informações, sua cooperação ao exame e os seus antecedentes psicossociais.

Os autoferimentos são caracterizados por:

a) regularidade, direção, multiplicidade, superficialidade e simetria das lesões;

b) localização em áreas menos sensíveis.

Na maioria das vezes, essas lesões são encontradas em regiões alcançadas pela mão direita do autor, quando destro, o que explica a localização delas quase sempre na parte anterior do corpo, nos braços, nas coxas e mais raramente no dorso.

São frequentes as lesões de hesitação, que são lesões mais superficiais, próximas à lesão principal, indicando que o autor testou a sensibilidade da região.

Importa analisar:

• o tipo de instrumento utilizado;

• a existência de lesões consentidas, produzidas por terceiros com o consentimento da vítima;

CAPÍTULO 12 • NOÇÕES DE INFORTUNÍSTICA **527**

- as metassimulações, onde o próprio examinado agrava uma pequena lesão já existente.

O exame deve ser feito com a atenção redobrada, fundamentado em justificativas técnicas e científicas que não deixem dúvidas quanto a suas conclusões.

Nos casos de autoferimentos, a avaliação sobre a possibilidade de simulação ou metassimulação deve levar em conta as lesões com características próprias e que podem ser localizadas em áreas menos sensíveis.

Considerações sobre benefícios

O acidente do trabalho deverá ser caracterizado administrativamente pelo setor de benefícios do INSS, que estabelece o nexo entre o trabalho exercido e o acidente.

Nas Perícias Previdenciárias Judiciais, o autor deve comprovar vínculo junto ao INSS e indeferimentos administrativos para que o processo judicial dê andamento.

Já a Perícia Médica do INSS estabelece tecnicamente o nexo entre:

- a doença e a lesão;
- a doença e o trabalho;
- a *causa mortis* e o acidente.

Se o empregado apresentar um atestado válido, a empresa somente poderá recusá-lo e não pagar os salários se comprovar, através de junta médica, que o trabalhador está apto ao trabalho (parecer 15/95, do Conselho Federal de Medicina).

A perícia médica com finalidade administrativa demandará junta médica oficial, quando a licença para tratamento de saúde exceder o prazo de 120 (cento e vinte) dias, no período de doze meses (Lei n.º 8.112/1990).

A assistência à mulher em situação de violência doméstica e familiar será prestada de forma articulada e conforme os princípios e as diretrizes previstos na Lei Orgânica da Assistência Social, no Sistema Único de Saúde, no Sistema Único de Segurança Pública, entre outras normas e políticas públicas de proteção, e emergencialmente quando for o caso (Lei 11.340, de 7/08/2006, art. 9º, § 2º, inc. I e II).

O juiz assegurará à mulher em situação de violência doméstica e familiar, para preservar sua integridade física e psicológica:

- acesso prioritário à remoção quando servidora pública, integrante da administração direta ou indireta;
- manutenção do vínculo trabalhista, quando necessário o afastamento do local de trabalho, por até seis meses;

O Regime Geral da Previdência Social compreende benefícios quanto ao segurado, de acordo com o artigo 25 do Decreto 3.048/99.

Auxílio-Doença

Consiste no pagamento de prestações mensais durante o período em que o trabalhador acidentado estiver em tratamento médico para recuperação das lesões sofridas ou da doença adquirida em função do trabalho, sem períodos de carência.

O auxílio-doença não é mantido quando o acidentado tiver alta ou quando for aposentado.

Auxílio-Acidente

É um benefício de natureza indenizatória pago ao segurado do INSS quando, em decorrência de acidente, após a consolidação das lesões, ele apresentar sequela permanente que reduza definitivamente sua capacidade para o trabalho (Lei 8.213/91, art. 86).

Necessita ser avaliado pelo perito médico federal.

São segurados da Previdência Social que fazem jus ao auxílio-acidente: o segurado empregado; o trabalhador avulso; o segurado especial.

Acidentes ocorridos até 11/11/2019 – a renda mensal inicial do auxílio-acidente corresponde a 50% do salário-de-benefício, calculado conforme o artigo 86, § 1º da Lei 8.213/91, e será devido, observado o disposto no § 5º, até a véspera do início de qualquer aposentadoria ou até a data do óbito do segurado.

Acidente ocorrido na vigência da MP 905/19, entre 12/11/2019 e 30/04/2020 – o valor do auxílio será de 50% do salário-de-benefício, sendo o salário-de-benefício calculado com base na aposentadoria por invalidez a que o beneficiário teria direito.

Acidente ocorrido após 19 de abril de 2020 – retorno ao valor anterior à Medida Provisória, sendo no valor de 50% do salário de benefício, que é a soma de todas as contribuições do segurado desde julho de 1994, dividida pelo número de meses de contribuição.

O fato de o trabalhador passar a exercer outra função ou aferir algum outro tipo de rendimento não o desabilita do auxílio-acidente.

Aposentadoria por invalidez

É um benefício previdenciário do INSS para segurados que ficam total e permanentemente incapazes de exercer suas atividades devido a problemas de saúde ou acidentes.

Há incapacidade para todo e qualquer tipo de trabalho, sendo impossível a reabilitação profissional.

Para ter direito a esse benefício, o requerente tem de passar por perícia médica.

Para fazer jus à aposentadoria por invalidez, o trabalhador precisará ter cumprido anteriormente, um período de recebimento de auxílio-doença por mais de 120 dias.

Antes da reforma da previdência (novembro de 2019), o valor da aposentadoria por invalidez correspondia a 100% da média de seus 80% maiores salários de contribuição, a partir de julho de 1994.

Após a reforma da previdência (13/11/2019), o valor da aposentadoria por invalidez deve corresponder a 60% da média de todos os seus salários de contribuição, com acréscimo de 2% para cada ano de contribuição que exceda 20 anos para os homens ou 15 anos para as mulheres.

CAPÍTULO 12 • NOÇÕES DE INFORTUNÍSTICA **529**

Auxílio-reabilitação psicossocial

A Lei 10.708/2003 institui o auxílio-reabilitação psicossocial para pacientes acometidos de transtornos mentais, egressos de internações.

São requisitos para o benefício que o paciente:

- seja egresso de internação psiquiátrica cuja duração tenha sido, comprovadamente, por um período igual ou superior a dois anos;
- tenha dado expresso consentimento, ou seu representante legal, em se submeter às regras do programa.

Requisitos cumulativos para a obtenção do benefício (Lei 10.708, art. 3º), em que:

• O paciente seja egresso de internação psiquiátrica (I) cuja duração tenha sido, comprovadamente, por um período igual ou superior a dois anos (exigência temporal – § 1º).

Egressos de Hospital de Custódia e Tratamento Psiquiátrico poderão ser igualmente beneficiados, dependendo de decisão judicial (§ 3º).

Não poderão ser considerados períodos de internação:

- os de permanência em orfanatos ou outras instituições para menores;
- asilos;
- albergues ou outras instituições de amparo social;
- internações em hospitais psiquiátricos que não tenham sido custeados pelo Sistema Único de Saúde – SUS ou órgãos que o antecederam e que hoje o compõem.

• A situação clínica e social do paciente não justifique a permanência em ambiente hospitalar, indique tecnicamente a possibilidade de inclusão em programa de reintegração social e a necessidade de auxílio financeiro (II).

• Haja expresso consentimento do paciente, ou de seu representante legal, em se submeter às regras do programa (III).

• Seja garantida ao beneficiado a atenção continuada em saúde mental, na rede de saúde local ou regional (IV).

O benefício terá a duração de um ano, podendo ser renovado quando necessário aos propósitos da reintegração social do paciente (Lei 10.708/2003, art. 2º, § 3º).

Um dos requisitos para o benefício é que seja garantida ao beneficiado a atenção continuada em saúde mental, na rede de saúde local ou regional.

O pagamento do auxílio-reabilitação psicossocial será suspenso quando (Lei 10.708, art. 4º, I e II):

- alcançados os objetivos de reintegração social e autonomia do paciente;
- o beneficiário for reintegrando em hospital psiquiátrico.

Lei 10.708/2003

Institui o auxílio-reabilitação psicossocial para pacientes acometidos de transtornos mentais egressos de internações.

Art. 1º Fica instituído o auxílio-reabilitação psicossocial para assistência, acompanhamento e integração social, fora de unidade hospitalar, de pacientes acometidos de transtornos mentais, internados em hospitais ou unidades psiquiátricas, nos termos desta Lei.

Parágrafo único. O auxílio é parte integrante de um programa de ressocialização de pacientes internados em hospitais ou unidades psiquiátricas, denominado "De Volta Para Casa", sob coordenação do Ministério da Saúde.

Art. 2º O benefício consistirá em pagamento mensal de auxílio pecuniário, destinado aos pacientes egressos de internações, segundo critérios definidos por esta Lei.

§ 1º É fixado o valor do benefício de R$ 240,00 (duzentos e quarenta reais), podendo ser reajustado pelo Poder Executivo de acordo com a disponibilidade orçamentária.

§ 2º Os valores serão pagos diretamente aos beneficiários, mediante convênio com instituição financeira oficial, salvo na hipótese de incapacidade de exercer pessoalmente os atos da vida civil, quando serão pagos ao representante legal do paciente.

§ 3º O benefício terá a duração de um ano, podendo ser renovado quando necessário aos propósitos da reintegração social do paciente.

Art. 3º São requisitos cumulativos para a obtenção do benefício criado por esta Lei que:

I – o paciente seja egresso de internação psiquiátrica cuja duração tenha sido, comprovadamente, por um período igual ou superior a dois anos;

II – a situação clínica e social do paciente não justifique a permanência em ambiente hospitalar, indique tecnicamente a possibilidade de inclusão em programa de reintegração social e a necessidade de auxílio financeiro;

III – haja expresso consentimento do paciente, ou de seu representante legal, em se submeter às regras do programa;

IV – seja garantida ao beneficiado a atenção continuada em saúde mental, na rede de saúde local ou regional.

§ 1º O tempo de permanência em Serviços Residenciais Terapêuticos será considerado para a exigência temporal do inciso I deste artigo.

§ 2º Para fins do inciso I, não poderão ser considerados períodos de internação os de permanência em orfanatos ou outras instituições para menores, asilos, albergues ou outras instituições de amparo social, ou internações em hospitais psiquiátricos que não tenham sido custeados pelo Sistema Único de Saúde - SUS ou órgãos que o antecederam e que hoje o compõem.

§ 3º Egressos de Hospital de Custódia e Tratamento Psiquiátrico poderão ser igualmente beneficiados, procedendo-se, nesses casos, em conformidade com a decisão judicial.

Art. 4º O pagamento do auxílio-reabilitação psicossocial será suspenso:

I - quando o beneficiário for reinternado em hospital psiquiátrico;

II - quando alcançados os objetivos de reintegração social e autonomia do paciente.

Art. 5º O pagamento do auxílio-reabilitação psicossocial será interrompido, em caso de óbito, no mês seguinte ao do falecimento do beneficiado.

Art. 6º Os recursos para implantação do auxílio-reabilitação psicossocial são os referidos no Plano Plurianual 2000-2003, sob a rubrica "incentivo-bônus", ação 0591 do Programa Saúde Mental no 0018.

§ 1º A continuidade do programa será assegurada no orçamento do Ministério da Saúde.

§ 2º O aumento de despesa obrigatória de caráter continuado resultante da criação deste benefício será compensado dentro do volume de recursos mínimos destinados às ações e serviços públicos de saúde, conforme disposto no art. 77 do Ato das Disposições Constitucionais Transitórias.

Art. 7º O controle social e a fiscalização da execução do programa serão realizados pelas instâncias do SUS.

Art. 8º O Poder Executivo regulamentará o disposto nesta Lei.

Art. 9º Esta Lei entra em vigor na data de sua publicação.

REFERÊNCIAS BIBLIOGRÁFICAS

ABDALA-FILHO, Elias; CHALUB, Miguel; TELLES, Lisieux E. de Borba. *Psiquiatria Forense de Taborda*. 3. ed. Porto Alegre: Artmed, 2015.

ALMEIDA JUNIOR, Antonio Ferreira. *Lições de Medicina Legal*. São Paulo: Editora Nacional, 1972.

ALTAVILLA, Enrico. *Psicologia judiciária*. 2. ed. Coimbra: Editora Almedina, 2003. v. II: Personagens do processo penal.

ASÚA, L. Jiménez. *Liberdade de amar e direito a morrer*. Belo Horizonte: Mandamentos, 2003.

BARAHONA, Mônica López; ALEA, Salvador Antuñano. *La clonación humana*. Espanha: Ariel Social, 2004.

BEAUCHAMP, Tom L.; CHILDRESS, James F. *Princípios de ética biomédica*. [Trad. Luciana Perdenzi]. São Paulo: Edições Loyola, 2002.

BERG AT; LEVY SR; NOVOTNY EJ; SHINNAR S. *Predictors of intractable epilepsy in childhood*: a case--control study. Epilepsia. 1996;37(1):24-30.

BLACK, Edwin. *A guerra contra os fracos*. A eugenia e a campanha dos Estados Unidos para criar uma raça dominante. São Paulo: A Girafa Editora, 2003.

BONFIM, Edilson Mougenot. *Curso de Processo Penal*. 6. ed. São Paulo: Saraiva, 2011.

BRASIL. *Decreto 10.711, de 2 de junho de 2021*. Institui o Banco Nacional de Perfis Balísticos, o Sistema Nacional de Análise Balística e o Comitê Gestor do Sistema Nacional de Análise Balística. Brasília, 2021. Disponível em: http://www.planalto.gov.br/ccivil_03/_ato2019-2022/2021/decreto/D10711.htm. Acesso em: 15-12-2021.

BRASIL. Ministério da Saúde. *Manual para investigação do óbito com causa mal definida*. Secretaria de Vigilância em Saúde – Departamento de Análise da Situação de Saúde. Disponível em: http://bvsms.saude.gov.br/bvs/publicacoes/manual_investigacao_obito.pdf. Acesso em: 20-3-2020.

BRASIL. Ministério da Saúde. *Portaria 104, de 25 de janeiro de 2011*. Saúde Legis – Sistema de Legislação da Saúde. Disponível em: http://bvsms.saude.gov.br/bvs/saudelegis/gm/2011/prt0104_25_01_2011.html. Acesso em: 13-6-2011.

CALABUIG, Gisbert. *Medicina Legal y Toxicología*. 7. ed. atual. CAÑADAS, Enrique Villanueva. Barcelona, Espanha: Elsevier España, 2019.

CARVALHO, Hilário Veiga de; SEGRE, Marco. *Compêndio de Medicina Legal*. São Paulo: Saraiva, 1978.

CASADO, Maria. *Bioética, direito e sociedade*. Madrid: Trotta, 1998.

CROCE, Delton; CROCE JUNIOR, Delton. *Manual de Medicina Legal*. 8. ed., rev. e atual. São Paulo: Saraiva 2012.

DELMONTE, Carlos; CAPELOZZI Vera Lúcia. *Morphologic determinants of asphyxia in lungs: a semi-quantitative study in forensic autopsies*. United States: Am J Forensic Med Pathol, jun. 2001, 22(2) p.139-49.

DÓREA, Luiz Eduardo Carvalho; STUMVOLL, Victor Paulo; QUINTELA, Victor. *Criminalística*. 5. ed. Campinas, SP: Millennium Editora, 2012. [Tratado de perícias criminalísticas].

EÇA, Antonio José. *Roteiro de Psiquiatria Forense*. São Paulo: Saraiva, 2010.

FÁVERO, Flamínio. *Medicina Legal*. 10. ed. Belo Horizonte: Itatiaia, 1975. v. I e II.

FRANÇA, Genival Veloso. *Medicina Legal*. 11. ed. Rio de Janeiro: Guanabara Koogan, 2017.

FREEDMAN, Alfred M.; KAPLAN, Harold I.; SADOCK, Benjamin J. *Compêndio de psiquiatria*. Barcelona: Salvat Editores, 1981.

GALVÃO, Luis Carlos Cavalcanti. *Medicina Legal*. 2. ed. São Paulo: Santos, 2013.

GAZZOLA, Luciana de Paula Lima. *Medicina Legal, 350 questões comentadas para concurso*. 3. ed. Indaiatuba, SP: Editora Foco, 2021.

GOMES, Hélio. *Medicina Legal*. 32. ed., rev. e atual. Rio de Janeiro: Freitas Bastos, 1997.

GRECO, Rogério; DOUGLAS, William. *Medicina Legal à luz do direito penal e do direito processual penal*. 13. ed. Niterói, RJ: Editora Ímpetus, 2017.

HÉRCULES, Hygino de Carvalho. *Medicina Legal Texto e Atlas*. 2 ed. São Paulo: Editora Atheneu, 2014.

HUXLEY, Aldous Leonard. *Admirável mundo novo*. São Paulo: Biblioteca Azul, 2014.

JOBIM, Luiz Fernando et al. *Identificação Humana* – Identificação Médico Legal, Perícias Odontológicas, Identificação Humana pelo DNA. 2. ed. Campinas, SP: Millennium, 2012. [Tratado de perícias criminalísticas].

LAMB, David. *Transplante de órgãos e ética*. [Trad. Jorge Curvelo]. São Paulo: Hucitec, 2000.

LIMA, Renato Brasileiro de. *Manual de Processo Penal*. 6. ed. rev. ampl. e atual. Salvador: Juspodivm, 2018.

LIMA, Renato Sergio de; RATTON, José Luiz; AZEVEDO, Rodrigo Ghiringhelli de (orgs.). *Crime, polícia e justiça no Brasil*. São Paulo: Contexto, 2014.

MARANHÃO, Odon Ramos. *Curso básico de Medicina Legal*. 8. ed. 5. tir. São Paulo: Malheiros, 2000.

MINAHIM, Maria Auxiliadora. *Direito Penal e Biotecnologia*. São Paulo: Ed. RT, 2005.

MIXICH, Francisc; IOANA, Mihai; MIXICH, Vlad A. Paternity analysis in special fatherless cases without direct testing of alleged father. *Forensic Science International*. 146S (2004) S159–S161.

MOURA, Edson Rolin de; SÁLVIA, Paulo Newton Danzi. Tanatologia médico legal: conceitos. In: SÁLVIA, Paulo Newton Danzi (org.). *Medicina legal* – perícias, conceitos e reflexões. Campinas, SP: Unicamp BFCM, 2021.

NEVES, Carlos. *Bioética, temas elementares*. Lisboa: Fim de Século, 2001.

OLIVEIRA, João Alexandre Voss de; GOMES, Gerson Faria; FLORES, Érico Marcelo. *Tiro de combate policial*. Uma abordagem técnica, 2000.

ORDEIG, Enrique Gimbernat. *Vida e morte no direito penal*. São Paulo: Manole, 2004.

PALOMBA, Guido Arturo. *Tratado de psiquiatria forense, civil e penal*. São Paulo: Atheneu Editora, 2003.

PASSAGLI, Marcos. [Coord.]. *Toxicologia forense*: teoria e prática. Campinas, SP: Millennium, 2007. [Tratado de perícias criminalísticas].

PINTO, Antonio Luiz de Toledo; WINDT, Márcia Cristina Vaz dos Santos; SIQUEIRA, Luiz Eduardo Alves de. *Previdência Social*. 4. ed. São Paulo: Saraiva, 2000.

RABELLO, Eraldo. *Balística forense*. Porto Alegre: Sulina, 1982. v. I e II. SYRIAN NETWORK FOR HUMAN RIGHTS. *Documentantion of 72 torture methods the Syrian rerime continues to practe in its detention centers and military hospitals*. Síria: Syrian Network for Human Rights. 2019. Disponível em: – https://sn4hr.org/wp-content/pdf/english/Documentation_of_72_Torture_Methods_the_Syrian_Regime_Continues_to_Practice_in_Its_Detention_Centers_and_Military_Hospitals_en.pdf. Acesso em: 19-2-2021.

SOUZA, Daniele Zago. Diagnóstico diferencial das mortes por asfixia. *Revista Saúde, Ética & Justiça*. 2005;10(1/2):19-25.

SOUZA, Jéssica Priscila de. *Álcool em sangue de vítimas de morte violenta no município de São Paulo*. 2018. Dissertação (Mestrado em Fisiopatologia Experimental) – Faculdade de Medicina, Universidade de São Paulo, São Paulo, 2018.

VANRELL, Jorge Paulete. *Esquartejamento: aspectos técnicos, psicológicos e jurídicos*. Campinas, SP: Millennium Editora, 2013. [Tratado de perícias criminalísticas].

VANRELL, Jorge Paulete. *Vademecum de Medicina Legal e Odontologia Legal*. Leme: Mizuno, 2007.

VANRELL, Jorge Paulete; BORBOREMA, Maria de Lourdes. *Manual de Medicina Legal*. 3. ed. Leme: Mizuno, 2007.

VANRELL, Jorge Paulete; MALAVER, Moisés Ponce. *Torturas*: sua identificação e valoração médico-legal. Leme: Mizuno, 2016.

TOCCHETO, Domingos. *Balística Forense*: aspectos técnicos e jurídicos. 4. ed. Campinas, SP: Millennium Editora, 2005. [Tratado de perícias criminalísticas].

TOURINHO FILHO, Fernando da Costa. *Manual de Processo Penal*. 4 ed. São Paulo: Saraiva, 2010.

Anotações